Knaur.

*Im Knaur Taschenbuch Verlag ist bereits von der Autorin erschienen:*
Wind des Südens
Salz der Hoffnung
Weites wildes Land
Insel der glühenden Sonne
Sterne im Sand
Im Tal der Mangobäume

*Über die Autorin:*
Patricia Shaw wurde 1929 in Melbourne geboren und lebt heute in Queensland an der Goldküste Australiens. Über viele Jahre leitete sie das Archiv für »Oral History« in Queensland und schrieb zwei Sachbücher über die Erschließung Australiens. Erst mit zweiundfünfzig Jahren entschied sie sich ganz für das Leben als freie Schriftstellerin und hat in der Zwischenzeit neunzehn Bestseller veröffentlicht.

Patricia Shaw

# *Im Land der tausend Sonnen*

Roman

Aus dem Englischen
von Elisabeth Hartmann

KNAUR TASCHENBUCH VERLAG

Die englische Originalausgabe erschien 2001 unter dem Titel
*The Dream Seekers* bei Headline Publishing Group, London

**Besuchen Sie uns im Internet**
**www.knaur.de**

FSC
www.fsc.org
MIX
Papier aus verantwortungsvollen Quellen
FSC® C083411

Vollständige Taschenbuchausgabe November 2010
Knaur Taschenbuch
Ein Unternehmen der Droemerschen Verlagsanstalt
Th. Knaur Nachf. GmbH & Co. KG, München.

Umschlaggestaltung: ZERO Werbeagentur, München
Umschlagabbildung: Gettyimages / Peter Hendrie
Druck und Bindung: CPI – Clausen & Bosse, Leck
Printed in Germany
ISBN 978-3-426-50654-7

2 4 5 3 1

*Für John und Wendy Daniher,*
*Margaret und Lorraine.*
*Im Gedenken an Julia*

# Erster Teil

## *1. Kapitel*

### Hamburg, November 1874

»Mörder!«
Bedrohlich hallte es durch die Nacht. Ein Kirchenmann drückte sich zitternd vor Kälte in das Holzhäuschen des Nachtwächters und hörte das dumpfe Knallen von Stiefeln auf nassen Bohlen, als einige Männer vorüberliefen. Ängstlich riefen sie in den Nebel hinein, während sie sich der Menschenansammlung näherten, die in der dunklen Gasse wogte. Es schien, als fürchteten sie, eine Erdspalte könnte sich vor ihnen auftun, eine Erdspalte, in die sie blind hineintappen würden, wenn sie aufhörten zu rufen und sich vorzutasten, denn niemand machte sich die Mühe, ihnen zu antworten. Sollten sie doch kommen und sich selbst überzeugen. Hier unten in der grauen Düsternis waren keine lauten Stimmen zu hören, nur Flüstern, als sollte der Tote nicht aufgeweckt oder gestört werden. Die Männer, ihre Mützen tief in die gefurchten Stirnen gezogen, fanden sich zu ständig wechselnden Gruppen zusammen, scharrten mit den Füßen, spien aus, warteten, rauchten Pfeife und bliesen unter nervösen, misstrauisch flackernden Blicken warmen Atem auf kalte Hände.
Wieder und wieder wurden die gleichen Fragen gestellt, wenn Neuankömmlinge sich unter die Gruppen mischten und andere still weitergingen, weil es nichts mehr zu sehen gab.
»Eine Leiche! Sie haben eine Leiche gefunden! Ermordet! Hier unten in der Gasse. Im alten Kornspeicher.«

»Was für eine Leiche? Wie ist das passiert? Wer ist … wer war er?«
»Umgelegt, grausam erschlagen. Sie haben ihm die Kehle aufgeschlitzt.«
»Nein! Mein Kumpel hat ihn gesehen. Ihm wurde die Kehle nicht durchgeschnitten. Die Schläge über den Schädel haben gereicht. Sie haben ihm das ganze Gesicht eingeschlagen.«
»Der arme Kerl wusste wohl gar nicht, wie ihm geschah. Wohin willst du?«
»Ich will ihn auch sehen.«
»Da darf jetzt keiner hin. Der Inspektor sagt, wir müssen Abstand halten.«
»Wer war der Ermordete?«
»Ich weiß nicht. Er ist nicht von hier, ein Seemann vielleicht.«
»Nein. Ich hab gehört, er sei Schauspieler.«
»Wer sagt das? Ein Schauspieler? Woher hast du das denn? Ein Schauspieler! Und was kommt als Nächstes?«
»Stimmt aber. Ich hab es von den Wachmännern gehört.«
»Haben sie die Schurken gefasst?«
»Wohl nicht. In dieser Gegend hier gibt es ja mehr Strauchdiebe als ehrliche Leute.«
»Wer hat die Leiche gefunden?«
»Ein paar Huren auf der Suche nach einem lauschigen Plätzchen. Sie haben die Wache und den Inspektor geholt, und dann kam gleich ein Pfarrer.«
»So schnell?«
»Klar, solang es was zu verdienen gibt, sind sie immer schnell. Der Pfarrer hat den Toten gekannt und ihn identifiziert.«
»Das muss ein Schock für ihn gewesen sein.«
»Doch nicht für einen Pfarrer. Die sehen ständig irgendwelche Toten. Fast genauso oft wie Soldaten.«
»Und wenn sie in den Krieg ziehen würden, bekämen sie mehr als alle anderen zu sehen.«
»Ach, halt den Mund, Bert. Geh nach Hause.«

»Das ist mir einer, dieser Bert! Wieso treibt sich überhaupt ein Pfarrer um diese Zeit auf den Docks herum?«

»Er wollte auf die *Clovis*, die heute Nacht ausläuft. Er ist da unten im Wachhäuschen. Frag ihn doch selbst.«

Vom anderen Ende der Gasse her hörten sie das Klappern eines leichten Karrens, vermutlich der Karren des Leichenbestatters, und die Aufregung verflog.

Die letzte der breiten Gestalten tauchte im Nebel unter, als Inspektor Backhaus mit seinen Wachmännern aus der Gasse heraustrat, froh, es hinter sich zu haben. Er würde gegen neun zu Hause sein, rechtzeitig zum warmen Abendessen mit der Familie und bevor das Feuer im Herd ausging. Später würde kein Holz mehr da sein. Die Holzkärrner hatten sich geweigert zu liefern, solange er die Rechnung nicht bezahlt hatte.

Er schnaubte ärgerlich, woraufhin seine beiden Begleiter forscher ausschritten, eifrig bemüht, ihm zu gefallen, damit er nicht ihnen die Schuld gab, dass sich in seinem Bezirk schon wieder ein Verbrechen ereignet hatte. Aber wie hätten sie es verhindern können? Selbst der Inspektor, der vom Militär zur Abteilung für den Schutz der Bürger und Seefahrer in der Umgebung der Docks abgestellt worden war, hatte zugegeben, dass der Mord nicht hier geschehen sein konnte. Bei der Suche unter dem Schein der Laternen hatten sie kein Blut auf den faulenden Holzbohlen, sondern lediglich Schleifspuren entdeckt. Ratlos hatten sie in die engen, düsteren Straßen geblickt, mit ihren ärmlichen Unterkünften, die sich wie Kaninchenställe manchmal fünf Stockwerke hoch erhoben und Unterschlupf für Verbrecher, Schläger und Schmuggler boten – eine Heimstatt der Verzweifelten und Verkommenen, allesamt eine Gefahr für die ehrlichen Bürger und die Bewohner der Gasthäuser und Pensionen, die nervös darauf warteten, dass sie an Bord ihrer Schiffe gerufen wurden. Es schien, als sei dieser Teil der Menschheit hier in eine Sackgasse geraten, hier im Gewoge des Hafenviertels, das nur einigen wenigen Glücklichen ein Entkommen gestattete.

Backhaus fauchte sie an: »Jemand muss ihn hierher gebracht haben! Hättet ihr die Augen offen gehalten, wäre euch ein Verdächtiger aufgefallen. Oder glaubt ihr vielleicht, es sähe nicht verdächtig aus, wenn einer eine Leiche mit sich herumschleppt?«

Sie hüteten sich, darauf hinzuweisen, dass diese kopfsteingepflasterten Gassen und Unterführungen zu den Werften ein regelrechtes Labyrinth waren. Sie konnten nicht ständig überall gleichzeitig Streife gehen. Wachtmeister Fritz hatte den Inspektor schon vor einem Monat darauf aufmerksam gemacht und war auf der Stelle entlassen worden. Backhaus war ein harter Mann. Nicht einmal als der arme Bruno Fischer von Schlägern überfallen wurde, die ihm seine Laterne raubten, zeigte er Mitleid. So, wie der Inspektor sich damals aufführte, hätte man meinen können, Bruno selbst sei der Täter.

»Eine Laterne zu verlieren«, sagte der Inspektor, »ist dasselbe, als würde ein Soldat seine Waffe verlieren.«

Dieser Inspektor war zweifellos ein wenig verrückt. Und aufbrausend. Am besten stellte man sich gut mit ihm. In diesem Augenblick hätten sie um ein Haar hämisch gelacht, als er auf dem nassen, verzogenen Holz ausglitt, sich jedoch gerade noch vor einem Sturz retten konnte, indem er sich mit der Linken abfing und so das Gleichgewicht wiederfand. Seine rechte Hand hätte ihm auch nicht viel genützt. Sie hing nahezu unbrauchbar herab, als Folge von Säbelhieben, Verletzungen, wie man hörte, die tiefer gingen als nur ins Fleisch. Verletzungen, die ihn vom Militär hier in den Hafen geführt hatten – einen griesgrämigen, verbitterten Mann.

Sie sollten nicht wissen, dass ihr Vorgesetzter auf einem Feldzug befördert worden war, wenige Tage vor seiner Verwundung, und die Beförderung war in seinen Entlassungspapieren nicht aufgeführt. Trotz all seiner Proteste, trotz seiner Beteuerung, dass er in Wirklichkeit nicht mehr Offiziersanwärter, sondern Offizier sei und daher Anspruch auf eine Pension habe, stand er auf verlorenem Posten.

Backhaus selbst hasste seine Arbeit, wagte jedoch nicht, sie aufzugeben, solange sich ihm keine andere Beschäftigung bot. Er konnte seine Familie nicht ernähren von dem Hungerlohn, den er bekam; es war weit weniger, wie er bald herausfand, als die Summe, die der Hafenbeamte ihm genannt hatte. Im Grunde war alles, was er besaß, ein wohlklingender Titel für einen Posten, der dem eines Hauptwachtmeisters gleichkam, und ein Haufen Schulden. Er schlug zurück, indem er seine Männer anschnauzte und den Eindruck eiserner Disziplin erweckte – und indem er die Berichte fälschte. Kristian Backhaus war es völlig gleichgültig, wie viele Menschen in seinem Bezirk beraubt, ermordet oder schanghait wurden, solange seine Berichte zeigten, dass die Verbrechensrate unter seiner Führung zurückging – auf dem Papier tat sie genau das, und zwar in äußerst zufrieden stellendem Tempo, wodurch seine Vorgesetzten auf ihn aufmerksam werden und ihn vielleicht für verantwortungsvollere Posten vorschlagen würden.

Er blieb stehen und zündete sich eine Zigarre an. »Wo ist dieser Kerl?«

»Der Pfarrer? Er ist da drüben im Wachhäuschen. Er hat es eilig. Muss auf sein Schiff.«

»Er geht an Bord, wenn ich es sage, vorher nicht. Bringt ihn in mein Büro.«

»Büro«, murmelte er vor sich hin. »Eher eine Zelle als ein Büro.« Man hatte einen kalten, feuchten Raum im hinteren Teil des Zollhauses für ihn eingerichtet, groß genug für seinen Schreibtisch, ein paar Stühle und ein Regal, in dem die Bezirkskarten aufbewahrt wurden, die zum Teil noch aus der Zeit vor der Großen Feuersbrunst stammten. Der muffige Geruch, der in diesem Raum herrschte, war so übermächtig, dass Backhaus gelegentlich versucht war, »versehentlich« selbst einen Brand zu legen.

Er eilte über die Straße und die lange steinerne Treppenflucht zu seinem Büro hinunter, um am Schreibtisch Platz zu nehmen, bevor der Kerl ihm vorgeführt wurde. Dieser Pfarrer.

Dieser übereifrige Narr, der auf das Gekreische der Huren, die die Leiche gefunden hatten, in den Kornspeicher stürmen musste und sie auch noch identifizierte. Verdammtes Pech war das, denn nun musste er Ermittlungen anstellen. Wenn dieser Pfarrer sich herausgehalten hätte, wäre der Tote in der Leichenhalle vielleicht nicht mehr gewesen als eine Nummer, schnell vergessen. Hätte nichts mit seinem Bezirk zu tun haben müssen. Aber jetzt ... jetzt war es schon etwas komplizierter. Diese Leiche, angeschleppt von Gott weiß woher, gehörte überhaupt nicht in seine Akten. Sie hätte übersehen werden können, hätte übersehen werden müssen ...
Er war eifrig mit Feder und Tinte beschäftigt, als der Pfarrer sich schüchtern zur Tür hereindrückte, einen umfangreichen Koffer hinter sich herziehend.
»Mein Herr. Ich habe alles gesagt, was ich weiß. Ich bedaure den Tod dieses armen Mannes zutiefst, aber ich bin in Eile.«
Er klammerte sich an den Koffer, als wäre er ein Rettungsring, als bräuchte er ihn, um sich daran festzuhalten.
Backhaus bedeutete den Wachmännern zu gehen und konzentrierte sich auf den Zeugen.
Er war groß, etwa fünfundzwanzig Jahre alt, mit den für seinen Beruf typischen weichen weißen Händen und feinen Gesichtszügen – abgesehen von der scharfen Nase. Haar und Bart, die beide dringend eines Barbiers bedurften, waren rötlich braun. Man könnte meinen, er sähe gut aus, überlegte der Inspektor, würde sein Benehmen nicht eine Schwäche verraten. Denn der Bursche sprach mit einer hohlen, blechernen Stimme und hielt den Blick auf den Boden geheftet. Liegt wohl auch an seinem Beruf, dachte der Inspektor, dem der gesenkte Kopf und das zu demütiger Beugung bereite Knie auffielen.
Aber was hätte man anderes erwarten können?
Die Starken gingen zum Militär, die Schwachen unterwarfen sich der Kirche.
Der Pfarrer war jedoch sauber gekleidet, trug den üblichen schwarzen Hut, einen schwarzen Rock und gute Spangen-

schuhe, eine Nummer zu groß, wenn nicht mehr. Wahrscheinlich stammten sie aus zweiter Hand.
»Name?«, bellte Backhaus, und der Pfarrer fuhr zusammen.
»Vikar Friedrich Ritter.«
»Sie dürfen sich setzen. Beruf?«
»Mein Herr, wie Sie vielleicht bemerkt haben, bin ich Geistlicher. Bei den Lutheranern. Ich habe erst kürzlich die Weihen empfangen, nachdem ich meine Studien am St.-Johannis-Seminar hier in Hamburg abgeschlossen hatte.«
»Ja, ja. Der Name des Toten?« Inspektor Backhaus machte sich Notizen auf einem Blatt Papier, das zunächst einmal in einem offenen Berichtsbuch steckte. Es war noch zu früh, um die Angaben des Mannes unwiderruflich ins Buch einzutragen.
»Otto Haupt.«
»Beruf?«
»Ich glaube, er war Bühnenkünstler.«
»Welcher Art? Ein Hanswurst? Ein Jongleur? Oder was?«
»Schauspieler, glaube ich. Ich kannte ihn nicht sehr gut.«
Der Vikar warf verzweifelte Blicke um sich, als hoffte er auf Rettung, doch der Inspektor fuhr fort.
»Ich wundere mich, dass Sie ihn überhaupt kannten. Wie haben sich Ihre Wege gekreuzt?«
Ritter seufzte. »Ich habe in einer Pension in der Kanalstraße Wohnung genommen, ein ungemütliches Haus, aber etwas Besseres konnte ich mir nicht leisten. Ich wollte gern in Hafennähe wohnen, weil mein Schiff zum Ablegen bereit vor Anker lag, doch das Auslaufen wurde aus Gründen, die wohl der Kapitän am besten kennt, hier jedoch unbedeutend sind, immer wieder verschoben. Ich habe meine Mahlzeiten in einem Gasthaus weiter unten an der Kanalstraße eingenommen, und dort traf ich Herrn Haupt. Er schien etwas mehr Format zu haben als die übrigen Gestalten, die in dem Gasthaus wohnten, daher war ich froh über seine Gesellschaft, wenn auch nur aus Gründen der Sicherheit. Lieber Gott, ich denke nur an mich selbst, und der arme Herr Haupt …«

»Was wollten Sie sagen?«
»Wir führten ein gutes Gespräch beim Abendbrot, doch als es ans Zahlen ging, stellte ich fest, dass Herr Haupt kein Geld hatte.«
Der Inspektor seufzte.
»Ich musste also für uns beide bezahlen. Wie sich herausstellte, war Herr Haupt ins Unglück geraten. Er hoffte darauf, für die Überfahrt nach London auf einem Schiff arbeiten zu können, wo, wie er sagte, Bühnenkünstler gute Chancen haben.«
»Stammte er aus dieser Gegend?«
»Nein. Er war nicht von hier. Dessen bin ich mir sicher. Ich bin überaus nervös, mein Herr, wegen dieses schrecklichen Mords und der Notwendigkeit, rechtzeitig an Bord zu kommen. Mag sein, dass er gesagt hat, woher er kam, aber ich erinnere mich einfach nicht.«
»Wo hat er gewohnt?«
»Er hatte keine Unterkunft. Er bat mich um Geld, doch ich konnte ihm nichts geben. Am nächsten Tag sah ich ihn wieder, und da er mir Leid tat, lud ich ihn auf mein Zimmer ein, um Brot und Wurst und ein wärmendes Glas Wein mit ihm zu teilen. Es wirft ein trauriges Licht auf unsere Zeiten, dass Otto Haupt mir zum Dank dafür meinen Mantel stahl. Es war ein guter, fester Mantel, ausgezeichnetes Tuch, den ich als Abschiedsgeschenk bekommen hatte …«
»Und dessentwegen er wahrscheinlich umgebracht worden ist.« Der Inspektor hob die Schultern. »Also war Ihr Herr Haupt nichts weiter als ein Dieb. Wahrscheinlich war er nicht mal Schauspieler. Ein Schurke, der auf Ihre Naivität spekuliert hat. Sie sollten vorsichtiger sein. Seien Sie in Zukunft nicht so vertrauensselig.«
»Entschuldigen Sie, mein Herr, aber ich muss mich jetzt wirklich verabschieden. Mein Schiff geht nach Australien. Die Überfahrt kostet viel Geld. Ich muss an Bord gehen, oder ich werde niemals …«
»Was sagten Sie? Wohin geht Ihr Schiff?«

»Nach Australien, mein Herr. Die *Clovis* ... das ist ein gutes Schiff, ein Dreimaster. Bald schon wird der Anker gelichtet.«
»Australien? Mein lieber Mann. Warum haben Sie das nicht gleich gesagt? Sie können es sich nicht leisten, dieses Schiff zu versäumen. Guter Gott, nein. Sie reisen ja auf die andere Seite der Weltkugel!«
Er sprang auf, um dem sanften Vikar auf den Weg zu helfen, und läutete die Messingglocke vor seiner Tür, woraufhin einer seiner Wachleute eintrat. »Hier! Bringen Sie den frommen Mann zu seinem Schiff. Sorgen Sie dafür, dass er sicher an Bord gelangt. Nehmen Sie den schweren Koffer. Bitte entschuldigen Sie, dass ich Sie aufgehalten habe, Herr Vikar. Ich hoffe, Sie haben eine sichere und angenehme Reise. Und nun leben Sie wohl.«
Der stämmige Wachmann führte den Vikar hinaus in die Dunkelheit, und der Inspektor wartete geduldig im Schein der Laterne, um sicherzugehen, dass Ritter tatsächlich wohlbehalten auf sein Schiff kam – freilich ohne zu wissen, dass Zeugen für gewöhnlich ihre Aussage unterzeichnen mussten. Dann trat Backhaus zufrieden zurück ins Haus. Was ihn betraf, war in seinem Bezirk kein Verbrechen begangen worden, abgesehen davon, dass jemand eine Leiche im Kornspeicher abgelegt hatte. Für einen solchen Vorfall war kein Platz in seinen Berichten. Der Tote war ein gewöhnlicher Dieb ohne festen Wohnsitz, den ein Kerl auf dem Weg zum Ende der Welt identifiziert hatte. Nichts leichter, als beide schnellstens zu vergessen.
Er nahm seinen Wettermantel vom Haken und fragte sich, warum jemand es mit den Weltmeeren aufnahm, um zu einem fremden Kontinent wie Australien zu reisen. Egal. Das war nicht sein Problem. Hier war das Leben schon schwer genug, auch ohne der Zivilisation den Rücken zu kehren. Er zerriss die Notizen, die er gemacht hatte. Es war Zeit, nach Hause zu gehen.

# 2. Kapitel

Die Augen, die in den kleinen Spiegel blickten, waren graugrün, dunkel gerändert und ruhig. Es waren nicht die Augen eines schwachen Menschen, dafür waren sie zu kalt, zu selbstsicher. Sie verengten sich mit seinem Grinsen, als er mit den Bewegungen des Schiffes schwankte und dann ein paar Schritte durch die winzige Kabine torkelte, um den Spiegel an einem Nagel in der Wand aufzuhängen. Er musste sich herabbeugen, um sein Gesicht zu sehen, aber es würde schon gehen. Er sprach das Gesicht an, das ihm aus dem Glas entgegenblickte.

»Nun, Vikar Ritter, da wären wir also. Die Kabine ist ja nichts Tolles, ist kaum als Luke zu bezeichnen, aber wir haben sie wenigstens für uns allein. Wer hätte auch gedacht, dass du zweiter Klasse reist. Die Kirchen haben doch mehr Geld als der König. Da hätten sie ihren Apostel doch wenigstens etwas komfortabler auf die Reise schicken können. Andererseits ist Komfort wohl eher den Bischöfen vorbehalten, und du bist ja nur ein kleiner Fisch. Viel zu beeindruckt von den Heiligkeiten, um dich zu wehren. Ein Wunder, dass du nicht auch noch zu den Flagellanten gehörst. Oder bist du etwa einer? Wie auch immer, wir sind gut an Bord gekommen. Überhaupt kein Problem. Ein Kinderspiel. Und nun werden wir uns hier einrichten.«

Er warf den Koffer auf die schmale Pritsche, löste die Riemen, um ihn zu öffnen, und entnahm ihm einen Mantel, der obenauf lag.

»Mir war eiskalt, aber ich konnte ihn nicht anziehen.« Das Gesicht lachte. »Zurücklassen wollte ich ihn aber auch nicht. Ein wirklich guter Mantel. Ein Geschenk, wie du sagtest. Und das wurde dir von Otto Haupt, diesem Schurken, gestohlen. Ein schrecklicher Mensch, Herr vergib ihm! Aber mach dir nichts draus, Friedrich. Du hast es versucht. Du hast dein Brot mit ihm geteilt. Du hast mit ihm gebetet. Du hast dein Bestes getan. Allerdings hättest du ihm niemals den Rücken zukehren dürfen. Schlimmer Fehler. Du warst der Herausforderung einfach nicht gewachsen, obwohl du Jahre damit zugebracht hast, zu studieren und dich auf die Welt vorzubereiten.«

Er drehte sich um und blickte wieder in den Spiegel.

»Hörst du zu, Freddy? Es stört dich doch nicht, wenn ich dich Freddy nenne, oder? ›Vikar‹ erscheint mir jetzt ein wenig zu gestelzt. Weißt du, du hast überhaupt keine Erfahrung mit der Welt. Gott weiß, wie es dir am anderen Ende der Welt ergangen wäre. Wärst wahrscheinlich gleich in der ersten Woche von einem Tiger gefressen worden. Oder ein anderer Otto Haupt hätte dich ins Meer geworfen. Du bist einfach viel zu vertrauensselig. Du platzt vor Güte und Heiligkeit und glaubst alles, was man dir sagt. Und dann triffst du auf Otto. Wir nennen ihn einfach Otto, wenngleich das nicht sein richtiger Name, nicht mal sein Künstlername ist.«

Er durchstöberte den Koffer und warf einzelne Kleidungsstücke hinter sich.

»Doch einiges von dem, was er gesagt hat, stimmte. Er war Schauspieler, Bühnenkünstler, und zwar ein verdammt guter, wenngleich diese Trottel von Theaterdirektoren einen guten Schauspieler nicht von einem schlechten unterscheiden können. Es stimmt auch, dass er ins Unglück geraten war. Er steckte in der Klemme und war verzeifelt, weil er aus eurem abscheulichen Hamburger Zuchthaus geflohen war … bewaffneter Raubüberfall, kein großes Ding … doch das hat hier keine Bedeutung für uns. Er wollte nach England, aber du hast ihm so begeistert von der Neuen Welt erzählt, wohin du aufbrechen wolltest, wohin so viele von unseren Leuten auswandern, dass du ihn schließlich überzeugt hattest. Tatsächlich. Du hast sie geschildert wie den Garten Eden.«

Er warf ein Paar Halbschuhe, in denen Socken steckten,

Krawatten, Hemden und Unterhosen von sich, hob ein paar Bücher auf und fand darunter einen großen Stoffbeutel.

»Ah! Was haben wir denn hier?« Während er den Beutel aufschnürte, setzte er seinen Monolog fort.

»So. Otto dachte, warum zum Teufel mache ich mich nicht vollends aus dem Staub? Verzeih die grobe Sprache. Darauf werden wir Acht geben müssen, wie? Doch der arme Otto hatte kein Geld fürs Essen, geschweige denn für eine Fahrkarte ans andere Ende der Welt, in diese glänzend schöne Welt, mit der du so geprahlt hast. Und je länger er darüber nachdachte, desto stärker wurde seine Gewissheit, dass dort sein Schicksal wartete. Das verstehst du doch, nicht wahr, Friedrich? Du hast ihm quasi den Weg gewiesen. Du hast ihn in Versuchung geführt. Und direkt vor deiner Tür in dieser dunklen Gasse stand der Schubkarren des Fischverkäufers, den er über Nacht dort abgestellt hatte, das ideale Transportmittel für die eilige Fahrt zum Kornspeicher. Dort nämlich hat Otto für gewöhnlich geschlafen, weil er sich keine Wohnung leisten konnte.«

Der Beutel enthielt zwei billige lederne Brieftaschen. In der einen befanden sich nur Papiere, in der anderen Briefe und Dokumente, doch ganz unten im Beutel stieß er dann auf eine Geldbörse.

»Hallo! Dem Gewicht nach zu urteilen bin ich auf eine Goldader gestoßen. Ah ja …« Er zählte die Münzen auf die Strohmatratze.

»Wir haben hier sechzig Mark, Freddy, und du behauptest, arm zu sein. Konntest für Otto lediglich etwas Brot und Wurst erübrigen. Schämen sollst du dich! Doch: Wo zum Teufel … wollte sagen, wo auf Gottes schöner Welt ist dieses Land, von dem du erzählt hast? Irgendwo jenseits eines Ozeans. Aber welchen Ozean meintest du? Und wie lange dauert die Reise in dieses Traumland?«

Es klopfte an der Tür. Er öffnete und sah sich zwei Seemännern mit einer großen Holzkiste gegenüber.

»Gehört die Ihnen, Vikar Ritter?«

»Aber ja. Der Name steht doch drauf, klar und deutlich. Schieben Sie sie einfach rein.« Er lächelte breit, ein geübtes, gewinnendes Lächeln, das seine Augen blitzen ließ.
»Danke, meine Herren, herzlichen Dank. Übrigens, Australien. In welchem Hafen legen wir an?«
»In Maryborough.«
»Und wie lange dauert die Reise?«
Der ältere Seemann übernahm die Rolle des Wortführers. »Schwer zu sagen. Die *Clovis* ist ein schnelles Schiff. Wenn alles gut geht, dürfte sie es in drei Monaten schaffen, vielleicht eine Woche mehr oder weniger. Februar, schätze ich. Ja, das dürfte hinhauen.«
Er schloss die Tür hinter den Männern. »Hast du das gehört?«, zischte er. »Sind die wahnsinnig? Befinde ich mich auf einem Narrenschiff? Fahren monatelang auf dem Meer herum. Das kann doch nicht wahr sein! Und was ist in dieser Kiste? Wozu braucht ein Vikar eine Kiste voller Kleidung?«
Doch sie enthielt nicht viel an Kleidung, abgesehen von Nachthemden und Mützen. Hauptsächlich waren Bücher in der Kiste, Bibeln, dicke Bände über spirituelle Führung, lutherische Gebet- und Gesangbücher und theologische Aufsätze, alle gut verpackt zwischen Haushaltsgegenständen: Bettleinen, Besteck, Teller, kleine Lampen, Kochtöpfe und sogar ein verzierter Nachttopf aus Porzellan. Grinsend stellte er das gute Stück auf den Boden.
»Du reist wie eine junge Braut, Freddy, aber einiges von diesem Kram wird immerhin unserer Bequemlichkeit dienen. Die Bettwäsche zum Beispiel. Ich habe seit einer Ewigkeit kein sauberes Laken mehr gesehen.« Die weitere Suche förderte ein paar wunderschön bestickte Altartücher, sorgfältig in geistliche Gewänder verpackt, zu Tage.
»Die muss ich irgendwann einmal anprobieren. Jetzt sollte ich diesen Kram aber besser sorgfältig wieder einpacken; auf die Amtstracht muss man stets gut Acht geben. Aber wirklich, Freddy! Sie hätten dir doch wenigstens ein bisschen Messwein mit auf den Weg geben können.«

Er schloss die Kiste und rückte sie an die Wand, wo sie ihm als Tisch dienen sollte, dann trat er dagegen.
»Himmel! Monate in dieser schaukelnden Kiste. Wir werden den Verstand verlieren, wenn wir so lange auf diesem Kahn festsitzen. Klipper sind doch angeblich schnelle Schiffe. Unser Pech, dass wir ausgerechnet das langsamste von allen erwischen mussten, voller verrückter Matrosen, die offenbar nicht wissen, was Geschwindigkeit ist.«
Er hörte den dumpfen Ton eines Nebelhorns und das durchdringende Läuten der Schiffsglocke und ließ sich stöhnend auf die Pritsche sinken. »Wir segeln immer noch flussabwärts, haben uns noch kaum von der Stelle gerührt. Monate! Vielleicht sollten wir im erstbesten Hafen von Bord gehen. Am besten gehe ich mal hinauf und erkundige mich, was los ist.«
Sorgfältig angekleidet und majestätisch in den Mantel gehüllt, kramte er den runden Velourshut hervor, der ihn als Diener Gottes auswies. Dann blieb er an der Tür stehen, in den Kulissen sozusagen, und bereitete sich auf seinen Auftritt vor. Er senkte den Kopf, faltete die Hände, knickte in den Knien ein und richtete die Zehen ein wenig einwärts. Die Stimme senkte er auf einen sanfteren Ton, befleißigte sich einer vornehmeren Aussprache und redete in einem weinerlichen Singsang, als stünde er auf der Kanzel.
»Guten Abend, gnädige Frau, gnädiger Herr. Wie geht es Ihnen? Ah, Gott segne Sie, mein Herr. Wirklich eine schöne Nacht. Und ein günstiger Wind, meinen Sie nicht auch?«
Er probte seinen Text, bis er ihn zu seiner Zufriedenheit beherrschte, dann stülpte er den schwarzen Hut auf den Kopf, zog ihn tief in die Stirn, um ernster und frommer zu wirken, und wagte sich hinaus, ein schüchterner, demütiger Vikar, der dringend des Rates erfahrener Reisender bedurfte.

Als er in seine Kabine zurückkam, war er bestürzt. »Wir legen erst wieder an, wenn wir die Kanarischen Inseln erreicht haben. Und weißt du, wo die liegen? Vor der Küste Afrikas! Afrika! Was für eine verrückte Expedition ist das überhaupt? Wir segeln auf dem Weg dorthin an einem Dutzend Häfen vorbei. An französischen Häfen, spanischen Häfen, wo ich mich von Bord schleichen und in der Dunkelheit untertauchen könnte. Aber es heißt, wir legen nicht an. Nicht einmal, um Proviant aufzunehmen. Auf diesem Schiff sind unglaublich viele Menschen, und ich kann nur hoffen, dass für alle genug zu essen da ist.

Ich bin rechtzeitig zum Mittagessen rausgekommen, das in einer Art lang gestrecktem Refektorium serviert wird. Jeder nimmt, was er kriegen kann, Kinder wuseln überall herum, und ihre Väter drängen und stoßen und greifen mit gierigen Händen nach jeder Platte, die aus der Küche gereicht wird, und die Frauen huschen geschäftig umher und versuchen, das System zu verstehen. Es war eine regelrechte Schlacht. Aber warte. Rate mal, wer am besten abgeschnitten hat? Ich! Höchstpersönlich. Siehst du … Gott schützt also doch die Schwachen. Denn ich habe mich tatsächlich auf die geforderte fromme Art zurückgehalten. Allerdings glaube ich eher, dass es mein Lutherrock war, der mir zum Vorteil gereichte.

Sie machten Platz für den Vikar. Und wie sich alle um mich bemühten! So viel Spaß hatte ich nicht mehr seit dem Tag, als mein alter Herr vom Pferd fiel, eine Böschung herunterrutschte und ertrank. Eine Zeit lang war es schön, Waise zu sein. Das dauerte jedoch nicht lange; bald hatten mich alle vergessen, und mit zehn Jahren lag ich auf der Straße und musste mich allein durchschlagen. Aber hör zu, Friedrich, ich bin ganz sicher, dass die guten Zeiten dieses Mal von Dauer sind. Viele Passagiere fürchten sich maßlos vor dieser langen Reise, und sie werden sich hüten, einen Geistlichen zu beleidigen, jemanden, der auf direktem Wege bei Gott ein gutes Wort für sie einlegen kann.«

Er lachte. »Ich habe die Situation ein bisschen forciert, als sie mich baten, das Tischgebet zu sprechen. Da habe ich sie an widrige Winde und aufgewühlte See, an Schiffbruch und Ertrinken erinnert … eine Dame fiel in Ohnmacht …, an alles, was sie erwarten mochte, sofern sie nicht auf den Herrn vertrauten. Es war komisch anzusehen. Ich habe dem Tumult ein Ende gemacht; nach meinem Gebet benahmen sich alle brav wie kleine Mäuse. Die Kellner, hier nennen sie sich Stewarts, konnten endlich ihrer Arbeit nachgehen. Sie waren sehr dankbar für mein Eingreifen. Und dann … ich verzehrte ein wenig Suppe, Schinken und Zunge, Sauerteigbrot und Bier. Abendbrot gibt es um neun, Kaffee und für jeden ein paar Brote. Ich werde da sein, es kostet schließlich nichts. Das Leben hier ist wohl doch gar nicht so übel. Ich glaube, bis dahin mache ich ein kleines Nickerchen.«

Am nächsten Morgen machte er sich gründlich mit dem Schiff vertraut. Das übervölkerte Zwischendeck erinnerte ihn an die vielen schmutzigen Elendsviertel, die er im Lauf der Jahre erduldet hatte, und er kehrte ihm sehr schnell den Rücken. Zu seinem Erstaunen entdeckte er Hühnerställe, Schafe und Kühe in engen Pferchen, Vorratskammern mit Gemüse und Dörrfleisch und Fässer voll mit Grundnahrungsmitteln.

»Wie auf der verdammten Arche«, brummte er säuerlich.

Dann begann er den Aufstieg, missachtete die Schilder, die den Durchgang verboten, gelangte in die erste Klasse, wanderte, das Gebetbuch in der Hand, über die windigen Deck und bewunderte unter gesenkten Lidern hervor all die schönen Menschen, die ihm begegneten, die Eleganz der Deckstühle und Tische unter einem Segeltuchdach. Die Bewunderung wandelte sich zu Neid, als er ein paar Stufen unter Deck ging, um den unglaublichen Luxus der Lounges und Salons zu bestaunen, den diese Menschen genossen. Indem er kühn aufs Geratewohl Türen öffnete und zur Entschuldigung vorgab, sich verirrt zu haben, konnte er Blicke in die Kabinen werfen, dann schlenderte er zu einem Musikzimmer, vorbei an einem glänzend polierten Klavier, und betrachtete, über alle Maßen erzürnt, das gut gefüllte Bücherregal an einer der Wände.

Auf einem Tisch fand er starr vor Schreck eine liegen gebliebene Speisekarte, die ihm das Menü des vergangenen Abends offenbarte: sechs Gänge, verschiedene Weine und Käsesorten, ein Menü, so großartig wie in einem renommierten Restaurant in der Stadt! Und diesen Menschen stand tagaus, tagein ein solcher Überfluss zur Verfügung! Er begab sich auf die Suche nach dem Speisesaal und fand wie erwartet die Tische glitzernd und funkelnd fürs Mittagessen eingedeckt.

Ein Offizier trat auf ihn zu. »Kann ich helfen?«

»Ja. Offenbar habe ich mich verirrt.«

»Ich verstehe. Darf ich Sie zu Ihrer Kabine geleiten? Ich glaube, Sie wohnen in der zweiten Klasse.«

»Genau. Aber all diese Gänge sind wie ein Labyrinth. Könnten Sie mir sagen, wo wir uns jetzt befinden? Das Schiff, meine ich.«

»Wir nähern uns der Elbemündung, und bald segeln wir schon über die Nordsee.«

»Und dann?«

»Dann fahren wir nach Süden, wärmeren Zonen entgegen.«

»Ah ja. Natürlich.«

Sie stiegen die Treppenfluchten zu den niedrigeren Klassen hinunter, wie der Vikar zornig bemerkte. »Welche Sprache spricht man in Australien?«, fragte er.

»Vorwiegend Englisch. Die Eingeborenen haben ihre eigenen Sprachen.«

»Kein Deutsch?«

»Nur sehr wenig.«

»Wie schade.«

»Sobald die Passagiere sich ein wenig eingelebt haben, bieten wir in jeder Klasse Englischunterricht an. Zweimal pro Woche. Das ist den Leuten eine große Hilfe.«

Er straffte sich, um zu erwidern: »Ich beherrsche das Englische bereits recht gut, danke.« Obwohl er genau wusste, wo er sich befand, schaute er sich in gespielter Ratlosigkeit um. »Wo sind wir bloß?«

Der Offizier öffnete eine Tür und wies mit einem Blick auf ein Schild über ihm. »Ihre Kabine befindet sich auf diesem Deck, mein Herr. Sie dürfen sich nur jenseits dieser Tür aufhalten, hier haben die Passagiere der zweiten Klasse nichts zu suchen.«

»Du liebe Güte, wahrhaftig.« Er tappte still von dannen, die Hand, die das Gebetbuch hielt, auf dem Geländer, die andere an die Brust gedrückt, als hielte er seinen Mantel geschlossen. »Kabine!«, murrte er, nicht zum ersten Mal. Er wusste inzwischen, dass es sich lediglich um ein abgeteiltes Plätzchen handelte, dass über ihm prachtvolle Kabinen lagen, die einem Prinzen genügt hätten.

Trotzdem ging er lächelnd seines Wegs. »Du wirst dich wundern, was ich hier habe, Freddy.«

Mit einer theatralischen Geste warf er seinen Mantel zurück, und eine in seine Weste geschobene Weinflasche kam zum Vorschein.

»Die hab ich aus einem Regal im Speisesaal geklaut, im Speisesaal der feinen Leute, Friedrich. Möchte wetten, du hast so etwas noch nie im Leben gesehen. Armer Kerl. Aber Otto kennt so was. Er hat in den besten Sälen diniert, wurde gefeiert, von Adligen, Damen und Herren gleichermaßen. Wenn du ein solches Leben einmal geschmeckt hast, dann ist es schwer, verdammt schwer, wieder in die Armut zurückzusinken, und deshalb musst du kämpfen, verstehst du? Das hat nichts zu tun mit Sünden und deinem Geschwafel über das Böse. Überhaupt nichts. Es waren schwere Zeiten, Theater wurden geschlossen, es gab kaum Arbeit, nicht mal für einen wirklich guten Schauspieler. Also musste Otto sein Glück auf andere Weise machen.«

Er kramte in dem Koffer und fand einen Korkenzieher. Kurz darauf saß er auf seiner Pritsche und trank aus der Flasche.

»Ein feines Gebräu, mein Lieber. Verdammt gut. Und das, obwohl ich die Flasche unbesehen genommen habe, sozusagen. Aber hör mal, wusstest du, dass in diesem merkwürdigen Land kein Deutsch gesprochen wird? Nur die Sprache

der Eingeborenen und Englisch. Also …« Er wedelte wissend mit der Flasche. »Damit bin ich dir um eine Nasenlänge voraus. Ich spreche ziemlich gut Englisch. Bin mal einem englischen Shakespeare-Darsteller begegnet, und der hat es mir beigebracht. Wir haben auf privaten Soireen und Hausfesten vor adligem Publikum zusammen Szenen auf Englisch aufgeführt. Das war eine Zeit lang sehr gefragt, hat aber nicht viel eingebracht, deshalb hat er sich wieder aus dem Staub gemacht, nach England, vermute ich.
Du glaubst mir nicht? Dann hör dir das an: … *Doch glaubt mir, werte Herren, ich werde mich als ehrlicher erweisen als diese, die mehr Geschick zum Fremdsein haben.* Irgendwie passend, findest du nicht auch, Freddy? Wirklich komisch. Wenngleich ich nicht glaube, dass du großen Geschmack an Komödien findest. Nicht mal an den zotigen. Ich dagegen mag solche Frechheiten, die Rollen machen Spaß, und das Publikum ist begeistert … je schmutziger, desto besser. Doch in solchen Rollen sind die Clowns heimisch, sie sind nichts für den ernsthaften *artiste*, es sei denn, er hat, wie der arme Otto … Ach, lassen wir das jetzt. Das war einmal …
Heute, Freddy, *my good chap* … achte nicht drauf, ich übe mein Englisch … haben wir zu tun. Ich habe mir deine Bücher mal näher angesehen. Bestandsaufnahme, könnte man sagen.
Zunächst einmal stelle ich mit Freude fest, dass du im Besitz englischer Grammatikbücher und eines Wörterbuchs warst. Also wusstest du, dass wir Englischkenntnisse benötigen würden? Guter Mann, die Bücher werden mir sehr von Nutzen sein. An diesem Unterricht nehme ich nicht teil. Wir veranstalten hier in der Kabine unseren eigenen Unterricht. Täglich.
Dann … dein Handwerkszeug. Alles vorhanden. Vermutlich musstest du all diese Bücher studieren, angefangen mit der Bibel? Tut mir Leid, aber wir müssen von vorn anfangen. Ich will wissen, was darin geschrieben steht. Ich muss es sogar wissen, nicht wahr? Was nicht heißt, dass mich deine religiö-

sen Theorien einen Scheißdreck interessieren, pardon, aber es liegt auf der Hand, dass ich vorbeten und über die lutherische ... ich weiß ... nonkonformistische Theologie sprechen muss, nein: predigen sogar.
Nun, Friedrich, deinen Katechismus kennst du bestimmt, aber von der Kanzel herab schlage ich dich um Längen.« Er breitete die Arme aus. »*Die ganze Welt ist eine Bühne, und die Männer und Frauen sind lediglich Schauspieler* ... Ich brauche nur die Texte, und die finde ich in deinen heiligen Büchern.
Kommen wir nun zu all dem Kram, den du mit dir herumkarrst. Porträts von dir mit deinen Leuten ... Andenken, wie nett. Doch die brauchst du nicht mehr.«
Er zerriss die besagten Bilder und warf die Schnipsel in den Abfalleimer.
»Empfehlungsschreiben, ja, die werden wir brauchen. Briefe von der Familie, nein.«
Als er die Papiere durchsah, stieß er auf eine Anweisung des Dekans vom Lutherischen Seminar hinsichtlich des Auftrages, den Vikar Ritter zu erfüllen hatte.
Er sollte auf dem Klipper *Clovis* den Hafen Maryborough im Staate Queensland, Australien, ansteuern und dort mit dem Küstendampfer weiterfahren zum Hafen von Bundaberg, etwa zwei Tagesreisen weiter nördlich gelegen. Dort sollte er sich bei Pastor Hans Beitz melden und seiner lutherischen Gemeinde als Hilfspfarrer dienen. Die sechzig in seinem Besitz befindlichen Mark sollte er Pastor Beitz gleich bei seiner Ankunft aushändigen. Das Geld stammte aus Spenden freundlicher Hamburger Pfarrkinder.
»Oho, Friedrich. Das tut mir aber Leid.«
In einem weniger förmlichen Brief wies der Dekan den Hilfspfarrer an, Pastor Beitz in jeder erdenklichen Weise zur Seite zu stehen, da dieser schon hochbetagt war und seine Freunde sich in Anbetracht des australischen Klimas um seine Gesundheit sorgten.
»Hochbetagt? Mein Vorgesetzter? Das sieht nicht schlecht

für uns aus, Friedrich, das heißt, wenn wir es lange genug in unserer Gemeinde aushalten. Falls wir überhaupt dort ankommen. Mal sehen, wie wir uns fühlen, wenn wir die Kanarischen Inseln erreicht haben. Vielleicht nehmen wir dann schon Abschied von diesem Schaukelpferd und gehen an Land.«

Bevor sie von Bord gingen, befahl ein Offizier, die, »die auf dieser Insel an Land gehen wollen«, in den Salon, der gleichzeitig als Speiseraum diente.

Die meisten der Passagiere zweiter Klasse folgten dem Aufruf, begierig darauf, für eine Weile dem Schiff zu entkommen und wieder festen Boden unter den Füßen zu spüren. Alle waren bester Stimmung und applaudierten jedem noch so kleinen Ratschlag von Seiten des Offiziers, selbst seiner Warnung vor Taschendieben, als hätte er dafür eine Belohnung verdient.

Der Vikar stand weit hinten und zeigte sich wenig beeindruckt von dem Hinweis, dass die Bewohner dieser Insel Spanisch sprachen, eine Sprache, von der er kein Wort verstand.

»Und ein bisschen Portugiesisch«, setzte der Offizier hinzu und erntete wiederum begeisterten Beifall.

Doch er war froh zu hören, dass er hier deutsches Geld in englische Währung umtauschen konnte, sogar zu einem guten Kurs. Er klopfte auf seine Westentasche, um sich zu vergewissern, dass das Geld des Dekans noch da war, und beschloss, auf der Insel zuallererst eine Bank aufzusuchen.

Jeder, der den Salon verließ, musste in einem großen Logbuch mit seinem Namen oder auch mit einem Kreuz, sofern er des Schreibens unkundig war, bestätigen, dass er an Land ging.

Der Vikar beäugte das Buch abschätzig. »Was soll das?«

»Befehl des Kapitäns, mein Herr. Bei der Rückkehr muss jeder Passagier noch einmal neben seiner ersten Unterschrift gegenzeichnen.«

»Wozu um alles in der Welt?«

»Der blinden Passagiere wegen. Auf diesen Inseln suchen flüchtige Sträflinge und Sklaven Unterschlupf und warten auf eine Möglichkeit, sich abzusetzen.«
»Mich wird man doch gewiss nicht mit einem flüchtigen Sträfling verwechseln, geschweige denn mit einem Sklaven. Ich brauche das nicht zu unterschreiben.«
»Es ist gleichzeitig unsere Anwesenheitsliste. So zählen wir, wie viele Personen im Beiboot an Land gegangen und wie viele zurückgekommen sind. Wir wollen ja niemanden an Land vergessen.«
Der Vikar dachte kurz nach. Wenn er sich also entschied, seine Reise hier ohne Vorankündigung abzubrechen, würden sie ihn suchen, die verdammten Idioten. Die einzige Möglichkeit, das Schiff zu verlassen, wenn er sich denn dazu entschließen sollte, bestand offenbar darin, dem Kapitän Bescheid zu geben. Und damit würde er die Aufmerksamkeit auf sich lenken, Neugier wecken ... Er hielt die Warteschlange auf.
Ein ranghöherer Offizier trat vor. »Seien Sie so freundlich und unterschreiben Sie, mein Herr.«
Er griff nach der Feder. Friedrichs Handschrift hatte er bisher nicht gesehen. Jedenfalls nicht seine Unterschrift. Nur hier und da ein paar Notizen. Alle anderen Papiere im Koffer waren an ihn gerichtet oder für ihn bestimmt, aber nicht von ihm geschrieben.
Plötzlich hob er den Blick und lächelte, überrumpelte sie mit einem glückseligen Lächeln und unterschrieb dann mit großer Geste. *Vikar Friedrich Ritter*.
Beinahe hätte er gelacht. Wozu die Sorgen? Die Gegenzeichnung würde ja identisch sein. Was für ein dummes Würstchen war er doch, sich deswegen Gedanken zu machen.
Der Hafen war heiß und staubig und interessierte den Vikar nicht im Geringsten. Er schob die dunklen Gestalten, die Körbe voller Schmuck und Stoffballen verkaufen wollten, zur Seite, wich Passagieren aus, die ihn zum Spaziergang einluden, und eilte an einer kleinen Sandsteinkirche mit ei-

nem hübschen Turm vorüber. Er hielt erst wieder inne, als er die großen englischen Banknoten in den Händen hielt, voll hämischer Freude, dass sein Notgroschen auf einundachtzig Pfund angewachsen war. Kein schlechter Tausch.
Dann tauchte er in die dunkleren Nebenstraßen ein, bis er fand, was er suchte: einen einsamen kleinen Weinkeller, zu weit entfernt vom Hafen, um Seeleute zu seinen Kunden zu zählen, und dort ließ er sich in einem durchgesessenen, bequemen Rohrsessel nieder.
Zum ersten Mal seit sehr langer Zeit – seit Jahren, vermutete er – fühlte er sich behaglich, völlig entspannt. Keinerlei Grund zur Sorge. Als der ältliche Kellner zu ihm trat, legte er eine Pfundnote auf den wackligen Tisch und bestellte eine Mahlzeit und den besten Wein des Hauses und beauftrage den Mann, ihm ein paar gute Zigarren zu besorgen.
»Ausgezeichneter Service«, bemerkte er zu sich selbst, lehnte sich zurück, legte die Füße auf einen Stuhl, warf den hässlichen runden Hut und den weißen Kragen vorübergehend von sich, trank schweren roten Wein und rauchte eine herrliche Zigarre, während der nun zum Koch gewordene Kellner hinter dem hohen Tresen mit Töpfen und Geschirr klapperte.
Er erinnerte sich an eine weitere Einzelheit, die der Dekan seinem frisch gebackenen Missionar geschrieben hatte. Das Geld sollte als Grundlage für den Bau einer Schule verwendet werden, einer lutherischen Schule für deutsche Einwanderer in dieser Stadt namens Bundaberg. Er hatte darauf bestanden, weil diese Schule ein Eckpfeiler für das weltliche und religiöse Wohlbefinden von Familien fern der Heimat sein würde.
»Da haben Sie wahrscheinlich Recht, Herr Dekan, gute Idee. Aber finden Sie nicht auch, dass die Leute lieber sparen und sich ihre Schule selbst finanzieren sollten? Das wäre entschieden besser für sie. Und Sie haben Ihren Friedrich viel zu lange eingesperrt. Ich meine, jetzt hat er mal ein bisschen Spaß verdient. Dieses Geld hier werden Sie gar nicht vermissen.«

Nach der faden Kost auf dem Schiff war diese Mahlzeit herrlich. Eine heiße, kräftige Suppe, dick von Tomatenstücken und Schweinefleisch, ein knuspriges Hühnchen und Bohnen in einer würzigen Soße, frisches Brot, um den Saft aufzutunken, und eine zweite Flasche Wein.

»Und jetzt besorgen Sie mir eine Frau, ja?«

Der Kellner zuckte mit den Achseln und hämmerte gegen die Wand.

Der Vikar winkte ab, als eine über alle Maßen dicke Frau mit einem erwartungsvollen Grinsen zur Hintertür hereinwatschelte.

»Ich will eine Frau, keine Kuh!«

Sie funkelte ihn böse an, fauchte ein paar Worte, auf Spanisch, vermutete er, warf ihr großes, wackelndes Hinterteil herum und ging.

Der theatralische Abgang amüsierte ihn, und er fragte sich, ob man ihm nichts Besseres zu bieten hatte.

Doch, das hatte man. »Gott!«, stieß er leise hervor und sog heftig den Atem ein, als unsichtbare Hände, offenbar die erste Bewerberin, ein junges Mädchen vorwärtsstießen. Sie musste etwa sechzehn Jahre alt sein und war eine Schönheit. Ohne Frage. Ihr langes Haar reichte fast bis zur Taille, die festen Brüste spannten die Baumwollbluse. Ihr Rock war nicht mehr als ein buntes Tuch, ein kleiner Fetzen Stoff über schmalen, geschmeidigen Hüften.

»Ah!«, sagte er, als sie wartend stehen blieb. Und noch einmal: »Ah!« Voller Ehrfurcht. Ihr Gesicht … hohe Wangenknochen, große braune Augen, und dann dieser Mund. Er leckte sich über die Lippen, starrte sie an, starrte auf ihren vollen, üppigen Mund, auf die samtigen Lippen. Aber sie war schwarz. Schwarzhäutig. Eine Negerin. So nahe war er einem schwarzen Menschen noch nie gewesen … nie hatte er auch nur daran gedacht, eine schwarze Frau zu berühren. Wusste nicht, wie es ihm dabei ergehen würde … ob er in der Lage sein würde, es mit ihr zu tun.

Sie rückte näher an ihn heran. Er hätte nur die Hand auszustrecken brauchen, um ihr den Rockfetzen abzureißen, nur um sich zu vergewissern, wie sie darunter aussah. Als ahnte sie seine Versuchung, wiegte sie sich leicht in den Hüften, nestelte lässig an dem Knoten, der den Rock hielt, und schob einen Fuß vor, um mehr von ihrem glatten, schwarzen Bein zu zeigen.

Der Entschluss war gefasst, die Angst überwunden, und er stand auf, bereit, ihr zu folgen, doch der Kellner griff ein.

»Zuerst das Geld.«

Die Rechnung wurde aufgestellt. Das Essen, der Wein, die Zigarren und das Mädchen sollten ein Pfund kosten, genau die Summe, die er auf den Tisch gelegt hatte. Das mochte ein merkwürdiger Zufall sein, gab aber keinen Hinweis darauf, wie viel das Fräulein kosten sollte. Das war ihm inzwischen allerdings herzlich gleichgültig. Sie hätten ihm zehn Pfund abverlangen können, er hätte gezahlt, so sehr brannte er darauf, dem Mädchen die Treppe hinab zu folgen.

Sie hatte ihr Bett im Keller. Dort war es kühl und trocken, und lediglich durch ein vergittertes Fenster hoch oben fiel ein wenig Licht. Er schloss eigenhändig die Tür und schob den Riegel vor. Gewöhnlich war er nicht so schamhaft, ein kräftiger, gesunder Bursche in der Blüte seiner Jahre, doch das hier war etwas anderes – eher ein Experiment, redete er sich ein. Und falls es nicht gelang, blieb es ein Geheimnis zwischen ihm und dieser Hure in einem schmutzigen Winkel der Erde, den er nie wiedersehen würde.

Er lag auf dem Bett, erschöpft, euphorisch, während sie mit einem kühlen Lappen den Schweiß von seinem Körper wischte.

»Nie im Leben …«, sagte er immer wieder zu sich selbst. Nie im Leben war er so gut gewesen, und nie im Leben war ihm ein Körper, eine Frau wie sie begegnet; die Hure war phantastisch.

Er packte ihren Arm. »Noch einmal. Komm her, ich will mehr. Wir wollen mehr.«

Sie kicherte und ließ Wasser auf ihn tropfen. »Kostet mehr Pfund.«
»Ja, ja. Mehr Pfund. Gut.« Er streckte die Hand nach ihrem glänzenden schwarzen Körper aus, und sie hockte sich eilends rittlings über ihn.
»Gut, Friedrich? Du magst es so?«
»Friedrich findet es himmlisch.« Er lachte. »Friedrich ist ein sehr glücklicher Mann.«

Die Hure war so aufregend, so wollüstig, dass er für einen flüchtigen Moment erwog, doch nicht aufs Schiff zurückzukehren. Sollten sie doch zur Hölle fahren. Falls sie ihn suchten, würde er ihnen einfach seinen Entschluss mitteilen und Anweisung geben, sein Gepäck an Land zu bringen. Er war ihnen keine Erklärung schuldig. Er war sein eigener Herr. Er verfügte über Geld … doch wie lange würde er damit auskommen? Ihm waren keinesfalls irgendwelche Theater zwischen den von Palmen beschatteten Hütten aufgefallen, geschweige denn Gesichter, die sich von seiner Rede des Sokrates auf dem Totenbett würden verzücken lassen. Ihm wurde bewusst, dass er seiner ganz persönlichen Loreley begegnet war … verlockend, gefährlich …, denn hier gab es nun wirklich gar nichts für ihn. Irgendwann würde er abreisen müssen, zurück nach Deutschland, wo ihm die Verhaftung drohte, oder nach England, um eine Anstellung bei einer Bühne zu suchen.
Jetzt ging er, wieder angetan mit dem Gewand und der Haltung eines Geistlichen, zurück zum Hafen und wehrte sich gegen seinen beschwingten Schritt und die Versuchung, sich seinen Mitreisenden gegenüber zu brüsten. Wer von ihnen hat schon so einen verteufelt tollen Tag erlebt, überlegte er mit unterdrückter Erregung.
Wer von diesen langweiligen Männern, manche arm und abgezehrt, andere frisch und vornehm, hatte die wilde Leidenschaft dieser Sabine entdeckt, denn so hieß die Kleine, wer von ihnen hatte jemals ein erotisches Abenteuer mit einer

mannbaren Hure mit einer Haut so schwarz und weich wie Samt genossen?
Er seufzte, gewährte Bekannten vom Schiff ein kaum merkliches, erkennendes Nicken, ging jedoch allein weiter. Er musste weiterreisen in dieses neue Land, weil dort eine Aufgabe auf ihn wartete. Oder vielmehr eine Rolle. Warum sollte er wieder Arbeit suchen, um Körper und Seele zusammenhalten zu können, wenn sich vor ihm ein viel leichterer Weg auftat? Einer, den er sich selbst geebnet hatte, aus eigener Kraft, wenngleich er vielleicht auch etwas drastische Mittel eingesetzt hatte. Drastische Verhältnisse verlangten nun mal drastische Maßnahmen. Das war eine Binsenweisheit, wie sie im Buche steht. Und wunderbarerweise konnte er seine neue Rolle, fern aller Kritiker und Intendanten, so spielen, wie es ihm gefiel. Selbst als er zu jenem Schlag ausholte, hatte er den naiven Vikar – so groß wie er, im selben Alter, ihm sogar einigermaßen ähnlich – lediglich als Mittel zur Flucht betrachtet. Nachdem er die Rolle nun gründlich studiert hatte, sah er entschieden mehr darin. Sie war der Weg in ein behagliches Leben. Dieses Mal war er sein eigener Vorgesetzter, der Kritiker, der Intendant, der Autor in einer Person, sozusagen. Und sogar das Publikum. Und was am besten war: auch der Zahlmeister.
»Ich bin ein bedeutender Mann«, hatte er zu Sabine gesagt. Doch sie hatte den Kopf geschüttelt. »Nein. Bedeutende Männer, die haben einen Bart und Speck, hier unter dem Gürtel«, hatte sie ihn aufgezogen.
Der Vikar setzte sich auf eine Kiste unter einer Segeltuchmarkise und wartete auf die Rückkehr des Beiboots, das ihn und weitere Passagiere zum Schiff bringen sollte. Er beobachtete die Möwen, die in die blauen Wellen des Hafens tauchten, und blickte dann zum Schiff hinüber. Er sah es zum ersten Mal aus größerer Entfernung und ließ sich von den eleganten Linien und der zuversichtlichen Ausstrahlung beeindrucken. Genauso fühlte er sich an diesem Spätnachmittag.
»Ich glaube, ich lasse mir einen Bart wachsen«, sagte er.

Wie so viele andere Herren aus der ersten Klasse trug auch Hubert Hoepper einen schicken weißen Segeltuchanzug, den er verabscheute. Seine Tochter hatte darauf bestanden, dass er zwei solche Anzüge kaufte, weil sie ideal für die Tropen waren, wenngleich niemand behaupten konnte, dass an diesem frischen, windigen Tag tropisches Klima herrschte. Die Sonne schien, das war aber auch alles, und es bewog ein paar Männer, dieses merkwürdige Kleidungsstück auszuprobieren. Die Frauen trugen lange weiße Mäntel aus Serge oder Schantung und ließen zierliche Sonnenschirmchen aufblühen, die nicht einmal an diesem Tag ihren Zweck erfüllten.
Hatte Herr Hoepper sich auch überreden lassen, diesen scheußlichen Anzug zu tragen, wollte er doch um nichts auf der Welt auf Zylinder, Handschuhe und Gamaschen verzichten. Er beklagte sich, dass er sich in dem Anzug wie in schweres Segeltuch gewickelt fühlte, doch seine Tochter Adele versicherte ihm, das Material würde mit jeder Wäsche weicher werden, und gerade die leichte Pflege war ja der große Vorzug des Stoffs.
»Männer schwitzen stark in den Tropen, Papa. Das ist eine allgemein bekannte Tatsache. Deshalb ist es notwendig, Kleidung zu tragen, die sich gut waschen lässt.«
Nicht bereit nachzugeben, erinnerte er sie daran, dass die Stadt Bundaberg, ihr Reiseziel, nicht in den Tropen, sondern südlich vom Wendekreis des Steinbocks lag.
Ihr Lachen erfüllte sein Herz mit Freude, denn er hörte es in letzter Zeit so selten. Er hätte es gern noch einmal hervorgelockt, hätte gern etwas Humoriges gesagt, aber die Fähigkeit dazu war ihm offenbar abhanden gekommen.
»Wirklich, Vater, du bist so komisch. Ich hatte in dir einen erfahrenen Weltreisenden erwartet, nachdem du dich so lange Zeit mit Geographie beschäftigt hast, aber offenbar kannst du dein Wissen nicht umsetzen. Ich vermute, dass es in Bundaberg heiß sein wird, denn es liegt nur etwa hundert Meilen südlich vom Wendekreis des Steinbocks. Dort wird tropisches Klima herrschen!«

»Wir werden sehen.« Er lächelte und hoffte, dass er sich im Irrtum befand, damit seine Tochter ihre Freude hatte. Er hätte alles getan, um sie glücklich zu machen und ihr die gute Stimmung zu erhalten.

Bevor er an diesem Morgen an Land gegangen war, hatte er noch einen Wollschal umgelegt, und jetzt, zu später Stunde, empfand er diese Eingebung als tröstlich, wenn auch ein bisschen zu warm. Doch der Schal war ein Andenken an die alte Welt, die er auf Anraten von Freunden und Familie auf dieser Seereise zumindest zeitweise hinter sich ließ. Um ihrer und seiner Gesundheit willen.

Nicht, dass ihm seine Gesundheit mehr am Herzen lag als nötig war, um seinen Haushalt zu versorgen und auf seine Tochter Acht zu geben. Er sah zu, wie sie geschäftig von den Marktständen im Hafen zu den Karren voller Glitzerkram lief, um vor der Rückkehr aufs Schiff schnell noch allerletzte Einkäufe zu tätigen. Adele ist achtzehn, überlegte er, im heiratsfähigen Alter. Eines nicht zu fernen Tages würde sie ihn verlassen. Doch statt sich der traurigen Gedanken hinzugeben, beschloss Hubert, die Gesellschaft seiner Tochter zu genießen, solange es ihm noch vergönnt war.

Das hielt er für eine der Prioritäten in seinem Leben. Adele war alles, was er noch hatte. Sie verstanden sich nicht immer. Sie konnte widerborstig und eigensinnig sein. Dann gab sie ihm Widerworte, zankte, stapfte davon, doch so war sie nun mal. Sie war schon immer reizbar gewesen und neigte zu Ausbrüchen tiefster Traurigkeit wie zu beinahe hysterischer Fröhlichkeit.

Aber meist war sie lieb und großzügig, eine gute Tochter, warum also sollte er sein Leben nicht im Sinne ihres Wohlergehens planen? Wenn sie nicht wäre, was hätte er dann noch?

Merkwürdig, diese Seereise hatte sie vorgeschlagen. Adele, die sich so heftig gesträubt hatte, als er vor einigen Jahren zum ersten Mal Australien zur Sprache brachte. Manchmal fragte er sich, ob sie etwa glaubte, gewissermaßen verant-

wortlich für sein Wohlergehen zu sein, und wenn er es auch nicht über sich brachte, dies auszusprechen, zumal er, gelinde gesagt, ungern über Gefühlsdinge redete, hoffte er doch, dass er sich täuschte. Er hatte ihr gegenüber Verpflichtungen, und die wollte er ganz allein tragen.
Sie kam zu ihm herübergehuscht, einen mit Krimskrams gefüllten Korb am Arm, einschließlich eines Papierschirmchens, der ihr in einem tropischen Wolkenbruch gewiss gute Dienste leisten würde.
Vor einem Laden, der nun geschlossen war, nachdem diese undankbaren Touristen sich standhaft geweigert hatten, winzige Hühnchen in Körben aus Papier zu kaufen, setzte Hubert sich auf eine Bank und schaute sich um, während er verstohlen am Schritt dieser verdammten Hose zerrte, die ihm erhebliches Unbehagen bereitete. Ihm fiel ein junger Geistlicher auf. Er saß so entspannt auf einer leeren Kiste, als wäre es ein eigens für ihn entworfener und angepasster Sitz – ein eleganter Anblick vor dem Hintergrund der aufgewühlten blauen See.
Hubert vermutete, dass es sich um Vikar Ritter handelte, den an Bord häufig erwähnten Hilfspfarrer, dessen Ziel ebenfalls die lutherische Gemeinde in Bundaberg war. Er wirkte ziemlich einsam, vielleicht auch nur in Gedanken versunken, wie er da saß und kein Interesse an seiner Umgebung zeigte, sondern aufs Meer hinaus blickte. Der Bursche machte einen guten Eindruck, war ruhig und würdevoll, und Hubert hatte gehört – hatte sich absichtlich umgehört –, dass er sich so benahm, wie man es von einem lutherischen Geistlichen erwartete. Man erzählte, er sei ein freundlicher Mensch, wenn auch zurückhaltend, einer, der nicht unbedingt Gesellschaft suchte, und Hubert, ein überzeugter Lutheraner, wusste das zu schätzen. Junge Vikare, so sagte man, konnten in der romantischen Umgebung der großen südlichen Ozeane in Schwierigkeiten geraten, sich sogar mit Frauen einlassen, die entsprechend wenig taugten.
Er beschloss, Vikar Ritters Bekanntschaft zu machen.

Der Hilfspfarrer erschrak angesichts der plötzlichen Störung, und Hubert entschuldigte sich überschwänglich. »Verzeihen Sie. Es tut mir furchtbar Leid, wenn ich Sie störe. Ich dachte nur, jetzt sei eine gute Gelegenheit zum gegenseitigen Kennenlernen, da wir doch beide nach Bundaberg reisen. Ja, ganz recht, meine Tochter und ich wollen Pastor Beitz und all die anderen besuchen und sehen, wie es ihnen geht. Bis wir dort ankommen, hatten sie ein Jahr Zeit, sich einzurichten, und es gibt bestimmt Interessantes zu sehen, nicht wahr?«

»Mhm. Ja, bestimmt«, erwiderte Ritter vage und machte sich kaum die Mühe, den Blick vom Meer zu wenden. Es war Hubert peinlich, und er fragte sich, was in ihn gefahren sein mochte, dass er fast unhöflich über den Mann herfiel. Er hätte warten sollen, bis der Kapitän oder einer seiner Offiziere sie einander in aller Form vorgestellt hätten. Doch inzwischen hatte Ritter offenbar sein anfängliches Missbehagen überwunden.

»Da wir uns bisher nicht begegnet sind«, sagte er mit einem kläglichen Versuch zu lächeln, »nehme ich an, dass Sie erster Klasse reisen, Herr Hoepper?«

»Ganz recht.«

»Wie angenehm für Sie. Gemäß der Lehren unseres Herrn Jesus Christus hatte ich eigentlich erwartet, im Zwischendeck unterzukommen, habe sogar darum gebeten, doch der Dekan wollte nichts davon hören. Er bestand darauf, dass ich mindestens zweiter Klasse reise, um nicht der Enge der Schlafsäle im Zwischendeck ausgesetzt zu sein.«

»Ich finde, das war eine kluge Entscheidung von Seiten des Dekans. Haben Sie den Landaufenthalt genossen, Herr Vikar?«

»Oh ja. Ich bin umhergewandert, einfach, um meine Beine zu spüren. Ist Ihnen aufgefallen, dass jetzt schon der Boden unter den Füßen zu schwanken scheint?«

Hubert lächelte, erleichtert über die zugänglichere Haltung des Hilfspfarrers. »Das stimmt, auf mein Wort. Und es ist

ein äußerst merkwürdiges Gefühl. Ich dachte, es ginge mir allein so.«
Er sah Adele kommen. »Das ist meine Tochter, Herr Vikar.«
Der junge Vikar drehte sich um und begrüßte Adele voller Demut, mit niedergeschlagenem Blick und scharrenden Füßen. Hubert lächelte verstohlen. Der arme Kerl war in den vergangenen Jahren wohl nicht vielen Frauen begegnet, und bestimmt keiner, die so hübsch war wie Adele.
»Wie geht es Ihnen, Fräulein Hoepper? Ich freue mich, Ihre Bekanntschaft zu machen.«
»Wir sollten jetzt aufbrechen«, unterbrach Hubert das Kennenlernen. »Es ist Zeit, an Bord zu gehen. Bist du fertig mit Einkaufen, Adele?«
»Ja. Ich habe dort drüben ein paar Bündel abgestellt. Hilfst du mir beim Tragen?«
»Gestatten Sie«, sagte der Vikar, und Hubert gestattete es ihm nur zu gern. Er empfand es als unwürdig, all ihre grellbunten Einkäufe zu schleppen, und hatte keine Lust, so beladen ins Beiboot zu steigen. Sollte der Kirchenmann sich nützlich machen.

Er warf sich auf seine Pritsche. »Tja, Freddy, was für ein Tag. Da hast du was versäumt! Du bist sicher zu allem Überfluss auch noch als Jungfrau gestorben. Und der heutige Tag hätte der schönste in deinem Leben sein können! Oh, ich liebe dieses Leben als Weltenbummler. Das ist das Richtige für mich. Aber lass dir erzählen … Sabine. Oh mein Gott! Sabine. Welche Freude. Welch ein Geschenk.« Er lachte laut. »Ein Geschenk des Dekans. Er hat für sie bezahlt. Heute Abend erzähle ich dir von ihr. Über jede Minute mit ihr, jede Berührung. Wir werden unseren Spaß haben. Wenn ich ganz vorsichtig bin, kann ich vielleicht irgendwo noch einmal eine Flasche Wein mitgehen lassen, dann können wir feiern. Übrigens, ich habe einen Passagier kennen gelernt, einen Herrn Hoepper … hochvornehm. Reich, würde ich sagen. Er reist erster Klasse. Und zwar nach … rate mal!

Nach Bundaberg. Die Stadt, die auch wir zum Ziel haben. Am Ende der Welt. Und er wusste, dass du an Bord sein musstest, Freddy. Also, was macht er? Trottet zu mir rüber und stellt sich vor. Ich wäre vor Schreck fast aus meinem Rock gefahren. Denn ich rechnete ja damit, dass er losbrüllt, sobald er mir ins Gesicht sieht: ›Das ist nicht Friedrich Ritter!‹ Und dann hätte ich auf meinen anderen Plan zurückgreifen müssen. Hätte sagen müssen: ›Sie meinen den *anderen* Vikar Ritter. Ich habe von ihm gehört … nein, wir sind nicht verwandt …‹ und so weiter.
Ich kann dir sagen, Freddy, ich war so verstört, ich weiß nicht, ob ich das gekonnt hätte. Wäre wahrscheinlich eher weggerannt. Aber was macht er? Fängt an, sich für die Störung zu entschuldigen. Sich zu entschuldigen! Plaudert ein bisschen, worüber, kann ich nicht sagen, ich hatte viel zu viel Angst – und dann holt er seine Tochter heran. Die Tochter, Friedrich. Jung, reich und schön. Sie ist recht zierlich, hat aber eine schmale Taille und hübsche Titten und ganz seidiges blondes Haar. Ich bin mit ihnen zusammen im Beiboot zurück aufs Schiff gekommen und habe nur unter schweren inneren Kämpfen die Augen von ihrem lieblichen Gesicht lassen können. Und sie ist so süß …
Ich muss dir gestehen, Freddy, ich habe mich verliebt. Ich bin bis über beide Ohren verliebt in sie. Ich muss mir überlegen, wie ich ihr näher kommen kann. Das wäre eine Aufgabe für dich, Friedrich: Sprich mit dem Herrn. Flehe ihn an, mir die liebste Adele zu geben, dann will ich den Rest meines Lebens als Heiliger verbringen. Ganz bestimmt.«

# Zweiter Teil

## *3. Kapitel*

Hubert Hoepper hatte immer in Hamburg gelebt. Dort war er geboren und zur Schule gegangen, dort trat er als Lehrling in die Handelsfirma H. A. Hoepper & Co. ein, die sein Großvater gegründet hatte. Es hieß, dass Hubert mit zwanzig Jahren dem alten Hubert wie aus dem Gesicht geschnitten war, mit den gleichen blauen Augen, dem kantigen Kinn und dem glatten schwarzen Haar mit dem sauberen Ansatz.

Er war groß, breitschultrig und breitbrüstig, und es hieß, dass der junge Hubert, wenn er richtig ausgewachsen war, ganz der alte Hubert sein würde, abgesehen davon, dass … ach ja. Abgesehen davon, dass der alte Hubert ein Haudegen war. Ein harter, gewiefter Geschäftsmann mit kampfeslustig vorspringendem Kinn, das grau durchzogene Haar militärisch korrekt gestutzt.

Der Enkel hingegen war ein Träumer. Daran bestand kein Zweifel, er war wirklich ein Träumer, und sah sogar so aus, mit seinem langen, zurückgekämmten Haar, den dichten, dunklen Wimpern … wie die Mädchen zu sagen pflegten: er war verträumt.

Als der alte Hubert sich bei seiner verwitweten Schwiegertochter, die seinen Haushalt führte, über ihn beschwerte, verteidigte sie zornig ihren Sohn und führte ins Feld, dass er stets pünktlich sei und seine Arbeit gut mache, was man von einigen seiner Aufseher nicht unbedingt sagen könne. Ihrem Sohn gegenüber trat sie jedoch bedächtiger auf, flehte ihn an, dem Geschäft mehr Beachtung zu schenken und seinem Großvater zu zeigen, dass er sich wirklich für alles Geschäftliche interessiere.

»Aber das stimmt nicht«, sagte er schließlich. »Ich möchte reisen. Ich will die Welt sehen. Vom Bürofenster in dem großen Lagerhaus kann ich all diese großen Schiffe sehen, wenn sie aufs Meer hinaussegeln, und ich würde so gern mitsegeln.«

Als ob sie das nicht wüsste! Schon als Junge zog es ihn in den Hafen, wo er diese Schiffe bewunderte. Sein Vater hatte ihm sogar Spielzeugschiffe und Nachbildungen gekauft, die bis heute in seinem Schlafzimmer standen.

»Hör mir gut zu«, sagte sie. »Du hast nichts außer Reisen im Kopf – welch ein Unsinn. Ich sollte diese Landkarten und all den Kram aus deinem Zimmer räumen, damit du dich besser aufs Geschäft konzentrierst. Was soll denn aus uns werden, wenn dein Großvater deinem Vetter Klaus das Geschäft vererbt? Er ist jetzt schon der wichtigste Angestellte in der Firma, und dabei ist er nur zehn Jahre älter als du.«

Hubert lächelte. »Das ist doch logisch. Er ist zehn Jahre länger im Betrieb als ich.«

»Und was glaubst du wohl, wer dir die ganze Zeit über das Wasser abgräbt? Wer sich bei deinem Großvater über dich beklagt?«

»Klaus etwa? Das glaube ich nicht. Und überhaupt, was hat das schon zu bedeuten?«

»Könntest du mich und deine beiden Schwestern mit deinem Lohn ernähren? Das glaube ich nicht. Dieses Haus gehört deinem Großvater. Kannst du so sicher sein, dass er es mir oder dir vererbt? Kannst du nicht! Aber was kümmert dich das? Du wärst dann ja weit fort, auf der Reise nach Italien oder Ägypten, und dir wäre es gleich, wenn wir auf die Straße gesetzt würden. Du glaubst doch nicht im Ernst, dass dein Großvater einem wie dir sein Geschäft hinterlassen würde, einem, der ganz offenbar keine geschäftlichen Interessen hat und womöglich nicht einmal am Ort ist?« Sie weinte. »Du kümmerst dich um niemanden, außer um dich selbst. Das ist dein Problem. Der alte Mann ist nicht dumm. Er wird das Geschäft in gute Hände geben wollen. Also in

Klaus' Hände, und das bedeutet, dass ich immer von ihm und seiner blöden Frau abhängig sein werde …«

Hubert legte den Arm um ihre Schultern und küsste sie auf die Wange. »Reg dich bitte nicht so auf, Mutter. So schlimm ist es doch gar nicht. Alles wird gut. Du wirst schon sehen.«

Doch an diesem Abend hockte er in seinem Zimmer im obersten Stock, blickte über die Dächer hinweg und dachte über sein Problem nach. Er stellte sich vor, was seine Mutter von den fernen Ländern seiner Träume hielt, und musste unwillkürlich lächeln.

Italien? Ägypten? Oh nein, das war Kinderkram. Diesen Eindruck hatte sie wohl durch die alten Bilder von den Pyramiden gewonnen, die seit Jahren in seinem Zimmer hingen. Nein, Hubert hatte gründlich über seine Reisen nachgedacht. Er hatte Landkarten studiert, er besaß sogar einen eigenen Globus auf einem hölzernen Sockel, und er hatte zahllose Bücher gelesen. Mit einem der Reiseschriftsteller war er völlig einer Meinung, denn der schrieb: ›Die Vorbereitung ist faszinierend, doch die Vorfreude ist unübertrefflich.‹ Das empfand er ganz genauso, und im Laufe der Jahre war sein Geschmack gereift. Ihm wurde bewusst, dass es nicht nur um Schiffe ging, nein, er benötigte auch ein Ziel. Das allein schon war so aufregend …

Zu dieser Zeit redete seine Mutter dem Großvater ein, Huberts Hobby sei die Geographie, um so die Unmengen an Karten und Büchern in seinem Dachstübchen zu erklären, doch der alte Hubert ließ sich nach wie vor nicht beeindrucken.

Kein Ort an den Küsten Europas konnte Huberts Interesse wecken; er sah sich selbst an Bord eines großen Schiffs, dessen Bug mächtige Wellen pflügte, draußen in der Wildnis der großen Ozeane. Aber wo? Amerika bot sich an. Geradewegs jenseits des Atlantiks. Das wäre eine großartige Reise, doch was sollte er anfangen, wenn er drüben war? Zwar war Amerika ein beliebtes Reiseziel, doch dieses Land lockte ihn nicht, weil es augenscheinlich so leicht zu erreichen war und kaum eine Herausforderung darstellte. Außerdem war es, obwohl es sich als Neue Welt bezeichnete, nicht gegen Krieg gefeit, und Hubert war Pazifist.

Pazifist! Seinen Großvater hätte am Abendbrottisch beinahe der Schlag getroffen.

»So etwas habe ich noch nie gehört! Mein Gott, junger Mann, ohne den Mut tapferer Soldaten, wie dein Vater, Gott sei seiner Seele gnädig, einer gewesen ist, wären wir heute nicht hier, könnten nicht den Frieden genießen, den wachsenden Wohlstand …«

»Frieden, Großvater? Für wie lange? Noch mehr Napoleons? Noch mehr Kämpfe um die so genannte Einheit? Noch mehr Schlachten, um derentwillen Tausende von Bauern von ihren Feldern geholt werden, damit sie gegen die Österreicher oder die Franzosen kämpfen? Ich frage dich: Warum herrscht diese Knappheit an Getreide und Nahrungsmitteln? Weil alles gebraucht wird, um Hunderttausende von Soldaten zu füttern, die eigentlich ihre Äcker bestellen sollten. Es ist ein Teufelskreis.«

»Hast du keine Achtung vor deinem eigenen Vater?«, donnerte der alte Hubert. »Er war kein Bauer! Er war Offizier und hat in Ausübung seiner Pflicht den Tod gefunden! Entferne diesen Elenden von meinem Tisch.«

»Ich habe unseren geliebten Vater nicht kritisiert, Großvater. Das würde ich nie tun. Du verstehst nicht. Ich wollte …«

Seine Mutter hatte eingegriffen, die Wogen geglättet, indem sie dem Großvater berichtete, dass Huberts kleine Schwestern ein Konzert für ihn eingeübt hatten. Dieser abrupte Themenwechsel verfehlte seine Wirkung nicht. Der Großvater liebte Hausmusik auf dem Piano über alle Maßen. Er hatte selbst eine gute Singstimme und mochte es, wenn die Mädchen mit ihm zusammen musizierten.

Hubert ließ die Erinnerungen an sich vorüberziehen. Am besten vermied man es, über den Unsinn und die Grausamkeit endloser Kriege mit dem Großvater zu diskutieren. Man hätte meinen können, dass er, nachdem er einen Sohn, seinen

einzigen Sohn verloren hatte, nicht auf dem Schlachtfeld, sondern während einer Kavallerie-Übung, während eines Manövers, eines vorbereitenden Kriegsspiels, dem Standpunkt seines Enkels eher zugänglich gewesen wäre. Sie hatten seinen Vater genommen, war das nicht Grund genug für einen Jungen, gegen alles Militärische eingestellt zu sein? Warum konnte sein Großvater das nicht verstehen?
Wie auch immer, während der langen Wintermonate, als Hamburg in Schnee versank, war es Huberts größte Freude, weiterhin ungestört über seinen Reiseplänen zu brüten. Er zog Südamerika in Betracht und dann Afrika, den dunklen Kontinent voller Geheimnisse, und dann fiel ihm plötzlich ein, dass er, wenn er sich für die neueste Welt entschied, für den Kontinent Australien, all diese anderen Länder ebenfalls zu sehen bekäme. Zumindest im Vorübersegeln, auf dem Weg um die ganze Welt. Das war eine großartige Idee.
Er verwandte große Mühe darauf, alles über die australischen Kolonien zu erfahren, was sich finden ließ, und seine Faszination für dieses fremde, so ferne Land wuchs dermaßen, dass er jegliche Vorsicht fahren ließ. Er suchte seinen Großvater in dessen imposantem Heiligtum auf, wo es von poliertem Holz und Messing und Leder nur so blitzte und wo es nach teurem Tabak roch.
Von seiner Begeisterung mitgerissen, war Hubert ziemlich außer Atem, als er begann, der bärtigen Eminenz alles über dieses herrliche Land weit im Süden zwischen dem Indischen und dem Pazifischen Ozean zu erzählen, von dem sonnigen Klima, dem endlos weiten, noch kaum erforschten Land, seinen neuen Städten und seiner merkwürdigen Tierwelt, doch er wurde bald unterbrochen.
»Ja, und?«
»Nun ... ich möchte gern dorthin, Großvater. Ich habe genug Geld für die Überfahrt und ein bisschen darüber hinaus gespart, und bestimmt könnte ich zeitweise Arbeit finden, um mir Ausflüge leisten zu können.«
»Und was wird aus deiner Arbeit?«

»Darum geht es ja, Großvater. Ich habe mir überlegt, ob ich nicht einen längeren Urlaub nehme … vielleicht ein Jahr … und dann wieder an meine Arbeit gehe.«
Sein Großvater klopfte mit den Knöcheln heftig auf die Schreibtischplatte vor ihm, sehr, sehr langsam, nichts Gutes verheißend.
»Mit anderen Worten, du glaubst, du hättest ein Anrecht auf einen Urlaub. Nicht etwa auf ein paar Tage, wie alle anderen Mitarbeiter auch, nein, auf ein ganzes Jahr. Glaubst du, du hättest dir einen Urlaub verdient, Junge? Gib Antwort! Glaubst du, du verdienst einen Urlaub?«
»Nicht unbedingt. Es wäre gewissermaßen eine Freistellung, verstehst du? Eine Freistellung über ein Jahr. Natürlich unbezahlt.«
»Unbezahlt? Das ist nett von dir, verdammt rücksichtsvoll, möchte ich sagen. Wenn du dieses lächerliche Land besuchen willst, dann tu's. Ich weiß nicht, warum du dir die Mühe machst, mich zu fragen. Mit mir hat das gar nichts zu tun, denn wenn du ohne guten Grund länger als einen Tag deiner Arbeit fernbleibst, werde ich deine Stelle neu besetzen. Und eine Urlaubsreise ist kein guter Grund.«
Plötzlich richtete er sich auf, beugte sich vor und donnerte Hubert an: »Ich bin ein gerechter Mann. Wenn du zu dieser Tür hinausgehst, kannst du dich nach links oder nach rechts wenden. Gehst du nach rechts, liegst du endgültig auf der Straße. Gehst du nach links, setzt du dich wieder an deinen Schreibtisch und arbeitest wie alle anderen auch. Verstanden?«
»Ja, Großvater.«

## *1872*

Zurückblickend auf diese Jahre wusste Hubert, längst der alleinige Besitzer von H. A. Hoepper & Co., dass sein Großvater Recht gehabt hatte. Allein die Überlegung, ein Jahr Urlaub zu nehmen, war dumm von ihm gewesen, und sehr egoistisch. Er war froh, damals die richtige Entscheidung getroffen zu haben. Und danach hatte er sich darangemacht, alles über das Geschäft zu lernen, was es zu lernen gab, und lieber einen nicht zu verachtenden Beitrag zu leisten, statt an seinem Schreibtisch die Zeit totzuschlagen.

Als der Großvater starb, wurde der Besitz zwischen Klaus und Hubert aufgeteilt. Zur Erleichterung seiner Mutter durften sie das Haus am Nikolaifleet behalten, und das Geschäft wurde von den beiden Vettern gemeinsam geführt. Sie wirtschafteten gut, doch irgendwann bezahlte Hubert Klaus aus, weil Meinungsverschiedenheiten zwischen ihnen standen.

Klaus zog es vor, gemäß der Arbeitsweise des Großvaters als Importgeschäft weiterzumachen, doch Hubert sah Exportmöglichkeiten für preiswertere einheimische Waren, die allmählich selbst vom Adel akzeptiert wurden. Er ermutigte Hamburger Möbeltischler und Schreiner und investierte in den Export deutscher Haushaltsgüter.

Das Geschäft blühte, und Hubert, nun in den mittleren Jahren, begnügte sich mit einem geruhsamen Leben an der Seite seiner Frau, seiner zwei Söhne, die bereits in seinen Lagerhäusern arbeiteten, und seiner Tochter Adele.

Und dann sickerte Huberts Begeisterung für ferne Länder allmählich doch wieder in sein Bewusstsein ein. Eine Stimme stachelte ihn unentwegt auf, flüsterte ihm zu, dass er sich die Erfüllung seines Traums jetzt leisten könne: einfach seine Familie zusammenrufen und sie mit auf die Fahrt über die Meere nehmen, vor dem europäischen Winter fliehen und ein neues abenteuerliches Leben beginnen. Bevor es zu spät war. Bevor er zu alt war. Er würde sie nach Australien bringen, in ein Land der Sonne und der unendlichen Weite, wo Familien sich so viel Land nehmen konnten, wie sie mochten. Seine Söhne brauchten nicht in die pfennigfuchsende Welt von Gewinn und Verlust eingesperrt zu werden und sich tagein, tagaus ein dunkles Büro zu teilen, wie er und Klaus es getan hatten.

Er trat vor das Porträt seines Großvaters, um sein Spiegelbild in dem dunklen Glas zu betrachten, und bemerkte nicht zum ersten Mal seine eigenen grauen Schläfen.
»Ich könnte es jetzt tun«, sprach er seine Absicht zum ersten Mal aus.
Erik und Ernst könnten dort draußen auf eigenem Land ein gesundes Leben mit ihren Familien führen. Hubert sah bereits ihre spitzgiebligen Häuser inmitten eines Meers von goldenem Weizen vor seinem inneren Auge. Oder vielleicht umgeben von grünen Wiesen, auf denen Schafe und Kühe grasten.
Zwar brachte er es noch nicht über sich, mit jemandem, sei es Familie oder Freund, über seinen Plan zu sprechen, doch er begann Erkundigungen einzuziehen und stellte zu seiner Überraschung fest, dass hier in Hamburg ein Agent Leute anwarb, die nach Australien auswandern wollten.
Hubert staunte, als er sich im Büro eines jungen Herrn namens John Henderson wiederfand, der tatsächlich daran arbeitete, Leute zum Auswandern nach Australien zu bewegen, insbesondere in die nordöstliche Kolonie Queensland. Dieser Anblick bestätigte alle seine Erwartungen, alles schien so zu sein, wie es sein musste.

Es überraschte Henderson, dass Hubert Hoepper bereits so viel über die Antipoden wusste.
»Aber was bedeutet eigentlich Antipoden?«, fragte Hoepper.
»Das ist das andere Ende der Welt in Bezug auf England.« Er lachte. »So bezeichnen wir Australien und Neuseeland.«
Hoepper furchte die Stirn, keineswegs belustigt. »Dann ist England für Australien und Neuseeland der Antipode, ist das richtig?«
»Wahrscheinlich«, pflichtete Henderson ihm bei. »Vielleicht möchten Sie sich diese Karten anschauen, damit ich Ihnen über die verschiedenen neuen Städte berichten kann, die Immigranten suchen. Es sei denn, mein Herr, dass Sie als Geschäftsmann die Großstadt Brisbane bevorzugen?«

»Mein Interesse geht eher dahin, Land zum Bewirtschaften für meine Söhne zu finden.«
»In der Umgebung von Brisbane gibt es überreichlich gutes Land.«
»Und je weiter ich mich vom Zentrum der Stadt entferne, desto billiger ist das Land.«
»In der Tat, so verhält es sich.«
»Ist der Menge an Land, die ich kaufe, eine Grenze gesetzt?«
»Höchstens durch Ihren Geldbeutel. Die Regierung bezuschusst sogar die Überfahrt nach Australien, um die Besiedelung des Landes zu beschleunigen.«
»Lieber Himmel! Das ist außergewöhnlich!«
Henderson lächelte breit, in der Gewissheit, hier einen Kandidaten gefunden zu haben, noch dazu einen mit ausgezeichneten Referenzen.
»Wie viele Personen würde Ihre Reisegruppe umfassen, Herr Hoepper?«
»Sieben, einschließlich meines Personals«, erwiderte er vage, während er etwas in sein kleines Notizbuch schrieb.
Dann aber stand er abrupt auf, um sich zu verabschieden.
»Einen schönen Tag noch, Mr Henderson, danke, dass Sie mich empfangen haben. Ich brauche Zeit, um alles zu überdenken. Ich werde mich wieder bei Ihnen melden.«

Hubert rannte nahezu aus dem Büro hinaus. Plötzlich kam er sich töricht vor, als sollte ein Mann von fünfzig Jahren nicht mehr derartig radikale Ideen pflegen. Es schien, als würde er langsam ein bisschen komisch im Kopf. Er spürte, wie unter seinem säuberlich gestutzten Bart alles Blut aus seinen Wangen wich. Würde er tatsächlich alles verkaufen? Das Familienunternehmen? Das schöne repräsentative Haus? Um auszuwandern und in der Wildnis zu leben? Was war das für ein Unsinn? Was würden die Leute sagen?
Glaubte er etwa, er wäre wieder zwanzig?
Nein, aber meine Söhne sind in den Zwanzigern. Der Gedanke ließ ihn abrupt stehen bleiben, und er lenkte seine

Schritte zum Hafen, wo jetzt sogar noch größere Schiffe vor Anker lagen.

An meine Söhne sollte ich denken, nicht an mich und mein Wohlbefinden. Dann lächelte er. Es würde ein herrliches Abenteuer sein!

Als er nach Hause kam, saßen alle mit finsteren Mienen im Wohnzimmer und warteten auf ihn.

»Was ist hier los?«, fragte er. »Was hat euch die Sprache verschlagen?«

Erik reichte ihm die Unterlagen. »Wir müssen zum Militär. Ernst und ich, alle beide.«

»Oh nein. Ich habe Ausnahmeregelungen für euch erwirkt.«

»Offenbar hat das nichts bewirkt, Vater.«

»Macht doch nichts«, sagte Ernst. »So schlimm wird es schon nicht werden.«

Hubert verschwendete keine Zeit. Er ersuchte um eine Audienz beim Kriegsminister, wurde jedoch mit Ausflüchten abgespeist. Er traf sich mit dem Oberst des Regiments und bestand darauf, dass seine Söhne auf Grund ihrer geschäftlichen Verpflichtungen vom Militärdienst freigestellt werden, doch der Oberst ging gar nicht darauf ein. In seiner Verzweiflung begann Hubert zu feilschen. Er würde für die Freistellung bezahlen, damit Ersatzmänner ausgebildet werden könnten – ein verschleierter Bestechungsversuch, der auf fruchtbaren Grund fiel.

»Ich kann sie nicht völlig freistellen, Herr Hoepper. Zwei Jahre würden sie dennoch dienen müssen.«

»Ein Jahr.«

»Wie wäre es mit achtzehn Monaten?«

»Nein. Ein Jahr.«

»Tut mir Leid. Achtzehn Monate, mehr kann ich nicht für Sie tun. Sagen wir, wir zählen diesen Betrag zum Preis ihrer Offizierspatente, Uniformen und Pferde hinzu. In der Kavallerie sind sie besser aufgehoben.«

Aus Prinzip beklagte sich Hubert über die endgültigen Kos-

ten, wenngleich er auch das Doppelte gezahlt hätte, und er verließ die Kaserne voller Ärger und Verzweiflung, um geradewegs zu Hendersons Büro zu gehen.
Der Agent war nicht anwesend, doch Hubert traf auf einen ältlichen Pastor, der geduldig auf einer Bank gleich hinter der Eingangstür wartete.
»Leider ist unser Mann im Augenblick nicht anzutreffen. Sind Sie vielleicht auch ein Träumer?«, fragte der Geistliche.
»Oh, nein, wohl kaum«, antwortete Hubert. Er war schließlich ein erfolgreicher Geschäftsmann.
»Haben Sie keine Lust, nach Australien auszuwandern?«
Hubert biss an. »Mag sein«, gab er zu. »Vielleicht, Herr Pastor.«
»Aha. Am besten macht man gleich Nägel mit Köpfen. Es dauert zu lange, wenn man es sich überlegen muss. Was mich betrifft, ich habe schon vor langer Zeit den Entschluss gefasst.«
»Sie wandern aus?«
Der Pastor wirkte wie ein Methusalem mit seinem langen grauen Bart und dem schütteren Haar. Doch plötzlich blitzten seine Augen.
»In mir steckt noch reichlich Leben, mein Sohn. Mein Traum beinhaltet zweierlei. Oder vielleicht sollte ich sagen, ich habe zwei Träume. Der erste ist der, eine lutherische Mission zu gründen … Gestatten Sie: Welcher Konfession gehören Sie an?«
»Derselben wie Sie, Herr Pastor.«
»Gut. Ich möchte eine Mission gründen und die Eingeborenen unserem Herrn zuführen. Und mein zweiter Traum besteht darin, die Schäfchen unserer Herde, die mit bislang noch unbekanntem Ziel auswandern wollen, in der Kolonie Queensland zu sammeln.« Er hielt inne, um Atem zu schöpfen, und keuchte ein wenig. »Finden Sie nicht auch, dass es einfach wunderbar sein würde, dort draußen eine lutherische Gemeinde ins Leben zu rufen?«
»Das könnte ich mir vorstellen«, sagte Hubert.

»Sie hätten den Trost ihrer eigenen Sprache …«
Die Sprache! Nun, Hubert sprach ein wenig Englisch, aber sonst niemand in seinem Haushalt. Er nahm sich vor, so bald wie möglich für Englischunterricht zu sorgen.
»… Sie hätten ihre eigene Religion und ihre alten Traditionen. Ein großer Vorteil, nicht wahr?«
»Doch, das wäre es wohl.«
»Dann sind Sie bestimmt nicht abgeneigt, ein Opfer zu bringen, mein Unternehmen mit einer Spende zu unterstützen.«
Hubert zückte seinen Geldbeutel und reichte dem Geistlichen zwei Silbermünzen. »Haben Sie viele Schäfchen in Ihrer Herde, Herr Pastor …?«
»Beitz. Mein Name ist Beitz. Etwa vierzig, mein Herr. Ganz gut für den Anfang, meinen Sie nicht auch?«
Hubert nickte. Da Pastor Beitz immer wieder seine Zustimmung suchte, vermutete er, dass er ein wenig unsicher hinsichtlich seines großen Plans war, doch er irrte sich.
»Ich freue mich, dass Sie meiner Meinung sind, Herr …?«
»Hoepper.«
»Herr Hoepper, Gott segne Sie. Sie sind ein großer Gewinn für unsere Gemeinde. Nehmen Sie Ihre Familie mit? Ich kann Sie mir nicht als Junggesellen, als Einzelreisenden vorstellen. Sie müssen sich uns anschließen. Sie sind uns von Herzen willkommen. Wir werden eine glückliche, fromme Gemeinde sein und zusammen arbeiten, verstehen Sie. Ich habe Gott dem Herrn gelobt, seinen Namen ins ferne Land zu tragen, und jetzt gibt es kein Zurück mehr …«
Hinter ihm schlug eine Tür, und Henderson flüchtete vor Regen und Hagel ins Hausinnere und schüttelte das Wasser aus seinem Schirm.
»Pastor Beitz! Wie schön, Sie zu sehen. Und Sie haben Herrn Hoepper mitgebracht! Das ist ja wunderbar! Ich wollte Sie ohnehin miteinander bekannt machen.«
»Nicht nötig.« Beitz lächelte. »Wir sind alte Freunde. Zumindest unsere Träume sind es.«

Im Verlauf der folgenden Monate wurden Hubert und Beitz gute Freunde, und natürlich schloss Hubert sich der deutschen Gruppe von Auswanderern mit dem Ziel Australien an, wie der alte Pastor es vorausgesehen hatte.

Beitz war ein fröhlicher Geselle und ausgesprochen liebenswürdig, doch er war auch ziemlich unpraktisch veranlagt, und Hubert half ihm, wenn es um die Planung ging. Sie stellten sicher, dass die ärmeren Mitglieder der Gruppe Zuschüsse zur Überfahrt auf dem Zwischendeck erhielten, damit die gemeinsame Kasse, wie sie ihren Auswanderungsfonds nannten, lediglich den Rest zu übernehmen brauchte. Sie gingen nach dem Prinzip vor, dass alle, die es aufbringen konnten, die Fahrt aus eigener Tasche bezahlten, oder wenigstens so viel, wie sie erübrigen konnten.

Diejenigen, die auf Grund ihrer Armut auswanderten, brauchten überhaupt nichts zu bezahlen, und Hubert fand diese Regelung sehr gerecht.

Endlich kam der Tag, an dem Hubert sich festlegen musste, und er begann damit, dass er seiner Familie seinen Plan vorstellte. Es enttäuschte ihn, dass keiner von ihnen seine Begeisterung teilte. Seine Söhne, in ihren blauen Uniformen mit Litzen und Messingknöpfen, mit ihren Pickelhauben und hohen glänzenden Stiefeln prächtig anzusehen, waren zum Verdruss ihres Vaters sehr zufrieden mit ihrem neuen Leben in der Armee. Sie gaben sogar zu, dass sie das Militär der Arbeit im Familienunternehmen vorzogen.

»Bei allem Respekt, Vater«, sagte Ernst, »wir wissen zu schätzen, was du für uns getan hast, aber unsere Arbeit war langweilig.«

»Unerträglich«, bekräftigte Erik. »Wirklich einschläfernd. Aber die Armee ist aufregend, immer ist etwas los, und unsere Freunde sind prächtige Burschen.«

»Was ist das für ein Unsinn?«, brauste Hubert auf, ganz wie sein Großvater. »Die Armee ist kein Maskenspiel, kein Bühnenstück zu eurer Belustigung.«

»Ich weiß, Vater«, sagte Erik beschwichtigend. »Du sollst

nur wissen, dass es nicht so schlimm ist, wie wir angenommen hatten. Aber deine Idee auszuwandern ... Ich weiß nicht, was ich davon halten soll.«

Sie führten ein langes Gespräch, und schließlich sahen die Jungen den Standpunkt des Vaters ein. Sie betrachteten seinen Plan als ein neuerliches großes Abenteuer, noch dazu mit der Aussicht auf Wohlstand, und keiner von ihnen bedauerte, dass das Familienunternehmen verkauft werden sollte. Sie waren vielmehr erleichtert.

»Sobald ich alles geregelt habe, könnt ihr diese flotten Uniformen ausziehen«, sagte Hubert. »Ihr habt jetzt noch mehr als ein Jahr vor euch, doch die Zeit werde ich wohl für die Vorbereitungen brauchen.«

»Aber was ist, wenn Pastor Beitz und seine Leute abreisen wollen, während die Jungen noch beim Militär sind?«, fragte seine Frau besorgt.

»Dann werden wir eben auf sie warten müssen.«

Sie nahm Hubert beiseite und flüsterte: »Kannst du nicht alles ein wenig beschleunigen? Wir sollten so bald wie möglich aufbrechen. Ich finde es unerträglich, dass die beiden beim Militär sind, und es wundert mich, dass du es zulässt, zumal die Franzosen schon wieder für Unruhe sorgen.«

»Gabriele, mehr konnte ich nicht tun.«

»Oh doch. Ich bin weiß Gott nicht gerade glücklich über dein gewagtes Vorhaben, wenn man auch sagt, Seereisen seien gut für die Gesundheit ...«

»Das sind sie auch, Gabriele. Du kränkelst schon seit langer Zeit«, fiel er ihr eifrig ins Wort, um das Flämmchen der Zustimmung am Leben zu erhalten. »Die Reise wird dir gut tun.«

»Darum geht es nicht. Ich möchte, dass du die Überfahrt buchst und uns so schnell wie möglich an Bord eines Schiffes bringst. Wir nehmen die Jungen mit. Die Österreicher könnten wieder angreifen, oder die Franzosen. Wir müssen die beiden in Sicherheit bringen.«

Hubert erschrak. Seine Frau, gewöhnlich so scheu und zurückhaltend, wirkte unerbittlich.

»Das können wir nicht tun. Es verstößt gegen das Gesetz.«
»Wen stört es? Was können sie schon dagegen tun? Bis sie es merken, sind wir längst fort. Die Jungen sind dann auf hoher See, außerhalb ihrer Reichweite. Deine Idee, ans andere Ende der Welt überzusiedeln, ist ideal für uns. Dort draußen wird man sie niemals fassen.«
»Aber das ist Fahnenflucht!«, stammelte Hubert. »Das dürfen sie nicht tun.«
»Sie müssen! Wer würde dort im fremden Land schon davon erfahren? Kein Mensch!«
»Es geht nicht darum, wer davon weiß oder nicht, meine Liebe. Es geht um ihre Ehre.«
»Oh! Ich verstehe. Und was ist so ehrenhaft an deinem Versuch, sie loszukaufen? Hohe Offiziere zu bestechen?«
»Das habe ich nur getan, um mein Gewissen zu beruhigen. Ich kann und werde meine Söhne nicht zur Fahnenflucht ermuntern.«
»Dann tu ich es.«
Für Erik und Ernst kam Fahnenflucht nicht in Frage, und ihre jüngere Schwester Adele zollte ihnen Beifall. Der bloße Gedanke, Hamburg verlassen zu müssen, entsetzte sie, diese schöne Stadt mit ihren liebevoll gepflegten alten Häusern, ganz zu schweigen von all ihren Freundinnen. Tagelang weinte und schmollte sie, und als der Englischlehrer eintraf, weigerte sie sich strikt, am abendlichen Unterricht im Wohnzimmer teilzunehmen.
»Wie du willst«, sagte Hubert. »Es ist allerdings schade, dass ein so hübsches Mädchen wie du nicht einmal in der Lage sein wird, einen Krug Milch zu kaufen.«
Allmählich schickte Adele sich ins Unvermeidliche – wenn auch widerwillig – und begann, sich an den Englischlektionen zu beteiligen. Sie lernte die Sprache schneller als alle anderen.
Hubert stellte Pastor Beitz seiner Familie vor, und alle waren entzückt von ihm, besonders Gabriele, die die Vorstellung, dass er mit ihnen reisen würde, äußerst tröstlich fand.

Dann trafen sie sich auch mit weiteren Mitgliedern seiner zukünftigen Gemeinde, zuerst mit den Bauersleuten Jakob und Frieda Meissner und ihrem siebzehnjährigen Sohn Karl. Die Bekanntschaft mit diesem gut aussehenden Burschen munterte Adele ganz ungemein auf, und Hubert bemerkte, wie ihr Murren nachließ.

Die meisten Mitglieder der Gruppe waren offenbar Bauern, kräftige, stille Männer, die großes Interesse an den Vorgängen auf den Versammlungen zeigten, aber wenig zu sagen hatten. Ihre Frauen saßen zusammen in den hinteren Reihen und kümmerten sich mehr um ihre eigenen Pläne als um die zahlreichen Fragen, die geklärt werden mussten. Manchmal erschienen auch einige junge Männer und Frauen, Pächter, die sich ihres Standes und ihrer Rechte nicht gewiss und daher völlig abhängig von Pastor Beitz' Anleitung waren, der sich alle Mühe gab, ihnen Mut zuzusprechen und ihnen das Gefühl des Willkommenseins zu vermitteln. Dann war da noch Lukas Fechner, der als Pferdeknecht arbeitete, mit seiner schönen Frau Hanni, einer hinreißenden Blondine. Sie schien sehr verliebt zu sein, und Hubert vermutete, dass sie frisch verheiratet waren. Andere Leute kamen und gingen, manche tauchten nie wieder auf, und um die Kontinuität zu wahren, bat Pastor Beitz, dass jeder, wenn eben möglich, am Sonntagsgottesdienst in der Kirche St. Johannis teilnahm, und darauf einigte man sich.

Hubert war nicht immer einverstanden mit den Anträgen, die auf diesen Treffen zur Diskussion gestellt wurden, am wenigsten mit dem Vorschlag, im Voraus aus der gemeinsamen Kasse Land zu kaufen, unbesehen, damit sie sozusagen ihren eigenen Grund und Boden hatten, von wo aus sie planen konnten. Als vorsichtiger Mensch sprach er sich dagegen aus, wurde jedoch überstimmt.

»Wir brauchen es«, sagte Beitz. »Wir ziehen nicht in eine Stadt, sondern in die Wildnis. Wir brauchen eigenes Land, auf dem wir unsere Zelte aufschlagen können, damit wir nicht von anderen abhängig sind. Von dort aus werden wir

mit Gottes Hilfe erfolgreich arbeiten, und unser Land wird der Standort unserer Kirche sein. Gepriesen sei der Herr.«
Huberts Stimme ging in Jubel und Applaus unter. Jetzt musste nur noch entschieden werden, wo genau sie das gemeinsame Land kaufen wollten, und John Henderson wurde beauftragt, sich in dieser Richtung umzuhören.
Hubert spürte bereits, wie er den Bindungen an Familie und Freunde mehr und mehr entglitt und sich stärker von der Begeisterung der »Auswanderer«, wie sie sich jetzt nannten, angezogen fühlte. Auf den Sonntagsgottesdienst folgte bei entsprechendem Wetter gewöhnlich ein Picknick, zu dem man neue Interessenten mitbrachte und sie ermutigte, sich der Gruppe anzuschließen. Beitz hat Recht, überlegte Hubert, wir alle verfolgen unseren Traum, aus den verschiedensten Gründen, und damit nicht zufrieden, versuchen wir auch noch, andere zu gewinnen, so groß ist unsere Begeisterung für den kühnen Plan. Er bemühte sich sogar, Klaus und seine Familie dazu zu überreden, doch Klaus fand die Idee größenwahnsinnig. Für ihn bedeutete die Wildnis das Abgeschnittensein von der Zivilisation, den Verzicht auf Kultur.
»Was nützt uns Kultur, wenn sie durch Krieg und Zerstörung entwertet wird?«, fragte Hubert, doch Klaus lachte.
»Du bist wirklich naiv in deiner ›Zurück zur Natur‹-Begeisterung, Hubert. Amerika wird auch schon durch entsetzliche Kriege entwertet. Weshalb glaubst du, in den australischen Kolonien würde es anders sein?«
Daraufhin machte Hubert sich auf die Suche nach Henderson. »Ich finde die Treffen sehr nützlich und freue mich über die Menschen aus allen Berufszweigen, die eventuell mit uns segeln, doch jetzt muss ich noch etwas ausgesprochen Wichtiges wissen. Wie sieht es in den australischen Kolonien hinsichtlich des Militärs aus? Insbesondere in Queensland.«
Henderson blinzelte. »Militär?«
»Wie stehen Militär und Regierung zueinander? Wer ist der Kriegsminister?«
»Ich verstehe nicht ganz, was Sie wollen, Herr Hoepper. In

den Kolonien gibt es kaum Militär. Nur ein paar Überreste der britischen Armee.«

»Ah, aber mir ist aufgefallen, dass der Gouverneur von Queensland den Rang eines Obersten hat. Ist er gleichzeitig Kriegsminister?«

»Nein. Im ganzen Land gibt es keine Kriegsministerien. Es gibt keine Armee.« Henderson grinste. »Da ist ja niemand, gegen den man kämpfen könnte, so abgeschieden vom Rest der Welt. Außer den Eingeborenen. Die Siedler und die Schwarzen einigen sich friedlich untereinander.«

»Sind Sie sicher? Vielleicht tragen die Kolonien untereinander ihre Fehden aus, vielleicht wegen Grenzfragen oder etwas Ähnlichem?«

»Warum sollten sie? Alle haben mehr Land, als sie bewirtschaften können. Was glauben Sie, warum ich hier bin, mein Herr? Das Land muss bevölkert werden, um wirtschaftlich überleben zu können, sonst sinkt es zurück in den Zustand der Wildnis.«

»Ich verstehe. Noch eines, Mr Henderson. Das ist eine heikle Frage, und mehrere Leute sind schon auf mich zugekommen und haben mich gebeten, mich zu erkundigen. Was ist mit den Sträflingen? Einige von den Kolonien waren doch zunächst nur Arbeitslager für deportierte Schwerverbrecher …«

»Und für Leute, die gestohlen haben, weil sie sonst verhungert wären, das ist richtig.«

»Müssen wir in Australien mit frei herumlaufenden, wild gewordenen Sträflingen rechnen?«

»Nein. Sie sitzen ihre Strafe ab und werden dann begnadigt. Wenn sie rückfällig werden, ist ihr Leben nichts mehr wert. Dann werden sie in ein Höllenloch namens Norfolk Island verbracht. Aber im Großen und Ganzen gesehen haben freigelassene Sträflinge sich gut bewährt. Was Herrn Pastor Beitz' Theorie bestätigt, die besagt, dass ein Mann, wenn er eine gute Ausgangsposition bekommt, zur Ziellinie strebt. Übrigens waren meine Großeltern auch Sträflinge.«

»Gütiger Gott!« Hubert war es selbst peinlich, dass er so schockiert reagierte und alle Höflichkeit vergaß.
»Das ist nicht weiter schlimm«, sagte Henderson leichthin. »Mein Großvater wurde in London geboren. Arm wie eine Kirchenmaus. Er stahl ein Paar Stiefel und wurde zu sieben Jahren in Sydney verurteilt. Doch niemand sagte ein Wort darüber, wie er und die anderen dann wieder nach Hause kommen sollten, und so blieben sie eben. Meiner Großmutter erging es genauso. Sie war Irin, eine kämpferische kleine Frau. Ihre Herrin hatte sie wegen eines zerbrochenen Tellers verprügeln lassen, und was tat sie? Nachdem sie bestraft worden war, marschierte sie, noch blutüberströmt, zurück ins Haus und versetzte ihrer Herrin eine gehörige Ohrfeige. So wurde auch sie deportiert. Nach Sydney.«
»Oh weh. Wie entsetzlich für die junge Frau.«
»Nun, das kann man wohl sagen«, versetzte Henderson finster. »An Bord des Transportschiffes wurde sie von einem Offizier vergewaltigt. Sie brachte das Kind, meinen Vater, in Sydney in einer Gefängniszelle zur Welt, dann wurde sie mit dem Kind hinaus auf eine Farm geschickt, wo sie als Milchmagd arbeiten sollte. Dort lernte sie meinen Großvater, der als Schäfer arbeitete, kennen und heiratete ihn.«
Hubert lauschte fasziniert. »Aber Sie sind ein gebildeter Mann, John. Wie kam es dazu?«
»Ah, Australien hat eigene Regeln. Meine Großeltern leisteten ihre Zeit ab, erhielten die Freiheit zurück, reisten dann nach Norden ins Hinterland und arbeiteten für Leute, die für einen Apfel und ein Ei riesige Ländereien von der Regierung gepachtet hatten und nun Schafzuchtfarmen aufbauten. Großmutter und Großvater machten es genauso. Dadurch waren sie frei wie die Vögel. Sie sparten ein bisschen Geld zusammen, zogen – mein Vater war noch ein kleines Kind – in einem Karren noch weiter nach Norden und suchten sich ein riesiges Stück Land ganz für sich allein aus. Sie brauchten Wochen, um die Grenzen abzustecken, und die Aborigines saßen ihnen im Nacken. Und was meinen Sie, was sie taten,

als sie dann schließlich stolze Besitzer von zehn Quadratmeilen guten Weidelands waren?«
»Keine Ahnung«, antwortete Hubert fasziniert.
»Sie zündeten ein großes Freudenfeuer an und feierten. Und jedes Jahr an diesem Tag zünden wir zum Gedenken daran Freudenfeuer an. Sie nannten ihre Farm – ihren Besitz, könnte man auch sagen – Tyrone Station nach Großmutters Heimat, und sie lebten hinfort glücklich und in Frieden. Ich bin dort geboren.«
»Wo befindet sich dieses Land?«
»Am Fluss Burnett. Ein gutes Stück landeinwärts von einem neu besiedelten Gebiet namens Bundaberg aus gesehen. Das sehe ich mir gerade an, als möglichen ›Ort zum Niederlassen‹, wie die Aborigines sagen würden, für Ihre lutherische Gemeinde.«
»Und wo liegt dieser Fluss Burnett?«
»Ach ja, entschuldigen Sie. Nun, lassen Sie mal sehen. Etwa dreihundert Meilen nördlich der Hauptstadt Brisbane.«
Er bemerkte, dass Hubert überrascht den Atem einsog.
»Herr Hoepper, wenn Sie dieses Land betrachten, dürfen Sie nicht an Entfernungen denken. Viel wichtiger ist Zeit. Entweder haben Sie die Zeit, dort draußen viele Meilen zurückzulegen, oder Sie haben sie nicht. Andererseits reisen Sie über neues, interessantes Land, in dem es keine Uhren gibt. Und vergessen Sie nicht – je weiter Sie sich von den hauptsächlichen Zentren der Besiedelung entfernen, desto preiswerter ist das Land.
Wie auch immer, diese Siedlung Bundaberg liegt fast an der Mündung des Burnett, etwa zehn Meilen von der Küste entfernt. Die Stadt wächst sich aus zu einem bedeutenden Hafen für all die Farmen im Hinterland, denn vorher musste alles von und nach Brisbane über Land transportiert werden.«
»Aber als Stadt kann man Bundaberg wohl noch nicht bezeichnen?«
»Noch nicht, aber bald. Darauf können Sie getrost wetten.«

»Ich bin keine Spielernatur, John. Ich bezweifle, dass diese Gegend interessant für mich sein könnte.«
»Auch gut. Sie müssen selbst entscheiden, wohin Sie sich wenden. Ich habe hier nur beratende Funktion.«
Bis jetzt hatte Hubert Henderson als einen Büromenschen betrachtet, von geringem Interesse, abgesehen von den Informationen, die er kraft seines Amtes geben konnte. Er hatte Henderson für einen Engländer gehalten, doch jetzt hatte er erfahren, dass der junge Mann tatsächlich in Australien zur Welt gekommen war – der erste Australier, den er kennen lernte –, und das ließ alles in einem ganz anderen Licht erscheinen. Henderson würde wohl wissen, wovon er sprach. Hubert schämte sich immer noch wegen seiner Reaktion auf die Geschichte von Hendersons Vorfahren, und er versuchte, es wieder gutzumachen.
»Tut mir Leid, die Sache mit Ihren Großeltern. Ich hoffe, Sie halten mich nicht für indiskret.«
»Aber ganz und gar nicht. Und Sie sollten sich wegen der Vergangenheit der Sträflinge keine Gedanken machen, Herr Hoepper. In Australien heißt es, die Engländer hätten besser daran getan, selbst auszuwandern und ihren Sträflingen England zu überlassen. In vielerlei Hinsicht waren diese deportierten Strafgefangenen irgendwann besser dran als viele einfache Leute in England.«
Hubert nickte. »Das mag wohl zutreffen, wenn andere Sträflinge sich auch so herausgemacht haben wie Ihre Großeltern, und sie hatten den Vorteil eines gesunden Klimas. Aber ich frage mich, warum Sie hier in Deutschland sind, wenn Sie doch auf Ihrem Familienbesitz das Leben genießen könnten.«
John lachte. »Die Antwort müssten Sie eigentlich kennen. Man nennt es Wanderlust.«

Hubert war erleichtert über den Verkauf des Unternehmens. Mit der Zeit hatte er sich in puncto Verwaltung und Führung der Lagerhäuser immer mehr auf seine Söhne verlassen. Erik und Ernst hatten ihre Arbeit so tüchtig und zuverlässig

versehen, dass er sich nicht mehr darum zu kümmern brauchte. Jetzt fehlten sie ihm an allen Ecken und Enden. Ihre Nachfolger waren nachlässige, leichtsinnige Burschen, die täglich für Verwirrung und Ärger sorgten.
Als er nach Hause ging, ganz der erfolgreiche Geschäftsmann in seinem feinen Frack, mit dem dunklen Hut und dem Stock mit der silbernen Spitze, fühlte er sich ein wenig wie ein Hochstapler. Er wusste, dass er seine bisherige Rolle ablegen und sie nach einer langen Reise über die großen Ozeane gegen die süße Ruhe des Landlebens eintauschen würde. Es war fast, als bereitete er sich wie ein ungezogener Schuljunge aufs Schwänzen vor, und der Unsinn eines solchen Gedankens entlockte ihm ein Lächeln und beschwingte seinen Schritt an diesem schönen Nachmittag.
Die Tür zu seinem Haus stand offen. Verwundert spähte Hubert ins Hausinnere, als sei er ein Fremder, und betrat mit gerunzelter Stirn die verlassene Eingangshalle. Es war so still im Haus, dass eine Uhr, die die Viertelstunde schlug, ihn erschreckte, und er fuhr herum und wäre beinahe über die weiße Katze gestolpert, die an ihm vorüberhuschte.
Hubert schloss die Tür, legte Hut und Stock an der Garderobe ab und klingelte nach der Haushälterin. Als keine Reaktion erfolgte, klingelte er noch einmal und stampfte zornig mit dem Fuß auf. In seinem eigenen Haus würde er nicht laut rufen oder in der Küche suchen, und so wollte er bereits sein Arbeitszimmer aufsuchen, als Lily, die Haushälterin, über ihm auf dem Treppenabsatz erschien.
»Oh, Sie sind zurück, gnädiger Herr«, rief sie weinend. Sie weinte!
Hubert lief, zwei Stufen auf einmal nehmend, die Treppe hinauf und packte Lily am Arm, bevor sie sich abwenden konnte.
»Was ist los? Was ist passiert?«, rief er und hätte sie um ein Haar geschüttelt. »Meine Frau. Ist sie krank?«
Lily sah ihn mit tränenüberströmtem Gesicht an. »Bitte, gnädiger Herr, der Arzt ist bei ihr. Und Fräulein Adele.«

Sie trat zurück und drückte sich an die Wand, als er weiterging, in der festen Überzeugung, dass Gabriele nun dem Tod ins Angesicht sah.
Er eilte den Flur entlang und sah den Arzt aus dem ehelichen Schlafzimmer kommen. Seine Miene drückte höchste Sorge aus, als er die Tür leise hinter sich schloss.
»Wie geht es ihr?«, fragte Hubert flehend, doch der Arzt hob die Hand, als wollte er ihn am Betreten seines eigenen Schlafzimmers hindern.
»Was soll das?«, fragte er. »Ich muss zu meiner Frau.«
»Einen Augenblick bitte noch. Ich möchte zunächst ein Wort mit Ihnen reden. Setzen wir uns.«
Hubert, der sich plötzlich sehr verletzlich und schwach in den Knien fühlte, ließ sich zu einem Sofa am Kopf der Treppe führen.
»Sie müssen jetzt stark sein ...«, setzte der Arzt an, doch Hubert winkte ab.
»Um Gottes willen! Meine Frau ... Was ist mit ihr?«
»Sie hat einen Schlag erlitten, Hubert, doch sie erholt sich wieder ...«
»Lieber Himmel!«
»Ja, sie wird sich erholen, aber Gott, der Herr, verlangt noch mehr von Ihnen. Mir fehlen die Worte, um Ihnen zu sagen, wie Leid es mir tut, dass ich ... es ist meine traurige Pflicht ...« Er hatte Tränen in den Augen. »Erik und Ernst ... sie sind gefallen ... Die Franzosen, bei ...«
»Nein! Nein! Das kann nicht sein! Doch nicht alle beide. Ausgeschlossen.«
»Es war ein Hinterhalt, Hubert. Sie waren sehr mutig ... ihr Oberst sagte ... stolz auf sie. Sie haben sich gewehrt, so gut sie konnten. Kämpften Seite an Seite. Der Oberst selbst wird ...«
Er redete immer noch, als Hubert aufstand. »Ich habe versucht, es Ihrer Frau so schonend wie möglich beizubringen, Hubert, aber sie will es nicht akzeptieren. Vielleicht könnten Sie ...«

Doch Hubert taumelte davon, zu schockiert, um ihn noch zu hören. Er lief die Treppe hinunter zu seinem Arbeitszimmer und schlug die Tür hinter sich zu, bevor er weinend zusammenbrach. Er musste sich sehr beherrschen, um nicht vor Zorn zu brüllen, weil er das hatte geschehen lassen. Er hätte auf seine Frau hören sollen. Hätte sie auf das erstbeste Schiff verfrachten sollen, ganz gleich, welches Ziel es ansteuerte. Hätte sie zum Desertieren zwingen sollen! Hätte sie am Leben erhalten sollen! Aber nein, er war ja zu stolz, um so etwas in Betracht zu ziehen.
Später schleppte er sich müde nach oben, um bei Gabriele und Adele zu sitzen und sie zu trösten. Er legte die Arme um beide und drückte sie an sich, betete mit ihnen, doch sein Herz war gebrochen, und seine Träume waren zerstört.
Pastor Beitz besuchte sie häufig und tat sein Bestes, um ihnen über diese schwere Zeit hinwegzuhelfen. Er betete mit ihnen und für sie, denn Frau Hoepper, die immer schon kränklich gewesen war, schwand vor seinen Augen dahin. Der Arzt konnte offenbar nichts gegen die Brechanfälle unternehmen, die auftraten, sobald sie etwas zu sich nahm, und dann wurde es schwierig, sie überhaupt noch zum Essen zu bewegen. Der Pastor vermutete, dass es sich um eine Art Hysterie handelte, hervorgerufen durch den Verlust ihrer Söhne, was den Arzt ärgerte, der in seiner Verzweiflung zu Zwangsernährung riet. Doch Herr Hoepper ließ das nicht zu. Im Stillen war Beitz dankbar für diese kleine Gnade.
Nur sechs Wochen nach dem Tod ihrer Söhne erlitt Gabriele Hoepper einen Herzanfall und siechte dann noch ein paar Tage dahin. Nicht einmal die Liebe und Aufmerksamkeit ihres untröstlichen Gatten und ihrer Tochter, auch nicht die Gebete so vieler Freunde und Verwandter konnten sie retten. Sie wollte bei ihren Söhnen sein, und mit dem letzten Atemzug hauchte sie ihre Namen.

Pastor Beitz hatte zu tun, unglaublich viel zu tun. Zum Glück musste er sich nicht um eine Gemeinde kümmern, da

er »das Gnadenbrot erhielt«, wie er seinen ungewollten Ruhestand nannte, doch jetzt musste er auf Hubert Hoeppers Unterstützung verzichten, und dieser Verlust war bitter.
Jakob Meissner war in die Bresche gesprungen, doch das war nicht dasselbe. Immerhin, so sagte er sich hochmütig, war Hoepper Geschäftsmann und Meissner nur Bauer. Das war kein Vergleich. Es hatte Beitz im Grunde maßlos beeindruckt, dass ein Mann wie Hoepper bereit war, mit den auswanderungswilligen Bauern und Pächtern gemeinsame Sache zu machen. Wie ein wahrer Führer war Hoepper Manns genug, über Standesunterschiede hinwegzusehen, und Pastor Beitz war dankbar dafür. Seine eigene Haltung Jakob Meissner gegenüber erschien ihm jedoch keineswegs ungewöhnlich. Der Pastor war zur Selbstkritik nicht fähig, dazu war er zu lange Herr einer Gemeinde gewesen. Zwar gab er sich gelegentlich offen für Ratschläge, gab aber lieber selbst die Befehle. Dies hier war seine Domäne, seine große Mission. Meissner war ein wenig zu anmaßend; er musste an den ihm gebührenden Platz verwiesen werden.

Jakob wusste durchaus, wo sein Platz war. Er wollte Herrn Hoepper besuchen und ihm sein Beileid über den Verlust seiner Söhne aussprechen, deshalb suchte er die Adresse aus einem der Protokolle des Komitees heraus und ging zu Hoeppers Wohnhaus, doch die großen Häuser schüchterten ihn ein, noch bevor er die Hoepper'sche Residenz mit der schweren geschnitzten Tür und dem glänzenden Messingklopfer fand. Verlegen und in der Hoffnung, nicht gesehen worden zu sein, zog Jakob sich zurück.
Hoepper nahm natürlich nicht mehr an den Sitzungen teil, und Jakob hatte es nicht leicht mit Beitz, der offenbar glaubte, keine Erlaubnis oder Zustimmung zu benötigen, wenn er mit dem Geld aus der gemeinsamen Kasse Einkäufe tätigte. Er kaufte unsinnige Dinge, wie zum Beispiel einen Vorrat an leichten Sommerhüten und Säcke voller Nahrungsmittel, die sofort ausgeteilt werden mussten, weil sie sich bis zum Zeit-

punkt der Abreise, der noch nicht einmal festgelegt worden war, nicht gehalten hätten. Er erwarb mehrere Ballen Stoff, um die Eingeborenen zu kleiden, die seine Mission aufsuchen würden. Dann ließ er sie gedankenlos vor der Tür ihres Sitzungssaals liegen, und sie wurden prompt gestohlen. Zudem kaufte er auch Land in der Stadt Bundaberg, ohne John Hendersons fachmännischen Rat einzuholen.

Offenbar stand der Pastor schon lange in Briefkontakt mit einem Makler in Brisbane, und aus heiterem Himmel verkündete er eines Tages, dass sie stolze Besitzer von vierzig Morgen schönem, fruchtbarem Land in der Gemeinde seien, die sie auf Hendersons Rat hin als ihr Reiseziel erwählt hatten. Allerdings wusste Henderson nicht, wo dieser Besitz gelegen war, und er kannte auch die auf der Empfangsbescheinigung angegebene Straße nicht.

Alle – die Kleinschmidts, die Fechners, die Jenners und all die anderen – waren begeistert, ließen sich von Beitz' Redegewandtheit mitreißen, nur Jakob und Frieda Meissner schüttelten den Kopf und hofften inständig, dass die vierzig Morgen tauglich waren. Es war zu spät, um sich mit der Bitte um Hilfe an Herrn Hoepper zu wenden.

Dann erfuhren sie von Beitz, dass Gabriele Hoepper gestorben war, weil der Verlust ihrer Söhne ihr das Herz gebrochen hatte, und sie waren tief betroffen.

Dieses Mal besuchte Jakob Hubert Hoepper tatsächlich. Am Begräbnis nahm er nicht teil, doch Pastor Beitz ging natürlich hin, als Vertreter ihrer Gruppe. Um nicht aufdringlich zu erscheinen, wartete Jakob ein paar Wochen, bevor er sich erneut auf den Weg zu Hoepper machte.

Ein Diener führte ihn in ein warmes, gemütliches Wohnzimmer, und Hoepper erhob sich aus einem tiefen Ohrensessel, um Jakob zu begrüßen.

»Wie freundlich von Ihnen, dass Sie mich besuchen, Herr Meissner.«

»Danke, Herr Hoepper. Ich wusste nicht, ob Sie mich empfangen würden. Ob ich Sie störe, wollte ich sagen. Sie sollen

aber nicht denken, dass wir Sie vergessen hätten.« Jakob war plötzlich so verschüchtert, dass er anfing, dummes Zeug zu reden, und obwohl er es wusste, konnte er nicht aufhören. »Ihre furchtbaren Verluste tun mir so Leid, da musste ich herkommen und es Ihnen persönlich sagen. Ich hoffe, es geht Ihnen schon ein wenig besser.«
Hoepper sah schrecklich aus, sehr blass und müde und geradezu hager.
»Danke«, sagte er. »Ich freue mich sehr über Ihren Besuch, Herr Meissner. Vielleicht können Sie mir berichten, wie die Reisevorbereitungen voranschreiten. Sie werden sicherlich verstehen, dass ich mich Ihnen nun doch nicht anschließen werde.«
»Das dachte ich mir, aber es ist ein großer Verlust für uns. Unser Hauptproblem liegt offenbar in der Größe der Gruppe. Mehrere Leute sind kürzlich abgesprungen … fünfzehn, genauer gesagt, einschließlich der Jenners.«
»Warum? Haben sie kalte Füße bekommen?«
»In diesem Fall nicht. Sie haben sich einer größeren Gruppe angeschlossen, die einen Staat im Süden Australiens zum Ziel hat, wo sie Wein anbauen und Keltereien errichten können.«
»Das ist hochinteressant. Wie viele sind in Ihrer Gruppe verblieben?«
»Heute Nachmittag buche ich die Passagen. Auf der *Regina*, einem Zweieinhalbtausend-Tonnen-Schiff, das etwa vierhundertfünfundsechzig Passagiere aufnehmen kann. Wegen der Buchungen wollte ich Sie etwas fragen. Nach meiner Zählung sind wir sechsundzwanzig, einschließlich der Kinder, doch der Pastor sagt, es wären mehr. Ich glaube, er wünscht sich mehr, bedeutend mehr, aber was mich betrifft, ich finde, unsere derzeitige Anzahl ist einfacher zu überschauen.«
»Müssen Sie die Passage heute buchen?«
»Ja. Und auch bezahlen. Es ist der letzte Tag. Ich habe die Dokumente über finanzielle Beihilfen und das Geld, aber

viel zu viel Geld. Pastor Beitz besteht darauf, dass ich vierzig Plätze buche, für den Fall, dass sich vor dem Abreisetermin noch andere Leute einfinden.«

»Und wann läuft das Schiff aus?«

»In drei Wochen.«

Hoepper seufzte. »Da haben Sie wirklich ein Problem. Aber Sie haben nur die Namen der derzeitigen Gruppenmitglieder. Die Transportgesellschaft benötigt die Namen, das Geschlecht und so weiter, um die Unterbringung von so vielen Menschen organisieren zu können, also bleibt Ihnen gar keine Wahl.«

»Ach so. Ich könnte also gar nicht auf Verdacht vierzig Plätze buchen?«

»Nein. Ihre sechsundzwanzig Passagiere müssen reichen. Vielleicht findet sich später noch Platz für zusätzliche Reisewillige.«

»Danke, ich bin ja so froh. Aber da ist noch etwas ... Sind Sie sicher, dass Sie es sich nicht noch anders überlegen wollen und doch mit uns kommen? Mit Ihrer Tochter? Wir brauchen Sie so sehr.«

Jakob war der Meinung, mit seiner milden Kritik an Beitz schon weit genug gegangen zu sein, und konnte deshalb nicht sagen, warum gerade Hoepper so dringend gebraucht wurde, eben nicht nur, weil er ein reizender Mensch war.

»Nein, tut mir Leid. Jetzt will ich die Reise nicht mehr in Betracht ziehen.«

»Aber wie ich hörte, haben Sie Ihre Firma verkauft, und da hoffte ich, Sie ...«

Hoepper schüttelte den Kopf. »Das Geschäft habe ich schon vor einiger Zeit verkauft. Ich konnte nicht von meinem Wort zurücktreten. Ich musste es abgeben. Ist aber auch nicht mehr wichtig. Jetzt interessiert es mich ohnehin nicht mehr.«

»Sie sind in den Ruhestand getreten?«

»Nicht unbedingt«, sagte Hoepper kalt. »Es ist vielmehr so, dass ich vollkommen das Interesse verloren habe. Warum

sollte ich jetzt noch arbeiten? Da ist nichts mehr, wofür es sich lohnt.«
»Ach, gnädiger Herr. Es tut mir so Leid, dass Sie so empfinden. Kann ich vielleicht irgendetwas für Sie tun?«
»Nein. Erzählen Sie mir, wer sind die sechsundzwanzig unerschütterlichen Ausreisewilligen? Ihre Pioniere? Denn Sie sind wirklich Pioniere, wissen Sie? Bundaberg liegt offenbar inmitten der Wildnis.«
Sie unterhielten sich noch lange. Der Diener brachte Kaffee und Kuchen und bemühte sich lächelnd und überaus fürsorglich um Jakob. Er nahm ihn sogar kurz zur Seite, bevor er ihn verabschiedete.
»Der Herr hat Sie gebeten, wieder zu kommen, Herr Meissner. Ich hoffe sehr, dass Sie die Freundlichkeit besitzen und seiner Einladung folgen. Er leidet so an seinem gebrochenen Herzen, dass er immer nur im Hause bleibt und kaum Besucher empfängt. Ich weiß mir keinen Rat mehr. Seine Tochter Adele ist genauso. Sie geht niemals aus, empfängt auch keinen Besuch und hockt ständig nur in ihrem Zimmer. Ach, das hier ist ein trauriges Haus, mein Herr, ein furchtbar trauriges.«
Erschüttert nickte Jakob. »Natürlich. Ich komme wieder. Solange ich noch kann.«
Und er hielt Wort. Bei seinem letzten Besuch am Tag, bevor die *Regina* auslief, brachte er Hubert ein großes, von seiner Frau Frieda verziertes Heiligenbild mit, das sämtliche Unterschriften der Gruppenmitglieder sowie Abschiedsgrüße an Hubert und seine Tochter trug. Als er es abgegeben hatte und wieder ging, war Jakob so schrecklich traurig. Zwischen ihm und Herrn Hoepper war eine freundschaftliche Beziehung entstanden, und beim Kaffee hatten sie über vieles reden können, über alles Mögliche. Jetzt würde er ihm erst recht fehlen.
Bei diesem letzten Besuch hatte Jakob auch den Mut gefunden, Hoepper sehr, sehr zart fühlend zu ermahnen.
»Ich habe Ihre Tochter gesehen, Fräulein Adele, als ich heute Nachmittag herkam, Herr Hoepper. Ist sie gesund? Sie

sieht nicht so aus. Vermutlich fällt es Ihnen sehr schwer, sie zu trösten. Sie ist noch so jung und hat schon so viel Leid erfahren.«

Doch Hoepper nickte nur und äußerte sich nicht dazu.

Zum letzten Mal ging Jakob die Straße entlang, bewunderte die ausgewogene Symmetrie der hohen, schmalen Häuser, freute sich an dem kleinen öffentlichen Park an der Ecke mit seinen winterkahlen Bäumen, den lauschigen Bänken und der tapferen kleinen Amorstatue. Er versuchte, so viel wie möglich von dieser Stadt Hamburg in seinem Gedächtnis zu speichern, denn er wusste, dass er sie nie wiedersehen würde, wenn die *Regina* erst einmal abgelegt hatte.

Das Leben an Bord eines Schiffes war eine völlig neue Erfahrung für Jakob. Es ging zu wie in einem Kaninchenbau. Die Leute, die subventionierte Passagen erhalten hatten, fanden Platz in abgeteilten Bereichen, wo sich dreistöckige Pritschenbetten in engen Reihen drängten, und als Jakob das sah, packte ihn das Entsetzen. Das war schlimmer als ein Kaninchenbau. Die Betten standen wie Regale in einer Vorratskammer, lang genug, um Menschen darauf zu betten. Da er die Buchungen beim Transportunternehmen getätigt hatte, fühlte er sich verantwortlich für die missliche Lage der Betroffenen und erbot sich, dem Kapitän eine Beschwerde vorzutragen, doch Rolf Kleinschmidt, der Sprecher von etwa einem Dutzend junger Leute, die sämtlich verwandt oder verschwägert waren, zeigte sich unbesorgt.

»Lassen Sie nur, Herr Meissner. Wir haben nichts Besseres erwartet. Ich hätte nur meine Frau Rosie gern an meiner Seite. Ein Matrose hat mir gesagt, die Ehepaare könnten vielleicht andere Regelungen erwirken, sobald wir abgelegt haben. Sobald wir wissen, ob es noch freie Plätze gibt.«

»Bist du ganz sicher, Rolf?«, fragte Jakob, spähte in den beengten Schlafraum und fragte sich, wie diese Leute im Fall eines Brandes oder Schiffbruchs, was Gott verhüten möge, überhaupt gerettet werden könnten.

»Ja. Wir alle freuen uns auf die Reise. Das wird bestimmt ein Riesenspaß.«

Jakob blinzelte. Mit seinen vierzig Jahren fühlte er sich noch nicht alt, doch da er an dieser prekären Situation keinen Spaß hatte, vermutete er, dass er doch zumindest nicht mehr der Jüngste war. Er beschloss auf der Stelle, selbst ebenfalls auf Teufelkommraus Spaß und Abenteuer auf diesem merkwürdigen Schiff zu erleben.

Diese Einstellung half ihm während der nächsten paar Monate, wenn die Stimmung auf Grund der Enge, der spärlichen Rationen und der allgegenwärtigen Seekrankheit zu explodieren drohte. Er und Frieda bewohnten einen gemeinsamen Raum im Bereich für Ehepaare unter Deck, abgetrennt von der ersten Klasse, doch trotzdem hatten sie wenig Privatsphäre. Ihre Kabine bestand nur aus einem durch Vorhänge abgeteilten winzigen Raum, einer von vielen in diesem Bereich des Schiffes. Die Vorhänge bestanden aus beschwerter Leinwand – ausrangierte Segel, vermutete er – und wirkten keineswegs geräuschdämpfend. Deshalb konnten er und Frieda, wie alle anderen in diesem Abschnitt auch, sich ständig nur flüsternd unterhalten. Nach einer Weile resignierten alle, bis aus Tagen Wochen wurden und der Lärmpegel anstieg und Stimmen laut wurden, die andere aufforderten, den Mund zu halten.

Als ihrer aller Rettung erwies sich schließlich die große Zahl der auf dem Schiff zusammengepferchten Passagiere, denn dadurch war gewährleistet, dass Beitz' Gruppe nicht unablässig zusammenhockte. Es gab reichlich andere Leute, mit denen man sich unterhalten, spielen, auf dem abgeteilten Deckabschnitt spazieren gehen, Spaß haben konnte.

Der Kapitän organisierte ein großes Fest, als sie in südlicher Richtung an der Küste Afrikas entlang den Äquator überquerten, doch Jakob nahm es kaum wahr, denn Beitz war auf Grund der erstickenden Hitze erkrankt, und Jakob wurde zu ihm gerufen.

Jakob nahm an, dass der betagte Pastor phantasierte, als er

seine Hand umklammerte und flüsterte: »Mir wird es besser gehen, sobald ich dieses Schiff verlassen kann. Das widerliche Gebräu dieses Arztes nehme ich jedenfalls nicht ein.«
»Das ist kein widerliches Gebräu, Herr Pastor. Das ist ein fiebersenkendes Getränk. Gestatten Sie, dass ich eine kalte Waschung vornehme. Sie schwitzen sehr stark. Deshalb müssen Sie auch sehr viel Wasser trinken.«
»Das Wasser ist faulig, kommen Sie mir damit nicht zu nahe. Helfen Sie mir beim Aufstehen. Ich möchte an Deck gehen, wo es kühler ist.«
»Später. Wir gehen später an Deck, wenn das Fest vorüber ist.«
»Ach ja, Jakob, ich habe davon gehört. Kein Wunder, dass ich so krank bin, wenn dort oben so viel Gotteslästerung und Unzucht getrieben wird und niemand ein Wort im Namen des Herrn spricht und Ihm dankt dafür, dass Er Seine schützende Hand über uns hält.«
»Das tun sie bestimmt auch, Herr Pastor.«
Der Kranke seufzte. »Was soll's? In ein paar Tagen legen wir an, und das Erste, was wir dann tun … und darüber wird es keine Diskussionen geben … dann will ich, dass die gesamte Schiffsbesatzung und alle Passagiere auf die Knie sinken und Gott dafür danken, dass Er uns beschützt hat. Bevor sie von Bord gehen, und zwar alle. Haben Sie gehört?«
»Sie sollten jetzt ein wenig schlafen, Herr Pastor. Hier ist eine Medizin, die Ihnen in den Schlaf hilft.«
»Die brauche ich nicht«, keuchte Beitz. »Beten Sie mit mir, Jakob. In zwei Tagen landen wir vor Australien und beginnen mit unserer Arbeit.«
Am nächsten Morgen suchte der alte Herr, der eine private Kabine mit Beitz teilte, Jakob auf.
»Ihrem Pastor geht es bedeutend besser, Herr Meissner. Aber er packt seine Sachen. Offenbar glaubt er, wir würden uns schon unserem Zielhafen nähern, wenngleich ich ihm erklärt habe, dass die *Regina* erst in Kapstadt Station macht.«
Letztendlich musste Jakob den Kapitän zu Hilfe holen, um

Beitz zu überzeugen, dass Australien kein afrikanischer Staat war. Dass es noch Monate dauerte, bis sie ihr Ziel erreichten. Dass sie nach Kapstadt keinen Hafen mehr anlaufen würden, bevor sie die Ostküste Australiens erreicht hatten.

Beitz erschrak zutiefst. Jakob hätte sich nicht gewundert, wenn er in Kapstadt von Bord gegangen und zurück nach Hamburg gereist wäre, doch das tat er nicht. Er blieb.

In der Zwischenzeit hatte der Schiffsklatsch sich dieser Geschichte bemächtigt, und der Pastor wurde zur Witzfigur. Jakob fand es unverschämt, wie man sich über den alten Mann lustig machte, und das brachte er auch so scharf zum Ausdruck, dass die Lästerzungen bald zum Schweigen gebracht waren.

Danach begann Beitz, auf dem Schiff umherzuwandern, ein wenig bekümmert angesichts der noch vor ihm liegenden Monate auf See. Augenscheinlich wusste er nichts mit sich anzufangen. Zwar versuchten viele, ihn abzulenken, doch er verließ sich weitgehend auf Jakob und kritisierte ihn gleichzeitig bei jeder Gelegenheit. Er verglich Jakob, den einfachen Bauern, mit seinem guten Freund Herrn Hoepper, dem wohlhabenden Kaufmann, der den Pastor mitsamt seiner vornehmen Familie und seiner Dienerschaft auf seiner Mission begleitet hätte, wäre er nicht von der Tragödie heimgesucht worden. Und indem er dies jedem erzählte, der es hören wollte, kam Jakob so schlecht davon, dass es Frieda eines Tages reichte.

»Warum springst du ständig für ihn? Er wird es dir nie danken. Er missbraucht dich als seinen Diener: ›Hol mir dies. Bring mich an Deck. Es ist zu heiß, bring mich nach unten!‹ Hör auf damit, Jakob.«

»Das kann ich nicht. Er ist ganz allein, er hat niemanden, der sich um ihn kümmert.«

Doch als sie hörte, wie Beitz ihren Mann als dummen Bauern bezeichnete, griff sie ihn an.

»Ja, mein Mann ist Bauer! Nicht mehr und nicht weniger.

Verstehst du, du alter Ziegenbock? Wenn du meinen Mann noch einmal dumm nennst, dreh ich dir den Hals um.«

»Sie sind verrückt!«

»Nein, das bin ich nicht. Sie denken sich zu viele Gelegenheiten aus, um einen überaus freundlichen Menschen klein zu machen, und das lass ich nicht zu. Sie hören sofort auf damit, oder Sie kriegen es mit mir zu tun.«

Als Jakob davon hörte, schämte er sich in Grund und Boden. »Es ist nicht nötig, dass du für mich in die Bresche springst, Frieda. Wie auch immer, wir brauchen hier keinen Streit. Pastor Beitz ist halt ein griesgrämiger alter Mann. Mein Onkel Hans-Joachim war genauso. Wir sollten uns nicht über den Pastor ärgern, sondern in die Zukunft blicken. Vor uns liegen die erstaunlichsten Abenteuer, Frieda, was macht es da schon, wenn ich für kurze Zeit den Diener für einen armen alten Mann spiele? Sieh doch nur die Sterne dort oben. Wir sind auf der südlichen Halbkugel, da gibt es eine Unmenge von Sternen, die wir kennen lernen müssen. Übrigens, wo steckt denn Karl?«

»Er und sein Freund Michael sind übereingekommen, ihre Segeltuchkabine Rolf und Rosie zu überlassen. Er schläft jetzt unten im Gemeinschaftsraum.«

Es war eine wunderschöne Sternennacht, doch in Gedanken war Jakob immer noch bei seinem Onkel Hans-Joachim, der auf die Sorgen seines Neffen immer nur schroffe Antworten gewusst hatte.

»Wir sind so arm«, hatte Jakob zum Beispiel einmal gesagt. »Wir arbeiten hart. Warum haben wir trotzdem nie genug zu essen? Unsere Kinder sind mager, die Ernten werden immer schlechter, weil unsere Äcker überpflanzt werden, unsere Frauen kratzen die Brosamen zusammen ...«

»Nun hör mal zu«, erwiderte Hans-Joachim dann. »Dein Großvater ist schuld, mein Junge. Er brüstete sich damit, dass er acht Söhne gezeugt hatte, und seine Söhne zeugten noch mehr. Aber er hat nie einen Gedanken daran verschwendet, wie unser kleiner Talhof sie alle ernähren könnte. Er dachte, wir würden immer so weitermachen wie bisher, aber das geht natürlich nicht. Es gibt einfach zu viele Meissners.«

Einfach zu viele Meissners. Und stimmte das etwa nicht? Ihnen allen blieb kaum genug zum Überleben, wenn sie dem Junker ihren Anteil bezahlt hatten, einem neureichen früheren Oberst, in dessen Besitz das Tal durch einen Handel übergegangen war, den keiner der einfachen, schwer arbeitenden Menschen verstand. Nicht, dass sie es verstehen wollten. Die Steuer musste bezahlt werden. Die Pacht für den Hof. Im Winter in bar und im Sommer in Form von Naturalien. Ganz gleich, wer das am Ende bekam, die Eintreiber waren immer die gleichen kalten, harten Männer, die niemals Gnade walten ließen, die angesichts des Elends so vieler armer Familien kein Erbarmen kannten.

Wenn Jakob jetzt zurückdachte, sich umschaute und all die Leute sah, die in diesen heißen, schwülen Nächten lieber an Deck schliefen, dann fiel es ihm schwer, sich an die Winter zu erinnern, die er hinter sich gelassen hatte. Harte Winter, elendig, eiskalt. Besonders die Nächte. Jakob dachte daran, wie Frieda ihn aufzuziehen pflegte und behauptete, er hätte sie nur geheiratet, um des Nachts nicht mehr frieren zu müssen.

Friedas Bruder war es schließlich, der auf die Idee kam auszuwandern. Für ihn war es jedoch nur ein hohler Traum. Er brachte eine Kiste mit Papieren nach Hause, mit Informationen über verschiedene Länder, und Jakob hatte sie ihm vorgelesen, da Friedas Bruder weder des Lesens noch des Schreibens mächtig war. Diese Vorlesestunden hatten ihm dermaßen gefallen, dass er letzten Endes sämtliche Informationen auswendig wusste, doch dann war es Jakob, den es zum Auswandern drängte. Auch Frieda war begeistert von der Idee. Doch die Armut hatte sie in ihren Klauen, machte ihnen Angst, diesen riesigen Schritt zu wagen, bis zu dem Tag, da das Schicksal gnädig lächelte und Frieda eine kleine Erbschaft bescherte. Da wussten sie, dass die Zeit gekommen war. Jetzt oder nie. Sie mussten auch an die Zukunft ihres Sohnes denken, nicht nur an ihre eigene. Sie packten ihre

Habseligkeiten ein und reisten nach Hamburg, um sich zu erkundigen, in welche Himmelsrichtung sie sich am besten wenden sollten, bis sie schließlich John Henderson, den Agenten aus Queensland, trafen.
»Hier sind wir jetzt also«, sagte Jakob jetzt und zog seine Frau an sich. »Bedauerst du es?«
»Bisschen zu spät dafür«, sagte Frieda auf ihre übliche unverblümte Art.

# 4. Kapitel

Pastor Beitz trieb in Brisbane all seine Schäfchen an Land, versammelte sie am Kai, damit Theo Zimmermann sie zählen konnte, und rief sie dann zum Gebet, um dem Herrn für das sichere Geleit über den großen Ozean zu danken. Nach dem Amen verkündete er, dass man ihm auf einem Spaziergang durch die Stadt folgen und die Beine wieder an festes Land gewöhnen möge.

»Was ist mit unserem Gepäck?«, fragte Theo. »Es muss doch auf den Küstendampfer gebracht werden.«

»Das ist Jakobs Aufgabe. Er wird sich darum kümmern. Aber wenn Sie wollen, können Sie ihm gern helfen.«

»Nein!«, schrie Eva Zimmermann und drückte ihre drei Kinder an ihren Rock. Sie schaute auf die an diesem trägen Aprilmorgen üppig grüne Stadt hinaus und sah nur ein paar weiße Häuser im Kolonialstil und sonst nichts, abgesehen von den üblichen Lagerschuppen und schmutzigen Bootshäusern am Flussufer. »Theo bleibt bei uns«, bestimmte sie und wandte sich ihm zu. »Wag es nicht, uns allein zu lassen, Theo Zimmermann. In diesem Land gibt es Wilde und Raubtiere, und kein Mensch weiß, welche Gefahren an der nächsten Ecke lauern.«

Hanni Fechner zeigte sich auch nicht sonderlich begeistert. »Wie weit müssen wir gehen, Herr Pastor? Es ist so heiß. Ich möchte mich lieber irgendwo bei Kaffee und Kuchen hinsetzen. Ich kann mich nicht erinnern, wann wir das letzte Mal etwas wirklich Leckeres gegessen haben.«

»Die Arme«, höhnte Eva Zimmermann. Lukas Fechner erklärte, dass es sich hier nach den Worten des Kapitäns nur um eine Kleinstadt handelte und sie relativ sicher wären. Und so klein die Stadt auch sein mochte, sie war doch die Hauptstadt des Landes.

»Wie ist das möglich?«, fragte Rolf Kleinschmidt.
»Weiß ich auch nicht«, sagte Lukas, »aber wenn wir schon mal hier sind, können wir uns auch ein wenig umschauen. Gehen Sie voran, Herr Pastor.«
Beitz führte sie einen Hügel hinauf, direkt auf die Hauptstraße, wie es aussah. Er hütete seine Schäfchen wie eine Nonne ihre Mädchenklasse. Eva lachte über Passanten, ganz gewöhnliche Leute, die stehen blieben und sie anstarrten. Diese kleine Stadt gefiel ihr; hier waren nirgendwo Wilde zu sehen.
In Windeseile trieb sie der Pastor die eine Straße hinauf und die andere wieder hinunter, und schon bald standen sie vor einem großen Sandsteingebäude, dem Regierungssitz. Wie sie erfuhren, war er erst ein paar Jahre alt.
Rolf Kleinschmidt war wieder einmal in seinem Element. Mit seinen Fragen hatte er Beitz schon die ganze Zeit an den Rand des Wahnsinns getrieben. Dieses Mal wollte er wissen, wo denn die Regierung untergebracht war, bevor das Haus gebaut wurde, und als niemand seine Frage beantworten konnte, ging er einfach in das Haus hinein und kam wenig später mit einer Broschüre und einem Schatz an Wissen wieder heraus.
»Vorher gab es keine Regierung«, verkündete er grinsend. »Jetzt bin ich noch verwirrter als vorher.«
Eva mochte ihn. Sie verstand diesen Wissensdurst. Früher war sie selbst auch so gewesen. Ihr Vater pflegte zu sagen: »Dieses Mädchen verhört noch den Erzengel an der Himmelspforte!« Doch die Ehe und eine ganze Reihe von Schicksalsschlägen hatten sie gelehrt, sich das Leben nicht noch schwerer zu machen, als es ohnehin schon war, und sich lieber auf das nächstliegende Problem zu konzentrieren. Mit achtunddreißig wusste Eva, dass von jenem wissbegierigen Mädchen nur noch ein schwacher Abglanz in ihr war. Der aber war, weiß Gott, immerhin da.
Seit zwei Jahren hatten sie und Theo und die Kinder sich mit einer Zwei-Zimmer-Wohnung in einem Mietshaus in den

Hamburger Elendsvierteln begnügen müssen: mit einer Küche, die zumindest einen Herd aufwies, um die Familie zu wärmen, sofern sie sich Holz leisten konnte, und einem Schlafzimmer. Mehr nicht.

Beitz brach in ihre Gedanken ein. »Schön. Wir haben die Stadt gesehen. Jetzt gehen wir zurück zum Hafen und an Bord des Dampfers *Tara*. Sehen Sie, so wird es geschrieben ... T-A-R-A ... Und, nein, Rolf, ich weiß nicht, was das Wort bedeutet.«

»Gehen Sie nur schon zum Dampfer, Herr Pastor«, sagte Rolf. »Wir bleiben noch hier. Er legt ja erst um vier Uhr heute Nachmittag ab. Ich denke, es wird den Kindern gut tun, wenn sie noch eine Weile an Land bleiben.«

Seine Frau Rosie lachte. »Und den großen Kindern auch.«

Eva hätte Rolf Kleinschmidt gern zugestimmt, doch sie sorgte sich ums Essen. Es war Mittag, ihre Kinder, Robie, Hans und Inge, hatten Hunger, und sie besaß kein Geld. Die Zimmermanns waren mit Beihilfe zur Überfahrt gereist, wie sämtliche Kleinschmidts und ein paar weitere in der Gruppe, und sie verfügten über sehr geringe eigene Ersparnisse. Noch bevor sie in Brisbane angelegt hatten, war eins zum anderen gekommen, und jetzt hatte ihr Mann Theo nur noch ein paar Shilling in der Tasche, was Eva höchst peinlich war, Theo allerdings nicht weiter störte.

»Wir würden gern noch bleiben, Rolf«, sagte sie schnell, »aber es geht nicht. Wir müssen zurück aufs Schiff.«

»Müssen Sie nicht«, widersprach Rolf. »Der Tag ist so schön, und hier unten am Fluss haben wir so ein hübsches Plätzchen, da sollten wir ein Picknick machen. Bleibt nur alle hier, Walther und ich besorgen was zu essen!«

Walther Badke war ein kräftiger Bursche, von Beruf Braumeister, und er hatte sich zu einem glühenden Bewunderer von Pastor Beitz entwickelt. Eva hatte gehört, dass Walther ihm ohne zu zögern in die finsterste Wildnis folgen würde, so groß war sein Glaube an die Mission des Geistlichen. Als Zynikerin nahm sie an, dass sie alle es wahrscheinlich ohne-

hin tun würden. Nach allem, was sie bisher gesehen hatte, barg die dunkelgrüne Wand dieses Küstenstreifens unzählige Schrecken.
Trotzdem verlebten sie einen wunderschönen Tag, und die Kinder konnten nach all diesen Wochen auf See endlich wieder umherlaufen und spielen. Die zwei Männer kamen mit einer Kiste frischer Lebensmittel zurück, einschließlich Brot, Fleisch, Käse und einem wahren Berg von Obst. Eva warf einen Blick auf ihren ältesten Sohn Robie, zehn Jahre alt, und sie freute sich, dass er so gesund aussah. Er hatte von Geburt an unter ernsten Atemwegsproblemen gelitten und erkältete sich bei jedem Windhauch, doch jetzt rannte er umher, ohne wie sonst zu keuchen und pfeifend nach Luft zu ringen. Die Ärzte hatten gesagt, Robie sei kein langes Leben beschieden, der magere Junge besäße nicht die Kraft, sich gegen die ständigen schlimmen Erkältungen zur Wehr zu setzen … Eva hoffte inständig, dass sie sich geirrt hatten.
Robies Gesundheit war der einzige Grund, der sie zur Emigration bewogen hatte. Sie wollte ihre Kinder in ein wärmeres Klima führen und hoffte, dass Theo es dieses Mal richtig anpackte und die Emigration nicht nur eine weitere seiner hirnrissigen Flausen war. Sie seufzte. Ihr Mann hatte so ziemlich alles versucht und jedes Mal versagt, und er versagte weiterhin, obwohl er mit jeder neuen Arbeitsstelle beteuerte, dass er es dieses Mal schaffen würde. Er war Straßenverkäufer gewesen, Bote, Schuster, Zirkusclown, Krankenpfleger, alles Mögliche, und jetzt, im neuen Land, betrachtete er sich schon als Bauer. Wahrscheinlich als Landedelmann, dachte sie grimmig, doch sie hatte ihn gewarnt, dass sich einiges ändern würde, sobald sie in dieser Stadt Bundaberg ankamen.
Sie hatte beschlossen, hatte sich geschworen, dass sie seine Flausen nicht länger hinnehmen würde. Auch nicht die eines x-beliebigen anderen. Die Zeit, da sie sich hatte herumstoßen lassen, war vorbei. Neues Land, neues Leben, dachte Eva. Sie wusste inzwischen, wenn sie nicht selbst die Verantwortung für ihre Familie, für ihre Kinder schulterte, dann

tat es keiner. Und, Gott sei Dank, bislang war das Klima auf ihrer Seite. Zumindest in dem Punkt hatte Theo Recht gehabt. Es war April, und es war ein herrlicher Tag, blau und sonnig, ohne eine Wolke am Himmel.

Sie standen alle an Deck, als der kleine Dampfer *PS Tara* Herveys Bucht in Richtung auf den Leuchtturm bei Burnett Heads durchpflügte, und als der Lotse an Bord kam, war Pastor Beitz so aufgeregt, dass ihm eine Ohnmacht drohte. Frieda Meissner fand ein Plätzchen an Deck für ihn, wo er sich hinsetzen konnte, und sie ließ ihren Sohn Karl bei ihm zurück, während sie sich auf die Suche nach Jakob machte. Sie fand ihn unter Deck, wo er das Gepäck der Gruppe stapelte und zählte.

»Lass das jetzt«, sagte sie. »Dafür bleibt noch Zeit genug, wenn das Schiff anlegt. Wir durchfahren eine so herrliche Bucht …«

»Ich weiß.« Er lächelte. »Ich habe sie schon gesehen. Sie heißt Herveys Bucht.«

»Und wir steuern in den Fluss Burnett hinein«, fuhr sie fort. »Der führt zu der Stadt Bundaberg. Dies ist die letzte Etappe unserer Reise, Jakob, und ich will, dass wir drei sie zusammen erleben. Also bitte, komm jetzt an Deck.«

Jakob war überrascht. Seine Frau ließ sich höchst selten zu Sentimentalitäten hinreißen, doch er begriff, dass dies eine wichtige Zeit für die Meissners war, sozusagen ein historischer Augenblick.

Er nickte und gab ihr einen Kuss auf die Wange. »Wie du willst, Liebste.«

Sie stellten sich mit den anderen Passagieren längs der Reling auf, während das Schiff langsam stromaufwärts glitt, und blickten hinaus auf die mit grünem Wald gesäumten Ufer.

»Ich wüsste gern, wo unser Land liegt«, sagte Karl. »Vielleicht fahren wir sogar daran vorüber.«

»Möglich.« Der Landkauf bereitete Jakob immer noch Sorgen. Er wusste inzwischen, dass viele Leute auf Anraten von

Agenten unbesehen Land gekauft hatten, doch dieses Vorgehen war ihm nach wie vor nicht geheuer.

Er schaute sich um. Über die Wälder hinweg war wenig zu sehen, und weit und breit war auch kein Berg in Sicht. Also musste es sich um ziemlich flaches Land handeln, gut für die Landwirtschaft. Die Luft war sauber, frisch und süß, und als ihm bewusst wurde, dass er den Geruch kannte, streckte er die Hand nach Karl aus.

»Riech mal, Junge. Eukalyptus. Der Duft ist ziemlich kräftig. Schau in den Wald, da kannst du überall Eukalyptusbäume sehen.«

Jakob freute sich über dieses bisschen Wissen in dem fremden Land. Denn fremd war es, ganz gleich, wie viel sie darüber gelesen oder gehört hatten. Im Unterbewusstsein blieb eine Vorstellung davon, wie Luft zu riechen hatte, wie Wälder aussehen sollten, doch diese Wälder waren ungewöhnlich ... Er erkannte Palmen zwischen den Laubbäumen und schulterhohe Gräser, die sich gelb vom dunklen Laub abhoben. Und dann dieser Fluss ... Merkwürdig, dass so ein großer Fluss so träge dahinfloss. Und man hätte erwartet, dass ein abgelegener Landstrich wie dieser still und friedlich wäre, aber nein, über das dumpfe Stampfen der Maschinen hinweg ertönten aufgeregte Vogelstimmen und Schreie aus den Bäumen, und gelegentlich stob eine Wolke wunderschöner bunter Vögel am Himmel vorüber.

Frieda wandte sich geistesgegenwärtig an ein Mitglied der Schiffsbesatzung und fragte, was das für Vögel wären.

»Papageien«, sagte der Mann, und sie lächelte über seinen Gleichmut. Für sie waren es die exotischsten Wesen, die sie je gesehen hatte.

Sie steuerten auf eine Flussbiegung zu, und der Kapitän ließ dreimal schrill die Dampfpfeife ertönen, so dass den Einwanderern ein kalter Schauer über den Rücken lief. Sie sahen jetzt das Ende ihrer Reise vor sich und fragten sich, was sie erwartete, nicht nur in dieser Stadt, sondern in der nahen und fernen Zukunft. Jakob rief die jungen Brüder Lutze freundlich zu sich und seiner Familie. Sie waren Waisen, die Pastor Beitz aufgesammelt hatte, feine Kerle … Max war sechzehn und Hans fünfzehn. Schüchtern kamen sie herüber, und dann gesellten sich auch Lukas und Hanni Fechner zu ihnen.

Die Fechners hatten beide auf irgendeinem großen Gut gearbeitet, und man munkelte, dass sie von ihrer Arbeit weggelaufen seien. Nach Hamburg, wo sie Pastor Beitz kennen gelernt hatten. Jakob mochte die beiden, während Frieda Hanni, die junge Frau, als zu flatterhaft abtat.

Was würden sie hier finden? Nicht zum ersten Mal spürte Jakob leise Zweifel, leise Angst. Hatten sie sich richtig entschieden? Plötzlich wirkten die Wälder längs des Flusses so einsam, bedrohlich und unheimlich, denn abgesehen von den Vögeln zeigten sie keine Spur von Leben, und aufgescheucht von der Dampfpfeife, waren auch die Vögel bald verschwunden.

Die Frauen hatten sich wegen der Eingeborenen, auf die sie womöglich treffen würden, geängstigt, und auf Hubert Hoeppers Rat hin hatte Jakob sie beschwichtigt, dass sie freundlich gesonnen seien und den Siedlern nichts antun würden, doch in einem schwachen Moment war er an einen Matrosen der *Tara* herangetreten und hatte sich erkundigt.

»Die Abos?«, erwiderte der Mann. »In Bundaberg oder Maryborough lassen sie euch in Ruhe. Aber ihr solltet nicht zu weit in ihr Territorium vordringen, sonst habt ihr schnell einen Speer im Rücken. Vor einiger Zeit ist ein Kumpel von mir oben am Cape River getötet worden. Wahnsinn, kann ich nur sagen. Ich würde mich nicht mal in die Nähe dieser Gegend trauen. Aber das kommt vom Goldfieber.«

Es dauerte noch Tage, bis Jakob in einem Anfall von Panik feststellte, dass die Goldfelder vom Cape River sich tatsächlich in ihrem Staat Queensland befanden, allerdings tausend Meilen nördlich. Also war es eher unwahrscheinlich, dass diese wilden Stämme die Einwohner von Bundaberg belästigten. Doch diese Erkenntnis vermittelte ihm auch ein Gefühl für die Größe des Landes.

»Wenn dieser Staat mehr als tausend Meilen lang ist und Gott weiß wie breit«, sagte er zu Frieda, als sie über einer Landkarte grübelten, die der Kapitän ihnen geliehen hatte, »wie groß ist dann ganz Australien? Der Kontinent?«
»Ist das so wichtig? Das ist doch wenigstens eine Erklärung dafür, dass sie tatsächlich so viele Einwanderer brauchen.«
»Doch, das ist wichtig«, sagte Jakob mürrisch. »Ich komme mir vor wie eine Ameise.«
Frieda lachte. »Red keinen Unsinn! Eine Ameise! Was fällt dir wohl als Nächstes ein?«

Beim ersten Anblick seiner künftigen Heimat fühlte Jakob sich noch kleiner als eine Ameise. Mit Erschrecken und Enttäuschung betrachtete er den Ort, kaum mehr als ein einsames Dörfchen an der hohen Uferböschung des Flusses. Es war das erste Zeichen von Besiedelung, das sie seit dem Aufbruch aus Brisbane gesehen hatten, und Jakob empfand die Abgeschiedenheit plötzlich als beängstigend. Er wollte alles rückgängig machen, wollte auf dem kleinen Schiff bleiben und von diesem deprimierenden Außenposten fortgebracht werden, doch er bewegte sich mit der Masse vorwärts, die Gangway hinunter, zu spät, um noch umzukehren. Also nahm er seine Frau am Arm, setzte ein mutiges Gesicht auf und ging in Bundaberg an Land.
Sie verließen das Hafengebiet und sammelten sich auf der angrenzenden staubigen Koppel. Dort standen sie und sahen sich um, als ein Mann rief:
»Alle Einwanderer hierher zum Zollhaus!«
Zum Glück zeigte er auf das genannte Gebäude, denn keiner von ihnen hätte das schlichte, einräumige Holzhaus für ein Zollhaus gehalten. Es wirkte provisorisch, so, als könnte ein mäßiger Wind es umpusten. Jenseits der Koppel jedoch befand sich eine Art Straße, und Jakob ging hin, um sie sich anzusehen. Als Erstes erblickte er ungefähr ein Dutzend Ziegen, die ziellos umherwanderten. Die Straße säumten lediglich ein paar weitere schlichte Holzhäuser, sämtlich un-

verputzt, die einen Laden, ein Telegrafenamt, einige Werkstätten und weiter unten einen Polizeiposten beherbergten. Dazwischen lagen unbebaute, ungepflegte, mit dürrem Gras und dünnen Bäumen bestandene Flächen. Er sah ein Paar in einem offenen Wagen vorbeifahren, die ihr Gefährt ohne die geringste Gemütsbewegung über die holprige Straße manövrierten. Die beiden winkten ihnen zu.
Ein paar Ziegen näherten sich grasend und kauend und musterten die Neuankömmlinge mit unmissverständlichem Hochmut.
Karl trat neben seinen Vater. »Wo ist die Stadt, Papa?«
Es war Frieda, die ihm antwortete, mit geschürzten Lippen und kaltem Ton. »Das hier ist sie, glaube ich. Wie ich höre, sehen wir hier die Quay Street, und dahinter liegt die Burbong Street.«
»Vielleicht ist die nächste Straße belebter«, sagte Jakob hoffnungsvoll.
Offenbar war der Zollbeamte nicht zugegen, und an seiner Stelle wurden sie von einem Polizisten in Empfang genommen, der sich als Constable Colley vorstellte. Er trieb die deutsche Gruppe zusammen und führte sie die Straße hinab zu einem lang gestreckten, niedrigen Steingebäude.
»Das sind die Baracken für die Einwanderer. Sie können hier wohnen, bis Sie Fuß gefasst haben. Dort drüben unter den Bäumen haben die Damen unserer Stadt den Nachmittagstee für Sie vorbereitet, denn wir möchten, dass Sie sich in unserer kleinen Stadt willkommen fühlen, und wir hoffen, dass Sie hier glücklich sind.«
Das hatten sie nicht erwartet, doch Beitz, dem die Anstrengung der Reise anzusehen war, zeigte sich der Situation gewachsen. Er trat vor und dankte dem Constable, während er an seiner Seite zu den Damen an den hübsch gedeckten Tischen ging.
Karl Meissner wartete die Ansprachen nicht ab; er entfernte sich heimlich, um sich die Stadt genauer anzusehen. Er eilte die Quay Street hinunter, fand aber lediglich noch einen La-

den, eine Metzgerei, einen Schnapshandel und ein kleines Hotel. Hinter der Wegbiegung lagen ein paar winzige Häuschen und Ställe und die unvermeidliche Schmiede, danach stieß er auf die breite Burbong Street, die sich kaum von den anderen Straßen unterschied – noch so eine provisorische, unordentliche Straße und eine weitere Ansammlung unansehnlicher Geschäfte mit hässlichen Markisen. Er sah mehrere Pferde, die an Stangen angebunden träge warteten, und ein paar Leute standen herum, doch sie kamen ihm so unwirklich vor wie Menschen auf einem Gemälde.

Fassungslos schüttelte er den Kopf. Das war keine Stadt, das war weiter nichts als ein Barackenlager, ein schäbiges Nest ohne ein Zeichen von Dauerhaftigkeit. Karl war schockiert. Er hatte mit schönen Häusern, tropischen Gärten und sich wiegenden Palmen gerechnet, mit einer traditionellen ländlichen Siedlung, die nur dank des Klimas exotischer war als die ihm bekannten Dörfer in Deutschland. Es war heiß, aber trocken und staubig. Aus seiner Enttäuschung erwuchs zornige Ablehnung, als er zurückeilte zu Tee und Kuchen.

»Dieser Ort ist scheußlich«, sagte er zu seinem Vater. »Sie haben nicht einmal einen Dorfplatz. Hier gibt es überhaupt nichts!«

Dann vergaß er, den Mund zu schließen. Aus einer Baumgruppe heraus starrten etwa ein Dutzend Eingeborene und beobachteten sie, Männer und Frauen, und sie trugen nicht einen Faden am Leib!

Nora Stenning und ihre Freunde liebten es, die in den Hafen einlaufenden Schiffe zu begrüßen, besonders, wenn sie Einwanderer brachten, die immer so merkwürdig aussahen, so verwirrt. Vor ein paar Wochen war eine Gruppe Schotten eingetroffen, die Männer in Kilts und die Frauen mit derben, um den Oberkörper gebundenen Tüchern, in denen sie ihre Kinder trugen. Und ihr Vater hatte gesagt, einige von ihnen seien so arm, dass sie leere Koffer bei sich trugen.

»Warum tun sie das?«, hatte sie gefragt.

»Stolz.« Er lachte. »Sie möchten sich nicht eingestehen, dass sie nichts besitzen.«

Das fand sie sehr, sehr traurig. Überhaupt nicht komisch. Doch sie alle hatten die Stadt bald hinter sich gelassen und Arbeit auf den Schafzuchtfarmen gefunden. Aber die Deutschen, diese Gruppe hier, hatten, so sagte man, vierzig Morgen Land irgendwo im Umkreis der Stadt gekauft, und so konnte man erwarten, besser gesagt, hoffen, dass sie blieben, die Einwohnerzahl der Stadt erhöhten und halfen, den wenigen Ladenbesitzern ein mageres Einkommen zu sichern. Aus diesem Grund hatte Jim Pimbley, dem der Sunshine Store gegenüber den Baracken gehörte, die Damen gebeten, nett aufzutischen, und die Neuankömmlinge schienen sich zu freuen. Sie hatten schließlich eine furchtbar lange Reise hinter sich.

Nora beobachtete sie, während sie immer wieder Platten nachfüllte. Fast alle waren blond, kräftig, hellhäutig und rotwangig. Die Kleidung der Männer war ziemlich derb, Lederjacken, Westen, sogar lederne Hosen. Die Frauen trugen Schultertücher, so groß wie Umhänge, hübsch bestickt wie auch ihre Hauben, und einige trugen niedliche Schürzen über ihren Kleidern, was die Zuschauer als etwas merkwürdige Straßenkleidung betrachteten, aber alles war doch sehr interessant.

Noras Freundin Jenny Pimbley stieß sie an. »Ein paar von den Burschen sehen wirklich gut aus. Mir gefällt der in der schwarzen Jacke. Sie nennen ihn Karl.«

»Nein, der ist zu jung. Ich finde den da besser, den mit …«

Nora konnte ihren Satz nicht beenden, um zu sagen, dass sie den großen Blonden mit dem Rucksack auf dem Rücken besser fand. Er hatte ein schönes Lächeln und schien von allem begeistert zu sein. Doch da schrie jemand. Was mochte der Grund sein für diesen Aufruhr?

Es war der Pastor. Er deutete auf die Schwarzen, sprang umher, zwang die Deutschen, sich abzuwenden, stotterte Clem Colley etwas vor über Sündhaftigkeit und verlangte, dass die Eingeborenen entfernt und gekleidet werden.

»Hier ist der Beweis, dass ich gebraucht werde«, rief er. »Dass alle dastehen und die Nacktheit begaffen, ist Gotteslästerung!«
Clem stürzte wie eine aufgeschreckte Ziege davon und versuchte die Eingeborenen wegzuscheuchen, während ein paar von den Neuankömmlingen den Pastor beruhigten und Nora lachte und den Mann mit dem schönen Lächeln auf sich aufmerksam machte. Er nickte, augenscheinlich ebenfalls belustigt, und griff nach einem Stück Obsttorte.

Jakob war froh über die Baracken, die ihnen zunächst als provisorische Unterkünfte dienen konnten. Er hatte sich schon gefragt, was genau sie tun würden, wenn sie ohne Aussicht auf eine Schlafstatt an Land gingen, und er hatte überlegt, dass sie wahrscheinlich ein oder zwei Gasthäuser würden belegen müssen, um alle unterzubringen. Ein Glück, dass es nicht so weit gekommen war, denn Karl hatte berichtet, dass es nur ein einziges kleines Hotel in der nächsten Straße gab.
Er sorgte dafür, dass jeder sein Gepäck bekam und ihre restlichen Besitztümer, die im Laderaum verstaut waren, in einem Lagerhaus untergebracht wurden, wo sie abgeholt werden konnten, sobald sie Wohnungen gefunden hatten. Als das alles erledigt war, ging Jakob zurück zur Baracke und musste erfahren, dass schon die ersten Probleme aufgetreten waren.
Die Verteilung der Schlafstellen war reibungslos vonstatten gegangen, da die Baracke einfach nur in zwei Bereiche, einen für die Männer, einen für die Frauen, unterteilt war. Zwischen den Bereichen lag eine Gemeinschaftsküche, was schön und gut war, aber Frieda informierte Jakob: »Wir haben nichts zu essen.«
Er sah die Frauen an, als hätten sie den Verstand verloren. »Auf der anderen Straßenseite ist ein Laden. Kauft, was ihr braucht.«
»Womit? Pastor Beitz hat unser Geld. Er sagt, wir seien

heute gut versorgt worden, wir brauchten kein Abendessen mehr.«
Eva Zimmermann mischte sich ein. »Was mich betrifft, ist es mir egal, Jakob. Aber meine Kinder müssen etwas essen.«
»Keine Sorge, Eva, ihr bekommt euer Abendbrot. Ich hole Pastor Beitz.« Nach kurzer Überlegung fügte er hinzu: »Und Walther.«

Die Gruppe ging zum Laden hinüber, wo ihnen Jim Pimbley entgegenkam, der auch dem Begrüßungskomitee am Nachmittag angehört hatte.
»Was kann ich für Sie tun?«, fragte er und wischte sich die Hände an der Schürze ab. »Ich habe alles auf Lager, vom Zucker bis zum Sattel.«
Frieda trat mit ihrer Liste vor, doch das war Beitz bereits zu viel. Trotz Walthers Versuchen, ihn zurückzuhalten, ergriff er die Liste, überflog sie und wütete: »Nein. Nein! Das ist zu viel. Das können wir uns nicht leisten. Zwei Dutzend Eier, Speck und Buchweizen und Kaffee und so weiter! Nein. Wir brauchen nur Brot und Milch für die Kinder.« Er warf das Stück Papier zu Boden.
Der Ladenbesitzer kniff die Augen zusammen, blickte von einem zum anderen, und Walther, ebenfalls unsicher, was er jetzt tun sollte, hob die Liste auf.
»Wir müssen eine Lösung finden«, sagte Jakob leise zu ihm. »Deshalb wollte ich, dass du mitkommst. Ich würde nicht einmal versuchen, mit Pastor Beitz über Geld zu reden. Heute werde ich die Rechnung bezahlen, aber morgen muss Schluss damit sein. Wir können nicht zulassen, dass er allein die Kontrolle über unser Geld hat.«
»Aber was soll ich tun?«
Jakob wandte sich an Mr Pimbley. »Entschuldigen Sie, mein Herr. Gibt es eine Bank in dieser Stadt?«
»Aber ja. Drüben in der nächsten Straße.«
»Danke.« Er drehte sich wieder zu Walther um. »Du weißt ja, dass er das ganze Geld in dieser Lederbörse bei sich trägt.

Das geht jetzt nicht mehr. Morgen muss es auf die Bank gebracht werden.«

Inzwischen gestattete Beitz, dass auch Eier gekauft werden durften, aber mehr nicht.

»Machen Sie sich nicht lächerlich«, sagte Frieda wütend. »Mit der wunderbaren Brotvermehrung dürfen wir hier nicht rechnen.«

Der Pastor schaute heiter in die Runde. »Der Herr wird's schon richten. Sie sprachen von Fisch. Nun, dieser Fluss da wimmelt von Fischen. Ich habe sie springen sehen.«

Jakob trat mit der Liste an den Verkaufstresen und reichte sie Pimbley.

»Ich zahle«, sagte er leise.

»Wenn Sie das tun, dann aber von Ihrem eigenen Geld!«, fuhr Beitz ihn an.

Jakob nahm Beitz am Arm und führte ihn nach draußen. »Ihre Pflicht ist es, sich um seelsorgerische Fragen zu bekümmern, Herr Pastor, aber Sie müssen den Frauen schon gestatten, ihren Pflichten nachzukommen. Unter unseren primitiven Wohnbedingungen wird das schwierig genug sein, also lassen Sie sie doch bitte in Ruhe.«

»Sie können gern ihren Pflichten nachgehen, aber ich bezahle nicht für Sonderwünsche.«

Jakob seufzte. Sie hatten mindestens zweihundert Pfund in ihrer gemeinsamen Kasse, was, zugegeben, für so viele Menschen nicht eben viel war, doch Beitz' Verhalten war realitätsfremd.

Sie mussten achtsam mit ihren Mitteln umgehen, bis die Leute Fuß gefasst hatten, aber es war nicht nötig, sie schon zu Beginn auszuhungern.

»Ich kaufe, was wir brauchen«, beharrte er. »Und Sie werden mir das Geld zurückgeben, Herr Pastor. Wir wollen nicht länger streiten.«

Beitz hob die Schultern und stürmte davon.

Frieda schäumte, als sie sah, dass Jakob die Rechnung aus eigener Tasche bezahlte. »Das ist nicht recht. Wir können uns

so etwas nicht leisten. Geh zu ihm und verlange, dass er dir das Geld auf der Stelle zurückgibt.«
»Ich kann ihm wohl kaum eins über den Schädel ziehen und mir das Geld nehmen. Er ist alt und verwirrt, Frieda. Lass ihn in Ruhe. Ich versuche, ihn dazu zu bringen, dass er, wenn möglich, morgen das Geld auf die Bank einzahlt.«
»Es wird möglich sein. Dafür werde ich sorgen«, sagte sie. »Wir müssen dem Herrn wohl danken, dass es in diesem Nest tatsächlich eine Bank gibt.«
Die Frauen hatten dafür gesorgt, dass genug Lebensmittel vorhanden waren, um mit der Einrichtung einer Vorratskammer zu beginnen, und das Frühstück am nächsten Morgen war ein ganz neues Vergnügen, als alle bei wunderschönem Wetter Schlange standen, um ihren Anteil an der herrlich frischen Kost zu bekommen.
Mr Pimbley hatte ihnen noch eine Kiste Ananas und Bananen gebracht, gratis, wie er sagte, mit schönen Grüßen von seiner Frau.
»Wenn die Früchte so reif sind, können wir sie nicht verkaufen, also nehmen Sie sie ruhig an. Und der Metzger schickt auch ein paar Steaks fürs Frühstück.«
Steak zum Frühstück! Die Frauen sahen ihn verdutzt an, als er die Rindfleischstücke eines nach dem anderen auf den heißen Herd klatschte.
Frieda schickte sich an, ihn daran zu hindern, doch Rolf Kleinschmidt war schneller. Er hatte die Situation schnell erfasst und machte sich lieber daran, Mr Pimbley zu helfen, statt zuzulassen, dass das Fleisch für eine spätere Mahlzeit aufbewahrt wurde.
»Der Metzger hatte heute Morgen keine Koteletts«, wandte Mr Pimbley sich entschuldigend an Rolf, während er die brutzelnden Fleischscheiben wendete.
»Verstehe«, sagte Rolf freundlich. »Dann sind Koteletts hier wohl üblich als Frühstück?«
Pimbley blinzelte. »Koteletts? Weiß nicht. Wir essen zum Frühstück, was gerade da ist … Kotelett, Steak, Speck oder

Wurst. Mit Eiern.« Dann grinste er: »Ein bisschen von allem ist allerdings am besten, nicht wahr?«
Auch Rolf lächelte. Wenn diese Leute schon früh am Morgen so kräftig aßen, sollte es ihm sehr recht sein. Er hoffte nur, dass Fleisch hier preiswert war. Und dann traute er sich, unverbindlich zu fragen: »Fleisch gibt's hier wohl reichlich, wie?«
»So viel Sie wollen, mein Sohn. Sie befinden sich hier im Herzen des Schaf- und Rinderlands.«

Jakob freute sich ebenfalls über diese unverhoffte gute Mahlzeit und hörte erstaunt das Flüstern, dass diese großen, saftigen Steaks in diesem hinterwäldlerischen Land normale Frühstückskost waren.
Nachdem er gegessen hatte, ging er zu Beitz, der abseits von den anderen auf einer Kiste saß.
»Hat Ihnen das Frühstück geschmeckt, Herr Pastor?«
»Ich habe mein gekochtes Ei verzehrt.«
»Darf ich Ihnen noch etwas holen?«
»Nein.«
»Wie wäre es mit Tee? Die Frauen haben Tee gekocht.«
»Gott hat uns Wasser geschenkt. Ich kann Wasser trinken.«
»Auf dem Schiff haben Sie bedeutend besser gegessen, daher weiß ich, dass Sie einen gesunden Appetit haben.«
»Das Essen auf dem Schiff hat nichts gekostet.«
»Das stimmt nicht, wir haben es mitsamt der Überfahrt bezahlt.«
»Nein. Nehmen Sie sich in Acht, Jakob. Wenn diese Frauen so weitermachen, haben wir bald nichts mehr.«
»Sie machen sich zu viele Sorgen, Herr Pastor. Es wird schon alles gut. Wir haben ein Klima, wie wir es uns immer gewünscht haben … ein herrlich sonniger Tag, und dabei ist hier Herbst.«
»Sie glauben dieses Ammenmärchen? Wie dumm Sie sind, Jakob. Jeder weiß doch, dass Sommer ist.«
»Wie auch immer. Wir sind nicht in einer Wüste gelandet, also brauchen wir uns jetzt nur noch unser Land anzuschauen.«

Bei dem Gedanken fühlte Jakob sich stolz. Ihr Land. Ihr neuer Anfang. Vierzig ganze Morgen, nur für ihre Gruppe.
»Wenn Sie die Papiere holen, Herr Pastor, könnten wir sie vielleicht dem Ladenbesitzer, Mr Pimbley, zeigen. Er ist überaus hilfsbereit und wird uns sicher gern erklären, wo unser Land gelegen ist.«
Das munterte den Pastor auf. Er erhob sich sofort und eilte zur Baracke, um die wertvollen Besitzurkunden zu holen.

Jim Pimbley studierte die Dokumente, die Beitz ihm aushändigte: die Erwerbsurkunden, die Quittung der Tom Taylor Stock and Station Agency und die Gebiets- und Abschnittskarten.
»Ich würde sagen, diese Karte ist nicht ganz maßstabsgerecht«, sagte er nach einer Weile. »So, wie es aussieht, liegt Ihr Land am Fluss, aber ich würde sagen, es liegt ein gutes Stück landeinwärts.«
»Wie weit?«, fragte Jakob.
»Etwa drei Meilen, vielleicht auch mehr. Das ist zu Fuß zu schaffen. Nach der Karte hier fließt der Ferny Creek durch Ihr Land, also dürfte es nicht schwer zu finden sein, wenn wir uns an dem Bach orientieren. Ich hole den Buggy, dann fahren wir raus und suchen es.«
»Jetzt?«
»Ja. Meine Frau kann sich um den Laden kümmern. Ist sowieso nicht viel los. Ich bin die Taylor's Road, wie er sie hier auf der Karte nennt, noch nicht sehr weit runter gekommen. Wir nennen den Weg Taylor's Spur. Ich wusste nicht mal, dass in der Richtung Land zu vergeben ist.«
Beitz zitterte vor Aufregung. »Ich laufe schnell zurück und hole meinen Mantel.«
»Nein. Bleiben Sie hier«, sagte Jakob. »Ich hole ihn, wenn ich auch nicht glaube, dass Sie ihn brauchen werden.«
Aber der Pastor eilte trotzdem davon und rief ihm noch zu, nur ja nicht ohne ihn abzufahren.
»Als ob wir das wagen würden.« Jakob grinste, doch sein Lä-

cheln erstarrte, als er feststellte, dass der Pastor alle anderen aufgescheucht hatte. Alle stürzten aus der Baracke, rannten über die Straße, die Männer stülpten sich hastig die Hüte auf den Kopf, und die Frauen griffen nach ihren Schultertüchern.
»Gehen wir raus zu unserem Land?«, fragte Frieda, die zu den Ersten gehörte.
»Nein. Dieser Herr fährt mit Pastor Beitz und mir raus, um unser Land zu suchen. Die Karte ist ziemlich ungenau.«
Als ihr neuer Freund Jim den Buggy vor dem Laden vorfuhr, war Frieda die Erste, die ihn fragte: »Bitte, darf ich mitkommen?«
»Klar. Für eine Person mehr haben wir noch Platz.«
Und mit einem flinken Satz bestieg Frieda den Buggy und wartete schon auf ihren Mann und den Pastor, bevor die bemerkten, dass sie aufgestiegen war.
Jakob rief den Leuten zu: »Dank dieses Herrn haben wir ein Transportmittel, mit dem wir unser Land aufsuchen können. Sobald wir es gefunden haben, kommen wir zurück und berichten ausführlich.«
Auch Walther war aufgeregt. Seine Augen blitzten. »Wir können zu Fuß gehen. Wir folgen dem Wagen.«
»Da draußen ist flaches Buschland, das ist wie ein Irrgarten«, klärte Jim ihn auf. »Sie könnten sich leicht verirren. Und viel Zeit verschwenden.«
»Bleibt einfach hier. Habt Geduld«, sagte Beitz. »Wir sehen nach, wo sich unser Land befindet, und morgen führen wir euch hin. Morgen ziehen wir auf unseren eigenen Grund und Boden. Gott sei gepriesen!«
Beifall kam auf, und die Regelung wurde, wenn auch widerwillig, akzeptiert, doch als die Leute zurücktraten, sprach Jim Jakob an, der neben ihm saß, während Frieda und Pastor Beitz hinten Platz genommen hatten.
»Ich wäre mir da nicht so sicher.«
»Worüber?«
»Dass Sie so schnell auf Ihren eigenen Grund und Boden ziehen können. Ein Teil der Gegend dort ist Buschland.«

»Entschuldigen Sie. Was versteht man unter Buschland?«
Jim ließ die Zügel schnalzen, und die Pferde zogen an.
»Buschland. Na ja. Darunter versteht man von Gestrüpp überwuchertes Land, wo alles drunter und drüber wächst.«
»Vermutlich war dann das ganze Land einmal Buschland.«
»Nicht ganz. Dort, wo die Stadt steht, waren Flussniederungen. Nicht schwer zu räumen. Dann sind weiter draußen noch die großen Ebenen, die alle schon vor Jahren in Besitz genommen wurden. Gutes Weideland.«
»Aber ich verstehe immer noch nicht, was es mit diesem Buschland auf sich hat.«
»Gewöhnlich ist es eben Gestrüpp. Wie ich schon sagte, überwuchertes Land. Aber hier in der Gegend gibt es ein Gebiet, das wir den Busch nennen. Nichts als Urwald … Ich kann nur hoffen, dass Sie nicht gerade dort Land gekauft haben, aber ich habe munkeln gehört, ein gewisser Tom Taylor hätte dort draußen 'ne Menge Land verkauft, bevor man ihm auf die Schliche gekommen ist. Sie haben ihn aus der Stadt gejagt. Zwei Männer, die er übers Ohr gehauen hatte, haben ihm sein Büro angezündet.«
Jakob war nicht übermäßig betroffen. Er hatte damit gerechnet, dass jungfräuliches Land gerodet werden musste, um dort Landwirtschaft zu treiben. Dieses Buschland war wohl einfach stärker bewachsen als die lichten Eukalyptuswälder, die sie im Augenblick durchfuhren. Aus der Ferne wirkten die Wälder dunkel und undurchdringlich, doch als sie näher kamen, bemerkte Jakob, dass die Bäume in großen Abständen wuchsen, um genügend Licht zu bekommen, und dass die Stämme hoch und dünn waren, als seien sie von Anbeginn an in aller Eile dem Himmel entgegengestrebt.
Taylor's Road war tatsächlich nicht mehr als eine Wagenspur, wie Jim vorausgesagt hatte, eine überaus holprige, tief eingefahrene Spur. Nach einiger Zeit entdeckten sie Markierungen, die in einen Baumstamm eingeritzt waren, und Jim hielt an, um sie sich näher anzusehen. Er stapfte durch hohes Gras, betrachtete den Baum und rief: »Parzelle eins. Sehen

Sie den Pfeil hier? Er zeigt geradeaus. Sie haben die Parzellen sieben bis vierzehn. Das ist noch ein gutes Stück weiter, falls wir hier richtig sind. Ich schätze, Sie haben die Hälfte von Tom's Banjoor-Besitz gekauft.«

Als er sich umdrehte, hob er ein hölzernes Hinweisschild auf, das sich vom Baumstamm gelöst hatte. »Moment. Banjoor Estate. Hier sind wir richtig auf Taylors Land. Er hat sich immer gern aufgespielt. Von hier aus sieht es gar nicht so schlecht aus, Leute, doch der Weg führt direkt in den Busch.«

»Dann müssen wir weiter diesem Weg folgen«, sagte Beitz glücklich, weil er nicht verstand, was Jim da andeutete, und Jakob hatte keine Lust, es ihm zu erklären. Noch wollte er die Hoffnung nicht aufgeben.

»Wir suchen Parzelle sieben«, sagte er. »Wir müssen nach Markierungen an den Bäumen Ausschau halten.«

»Oder nach Pflöcken am Wegesrand«, ergänzte Jim.

Sie kamen nur langsam voran, während sie weitere Parzellen identifizierten. Jim lenkte den Buggy über Buckel und steinige Hindernisse, bis der Weg unvermittelt zu Ende war. Eine Sackgasse.

Instinktiv wusste Jakob mit sinkendem Mut, dass die Markierung an dem Baum vor ihnen Parzelle sieben auswies.

Sie war mit zwei Pfeilen versehen; einer wies nach links, der andere nach rechts.

Hier lagen ihre Parzellen. Dichter, undurchdringlicher Urwald.

»Ja, hier ist es«, sagte Jim betroffen. »Der Busch. Ich hätte Sie von Herzen gern auf besseres Land geführt. Davon gibt es hier immer noch reichlich.«

Sie stiegen vom Wagen und schritten an der Parzelle entlang, als suchten sie nach einem Tor, einem Eingang in dieser grünen Mauer. Mit dem geschulten Auge des Bauern betrachtete Jakob den Wald. Alte, mit Efeu überwachsene Bäume standen hüfthoch in wildem, wirrem Gestrüpp. Jüngere Bäume, die aus dem dichten Unterholz emporstrebten, bildeten ihrerseits Barrieren, und üppiges Strauchwerk drängte nach Licht.

Er schüttelte den Kopf und blickte Jim an. »Ein hartes Stück Arbeit, das hier zu roden.«

»Verdammt hart, mein Freund. Es dauert ein Jahr, bis wenigstens ein Weg frei gemacht ist.«

Es war sehr still, nur der Wind atmete mit leisem Hauch, bis Beitz, der ein paar Meter in die Wildnis eingedrungen war, ihnen zurief: »Hören Sie doch! Ein Bach. Ich höre ihn. Wir müssen ihn finden. Das will ich sehen.«

Bevor sie ihn zurückhalten konnten, hatte er sich ins Unterholz gestürzt und binnen weniger Minuten in einem Dornbusch verfangen.

Die beiden anderen Männer konnten ihn befreien, doch es gelang ihnen nicht, seinen Enthusiasmus zu dämpfen. Beitz wollte den Bach sehen, der auf der Karte als Ferny Creek eingetragen war.

Jim ging zurück zu seinem Buggy, wo er in einem Fach unter dem Wagen einen großen Kasten aufbewahrte, und kehrte mit einer Axt und einer Machete zurück. Kurz darauf hackten er und Jakob sich einen Weg durch Farne und hohes Gras. Sie stolperten auf dem unebenen Boden über Felsbrocken und umgestürzte Baumstümpfe, die sich im dichten Unterholz verbargen. Sie duckten sich unter dicken Ästen hindurch, fluchten, allerdings leise, um den Pastor nicht zu beleidigen, der ihnen flink folgte, als durchschritte er das Rote Meer, doch schließlich erreichten sie den fast völlig unter Farnen verborgenen Bach. Es war ein kristallklarer Bach, der sich aus einer Felsenquelle in einen seichten See ergoss, bevor er sich munter sprudelnd auf den Weg machte.

Beitz war entzückt. »Das ist ja herrlich! Was haben wir für ein Glück! Unser eigenes Wasser. Wir müssen trinken und dem Herrn danken. Morgen können wir alle hierher ziehen.«

»Hierher ziehen?«, wiederholte Jakob. »Auf diesem Land ist nicht einmal Platz genug, um einen Stuhl aufzustellen.«

»Dann setzen wir uns auf die Straße, bis wir genug Platz geschaffen haben.«
»Herr Pastor, es geht nicht nur darum, einen Platz zum Sitzen zu finden. Wir müssen roden, um so bald wie möglich etwas anbauen zu können, Feldfrüchte für unseren Lebensunterhalt. Um Platz zu haben für ein paar Stück Vieh. Dieses Land ist völlig ungeeignet.«
»Sie brauchen ein Heer, um hier zu roden«, fügte Jim hinzu.
»Wir haben ein Heer«, beharrte Beitz. »Wir sind genug. Sie müssen nur fest glauben. Der Herr wird's schon richten.«

Auf der Rückfahrt zu der kleinen Stadt war Jim schweigsam, offenbar hatte er keine Lust, sich in die Zwistigkeiten der anderen hineinziehen zu lassen. Frieda spielte geistesabwesend mit einem Wildblumenstrauß, den sie am Wegrand gepflückt hatte, und schaute immer noch mit dem Interesse einer Touristin um sich, als dürfte sie nichts verpassen. Der Pastor hatte Zuflucht in seinem Brevier gesucht.
»Es ist so hell hier«, sagte Frieda. »Dieses Licht …«
Jakob nickte. Es war wirklich hell. Beinahe wahnsinnig, dachte er, ein fremdartiger Ort mit einem so unverschämt blauen Himmel, einer so fröhlich strahlenden Sonne, dass es einen Mann schon ärgern konnte, wenn er versuchen musste, sich zu konzentrieren.
Ein merkwürdiges, lang gezogenes Heulen, wie das Lachen eines Verrückten, erschreckte ihn, so plötzlich kam es aus dem stillen Busch.
»Was zur Hölle ist das?«
»Ich weiß!«, rief Frieda. »Das ist ein Kookaburra, nicht wahr, Mr Pimbley?«
»Richtig, Mrs Meissner.«
»Wunderbar! Wo steckt er? Sehen Sie ihn?«
»Nein. Aber es gibt jede Menge von diesen Vögeln. Nicht schwer zu entdecken.«
Jakob wünschte sich, sie würden aufhören zu reden, als Jim sich über die Schulter hinweg mit Frieda unterhielt. Sie hät-

ten sie auf dem Vordersitz unterbringen sollen. Er musste nachdenken. Wie alle anderen auch, so hatte er vorgehabt, gemeinsam mit der Gruppe eine kleine Kooperative auf dem gemeinsamen Land aufzubauen und von da aus allmählich, wie die Umstände es zuließen, in die größere Gemeinde hineinzuwachsen. Aber das Land da draußen ... Selbst wenn sie mit nur einem Morgen anfangen würden, brauchten sie viel Zeit. Zuerst müssten sie dieses schreckliche Unterholz roden und abbrennen, dann die kleineren Bäume fällen, um Platz zu schaffen, und danach die alten Riesenbäume, um entweder um die massiven Wurzeln herumzupflügen oder sich noch mehr Zeit zu nehmen und sie herauszureißen oder auszubrennen. Zumindest hatten sie jede Menge gutes Holz. Das konnten sie zum Bauen verwenden. Oder es an Sägewerke verkaufen. Das brächte ein wenig finanzielle Hilfe. Andererseits riet ihm sein gesunder Menschenverstand, sich gleich in die größere Gemeinschaft einzugliedern und nicht zu warten, bis sie ihr Land urbar gemacht hatten, und sei es nur wegen der Unterkunft. Solange sie noch Geld hatten, sollten sie sich privat Land kaufen, anständiges Land, und zwar bevor die Preise ihre finanziellen Möglichkeiten überstiegen. Er wandte sich zu Frieda um, und sie erkannte die Not in seinen Augen. Sparsam, wie sie war, würde es ihr nicht gefallen, so frühzeitig auf eigene Faust zu beginnen, ihren Anteil an der gemeinsamen Kasse zu verlieren und, wie er vermutete, Hals über Kopf ins kalte Wasser zu springen. Das zu vermeiden, war ja eben der ursprüngliche Plan gewesen. Die Gemeinschaft der Gruppe hatte Sicherheit, Trost und finanzielle Hilfe in den schwierigen ersten Tagen ihrer Pionierarbeit geben sollen. Jetzt allerdings zweifelte Jakob, ob dieser Plan jemals umzusetzen war. Von Anfang an hatte er sich gesorgt, dass das Land auf Grund des überaus niedrigen Preises vielleicht nicht sehr fruchtbar sein könnte, doch nicht einmal in seinen schlimmsten Träumen hätte Jakob sich etwas wie diesen modernden, urwüchsigen Wald vorstellen können. Vor seinem inneren Auge sah er noch immer die unter Schlinggewächsen erstickten riesigen Bäume, Bäume wie verhutzelte alte Männer, die aus den Tiefen des graubärtigen Laubs hervorspähten. Sie wirkten trotzig, als wollten sie Fremde vor dem Betreten warnen.

Plötzlich sprach Beitz. »Die Eingeborenen. Würden die diesen Wald betreten?«

»Meinen Sie Ihr Land da drunten? Den Busch?«, fragte Jim.

»Ja.«

»Vermutlich schon. Sie brauchen keine Angst vor ihnen zu haben. Sie haben genauso wenig Lust, sich durch das wilde Terrain zu schlagen, wie wir alle. Dorthin gehen sie nur, um zu jagen.«

»Ha! Um zu jagen. Das ist ja was. Sie ernähren sich von der Jagd?«

»Ja. Schlangen, Eidechsen, Buschtruthähne, Wurzeln, Beeren ... Sie finden Unmengen an Essbarem.«

Der Pastor klatschte entzückt in die Hände. »Was sagen Sie dazu, Jakob? Der Herr hat's längst für uns gerichtet. Wir werden das Handwerk der Jagd erlernen.«

Jakob sah, dass Jim grinste, als er sich umwandte, nicht so sehr über die Bemerkung des Pastors, sondern eher über Friedas Gesicht. Es war kreideweiß.

»Geht es dir nicht gut, meine Liebe?«, fragte er, doch sie wandte sich hoch erhobenen Hauptes ab und weigerte sich, ihren Schrecken einzugestehen. Frieda war hübsch, sie zog immer wieder seine Bewunderung auf sich. Jetzt tat es ihm Leid, dass er sie aufgezogen hatte, denn den Umständen nach zu urteilen lagen erhebliche Schwierigkeiten vor ihnen.

Als sie in die Hauptstraße der verschlafenen Siedlung einbogen, wo zu beiden Seiten müde Pferde angebunden standen und kaum eine Menschenseele zu sehen war, schüttelte Jakob verwundert den Kopf.

»Wir müssen verrückt sein«, sagte er zu sich selbst. »Hier gibt es nichts, hier wird es nie was geben. Wir sollten ganz von hier fort, solange wir es noch können. Zurück in diese Stadt Brisbane. Die ist zumindest zivilisiert.«

Das war die erste Frage, die er seiner Frau und seinem Sohn stellte, als sie an diesem milden Abend zusammen am Flussufer saßen.
Frieda war zufrieden mit sich selbst. Sie hatte den alten Pastor dazu überreden können, ihr Geld auf die Bank zu bringen, die in einem winzigen Holzhaus von der Bank of New South Wales betrieben wurde. Er war nicht allzu begeistert von diesem Plan, doch sie hatte ein paar weitere Frauen zusammengerufen, die ihr halfen, ihn zu überzeugen, und sie hatten Walther Badke ausersehen, die Dokumente mit Pastor Beitz zusammen zu unterzeichnen. Dann hatte sie die Rückzahlung des Geldes gefordert, das ihr Mann für Lebensmittel ausgegeben hatte, und Walther sorgte dafür, dass das unverzüglich geregelt wurde.
Als Jim anbot, der deutschen Gruppe in seinem Laden einen Kredit einzuräumen, war Pastor Beitz entzückt und bemerkte, dass er das überaus großzügig fände. Walther wandte sich an Frieda.
»Versteht er überhaupt, was gemeint ist, Frau Meissner?«
»Ich glaube nicht, dass er schon jemals mit Geldangelegenheiten zu tun hatte, Walther. Wahrscheinlich glaubt er, der Kredit wäre ein karitativer Beitrag zu unserer Sache.«
»Es ist eine große Verantwortung, an seiner Seite zeichnungsbefugt zu sein«, beschwerte sich Walther. »Ich weiß nicht, ob mir das behagt.«
»Sie werden es schon richtig machen. Falls Sie Fragen haben, wenden Sie sich an Mr Rawlins, den Bankdirektor. Er macht einen sehr netten Eindruck.«
»Das stimmt. Aber diese Bank wirkt komisch. Glauben Sie, dass sie echt ist?«
Frieda lachte, als sie diese Geschichte erzählte.
»Der arme Walther. Uns ist gar nicht aufgefallen, wie besorgt er war, weil er fürchtete, er würde dazu beitragen, dass wir all unser Geld verlieren, indem er es einem Scharlatan aushändigt.«
»Ich kann's ihm nicht verdenken«, sagte Karl. »Die Bank ist

nichts weiter als eine Holzhütte. Sieht nicht aus wie eine Bank. Dieses Land ist wirklich merkwürdig.«

»Oh weh. Gefällt es dir nicht?«, fragte Frieda – etwas unklug, wie Jakob meinte –, doch die Antwort überraschte ihn.

»Doch! Es ist aufregend. Aber Vater, wir benötigen hier dringend eigene Pferde. Das hat auch der Schmied gesagt. Er sagt, kein Mensch geht zu Fuß, alles ist viel zu weit hier. Deswegen sind in der Stadt auch nie viele Leute zu sehen. Die, die außerhalb leben, kommen nur gelegentlich her und kaufen Vorräte für viele Monate. Eine Gruppe von Reitern ist heute eingetroffen, und der Schmied sagte, sie wären Viehtreiber, die kommen, um ihr Geld in der Kneipe zu lassen. Wirklich wilde Burschen waren das.«

»Du bist ja eine großartige Informationsquelle«, sagte sein Vater. »Du solltest weiterhin die Augen offen halten, wir brauchen das. Aber im Augenblick bin ich müde und verwirrt. Wir müssen morgen früh reden und überlegen, was wir aus dieser Situation machen.«

Doch am Morgen, als alle ihre Sachen packten, waren die Meissners noch immer nicht zu einem Entschluss gekommen.

Karl sah die Lage folgendermaßen: Im Gegensatz zu dem, was der Pastor der versammelten Gruppe erzählt hatte, war ihr Land keinen Pfifferling wert. Er ärgerte sich darüber, dass sein Vater nicht aufgestanden war, um Beitz zu widersprechen, sondern zuließ, dass alle vor Aufregung über den Umzug am nächsten Tag hektisch durcheinander liefen, doch seine Mutter war der Meinung, es wäre am besten, wenn die Leute es mit eigenen Augen sähen, ohne in irgendeiner Weise beeinflusst zu werden.

»Wie denn?«, fragte Karl. »In welcher Weise?«

Darauf wussten sie nichts zu sagen. Seine Eltern und vielleicht noch einige wenige von den anderen verfügten über die Mittel, so knapp sie auch sein mochten, um neu anzufangen, die übrigen jedoch nicht. Sie saßen dank der Dumm-

heit des Pastors in der Tinte. Und wie es aussah, blieb ihnen nichts anderes übrig, als unverzüglich zu den Äxten zu greifen.
»Ich habe überlegt«, sagte sein Vater schließlich, »ob wir nicht nach Brisbane zurückkehren sollten.«
Frieda war entsetzt. »Wir sind Bauern, keine Stadtmenschen. Was sollen wir in der Stadt?«
»Sehr eindrucksvoll war Brisbane auch nicht«, sagte Karl.
Jakob zog an seiner Pfeife. »Ich weiß, aber wir könnten dort in der Nähe vielleicht gutes Land finden.«
»Nein.« Frieda war unerbittlich. »Wir werden nie wieder auf einer kleinen Klitsche sitzen. Du hast gesagt, je weiter wir uns von der Zivilisation entfernen, desto billiger wäre das Land …«
»Und hier sind wir wohl am Ende der Welt«, sagte Karl, doch Frieda überging die Spitze.
»Jakob, du hast gesagt, wir sind es Karl schuldig, einen neuen Anfang zu machen. Es bringt ihn aber nicht weiter, wenn wir unser letztes Geld für ein kleines, teures Stück Land ausgeben. Du hast gesagt, hier draußen könnten wir für ein Taschengeld Land kaufen, so viel, wie die Gutsherren zu Hause besitzen, also tu das auch. Wir gehen keinen Schritt zurück.« Karl hörte der Diskussion zu und fand die Situation im Grunde erheiternd. Sie nahmen seine Zukunftsaussichten wahrhaftig sehr ernst. Vielleicht würde er schon bald ein Pferd bekommen.
Sein Vater wandte sich ihm zu. »Augenscheinlich sind wir uneins, was unsere ersten Schritte angeht. Wenn wir mit den anderen auf den Banjoor Estate ziehen …«
»Wo ist das?«
»So heißt unser Land. Wenn wir bei der Gruppe bleiben, wird unser Leben für sehr lange Zeit ausgesprochen schwierig sein. Wenn wir die Gruppe verlassen, unser Glück auf eigene Faust versuchen, verlieren wir unseren Anteil an der gemeinsamen Kasse. Allein das ist schon ein Schritt zurück.«
»Wie meinst du das? Ausgesprochen schwierig?«

»Primitiv«, sagte Frieda. »Dann müssen wir wie die Zigeuner auf der Straße leben.«
»Wenn du privat Land kaufst, Vater, gehört dann auch ein Haus dazu?«
»Nein«, antwortete Jakob versonnen. »Wir würden ebenfalls bei null anfangen. Wir müssten uns eine Unterkunft bauen, und auch die würde primitiv sein, weil ich zurzeit noch kein Geld für ein Haus ausgeben kann.«
»Aber es wäre unsere eigene Unterkunft«, setzte Frieda hinzu. »Wir müssten sie nicht mit dreiundzwanzig anderen Leuten teilen.«
»Wir haben unser Zelt mitgebracht«, sagte Karl. »Vater und ich haben es aus Armeevorräten gekauft. Darin können wir wohnen. Wir brauchen nicht die Unterkunft zu teilen.«
»Und wo wollt ihr es aufstellen?«, gab Jakob zu bedenken. »Der Busch, wie unser Land genannt wird, ist nichts als dichter Urwald. So einen Wald habe ich im Leben noch nicht gesehen. Er liegt offenbar in einer Gegend mit unglaublich fruchtbarem Boden. Jim sagt, das restliche Land besteht aus lichten Wäldern oder Grasland. Im Augenblick ist unser gemeinsames Land einfach unbewohnbar.«
»Worüber macht ihr euch dann Gedanken?«, fragte Karl. »Wenn unser Land so schlecht ist, können wir nicht in dieser verrückten Gegend leben, also geh einfach zu Pastor Beitz und sag ihm, du willst dein Geld zurück, sonst würdest du gerichtliche Schritte unternehmen.«
Seine Mutter war sprachlos.
»Das würden wir im Traum nicht tun. Sei doch vernünftig, Karl. Wir sind unserer Kirche zur Treue verpflichtet. Warum sollten wir so handeln?«
»Weil ihr die Katze im Sack gekauft habt. Da habt ihr juristisch gesehen das Recht, eure Investition zurückzufordern.«
»Oho! Mein Sohn, der Rechtsanwalt!« Jakob lachte. »Gegen wen sollten wir klagen? Gegen den Pastor oder den unsichtbaren Agenten? Weder so noch so rechne ich da mit einem nennenswerten Erfolg. Wir sollten wohl besser unsere Sa-

chen packen. Im Augenblick können wir anscheinend nichts anderes tun, als mit den anderen mitzuziehen.«

Karl stellte sich zornig gegen seine Eltern. »Das ist mal wieder typisch für euch. Ihr redet und redet und dreht euch im Kreis. Mich wundert, wie ihr jemals zu dem Entschluss gekommen seid, überhaupt von zu Hause wegzugehen! Und jetzt wollt ihr meine Meinung hören, nur, um sie dann doch zu ignorieren!«

»Wir ignorieren deine Meinung nicht«, sagte Jakob. »Wir können nicht vor Gericht gehen, das bringt nichts ein, aber wenn du noch andere Vorschläge hast ...«

»Die habe ich. Wir brauchen ein Pferd. Du sagst, dieses Land liegt drei Meilen von hier entfernt. Wie sollen wir herausfinden, was sonst noch in der Umgebung angeboten wird, wenn wir nirgends hinkommen? Wir werden ...«

Bevor er seinen Satz zu Ende sprechen konnte, stimmte sein Vater zu. »Ja, ohne Pferd geht es nicht.«

Frieda schaute sich um. Ein von Pferden gezogener Lastwagen war gemietet worden, um die Habseligkeiten der Gruppe zu dem ins Auge gefassten Lagerplatz am Ende von Taylor's Track zu bringen. Die Leute hetzten umher, verstauten noch letzten Kleinkram auf dem Wagen und hoben die Kinder hinauf. Andere gingen bereits mit forschem Schritt die Straße entlang, voller Begeisterung auf dem Weg zu ihrer neuen Heimat.

Es ist ein schöner Tag, überlegte Frieda, ein Glück. Die Enttäuschungen und Unbequemlichkeiten, die vor ihnen lagen, ließen sich unter einem strahlenden Himmel vielleicht ein wenig besser ertragen. Und was das Pferd anging ... Schön und gut, aber nicht schon jetzt. Erst, wenn sie ihre Situation gründlicher einschätzen konnten. Wenn sie wussten, was die anderen tun wollten. Sie konnte sich gut vorstellen, was geschehen würde, wenn es nur ein Pferd in der ganzen Gruppe gäbe. Die Bitten, das Tier ausleihen zu dürfen, würden kein Ende nehmen, und sie alle abzulehnen wäre schlicht unmöglich. Jakob und Karl sollten sich mit dem Kauf noch Zeit lassen.

Als die Meissners schließlich Taylor's Road erreichten, war der Großteil der Gruppe, geführt von Pastor Beitz, ein Stückchen voraus. Die Leute sangen laut und fröhlich, und Frieda lächelte.

»Von wegen Gottes Kinder! Ahnungslose Kinder trifft es eher. Wo um alles in der Welt fangen wir an, Jakob?«

»Wir errichten Zelte und schlagen einen Weg bis zu diesem Bach, würde ich sagen, denn Wasser ist zunächst mal das Vordringlichste. Da draußen kannst du Kängurus sehen«, erklärte er Karl. »Sie wirken ganz zahm. Wenigstens brauchen wir in diesem Land keine wilden Tiere zu fürchten. Es gibt keine.«

»Bis auf die Schlangen«, sagte Frieda. »Hättest du mich bloß nicht daran erinnert.«

»Und Krokodile.« Karl lachte.

Das Singen hatte aufgehört. Ganz abrupt, wie es schien. Ihre Freunde spähten in den dunklen Wald vor ihren Augen. Der Kutscher stand bei seinen Pferden und zog an seiner Pfeife. Als Jakob sich ihm näherte, schüttelte er den Kopf. »Ist das Ihr Land?«

»Ja.«

»Ihre Freunde sehen nicht gerade glücklich aus.«

Das war, wie Jakob es nicht anders erwartet hatte, eine Untertreibung. Es gab Wut, Tränen, Bestürzung, und der Unmut richtete sich gegen Beitz. Der Pastor verteidigte sich, stritt mit den Männern, bis Jakob und Walther eingriffen, um den alten Mann zu schützen.

»Du hast es gewusst!«, schrie Eva Zimmermann Frieda an. »Warum hast du uns nicht gewarnt?«

»Ihr musstet es erst mit eigenen Augen sehen und euch entscheiden. Ihr hättet es so oder so sehen wollen. Jetzt müssen wir eben abwarten. Und sehen, was die Männer tun können.«

Walther und Lukas traten eine Zeit lang üppige Dornenranken zur Seite, um ein Stück in den Wald eindringen zu können, doch schon bald tauchten sie wieder aus der Finsternis auf.

»Ist das ganze Land so?«, rief Walther dem Kutscher zu, einem Mann aus Bundaberg.
»Glaub schon, Kumpel. Wir nennen es den Busch.«
»Wir besitzen vierzig Morgen«, sagte Walther finster. »Pastor Beitz sagt, die Grenzen sind durch Pflöcke und Markierungen an Bäumen ausgewiesen. Ich bin dafür, dass wir uns umsehen. Das gesamte Land ansehen. Vielleicht finden wir besseren Boden. Kommst du mit, Jakob?«
»Ich glaube, ich sollte lieber hier bleiben«, sagte er mit einem Blick auf Beitz, der immer noch heftigen Anfeindungen ausgesetzt war. »Karl kann dich begleiten.«
Walther begriff. Er ließ seinen schweren Rucksack fallen, rief Karl mit einem Pfiff zu sich und stapfte davon. Karl folgte ihm widerwillig, während Beitz, dessen Begeisterung in keiner Weise gelitten hatte, zwischen den anderen umherging, die düster, verunsichert am Straßenrand standen.
»Nun kommt schon! Alle packen mit an. Sie, Jakob, nehmen ein paar Männer mit und hacken einen hübschen Pfad bis zum Bach. Max und Hans, ihr könntet den Wagen entladen. Unsere Zelte müssen vor Einbruch der Nacht stehen. Und Sie, meine Damen, stehen Sie nicht tatenlos herum! Sie sollten die Küche einrichten.«
»Wie sollen wir kochen?«, wollte Eva wissen. »Wir haben keinen Herd. Wir gehen zurück in die Baracke.«
Paul Wagner, Rolfs Schwager, griff ein. »Nicht nötig. Hier liegen genug Steine herum. Ich baue euch eine Kochstelle, ihr werdet sehen.«
Jakob, der gerade eine Axt vom Lastwagen nahm und sich dem Trupp anschloss, der einen Zugang zu ihrem Land freihacken sollte, war froh über Pauls Einfallsreichtum. Paul sagte gewöhnlich nicht viel, doch er würde sich bestimmt als sehr nützliches Mitglied der Gruppe erweisen. Vor ihnen lag eine Unmenge Arbeit. Alle Männer würden tüchtig anpacken müssen. Und dennoch, mit dem ersten Axthieb in die ledrigen Ranken, die den Zugang versperrten, störte ihn etwas, was mit der Kochstelle zu tun hatte, doch er wusste

nicht, was es war. Und dann war er zu beschäftigt, um darüber nachzudenken.

Über eine Stunde später hackten, schlugen und zerrten ein Dutzend Männer im widerspenstigen Gestrüpp und schwitzten in der Hitze und Feuchtigkeit, während hoch über ihnen kleine Fleckchen blauen Himmels durch das Blätterdach lugten. Und doch waren alle, wie Jakob feststellte, trotz der Anstrengung, der Kratzer, der Missgeschicke, der unablässigen Überforderung ihrer Kräfte in diesem Kampf fröhlich gestimmt; sie arbeiteten zum ersten Mal zusammen und sahen den Erfolg.

Sie riefen einander zu, scherzten, fluchten, warnten sich gegenseitig, forderten einander heraus. Sie halfen, schleppten, schoben einander über Barrieren aus knotigen Baumwurzeln, die festen Boden unter sich verbargen, und sie staunten über die fette rote Erde, die sie in diesem unglaublichen Wald vorfanden.

Sie arbeiteten den ganzen Tag beharrlich, kraftvoll, bis sie schließlich eine schmale Gasse um die schwierigeren Hindernisse herum bis zu dem kostbaren Bach namens Ferny Creek geöffnet hatten, und erst jetzt begriff Jakob die Bedeutung der Steine und Felsbrocken, die auf der Straße verstreut lagen. Ebensolche Steine und Felsbrocken bedeckten natürlich auch ihr Land. Zunächst reichte ein Trampelpfad. Und so hatten sie Umwege um Felsblöcke in Kauf genommen und kleinere Steine, die ihnen im Weg lagen, einfach fortgeräumt, und diese Blöcke und Steine empfanden sie als nicht so hinderlich wie das dichte Laubwerk, aber … Jakob schüttelte bedrückt den Kopf. Falls es ihnen je gelingen sollte, das Land zu roden, wären diese auf den Feldern verstreuten Steine ein Albtraum für jeden Bauern, verborgene Feinde für den Pflug.

Er fragte sich, ob außer ihm noch jemand auf diesen Gedanken gekommen war. Dieser gute Boden war offenbar vulkanischen Ursprungs, die Steine waren ein weiterer Hinweis darauf. Wahrscheinlich hatte ein mächtiger Vulkanausbruch

sie vor Tausenden von Jahren herausgeschleudert, und nun stellten sie die Geduld dieser Pioniere auf eine harte Probe. Vielleicht sogar lagen sie ihrem Traum ein für alle Mal im Wege.
Trotzdem wurde unter Pauls Kommando am Straßenrand ein Lager errichtet. Einige Leute wurden in Zelten, andere in provisorischen Schutzhütten aus Schösslingen und Laubwerk untergebracht. Walther und Karl kamen zurück, hatten aber nichts Neues zu berichten außer der Tatsache, dass Ferny Creek ein Stück gutes Weideland durchfloss, wie sie voller Neid gesehen hatten. Doch Walther, der Hunger hatte, interessierte sich jetzt mehr fürs Kochen, und so wurden Paul und er zu Küchenchefs, große, kräftige Männer, die über große Töpfe voller Suppe in den heißen Kohlen des neuen Lagerfeuers befahlen. Ganz in ihrer Nähe arbeiteten still die Frauen, machten das Beste aus den mitgebrachten Vorräten, suchten Teller und Küchengeräte aus dem Gepäck und versuchten, Ordnung in diesen Wirrwarr zu bringen, ohne auch nur die schlichte Art von Küche zur Verfügung zu haben, die sie aus der Baracke kannten.
Die Euphorie dieses Tages legte sich schnell für die Arbeiter, als ihnen klar wurde, dass sie völlig unvorbereitet in diesen Kampf gegen die Natur gezogen waren. Sie hatten mit grünen Wiesen gerechnet. Mit Land, auf dem man sofort zumindest Gemüse ziehen konnte. Mit Land, das ein paar Kühe und Hühner und Schweine ernährte, die sie vor Ort hatten kaufen wollen. Mit Land, das sie hatten teilen wollen, damit jede Familie über ein wenig Privatsphäre um eine zentrale Küche und ein Gemeinschaftshaus hätte verfügen können. Sie wollten es nicht ertragen, wie die Zigeuner auf einer Straße zu lagern. Sie waren entsetzt. Was würden ihre Nachbarn von ihnen denken? Gott im Himmel!
»Was soll aus uns werden?«, fragte Eva ihren Mann. »Was hast du wieder angestellt? Dass du solche Schande über deine Familie bringen musstest!«
Bei Sonnenuntergang, einem überwältigenden Lichterspiel

in Orange und rosarot, das seine mürrische Gemeinde nicht beeindrucken konnte, rief Pastor Beitz alle zum Gebet. Er ermahnte sie, dem Herrn für die Rettung vor den Gefahren der großen Meere zu danken, Ihm dafür zu danken, dass Er sie an diesen wundervollen Ort geführt hatte, Ihm zu danken für ihr neues, schönes Land.

Nur wenige brachten ein Amen hervor.

# 5. Kapitel

Mit dem Morgen kam die Angst. Alle blieben so lange wie möglich in sich zurückgezogen und vermieden es, ihre Gedanken in Worte zu fassen. Sie bevorzugten die Stille, als hätte die aufdringliche Morgendämmerung Anspruch auf einen gewissen Respekt.

Walther kam vorbei, gesund und kräftig. »Heute kann ich euch besser helfen. Als Erstes sollten wir anständige Latrinen ausheben. Wir Kerle sind so schon schlimm genug dran, aber für die Damen ist es besonders unangenehm, sich nirgendwo zurückziehen zu können.«

Als Jakob dann zurückkam, waren Karl und Frieda aufgestanden und angekleidet. Beide waren sehr still. Verwirrt. Die Zimmermann-Kinder liefen zu Karl und fragten ihn, ob er mit ihnen in den Wald ginge, um wilde Tiere aufzustöbern, doch er schüttelte den Kopf. »Später.«

Mit der üblichen Frage wandte er sich an seine Mutter: »Was gibt's zum Frühstück?«

»Woher zum Teufel soll ich das wissen?«, fuhr Frieda ihn an und stürmte zurück ins Zelt.

Jakob, an diesem Morgen nicht auf Konfrontation eingestellt, trat zurück ins Dämmerlicht des Waldes und suchte Zuflucht am Fuß eines mächtigen Baums mit knorrigen Wurzeln, dick wie Stämme. Immerhin boten diese Wurzeln einem Mann, der keine Störung wünschte, einen bequemen Sitzplatz. Er befand sich in einer Höhle aus Wurzeln und Laub. An einem friedlichen Ort, abseits der Feindseligkeiten, die dort draußen brodelten.

Plötzlich sah er eine dicke Schlange auf seinen Stiefel zugleiten. Panik stieg in ihm auf, und er hielt vollkommen still, bis das Tier ihm seine blaue Zunge entgegenstreckte und sich als harmlose Echse zu erkennen gab. Irgendwer hatte ihm ein

Bild von solch einer Kreatur gezeigt, doch er hatte niemals damit gerechnet, ihr je zu begegnen.

Er wandte sich wieder seinen Überlegungen über die kleine Kolonie und ihre Mitglieder zu. So viele Meinungsverschiedenheiten und Beschwerden! Waren sie schlicht und einfach vom Regen in die Traufe geraten? Zu Hause hatten sie nichts von den Problemen geahnt, die dieser Dschungel in sich barg.

Jakob war durchaus bewusst, dass er an Heimweh litt und sich nicht dagegen wehrte. Allein hier unter diesem fremdartigen Baum, wo Samenschnüre um ihn herum hingen und dicke Klumpen wie Feigen auf dem Boden lagen, konnte er in seinem Unglück, in seiner Dummheit schwelgen, bevor er sich zurückmeldete und versuchte, zu einer gewissen Ordnung beizutragen, sofern denen da draußen überhaupt daran gelegen war.

Ihm fiel ein, dass es Hubert Hoepper gewesen war, der ihm das Bild von der Echse und von anderen landestypischen Tieren gezeigt hatte. Ach, Herr Hoepper. Was sollte er ihm über dieses Fiasko berichten? Was sollte er ihm schreiben? Im Augenblick am besten gar nichts. In seinem letzten, in Brisbane aufgegebenen Brief hatte er ihn über ihre sichere Ankunft informiert, und das musste zunächst einmal reichen. Eine Schande, dass eine derartige Tragödie über Herrn Hoepper hereingebrochen war. Er hätte ihnen allen in dieser Situation gut beistehen können. Er hätte gewusst, was zu tun sei. Er war Geschäftsmann, sein Rat wäre überaus wertvoll gewesen.

Als Bauer wusste Jakob, dass ihr »gelobtes Land« kurz gesagt wertlos war, und seine Freunde würden es einsehen müssen, aber er wollte die Gemeinschaft nicht spalten. Er hätte gern gewusst, was er tun sollte, um den Zusammenhalt zu stärken. Welche Alternative hatten sie?

Gewohnheitsmäßig kratzte er sich den Bart, zwang sich aufzustehen, hinauszugehen, den Problemen ins Gesicht zu sehen und Frieda beizubringen, dass er sich Geld von einer

Bank leihen wollte. Doch als er aufstand, entdeckte er eine rundliche Gestalt in der Astgabel eines Gummibaums nur wenige Schritte von ihm entfernt, fast auf Augenhöhe mit ihm selbst. Vor seinen Augen nahm die Gestalt Form an, wenn auch von Licht gefleckt, und Jakob erkannte, dass es sich um einen Koala handelte. Das Tier mit seinem gutmütigen Gesicht und den plüschigen Ohren blinzelte ihn einfach nur an und machte keine Anstalten, sich zu entfernen. Es schien sich überhaupt nicht an Jakobs Gegenwart zu stören. Für Jakob bedeutete das pelzige Tierchen eine solche Freude, dass er es ergreifen und wie einen jungen Hund in den Arm nehmen wollte. Er entschied sich jedoch, es lieber nicht zu stören, und eilte stattdessen aus dem Wald hinaus, um Frieda zu holen, doch sie arbeitete zusammen mit den anderen Frauen, verteilte Buchweizengrütze und Kaffee, und ihrem finsteren Gesichtsausdruck nach zu urteilen war der Zeitpunkt für seine Entdeckung schlecht gewählt. Aus purem Eigensinn lud er auch keinen anderen ein, sich seinen Koala anzuschauen, sondern reihte sich einfach nur seufzend in die Schlange ein, um sein Frühstück in Empfang zu nehmen. Die Grütze war angebrannt.

Theo suchte mit hochrotem Gesicht Beitz auf, um ihm mitzuteilen, dass er mit seiner Familie zurück in die Baracke zog.

Der Pastor war fassungslos. »Das können Sie nicht tun! Nein, nein! Ich lasse es nicht zu! Hier wartet viel Arbeit. Was haben Sie denn erwartet? Ein fertiges Häuschen? Machen Sie keine Dummheiten, Theo!«

Doch die beiden jungen Kleinschmidts traten vor. »Wir gehen auch, Herr Pastor. Tut uns Leid, aber das hier taugt nichts.«

»Ich will gern jeden Tag herkommen«, sagte Theo. »Ich werde arbeiten, aber für meine Familie ist das hier nichts.«

»Sie können nicht unbegrenzt in dieser Baracke wohnen«, sagte Beitz ärgerlich. »Man wird Sie hinauswerfen.«

»Ich weiß, aber wir lassen es auf uns zukommen.«
Karl stieß seinen Vater an. »Wir müssen auch weg hier. Du solltest deine Position klar machen, solange wir noch in der Baracke wohnen können.«
»Ja. Melde dich jetzt gleich«, drängte Frieda, und so schloss Jakob sich widerwillig, früher als geplant, dem Exodus an. Beitz weigerte sich starrsinnig, in die Stadt zurückzukehren, doch er blieb zumindest nicht allein zurück. Walther und die beiden Lutzes waren böse, weil alle anderen so früh aufgaben, verärgert über die Desertion, wie sie es nannten. Sie wollten bleiben.
»Warum gibst du so schnell auf?«, wollte Walther von Jakob wissen. »Hast du überhaupt kein Gottvertrauen? Eines Tages wird das hier Sein gelobtes Land sein. Wir arbeiten für Ihn. Wir können Ihm nicht einfach den Rücken kehren.«
»Es ist wegen des Aufwands«, versuchte Jakob zu erklären. »Du hast doch gesehen, was für ein hartes Stück Arbeit hier vor uns liegt. Das ist nun mal kein landwirtschaftlich nutzbares Land.«
»Aber eines Tages …«
Jakob legte ihm die Hand auf die Schulter. »Walther, du bist ein guter Mensch. Aber du bist nicht gebunden. Ich muss eine Familie versorgen …«
»Das ist eine schwache Ausrede. Deine Frau und dein Sohn erfreuen sich bester Gesundheit, du hast ein gutes Zelt. Was willst du noch mehr?«
Da die anderen hören konnten, was er sagte, brachte Jakob es nicht über sich zu erklären, dass er nicht mehr hier sein wollte, wenn die gemeinsame Kasse leer war und das Land noch immer nichts hervorbrachte. Stattdessen ging er zurück zum Zelt und begann zu packen, wie viele andere auch.
»Ich weiß nicht, warum wir überhaupt über Nacht geblieben sind«, sagte Frieda mürrisch. »Wir hätten gar nicht erst herkommen sollen.«
»Es war gut, dass wir es getan haben«, erwiderte Jakob. »Es war gut so, und sei es nur, weil wir ein wenig helfen konnten.«

In dem Moment schrie eine Frau. Alle erstarrten und schauten sich nach der Ursache ihres Schrecks um. Ein paar Frauen wollten sich im Wald in Sicherheit bringen, als sie sahen, was geschah. Ein Trupp Eingeborener, etwa dreißig wild aussehende Gestalten, kamen den Weg entlang auf sie zu: große, sehnige Männer, sehr dunkel, die meisten trugen dichtes, glattes Haar und zottelige Bärte, und abgesehen von Schmuck aus Perlenketten und Muscheln waren sie nur mit Lendenschurzen oder von den Hüften hängenden Hosenbeuteln bekleidet. Sie schwangen lange, bedrohliche Speere.
Jakob ging ihnen entgegen, um den Grund ihres Besuchs in Erfahrung zu bringen, doch Walther kam ihm zuvor, und so hielt er sich zurück, zugegebenermaßen dankbar, denn die Buschmänner wirkten keineswegs freundlich.
Walther marschierte die Straße entlang, um sie aufzuhalten. Seine Größe und seine kräftige Statur gereichten ihm zum Vorteil, wie Jakob meinte, und er sah zu, wie mit heftigen Gesten ein Gespräch geführt wurde.
»Was ist los?«, fragten die Leute um ihn herum.
»Werden sie uns angreifen?«
»Nein. Bestimmt nicht.«
»Woher willst du das wissen?«
Ein dünner, älterer Schwarzer trat vor und schüttelte Walther die Hand, und alle seufzten erleichtert auf. Die beiden Männer gingen zum Lager, doch die übrigen Eingeborenen blieben auf dem Weg stehen, ob abwartend, scheu oder drohend, konnte Jakob nicht sagen.
»Der hier ist der Häuptling«, rief Walther. »Er heißt Tibbaling und will mit unserem Anführer sprechen. Wo ist Pastor Beitz?«
Nachdem der Pastor die Frauen und Kinder von dem schamlosen Anblick bewahrt hatte, tauchte er nun in ein Zelt und kam schließlich, den Lutherrock sorgfältig zugeknöpft, wieder heraus, um sich der Herausforderung zu stellen. Sein Kreuz hing an der Kette um seinen Nacken, das Brevier trug er in der Hand und den schwarzen Pastorenhut

ordentlich auf dem Kopf. Jakob hatte den Eindruck, dass der alte Mann seinem ersten Zusammentreffen mit den Eingeborenen, die zu retten er gekommen war, recht nervös entgegensah und dass er zu diesem Zweck seine geistliche Rüstung angelegt hatte.

»Was will er?«, fragte Beitz mit bebender Stimme, als der Häuptling vor seinen Füßen den Speer in den Boden trieb und das Kinn vorreckte. Tibbalings Bart war grau und schütter, und sein Gesicht hatte die Farbe von Gusseisen. Auch er trug die Insignien seines Amtes: einen kegelförmigen Kopfschmuck aus getrocknetem, mit Pelz besetztem Ton, einen Kurzspeer und Halsschmuck mit einem sehr großen Zahn als Anhänger, den er so stolz präsentierte, als handele es sich um eine kostbare Perle.

Vielleicht ist es ein Haifischzahn, dachte Jakob, denn schließlich war die Küste nicht allzu fern. Ihn schauderte bei dem Gedanken. Vielleicht lag diese Stadt Bundaberg nicht weit genug landeinwärts, so dass sich womöglich in den Mündungsgewässern Haie tummelten. Er musste sich unbedingt erkundigen.

Er näherte sich der Szene, und Walther wandte sich ihm zu. »Ich bin ganz durcheinander«, gestand er betrübt. »Ich habe in meiner Verwirrung dummerweise Deutsch gesprochen. Der Bursche spricht ein bisschen Englisch. Ist wohl sowieso besser, wenn er mit Pastor Beitz redet.«

Beitz kam heran, verneigte sich und begann, den Häuptling mit einem merkwürdigen Singsang zu segnen.

»Englisch, Mistah«, sagte der Aborigine barsch, und Jakob verspürte ob dieser turbulenten Begegnung den Drang zu lachen. Vielleicht ist es auch ein Anflug von Hysterie, überlegte er, angesichts unserer beklagenswerten Situation.

»Ah, ja«, sagte der Pastor auf Englisch. »Du bist der große Häuptling Tibbaling? Das stimmt doch?«

Er erhielt keine Antwort. »Was dein Name?«

»Beitz.«

»Beißt!« Der alte Mann grinste. Er drehte sich um und rief

seinen Leuten in seiner eigenen kehligen Sprache etwas zu, und zur allgemeinen Überraschung brachen alle in Gelächter aus, klatschten sich an die Stirnen und auf die Schenkel, bis Tibbaling den Speer hob und Schweigen gebot.
Abrupt wandte er sich wieder dem Geistlichen zu. »Du bist Zauberer von weißem Mann, he? Dann sag ihnen, das hier unser Land.« Er deutete mit einem knochigen Finger auf den Wald und stapfte hinüber, um den frisch geschlagenen Weg zu betrachten. »Was tut ihr? Macht alles kaputt. Geh weg hier, du Beißt. Nimm deine Leute mit. Los, geh weg!«
»Nein! Nein!«, rief Beitz verzweifelt. »Das ist unser Land. Wir haben dafür bezahlt.«
»Niemals!« Der alte Eingeborene spie aus. »Das hier Banjoor-Land.« Er gestikulierte mit beiden Armen. »Alles Banjoor-Land. Geht weg!«
Beitz war so bestürzt, dass er in seine Muttersprache verfiel und Tibbaling zu erklären versuchte, dass er mit Liebe im Herzen, im Namen Jesu gekommen sei, dass er sämtliche guten Schwarzen an sein Herz nehmen wolle …
Er streckte die Arme aus, und Tibbaling, ohnehin schon verwirrt durch die fremde Sprache, wich so hastig zurück, als fürchte er eine ansteckende Krankheit.
»Englisch!«, erinnerte Walther den Pastor, der verzweifelt die Schultern hängen ließ, als ihm bewusst wurde, dass seine kleine Predigt umsonst gewesen war.
»Es tut mir Leid«, sagte der Pastor zu Tibbaling. »Bitte versteh doch, das hier ist unser Land. Wir haben es gekauft. Aber ihr seid hier auch willkommen.«
»Du wie alle anderen!«, fuhr Tibbaling ihn an. »Die Banjoor kein Geld für Kaufen gesehen. Das hier unser Zuhause. Ihr geht weg!«
Als der Streit erneut einsetzte, begann Eva Zimmermann, eine Segeltuchtasche zu packen. »Das reicht. Wir gehen. Mach die Kinder fertig, Theo.«
»Wir gehen auch«, rief Hanni Fechner, und ihr Mann nickte. »Hier können wir nicht bleiben.«

Tibbaling strahlte sie an, offenbar war er der Meinung, er hätte diesen Aufbruch herbeigeführt.
Der Pastor ließ den Häuptling stehen und versuchte, die Abtrünnigen zum Bleiben zu bewegen, doch der Auszug hatte begonnen. Die meisten seiner Schäfchen kehrten zurück in die Baracke und kündigten an, dass sie den Karren schicken würden, der den Rest ihrer Habseligkeiten abholen sollte.
Frieda und Karl hatten sich noch nicht gerührt; sie verfolgten mit gespanntem Interesse die Auseinandersetzung mit den Schwarzen, die nun nicht mehr bedrohlich wirkten. Ihr Häuptling war zurückgetreten, stützte sich lässig auf seinen Speer, und seine Leute machten den Zimmermanns Platz auf der schmalen Straße und grinsten die Kinder fröhlich an.
»Wir bleiben noch eine Weile«, sagte Jakob zu Frieda. »Wir müssen die Lage mit den Schwarzen erst geklärt haben.«
Binnen einer Stunde waren alle bis auf Walther, die beiden Lutze-Jungen und Pastor Beitz gegangen. Die Aborigines hatten offenbar keine Eile, und Jakob ging zu Beitz, der Zuflucht in einem Segeltuchsessel am Zugang zu ihrem Land gesucht hatte.
»Soll ich mit ihnen reden?«, fragte er, doch der Pastor sprang auf und schob sein Brevier in die tiefe Tasche seines Gehrocks.
»Ganz gewiss nicht. Das ist meine Angelegenheit.«
Er schritt hinüber zu Tibbaling. »Das sind jetzt alle. Die Übrigen bleiben hier.«
»Ihr geht weg!«
»Nein. Wir sind eure Freunde. Was wollt ihr denn? Uns töten? Das glaube ich nicht. Wir wollen hier leben. Ihr könnt auch hier leben, wenn ihr das möchtet, aber das Land gehört uns, und damit genug.«
Jakob hörte, wie Frieda scharf den Atem einzog. »Hast du das gehört, Jakob? Er lädt sie ein, bei uns zu wohnen!«
Tibbaling runzelte die Stirn. Mit der Speerspitze kratzte er sich am Kopf, dann fuhr er in plötzlicher Wut zu dem Pastor herum. »Warum Land gehört dir?«

»Gott schickte mich hierher. Er möchte, dass ich euch zu Ihm führe.«
»Ist er da drin?« Tibbaling spähte ins Unterholz.
»Gott ist überall«, betonte Beitz.
Der Schwarze ließ das Thema Gott fallen und kam auf die ursprüngliche Frage zurück. »Hier alles gehören meinem Volk«, sagte er fest.
»Ja. Ja, Häuptling«, antwortete Beitz erleichtert. »Eure Jagdgründe, ja. Sehr schön. Ich und meine Leute, wir leben hier, verstehst du? Wir wollen, dass ihr euch uns anschließt. Dass ihr auch hier lebt.«
Tibbaling hob einen Zweig auf und zerbrach ihn, während er einen Schritt zurücktrat, um die Fremden noch einmal zu mustern.
»Deine Leute leben da drin? Verrückt!«
Seine Gefährten auf dem Weg wurden unruhig, liefen unschlüssig umher und verstanden nicht, welche Rolle sie in diesem Wortwechsel spielen sollten.
Jakob dachte über ihre Probleme nach.
Die Weißen waren nicht nur in ihre Territorien eingedrungen, nein, die Eingeborenen hatten auch eine fremde Sprache lernen müssen, ohne auf das geschriebene Wort zurückgreifen zu können.
Und da stand nun dieser alte Mann, ungefähr im gleichen Alter wie Pastor Beitz, und stritt mit ihm, und beide hatten Mühe mit der fremden Sprache.
»Es ist schon sonderbar bestellt«, sagte er zu Walther, der lediglich versonnen den Kopf schüttelte. Während er die beiden Alten beobachtete, begann Jakob unwillkürlich, ihren jeweiligen Werdegang zu vergleichen. Der eine war aus dem Säulenportal des St.-Johannis-Seminars in Hamburg hervorgegangen, ein verdienter Mann, der sich in seinem fortgeschrittenen Alter mit der Weigerung, in den Ruhestand zu treten, das Recht erworben hatte, Missionar zu werden. Der andere ein primitiver Mann, der aus seinem jungfräulichen Garten Eden in die Welt der Weißen gestoßen worden war,

die ihm fremder war als alles, was er sich je hatte vorstellen können.
Eine große Traurigkeit überkam Jakob. Er hatte ein schlechtes Gewissen, weil er im Begriff war, den Pastor im Stich zu lassen. Er hatte ein schlechtes Gewissen, weil er und seine Familie ein Teil der weißen Flut waren, die ein Volk von unschuldigen Schwarzen hinwegspülte.
»Wir können nicht gehen«, sagte Beitz gerade. »Das geht einfach nicht. Wir haben keinen anderen Ort, an dem wir uns ansiedeln könnten.«
»Keinen Ort?«, fragte der Aborigine verständnislos. »Wo seid ihr hergekommen? Geht dahin zurück.«
Jakob mischte sich ein, um dem Disput ein Ende zu machen. »Das ist unmöglich, aber wie Pastor Beitz schon sagte, wir sind Freunde. Wir wollen euch nichts Böses.«
Noch während er sprach, überkam Jakob mit neuer Kraft das schlechte Gewissen, denn im Grunde entsprach seine Behauptung nicht ganz der Wahrheit. Was würde den Aborigines bleiben, wo sollten sie jagen, wenn dieses Land eines Tages urbar gemacht war?
Doch dann zerriss ein Flintenschuss die Stille ringsumher, und alle fuhren herum, als ein Reiter in vollem Galopp den Weg entlangkam.
Der Trupp Aborigines tauchte eilends in den Wald am Straßenrand ein und war verschwunden, als der Reiter mit finsterer Miene in das Lager am Wegesrand einritt.
»Gehören Sie zu dieser Bande von Deutschen?«, schrie er Walther an, der ihm am nächsten stand, doch Walther, der englischen Sprache noch nicht so sicher, wollte nicht Sprecher sein, rückte zur Seite und wies mit einem Kopfnicken auf Jakob.
»Ja, Sir«, sagte Jakob vorsichtig. Dieser Bursche trug eine schwarze Uniform mit silbernen Knöpfen, aber ohne Rangabzeichen. Wahrscheinlich war er eine Art Beamter, doch sein Gewehr ließ auf eine andere und gefährlichere Art von Autorität schließen.

Der Reiter saß ab und blickte Jakob mit kalten Augen grimmig an.
»Wie heißen Sie?«
»Meissner, Sir, und das sind meine Frau und mein Sohn Karl.«
Aus den Augenwinkeln bemerkte Jakob, dass Karl grinste – über den Schuss, der die Eingeborenen vertrieben hatte. Sein Vater furchte die Stirn, und Karls Grinsen verschwand.
»Gut, also, Mr Meissner, mein Name ist Stenning. Jules Stenning. Verstanden?«
»Ja, Sir.«
»Gut! Und nun, zu Ihrer Information, ich bin der Zollbeauftragte für diese Gegend, und ich bin außerdem der Regierungsvertreter der meisten anderen Abteilungen, abgesehen von der Polizei, für die ist Constable Colley zuständig. Kennen Sie ihn schon?«
»Ja, Sir.«
»Gut. Und jetzt hören Sie mal zu, Sie alle!« Wie zur Antwort hoben sich die ihm bereits zugewandten Köpfe ein wenig höher, doch Stenning redete nicht weiter.
Er hatte Tibbaling entdeckt.
»Was zum Teufel hast du hier zu suchen, Tibbs?«
Beitz trat vor. »Dieser Herr ist unser Gast, Sir.«
»Das ist kein Herr. Das ist ein verdammter Medizinmann, schlau wie ein Fuchs. Jagen Sie ihn weg!«
Tibbaling war stehen geblieben, schickte sich auch jetzt nicht an zu gehen, obwohl ihn das Gespräch offenbar nicht interessierte. Ein flüchtiges Schwindelgefühl machte Jakob zu schaffen und ärgerte ihn. Er wollte, dass der Alte ebenfalls ging; er schien die Angelegenheit zwischen dem Zollbeamten und den Deutschen, was immer sie auch betreffen mochte, zu komplizieren. Beitz allerdings sah das offenbar anders.
»Dieser Herr stört niemanden. Wir haben uns unterhalten. Was wollen Sie, Sir?«
Stenning stieß Tibbaling mit dem Ellbogen zur Seite und

ging auf Beitz zu. »Ich werde Ihnen sagen, was ich hier will, Herr Pastor. Ich will wissen, was zum Teufel Sie und Ihre Leute hier suchen. Sie dürfen die Einwandererbaracke nicht verlassen, ohne sich vorher bei mir abzumelden! Sie alle. Wir können nicht zulassen, dass sich überall in der Gegend Ausländer herumtreiben.«

»Das hat uns niemand gesagt«, erklärte Jakob, indem er die Rolle des Sprechers übernahm. »Sie waren nicht da, um uns in Empfang zu nehmen.«

»Dann hätten Sie verdammt noch mal auf mich warten müssen. Und der Arzt muss Sie auch noch untersuchen. Dr. Strauss. Er ist einer von Ihnen. Kommt aus Wien, sagt er. Weiß Gott! Deutsche und Dänen, die sich in der Gegend herumtreiben. Ich weiß wirklich nicht, wohin das noch führen soll.

Gibt es hier einen Tisch?«, fragte er dann, und Jakob schaffte einen Klapptisch mit Stuhl herbei, während Stenning eine Ledertasche von seinem Sattel nahm.

Jakob bemerkte, dass das Gewehr jetzt in einem Schaft am Sattel hing, und es sah ganz so aus, als gehörte es da hin. Als sei es normal, dass Beamte Waffen trugen. Voller Sorge fragte er sich, ob dieses Land wirklich so friedlich war.

Doch jetzt beugte sich Stenning über eine dünne Akte und spie auf seinen Bleistift.

»Seien Sie so freundlich, sich hier in einer Reihe aufzustellen«, rief er, »damit ich Ihre Personalien aufnehmen kann. Sie fangen an, Herr Pastor. Name, Geburtsdatum, Nationalität und so weiter.«

Beitz antwortete pflichtschuldigst, und Stenning schrieb seine Angaben sorgfältig nieder.

»Konfession?«, fragte er, ohne aufzublicken. »Vermutlich römisch-katholisch.«

»Lutherisch. Die einzig wahre Stimme des Herrn.«

Stenning hob die Schultern. »Dann trage ich ein L ein. Sind Sie alle Lutheraner?«

»In unserer Gruppe, ja«, antwortete Jakob.

Einer nach dem anderen trat vor und ließ sich offiziell in dem neuen Land aufnehmen, nachdem er die Fragen beantwortet hatte, die Stenning abschoss, einschließlich der nach dem Namen des Schiffs, nach Ankunftsort und Ankunftsdatum und nach dem Beruf. Die Befragungen dauerten nur ein paar Minuten, und Jakob hielt nicht viel von dieser Art von Buchführung. Nicht mehr als zehn Fragen genügten zur Feststellung ihrer jeweiligen Identität. Sind wir so unbedeutend, fragte er sich. Interessierte es die Welt überhaupt nicht, dass sie diesen kühnen, mutigen Schritt getan und hierher gekommen waren? Interessierte sich hier niemand für ihr Erbe? Für ihre Kultur? Alles war so kalt und unpersönlich, dass es ihn deprimierte.

»Ich hoffe, diese Angaben entsprechen der Wahrheit«, sagte Stenning. »Kann einer von Ihnen eine andere Adresse als die der Baracke angeben?«

»Das hier ist unsere Adresse«, sagte Beitz. »Das hier ist unser Land.«

Als er das sagte, sah Jakob, wie Tibbaling den Kopf in den Nacken warf, doch augenscheinlich beschloss er dann, zu diesem Zeitpunkt nicht in die Verhandlungen einzugreifen.

»Wenn das Ihr Land ist, sollten Sie darauf wohnen. Dies hier ist jedenfalls eine Straße, ein öffentlicher Verkehrsweg, und da dürfen Sie nicht kampieren.«

Er betrachtete die Überreste des Nachtlagers längs der Straße, und dann entdeckte er Tibbaling.

»Bist du immer noch da? Ich habe doch gesagt, du sollst verschwinden!«

Erneut erhob Beitz die Stimme zur Verteidigung des Häuptlings. »Mr Stenning, wie ich schon sagte, dieser Herr ist unser Gast. Er hilft uns dabei, Fuß zu fassen. Sie dürfen ihn nicht behelligen.«

»Ihn behelligen! Er ist ein Unruhestifter. Er hat viel zu viele Schwarze unter seinem Kommando. Es ist gefährlich, wenn seinesgleichen so viel Einfluss hat; sie könnten unverschämt werden.«

»Ich glaube nicht, dass sich uns dieses Problem stellen wird, Mr Stenning. Ich will eine Mission für die Eingeborenen gründen, sobald wir unsere Kirche gebaut haben, und deshalb ist es wichtig für uns, sie willkommen zu heißen.«

»Eine Mission?« Das schien Stenning zu beschwichtigen. »Dann wünsche ich Ihnen viel Erfolg. Wir brauchen etwas, das diese Schwarzen von unseren Straßen fern hält.«

Das war nicht unbedingt das, was der Pastor sich vorgestellt hatte, wie Jakob wohl wusste, und daher war er froh, als Beitz keinen Widerspruch einlegte.

»Und noch etwas«, verkündete der Zollbeamte. »Ich will, dass Sie hier warten, bis Dr. Strauss kommt, um sicherzugehen, dass jeder Einzelne tatsächlich untersucht wird.«

Das wiederum machte Frieda nervös. »Entschuldigen Sie, Sir. Was passiert, wenn der Arzt einen von uns nicht für gesund hält?«

»Quarantäne!«, sagte er. »Der Betreffende wird sofort in die Quarantänestation überstellt. Hier geht es um ansteckende Seuchen, Madam, nicht um gewöhnliche Erkältungen, obwohl die meiner Meinung nach auch nicht zu unterschätzen sind.«

Als er gegangen war, rückten sie näher zusammen. »Soll das heißen, wir müssen heute Nacht noch einmal hier bleiben?«, fragte Karl.

Jakob nickte. »Bis dieser Dr. Strauss kommt.« Er grinste. »Der Deutsche aus Wien.«

»Zeit, wieder an die Arbeit zu gehen«, sagte Walther, doch Karl war nicht sonderlich begeistert.

»Mutter, ich habe Hunger. Was gibt's zu essen?«

Beitz, der seine Frage gehört hatte, drehte sich um. »Ein wenig Brot und Käse wäre mir auch sehr lieb, Frau Meissner, und meinem Freund ebenfalls.«

Tibbaling war entzückt. Er wartete ungeduldig auf seinen Anteil und aß mit gutem Appetit, wobei er bemerkte, dass Stenning nichts tauge, aber »Beißt, der ist ein mutiger Bursche«.

»Mein Gast«, fügte er stolz hinzu, da er offenbar den Unterschied zwischen Gast und Freund nicht kannte, doch seine Haltung war entschieden freundlicher geworden, seit der Pastor sich geweigert hatte, ihn fortzuschicken.

Er blieb noch eine Weile, schaute ihnen bei der Arbeit zu, stapfte im Lager umher wie ein neugieriger alter Hahn, wobei er den Speer als Wanderstab benutzte. Dann entfernte er sich, ohne sich zu verabschieden.

Später am Tag, als die Latrinen ausgehoben und mit einem Sichtschutz aus Laubwerk versehen waren und sie begonnen hatten, Berge von hinderlichem Gestrüpp aus dem Wald zu schleifen, kehrte Tibbaling zurück. Er brachte drei Eingeborene mit, kräftige junge Burschen, und wies sie an, den Weißen zu helfen.

Mit breitem Grinsen machten sie sich flink und eifrig an die Arbeit, bis ein großes Freudenfeuer auf der Straße nur noch nach einem Streichholz verlangte. Die beiden alten Männer, die den Vorgängen zugeschaut hatten, nickten anerkennend.

Pastor Beitz freute sich über diese Entwicklung. »Tibbaling wird mein erster Konvertit sein«, verkündete er Jakob. »Und er wird mir auch die anderen zuführen. Innerhalb kürzester Zeit werde ich meine Mission eingerichtet haben.«

»Meinen Sie nicht, Sie sollten die Mission zurückstellen, bis Sie Ihre eigenen Leute richtig organisiert haben?«, fragte Jakob besorgt.

»Nein, nein, nein! Ich muss mich um die Sache Unseres Vaters im Himmel kümmern. Sobald er seine Studien abgeschlossen hat, kommt Vikar Ritter vom Seminar in Hamburg hierher. Ich kann nicht zulassen, dass er ankommt und keine Mission vorfindet.«

»Aber wir sind erst seit einem Tag hier, Herr Pastor. Sie müssen sich doch zuerst um Ihre eigene Gemeinde kümmern, bevor Sie andere einladen.«

Der Pastor war verbissen. Enttäuscht. »Nein, das muss ich nicht. Hier ist das Land. Wenn unsere Leute es wie beabsichtigt nutzen wollen, als ihr erstes vorübergehendes Zuhause, schön und gut. Aber jetzt wollen die meisten ja nicht hier bleiben. Wenn sie sich auch von mir abwenden, bleibe ich doch ihr Pastor, sind sie immer noch meine Herde. Ich stehe ihnen für seelsorgerische Belange zur Verfügung, nicht nur für zeitweilige Probleme, wie Sie offenbar glauben. Gott hat uns den freien Willen gegeben. Es steht mir nicht zu, von ihnen zu verlangen, dass jemand bleibt oder geht. Und schon jetzt hat der Herr dieses Heidenvolk zu mir geschickt … direkt vor meine Tür …«

Kopfschüttelnd entzog sich Jakob der Predigt und machte sich auf die Suche nach Walther. »Ich schätze, jetzt übernimmst du die Führung, mein Freund. Bist du dir schon klar darüber, was getan werden muss und was getan werden kann?«

»Ja. Es wird lange dauern, aber mir und den Lutzes gefällt es hier. Wir haben herrlichen Sonnenschein, Arbeit, zu essen. Kann man sich noch mehr wünschen? Willst du nicht bleiben?«

»Ich glaube nicht. Wir würden die gemeinsame Kasse zu stark belasten. Aber vielleicht kommen ein paar von den anderen zurück.«

»Sie sind uns willkommen«, sagte Walther schlicht.

Dr. Strauss hatte ihnen allen eine gute Gesundheit bescheinigt, selbst dem kleinen Robie Zimmermann, und so konnte am nächsten Morgen ein neuerliches Treffen in der Baracke abgehalten werden. Die Stimmung war mürrisch, ablehnend. Man konnte sich nicht auf eine gemeinsame Vorgehensweise einigen, nicht einmal einen Weg finden, wie man zusammenbleiben konnte, wie es der ursprüngliche Plan schließlich vorgesehen hatte. Es wurde vorgeschlagen, dass einige Männer, die noch über Geldreserven verfügten, ein besseres Stück Land kaufen sollten, wo sie alle gemeinsam leben konnten, ähnlich wie in der Baracke, um in einer Art Kooperative das Land zu bestellen, doch das scheiterte aus Mangel an Freiwilligen, die sich bereit erklärt hätten, das nötige Geld beizusteuern, und an den prompt geäußerten Klagen anderer, dass sie dann genauso gut gleich zurückgehen könnten in die Gemeinde, wie man Pastor Beitz' Niederlassung jetzt nannte.

»Ich denke, wir hatten alle daran gedacht, hier ein eigenes Dorf, unsere eigene Siedlung zu gründen«, sagte Jakob. »Und die Idee war gut; aber jetzt müssen wir sehen, dass sie nicht umzusetzen ist. Trotzdem hoffe ich, dass alle in dieser Gegend bleiben, damit wir unser Land behalten und irgendwann auch eine Kirche als Mittelpunkt haben.«

»Schön und gut für dich«, sagte Theo. »Wir haben nicht damit gerechnet, in eine solche Zwangslage zu geraten. Wir gehen dahin, wo sich uns etwas bietet.« Er schaute hinaus auf die beinahe menschenleere Straße. »Wo soll ich in einem Ort wie diesem Arbeit finden?«

Jim Pimbley kam herüber, um der Besprechung zuzuhören, und Theos verzweifelte Bemerkung veranlasste ihn, sich einzumischen.

»Darf ich dazu was sagen?«, fragte er.

Alle nickten, und er ergriff das Wort. »Leute, ihr solltet euch keine falschen Vorstellungen von Bundaberg machen. Mag sein, dass es so aussieht, als wäre hier der Hund begraben, aber die Stadt steht ja auch erst ganz am Anfang. Soviel ich weiß, kommen die meisten von euch aus der Landwirtschaft. Ihr müsst wissen, dass das, was dieses Land am dringendsten braucht, Arbeitskraft ist. Und die brauchen wir auch, um diesen Bezirk zur Blüte zu bringen. Wir benötigen Holzfäller, Flößer und Lagerköche in der Holzindustrie ein Stück flussaufwärts. Ein Stück von der Stadt entfernt liegen riesige Schafzuchtfarmen. Die brauchen Arbeiter, Schafscherer, Zaunmacher, Pferdeknechte, Hausangestellte und Kindermädchen. Hier herrscht kein Mangel an Arbeitsplätzen, sondern vielmehr ein Mangel an Arbeitskräften. Es gibt nicht genug Leute für all diese Arbeit.«

Theo staunte. »Wo finden wir diese Arbeit?«

»Die Arbeit wird dich finden, Kumpel, sobald sich eure Ankunft herumgesprochen hat. Ich möchte sogar sagen, dass einige Jobs bereits auf dem Weg hierher sind. Der Kerl, der da angeritten kommt, ist Les Jolly. Er ist Boss der Holzfäller und immer auf der Suche nach Arbeitskräften.«

Jim stellte Les der Gruppe vor. »Sie suchen Arbeit. Was hast du zu bieten?«

»Eine ganze Menge«, sagte Les mit einem Grinsen. »Ich würde gern mit einigen von diesen Männern reden.«

Letztendlich entschied er sich für die Kleinschmidts. »Ich habe genug Arbeit für euch Burschen. Eure Frauen könnt ihr mitnehmen.«

»Ein Holzfällerlager ist vielleicht nicht gerade das Richtige für Damen«, wandte Rolf Kleinschmidt beunruhigt ein.

»Ihr könnt euch Blockhäuser bauen. Das ist da oben kein Problem. Dann hättet ihr euer eigenes Heim. Und wenn das Land abgeholzt ist, könnt ihr es für 'nen Apfel und 'n Ei kaufen und es urbar machen.«

»Was hältst du davon?«, fragte Rolf, an Jim gewandt. »Das klingt zu schön, um wahr zu sein.«

»Es ist harte Arbeit. Und das Leben im Busch ist nicht leicht, aber es stimmt, dass das Land billig zu kaufen ist. Und er ist ein gerechter Mann. Ich würde es an eurer Stelle versuchen.«

Karl hatte zugehört und eilte jetzt zu seinem Vater. »Ich will mit ihnen gehen und als Holzfäller arbeiten. Wusstest du, dass ein Holzfäller vierzig Pfund im Jahr verdient?«

»Du bleibst hier. Wenn wir uns niederlassen, habe ich genug Arbeit für dich.«

Noch am selben Nachmittag wurden die Kleinschmidts von ihren Freunden verabschiedet, als sie an Bord der Fähre gingen, die sie über den Fluss bringen sollte, auf dem Weg zu ihrer neuen Heimat tief in den Wäldern, wo kostbare Zedern im Überfluss wuchsen.

Plötzlich wirkten die Zurückbleibenden wie eine schwächliche kleine Gruppe, die nach dem Ablegen der Fähre am Anleger stand, als hätte sich Les Jolly auf sie gestürzt und ihr die Kraft geraubt. Und die Baracke war plötzlich so leer.

»Was sollen wir jetzt tun?«, fragte Hanni Fechner weinerlich.
»Lass uns zum Hotel gehen und etwas trinken, um uns ein wenig aufzumuntern«, erwiderte ihr Mann.
»Ich komme mit«, sagte Theo. »Du auch, Jakob?«
»Im Moment nicht.«
Jakob wusste, dass der Zeitpunkt gekommen war, da er sich ein Herz fassen und den Bankdirektor aufsuchen musste, eine nervenaufreibende Aufgabe, die umso schwieriger war, als er um Geld bitten würde. Das war in Jakobs Augen betteln, es war unter der Würde eines Mannes, einfach mit der Mütze in der Hand zu kommen, wenngleich Frieda behauptete, dass die Bank für das Geld, das Darlehen, Gebühren nahm. Wenn das Geschäft denn überhaupt zu Stande kam.
»Soll ich mitkommen?«, fragte sie.
»Nein. Das ist Männersache.«
»Aber ich kenne ihn schon. Er heißt Mr Rawlins. Ein sehr netter Mann.« Sie lächelte ihm ermutigend zu. »Er sieht gar nicht aus wie ein Bankdirektor. Er ist erst ungefähr vierzig, hat einen kleinen Oberlippenbart, und er trägt das Hemd offen, ohne Krawatte.«
Es war jedoch nicht unbedingt die äußere Erscheinung des Bankdirektors, die Jakob Mut machte, als er sich der Bank näherte, sondern vielmehr dieses merkwürdige kleine Gebäude, das aussah wie ein hässliches Puppenhaus, ungestrichen, mit drei Stufen, die zu der schmalen Eingangstür führten. Und drinnen fand er einen hohen Tresen vor, hinter dem ein junger Kassenangestellter saß, und dahinter arbeitete Rawlins an einem Tisch. Das war wohl das kleinste Büro, das Jakob je gesehen hatte, und es kam ihm unwirklich vor.
»Ich hätte gern einen Termin mit dem Direktor dieser Bank abgesprochen«, sagte er, wohl wissend, dass seine Worte barsch klangen, was allerdings nur daran lag, dass er sich auf sein Englisch konzentrierte.
»Ein Termin ist nicht nötig«, rief der Mann vom Tisch her. »Ich heiße Rawlins. Was kann ich für Sie tun, Sir?«
Als sie sich einander vorgestellt und am Tisch Platz genom-

men hatten, begann Jakob mit seiner eingeübten Rede und erklärte, dass er sich Geld leihen wollte, um auf dem Land, das er zu kaufen gedachte, ein Haus zu bauen und eine kleine Farm zu bewirtschaften. »Ich werde Erfolg haben. Ich bin ein guter Bauer, bereit, hart zu arbeiten, wie Sie sehen werden, Sir, und mein Sohn, der mir hilft, ist ein kräftiger Bursche. Meine Frau ist ebenfalls an Landarbeit gewöhnt. Wir werden schwer arbeiten und Ihnen jeden Penny zurückzahlen, das verspreche ich Ihnen, auch schriftlich. Verstehen Sie, Sir, dieses freundliche Darlehen ist wichtig für das Wohl meiner Familie, also, wie viel könnten Sie mir geben?«

»Hoppla! Moment. Sie zäumen das Pferd vom Schwanz her auf, Mr Meissner.«

»Sie geben uns also kein Darlehen?« Jakob hatte es doch gewusst! Wie dumm von ihm, reiche Banken zu fragen, selbst wenn sie in einem armseligen Schuppen beheimatet waren, ob sie einem Fremden ein Darlehen gaben. Beschämt nahm er seinen Hut und sprang auf.

»Entschuldigen Sie. Ich will Sie nicht länger belästigen.«

»Moment. Setzen Sie sich. Ich habe nicht gesagt, dass ich Ihnen kein Geld leihe. Sie machen einen zuverlässigen Eindruck, aber ich muss noch ein bisschen mehr wissen. Wo liegt das Land, das Sie kaufen wollen?«

»Ich habe es noch nicht gefunden. Ich dachte, wir könnten zunächst für eine Weile auf unserem gemeinsamen Land leben und uns in Ruhe umschauen …«

»Ah ja. Ich habe davon gehört. Sie sitzen im Busch.«

»Ja. Eine Enttäuschung. Deshalb wollen wir die Sache beschleunigen, das ist alles.«

»Ich werde mir zuerst Ihr Land ansehen müssen, um absehen zu können, was für eine Art Farm Sie darauf gründen können. Um Ihre Aussichten einzuschätzen, sozusagen.«

Jakob kniff die Augen zusammen und nickte. »Denken Sie, ich würde den gleichen Fehler machen? Buschland kaufen? Nein, nein. Ich nicht. Ich werde mich sehr genau umsehen.«

»Gut. Haben Sie ein bestimmtes Gebiet im Auge?«

»Ich hatte noch keine Zeit. Zuerst wollte ich wissen, ob ein Darlehen möglich ist.« Er hob verzweifelt die Hände. »Es tut mir Leid, Sir. Ich vergeude Ihre Zeit. Wir drehen uns im Kreis. Für mich heißt es: erst das Geld, dann das Land. Und für Sie: erst das Land, dann das Darlehen.«
Unbeeindruckt griff Rawlins in eine Schublade und zog eine große Landkarte heraus. »Es ist nicht so schlimm, wie es sich anhört, Mr Meissner. Schauen Sie sich einmal diese Karte an. Hier ist Bundaberg, oder vielmehr das Gebiet, das für die Stadt vorgesehen ist. Dort drüben liegt der Busch, das ist im Grunde Regenwald. Sie sehen den Weg, den der Burnett River zur Küste nimmt. Der Fluss ist überaus wichtig und entspringt ein gutes Stück landeinwärts. Die großen Schaf- und Viehfarmen verdanken ihr Leben Flüssen wie dem Burnett. Sehen Sie sich jetzt diesen Abschnitt hier an …«
Er fuhr mit der Hand über einen großen Teil der Karte, gegen den der für die Stadt vorgesehene Bereich winzig erschien. »Das ist die Clonmel-Schafzuchtfarm.«
»Das alles?«
»Ja. Mehr als einhundert Quadratmeilen.«
Jakob staunte. »Wie kann jemand es sich leisten, hundert Quadratmeilen Land zu kaufen?«
»Genauso, wie Sie Ihren Landkauf angehen werden. Das ganze Gebiet gehört der Krone, das heißt der Regierung. Die Siedler, die die großen Farmen bewirtschaften, pachten das Land nur. Das war bislang gut so, doch jetzt will die Regierung einen Teil davon zurück, um eine dichtere Besiedelung zu ermöglichen.«
»Wie bitte?«
»Wenn die Bevölkerung wächst, wird Land zur Besiedelung in der Nähe neuer Städte wie Bundaberg benötigt. Die Besitzer von Clonmel müssen einen Teil ihres Pachtlands aufgeben; die Regierung nimmt es wieder an sich.«
»Was halten die Besitzer von Clonmel davon?«
»Sie sind natürlich nicht glücklich, aber sie können wenig dagegen ausrichten. Wachsende Städte wie Bundaberg brau-

chen die Landwirtschaft zum Überleben, also brauchen sie mehr Raum für Siedler außerhalb der Stadtgrenzen.«
»Und ein Teil dieses Lands steht zur Verfügung?«, fragte Jakob, den Blick auf die Karte geheftet.
»Ja. Hervorragendes Weideland, gut geeignet für Landwirtschaft.«
»Und wie teuer?« Jakob hielt den Atem an, während Rawlins versuchte, sich an die Zahl zu erinnern.
»Also. Zuerst suchen Sie sich ein Stück Land aus, dann wird es von den Landvermessern markiert, und die erheben, abhängig von der Größe, eine Gebühr. Danach lassen Sie das Land Ihrer Wahl eintragen und machen einen Pachtvertrag. Sie müssen sichtbare Verbesserungen auf Ihrem Land nachweisen, das wird von Inspektoren kontrolliert, aber das ist für Sie bestimmt kein Problem. Irgendwann können Sie den Grund und Boden dann kaufen, aber das hat keine Eile.«
»Wie viel wird es kosten?«
»Im Augenblick? Etwa drei Shilling pro Morgen.«
»Drei Shilling der Morgen? Und wir können auf dem Land wohnen, sobald wir den Vertrag haben?«
»Niemand hindert Sie daran, dort zu wohnen, sobald Sie sich für ein Stück Land entschieden haben. Andere leben längst schon auf ihrem Land. Am besten nimmt man es so schnell wie möglich in Besitz.«
Jakob hatte Schwierigkeiten, all das zu begreifen. »Wenn die Regierung sagt, es ist Zeit, dass wir bezahlen und das gepachtete Land in Eigentum verwandeln, wie viel kostet der Morgen dann?«
»Etwa sechzehn Shilling, würde ich sagen. Doch dann hatten Sie schon ein paar Jahre Zeit, um das Geld für den Kauf zu erwirtschaften. So fangen die meisten Leute hier an. Das ist kein leichtes Leben, und vielen ist es zu primitiv, doch andere sind sehr erfolgreich.«
»Ich sollte mir dieses Land ansehen«, sagte Jakob. »Wie weit entfernt ist es?«
»Vom Stadtrand aus ungefähr dreißig Meilen. Wenn Sie mö-

gen, können Sie sich von den Holzfällern mitnehmen lassen. Aber falls Sie morgen noch nichts vorhaben, könnte ich Sie hinbringen und Ihnen alles zeigen. Da draußen habe ich auch noch andere Kunden. Ich wüsste gern, wie sie vorankommen.«

»Können meine Frau und mein Sohn mitkommen?«, fragte Jakob, der es nicht gewohnt war, dass wichtige Angelegenheiten sich so schnell entwickelten. Er brauchte den beruhigenden Einfluss seiner Familie.

»Natürlich. Allerdings werden wir reiten. Kann Mrs Meissner reiten?«

Jakob kam sich dumm vor. »Tut mir Leid. Wir haben noch nicht einmal ein Pferd. Vielleicht können Sie mir sagen, wo wir eines kaufen können?«

»Ja. In den Ställen am anderen Ende der Quay Street. Dort sind immer ein paar Tiere zu verkaufen.«

»Wie viel kostet ein Pferd?«

»Für ein gutes müssen Sie schon ungefähr fünfzehn Pfund ausgeben. Und sparen Sie nicht an der falschen Stelle, Mr Meissner. Wohin Sie auch gehen, das Pferd kann Ihr Lebensretter sein. Wie wär's, wenn wir uns morgen früh um sechs Uhr vor der Bank treffen? Dann geht die Sonne auf, und das ist eine herrliche Zeit, um aufzubrechen und die Landschaft zu genießen.«

Jakob widerstand der Versuchung, dem unscheinbaren Hotel einen Besuch abzustatten und sein Pferd vorzuführen, einen kräftigen Zweijährigen namens Dandy. Er war kein Vollblut, aber ein starkes Tier mit guten Zähnen und einem gesunden kastanienbraunen Fell.

Als der Kauf getätigt war – sechzehn Pfund einschließlich Pferdedecke, Sattel und Zaumzeug und einen Beutel Hafer als Zugabe –, ritt Jakob stolz davon, um schließlich festzustellen, dass Dandy reichlich temperamentvoll war und am liebsten tat, was er selbst wollte. Doch auch Jakob war stark.

»Benimm dich, Bürschchen«, sagte er lächelnd, »sonst kriegst du heute Abend keinen Hafer.«

Er schlug, inzwischen ein breites Lächeln auf dem Gesicht, den Weg zur Baracke ein. Es tat gut, endlich wieder ein Pferd unter sich zu haben, sein eigenes Pferd. Jetzt konnte nichts mehr schief gehen. Er würde sein Ackerland finden, Frieda und Karl mit hinausnehmen und nie wieder zurückblicken müssen.
Sie liefen ihm entgegen, erstaunt und entzückt, weil er bereits ein Pferd gekauft hatte, und sofort bettelten beide darum, Dandy reiten zu dürfen. Ihr Pferd.

Sie sahen ihn vorüberreiten. Jakob Meissner zu Pferde! Er sah aus wie ein Prinz.
»Ich wusste schon immer, dass er Geld hat«, knurrte Theo. »Seine Frau redet ständig davon, dass sie sich Land kaufen wollen. Sie hätten nicht mit uns reisen und an der gemeinsamen Kasse beteiligt sein sollen, wenn sie sich doch selbst ernähren können. Das ist nicht recht.«
Lukas war anderer Meinung. »Vergiss nicht, dass er erst einmal für die Sache gespendet hat, um Pastor Beitz zu helfen, uns allen den Einstieg zu ermöglichen.«
»Ja. So hat er sich den Weg geebnet, um am Profit teilhaben zu können, wie ich schon sagte.«
»Was ändert das denn?«, fragte Hanni verärgert. »Wir selbst haben nur ein paar Shilling in der Tasche, wir verhungern, wenn wir nicht zurück aufs Kirchenland gehen, Lukas. Dort gibt es wenigstens Geld für Nahrungsmittel.«
»Und ich?«, klagte Theo. »Ich musste mir zwei Shilling von Walther borgen!«
Sie hatten bereits erfahren, dass dieses Gasthaus als Hotel bezeichnet wurde, noch öfter jedoch als Pub, und Lukas hatte den anderen grinsend erklärt, »Pub« solle wahrscheinlich bedeuten, dass es kein besonderes Hotel war. Das war es auch nicht. Einstöckig, aus Holz, mit einem Wellblechdach, verfügte es über eine Bar und einen Schankraum, der gleichzeitig als Speiseraum diente, wenngleich nur grob gezimmerte Tische und Stühle auf dem rauen Holzfußboden stan-

den. Der Großteil der Zecher jedoch versammelte sich auf der Veranda.

»In der Hoffnung, dass sie jemanden vorbeikommen sehen«, hatte Lukas, der Witzbold, einmal gesagt. »Oder sogar etwas Sehenswertes in dieser leeren Stadt entdecken.«

Der Wirt, Patrick O'Malley, wohnte mit seiner Familie in einer Hütte hinter dem Hotel und hatte die Deutschen in Verwirrung gestürzt, indem er sie bei ihrem Eintritt fragte, ob sie bar bezahlen würden.

Beleidigt warf Theo drei Pennies auf den Tresen, zum Beweis, dass sie zahlende Gäste und keine Bettler waren, doch wenig später sah er zu seiner Verwunderung einen Burschen hereinkommen und ein Getränk bestellen, ohne zu bezahlen. Der Wirt machte lediglich einen Kreidestrich auf einer Schiefertafel an der Wand.

In diesem Augenblick kam Dr. Strauss. Mit einem höflichen Gruß ging er an der nun auf der Veranda sitzenden Gruppe vorüber in die Bar.

Ihm folgte ein Polizist, der stehen blieb und sich aufgeräumt mit den Deutschen über das schöne Wetter und das gute Bier unterhielt. Er wünschte ihnen alles Gute und ging ebenfalls in die Bar.

Nach einer Weile, als sie überlegten, ob sie sich den Luxus eines dritten Biers gönnen sollten, da das Getränk ohnehin nur in recht kleinen Gläsern gereicht wurde, kam der Polizist zurück und fragte, ob jemand von ihnen vielleicht Arbeit suchte.

»Wir alle«, antwortete Lukas.

»Nun, Mr Dixon, der Boss draußen auf der Clonmel Station, sucht ein Ehepaar.«

»Wofür?«, fragte Theo.

»Die Frau für Arbeiten im Haushalt, den Mann zunächst als Zaunmacher, aber wenn er gut mit Pferden zurechtkommt, gibt es auch immer Arbeit als Viehtreiber und Grenzreiter ...«

»Gute Bezahlung?«

»Ich glaube schon. Genauso viel, wie alle anderen verdienen, die da draußen arbeiten, Kost und Logis eingeschlossen.«
»Logis?«
»Unterkunft. Mahlzeiten und Unterbringung sind im Lohn enthalten.«
»Nehmen sie auch Kinder?«, mischte Hanni sich rasch ein, und Theo sah sie böse an.
Colley schüttelte den Kopf. »Ich glaube nicht. Nicht auf Clonmel. In den Unterkünften ist kein Platz für Kinder.«
»Wir nehmen die Stelle«, sagte Lukas hastig. »Wir können das, nicht wahr, Hanni?«
»Wenn sie uns wollen«, sagte sie schüchtern und warf dem gut aussehenden jungen Constable einen Blick zu.
Er betrachtete das blonde Mädchen mit den großen blauen Augen und nickte freundlich und zustimmend. »Sie nehmen euch sicher. Sie können doch kochen, Mrs Fechner?«
»Sie ist eine großartige Köchin«, schwärmte ihr Mann.
»Das sind alle deutschen Frauen«, behauptete Theo, doch die Entscheidung war gefallen, und urplötzlich war alles vorüber. Die Fechners hatten nicht nur Arbeit gefunden, sondern zudem auch ein Unterkommen.
Man kam überein, dass sie in der Baracke bleiben sollten, bis Clem Colley auf Clonmel Station Bescheid gegeben hatte, woraufhin Mr Dixon einen Wagen schicken würde, um sie abzuholen.
»Sind Sie sicher, dass er das tut?«, fragte Lukas.
»Natürlich. Er hat keine Zeit, in die Stadt zu kommen und Einstellungsgespräche zu führen. Er erwartet von uns, dass wir ihm Leute schicken, die wir für geeignet halten, und meiner Meinung nach seid ihr zwei schon richtig.«
»Danke, Sir, ganz herzlichen Dank«, sagte Hanni. »Wir sind Ihnen sehr verbunden.« Sie fiel Lukas um den Hals. »Siehst du, wie einfach es ist? Wir haben uns umsonst solche Sorgen gemacht. Morgen gehen wir hinaus, um uns von Pastor Beitz zu verabschieden und ihn um seinen Segen zu bitten.«

Es war ein Tag, den Frieda nie vergessen würde. Jakob hatte sich so früh aus der Baracke geschlichen, dass ihr nichts anderes einfiel, als wieder ins Bett zu kriechen und sich Sorgen zu machen. Sie war überzeugt, dass er im Hinblick auf diese Pachtverträge alles durcheinander gebracht hatte, denn den Morgen für drei Shilling, das gab es doch gar nicht, und der freundliche Bankdirektor hatte ihn so beeindruckt, dass er Gefahr lief, sich hinreißen zu lassen und eine Dummheit zu machen. Genau wie Pastor Beitz. Andererseits war ihr Mann nach dem Gespräch über die Situation der Gemeinde mit Mr Rawlins zu dem Schluss gekommen, dass sie wohl doch nicht so verfahren war. Zwar blieb das Land noch eine ganze Weile nutzlos, aber es war Eigentum, bereits vermessen und auf Pastor Beitz' Namen eingetragen. Niemand konnte es der Kirche entreißen.

Beinahe wäre es ihr gelungen, wieder einzuschlafen, als der Krawall losbrach. Seit dem Geschrei und Gebrüll während der Hungeraufstände vor fünf Jahren in ihrem Heimatdorf hatte Frieda nicht mehr solch einen Lärm gehört. Zu jener Zeit, so erinnerte sie sich voller Unbehagen, hatten die Männer ihrer Familie drei ganze Tage lang gegen die Meissners gekämpft. Doch da stürmte Eva Zimmermann herein.

»Wo ist Jakob? Wir brauchen ihn. Wir haben nur Theo und Lukas, die uns verteidigen können.«

Angstvoll schob Eva ihre Kinder Frieda zu. »Beschütze sie! Wir werden von Wilden angegriffen.«

»Oh mein Gott!« Frieda sprang aus dem Bett, zog Rock und Bluse an und half den Kindern unter ihre Pritsche. Sie öffnete die schwächliche Tür, lief in den schmalen Durchgang zwischen den abgeteilten Räumen und prallte unverzüglich mit einem riesigen Schwarzen zusammen, mit nackter Brust, einem wolligen Haarschopf und blitzenden weißen Zähnen. Er roch nach Öl, nach Kokosöl, fiel ihr später ein, doch in diesem Moment schrie sie, stieß ihn von sich, entsetzt, dass sie doch tatsächlich mit dieser glatten, schwarzen Haut in Berührung gekommen war, sie mit beiden Händen angefasst hatte. Doch er zeigte keinerlei Betroffenheit. Andere Männer folgten ihm, Furcht erregende Gestalten. Wilde. Und dieser Kerl ging zu ihrer Tür, wollte sie öffnen und eintreten. Mutig warf sich Frieda ihm entgegen. »Nein!«, schrie sie. »Geht weg, ihr Bestien! Ihr dürft den unschuldigen Kindern nichts antun!«

Sie sah, dass andere Männer Türen öffneten, in die Zimmer spähten und ihre Baracke mit Beschlag belegten. Verzweifelt hielt sie Ausschau nach Eva und Theo. Wo mochten sie sein? Und die Fechners? War sie die Einzige, die die Kinder beschützen konnte? Sie begann zu zittern. Jemand musste eingreifen.

Genau das tat Frieda Meissner. Sie huschte zurück in ihr Zimmer, befahl den Kindern, leise zu sein, und kehrte mit der einzigen Waffe, die sie hatte finden können, zurück. Es war ein Schirm.

Wieder vor der Tür, verteidigte sie diese mit allem Nachdruck, hieb wild auf die Schar von Wilden ein, die sich in die Baracke ergoss, prügelte sie, zwang sie, sich an ihr vorüberzuducken. Einige lachten, grinsten, einige jauchzten vor Entzücken über diesen harmlosen Spießrutenlauf, andere waren weniger angetan, wenn der Schirm ihre Köpfe oder Rücken traf, doch alle ignorierten sie, anscheinend zu beschäftigt damit, von den Zimmern Besitz zu ergreifen.

Frieda ahnte, dass ihre Gegenwehr nicht folgenlos bleiben würde. Dass diese Furcht erregenden Eingeborenen, hässliche Männer mit Knochen in den Nasen und reinweißen Muschelhalsketten, ihren erbitterten Widerstand nicht vergessen würden, doch sie schlug sich tapfer, wenn auch mit den Tränen kämpfend, bis ihr Schirm einen weißen Mann traf.

»Geben Sie Acht, Missus«, sagte er. »Hören Sie auf. Ich bin Constable Colley. Ich wollte mal sehen, ob Ihnen was fehlt.«

»Mir fehlt nichts! Schaffen Sie auf der Stelle diese Wilden aus unserer Baracke! Das ist ja eine Unverschämtheit! Haben Sie die anderen gerettet?«

Sie war einer Ohnmacht nahe. Redete Unsinn. Wusste nicht,

was sie sagte, als die Zimmermann-Kinder durch den Türspalt spähten und der Constable sich entschuldigte und versprach, dass so etwas nicht wieder vorkommen würde.
Diese Schwarzen waren keine Aborigines, erklärte der Constable, sondern Kanaken. Südsee-Insulaner, die ins Land geholt wurden, damit sie auf den Zuckerrohrplantagen jenseits des Flusses arbeiteten. Harmlos. Hatten mehr Angst vor ihr als sie vor ihnen.
»Sie sind zur falschen Baracke geschickt worden, das ist alles«, sagte Colley. »Ein Matrose hatte es falsch verstanden. Ihre Baracken liegen ungefähr eine halbe Meile weiter da unten. Am Polizeiposten vorbei. Ein dummer Fehler. Als das Boot anlegte, sah der Matrose Ihr Gebäude und schickte sie hierher.«
»Dummer Fehler!«, schrie Theo. »Wenn verdammte barfüßige Wilde durch unsere Unterkünfte rennen und meine Familie in Angst und Schrecken versetzen!«
»Ich hatte keine Angst«, wandte Eva ein.
»Oh doch«, sagte Frieda. »Du hast es mir überlassen, deine Kinder zu beschützen.«
»Nein. Ich habe sie hier gelassen, damit sie auf dich aufpassen.«
»Tatsächlich?«
»Wie wär's mit einem Frühstück?«, fragte Theo. »Ich komme um vor Hunger. Ist noch was in der Speisekammer?«
»Nur ganz wenig«, sagte Hanni. »Wir müssen dringend einkaufen.«
»Tu das«, sagte ihr Mann. »Und lass es auf die Kirchenrechnung setzen. Noch müssen wir wohl nicht aus eigener Tasche bezahlen.«
Später nahm Frieda sich vor, Hanni nie wieder zum Einkaufen zu schicken. Das dumme Weib hatte zwar Nahrungsmittel gekauft, aber auch ein kariertes Tischtuch, Fächer für die Damen, Tabak für die Männer und einen breitkrempigen Strohhut für sich selbst, mit einem Schleier als Schutz gegen Fliegen, die zugegebenermaßen zahlreich und lästig waren.

Erschöpft von dem morgendlichen Zusammenstoß, überließ Frieda es Eva, Hanni zurechtzuweisen. Sie hatte schon immer den Eindruck gehabt, dass Lukas und Hanni nicht zusammenpassten. Ihnen gemeinsam war ihre Schönheit, und vermutlich war es immer so im Leben, dass zwei von besonderer Art sich fanden, um die eigene Gattung aufzuwerten, denn Lukas war wirklich ein gut aussehender Mann. Groß, dunkel und attraktiv, mit dunkelbraunem Haar, wunderschönen seelenvollen braunen Augen und herrlich langen Wimpern. Frieda erinnerte sich, dass sie zweimal hingeschaut hatte, als sie ihn auf einem der frühen Treffen zum ersten Mal sah. Lukas, knapp dreißig Jahre alt, mit seinem Körperbau und gutem Aussehen, war ein Adonis. Und so war keiner überrascht, als sie seine Frau kennen lernten. Hanni besaß die Schönheit einer Dresdener Porzellanpuppe … aber während Lukas immerhin einen gewissen Stil hatte, fand Frieda Hanni ziemlich gewöhnlich und außerdem flatterhaft.

Dennoch … irgendetwas anderes nagte jetzt an ihr. Der Constable hatte auf Theos Frage hin erklärt, dass die Eingeborenen auf den Zuckerplantagen eingesetzt wurden, weil die Weißen in diesem Klima keine körperliche Arbeit leisten konnten. Angeblich vertrugen die Weißen die Hitze nicht.

Frieda blickte sich bestürzt um. Welche Hitze? Das Wetter war herrlich, sonnig und mild, ein wunderbarer Tag. Und was war der Unterschied zwischen der Arbeit auf einer Farm und der auf einer Plantage? Ihrer Meinung nach gab es keinen. Und wenn es sich tatsächlich so verhielt, wie der Constable gesagt hatte, wie sollten sie dann ihre eigene Farm bewirtschaften? Frieda fragte sich, ob auch sie im Sommer eingeborene Arbeitskräfte, diese Kanaken, brauchen würden. Es schien ein schrecklicher Fehler zu sein, hier eine Farm aufzubauen. Vielleicht sollten sie weiter in den Süden des Landes ziehen, wo es doch kühler sein musste. Sie hoffte inbrünstig, dass Jakob noch keinen bindenden Kauf- oder Pachtvertrag unterzeichnet hatte.

»Wo war Karl, als hier die Hölle los war?«, fragte Jakob, verwundert über Friedas Geschichte von den eingeborenen Arbeitern.

»Die Stadt erwachte gerade, als du aufgebrochen bist, und er hat einen Rundgang gemacht. Hat das ganze Durcheinander verpasst. Irgendwann kam er zurück und erzählte, dass er für heute Arbeit beim Schmied hat. Dort ist er immer noch.«

»Schön für ihn.«

Jakob führte sie ein Stück von der Baracke fort, damit sie sich ungestört unterhalten konnten. Er schlug den Weg am Flussufer entlang in Richtung Polizeiposten ein, doch Frieda sträubte sich. »Nein. Dahin gehe ich nicht. Da unten sind diese Wilden.«

»Nun gut.« Er hob die Schultern. »Dann gehen wir in die andere Richtung. Ich möchte dir von meinem Ausflug erzählen. Es war ein sehr interessanter Tag.«

»Nein. Augenblick noch. Ich habe etwas viel Wichtigeres erfahren. Wusstest du, dass es hier so heiß wird, dass Weiße nicht im Freien arbeiten können? Sie ertragen die Hitze nicht. Deswegen bringen sie diese Kanaken her. Die sind an die sengende Hitze gewöhnt.«

Jakob starrte sie an. »Nein! Das kann nicht sein. Ich habe heute Morgen Bauern getroffen. Leute, die sich Farmen aufbauen.«

»Vielleicht wissen sie nichts davon.«

»Doch, sicher«, sagte er besorgt.

Von der anderen Seite der Quay Street her sahen sie Constable Colley auf sich zukommen und gingen zu ihm hinüber, um ihn zu befragen.

»Stimmt es, dass es im Sommer hier sehr, sehr heiß wird?«, fragte Frieda, und er nickte.

»Ja. Es kann ganz schön heiß werden. Schwül und feucht. Etwa sechs Monate lang, aber dafür haben wir einen schönen Winter.«

Jakob hatte das Bedürfnis, sich den Bericht seiner Frau vom

Constable bestätigen zu lassen. »Und deswegen werden die Eingeborenen hergebracht?«
»Ja. Für die Arbeit auf den Plantagen, und hier und da auch andere Arbeiten. Sind billige Arbeitskräfte.«
»Ach so.«
Als Colley gegangen war, ergriff Frieda Jakobs Arm. »Siehst du. Ich hab's doch gesagt. Wir müssen fort von hier, nach Süden, wo ein günstigeres Klima herrscht.«
Jakob schüttelte den Kopf. »Das geht nicht. Es ist zu spät dafür. Ich habe heute Morgen ein Stück Land ausgesucht und die Pachtanträge gestellt.«
»Dann geh rasch zurück und sag ihnen, dass du es dir anders überlegt hast.«
Jakob stapfte weiter und bog um die Ecke, bevor er plötzlich stehen blieb. »Nein, Frieda, wir bleiben. Ich habe gutes Land gefunden, wunderbares Land, und wir werden uns eine schöne Farm aufbauen. Wenn andere Leute in der Hitze arbeiten können, dann können wir es auch. Ob weiß oder schwarz, wo ist der Unterschied? Wir sind Bauern, Frieda, wir schaffen das.« Doch er merkte sich sehr wohl, dass billige Arbeitskräfte zu haben waren. Für später, wenn sie sich das leisten konnten.

An diesem Abend wurden Jakob einige Erklärungen abverlangt. Nachdem er Frieda und Karl von seinem klugen Plan überzeugt hatte, eine Farm aufzubauen, ohne einen Penny leihen zu müssen, musste er ihnen jetzt gestehen, dass er doch ein Bankdarlehen beantragt hatte, und wie vorauszusehen war, zeigte sich Frieda nicht einverstanden.
»Was für ein Vorbild bist du für deinen Sohn? Leihst dir Geld, obwohl es gar nicht nötig wäre. Was soll der Unfug?«
»Das ist kein Unfug, das ist Weitsicht. Karl ist jetzt auch hier, und ich werde euch alles erklären. Ich habe Land am Fluss gefunden, das für unsere Zwecke geeignet ist. Darauf steht sogar eine alte Schäferhütte, und die soll für den Anfang unser Farmhaus sein.«

»Gibt es da auch einen Herd?«, fragte Frieda.
»Nein, aber eine große gemauerte Feuerstelle.«
»Ich werde einen Herd brauchen.«
»Darum kümmern wir uns später. Mr Rawlins und ich haben einen Herrn getroffen, der ganz in der Nähe Land ausgesucht hat. Neunzig Morgen.«
»Neunzig Morgen?«, wiederholte Karl fassungslos.
»Ja.« Jakobs Worte überstürzten sich fast. »Um es kurz zu machen, ich habe ebenfalls neunzig Morgen ausgesucht. Das erschien mir angebracht.«
»Du hast neunzig Morgen beansprucht?«, rief Frieda. »Was sollen wir mit so viel Land?«
»Wir werden es eines Tages besitzen. Doch dann dachte ich mir, dass Karl eines Tages auch eine eigene Farm haben will, und deshalb habe ich auch für ihn neunzig Morgen beantragt. Direkt neben dem ersten Stück. Aus dem Grunde benötige ich zusätzliches Geld von der Bank.« Er schloss mit einem Seufzer, der so viel aussagte wie: »So, das habe ich hinter mir«, und wartete auf eine Reaktion.
Doch beide waren sprachlos, Karl vor Begeisterung, Frieda vor Zorn.

Von nun an hatten die Meissners alle Hände voll zu tun. Sie benötigten ein Transportmittel, doch so etwas war schwer zu bekommen, wenn man so wenig Geld besaß wie sie. Alles, was sie auftreiben konnten, war ein Wagen, der schon bessere Tage gesehen hatte, doch der Besitzer versprach, ihn in Stand zu setzen.
Dann folgte eine Besprechung mit Jim Pimbley über die notwendigen Vorräte, landwirtschaftlichen Geräte, über Saatgut und Vieh für den Anfang.
»Das besorge ich Ihnen, sobald Sie mir Bescheid geben«, versprach Jim. »Es wäre doch Unsinn, Ihnen Vieh zu besorgen, bevor Sie wissen, wo Sie es unterbringen wollen.«
»Soviel ich verstanden habe, wissen wir ja noch nicht einmal, wo wir *uns* unterbringen wollen«, schimpfte Frieda auf dem

Weg zurück zur Baracke, doch Jakob wusste, dass sie trotz ihres zur Schau getragenen Ärgers genauso begeistert war wie Karl und er selbst. Er beschloss, den Erfolg zu feiern, indem er beide auf ein Glas Bier ins Hotel einlud.

Dort trafen sie Theo Zimmermann. »Hab gehört, ihr zieht weg. Hast wohl eine Farm gekauft?«

»Ich wollte, es wäre so«, antwortete Jakob. »Wir haben das Land nur gepachtet, Theo. Etwa dreißig Meilen landeinwärts, beim Fluss. Jetzt müssen wir daraus erst einmal eine Farm machen.«

»Muss einen Haufen Geld kosten.«

»Nicht, wenn man pachtet. Du solltest es auch versuchen.«

»Heißt das, du musst es nicht gleich bezahlen?«

»Zu Anfang nur eine geringe Summe.«

Theo nickte wissend. »Verstehe. Du benutzt das Geld anderer Leute.«

»Du solltest lieber auf Jakob hören, statt ihn zu kritisieren«, fuhr Frieda ihn an.

»Ich habe doch nur gefragt«, entgegnete er weinerlich. »Überhaupt, soviel ich gesehen habe, scheint der Boden hier in der Umgebung nicht viel zu taugen. Entweder ist es Urwald wie unser gemeinsames Land oder nur dieses öde, endlose Gestrüpp.«

»Mag sein«, pflichtete Jakob ihm bei. »Die Gegend hier hat nicht viel zu bieten, aber das Land ist gut genug für uns. Übrigens, Frieda, ich habe vergessen, dir zu sagen, dass es außerhalb der Siedlung viele wunderbare Tiere gibt. Wir haben Kängurus gesehen, und Dingos und Scharen von Emus ...«

»Oh nein! Warum hast du mich nicht mitgenommen?!«

Jakob lächelte. »Sie sind bestimmt noch da, wenn wir uns da draußen näher umschauen. Unser nächster Nachbar wohnt etwa zehn Meilen von uns entfernt, aber wir werden ihn zunächst kaum zu sehen bekommen.«

»Warum nicht?«

»Er sitzt im Gefängnis.« Jakob grinste.

»Ach, du lieber Himmel!«, rief Frieda aus. »Welch ein großartiges Vorbild für deinen Sohn.«
Karl machte sich nichts daraus. Er war immer noch aufgeregt, weil sein Vater es für angebracht gehalten hatte, auf Karls Namen ein zweites Stück Land von neunzig Morgen zu erstehen, gleichzeitig aber war er maßlos enttäuscht, weil Jakob diese Tatsache Theo gegenüber nicht erwähnt hatte. Aus Taktgefühl, wie er vermutete. Aber wie auch immer, er freute sich schon darauf, seinen Vettern in der Heimat diese phantastische Neuigkeit zu schreiben. Dieser Triumph! Sie alle hatten gesagt, diese Auswanderung grenze an Wahnsinn. Sei eine große Dummheit! Und jetzt sollten sie erfahren, dass er, der Vetter Karl, neunzig Morgen Land sein Eigen nannte. Dann würden sie alle Hals über Kopf nachkommen, aber vielleicht wäre dann kein gutes Land mehr für sie übrig.

Die Schäferhütte stand auf einer kleinen Erhebung, etwa eine Meile landeinwärts von dem Weg aus gesehen, der die östliche Grenze ihrer Ländereien bildete. Sie befand sich in einem desolaten Zustand, nicht anders, als Frieda es dank Jakobs Warnung erwartet hatte, doch immerhin war in ihrem Umkreis eine kleine Fläche gerodet, und durch die umgebenden Wälder hindurch konnte man den Fluss sehen.
Und sie arbeiteten. Sie schufteten. Vater und Sohn. Sie begannen mit Äxten und Sägen, denn zunächst brauchten sie Bauholz zur Reparatur der Hütte und Schindeln fürs Dach. Frieda schrubbte das neue Heim von oben bis unten, bevor sie zuließ, dass ihr Leinen ausgepackt wurde, und sie beschwerte sich mit keinem Wort bei Jakob über die Enge in ihrer neuen Behausung, die nur aus einem einzigen Raum bestand. Sie wusste, dass sie ihm nicht zu sagen brauchte, was fehlte.
Sie bauten einen Kuhstall und einen Hühnerstall, jetzt schon im Bewusstsein der Verlockung, die die Hühner für die umherstreunenden Dingos darstellen würden. Die Männer rodeten und rodeten, arbeiteten vom Morgengrauen bis zur

Abenddämmerung, und Frieda legte einen Gemüsegarten an, pflanzte in langen Reihen Kartoffeln, Kürbisse und Mais. Das Wetter blieb ihnen freundlich gesonnen – die Nächte waren kühl, die Tage immer noch heiter mit gelegentlichen Regengüssen –, und sie bemerkten kaum, wie die Wochen vergingen, bis sie plötzlich Besuch bekamen. Die Landvermesser kamen, schlugen am Fluss ihr Lager auf und machten sich an die Arbeit. Der von Pferden gezogene Wagen kam, gelenkt von demselben Kutscher namens Bert, der ihre Habseligkeiten auf das Kirchenland befördert hatte. Dieses Mal brachte er den Rest der Waren, einschließlich der Hühner, die sie in Jims Laden bestellt hatten. Und das Beste war die Kuh, die mit ruhig fragendem Blick hinterhertrottete.

»Soll ich weitere Bestellungen mit zurücknehmen?«, fragte Bert, und Frieda versetzte Jakob einen Rippenstoß. »Der Herd.«

»Nein«, sagte er leise und zeigte ihr seine Liste, eine lange Liste von Materialien, angefangen bei Nägeln bis hin zu Zaundraht, Axtstielen und so weiter. »Wir haben unser Darlehen bald ausgeschöpft. Und dann müssen wir Einnahmen vorweisen können.«

Diese Erkenntnis schien ihnen die Arbeit zu erschweren. Immer noch arbeiteten sie bis spät in den Abend hinein in ihrem kleinen Lager im Gestrüpp, doch sie wirkten getrieben, von der Zeit bedrängt.

Gelegentlich erhielten sie auch Hilfe. Ein Aborigine-Pärchen wanderte vorüber und fasste Interesse an dieser Betriebsamkeit. Sie blieben ein wenig abseits stehen und sahen Frieda zu, die im Bach Hemden wusch, bis sie ihren Anblick nicht mehr ertrug.

»Was wollt ihr?«, fragte sie, bemüht, ihre Nervosität nicht zu zeigen, denn ihre Männer waren nirgendwo zu sehen.

Anscheinend wollten die beiden gar nichts. Das Mädchen lächelte, hob die Schultern, wies mit einer Kopfbewegung auf ihren Gefährten und ging auf bloßen Sohlen still davon.

Sie kamen mehrmals wieder. Oft trug das Mädchen einen

Säugling im Tragetuch auf dem Rücken, und irgendwann fasste Frieda den Mut, einen Blick auf das Kind zu werfen. Die stolzen Eltern schenkten ihr ein erfreutes Lächeln, als sie beim Anblick des süßen kleinen Mädchens zu gurren und zu schnalzen begann.

»Frieda«, sagte sie dann und deutete auf sich selbst.

Das Mädchen antwortete. Sie hieß Mia, das Baby Wonti und der Vater Yarrupi. Zumindest klangen die Namen in Friedas Ohren so, und sie ertappte sich plötzlich dabei, wie sie die drei bat, bei ihnen zu bleiben, und ihnen ein paar Plätzchen anbot. Sie blieben an der Hintertür stehen und aßen, bis der Teller leer war, dann schlenderten sie lässig weiter. Doch am nächsten Tag kam Mia zurück und schenkte Frieda ein hölzernes Gefäß voller Honig.

Frieda staunte. »Dieser Honig. Findet ihr ihn im Wald?«, fragte sie gestenreich, und das Mädchen nickte und deutete in Richtung Wald.

»Busch«, sagte sie ganz deutlich.

Als die Männer heimkamen, konnte Frieda es kaum erwarten, ihnen die neue Errungenschaft zu zeigen. »Probiert mal, er ist köstlich. Das ist anscheinend wilder Honig.«

»Vermutlich gibt es im Busch noch sehr viel mehr Nahrungsmittel, von denen wir nichts wissen«, sagte Jakob. »Die Aborigines haben keine Farmen. Wir sollten sie ermutigen, uns zu besuchen, damit wir herausfinden, wovon sie leben.«

Wenige Tage später waren Jakob und Karl gerade damit beschäftigt, unter großer Anstrengung mächtige, bereits verbrannte Baumwurzeln mit Hilfe des Pferdes aus dem Boden zu reißen, als Yarrupi zu ihnen kam und sie mit seinen beachtlichen Kräften in ihren Bemühungen unterstützte. Von da an gewöhnten sie sich allmählich an den Anblick des Schwarzen. Er ließ sich nie auf einen bestimmten Tag oder eine bestimmte Aufgabe festlegen und maß seine Kräfte offenbar am liebsten mit Baumwurzeln und Baumstämmen, als wäre es eine Art vergnüglicher Wettkampf für ihn.

In ihren Briefen in die Heimat schilderte Frieda ihr Leben als

Idylle, während es in Wirklichkeit doch ausgesprochen anstrengend war. Im Alltag machte sich der Mangel an den alltäglichen, kleinen Annehmlichkeiten, wie sie in einem normalen Haushalt üblich sind, bitter bemerkbar. So gab es kein Papier zum Feueranzünden, keinen Putzlappen, keinen Kaminbesen. Es fehlten so viele nebensächliche Dinge, und das war ein andauerndes Ärgernis. Und für Frieda brachte jede Stunde des Tages, genau wie für die Männer, nichts als Arbeit, angefangen vom Melken beim ersten Tageslicht bis zum Abendessen, bei dem alle viel zu müde und erschöpft waren, um noch viel zu reden. So kam der Tag, an dem Frieda beschloss, sie sollten sich einmal eine Pause gönnen.

»Wenn schon nicht um unsertwillen, dann wenigstens für Karl«, sagte sie zu Jakob. »Kein Mensch hält es aus, ununterbrochen nur zu arbeiten. Karl ist jung, er braucht einmal Abwechslung.«

»Es geschieht doch nur zu seinem Besten. Wir müssen bald anfangen, auf seinem Land sichtbare Verbesserungen herbeizuführen, damit die Inspektoren uns nicht für Spekulanten halten.«

»Ein freier Tag wird nicht schaden«, widersprach Frieda, doch dann kam Les Jolly, der Boss der Holzfäller, zu Besuch, um ihr Bauholz in Augenschein zu nehmen.

»Rawlins sagt, Sie hätten vielleicht gutes Holz zu verkaufen, Mr Meissner.«

»Oh ja. Ich könnte Ihnen zunächst einmal den Zedernbestand zeigen.«

Die beiden Männer inspizierten das Land, und Les markierte unterwegs die brauchbaren Bäume.

Sie kamen überein, dass Les ein paar von seinen Leuten schicken würde, um das Bauholz zu schlagen und flussabwärts zur Sägemühle zu flößen.

»Aber wie schaffen sie das Holz vom Wald runter zum Fluss?«, fragte Jakob.

»Mit Ochsengespannen. Die schleppen auch die stärksten Stämme raus, einfach so. Man braucht nur Ketten anzulegen, und auf geht's. Und übrigens, Jakob, wenn Sie etwas hierher geliefert haben möchten, dann sagen Sie es jetzt. Meine Männer bringen's dann mit.«

Zurück im Haus, wiederholte er die Aufforderung, und Frieda erinnerte Jakob an den ersehnten Herd, doch wieder schüttelte er den Kopf.

»Dann bestell wenigstens den Wasserbehälter«, sagte sie ärgerlich. »Ich habe keine Lust mehr, das ganze Wasser vom Bach hierher zu schleppen.«

Jakob wollte gerade sagen: »Wozu die Aufregung? Wir haben doch kaum Regen, den aufzufangen sich lohnt«, als ihm klar wurde, was Les mit dem besseren Wetter gemeint hatte. Als Bauer hätte er es besser wissen müssen, statt sich am warmen Sonnenschein zu erfreuen, nur an das Roden und Pflügen mit dem Handpflug zu denken und die gelegentlichen Regenschauer als selbstverständlich hinzunehmen. Hatte Frieda sich nicht erst kürzlich beklagt, dass sie bald damit anfangen müssten, ihren kleinen Bestand an Feldfrüchten mit der Hand zu gießen? Ach was. Er fühlte sich sicher, als er über das Feld blickte … der Mais stand so grün und hoch, die Kürbisse und das Gemüse kamen gut. In etwa vier Wochen würden sie genug ernten können, um mit ihren Erzeugnissen auf den Markt zu gehen. Dann würden sie sich einen Tag freinehmen. Dennoch bestellte er einen Wasserbehälter, für den Fall, dass dieser trockene Winter sich zu einer Dürre auswuchs, und Frieda freute sich.

»Das bezahlen wir mit dem Bauholz«, sagte er mürrisch.

Karl lag nicht viel an einem freien Tag, da in Bundaberg kaum etwas zu sehen war, und weil es ihn drängte, Fortschritte auf seinem Land zu erzielen, um den gefürchteten Inspektor zufrieden zu stellen. Seiner Meinung nach würde eine gerodete Fläche am Hauptweg entlang ein guter Anfang sein, dazu ein Zaun, oder wenigstens ein Stück Zaun am Eingang zu seiner Farm. Doch Letzteres erschien ihm dann doch ziemlich sinnlos, und der Inspektor würde sich nicht hinters Licht führen lassen. Noch besser wäre es, so überlegte er, ein Stück Land längs des Bachs zu roden und einzuzäunen, genauso, wie sein Vater es auf seinem Grund und Boden gemacht hatte.

Und das dauert eine Ewigkeit, dachte er bedrückt.

Das Wetter bereitete ihnen allmählich Sorgen. Tag für Tag stieg die Sonne in den makellos blauen Himmel auf, und die Felder trockneten dermaßen aus, dass sie die Pflanzen in der Abenddämmerung mit Feuchtigkeit versorgen mussten. Bei dieser Arbeit wurden sie wieder einmal durch eine dumme Nebensächlichkeit behindert. Sie verfügten nur über zwei Eimer. Um das Problem zu lösen, zog Frieda Mia und Yarrupi zur Hilfe heran, wann immer sie sich blicken ließen. Zum Lohn bekamen sie Rüben, die sie über alles liebten, und ein Stück von ihrem hausgemachten Käse, den sie kosteten, ausspien und ihrem Hund vorwarfen. Fortan ließen sie sich mit Kartoffeln auszahlen, die sie mit in ihr Lager nahmen. Es gelang Frieda, in Erfahrung zu bringen, dass sie bei ihrer Familie lebten – eine ganze Reihe von Leuten, wie es sich anhörte –, doch niemals erzählten, wo sie lebten.

Eine Woche später stapfte das Ochsengespann auf das Haus zu, und auf die Ladefläche des Wagens war ein riesiger Wassertank festgezurrt. Staunend sahen die drei Meissners zu, wie das Gefährt sich näherte.

Das Gespann bestand aus sechzehn Ochsen, die paarweise gingen, einem Lenker, der auf dem Wagen saß, und einem Ochsentreiber oder »Bullocky«, wie Les Jolly ihn nannte, der mit einer langen Peitsche nebenher lief. Und als wäre die Überraschung nicht schon groß genug, stellte sich auch noch heraus, dass der Bullocky mit der Peitsche niemand anderer war als Theo Zimmermann! Er war der Assistent des Bullockys, wie sie später erfuhren, und keineswegs glücklich darüber.

Der Besitzer des Ochsengespanns, ein zäher, drahtiger Bursche namens Davey, sprang vom Wagen und ging auf Frieda zu.

»Mrs Meissner?«
»Ja.«
»Gut. Ich habe Proviant mitgebracht. Ein halbes Rind, gepökeltes Hammelfleisch und einen Sack Lebensmittel. Wo kann ich das verstauen?«
»Das habe ich nicht bestellt!«, rief sie, doch Davey grinste sie an.
»War auch nicht nötig. Les Jolly schickt das. Wir können ja nicht verlangen, dass sie fünf Kerle zusätzlich durchfüttern, oder?«
»Fünf?«, fragte sie und schaute sich um.
»Ja. Ich und Theo, und drei Kerle kommen noch vom Holzfällerlager mit dem Boot herüber. Holzfäller. Sie müssten bald eintreffen. Eigentlich jede Minute, nachdem ich schon mal hier bin. Les verschwendet keine Zeit.«
Als er zurück zum Wagen ging, rief Frieda nach Jakob, der bereits in ein Gespräch mit Theo vertieft war. »Muss *ich* etwa für alle kochen?«
»Sieht so aus«, antwortete Jakob mit einem fragenden Blick auf Theo.
»So ist es üblich«, erklärte er.
»Es macht mir ja nichts aus, aber ich habe keine so großen Töpfe, Theo. Und keinen Herd!«
»Davey kann dir aushelfen, er schleppt immer ein komplettes Lager mit sich herum. Ich muss jetzt gehen und die Ochsen tränken. Ich bin gleich zurück, dann können wir reden.«
Während sie die mächtigen Tiere versorgten, die Davey sämtlich mit Namen kannte, da er sie alle liebte wie Kinder, blickte Theo hinüber zum Haus der Meissners. Er hatte gewusst, dass sie ein großes Stück Land gepachtet hatten und ziemlich gut zurechtkamen, aber nun erschienen sie ihm doch nicht eben klug.
»Das Haus, in dem sie wohnen, taugt ja nicht viel«, sagte er zu Davey. »Weiter nichts als eine alte Hütte.«
»Manche Menschen kriechen erst, bevor sie aufrecht gehen«, fuhr Davey ihn an. »Und zerr nicht so an Daisys Joch he-

rum. Sie ist schließlich nicht aus Holz. Bisschen behutsamer, Mann.«

Theo verabscheute seine Arbeit, hasste es, im Schneckentempo durch den Busch zu kriechen, aber für eine Weile musste er schon noch durchhalten. Bis er etwas Besseres gefunden hatte. Da er nicht so gut gestellt war wie diese Meissners und keine Ersparnisse hatte, musste er die erstbeste Arbeit annehmen, die ihm angeboten wurde, und zwar in einer Siederei, wo aus den Kadavern von Schafen und Vieh Talg hergestellt wurde. Eine ekelhafte Arbeit. Dadurch wurde er so gallig, dass er nach ein paar Wochen aufhören musste. Aber trotzdem wollte Eva nicht zurück aufs Kirchenland, und er sah sich gezwungen, mit seiner Familie aus der Baracke auszuziehen und ein paar Zimmer im Haus des Leiters der Sägemühle zu mieten. Das Haus war ein hastig errichtetes Bauwerk, das, wie alles in Bundaberg, nicht für die Ewigkeit gebaut zu sein schien.

Darüber dachte er auch nach: ob diese so genannte Stadt am Ufer eines Flusses mitten im Nirgendwo überhaupt eine Zukunft hatte. Theo vermutete, dass der Ort vor die Hunde gehen würde, sobald die Holzfäller weiterzogen, wenn das gute Bauholz abgeräumt war. Die Viehzüchter, denen das umliegende Land gehörte, brauchten Bundaberg nicht, sie waren jahrelang gut zurechtgekommen, bevor jemand auf die Idee kam, aus diesem abgelegenen Ort eine Stadt zu machen. Und natürlich gab es dort auf den Viehfarmen gute Arbeit. Wenn Hanni Fechner sich nicht eingemischt hätte, wäre er, Theo, inzwischen längst gut auf der Clonmel Station untergekommen. Aber nein, dieses egoistische Weib stellte ihre eigenen Interessen über die von bedürftigen Kindern. Genauso wie dieser elende alte Pastor. Theo war zu ihm gegangen und hatte ihn um ein bisschen Geld gebeten, mit dem er sich bis zu seiner nächsten Anstellung hätte durchschlagen können. Doch Beitz hatte abgelehnt.

»Du wirst kein Geld brauchen, wenn du hierher zurückkommst, Theo. Brauchst keine Miete zu bezahlen. Wir benötigen Arbeitskräfte, da der Großteil der Herde uns verlassen hat. Bring deine Familie hierher zurück, und wir können uns an der Vorsehung des Herrn erfreuen.«

»Das geht nicht, Herr Pastor. Sie sind ja überhaupt noch nicht in diesen Urwald vorgedrungen. Wo sollen wir denn wohnen?«

Die vier Männer hatten im Busch eine Hütte gebaut, einen Unterstand aus Rinde und Gestrüpp, und sie kochten über einem offenen Lagerfeuer. Anscheinend gaben sie sich damit zufrieden, aber für eine Familie wäre das nicht das Richtige, schon gar nicht für eine Familie mit einem kleinen Mädchen. Ohne Eva überhaupt erst fragen zu müssen, wusste Theo, dass sie niemals damit einverstanden sein würde.

Seit diesem Vorfall hatte er Gelegenheitsarbeiten angenommen, hatte Löcher für Zaunpfähle gegraben, eine wirklich schwere Arbeit, eine Schinderei, und dann hatte er einem Zimmermann geholfen, ein Holzhaus für den Hafenmeister zu bauen. Er hatte sogar eine Woche lang als Stallbursche im Pub gearbeitet, als Patrick O'Malley mit Fieber im Bett lag, und er hatte gehofft, dort übernommen zu werden, doch als der Wirt wieder auf den Füßen war, benötigte er keine Aushilfe mehr. Die Zaunmacher wollten ihn nicht wieder nehmen, und so verschaffte sich Theo einen Tapetenwechsel, indem er seine derzeitige Stelle antrat. Sie bot ihm Gelegenheit, die Gegend kennen zu lernen und gleichzeitig Geld zu verdienen. Doch es war nicht leicht. Sie waren oft wochenlang unterwegs, immer auf der Straße, und die Arbeit konnte gefährlich werden, wenn sie massive Stämme aus dem Busch schleppten und sie auf den hohen Flussböschungen stapelten.

Etwas einfacher war es, wenn sie Proviant transportierten – die Ochsen konnten bis zu zwei Tonnen Gewicht ziehen – und die Farmen aufsuchten, wo die Leute mit Geld lebten. Auf Clonmel sah er Hanni Fechner, die sehr selbstzufrieden wirkte. Sie arbeitete als Hausmädchen im großen Wohngebäude der Dixons.

»Ja. Ich war draußen auf Clonmel«, erzählte er Jakob später. »Man sagt, das Land hier in der Gegend ist nur ein kleiner Teil von Dixons Besitz. Die Fechners sind dort. Sie ist Dienstmädchen. Er arbeitet jetzt als Viehtreiber. Weiß nicht, wie er an diese Stelle gekommen ist. Es heißt, diese zähen kleinen Pferde wären höllisch schwer zu reiten und werfen einen schneller ab, als man sich's versieht.«

»Mag sein«, sagte Jakob. »Und was gibt es Neues von Pastor Beitz und den anderen?«

»Die sind immer noch auf dem Kirchenland und leben wie die Eingeborenen in primitiven Hütten.«

»Helfen die Aborigines ihnen noch?«

»Ab und an. Pastor Beitz und Tibbaling verstehen sich bestens, außer an den Sonntagen.«

»Den Sonntagen?«

»Weil er dem Häuptling einfach nicht klar machen kann, dass die Schwarzen am Sonntag zum Gottesdienst kommen müssen.«

Jakob wand sich. »Ich habe ein schlechtes Gewissen. Wir haben hier fast vergessen, dass es so etwas wie einen Sonntag gibt.«

»Das ist nicht recht, Jakob. Das muss anders werden. Wir gehen jeden Sonntag zum Kirchenland hinaus, um am Gottesdienst teilzunehmen. Wenn Tibbaling auftaucht und ein paar von seinen jungen Burschen zum Roden schickt, muss Pastor Beitz sich unterbrechen und sie daran hindern. Sie streiten sich gehörig deswegen. Und übrigens … Walther ist von einer Schlange gebissen worden.«

»Lieber Gott! Davor haben wir hier draußen ständig Angst, aber dort in dem dichten Unterholz dürfte es noch viel gefährlicher sein. Geht es ihm wieder gut?«

»Er war ein paar Tage krank, dann hatte er es überstanden. Strauss sagt, wenn ihn eine von diesen hochgiftigen Schlangen gebissen hätte, wäre er binnen weniger Stunden gestorben. Nicht unbedingt ein Trost, wie? Eva versucht herauszufinden, wie die Giftschlangen aussehen, aber das ist meiner

Meinung nach reine Zeitverschwendung. Wenn du gebissen wirst, war's das.«

»Mag sein«, antwortete Jakob sorgenvoll.

»Und hier, bevor ich es vergesse«, sagte Theo. »Pastor Beitz schickt dir einen Brief.«

Aus der Tiefe seiner Hosentasche zog er einen zerknitterten Umschlag heraus. »Was schreibt er?«

»Ich lese ihn später«, sagte Jakob, für den Fall, dass der Pastor ihm etwas Privates mitzuteilen hatte, und ging zu Frieda, um das halbe Rind zu zerlegen.

Er erinnerte sich erst wieder an den Brief, als er zur Nacht das Licht löschen wollte.

Der Inhalt überraschte ihn nicht, bereitete ihm aber Sorgen. Pastor Beitz schickte allen seinen Segen, tadelte Jakob, weil er mit seiner Familie nicht zum Sonntagsgottesdienst kam, und ließ ihn wissen, dass die gemeinsame Kasse mittlerweile bedenklich zusammengeschrumpft sei. Beitz hatte beschlossen, das Problem zu lösen, indem er von allen Mitgliedern der Gemeinde, die unabhängig lebten und arbeiteten, den Zehnten einforderte, und der sollte nach seiner Berechnung einen Shilling pro Woche und pro Kopf betragen, Kinder waren davon ausgenommen.

Es kam Jakob nicht in den Sinn, diese Zahlung zu verweigern, doch der Aufruf erfolgte zu einem ungünstigen Zeitpunkt, da sie bisher noch keinen Penny eingenommen hatten, geschweige denn einen Shilling. Allmählich bereute er seine Großzügigkeit, ein zweites Stück Land für Karl gepachtet zu haben.

Frieda zeigte sich optimistischer. »Der Ochsentreiber sagte, am ersten Sonntag jedes zweiten Monats ist Markttag in Bundaberg. So haben die Leute aus dem Busch Gelegenheit, zur Kirche zu gehen und ihre Waren zu verkaufen. Der nächste Markt findet in zwei Wochen statt, im August. Wir gehen hin, Jakob.

Wir verkaufen Gemüse und meinen Käse. Ich habe genug davon. Wir schaffen das.

Vielleicht könnten wir Pastor Beitz mit Naturalien statt mit Geld bezahlen«, fügte sie nach kurzem Überlegen hinzu.
»Das möchte ich nicht gern tun.«
»Warten wir's ab.« Sie lächelte. »Warten wir ab, was nach dem Markttag noch übrig ist. Vielleicht verkaufen wir gar nichts, dann hätten wir wenigstens Nahrungsmittel, die wir ihnen geben könnten. Das ist genauso viel wert wie Geld.«
Jakob machte sich auf die Suche nach Theo. »Wusstest du, dass der Pastor knapp bei Kasse ist?«
»Ja. Ich dachte mir schon, dass er dir das schreiben würde. Ich habe nichts, was ich ihm geben könnte. Walther sagt, Pastor Beitz hat an das Seminar in Hamburg geschrieben und darum gebeten, dass man dem jungen Vikar, der zu seiner Hilfe kommen soll, Geld für ihn mitgeben möge, doch der wird erst im nächsten Jahr erwartet. Sieht so aus, als müssten Walther und die beiden Lutze-Jungen sich genauso wie alle anderen eine Arbeitsstelle suchen. Richtige Arbeit.«
»Und das Land, das sie schon gerodet haben, holt sich der Dschungel wieder. Das dürfen wir nicht zulassen. Gibt es auf dem Kirchenland vielleicht gutes Bauholz, das Les Jolly kaufen könnte?«
»Jede Menge. Jolly war sogar schon dort. Aber Pastor Beitz will nicht verkaufen. Er sagt, er benötigt das beste Bauholz für die Kirche, und abgesehen davon dürfe keiner einen Baum anrühren. Er gibt nicht einen einzigen her.«
Jakob gab es auf; er hatte genug eigene Sorgen.

# 6. Kapitel

Zunächst lebten die Kleinschmidts im Holzfällerlager tief im Wald, während die Männer zur Arbeit gingen, aber da sie ihre Frauen bei sich hatten, musste Rolf so schnell wie möglich für bessere Unterkünfte sorgen. Zu seiner Erleichterung erwiesen sich die anderen Holzfäller als großzügige Ratgeber und Helfer für ihre neuen deutschen Kollegen, und er nahm ihre Hilfe dankbar an.

»Was wir hier wirklich reichlich haben«, sagten sie, »ist Bauholz. Was hindert euch daran, euch selbst Häuser zu bauen? Sonntags können wir mit anpacken. Da haben wir sowieso nichts zu tun.«

Und so zogen Rolf und seine Freunde durch den Busch, um eine Holzfällerhütte in Augenschein zu nehmen. Sie wies nur zwei kleine Zimmer auf, war aber gut und solide gebaut, und die Frau hatte einen kleinen Gemüsegarten am Haus. Sie schien sehr glücklich zu sein in dieser Einsamkeit, schloss die jungen »Ausländer« sofort ins Herz und drängte sie, zum Tee zu bleiben.

»Baut eure Hütten noch vor der Regenzeit«, warnte sie, »sonst kriegt ihr Rheuma durch die Feuchtigkeit. Daran ist einer der ersten Landvermesser hier gestorben. War zu nass für ihn, und das Rheuma hat ihn geschafft.«

Rolf hatte genug von den nassen Sommern in dieser Gegend gehört, um sich unverzüglich an die Arbeit zu machen. Die erste Blockhütte, bestehend aus zwei Räumen und einer Veranda, war bald errichtet, und sie beschlossen, dass Rolf und seine Frau Rosie, seine zwei Brüder Hans und Thomas und seine Schwester Helene mit ihrem Mann, Josef Wagner, darin wohnen sollten. Am Tag des Einzugs feierten sie ein großes Fest, zu dem sie die freiwilligen Holzfäller mit ihren Frauen einluden, die entzückt waren von den appetitlichen

Gerichten, die die deutschen Frauen zauberten. Eine herrliche Abwechslung nach der gewohnten Kost: Eintopf und Damper, dem ungesäuerten, in Asche gebackenem Brot.
Das sprach sich herum. Als sie mit dem Bau der zweiten Blockhütte begannen, etwa eine halbe Meile weiter den Weg entlang, fanden sich noch mehr Freiwillige ein.
Das nächste Haus bekamen Brigitte und Paul Wagner, Pauls Schwester Katja, die mit Rolfs Vetter Herbert Kleinschmidt verheiratet war, und die beiden Junggesellen, Alex und Dieter.
Der Boss selbst erschien zur Einweihung des Hauses und zeigte sich begeistert von Katjas Knödeln. Sie gab ihm welche für seine Frau mit.
Dann ging es wieder an die Arbeit, und Axthiebe hallten durch den stillen Wald, Rauch von den wenigen, längs des Wegs verstreuten Häusern kräuselte sich über den Baumwipfeln, und es herrschte allgemein eine zufriedene Atmosphäre.
Im Stillen begannen sich die Familien einzurichten. Katja und Rosie waren schwanger. Paul Wagner baute ein Räucherhaus. Rolf kaufte sich ein Pferd. Hans brachte zwei Kühe mit nach Hause. Die Männer waren nun öfter tagelang in den Wäldern unterwegs, und die Frauen leisteten einander Gesellschaft, dankbar für die Möglichkeit, Kontakt zu halten. Sie freundeten sich mit den vorüberziehenden Aborigines an, freuten sich über ihre Besuche und bewunderten ihre süßen Schokoladenbabys – eine Abwechslung im täglichen Einerlei ihrer Arbeiten. Sie lernten, mit den Aborigines zu lachen und sich gegen die Männer zu behaupten, die zuweilen versuchten, den weißen Frauen mit Gewalt mehr Verpflegung abzuschwatzen. Und allmählich gelang es ihnen, den Unterschied zwischen essbaren und giftigen Buschfrüchten und Beeren zu erkennen.
Eines Tages berief Rolf in seinem Haus eine Versammlung ein und bestand darauf, dass alle kommen mussten. Als sie vollzählig waren, holte er ein geheimnisvolles Paket hervor

und forderte die Leute auf, ihn auf dem langen Weg bis zur Kreuzung von River Road und dem Pfad, der landeinwärts führte, zu begleiten.

Feierlich wickelte er das Paket aus. Darin befand sich ein kunstvoll gearbeitetes Schild, das ihrer kleinen Siedlung einen Namen gab. Ihrem Dorf. Er nagelte es hoch an einem Baum fest, und als er seinen Begleitern gestattete, heranzukommen und es zu lesen, entfuhr ihnen allen ein entzückter Seufzer.

Auf dem Schild stand: *Obrigheim.* Das war der Name der Stadt in Deutschland, die den Kleinschmidts in ihrer Stunde der Not Obdach geboten hatte.

Daraufhin gab es Tränen und Händeschütteln, und Rolf lud sie alle zu sich nach Hause ein und schenkte den Wein aus, den Josef von seiner letzten Reise mitgebracht hatte. Es war ihre erste Feier, und alle waren erfüllt von Stolz, weil sie so fern der Heimat doch schon so viel erreicht hatten.

An diesem Abend saß Rolf draußen und rauchte unter einem riesigen Vollmond seine Pfeife. Er war fünfundzwanzig, groß und langgliedrig, und nach außen hin ein ruhiger, zuversichtlicher Mann, doch das entsprach nicht unbedingt den Tatsachen. An diesem Abend fühlte er sich zum ersten Mal heimisch, frei von den lästigen Schmerzen in seinem Magen, die ihn quälten, seit er beschlossen hatte, nach Australien auszuwandern. Seit der Zeit, da die anderen, immer paarweise wie die Passagiere der Arche Noah, zu ihm gekommen waren und gefragt hatten, ob sie mitkommen könnten. Und sie waren mitgekommen, doch er machte sich Sorgen, fühlte sich verantwortlich. Er hatte versucht, die Last abzuschütteln. Hatte versucht, die Sorge zu verdrängen. Doch jedes Mal, wenn etwas schief ging, wie zum Beispiel die Verköstigung auf dem Schiff, die gelegentlichen beängstigenden Stürme, die Streitereien innerhalb der Gruppe, der Schock angesichts der Stadt Bundaberg, die nichts weiter als eine Siedlung war – in ihren Augen konnte sie nicht einmal als Dorf bezeichnet werden –, und angesichts des schauderhaften Landes, ihres gelobten Landes, das aus nichts außer verfilztem Urwald bestand, jedes Mal hatten seine Magenschmerzen sich verschlimmert, so sehr, dass er sich mit seiner üblichen Entschuldigung, seine Galle zu spüren, unter den Schmerzen krümmte.

Deswegen vermuteten alle, dass Rolf Kleinschmidt einen empfindlichen Magen hatte. Auch Rosie. Die liebe Rosie. Sie gab sich alle Mühe, ihm leichte Kost vorzusetzen, die er zwar verabscheute, aber ihr zuliebe dennoch verzehrte. Er brachte es nicht über sich, seiner Frau zu gestehen, dass seine Magenschmerzen von den Sorgen kamen, die ihn belasteten.

Was war er doch für ein Schwächling. Sein Vater würde sich schämen, wenn er wüsste, dass sein Ältester herumlief und sich Gedanken wegen seines nervösen Magens machte.

Schon merkwürdig, dass sein Vater Förster gewesen war, bevor Graf von Pressler das Schlagen weiterer Bäume verboten hatte. Jetzt profitierte Rolf von seinen Erfahrungen. »Ich muss schon sagen«, er nickte in einem seltenen Anflug von Selbstzufriedenheit, »meinem Vater hab ich's zu verdanken, dass ich ein genauso guter Holzfäller bin wie die Leute hier.« Doch dann hatte der Graf auch jegliche Landwirtschaft auf seinem Grund und Boden untersagt, denn er hatte beschlossen, dass sein Land in den Naturzustand zurückgeführt werden sollte. »In den Zustand jungfräulicher Schönheit, so wie der Herr es schuf«, hatte er betont.

Rolfs Vater hatte versucht, dem Verwalter des Grafen klar zu machen, dass die Aufgabe eines Försters nicht nur im Fällen von Bäumen bestand, sondern in der Pflege des Walds, doch er wollte nichts davon hören. Die Pächter wurden vertrieben. Selbst die kleine Bauerngemeinde, die im Schatten des großen Herrenhauses für den Bedarf der gräflichen Küche sorgte, wurde auf Grund einer Laune dieses idiotischen Träumers weggejagt.

Auf Drängen seiner Frau hatte Rolfs Vater sich nach Obrigheim zurückgezogen, in ihren Geburtsort, und viele ihrer

Verwandten folgten seinem Beispiel, doch diese plötzliche Zuwanderung belastete den Ort schwer, und fünfzehn Jahre später kam es zu einem neuerlichen Exodus: zur Auswanderung nach Australien.

Viele Leute hatten sie vor diesem kühnen Schritt gewarnt, und Menschen, die Bescheid wussten, hatten zur Vorsicht gemahnt angesichts dessen, was sie am Fuß ihres eingebildeten Regenbogens finden würden ... Furcht erregende Wilde, die in dunklen Urwäldern lauerten, wilde Tiere, die sie im Schlaf zerreißen würden ... sofern ihr Schiff sein Ziel überhaupt erreichte.

Rolf lächelte. Wer hätte gedacht, dass der dunkle Urwald, dem sie sich dann auf ihrem gemeinsamen Land tatsächlich gegenübersahen, keineswegs ein Ort der Angst war, sondern lediglich ein großes Ärgernis? Und zwar ein Ärgernis, das sie auf den Weg in dieses neue Leben, in ihr eigenes kleines Dorf getrieben hatte.

Rosie rief ihm zu: »Ein Reiter kommt die Straße entlang, Rolf. Schau nach, wer das ist. Was mag man um diese späte Stunde noch von uns wollen?«

Rolf griff nach der Laterne und ging dem Reiter entgegen. Es war einer von Les Jollys Männern, der eine Nachricht brachte.

»Les sagt, du und deine Brüder sollen morgen jenseits des Flusses anfangen, ein paar Stücke Land abzuholzen. Er sagt, da gibt es gute Esche, Tanne und Zeder. Ein paar hat er markiert, aber da sind noch jede Menge mehr. Ihr braucht bestimmt ein paar Wochen dazu.«

»Wie kommen wir dahin? Über den Fluss?«

»Ihr geht runter zum Anleger, von wo aus wir immer die Stämme flößen, und da liegt ein Boot für euch bereit. Wenn ihr wollt, könnt ihr über Nacht nach Hause gehen, aber Les sagt, es wäre einfacher, wenn ihr an eurer Arbeitsstelle ein Lager errichtet. Er sagt, der Kerl da draußen, dem das Land gehört, ist sowieso einer von euch.«

»Wer denn?«

»Meissner. Hat zwei Stücke Land dort. Erst mal mit gutem Holz bestanden, geht dann in die Ebene über und gehörte früher zur Clonmel Station. Alles klar, Rolf? Ich muss jetzt weiter.«

»Nein, Moment noch. Wo am Fluss liegt dieses Land?«

»Von unserem Anleger aus geradeaus weiter.«

»Und wie schaffen wir die Stämme zum Fluss?«

»Mach dir darüber keine Gedanken. Les hat noch einen Bullocky angestellt. Er wartet dort schon auf euch, also trödelt nicht rum.«

Rolf furchte die Stirn. Von seinen Leuten pflegte keiner herumzutrödeln, wie dieser Bursche es ausdrückte. Doch die örtlichen Gepflogenheiten verlangten, dass er dem Mann etwas anbot.

»Die Suppe steht auf dem Herd. Darf ich dir davon anbieten, bevor du weiterreitest?«

»Nein, danke, Kumpel, ich muss dafür sorgen, dass euer Boot an den richtigen Ort geschafft wird, und dann kann ich nach Hause gehen.«

»Die Meissners? Gleich am anderen Flussufer? Ja, du lieber Himmel!« Rosie war verwirrt. »Was tun sie denn da?«

»Bewirtschaften vermutlich eine Farm. Ich freue mich, sie wiederzusehen. Wenn du willst, kannst du auch mitkommen.«

»Ich würde schon gern. Hab ich richtig verstanden, dass der Herr gesagt hat, ihr könntet des Nachts nach Hause kommen?«

»Ja.«

»Nein, das werdet ihr nicht tun. Ihr bleibt da und erledigt die Arbeit, dann kommt ihr nach Hause. Ihr werdet nicht bei Nacht mit Ruderbooten den Fluss überqueren, wo es von Krokodilen und Haien wimmelt. Nichts da.«

»Wir bleiben aber länger als nur ein paar Tage.«

»Und wenn schon. Ich habe ja die Flinte. Uns kann hier nichts passieren. Ihr wart ja schon öfter weg.«

Rolf lächelte. »Gut, aber schieß bitte nicht auf Schatten. Ich sage Hans und Thomas morgen früh Bescheid.«

Jakob wollte seinen Augen nicht trauen, als er sah, wer die Holzfäller waren, und mit unverhohlenem Stolz führte er sie zu Frieda.

»Nun schau dir diese Burschen einmal an! Holzfäller! Und ihnen steht eine Menge Arbeit bevor. Einige von diesen alten Bäumen sind gewaltig, aber auf der anderen Seite des Flusses wird es wohl nicht anders sein.«

»Stimmt, Jakob. Herrliches Bauholz. Merkwürdige Vorstellung, dass wir Holz fällen, das nach Europa geschickt wird.«

Rolf verschwendete keine Zeit, sondern lieh sich Jakobs Pferd aus, um das Land zu inspizieren, während die anderen sich ein paar Minuten zum Plaudern gönnten, um das Neueste zu erfahren und ihrerseits von eigenen Erlebnissen zu berichten.

»Ihr habt eigene Häuser?«, fragte Frieda fasziniert.

»Nur drei«, erwiderte Hans. »Als Nächste sind wir an der Reihe. Thomas und ich. Zuerst müssen wir eigene Häuser haben, dann können wir auf Brautschau gehen.«

»Lieber Himmel! Ich freue mich so, dass es euch allen so gut geht.«

»Euch aber auch«, sagte Thomas. »So viel Land! Eines Tages besitzt ihr eine riesige Farm. Aber ihr braucht ein größeres Haus. Küche und alles in einem einzigen Raum, das ist schwer für Frauen, Jakob.«

Dieser Einwand war Hans peinlich. »Hört nicht auf ihn. Er wollte nicht unhöflich sein. Ständig gibt er solche Dummheiten von sich.«

»Ich bin nicht unhöflich. Jakob verfügt hier über genug Bauholz, um eine ganze Stadt zu errichten. Wir sollten ihm einen unserer Sonntage schenken. Wir sind weiß Gott genug, und außerdem sind auch noch Theo und der Bullocky hier.«

»Was meinst du mit einem eurer Sonntage?«, wollte Jakob wissen.

Thomas lächelte Frieda an, breit und schelmisch. »An unseren besonderen Sonntagen bauen wir Blockhäuser. Hätten Sie gern eines, Frau Meissner?«
Frieda blickte um sich. »Uns fehlt es hier an nichts, Thomas. Wirklich.«
Er nickte. »Sicher. Aber wir sollten doch mal mit Rolf reden, wenn er zurückkommt. Er ist der Boss.«

Von Les Jolly hatte Rolf eine ganze Menge über die Pachtverträge erfahren, ebenso von den Vermessern, die von Bundaberg ausgehend in alle Himmelsrichtungen vorstießen. Diese Männer arbeiteten schwer, hackten sich bei jedem Wetter durch unwegsames Gelände und vermaßen das Land für die Siedler. Dieses Vorgehen faszinierte Rolf. Er hätte sich nie träumen lassen, dass er einmal bezeugen würde, wie jungfräuliches Dickicht sich in zivilisiertes Farmland verwandelte. Zu Hause waren die Bauernhöfe, die Dörfer eine Selbstverständlichkeit, als wären sie schon immer da gewesen, doch hier beobachtete er, wie Geschichte gemacht wurde.
Bei ihrer Arbeit achteten die Vermesser nicht auf die Zeit. Sie errichteten Lager mit Klapptischen an Stelle von Schreibtischen in ihren Zelten, und arbeiteten und notierten über eine zuvor festgesetzte Zeitspanne hinweg. Das hing gewiss mit ihrem Proviant zusammen, dachte Rolf. Aber wie auch immer, der sonntag war für sie ein Arbeitstag wie alle anderen, und so stand er Sonntags oft zeitig auf und durchstreifte die Gegend auf der Suche nach ihnen, um seine Arbeitskraft anzubieten. Sie wurde dankbar angenommen. Er wurde zum Experten als Träger der Messkette und schleppte die Kette mit ihren zweiundzwanzig Gliedern jeweils einen Yard weiter. Er lachte, als es ihm schließlich aufging, dass die Kette selbst eine Maßeinheit war. Eine Kette, ein Grundmaß. So einfach, dass es ihm zuerst rätselhaft erschienen war.
Doch inzwischen kannte er alle Maße, und wie die Vermesser konnte er sich einen Morgen, ja sogar eine Quadratmeile

vorstellen. Und wie Les Jolly konnte er nach einem Blick in den Wald die Anzahl der Bäume pro Morgen ziemlich genau schätzen, je nach dem durchschnittlichen Abstand zwischen den einzelnen Stämmen. Bei einem Abstand von sechs Fuß fanden sich zwölfhundert pro Morgen, und abhängig davon fiel die Schätzung höher oder niedriger aus.

Rosie war nicht einverstanden mit seiner Sonntagsarbeit und zwang ihn, den Lohn für die zusätzliche Arbeit zur Seite zu legen, bis sie beschlossen hatten, was damit geschehen sollte. Die Antwort auf ihre Überlegungen kam in einem Brief von Pastor Beitz. Das Sonntagsgeld sollte ihr Zehnter sein. Rosie, eine gute, gottesfürchtige Frau, weigerte sich, die Ironie in dieser Entscheidung zu erkennen, und Rolf unterließ es, sie damit aufzuziehen.

Dank seiner Erfahrung als Landvermesser erkannte Rolf bald die in den Boden getriebenen Holzpflöcke mit den Markierungen der Vermesser, die in Bäume geritzten Zeichen, die auf leicht sichtbare Hügel verwiesen, sowie die kürzlich verlassenen Lager der Vermesser. Problemlos fand er die Grenzen von Jakobs Land, die, wie er hoffte, sich weit genug vom Fluss entfernt befanden, um oberhalb der Hochwassergrenze zu liegen. Er fand sogar, voller Freude über die Entdeckung dieses neuen Geschicks, das persönliche Zeichen eines seiner Vermesserfreunde, George Stilwell. Zum Spaß hinterließen die Vermesser oft eigene Zeichen, und Georges Zeichen war ein schlichter, nach oben offener Bogen, ein Lächeln, in einen Baum geritzt oder öfter noch in einen Stein, damit es nicht so einfach entfernt werden konnte. Dieses hier lächelte Rolf von einem Felsvorsprung nahe der Grenze von Jakobs Land aus zu, das, wie er gehört hatte, von der Clonmel Station wieder eingezogen worden war. Und er hätte wetten mögen, dass der Squatter nicht sonderlich glücklich darüber war. Diese Gegend bot gutes Weideland, weite Ebenen, gut geeignet für die Landwirtschaft, aber ziemlich nutzlos für Holzfäller. Rolf kehrte um. Er hatte genug gesehen. Der östliche Teil von Jakobs Land versprach ein ordentliches Quantum an gutem Bauholz und mehrere Wochen Arbeit.

Jemand rief, aber aus welcher Richtung? Er schaute sich um, blickte sogar in die Baumwipfel, für den Fall, dass er einen Vogelschrei für eine menschliche Stimme gehalten hatte. Er lenkte das Pferd durch den Baumbestand am Flussufer, entdeckte jedoch niemanden und wandte sich wieder um. Vor ihm erhob sich ein großer Hügel, der zu Pferde nicht zu bewältigen war, und so band er Dandy an einem Baum fest und stieg zu Fuß hinauf. Er hatte fast die Kuppe der grünen Erhebung erreicht, als er einen Mann im Wasser sah.

Rolf war fast wie gelähmt vor Schreck. Der Mann hatte ihn entdeckt und schrie um Hilfe. Er klammerte sich an einem Ast fest, der mitten im Fluss steckte.

»Hilfe!«, schrie der Mann wieder. »Ich kann nicht schwimmen!«

Rolf fragte sich, wie er in den Fluss geraten sein mochte. Er hielt nach einem Boot Ausschau, das vielleicht abgetrieben worden sein mochte, entdeckte aber keines. Er musste diesem Burschen helfen, aber wie? Der Fluss war breit und sehr tief. Es schien gefährlich, darin zu schwimmen. Vielleicht konnte er den Mann mit dem Pferd erreichen.

Er rannte hinunter, sprang auf Dandys Rücken und dirigierte ihn geradewegs ins Wasser, in der Hoffnung, dem seichten Ufer folgen zu können, um sich auf diese Weise dem Ertrinkenden zu nähern. Doch Dandy ließ sich nicht darauf ein. Er trat und buckelte und sträubte sich, ins Wasser zu gehen, ganz gleich, wie heftig Rolf ihn schlug und trat. Rolf konnte es dem Pferd im Grunde nicht verübeln. Er fürchtete, dass das Tier Krokodile oder deren Unterschlüpfe witterte … oder gar seine eigene Angst. Auch er fürchtete die Kreaturen, die in diesen Gewässern lebten.

Aber er konnte den Kerl da draußen nicht hängen lassen. Er musste das Pferd zum Schwimmen zwingen oder selbst hinausschwimmen und den Mann ans Ufer holen. Den Nichtschwimmer. Der ihm zuschrie, sich doch gefälligst zu beeilen, weil irgendetwas zu brechen begann. Der ihn beschimpfte! Verfluchte!

Rolf zerrte den Sattel vom Pferderücken, zog seine derben Moleskin-Hosen aus, stieg wieder aufs Pferd und gab ihm einen gewaltigen Hieb mit der Gürtelschnalle. Dandy schoss vorwärts ins tiefe Wasser hinein. Das Pferd kämpfte verzweifelt gegen die Strömung und wusste inzwischen offenbar genau, was es zu tun hatte, als Rolf es in einem Bogen an dem Mann vorüberführte, nahe genug, dass er ihn fassen konnte.

Dann befanden sie sich auf dem Rückweg, beide Männer auf dem Pferd, das sich von dem zusätzlichen Gewicht nicht beeinträchtigen ließ, sondern mit neuer Energie kraftvoll dem Ufer entgegenstrebte.

Kaum hatten sie das seichte Wasser erreicht, warf Dandy die Männer ab und stürmte die Böschung hinauf, froh, sie los zu sein. Zitternd blieb er dann im Schutz einer Baumgruppe stehen.

»Du hast dir ja verdammt viel Zeit gelassen«, sagte der Fremde zu Rolf und folgte dem Pferd die Böschung hinauf. »Ich hätte ertrinken können.«

»Was wolltest du dort überhaupt?«, fragte Rolf, ohne auf die undankbaren Bemerkungen einzugehen.

»Ich wollte ein Stück weiter oben mit dem Ruderboot den Fluss überqueren, bin gegen etwas im Wasser gestoßen und gekentert. Hab das Boot nicht zu fassen gekriegt, wurde bis hierher abgetrieben, hab den halben verdammten Fluss ausgesoffen und hing dann schließlich an diesem verdammten Ast fest. Bist du Deutscher?«

»Ja.«

»Der Kerl, der das Land hier gepachtet hat?«

»Nein. Ich bin hier wegen des Bauholzes.«

»Ach was, zum Teufel. Das Bauholz gehört uns.«

»Wer ist ›uns‹, wenn ich fragen darf?«

»Meine Familie. Die Dixons. Uns gehört Clonmel Station. Das hier ist ein Teil unserer Farm. Oder war, bis die Regierung anfing, diese verdammten Bettler reinzulassen. Wie heißt du?«

»Rolf Kleinschmidt.«

»Dann hör mal gut zu, Rolf. Den Rat bin ich dir schuldig. Vergiss das Bauholz hier, und geh nach Hause. Wenn du das Holz auch nur anrührst, handelst du dir 'ne Menge Ärger ein.«

»Mit welchem Recht sagst du so was?«

»Ich bin Keith Dixon. Mein alter Herr ist der Boss hier in der Gegend. J. B. Dixon. Sein Vater hat dieses Gebiet erschlossen, und er hat nicht viel übrig für freche Bauern, die auf den Schafweiden herumstolpern.«

Als Rolf seine Hosen und den Sattel holte, jammerte Dixon über den Verlust seiner Stiefel. »Bin fast ertrunken bei dem Versuch, sie auszuziehen«, sagte er, »und gleichzeitig über Wasser zu bleiben. Waren verdammt gute Stiefel. Sag mal, könntest du mir noch einen Gefallen tun?«

»Was denn?«

»Leih mir dein Pferd. Bis nach Hause müsste ich fast zehn Meilen laufen, und du hast hier am Fluss entlang doch einen kurzen Rückweg.«

Rolf hatte genug von diesem Kerl und seinem unverschämten Benehmen. »Tut mir Leid. Das kann ich nicht tun. Das Pferd gehört nicht mir. Und ich habe es mit meinem Gürtel an der Hinterhand verletzt.«

»Das habe ich wohl gesehen. Verdammt dumme Geschichte. Hör zu, ich kauf's dir ab. Ich geb dir einen Schuldschein.«

»Wie ich schon sagte, das Pferd gehört nicht mir.«

Dixon stand auf, zog sein Hemd aus und schlug es im warmen Sonnenschein aus, um es ein wenig zu trocknen. »Na denn, es ist sinnlos, hier rumzustehen und zu tropfen wie eine verdammte Wäscheleine, wenn du mir dein Pferd nicht gibst.«

Damit drehte er sich um und ging. Rolf ließ ihn gleichmütig ziehen. Dixon, dem Aussehen nach etwa im gleichen Alter wie Rolf, war ein gut gebauter, muskulöser, von der Sonne

braun gebrannter Bursche. Der Busch war ihm augenscheinlich vertraut. Rolf schätzte, dass der Zehn-Meilen-Marsch nach Hause für diesen Kerl kein großes Problem darstellte, sonst hätte er mit größerem Nachdruck darauf bestanden, dass er ein Pferd benötigte. Rolf hatte den Eindruck, dass in Dixons Augen die Frage nach dem Pferd einen Versuch wert gewesen war, mehr nicht.
Doch er musste jetzt zurück zu Jakob und ihm erklären, warum Dandy verletzt war.
»Du solltest schwimmen lernen!«, rief er Dixon nach, der einfach weiterstapfte, ohne sich umzudrehen.

Pferd und Reiter boten einen erbarmungswürdigen Anblick, als sie die Koppel vor dem Haus erreichten, und Frieda riss die Augen auf.
»Was ist mit Dandy geschehen?«, fragte sie ärgerlich. »Er ist voller Schlamm, und sieh nur, er ist verletzt!«
»Das kann ich erklären, Frau Meissner. Wenn Sie mir einen Eimer geben, werde ich ihn säubern.«
»Nein. Das mach ich selbst. Geh du zu Jakob.«
Nachdem er seine Erklärung abgegeben hatte, brachte Rolf das Problem des Holzfällens zur Sprache.
»Dieser Kerl, dieser Dixon, sagt, du hättest kein Recht auf das Bauholz hier. Er sagt, es gehört ihnen.«
Jakob schüttelte den Kopf. »Ausgeschlossen. Dieses Land ist von der Regierung wieder eingezogen worden, ausdrücklich für landwirtschaftliche Zwecke, und sie haben es an Landsuchende verpachtet. In meinem Vertrag steht nichts davon, dass mir das Bauholz auf meinem Land nicht gehört.«
»Wie denn auch?«, sagte Rolf. »Ich gebe ja nur weiter, was Dixon behauptet hat. Außerdem kennt Les Jolly sich aus, er würde nicht zulassen, dass wir unbefugterweise hier eindringen.«
Davey, der Bullocky, stand dabei und zog an seiner alten Bruyèrepfeife. »Ich wäre mir da an eurer Stelle nicht so si-

cher. Diese Dixons halten sich nicht unbedingt an die Regeln. Sie haben sich auch das Bauholz von Mike Quinlans Besitz geholt.«

»Wer ist Mike Quinlan?«, fragten sie ihn.

»Ein Ire. Er hat südlich von hier ein Stück Land, neben eurem, glaube ich. Auch ein Zipfel von Clonmel Station. Hat es ganz legal gepachtet. Mit Vertrag und allem Drum und Dran. Und trotzdem haben sie ihm sein Bauholz genommen.«

»Wie denn?«

»Sie haben ihre Leute zum Fällen geschickt, als Mike nicht da war. Er ist Milchbauer. War in Maryborough, um eine Herde Milchvieh zu kaufen und zu seinem Land zu treiben. Als er zurückkam, war schon alles vorbei, versteht ihr. Sie hatten sich die besten Stücke aus seinem Holzbestand ausgesucht.«

»Und er konnte nichts dagegen unternehmen?«

»Oh doch, das konnte er. Der ist ein ganz Wilder, dieser Mike Quinlan. Ist rüber zur Clonmel Station geritten und hat einen von Dixons preisgekrönten Merinohammeln erschossen. Jetzt sitzt er freilich im Gefängnis. Man rennt nicht rum und erschießt Merinos. Die sind wie kleine Götter hier.«

Rolf blickte Jakob an. Offenbar wusste keiner von ihnen so recht, was er von dieser Geschichte halten sollte.

»Schätze, das Beste wäre, wenn ihr euer Holz so schnell wie möglich wegschafft. Bevor der alte Dixon Ärger machen kann. Theo und ich, wir helfen euch. Deine Jungs sind ja schon längst an Ort und Stelle, Rolf.«

Als Frieda zurückkam, bedankte sie sich bei Davey dafür, dass sie seine Töpfe benutzen durfte. »Ich glaube, ein paar von meinen Kürbissen sind jetzt bald reif und die Rüben auch, und dann brauche ich größere Töpfe.«

»Kein Problem, Missus. Ich hab da draußen einen Lagerofen. Wenn Sie mögen, mache ich Ihnen später ein bisschen Damper.«

»Was ist ein Lagerofen, Davey?«

»Ah … ich werd's Ihnen zeigen. Das ist ein kleiner viereckiger Ofen, den man ins Lagerfeuer stellt, weiter nichts.«
»Und darin kann man backen?«
»Klar.«
Das erschien Frieda himmlisch. Wieder backen zu können, statt nur von Gekochtem oder Gebratenem leben zu müssen. Das musste sie sich unbedingt ansehen. So ein Ofen wäre sicher bedeutend billiger als ein richtiger Küchenherd.
Als sie zum Frachtwagen hinübergingen, wirbelte ein Windstoß den Staub auf, und Frieda wedelte gedankenverloren mit ihrer Schürze. »Es ist so trocken«, sagte sie. »Wann können wir mit Regen rechnen?«
»Nichts in Sicht«, antwortete Davey. »Im Winter haben wir nie viel Regen. Aber ich schätze, dieses Jahr ist es noch schlimmer als sonst. Das verdammte Land ist pulvertrocken, und ich muss mein Gespann noch härter treiben, damit wir in der Reichweite von Wasserstellen bleiben.«
Der Lagerofen war ein verwitterter alter schwarzer Kasten, und Frieda hielt sich mit ihrem Urteil zurück. Sie wollte ja sehen, wie er funktioniert.

Eine Woche später kamen Keith Dixon und zwei seiner Leute zu Besuch. Frieda bot ihnen Kaffee an, wie sie es mit jedem Besucher hielt, und ließ sich nicht anmerken, dass ihre Ankunft sie in Sorge versetzte. Die beiden Männer nahmen an, Keith jedoch nicht. Er wollte mit Jakob reden und machte sich auf die Suche nach ihm.
Frieda setzte den Viehtreibern kalten Pudding vor. Sie war überzeugt, dass er ihnen schmecken würde, und blieb bei ihnen, um sich mit ihnen zu unterhalten. So wollte sie erfahren, was Dixon junior im Schilde führte. Sie sprachen jedoch nur übers Wetter und über die Probleme mit dem ausgedörrten Weideland. Dann fiel ihr ein, dass Lukas und Hanni Fechner ja auf der Clonmel Station arbeiteten.
»Kennt ihr Lukas Fechner?«, fragte sie.
»Ja«, antwortete der Ältere. »Ein feiner Kerl. Arbeitet hart.

Er hat eine Weile gebraucht, bis er sich zurechtfand. Einmal hat er sich im Busch verirrt, und wir haben die halbe Nacht hindurch nach ihm gesucht, bis sein Pferd ihn dann irgendwann nach Hause gebracht hat. Aber inzwischen leistet er wirklich gute Arbeit, möchte ich sagen.«

»Er und Hanni sind mit demselben Schiff gekommen wie wir«, erklärte sie. »Wir sind als Gruppe ausgewandert.«

»Ja, so sind meine Leute auch aus Schottland hergekommen, eine ganze Truppe. Sie haben sich fein rausgemacht. Habt ihr euch schon ein bisschen eingelebt?«

»Oh ja, danke. Freut mich zu hören, dass Lukas Freude an seiner Arbeit hat. Und wie geht es Hanni?«

Sie bemerkte, wie der Mann die Stirn furchte und mit einer ärgerlichen Kopfbewegung auf seinen Freund wies, bevor die Höflichkeit ihn zu einer Antwort zwang. »Soviel ich weiß, kommt sie prima zurecht.«

»Schön«, sagte Frieda vage, durchaus in der Ahnung, dass etwas nicht stimmte, aber sie fragte nicht weiter nach. Stattdessen schaute sie zum Wald zwischen dem Haus und dem Fluss hinüber, wo die Holzfäller ihre Arbeit aufgenommen hatten.

»Dieser Mr Dixon, ist er der einzige Sohn?«

»Nein. Der älteste Sohn ist bei einem Sturz vom Pferd ums Leben gekommen, der mittlere ist mit seiner Frau in Übersee, reist in der Weltgeschichte umher.«

»Wie schön für die beiden. Und dieser junge Mann, Keith, ist seinem Papa doch bestimmt eine große Hilfe.«

»Ja. Aber der alte J. B. ist immer noch der Boss. Der lässt sich von keinem in seine Geschäfte reinreden.«

»Und Mr Keith, stattet er uns nur einen gutnachbarlichen Besuch ab, oder hat er mit meinem Mann Geschäftliches zu besprechen?«

Sie blickten sich voller Unbehagen um. Der jüngere Viehtreiber schob sich den Hut in den Nacken, kratzte sich am Hinterkopf und sagte: »Sowohl als auch, glaube ich. Sie haben da einen netten Garten, Missus. Schätze, das Gemüse kommt gut in diesem Boden.«

»Wenn wir nur ein bisschen mehr Regen hätten«, sagte Frieda matt.
»Ja. Irgendwas fehlt immer«, erwiderte der Mann und reichte ihr seinen Teller. »Der Pudding war wirklich gut, Missus. Vielen Dank.«

Rolf und Thomas standen hoch oben auf einem schmalen Felsvorsprung, zur Sicherung Seile um die Taillen geschlungen, und fingen an, in den Stamm einer mächtigen Zeder zu hacken. In diesen Wäldern gab es so viele riesige Bäume, dass die eindrucksvolle Landschaft ihnen Ehrfurcht abgefordert hatte, und bald schon lernten sie, jedem einzelnen majestätischen Baum mit Respekt zu begegnen. Die Achtung vor der Erhabenheit des Baumes rettet Leben und Bauholz, hatte man ihnen gesagt, und sie erfuhren, dass es ein kluger Rat war, als nun die Äxte flogen und die großen Bäume sich mit einem Krachen umlegten.
Thomas war es, der ihn zuerst sah. »Da kommt ein Reiter durch den Wald. Wer mag das sein?«
Rolf blickte nach unten. »Das ist Keith Dixon von der Clonmel Station. Der, den ich aus dem Wasser gezogen habe.«
»Dann kommt er wahrscheinlich, um dir offiziell seinen Dank abzustatten. Vielleicht bekommst du sogar eine Belohnung.«
»Von dem doch nicht. Ich möchte vielmehr wetten, er hat's auf das Holz abgesehen. Mach weiter. Jakob soll sich mit ihm befassen.«
Jakob, der mit Theo zusammen das Unterholz um einen gefällten Baum herum wegräumte, ging dem Fremden zur Begrüßung entgegen.
»Jakob Meissner«, stellte er sich vor. »Was kann ich für Sie tun, Sir?«
Der Reiter stieg vom Pferd, einem schönen Vollblut, und nickte, ohne Jakob die Hand zu reichen.
»Ich bin Keith Dixon. Ihr Nachbar. Von der Clonmel Station. Pfeifen Sie lieber diese Holzfäller zurück; das Bauholz

da gehört meinem Vater. Es sei denn«, grinste er, »sie fällen es für ihn. In diesem Fall wäre er Ihnen freilich ausgesprochen dankbar.«
Jakob schüttelte den Kopf. »Mr Dixon. Sie befinden sich im Irrtum. Dieses Land gehört mir, ich habe einen hieb- und stichfesten Pachtvertrag. Ihr Vater hat keinen Anspruch auf das Holz. Würden Sie ihm das bitte mitteilen?«
Doch Dixon schritt an ihm vorbei und blickte sich um. »Ist das Rolf da oben?«
»Ja. Rolf und sein Bruder Thomas.«
Jakob beobachtete die beiden ebenfalls.
Es war faszinierend, diesen Axtschwingern bei der Arbeit zuzusehen. Die beiden Kleinschmidts waren mittlerweile Profis, und selbst Dixon war beeindruckt.
»Die sind gut, nicht wahr? Aber Sie sollten sie besser runterholen. Sie verschwenden nur ihre Zeit.«
»Wir lassen sie besser ihre Arbeit tun«, sagte Jakob leise. »Kann ich sonst noch etwas für Sie tun, Mr Dixon?«
»Ja. Sie sollten das hier lesen. Ich hatte mir schon gedacht, dass Sie nicht auf mich hören würden, und deshalb haben wir die Sache schriftlich für Sie niedergelegt, damit zwischen uns alles klar ist und Sie Platz machen für unsere Holzfäller. Sie kommen vermutlich schon innerhalb der nächsten Tage.«
Jakob nahm den Brief, den Dixon ihm reichte, machte sich jedoch nicht die Mühe, ihn zu lesen. »Falls Ihre Leute auf mein Land kommen und mir Ärger machen, Mr Dixon, betrachte ich das als widerrechtliches Eindringen.«
»Wie Sie wollen.« Dixon hob die Schultern. »Aber wir betrachten es nicht als widerrechtliches Eindringen, wenn wir uns unser Bauholz holen.«
Er ging zurück zu seinem Pferd. »Wir sehen uns wieder. Bald.«
Erst als Dixon außer Sichtweite war, gab Jakob seiner Neugierde nach und öffnete den Umschlag. Der Brief umfasste drei Seiten, und Jakob fand die Schrift auf Grund der fremdartigen Schreibweise der Buchstaben schwer zu lesen.

Er setzte sich auf einen Baumstumpf. Der erste Brief, von J. B. Dixon verfasst, behauptete sein gesetzlich verbrieftes Recht auf das Bauholz und gab bekannt, dass in Kürze Holzfäller im Dienst der Clonmel Station die beiden von Jakob Meissner gepachteten Grundstücke betreten würden. Darauf gab Jakob nicht viel; er wusste, dass das Holz ihm rechtmäßig zustand. Doch die zweite und die dritte Seite machten ihm Sorgen. Sie waren von Philps und Söhne, Anwälte und Rechtsberater, verfasst:

> JURISTISCHE STELLUNGNAHME
> *zur Frage des Eigentums an Bauholz auf dem von J. B. Dixon bewirtschafteten Land von Clonmel Station, späterhin von der Regierung zur Verpachtung an Landwirte eingezogen:*
> *Hiermit steht fest, dass oben genanntes Bauholz sich auf von der Regierung eingezogenem und nicht in gegenseitigem Einvernehmen, wie bei einem normalen Landverkauf üblich, verpachtetem Land befindet. Gemäß des Land and Mining Act von 1864 verbleiben auf solchem Land gefundene Mineralien im Besitz des Finders, insofern besagter Finder Anspruch auf besagte Mineralien geltend macht und sein Anspruch dadurch Vorrang hat. In gleicher Weise steht fest, dass, wenngleich besagter Besitz von der Regierung eingezogen wurde und der Finder von nutzbarem Bauholz auf besagtem Besitz Anspruch auf Eigentum geltend gemacht hat – und zwar als Erster –, das Recht auf Abholzung dem Anspruchерhebenden, in diesem Fall J. B. Dixon von der Clonmel Station, zusteht.*
> *Wir weisen darauf hin, dass das illegale Abholzen von nutzbarem Bauholz auf den im Anhang bezeichneten zwei Grundstücken juristische Maßnahmen nach sich zieht.*

Unterzeichnet war das Schreiben mit Datum selbigen Tags und so weiter von einem gewissen Jefferson Philps.

Jakob bekam weiche Knie. Er war abhängig vom Verkauf des Bauholzes. Sie hatten immer noch kein anderes Einkommen, abgesehen von den geringen Summen, die der Verkauf von Gemüse einbringen würde, das sie nun aber benötigten, um die zusätzlichen Arbeiter zu verköstigen. Auf der Suche nach einem Schuldigen für seine Zwangslage richtete sich seine Wut auf den Bankdirektor Rawlins. Warum hatte der ihm nicht gesagt, dass all dieses prachtvolle Holz nicht Bestandteil des Vertrags war? Hatten sie überhaupt über das Holz gesprochen? Er wusste es nicht mehr. War er wie selbstverständlich davon ausgegangen, dass das Holz ihm gehörte? Wie hatte er so dumm sein können? Wenn er das gewusst hätte, würde er sich nie auf Verträge für zwei Grundstücke eingelassen haben, angesichts der zusätzlichen Ausgaben, die das zweite Pachtland mit sich brachte. Düster gestimmt stapfte er zurück zum Haus, um die Holzfäller nicht zur Einstellung ihrer Arbeit auffordern zu müssen.

Frieda las die Papiere, die er ihr reichte, und war schockiert.

»Das kann nicht wahr sein. Unmöglich.«

»Da steht es aber geschrieben, schwarz auf weiß. Das Holz gehört uns nicht. Uns stehen magere Zeiten bevor, meine Liebe.«

»Dann wirst du dir noch mehr Geld von der Bank leihen müssen.«

»Niemals! Auf dem Weg hierher musste ich daran denken, was der alte Onkel Hans-Joachim vor unserer Abreise gesagt hat: ›Verlier nicht den Kopf, Jakob. Du wirst in einem fremden Land leben, unter lauter Fremden. Da wird es nicht einfach sein, die Schafe von den Wölfen zu unterscheiden.‹ Und jetzt frage ich mich, ob Rawlins womöglich mit Dixon unter einer Decke steckt. Er hat mich überredet, nicht nur ein, sondern zwei Stücke Land zu pachten, ohne auch nur ein Wort über das Bauholz zu verlieren. Wahrscheinlich wusste er von Anfang an, dass es uns nicht gehört. Es liegt mir nicht, den Leuten mit Misstrauen zu begegnen, aber Pastor Beitz wurde hereingelegt und, wie es jetzt aussieht, wir ebenfalls.«

Davey half Frieda, mit Hilfe des Lagerofens Abendbrot für sieben hungrige Männer zu bereiten, und das Mahl wurde als großer Erfolg gefeiert, wenngleich an Stelle von Geselligkeit Niedergeschlagenheit herrschte. Voller Verzweiflung äußerte Jakob seinen Verdacht, übers Ohr gehauen worden zu sein. »Wir alle. Wir sind die dummen Deutschen. Die idealen Opfer für Betrüger.«

»Ja. Sie halten uns für Esel«, bestätigte Hans. »Und jetzt haben sie dich auch noch gekriegt, Jakob. Vielleicht sollten wir morgen lieber unsere Sachen packen und nach Hause zurückkehren. Du auch, Davey. Es hat keinen Sinn, hier herumzulungern, wenn es kein Holz zu fällen gibt. Und nach dem Schrieb von Dixons Anwalt zu urteilen, sieht es ganz danach aus.«

Davey sah Frieda an. »Stört es Sie, wenn ich hier drin meine Pfeife rauche, Missus?«

»Nein. Jakob will sicher auch rauchen, wenn der Kaffee fertig ist«, sagte sie und dachte sorgenvoll daran, dass der Kaffee bereits zur Neige ging, der sehr viel teurer war als der Tee, den die Einheimischen bevorzugten. »Zünd dir deine Pfeife an«, ermunterte Jakob ihn, und Davey drückte sich hinter den Rücken der Männer herum, um ans Feuer zu gelangen. Mit einem Holzspan setzte er den Tabak in Brand und gesellte sich dann wieder zu den anderen.

»Ich weiß nicht, ob es einem von euch schon aufgefallen ist, aber ich falle hier aus dem Rahmen. Ich bin kein Deutscher, aber ihr redet, als wäre ich einer oder als wäre ich gar nicht da.«

Sie entschuldigten sich eiligst, doch davon wollte Davey nichts hören.

»Macht euch wegen mir keine Gedanken. Ich kann schon auf mich selbst aufpassen. Aber ihr alle, euch nützt das Jammern nichts. Da draußen steht an jeder Ecke einer, der euch beklauen will, ganz gleich, wer ihr seid. Hier gibt's jede Menge Klugscheißer. Aber lasst euch eines sagen. Die hauen euch nicht übers Ohr, weil ihr Deutsche, Dänen oder sonst was seid, sie versuchen es aus dem einfachen Grund, weil sie euch für Dummköpfe halten.«

Frieda servierte ihnen Kaffee und achtete nicht auf Karls Grimasse, als er das wässrige Gebräu trank, das sie aus den letzten Krümeln Kaffee aufgegossen hatte. Als man ihr die Teller reichte, starrten die Männer mürrisch auf den Tisch oder ins Feuer. Das Nachglühen der heißen Kohlen tat wohl an diesem kühlen Juliabend. Nach dem Essen, nach dem harten Tag fühlten sie sich, in diesem kleinen Häuschen zusammengedrängt, sicher und geborgen, doch sie alle wussten, dass vor Jakobs Tür die Wölfe heulten. Er steckte in Schwierigkeiten. Wie nur sollten sie helfen? Die Kleinschmidt-Männer waren nur Holzfäller; was konnten sie schon tun?

Aber der schlaue alte Bullocky hatte noch nicht ausgeredet.

»Jetzt hört mal zu«, sagte er plötzlich. »Ich finde, du solltest dir einen Rechtsbeistand suchen, Jakob. Der soll sich das anschauen, was Dixon dir da unter die Nase reibt. Da musst du schon einen Schritt weiter gehen.«

»Und?«

»Nun, Dixon hat sich einen Anwalt genommen. Du nimmst dir einen besseren. Ist doch einen Versuch wert, oder?«

Wieder breitete sich Schweigen aus. Alle warteten auf Jakobs Antwort. Schließlich erhob er sich.

»Ich muss Les Jolly suchen. Hören, was er dazu sagt. Aber was den Anwalt betrifft, Davey, den kann ich mir unmöglich leisten.«

Rolf stimmte ihm zu. Er war davon überzeugt, dass Les Jolly eine Antwort wüsste. »Ich komme morgen früh im Boot über den Fluss zurück. Inzwischen geht die Arbeit weiter. Wir sollten zumindest eine neue Ladung für Davey zusammenbekommen.«

Rolf durchstreifte den ganzen Tag lang die Wälder, bis er Les schließlich im Holzfällerlager Nummer vier fand. Les war nicht eben erfreut, ihn zu sehen, weil er ahnte, dass Rolf schlechte Nachrichten brachte, doch als er von Dixons Behauptung erfuhr, explodierte er. »Verdammter Mist! Das kann er nicht tun. Du vergeudest deine Zeit, Rolf, wenn du diesen Unsinn glaubst. Geh wieder an die Arbeit.«

»Das haben wir uns zuerst auch gesagt«, erklärte Rolf. »Aber der junge Dixon hat Jakob diese Dokumente gegeben. Danach zu urteilen ist Dixon im Recht.«

Les überflog die Papiere, las sie noch einmal und legte die Stirn in Falten.

»Ich weiß nicht recht«, sagte er schließlich. »Dieser Anwalt sagt, das Holz gehört Dixon, und er müsste es eigentlich wissen. Aber so etwas habe ich noch nie gehört. Allerdings, wenn ich's mir recht überlege, hat Dixon sich auch das Holz von Quinlans Land geholt, und keiner hat ihn daran gehindert. Andererseits war Quinlan nicht da, und wer hätte sich ihm in den Weg stellen sollen? Höchstens die Polizei, und Clem Colley hat nicht den Mumm, sich mit Dixon anzulegen.«

Er gab Rolf die Papiere.

»Ich schätze, ihr zieht euch besser zurück. Hier gibt's ja auch reichlich Holz. Ja, hol die Jungs zurück.«

»Und was wird aus Jakob? Er braucht das Geld. Er kann doch nicht tatenlos zusehen, wie Dixons Männer bei ihm einfallen und ihm das Holz einfach so wegschlagen.«

»Ihm bleibt wohl nichts anderes übrig.«

»Es sei denn, er nimmt sich einen Anwalt.«

»Der nächste wohnt in Maryborough, genau wie dieser Philps. Ich würde ihm gern helfen, Rolf, aber ich kann mir die Schwierigkeiten nicht leisten, die eine Besitzfeststellungsklage mir einbringen würde. Wahrscheinlich müsste ich Strafe zahlen und das geschlagene Holz obendrein noch herausgeben. Das bringt nichts. Hol die Jungs zurück und setz sie auf dem westlichen Teil der Jupiter-Plantage ein. Der Besitzer will dort Land roden lassen, um mehr Zucker pflanzen zu können. Er ringelt jetzt schon jeden Baum, der ihm in die Quere kommt.«

Es war still im Haus. Das Ochsengespann war, mit ein paar riesigen Stämmen beladen, nach Bundaberg aufgebrochen. Rolf und seine Brüder waren fort, und Jakob arbeitete wieder mit Karl zusammen, entfernte die kleineren Bäume und das Unterholz, um schon mal einige Bodenflächen bewirtschaften zu können.

Doch sie wussten beide, dass es an der Zeit war, Holzfäller einzusetzen, falls ihre Vision von Feldern voller Mais und Kartoffeln und Gemüse jemals Gestalt annehmen sollte. Eine richtige Farm mit Vieh zu besitzen … das war ein Traum, der sich zunehmend verflüchtigte.

»Lass mich doch nach Clonmel reiten und Dixon sagen, er solle endlich anfangen. Sich das verdammte Holz holen, und fertig. Dann könnten wir wenigstens anfangen zu pflügen«, sagte Karl.

»Nein!«, antwortete Jakob wild. »Nein! Das ist Unrecht. Ich lasse nicht zu, dass er mir mein Holz nimmt.«

»Wie willst du ihn daran hindern?«

»Ich weiß es nicht, aber ich werde es erfahren. Ich reite jetzt gleich nach Bundaberg. Auf der Stelle. Ich kann so nicht weitermachen.«

Der Entschluss war gefasst, und Jakob stürmte zum Haus, um Frieda von seinen Absichten in Kenntnis zu setzen.

»Du hast Recht«, sagte sie. »Irgendwer muss uns doch helfen können. Vielleicht sogar Mr Rawlins. Ich komme mit.«

»Nein. Der Wagen ist zu langsam. Ich kann mir keine Zeitverschwendung mehr leisten. Hol mir ein frisches Hemd, und du solltest mir auch das Haar und den Bart schneiden, damit ich etwas gepflegter aussehe, wenn ich mich unter die Städter begebe.«

Während der Monate, die die Meissners auf ihrer Farm geschuftet hatten, schien Bundaberg erheblich gewachsen zu sein. Der Weg am Fluss entlang bog nach ein paar Meilen landeinwärts ab und schnitt die Windungen des Flusses zugunsten einer direkten Verbindung zur Stadt, und längs dieser Straße häuften sich Zeichen der Besiedelung. Jakob sah gerodetes Land und hier und da eine eingezäunte Weide. Näher zur Stadt hin aber erblickte er zu seiner Überraschung eine Anzahl Farmhäuser etwas abseits von der Straße. Er vermutete, dass die Ochsentreiber diesen Weg nahmen, doch niemand hatte bisher über diese Veränderungen geredet. Davey ging wahrscheinlich davon aus, dass die neu hinzugezogene Bauernfamilie diese Fortschritte mitverfolgte. Jakob lächelte, als er auf die Stadt zuritt, und dachte daran, wie einfach es gewesen war, aufs Land hinaus zu ziehen, wie sie es getan hatten, zu beschäftigt, um sich als Mitglieder einer Gemeinde zu betrachten, und trotzdem hatten sie es geschafft, als Siedler. Als Farmer sogar, wenn sie durchhielten. Sie waren keine vorsichtigen Einwanderer mehr, die auf ein verlorenes Dörfchen starrten, dessen wenige Gebäude als Vorwand für Straßen dienten, die mit Baumstümpfen übersät waren.

Jakob wusste, dass er sich auf dem richtigen Weg befand. Er begegnete Familien mit voll geladenen Wagen, die landeinwärts reisten, und sie winkten fröhlich, zweifellos ebenfalls im Begriff, ein neues Leben anzufangen. Reihen um Reihen üppig wachsender Kohl und Felder voller Kürbisse und Kartoffelstauden wurden von chinesischen Arbeitern gepflegt.

Jakob war sprachlos. Hier war er vorher noch nie gewesen, und niemand hatte je erwähnt, dass sich am Stadtrand chinesische Gemüsebauern angesiedelt hatten. Chinesen! Er betrachtete sie voller Staunen. Merkwürdige Leute mit ihren spitzen Hüten und Zöpfen und weiten Gewändern. Er hatte niemals damit gerechnet, sie hier anzutreffen. Sie gehörten in exotische Bilderbücher.

»Wunder gibt es immer wieder«, murmelte er im Vorüberreiten. Sie winkten nicht, sie arbeiteten und hoben nicht einmal den Blick.

»Ich schätze, wir werden unser Gemüse selbst essen müssen«, sagte er zu seinem Pferd, »und uns an größere Feldfrüchte halten, Mais zum Beispiel. Und auf Milchwirtschaft umstellen.«

Die Stadt selbst war ebenfalls eine Überraschung. Es gab ein neues Hotel, eine Apotheke, ein ansehnliches großes Stoffgeschäft und neben der Bank einen Friseur. In den Seitenstraßen standen neue Häuser, wie er auf dem Weg durch die Burbong Street feststellte, doch er hatte keine Zeit, sich näher umzusehen. Er musste Mr Rawlins finden.

Doch Rawlins war nicht da, berichtete ihm der junge Kassierer. Er verbrachte seinen Jahresurlaub in Brisbane.

Bestürzt trat er wieder hinaus in die grelle Mittagssonne und überlegte, was nun zu tun sei. Er fühlte sich verloren, orientierungslos. Jetzt wünschte er sich, Frieda wäre doch mitgekommen. Er sah Constable Colley vorüberreiten und wandte sich hastig ab; dem Hörensagen nach war der Kerl ja ein Freund der Dixons. Geduckt wechselte er die Straßenseite und strebte der vertrauteren Quay Street zu. Auf dem Weg kam er an einem Zeitungsverlag vorbei und wunderte sich verschwommen darüber, dass die Stadt sich eine eigene Zeitung leisten konnte. Doch er war zu beschäftigt mit seinen eigenen Sorgen, um lange darüber nachzudenken. Da traf er auf Eva Zimmermann.

»Himmel noch mal! Jakob Meissner! Was tun Sie hier?«

»Ich wollte zu Mr Rawlins, aber er ist nicht da.«

»Ach ja. Theo hat mir erzählt, dass Dixon Ihnen Schwierigkeiten macht. Die haben Macht, diese Landbesitzer. Mit denen sollte man sich nicht anlegen. Das ist wirklich nicht ratsam.«

Er begleitete sie zu einem Häuschen, das trübsinnig inmitten einer von Unkraut überwachsenen Wiese stand, und hörte sich an, was sie Neues aus der Stadt berichten konnte.

»Dr. Strauss bleibt für immer hier. Er hat sein Praxisschild in der Quay Street ausgehängt und baut sich jetzt ein schönes neues Haus mit Blick auf den Fluss. Die beiden Lutzes haben Arbeit, sind Mädchen für alles beim Hafenmeister. Ist Ihnen aufgefallen, dass die Anleger, die bei unserer Ankunft noch im Bau waren, inzwischen ganz fertig sind? Und sie bauen die Brücke über den Fluss neu. Die alte war offenbar nicht sicher.«

Sie seufzte. »Kommen Sie rein, trinken Sie eine Tasse Tee. Über die Lutzes kann ich mich wirklich ärgern. Sie haben sich eingeschlichen und Arbeitsstellen bekommen, ohne Theo auch nur ein Wort zu sagen. Wir sehen sie jeden Sonntag, aber sie haben keinen Mucks darüber verlauten lassen, dass es freie Stellen gab. Nicht, bevor sie selbst ihr Schäfchen im Trocknen hatten. Geschieht ihnen recht, dass sie jeden Tag den langen Weg in die Stadt zurücklegen müssen.«

Jakob folgte ihr durch die Küche und setzte sich resigniert neben die Hintertür. Er hörte Eva nur mit halbem Ohr zu. Wer, wenn nicht der Bankdirektor, konnte ihm jetzt noch einen Rat geben? Als sie ihm eine Tasse mit süßem schwarzem Tee reichte, ein Getränk, das er schätzte, seit er es auf dem Schiff kennen gelernt hatte, redete Eva über Walther.

»Er ist immer noch da draußen bei Pastor Beitz. Und die ganzen Schwarzen sind auch noch da. Pastor Beitz faselt von einem großen Tauffest; er will sie alle taufen, aber Walther hält nicht viel von der Idee. Er sagt, die Schwarzen verstehen überhaupt nichts von Religion. Ach ja, Walther, er hat eine feine Freundin. Die kleine Nora Stenning. Ich glaube nicht, dass Sie sie kennen. Sie ist die Tochter von diesem Zollbeamten, und wenn Sie mich fragen, dann ist sie es, die ihm den Hof macht.

Es heißt, sie hätte von Anfang an ein Auge auf Walther geworfen. Läuft ihm ständig hinterher. Reitet wie zufällig beim Kirchenland vorbei und ist übertrieben nett zu Pastor Beitz, damit er sie nicht wegschickt …«

»Dieser Zollbeamte«, sagte Jakob. »Wie heißt er noch gleich?«

»Jules Stenning.«

»Ach ja. Wenn ich mich recht erinnere, ist er nicht eben ein angenehmer Zeitgenosse.«

»Stimmt. Wenn Sie hier bleiben und sich ausruhen wollen,

können Sie das gern tun, aber ich muss die Kinder holen. Sie spielen bei der Baracke.«

»Nein, nein.« Jakob leerte seine Tasse. »Ich muss jetzt gehen. Danke für den Tee, er hat sehr gut getan.«

Das Zollamt fand er ganz in der Nähe der Stelle, wo er sein Pferd angebunden hatte. Es sah eher aus wie ein Laden, mit einer Veranda, auf der mehrere lange Bänke standen, vermutlich als Ersatz für einen Warteraum. Eine verschnörkelte Schiefertafel neben der Tür verkündete, dass dies der Sitz verschiedener Regierungsbehörden war, einschließlich Zoll und Steuern, Immigration, Landvermessung, Landwirtschaft, Schulwesen und einiger weiterer, und Jakob vermutete, dass er bei der Behörde für Landvermessung an der richtigen Adresse sei.

Das Haus wirkte verlassen. Er trat ein und ging einen Korridor mit Räumen zu beiden Seiten entlang. Er warf einen Blick in den ersten, dann in einen weiteren und sah nur Tische und Bänke voller Papiere, und das ärgerte ihn. Jakob war ein ordentlicher Mann, er liebte es, wenn alles stets an seinem Platz war. Während er bei Eva Tee trank, hatte er, leicht schuldbewusst, gedacht, dass sie und Theo doch wirklich den wild wuchernden Garten hätten pflegen können, auch wenn sie nur zur Miete wohnten.

Plötzlich steckte Stenning persönlich seinen Kopf auf den Flur hinaus.

»Was wollen Sie? Mittwochnachmittag haben wir geschlossen.«

»Tut mir Leid, Sir, entschuldigen Sie bitte. Das habe ich nicht gewusst. Aber ich möchte Ihnen nur eine kleine Frage stellen. Ich brauche einen Rat.«

»Sie sind Deutscher?« Anscheinend erinnerte Mr Stenning sich nicht an ihn.

»Ja, Sir.«

Gehören Sie zu dem Haufen, der da draußen an der Taylor's Road haust?«

»Nein, Sir. Ich habe eine Farm. Und darüber würde ich gern mit Ihnen reden.«
»Ah … in Ordnung. Kommen Sie herein.« Er bat Jakob in eines der Büros, schob Papier zur Seite und setzte sich halb auf den Schreibtisch. Jakob wies er einen Stuhl zu.
»Mein Sekretär ist unnütz«, sagte er. »Mehr als unnütz. Dafür, dass er mir eine derartige Unordnung hinterlässt, würde ich ihn feuern, wenn ich Ersatz für ihn wüsste. Zu viel Verantwortung, das ist mein Problem. Die Regierung überlässt einfach alles mir, als hätte ich zehn Hände. Unmöglich, verdammt noch mal, immer auf dem Laufenden zu sein. Also, wo drückt der Schuh?«
»Es geht um das Bauholz auf meinem Land, Sir. Ich habe den Pachtvertrag, aber der Vorbesitzer behauptet, das Holz gehöre ihm.«
»Was sagt er?«, donnerte Stenning. »So einen Mist habe ich noch nie gehört. Hören Sie nicht darauf.«
»Würde ich ja gern, aber ich habe dieses Schreiben bekommen, und das macht mir Sorgen.«
Er reichte Stenning die drei Seiten, und dieser las sie gründlich durch und gab sie zurück. »Das ist eine andere Geschichte. Wenn diese Anwälte sagen, das Holz gehört der Clonmel Station, dann wird es wohl so sein. Ich bin kein Jurist. Ich bin hier, um dafür zu sorgen, dass man sich an Regeln und Bestimmungen hält, aber wenn ich das da lese, muss ich Ihnen raten, nachzugeben und Dixon das Holz zu überlassen.«
Jakob sprang auf. Er war wütend. Er hatte bemerkt, wie Stenning seine Meinung in dem Moment änderte, als er Dixons Namen las.
»Aber Sie sagten doch, die Behauptung wäre Mist!«
»Das dachte ich auch, aber offensichtlich habe ich mich geirrt.«
»Das glaube ich nicht, Mr Stenning. Ich glaube, Sie wissen, dass es nicht rechtens ist, wenn er mein Holz für sich beansprucht, aber Sie haben es sich anders überlegt, als Sie Dixons Brief gelesen haben.«

Stenning fuhr wütend auf. »Sie wollen mich der Parteinahme bezichtigen?«
»Dies hier ist das Büro für Landvergabe, und es wird, soviel ich weiß, von Ihnen geleitet, Sir. Ich denke, Sie sollten in dieser Frage Recht und Unrecht unterscheiden können. Aber Sie geben mir falsche Auskünfte.«
»Wie können Sie es wagen! Raus hier! Ich habe mir Ihre Frage angehört und Ihnen darauf geantwortet, obwohl ich dazu nicht verpflichtet bin, da das Büro geschlossen ist. Und Sie danken es mir mit einer derartigen Unverschämtheit.«
Jakob umklammerte seinen Hut und sah starrköpfig über diesen Ausbruch hinweg. »Vielleicht benötigen Sie mehr Zeit, um das Problem zu überdenken. Vielleicht könnten Sie im Gesetzbuch nachsehen, was da über Landverpachtung steht. Dann stellen Sie sicher fest, dass Ihre erste Antwort auf meine Frage die richtige war.«
»Das werde ich bestimmt nicht tun.«
»Im Namen der Pflicht könnten Sie es versuchen. Ich komme morgen noch einmal wieder. Heute Nacht bleibe ich bei Pastor Beitz an der Taylor's Road«, erklärte er trotzig und bereute es unverzüglich.
»Gut«, fuhr Stenning ihn an. »Gehen Sie hin und sagen Sie diesem Ochsen Walther Badke, dass ich ihn mit der Peitsche jagen werde, wenn er nicht die Finger von meiner Tochter lässt. Und Sie brauchen morgen nicht wieder herzukommen. Die Antwort wäre doch dieselbe.«

Beitz war sehr erfreut, ihn zu sehen. »Ah, Jakob, mein lieber Mann. Wie schön, dich endlich wiederzusehen. Wie es aussieht, hat der Herr es gut mit dir gemeint. Und wie geht es Karl und Frieda? Komm. Setz dich. Wir haben so viel zu besprechen.«
Jakob sah mit Staunen, wie viel Land sie bereits gerodet hatten. Zur Straße hin war eine gute halbe Meile Busch abgetragen worden, und das Gebiet sah sehr einladend, beinahe parkähnlich aus mit den großen alten Bäumen, die sie stehen

hatten lassen, und den zahlreichen farbenfrohen einheimischen Stauden, von denen er einige schon aus eigener Erfahrung identifizieren konnte, wenngleich eigentlich Frieda die Expertin war. Als er über das Land des alten Pastors schritt, musste er unwillkürlich den herrlichen Garten bewundern, den sie angelegt hatten. Leuchtender Hibiskus, rote und goldene Grevilleas und Banksien, Kohlpalmen, sogar Orchideen – wie in Friedas Buch über die australische Fauna.
Und natürlich waren jetzt, da ein Zugang zu diesem Zauberwald mit all seinen Schätzen geschaffen war, Vögel in allen Formen, Farben und Größen zu sehen. Jakob beobachtete ganz benommen Hunderte von graurosa Papageien, die im Gras nach Nahrung suchten.
Beitz eilte ihm nach. »Wo warst du denn plötzlich? Ich dachte, du folgst mir. Jakob, wenn du weiter in diese Richtung gehst, könntest du dich verirren. Der Dschungel da drinnen, unser Dschungel, ist erbarmungslos, glaub mir. Verschluckt dich mit Haut und Haaren. Komm zurück, hier entlang. Hier haben wir gebaut, um unter uns und näher am Bach zu sein. So, da sind wir. Wie findest du das?«
Es war ein kleines Dorf mit sechs strohgedeckten Hütten, alle recht groß, alle aus Gestrüpp und kahlen Ästen statt aus Bauholz errichtet. Türen gab es nicht, in manchen Fällen bestanden die Hütten sogar nur aus drei Wänden. Mitten zwischen den Hütten stand ein langer Tisch unter dem Schutz eines Strohdachs, das sie an Seilen befestigt hatten, die von Baum zu Baum gespannt waren.
Jakob vergaß, den Mund zu schließen. Sie lebten ja wie Eingeborene. Es war ihm peinlich, dass der traurige Rest ihrer Gemeinde so tief gesunken war. Auf der Stelle würde er seinen Zehnten entrichten und alle anderen drängen, es ebenso zu halten.
»Haben die Eingeborenen euch die Hütten gebaut?«, fragte er zaghaft, und Beitz brach in fröhliches Gelächter aus.
»Du liebe Zeit, nein. Oh Gott, nein. Sie halten unsere Unterkünfte für ziemlich prächtig. Zu prächtig. Das beein-

druckt sie kein bisschen. Für sie besteht eine Unterkunft lediglich aus einem Dach, ohne all diesen Luxus. Komm, schau es dir an, mein Haus ist wirklich schön geworden.«
Jakob holte tief Luft. Er schüttelte den Kopf, als wollte er sein Gehirn zurechtrücken, als müsste er sich anstrengen, um zu begreifen, was hier vor sich ging. Beitz sah zehn Jahre jünger aus und verhielt sich auch so. Er trug immer noch das Kreuz an einer Kette um den Hals, aber der schwarze Lutherrock war verschwunden. Verschlissen, überlegte Jakob und dachte schmerzvoll an seinen eigenen schwindenden Bestand an Kleidung. Jetzt trug Pastor Beitz ein grobes Leinenhemd und Leinenhosen, die von einem dünnen Seil gehalten wurden. Aber er wirkte glücklich. Vorbei war es mit dem gelehrten, hochtrabenden Tonfall, den er früher gepflegt hatte. Stattdessen vernahm Jakob das in der Gegend gebräuchliche Englisch mitsamt seinem trockenen Unterton, als verberge sich hinter allem irgendein Scherz. Wie auch immer, Beitz lächelte von einem Ohr zum anderen.
Und der Pastor sah außerdem gesund aus, und das lange graue Haar sowie der Bart beeinträchtigten in keiner Weise die Lebhaftigkeit seiner strahlenden braunen Augen. Beitz hatte endlich, in den späten Siebzigern, sein lebenslang angestrebtes Ziel vor Augen: Missionar zu sein, eine eigene Mission weit, weit weg im Land der Wilden zu leiten und die armen Kreaturen zu Gott zu führen. Hatte er ihnen das nicht oft genug erklärt?
Die Hütte des Pastors war tatsächlich komfortabel und enthielt das Allernotwendigste: ein selbst gebautes Bett und Bänke, Platz in einer abgetrennten Ecke für seine Truhen und gewebte Matten auf dem Boden. Seine kleine geschnitzte Betbank mit dem verblichenen roten Samtpolster, die er den weiten Weg aus der Alten Welt bis hierher gebracht hatte, wirkte in dieser tropischen Klause nicht einmal fehl am Platze.
Aber der Rundgang war noch nicht abgeschlossen. Sie gingen Richtung Urwald, um Walther zu suchen, der Unterholz

rodete, zusammen mit mehreren Aborigines, Männern wie Frauen, die ihm folgten und hinter ihm aufräumten. Sie waren bekleidet, wie er erleichtert feststellte, aber in bunt zusammengewürfelte Hemden, schlecht passende Hosen und die Frauen in lange Baumwollhemden.

Walther, dieser Bär von einem Mann, freute sich maßlos, Jakob zu sehen. Er drückte ihn an seine Brust und rief die Eingeborenen herbei, damit sie seinem alten Freund die Hand schüttelten. Was sie auch taten – mit vor Entzücken blitzenden Augen.

Jakob wurde zum Bach geführt, der inzwischen von Gestrüpp und Unkraut befreit und genauso lieblich anzusehen war, wie er es von einem Bach gewohnt war. Ganz in seiner Nähe befand sich eine Grasfläche, die, wie er erfuhr, groß genug für ihre Kirche war. Die Kirche sollte St. Johannis heißen, nach dem Seminar in der alten Heimat.

Da Jakob noch in der Stadt zu tun hatte, nahm er die Einladung, über Nacht zu bleiben, an.

»Allerdings weiß ich nicht recht, was ich werde ausrichten können«, sagte er.

Er berichtete von seinem Problem mit Dixon, dem Grundbesitzer. Beitz war sehr bekümmert. »Ich wollte, ich könnte dir helfen«, sagte er. »Ich komme meinen Hirtenpflichten nicht richtig nach. Ich dachte, ich könnte euch alle zu Fuß besuchen, aber hier sind die Entfernungen viel zu groß.«

»Aber wir kaufen ein Pferd«, warf Walther ein. »Da die beiden Lutzes Arbeit haben, wird das Geld bald reichen. Dann kann der Pastor seine Schäfchen besuchen, wann immer er möchte.«

»Da sie ja nicht genug Vertrauen haben, um zu mir zu kommen«, fügte Beitz ärgerlich hinzu.

»Sie haben dieselben Probleme wie Sie, Herr Pastor«, sagte Jakob sanft, obwohl ihm klar war, dass seine Familie, die einen Wagen besaß, kaum eine Entschuldigung vorbringen konnte. Doch wäre die Fahrt hin und zurück an den Sonntagen trotz allem schwierig, da sie so hart am Aufbau ihrer

Farm arbeiteten. »Ich frage mich allerdings, Herr Pastor, wie Sie sich zurechtfinden wollen. Es gibt keine Wegweiser.«

»Das Problem habe ich längst gelöst. Mr Tibbaling wird uns Führer zur Verfügung stellen.«

»Oh. Ausgezeichnet.«

»Und mein erster Besuch gilt der Clonmel Station – um Hanni und Lukas Fechner zu sehen, versteht sich, aber ich werde auch diesen Schafzüchter, Mr Dixon, aufsuchen. Ich werde ihm sagen, dass er sich zu benehmen hat.«

»Vielen Dank, Herr Pastor, aber damit würden Sie die Arbeitsplätze der Fechners gefährden.«

Walther kam auf Jakobs Problem zurück. »Wenn Stenning dir nicht hilft …«

»Apropos. Machst du seiner Tochter den Hof?«

»Miss Stenning ist eine Freundin«, sagte Walther schüchtern. »Den Hof machen – ich weiß nicht.«

»Sie mag ihn«, behauptete Beitz voller Begeisterung.

»Dann gib gut auf dich Acht, Walther. Als ich heute mit Stenning sprach, war er wütend über die Beziehung zwischen dir und seiner Tochter. Er hat sogar gedroht, dich mit der Peitsche zu jagen, wenn du dich nicht von dem Mädchen fern hältst.«

Walther grinste. »Mit der Peitsche will er mich jagen? Dieser kleine Kerl? Das glaub ich nicht. Aber, Jakob, in dieser Stadt findest du keine Hilfe. Die Leute hier sind abhängig von den Besitzern der großen Farmen und all ihren Arbeitern. Es wird noch lange dauern, bis sich genug neue Siedler hier niedergelassen haben, damit die Läden ohne die Grundbesitzer überleben können. Mir ist aufgefallen, dass die Geschäfte an den Tagen, wenn große Gruppen von Viehtreibern in die Stadt kommen, am besten gehen. Viehtreiber und Schafscherer und all diese Burschen, die geben gern Geld aus.«

Deprimiert hörte sich Jakob das Gerede über die Stadt, ihr Wachstum und die Rückschläge an, selbst über die schockierende Entdeckung, dass es in einer Seitenstraße ein Bordell gab. Beitz hatte darüber auf dem Polizeiposten und bei dem

neu geschaffenen Fortschrittskomitee eine Beschwerde eingereicht, aber ohne Erfolg. Er und Walther waren wirklich gut informiert über die kleine Ansiedlung, und es freute Jakob, dass sie in der Lage waren, sich derartig für den Ort zu interessieren.
»Ich schätze, du wirst nach Maryborough gehen müssen«, sagte Walther plötzlich.
»Nach Maryborough? Wieso?«
»Um dir einen Anwalt zu nehmen. Sonst kannst du auch gleich nach Hause gehen und zusehen, wie sie dir dein Holz stehlen.«
»Aber Maryborough liegt sechzig, siebzig Meilen entfernt von hier.«
Walther hob die Schultern. »Und? Dort gibt es Anwälte. Mehr als einen. Ich habe ihre Anzeigen in der Zeitung gesehen.«
»Ich werde den Weg nicht finden.«
»Lass mich mit Mr Tibbaling reden. Vielleicht findet er einen Führer für dich«, schlug Beitz vor. »Wir schicken einen von den Jungen zu ihm.«

Als die Lutzes von der Arbeit zurückkamen, hatte Walther für alle Abendbrot bereitet, wobei Tibbaling Ehrengast war. Jakob nahm Max Lutze zur Seite. »Kannst du Theo helfen, im Hafen Arbeit zu finden? Er ist nicht glücklich als Bullocky-Helfer.«
»Theo zu helfen, ist nicht leicht, Herr Meissner. Er ist faul, jeder weiß, dass er die Arbeit liegen lässt, sobald er etwas Geld hat, und in den Pub rennt. Sie sind mit der Miete für ihr Haus im Rückstand. Mr Cross, der Verwalter der Sägemühle, sagt, sie müssen bezahlen, bevor seine Frau eintrifft, oder sie fliegen raus.«
»Aber das ist ja schrecklich! Wo sollen sie dann wohnen?«
»Sie müssten hierher zurückkommen. So schlecht ist das gar nicht. Wir würden ihnen auch eine Hütte bauen.«
Jakob versuchte, die Sache von Evas Standpunkt aus zu be-

trachten. »Ich glaube nicht, dass Frau Zimmermann mit diesem Vorschlag einverstanden wäre. Weißt du, für sie ist ein Haus eben ein Haus, Max. Und fertig. Frieda denkt auch so.«
»Dann weiß ich nicht, was aus ihnen werden soll.«

Bevor Jakob sich auf eine Pritsche in der Hütte von Walther und den beiden Lutzes zur Ruhe begab, bezahlte er, wie Pastor Beitz es verlangte, den Zehnten – bevor seine Selbstsucht ihn überwältigte und er das Geld behielt. Danach schlief er sehr gut.
Am Morgen wurde er wie gewöhnlich vom Zetern und Kreischen und Singen der Vögel geweckt, und dieser Dämmerungschor war ihm schon so vertraut, dass er im ersten Moment glaubte, zu Hause auf seiner Farm zu sein. Bis Max ihn rief und ihn aufforderte, sich ihnen zum Morgengebet anzuschließen.
Tibbaling tauchte wieder auf. Sein dunkles, grau gesträhntes Haar hing ihm in verfilzten krausen Locken bis auf die Schultern. Sie gaben dem alten ledrigen Gesicht einen Anschein von Wildheit, doch die Augen verrieten das Gegenteil; sie waren ruhig und gesammelt.
»Du willst einen, der dich in die große Stadt führt?«
»Ja. Wenn es möglich ist. Ich muss irgendwie dorthin.«
Tibbaling nickte, und sein Blick streifte Jakob, bevor er wegsah. »Warum bist du in mein Land gekommen?«
Jakob seufzte. »Wir mussten fort. Wir waren zu viele. Hatten nicht genug Land. Nicht genug zu essen.« Er dachte, diese schlichte Erklärung würde reichen. Dann fügte er hinzu: »Ich will, dass mein Sohn bessere Möglichkeiten hat. Hier hat er mehr Luft zum Atmen.«
»Ah.«
Das Schweigen machte Jakob nervös. Er war beunruhigt. Vielleicht hatte er das Falsche gesagt, von wegen mehr Luft zum Atmen. Hier in Tibbalings Land. Wo die Eingeborenen an die Seite gedrückt wurden.

Doch dieses Mal überging Tibbaling den Fehler. Stattdessen murmelte er: »Was ist mit deinem anderen Sohn, Boss? Kriegt er kein Land?«
Jakob hätte sich beinahe verschluckt.
Er hatte das Gefühl, einen Hieb in den Magen bekommen zu haben. Ihm wurde brandheiß im Gesicht, sicher war er feuerrot geworden. Er war froh, dass niemand in der Nähe war, der sein Erschrecken hätte bemerken können.
»Wie …«, war alles, was er hervorbrachte, als Tibbaling sich zum Gehen wandte.
»Ich suche einen, der mit dir geht, Boss«, sagte der alte Mann. Dann drehte er sich noch einmal um. Als er nun sprach, klang seine Stimme traurig und beschwörend. »Reichlich Luft zum Atmen hier für noch einen Jungen, Boss.«

Jakob taumelte in die Stille des Waldes hinein, aus dem Bedürfnis heraus, sich eine Weile vor der Welt zu verstecken, die Angst zu vertreiben, die ihn bei dem Gedanken an Traudi, die arme Traudi, plötzlich erfasst hatte … und an jenen Tag vor so langer Zeit.
Jakob Meissner war damals siebzehn gewesen und lebte in Todesangst vor dem Zorn ihres Vaters, aber Traudi hatte gelobt, niemandem zu verraten, wer das Kind gezeugt hatte, das sie unter dem Herzen trug.
»Wenn er es erfährt, bin ich sowieso in Schwierigkeiten«, hatte sie zu Jakob gesagt. »Und er würde nicht zulassen, dass du mich heiratest, weil er mit seinem Freund Wilf Berger längst eine Absprache getroffen hat.«
»Aber der ist zu alt für dich.«
»Er hat Geld. Etwas anderes interessiert sie doch nicht. Aber, Jakob, du könntest uns ohnehin nicht ernähren, du hast kein Geld. Und eigentlich sind wir auch kein richtiges Liebespaar. Du bist jedenfalls nicht bis über beide Ohren in mich verliebt, oder?«
»Nein«, gab er zu. »Ich mag dich.«
»Und ich bin in niemanden verliebt. Ich muss eben tun, was

das Beste für mich ist. Wenn Wilf mich jetzt noch will, sollte ich ihn heiraten.«

Also verriet sie keiner Menschenseele, dass Jakob der Vater ihres Kindes war, und überlebte den Sturm, der monatelang über sie hinwegfegte, bis Wilf sich bereit erklärte, sie zu heiraten, und das Dorf sich anderen Skandalen zuwandte.

Jakob hatte den Kontakt zu Traudi vollkommen verloren. Sie und Wilf waren in einen anderen Ort gezogen, und damit war die Sache erledigt. Das lag mehr als zwanzig Jahre zurück.

Bis kurz vor dem Zeitpunkt, als Jakob und seine Familie ihre Auswanderungspläne bestätigten und sich diese Neuigkeit in der Gegend herumsprach. Bis Traudi ihn aufsuchte, geduldig am Ende der Gasse auf sein Kommen wartete, statt zu seinem Hof zu gehen und die Aufmerksamkeit anderer auf sich zu lenken.

Sie sah müde und erschöpft aus. Wilf war vor Jahren gestorben, und sie hatte das Kind allein aufziehen müssen, weil ihr Vater sie nicht wieder in seinem Haus aufnehmen wollte. Und letztendlich hatte Wilf doch nicht so viel Geld gehabt …

»Das war ein gemeiner Scherz, nicht wahr?« Sie lächelte matt. »Auf meine Kosten. Der Grobian wollte eine junge Frau, sonst nichts.«

»Traudi, es tut mir so Leid. Was kann ich tun? Ich bin verheiratet, wir haben selbst einen Sohn und sehr wenig Geld. Deshalb wollen wir ja auswandern.«

»Nein, nein. Ich will kein Geld, Jakob. Ich bin gekommen, weil ich gehört habe, dass du auswanderst. In ein Land, wo es große Höfe gibt und alle genug Geld haben.«

»Es wird nicht leicht werden, Traudi«, sagte er, besorgt wegen ihres plötzlichen Auftauchens.

»Wahrscheinlich nicht, aber ich möchte dich trotzdem um einen Gefallen bitten, nicht für mich, sondern für Eduard … bitte.«

»Wer ist Eduard?«, flüsterte er, als hätte seine laute Stimme verraten können, dass er es längst wusste.

»Weißt du das nicht? Du weißt nicht einmal, wie er heißt? Dein eigener Sohn? Oh, Jakob, dein Erstgeborener, ich hatte doch gehofft, du würdest wenigstens mal an ihn denken.« Sie seufzte tief und riss sich zusammen.

»Du liebe Zeit, verzeih mir, Jakob. Ich bin fertig mit den Nerven. Ich musste den Mut aufbringen, heute hierher zu kommen. Ich hatte Angst, du würdest mich nicht sehen wollen oder nicht mit mir reden.«

»Schon gut, schon gut«, sagte er sanft. »Was willst du denn, Traudi?«

»Ich möchte, dass du Eduard mitnimmst. Er ist jetzt einundzwanzig. Er war verheiratet, aber seine Frau ist gestorben. Er ist ein tüchtiger Junge, du wirst stolz auf ihn sein ... wirklich. Und weißt du, er kann hart arbeiten. Für dich würde er hart arbeiten ...«

Er hob die Hand, damit sie schwieg. »Bitte, bitte, Traudi. Hör auf. Das ist ausgeschlossen. Meine Frau weiß nichts von ihm. Ich habe ihr nie gesagt ...«

»Warum solltest du auch? Das ist doch gleichgültig. Jetzt könntest du es ihr sagen. Sie wird dich verstehen.«

Traudi zitterte und zog ihren dünnen Mantel enger um sich. Sie schob die Hand in eine Tasche und zog ein zusammengefaltetes Stück Papier heraus. »Hier ist die Adresse. Er wohnt in Hamburg. Ich habe ihm nicht gesagt, wer sein Vater ist, aber wenn du nach Hamburg kommst, kannst du ihn ja aufsuchen. Ihm vorschlagen, mit dir zu kommen. Mit seinem Vater. Ich bitte dich, Jakob. Das ist doch nicht zu viel verlangt?«

»Tut mir Leid, Traudi. Ich weiß nicht, wie ich das bewerkstelligen sollte. Ich habe kein Geld. Um die Wahrheit zu sagen, wir könnten auch gar nicht auswandern, wenn meiner Frau nicht ein kleines Erbe zugefallen wäre. Verstehst du, es ist ihr Geld.«

»Und er ist dein Sohn!«, sagte sie wild. »Dein Sohn. Zwanzig Jahre lang hat er dich keinen Pfennig gekostet; da wäre jetzt ein wenig Hilfe ...«

Die ferne Stimme verhallte, und er hörte, wie Pastor Beitz' Schäfchen ihre morgendliche Arbeit aufnahmen.
Wie hätte er Frieda diese Sache nach all den Jahren wohl beibringen sollen? Wie würde sie reagiert haben? Und Karl, sein eigener Sohn. Was hätte er gedacht? Würde er seinen Vater als betrügerischen Menschen betrachten? Ein grausamer Gedanke. Er hatte sich im Schoß seiner kleinen Familie so sicher gefühlt, dass er jetzt fürchtete, ihre Achtung zu verlieren. Er hatte sich bemüht, Karl zu einem verantwortungsbewussten Menschen zu erziehen, indem er ihm mit gutem Beispiel voranging. Doch was war dieses Beispiel wert, da er sich geweigert hatte, die Verantwortung für sein eigenes Kind zu übernehmen? Da er sich nie nach seinem Wohlergehen erkundigt hatte? Das war zu viel. Entschieden zu viel.
Beitz rief nach ihm, und Jakob war dankbar für die Störung. Er eilte zurück zu den Hütten.
»Walther hat in der Stadt etwas zu erledigen«, sagte der Pastor. »Könntest du mir hier helfen? Ich möchte einen richtigen Weg von der Straße bis hierher anlegen, den wir mit Holz befestigen wollen. Es heißt, das Land hier kann sich in einen Schlammsee verwandeln, wenn es regnet.«
»Falls es regnet«, sagte Jakob niedergeschlagen.
»Ganz recht, aber wir wollen uns nicht überrumpeln lassen. Wir haben großes Glück gehabt, Gott sei's gedankt, dass wir in der richtigen Jahreszeit hier angekommen sind, denn sonst steckten wir alle in der Patsche. Es heißt, die Regengüsse hier sind äußerst heftig.«
»Ich wüsste gern, ob Tibbaling mir wohl einen Führer besorgt.«
»Natürlich. Er ist auf dem Weg, um ihn zu holen. Da, nimm den Hammer und die Pflöcke, sei so gut, ich möchte diese Arbeit heute Morgen noch erledigen. Walther meint, wir hätten fürs Erste genug Land gerodet. Was sagst du dazu?«
Jakob seufzte. Er war verwirrt auf Grund der merkwürdigen Begegnung mit dem alten Schwarzen, der von seinem ande-

ren Sohn wusste. Wie konnte das sein? Stenning hatte gesagt, er sei ein Zauberer, aber er meinte damit wohl eher einen Trickbetrüger. Verfügte Tibbaling tatsächlich über eine Art magische Kraft?

Andererseits musste es nicht unbedingt Magie sein. Womöglich hielt Tibbaling es für selbstverständlich, dass Jakob mehr als einen Sohn hatte. Das war durchaus denkbar, im Grunde die vernünftigere Erklärung.

Doch die Verwirrung wollte nicht weichen, und Jakob fühlte sich so niedergeschlagen, dass er beschloss, nach Hause zurückzukehren und seinen Plan, sich an einen Anwalt zu wenden, aufzugeben. Wie hätte er das überhaupt anstellen sollen? Er hatte noch nie mit einem Anwalt zu tun gehabt. Was würde er sagen? Und würde sein Englisch für so eine Angelegenheit ausreichen?

»Schuster, bleib bei deinen Leisten«, sagte er leise zu sich selbst. »Greif nicht nach den Sternen, nur weil du eine große Farm besitzt. Die noch nicht bezahlt ist, vergiss das nicht.«

»Was hast du gesagt?«, fragte Beitz und richtete sich auf.

»Nichts. Würde es nicht schneller gehen, wenn wir einfach eine Schnur ziehen?«

»Wir haben keine Schnur.« Das Gesicht des Pastors hellte sich auf. »Walther ist zurück, und er bringt eine Überraschung für dich mit.«

»Was für eine Überraschung?«

»Sieh nur. Wir haben ein Pferd gekauft. Das wird uns das Leben um so viel leichter machen, aber zuerst einmal leihen wir es dir.«

»Ich habe selbst ein Pferd«, sagte Jakob verwundert.

»Aber dein Führer hat keines.« Walther grinste. »Schwarze haben keine Pferde, und du kannst nicht verlangen, dass der arme Kerl neben dir herrennt.«

Später am Tag meldete sich ein junger Schwarzer bei Beitz. Er hatte schon oft als Viehtreiber gearbeitet und war gern bereit, den Boss nach Maryborough zu führen.

Jakob fühlte sich in die Enge getrieben. »Ich weiß nicht recht«, sagte er leise und nahm den Pastor beiseite. »Wer bin ich denn, dass ich mir anmaße, mit Anwälten zu sprechen?«
»Du bist ein Mann, der eine Frage hat, weiter nichts. Walther bereitet ein bisschen Proviant für dich vor.«
»Aber ich weiß nicht einmal, wie viel ein Anwalt kostet. Und wie viel werde ich dem Führer bezahlen müssen, dem jungen Mann dort drüben?«
»Was ein Anwalt kostet, weiß ich nicht. Der englische Name des Jungen ist Billy, und er würde sich über ein paar Pennys freuen, wie ich gehört habe, aber nicht als Bezahlung. Eher als Anerkennung. Er würde dich auch freudig umsonst führen. So sind diese Menschen.«
Der Junge kam zu ihnen. »Ich bringe Sie zuerst nach Childers, kleine Stadt, dann weiter nach Maryborough, große Stadt an großem Fluss. Gut so?«
»Ja, Billy, das ist in Ordnung. Das ist sehr freundlich von dir.«
Alle erwiesen sich als sehr freundlich. Jakob und Billy wurden ohne weitere Umstände für die Reise ausgerüstet und auf den Weg geschickt. Beitz winkte ihnen nach und versprach, einen Botenjungen zur Farm zu schicken, damit Frau Meissner sich keine Sorgen über den Verbleib ihres Mannes machen musste.
Sie ritten die Straße zurück und bogen ein paar Mal ab, bis sie auf einen ausgetretenen Weg stießen, der nach Süden führte. Billy war Jakobs Bestürzung offenbar nicht entgangen. Er sah ihn an und lächelte.
»Wird alles gut, Boss. Jetzt geht es los!«
Damit grub er seinem Pferd die nackten Fersen in die Seiten, und sie preschten auf dem langen, ebenen Weg davon. Auch Dandy ließ sich mitreißen, was Jakob überraschte und ihn zwang, sich ordentlich festzuhalten, als beide Pferde Seite an Seite einer nicht vorhandenen Ziellinie entgegengaloppierten. Jakob hatte von den Reitkünsten der Viehtreiber gehört, und als er jetzt einen in Aktion sah und es ihm schließlich gelang, sein Pferd zu zügeln, war ihm klar, dass er mit Billy ein Wort

über das Reisetempo reden musste, sonst würde der Boss sich noch das Genick brechen.
Doch zunächst wollte er doch das Beste draus machen. Es gab neue Gegenden zu erkunden, neues Land um ihn herum. Und dort … eine Herde Emus flüchtete zwischen den Bäumen hindurch. Allmählich überkam Jakob eine gewisse Zufriedenheit, und er begann, den Ritt zu genießen.

# 7. Kapitel

Auf Hanni machte die Clonmel-Schafzuchtfarm eher den Eindruck eines Dorfs denn einer Farm. Das Haupthaus, oder die Heimstätte, wie es genannt wurde, war ganz aus Holz gebaut und hatte sich anscheinend den Bedürfnissen entsprechend entwickelt und vergrößert. An jeder Seite wurden nach und nach Räume angebaut, und so lag das Haus nun lang gestreckt und niedrig in der Morgensonne. Sämtliche Zimmer führten auf eine Veranda hinaus, und um in ein bestimmtes Zimmer zu gelangen, musste man von einer Veranda zur anderen steigen, über grimmig lauernde Hunde hinweg.

Die Möbel im Haus waren alle roh gezimmert, hergestellt aus allerbestem Holz, wie Hanni hörte, aber sie entsprachen nicht dem, was man von wohlhabenden Leuten wie den Dixons erwartete. Stil hatte die Einrichtung gewiss nicht, keinerlei Ähnlichkeit mit dem wunderschön ausgestatteten Herrenhaus der Reinhardts, für die die Fechners in der alten Heimat gearbeitet hatten. Andererseits war bei den Dixons wie bei den Reinhardts alles Übrige vom Feinsten. Sie aßen von kostbarem Porzellan, ihr Wäscheschrank war eine Freude, die Vorhänge waren aus zartem Leinen und Spitze. Oh nein, sie schränkten sich keineswegs ein. Das gefiel Hanni. Ganz besonders mochte sie den Glanz und die Politur im Musikzimmer und in der großen Bibliothek, luftige, wunderschöne Räume, ganz anders als die muffigen, düsteren alten Zimmer, in denen die Reinhardts gewohnt hatten. Alles in allem war es ein schönes Haus, und auch die Leute waren freundlich.

»Solange du deine Arbeit tust«, hatte Elsie, die Hauswirtschafterin, gesagt, als Hanni ihre Stelle als Hausmädchen antrat, »lässt man dich in Ruhe.« Und das entsprach der Wahrheit. Die Arbeit selbst war so leicht, dass Hanni sie in der Hälfte der ihr zugebilligten Zeit erledigen konnte. Es war keine körperlich schwere Arbeit, kein stundenlanges Bohnern, Silber- und Messingputzen und all diese kleinlichen Verrichtungen, die in alten, verwohnten Häusern anfielen. Sie brauchte nur die Betten zu machen, zu fegen und Staub zu wischen …

»In der trockenen Jahrszeit wird immerzu viel Staub aufgewirbelt«, hatte Mrs Dixon ihr erklärt. »Manchmal ist es noch viel schlimmer als im Augenblick. Also, Hanni, mach dir keine Gedanken. Tu einfach, was du kannst.«

So dachten alle im Haus. Tu, was du kannst. Darüber musste Hanni heimlich kichern. Im Alter von zwölf Jahren hatte ihre Ausbildung zur Dienstbotin begonnen, und daher wusste sie, dass es hier reichte, wenn sie ihr Zweit-, nein, Drittbestes gab, aber weil alle so nett zu ihr waren, tat sie doch oft genug ihr Bestes. Sie putzte unter den Betten, fand Staubflusen, die das vorige Hausmädchen zurückgelassen hatte; sie schmückte die Zimmer mit Blumen oder grünen Zweigen, sie stieg auf die Leiter, nahm alle Bücher aus den Regalen, staubte sie ab und stellte sie wieder zurück, und sie achtete auch darauf, dass sie selbst stets sauber und adrett aussah, was sie in jedem Spiegel, an dem sie vorüberkam, kontrollierte.

Mrs Dixon und die Hauswirtschafterin waren entzückt von ihr und bezeichneten sie als guten Fang. Sie zahlten ihr sogar ein bisschen mehr als anfangs ausgemacht, in der Hoffnung, sie dadurch halten zu können. Mittlerweile hatte Hanni erfahren, dass die Leute auf den Farmen große Schwierigkeiten hatten, Personal zu bekommen, das bereit war, auf ihren einsamen Besitzungen zu arbeiten. Die Wäscherinnen und das Küchenmädchen waren Schwarze, und die Köchin trug die Speisen eigenhändig auf. Soweit Hanni es beurteilen konnte, hatte die Hauswirtschafterin nicht viel zu tun, abgesehen davon, dass sie Lebensmittel bestellte und im Haus nach dem Rechten sah. Im Grunde war sie eher Mrs Dixons

Gesellschafterin. Die zwei Frauen, beide mindestens sechzig Jahre alt, ritten häufig gemeinsam aus, und es beeindruckte Hanni tief, dass Mrs Dixon einen so lässigen Umgang mit einer Bediensteten pflegte. Das schien diese Familie jedoch in keiner Weise zu belasten, und Hanni kam zu dem Schluss, dass sie alle reichlich exzentrisch waren.
Der Vater, J. B. genannt, war ein kräftiger Mann mit Donnerstimme, doch tagsüber hielt er sich kaum in der Nähe des Hauses auf, ebenso wenig wie sein Sohn, Keith. Draußen, wo die eigentlichen Geschäfte dieses Besitzes sich abspielten, war viel zu tun. Da draußen, wo Lukas arbeitete.
Lukas hatte ihr auf den gemeinsamen Spaziergängen alles gezeigt, doch Hanni konnte seine Begeisterung für seinen Arbeitsplatz nicht teilen. Nicht einmal die Lagerhütten für Wolle beeindruckten sie, die nach Lukas' Worten schon erstaunlich groß waren. »Warum auch nicht?«, fragte sich Hanni. Diese Leute besaßen Tausende von Schafen; die Koppeln hinter den Lagerhütten sahen aus wie ein endloser Irrgarten aus Zäunen.
Allerdings gefiel es ihr, dass ihr auf ihren Spaziergängen Pfiffe und anerkennende Bemerkungen von den Arbeitern folgten; alle fanden sie sehr hübsch und zögerten auch nicht, sie das wissen zu lassen. Oft sagten sie in ihrer Gegenwart, dass Lukas sich glücklich schätzen könnte, und Hanni liebte diese Beachtung. Neuerdings aber hatte Lukas dieses Getue gründlich satt.
»Du forderst es heraus, Hanni. Das darfst du nicht. Es ist schwer für die Männer, dass es hier keine allein stehenden Frauen gibt.«
»Gibt es doch. Die Dixons haben häufig Damenbesuch.«
»Aber diese Damen machen sich nicht mit den Arbeitern gemein. Sie bleiben hübsch auf ihrer Seite der Hecke.«
»Ich kann das aber nicht. Wir wohnen schließlich dort. Und ich kann nichts dafür, wenn sie mich bewundern.«
»Stell dich wenigstens nicht so zur Schau, Hanni. Das tust du nämlich in letzter Zeit auffällig oft.«

»Das ist nicht wahr! Und du bist nur eifersüchtig. Man sollte doch meinen, du wärst stolz auf mich …«
»Hanni, Liebste, das bin ich doch auch. Ich liebe dich weiß Gott mehr als alles und jeden auf der Welt. Habe ich dir das nicht bewiesen? Nun?«
Er zwang sie, sich ihm zuzuwenden, an diesem Tag, als sie wieder einmal den gleichen alten Streit ausfochten. »Schau mich an! Du wolltest, dass wir zusammenbleiben. Du sagtest, ich hätte die Wahl. Entweder Hilda oder du. Ich habe mich für dich entschieden, Hanni, weil ich es nicht ertragen konnte, dich zu verlieren, und deshalb sind wir fortgegangen, deshalb habe ich alles für dich aufgegeben.«
»Na und?«, erwiderte sie ärgerlich. »Was geschehen ist, ist geschehen. Ich weiß, dass du mich liebst, und ich liebe dich. Aber hör auf, mir vorzuwerfen, ich würde diesen hässlichen Männern schöne Augen machen. Wirklich, nicht ein einziger von ihnen sieht halbwegs gut aus, und sie reden über nichts anderes als über Pferde.«
»Also … du hast sie dir alle genau angesehen?«, brauste er auf.
»Ach, hör auf! Du gehst mir auf die Nerven. Und warum kommst du heute so spät nach Hause?«
»Wir haben ganz weit draußen Schafe ausgemustert. Und übrigens, morgen müssen wir noch weiter raus, hat der Vormann gesagt. Wahrscheinlich dauert die Tour zwei Tage.«
»Nicht schon wieder! Und was soll ich tun? Soll ich nach der Arbeit in diesem Zimmer rumsitzen und Löcher in die Luft starren?«
Ihrer Meinung nach führten sie ein merkwürdiges Leben. Lukas war Viehtreiber geworden, ritt den ganzen Tag lang den Schafen hinterher, während sie sich mit ihrer anspruchslosen Arbeit die Zeit vertrieb. Sie waren beide ganz zufrieden mit ihrer jeweiligen Beschäftigung. Aber selbst die Mahlzeiten nahmen sie getrennt ein. Sie aß in der Küche, und er aß mit den Männern in der Kantine. Hanni hatte freie Nachmittage, aber nie einen ganzen Urlaubstag, während

Lukas sonntags freihatte. Hanni hielt am Nachmittag oft ein Nickerchen und war dann quietschfidel, wenn Lukas heimkam. Er war am Abend meist erschöpft und bemühte sich immer noch, sich an die anstrengenden Tage zu Pferde und die Anforderungen der Arbeit im Busch zu gewöhnen. Er fand immer noch die Kraft, mit ihr zu schlafen, doch Hanni beklagte sich, dass sie mit ihm keinen Spaß mehr hätte. Er schlief wie ein Stein und war schon im Morgengrauen wieder auf den Beinen, während sie sich erst um sieben Uhr im Haus melden musste. Um diese Jahreszeit dämmerte der Morgen gegen sechs Uhr, doch wie die Köchin sagte, ging die Sonne im Sommer schon um halb fünf auf.

»So früh? Dann wird mein Mann wohl im Tiefschlaf zur Arbeit gehen.«

Die Köchin hatte gelacht, doch Hanni fand das gar nicht lustig.

Sonntags gingen sie mittlerweile am See und im Obstgarten spazieren, was Hanni langweilig fand, doch Lukas saß gern unter den Bäumen und betrachtete das Haus.

»Schau es dir an. Eines Tages werden wir unsere eigene Farm haben und ein richtig schönes Haus. Ich habe herausgefunden, dass den Dixons all dieses Land gar nicht gehört. Sie haben es nur gepachtet.«

»Wo liegt der Unterschied? Es gehört ihnen trotzdem.«

»Doch, es gibt einen Unterschied, Liebling, aber die Hauptsache ist, dass mir dies alles hier zeigt, wie wir in diesem Land vorwärts kommen können. Zuerst lernt man alles über Schafzuchtfarmen und ihre Bewirtschaftung, so wie jetzt, und dann kann man, wenn man will, losgehen und selbst Land pachten. Dafür sparen wir, Hanni. Unser Guthaben wird bald anwachsen.«

»Klar. Es gibt hier ja auch nichts, wofür wir unser Geld ausgeben könnten. Kein Wunder, dass sie die Dienstboten hier nicht lange halten können.«

Lukas sah sie besorgt an. »Hanni, was willst du denn? Sag es mir doch. Ich dachte, du hättest alles, was du brauchst.«

»Was sollte ich schon wollen?«, schmollte sie, war aber nicht in der Lage, all ihre Wünsche aufzuzählen, die sie sich gern erfüllt hätte, gäbe es nur ein Geschäft in erreichbarer Nähe. »Ich komme ja nirgendwo hin.«
Und so vergingen die Tage. Hanni langweilte sich zunehmend, und Lukas genoss sein wildes, völlig verändertes Leben. Auf dem Besitz der Reinhardts hatte er es bis zum Stallmeister gebracht; höher hätte er nicht aufsteigen können, es sei denn, er hätte sich nach einer anderen Beschäftigung umgesehen, was die Herrschaft allerdings nicht gern gesehen hätte. Hier, wo er als kleiner Zaunmacher angefangen hatte, würde er bald befördert werden.
Lukas lächelte vor sich hin. Er war bereits zu einem kleinen Viehtreiber befördert worden. Unter diesen harten Männern hatte er sich Respekt verdient durch seine Anstrengungen. Das tat ihm wohl und veranlasste ihn, die Muskeln spielen zu lassen und mehr erreichen zu wollen. Er wollte arbeiten, aufmerksam zuschauen und lernen, und eines Tages würde er seine eigene Schafzuchtfarm besitzen. Vielleicht zunächst zusammen mit einem Partner, wenn das die Erfüllung seines Traums beschleunigte. Doch Hannis Verhalten bereitete ihm Sorgen. Er verstand ihr Problem. Sie hatte zu viel Freizeit und wusste nicht, wie sie sich beschäftigen sollte, daher schlich sich die Einsamkeit ein. Sie hatte von der großen Bibliothek im Haus gesprochen, und er schlug ihr vor, sich die Erlaubnis zum Ausleihen von Büchern geben zu lassen, hatte dabei jedoch Hannis Probleme mit dem Lesen der englischen Sprache nicht bedacht. Er wünschte sich, ihr helfen zu können, was aber nicht heißen sollte, dass er ihr die Freude an der Aufmerksamkeit anderer Männer, und sei sie noch so unschuldig, gestatten wollte. Auch das begriff sie nicht: dass Männer wie diese hier nicht gereizt werden durften.
Oder begriff sie es doch? Ihn hatte sie monatelang gereizt. Sie suchte seine Nähe, schäkerte, verlangte nach ihm, bis er alle Vorsicht fahren ließ und zu ihr ging, um seinerseits ein bisschen zu poussieren. Und wohin das geführt hatte, sah

man jetzt. Er bereute es schon manchmal, natürlich, aber er würde immer wieder genauso handeln. Er liebte Hanni nicht nur. Er betete sie an, sie war das hübscheste Mädchen, das er je gesehen hatte, und außerdem noch sanft und lieb. Eines Tages würde sie über ein eigenes Heim verfügen, über Freunde, die sie besuchen konnte, und über Kinder, die sie verwöhnen konnte. Vielleicht war das die Lösung. Wenn Gott ihr ein Kind schenkte, hätte sie Beschäftigung genug.

Trotz Lukas' eindringlicher Warnungen vor den groben Arbeitern war es dann doch nicht einer von ihnen, der Hanni belästigte. Es war ein Gast, Mr Mayhew. Und er war betrunken. Er war außer den Fechners der einzige Bewohner des Gästeflügels und weilte schon seit einigen Tagen auf Clonmel, als er Hanni auf dem Weg zum Hause begegnete.

Die schwarzen Mädchen wurden vor Einbruch der Dunkelheit in ihr Lager zurückgeschickt, und zwar aus gutem Grund, wie die Köchin Hanni erklärt hatte.

»Zu viele geile Weiße auf der Farm, und weiß Gott nicht nur die Arbeiter«, sagte sie und schürzte die vollen Lippen. »Zu viele junge Kerle, die hierher zu Besuch kommen und die schwarzen Mädchen für Freiwild halten, aber Mrs Dixon will das nicht dulden. Sie wirft sie ohne viel Federlesens raus, wenn sie hört, dass sie hinter den Mädchen her sind. Und ihr ist es gleich, wer sie sind.«

Das bedeutete, dass Hanni abends schon mal für das Küchenmädchen einspringen musste, doch das störte sie nicht. Sie aß ihr Abendbrot in der Küche und amüsierte sich darüber, dass die Köchin sich herbeiließ, die Familie zu bedienen, wenn sie ihr diese Arbeit doch hätte abnehmen können. Doch der Köchin machte das Servieren Spaß. Bei der Gelegenheit konnte sie mit den Dixons plaudern, erfahren, was sie mochten und was nicht, und Komplimente einheimsen. Hanni blieb, um beim Abwasch zu helfen, das Speisezimmer aufzuräumen und den Frühstückstisch zu decken. Dann suchte sie ihre Wohnung auf.

Hanni hätte liebend gern einen Brief an die Mädchen geschrieben, mit denen sie all diese langen Jahre unter dem ehernen Regiment von Frau Neuendorf gearbeitet hatte. Frau Neuendorf war die Hauswirtschafterin der Reinhardts. Wie sie unter der Knute dieser Frau, unter ihren gemeinen Hieben, wenn eine von ihnen ihrer schlechten Laune in die Quere kam, gelitten hatten! Das Silber musste mit bloßen Fingern geputzt werden, bis sie wund waren und bluteten. Die Mahlzeiten mussten die Wendeltreppe für Dienstboten hinaufgetragen werden, eine Steintreppe, und zwar schnell, damit die Speisen nicht kalt auf den Tisch kamen, der sich drei Etagen höher befand. Dort war das Leben eines Dienstmädchens schwer gewesen; sie arbeiteten hart, ohne jemals den Kopf heben zu dürfen, geschweige denn zu erleben, dass die Reinhardts fragten: »Wie geht es dir?« Eines Tages, das schwor Hanni sich, würde sie es schaffen, ihnen zu schreiben.
An diesem Abend hatten die Dixons nur einen Gast. Mr Mayhew bewohnte das erste Zimmer im Gästeflügel, am anderen Ende des Flurs, auf dem sich das bedeutend kleinere und schlichtere Zimmer der Fechners befand. Hanni hatte ihn gelegentlich schon gesehen, wenn er mit Mr Keith ausritt. Er war ein fleischiger, rothaariger, nicht eben großer Typ mit einem lauten Lachen. Mehr nicht.

Die Köchin hatte ihr ein paar Frauenzeitschriften zum Lesen gegeben, als sie ihre Arbeit in der Küche beendet hatte. Sie löschte das Licht und stieg die Wendeltreppe hinunter, die auf den Weg zu ihrer Wohnung mündete. Die Nacht war mild, ein wenig frisch, und wie immer glitzerten die Sterne am Himmel. Hanni hatte keine Eile. Lukas war nicht da, also erwartete sie ohnehin nur das leere Zimmer, aber diese Zeitschriften würden ihr zumindest helfen, die einsame Zeit zu überbrücken. Sie schaute liebend gern diese Bilder an, besonders die Werbeanzeigen, um zu erfahren, was die reichen Damen so trugen. Die Köchin hatte gesagt, dass Mrs Dixon nach diesen Anzeigen häufig Handschuhe und andere Accessoires bestellte und sich anliefern ließ, was Hanni mächtig beeindruckte.

»Wie aufregend«, sagte sie zu sich selbst und überlegte, ob sie sich vielleicht auch einmal etwas würde liefern lassen können, doch in diesem Augenblick bemerkte sie Mr Mayhew, den Gast des Hauses, der hinter ihr den Weg entlangstolperte.

»Warte doch, kleine Dame«, brummelte er und legte die Arme auf ihre Schultern. »Warum so eilig?«

Hanni duckte sich, um sich ihm zu entziehen, doch er hielt sie fest, zog sie an sich und versuchte sie zu küssen.

Während sie mit ihm rang, das Gesicht abwandte, um seinen nassen Küssen zu entgehen und die starke Hand abzuwehren, die sie festhielt, gab Hanni keinen Ton von sich. Es war nicht das erste Mal, dass so ein Rüpel sie gepackt hatte, doch bisher war es in der alten Heimat geschehen, wo sie schreiend um sich schlagen und gezielt zutreten konnte. Aber dieser Mann gehörte zur Herrschaft, war Gast des Hauses. Und sie kannte die damit verbundenen Gefahren … Gäste pflegten in solchen Situationen die Schuld auf die Dienstmädchen zu schieben, und sie wusste von Mädchen, die auf Grund der Zügellosigkeit von Gästen gefeuert worden waren.

»Wehr dich nicht so, kleines Mädchen«, lachte er. »Ich tu dir nicht weh. Mann, oh Mann, du bist ja wie eine kleine weiche Maus.«

Er hielt sie immer noch fest, und als Hanni den Boden unter den Füßen verlor, taumelten sie zusammen in die Büsche am Wegesrand. Hanni, die Lippen fest zusammengepresst, um ihn nicht wüst zu beschimpfen, schaffte es, zurück auf den Weg zu gelangen, nur um einem anderen Mann in die Arme zu laufen, während Mr Mayhew sie immer noch festhielt.

»Also wirklich«, sagte Mr Keith über ihren Kopf hinweg. »Lass das gefälligst, alter Bursche. Was soll das denn?«

»Nur ein bisschen Spaß«, keuchte Mayhew, doch er ließ Hanni los, und sie rannte davon, voller Angst, dass sie Ärger bekommen würde, weil sie einen Gast brüskiert hatte. So

verliefen solche Geschichten doch immer. Die Männer waren stets im Recht.
Keith hob die Zeitschriften auf, die sie hatte fallen lassen, und staubte sie ab. »Charlie, du bist besoffen. Komm, ich bring dich in dein Zimmer. Nein, doch nicht da entlang, da unten sind die Dienstbotenquartiere. Hier geht's lang.«
»Ich bin nicht besoffen«, sagte Charlie, als sein Freund ihn zur Tür brachte. »Nur ein bisschen durch'n Wind. Komm doch noch auf einen Schlaftrunk rein. Hab zufällig 'nen guten Rum da. Selbst gebrannt, weißt du, aus meiner Destille. Verdammt guter Stoff, glaub mir.«
Keith folgte ihm in sein Zimmer. »Wir können nicht dulden, dass du das Personal belästigst, Charlie. Weißt du, das geht einfach nicht. Mutter bekommt einen Anfall.«
»Mein lieber Freund, ich habe das kleine Schätzchen nicht angefasst. Glaub mir, ehrlich, ich wollte eigentlich nur mit ihr sprechen, aber sie zuckte herum wie eine Maus und wollte einfach nicht stillhalten.«
»Worüber wolltest du denn mit ihr sprechen?«
Charlie rülpste und grinste dann. »Das fragst du noch? Hast du sie dir mal genauer angeschaut? Ich bin verliebt, Keith, mein Junge, ich bin bis über beide Ohren verliebt in sie.«
»Verstehe. Du hast sie auf dem Weg getroffen, und urplötzlich traf dich Amors Pfeil?«
»Ganz und gar nicht.« Charlie goss einen guten Schluck Rum in die Gläser auf seinem Frisiertisch und gab ein bisschen Wasser hinzu. »Sie ist mir gleich bei meiner Ankunft aufgefallen. Tut mir Leid, falls ich das Mäuschen erschreckt habe. Ich wollte gar nicht so trampelig sein. Schlechter Stil, fürchte ich.«
»Extrem schlechter Stil, Charlie. Dieser Rum ist nicht schlecht. Im Gegenteil, er ist sogar verflixt gut. Du machst ihn selbst, sagtest du?«
Beleidigt richtete Charlie sich zu seiner vollen Größe auf. »Rede nicht so, als würde ich das Zeug in einem verdammten Eimer zusammenpanschen. Ich besitze inzwischen eine

richtige Brennerei, mit einem Chemiker und allem Drum und Dran. Aber um auf die Dame zurückzukommen, ich kann nicht glauben, dass du sie noch nicht bemerkt hast. Das Fräulein ist hinreißend …«

»Frau, Charlie. Sie ist verheiratet.«

»Das ist ein Rückschlag, aber was soll's. Trotzdem ist das Dämchen hinreißend. Ich meine, sie ist die ideale Frau. Ich beobachte sie bei jeder Gelegenheit … Überleg doch mal. Das Haar ist echt blond, das Gesicht so hübsch, die Haut wie Pfirsich und Sahne, die Lippen …«

Keith fing an zu lachen. »Wann hattest du denn Zeit, das arme Mädchen zu beobachten?«

»Die Zeit hab ich mir genommen. Wenn ich auf der Veranda saß und die Aussicht bewundert hab. Sozusagen. Aber hast du denn kein Herz? Wie kannst du eine blonde, blauäugige Schönheit wie sie als armes Mädchen bezeichnen? Mein Gott, Keith, hast du denn nicht gesehen, was für einen herrlichen Busen sie hat? Ich sag dir, ich bin verliebt.«

»Ja, diese Woche.« Keith lachte. »Und so schnell, wie sie dir davongelaufen ist, glaube ich nicht, dass sie deine Gefühle erwidert. Aber erzähl mir mehr von diesem Rum.«

»Ich hab schon mit deinem alten Herrn gesprochen. Unsere Plantage läuft gut. Seit wir die Kanaken eingestellt haben, bauen wir reichlich Zuckerrohr an, aber mein Vater und ich sind der Meinung, dass die Jupiter-Plantage wesentlich mehr zu bieten hat.«

»Ihr wollt expandieren?«

»Das tun wir sowieso. Aber wir haben mit der kleinen Brennerei herumexperimentiert, und wir wissen, dass wir guten Rum herstellen können, deshalb wollen wir jetzt eine große Brennerei bauen, eine richtige. Wir brauchen allerdings finanzielle Hilfe, und das Problem ist, dass mein Vater deinen Vater nicht zur Beteiligung überreden kann. Er will J. B. als Rückendeckung, doch der lässt sich nicht darauf ein.«

Keith reichte Charlie sein Glas. »Gib mir noch einen Schluck von dem Gebräu. Nicht so viel, nur zum Kosten, pur.«

Als er ausgetrunken hatte, nickte Keith anerkennend. »Hat J. B. ihn schon probiert?«
»Ich habe ihm eine Flasche geschenkt, aber er hat sie noch nicht einmal geöffnet.«
»Ist das die Flasche mit dem braunen Zeug auf der Anrichte, die ohne Etikett?«
»Genau die«, antwortete Charlie mürrisch.
»Die wird er nicht anrühren. Wahrscheinlich glaubt er, es wäre Rattengift. Da musst du dir schon was Besseres einfallen lassen. Etiketten werden doch nicht allzu viel kosten. Wenn du es ernst meinst, muss dein Rum einen Namen haben, einen wohlklingenden noch dazu. Du kannst nicht einfach von Tür zu Tür gehen und ihn wie hausgemachten Hustensaft anpreisen.«
»Hast wahrscheinlich Recht, alter Junge. Wird wohl so sein. Was meinst du, sollte ich zu dem Fräulein gehen und mich entschuldigen? Das gehört sich wohl so, nicht wahr?«
»Nein. Du bist immer noch betrunken. Geh zu Bett, Charlie. Ich werde mit J. B. über die Brennerei reden. Ich glaube, du bist da auf der richtigen Spur.«
Charlie streckte sich auf seinem Bett aus und reckte sich schläfrig. »Ich weiß, dass ich auf einer guten Spur bin«, sagte er benommen. »Dieses Fräulein ist ein Goldschatz. Sie ist eine Venus mit Armen.«
Als Keith die Tür hinter sich schloss, schnarchte er bereits. Keith hatte Hannis Zeitschriften wieder mitgenommen, weil sie in Charlies Zimmer fehl am Platz waren, und hatte vor, sie im Speisezimmer auf die Anrichte zu legen, wo Hanni sie finden würde, doch er hielt sie immer noch in der Hand, als er sein Zimmer betrat.
Er warf sie auf den Boden und grinste in Gedanken an Charlies neueste Liebe … Lust.
Er dachte immer noch an Hanni, als er sich auszog und ins Bett stieg. Hanni. Wenn er es sich genau überlegte, mochte Charlie wohl Recht haben. Er begann, sich ihre weiblichen Reize vorzustellen, und fragte sich, weshalb er das alles nicht

schon früher bemerkt hatte. Wahrscheinlich, weil sie immer so still war, nie den Blick hob, niemals ungefragt etwas sagte. Wirklich, ein Mäuschen. Was hatte seine Mutter noch über sie gesagt?«

»Sie ist Gold wert. Hervorragend ausgebildet. Selbst im Regierungsgebäude wäre sie nicht fehl am Platz.«

Bevor Charlie für sie zu schwärmen begann, war diese tugendhafte Frau nur Teil der Kulisse gewesen, hatte nie in irgendeiner Weise die Aufmerksamkeit auf sich gezogen.

»Himmel!«, flüsterte er, als Charlies Beobachtungen in seinem Traum Gestalt annahmen und Hanni, die makellose Schönheit, vor ihm erschien, unbekleidet, göttlich. Er warf die Bettdecke zurück, um sie mit seiner Leidenschaft zu beglücken, mit einem besseren Mann, als Charlie je sein würde. Den Großteil der Nacht über träumte er von ihr; es waren aufregende, wollüstige Träume, die ihn erhitzt aufwachen ließen, enttäuscht darüber, dass sie sich nicht erfüllt hatten.

Charlie war nun peinlich berührt. »Ich kann es nicht glauben, dass ich das Fräulein so belästigt habe«, flüsterte er Keith zu. »Ich habe versucht, mich bei ihr zu entschuldigen, aber sie weicht mir aus. Ich will sie nicht noch mehr in Verlegenheit bringen, aber glaubst du, ich könnte mich ins Speisezimmer schleichen? Dort ist sie gerade, allein.«

»Wozu?«

»Na ja, ich wollte ihr das hier schenken.«

»Was ist das?« Keith öffnete einen kleinen Samtbeutel und fand darin einen mit bunten Steinen besetzten Handspiegel.

»Ist nur Talmi«, sagte Charlie. »Ich habe ihn für meine Schwester gekauft, weil ich ihn so hübsch fand, aber für sie kann ich etwas anderes besorgen. Ich möchte gern, dass Hanni den Spiegel bekommt.«

»Weshalb?«

»Als Friedensangebot, mein Lieber.«

»Aber sie ist verheiratet, Charlie. Will das nicht in deinen Schädel?«

»Ich weiß, und das macht mein Benehmen sogar noch schlimmer. Sie hat ein Recht auf eine Entschuldigung.«
»Gut. Gib mir den Spiegel. Ich werde das für dich übernehmen.«
»Verdammt lieb von dir, Keith. Ich würde äußerst ungern abreisen in dem Wissen, dass ich ein so nettes Mädchen verärgert habe.«

Er brachte ihr den eleganten Spiegel tatsächlich und klopfte am Nachmittag, als alles still war, leise an ihre Tür.
Sie trug ihr Haar offen, hatte die dicken Zöpfe gelöst, und Keith war sprachlos angesichts der Pracht, die sich ihm bot. Ihr Haar war nicht unbedingt lockig, eher wellig, stellte er fest, und rahmte ihr Gesicht glänzend wie Seide.
»Sie wünschen, Sir?«, fragte sie nervös. »Was soll ich tun?« Ihr Akzent war leise lispelnd, süß.
»Ich bringe Ihnen Ihre Zeitschriften«, sagte er und reichte ihr die Blätter. »Sie haben sie auf dem Weg verloren.«
Sie nahm sie, wie er fand, mit so viel Begeisterung entgegen, als handelte es sich um Rattengift, dankte ihm leise und wollte die Tür schließen, doch er hielt dagegen.
»Hanni, wegen gestern Abend …«
»Es tut mir Leid, Sir. Wirklich sehr Leid. Es wird nicht wieder vorkommen.«
Keith blinzelte. »Ihnen muss es nicht Leid tun. Charlie ist derjenige, der sich entschuldigen sollte.«
»Nein, Sir. Ich, mir tut es Leid. Sagen Sie bitte nichts mehr.«
Er stellte fest, dass sie unglaublich lange Wimpern über ihren phantastischen blauen Augen hatte, die sie auf den Boden richtete, was ihm die Möglichkeit bot, sie eingehender zu betrachten, diesen perfekten Körper aus nächster Nähe in Augenschein zu nehmen. Seine nächtlichen Phantasien stiegen in ihm auf, und er neigte sich ihr zu, atmete ihren Duft ein, einen sauberen, gesunden Duft, so erregend, dass ihm ein wenig schwindlig wurde.
Keiths Lächeln war wohlwollend, charmant. »Liebe junge

Dame. Verzeihen Sie, dass ich so uber sie herfalle, aber ich hatte Angst, sie könnten wegen dieses Vorfalls betrübt sein, und Sie sind tatsächlich betrübt. Nicht wahr?«

Sie nickte.

»Das sollen Sie nicht. Es war unverzeihlich von Charlie, Sie derartig zu überfallen. Unerhört. Ich fühle mich verantwortlich dafür, wenn ein Gast unseres Hauses Sie so traurig macht, und deshalb bin ich gekommen, um mich zu entschuldigen.«

Sie hob den Blick und sah ihn mit ihren großen blauen Augen an. Sie verstand überhaupt nichts mehr, und er tätschelte ermutigend ihren Arm.

»Also machen Sie sich keine trüben Gedanken mehr, Hanni. Als kleine Entschädigung für den Vorfall habe ich Ihnen ein Geschenk mitgebracht.«

»Für mich?« Sie staunte.

»Für Sie. Packen Sie es aus.«

Sie nahm den Spiegel aus dem Samtbeutel und betrachtete ihn verwundert. »Er ist wunderschön! Und er soll mir gehören, Sir?«

»Ja. Aber an Ihrer Stelle würde ich im Haus darüber schweigen. Ich möchte nicht, dass meine Mutter von Charlies schlechtem Benehmen erfährt.«

Hanni stimmte von ganzem Herzen zu. Sie nickte heftig und dankte ihm noch einmal.

»Also reden wir nicht mehr darüber, Hanni?«, fragte er, und sie lächelte ihn an.

»Selbstverständlich, Sir. Und danke. Sehr freundlich von Ihnen.«

Als er gegangen war, setzte Hanni sich aufs Bett und betrachtete das Geschenk voller Verwunderung. Den ganzen Tag hatte sie darauf gewartet, dass sich eine Hand schwer auf ihre Schulter legte. Dass die Hauswirtschafterin oder sogar Mrs Dixon über sie herfiel, ihr vorwarf, sie hätte ihrem Gast schöne Augen gemacht und ihn belästigt. Sie war überzeugt, dass man Mr Mayhew ohne zu zögern Glauben geschenkt hätte, wenn er seine Version des Vorfalls, wie Mr Keith es nannte, zum Besten gab. Sie hatte sogar damit gerechnet, dass die beiden Männer sie gestern Nacht mit Gott weiß was für einer Strafe für ihr Entkommen verfolgen würden, deshalb hatte sie in ihrem Zimmer einen Stuhl unter die Türklinke geklemmt.

Und dann kam Mr Keith mit diesem Geschenk. Und er war wunderschön, mit Rubinen, Smaragden und Saphiren besetzt – so sahen die Steine zumindest aus. Es war das hübscheste Ding, das sie je im Leben besessen hatte, und sie würde es hüten wie ihren Augapfel.

Hanni betrachtete ihr Gesicht in dem juwelengeschmückten Spiegel. Sie war tief verwundert über Keiths Reaktion auf Mr Mayhews Übergriff und froh darüber, dass niemand sonst davon erfahren würde. Erleichtert. Sie lächelte bei dem Gedanken an Mr Keiths Entschuldigung. Sehr nett von ihm, dass er sie aus Charlies Klauen gerettet hatte, obwohl dieser Trunkenbold nach wenigen Minuten schon gemerkt hätte, dass es kein Mäuschen war, das er sich da eingefangen hatte. Sie war durchaus nicht muskulös, aber trotzdem stark … und damals zu Hause sehr gefragt beim Tauziehen.

Ach ja, seufzte sie. Dieser Charlie wäre reif für eine böse Überraschung gewesen, wenn die Sache ernst geworden wäre. Aber Mr Keith. Das war eine andere Geschichte.

Sie schlang die Arme um ihren Oberkörper. Köstlich! Wie schmeichelhaft, dass Mr Keith mit ihr tändelte. Und in Wirklichkeit war es sogar mehr als Tändelei. Sie hätte gern gewusst, wie viel mehr. Er sah bedeutend besser aus als sein betrunkener Freund. Und Hanni würde mit Freuden den Mund halten über das Geschenk. Ganz bestimmt. Nicht nötig, dass Lukas es sah und anfing, Fragen zu stellen. Wegen nichts Krach schlug. Vielleicht wegen nichts.

Es würde interessant sein zu erfahren, was Mr Keith als Nächstes unternahm. Zumindest hatte er die gähnende Langeweile unterbrochen, an der sie litt. Statt den Nachmittag

über in ihrem Zimmer zu hocken, sollte sie künftig lieber spazieren gehen. Das würde niemanden stören.
Also gewöhnte Hanni sich an, nachmittags die Farm zu durchstreifen. Die schwarzen Mädchen schenkten ihr einen Sonnenhut aus den Blättern der Kohlpalme und einen derben Stock und rieten ihr, ihn immer bei sich zu tragen, um im Notfall die Schlangen abwehren zu können.
»Ich könnte nie eine Schlange töten«, sagte sie. »Ich hätte viel zu viel Angst.«
»Dann lauf einfach weg.« Sie lachten, aber jetzt besaß sie wenigstens einen guten Spazierstock, und sie machte sich daran, die Gegend jenseits des Sees zu erkunden, den Obstgarten und sogar die Hügelkuppe, von der man einen schönen Ausblick auf den Fluss hatte.
Und am dritten Tag tauchte er auf, früher, als sie erwartet hatte, überholte sie zu Pferde, als sie sich auf dem Heimweg dem Obstgarten näherte. Er saß ab und ging ein Stückchen mit ihr, sprach über Belangloses und fragte sie, wie ihr das Leben auf der Farm gefiele.
Hanni äußerte sich begeistert. Sie sagte, sie liebte es über alles. Die Farm sei so schön. So riesig. Sagte alles, was er hören wollte. Lukas erwähnten sie beide mit keinem Wort.
Mr Keith warb um sie, wie sie um Lukas geworben hatte. War immer zur Stelle. Lächelte ihr von ferne zu. Begegnete ihr wie zufällig auf der Wiese. Oder drüben am Anleger beim Fluss, wo sie gern stand und Ausschau nach Fischen hielt. Er wollte, dass sie den ersten Schritt tat, das wusste Hanni, doch sie stellte sich ahnungslos. Vergaß nie, dass er der Herr war und sie die Angestellte, die in seiner Gegenwart schüchtern zu sein hatte. Die jedoch augenscheinlich zu ihm aufsah, zu dem schönen, bedeutenden Mann. Und Abstand hielt.
Nach einer Weile gestalteten sich die zufälligen Begegnungen schwierig. Sie wünschte sich verzweifelt, den Blick zu heben und ihn in ihren Augen lesen lassen zu können, was nach Ansicht ihrer Mutter unverschämt deutlich wäre. Die

hatte behauptet, dass so ein Verhalten sie eines Tages in Schwierigkeiten bringen würde. Das war zwar nie geschehen, aber jetzt durfte sie es ohnehin nicht mehr tun. Sie war verheiratet und sie wollte Mr Keith nicht vergraulen. Das Spielchen machte viel zu viel Spaß. Ganz offensichtlich war es der Umstand, dass sie verheiratet war, was ihn zur Zurückhaltung zwang. Doch so würde es nicht bleiben. Seit er ihr seine Aufmerksamkeit schenkte, hörte Hanni auf den Küchenklatsch über ihn. Er war eigenwillig, sagten sie. Wollte immer seinen Kopf durchsetzen. Trieb es ziemlich toll mit den Frauen, aber andererseits zögerten die hiesigen Mädchen auch nicht, sich an ihn heranzumachen.

Das interessierte Hanni, die weiterhin alles andere tat, als sich an ihn heranzumachen. Manchmal, aber nicht allzu oft, fragte sie sich, wohin das Spiel noch führen sollte, wie es zu Ende gehen würde. Merkwürdigerweise führten die Gedanken an Mr Keith dazu, dass sie noch leidenschaftlicher mit Lukas schlief. Es machte die Liebe aufregender, und ihr Mann beschwerte sich keineswegs.

Als es dann geschah, kam es überraschend. Er packte sie nicht einfach, wie Mr Mayhew es getan hatte. Er faselte nicht von ewiger Liebe und ähnlichem Unsinn. Er kam auf dem Anleger auf sie zu, reichte ihr die Hand, um ihr über eine Schlammpfütze hinwegzuhelfen, und küsste dann still ihre Hand. Das war alles.

An diesem Nachmittag ritt er mit einigen von seinen Männern fort. Er blieb eine Woche weg. Eine ganze Woche. Hanni hatte keine Ahnung, wo er war, und wagte auch nicht, danach zu fragen. Er fehlte ihr, und das ärgerte sie. Schließlich liebte sie Lukas; mit Mr Keith hatte sie nur geschäkert. Warum war sie dann so erregt? Ihr Inneres befand sich in Aufruhr. Beim Gedanken an ihn wurde ihr der Gaumen trocken. Sie wollte ihn. Ja. Begehrte ihn. Liebe? Sie wusste es nicht. Eher Lust, hätte ihre Mutter gesagt. Aber das hatte sie auch gesagt, als Hanni sich in Lukas verliebte.

Lukas wunderte sich, als er Theo aufs Lager zustapfen sah. Zuerst hielt er ihn für einen der Treiber, die gerade eine Herde Schafe gebracht hatten, doch Theo erklärte, er sei mit dem Bullocky gekommen, der ihr Lager entdeckt und eine Pause eingelegt hätte, um bei einer Tasse Tee ein wenig zu plaudern. Sie brachten eine große Warenladung für die Clonmel Station.

»Sie kaufen genug, um eine ganze Stadt ernähren zu können«, knurrte Theo.

»Hier arbeiten auch viele Leute«, erklärte Lukas. »Und es heißt, dass die Scherer bald kommen. Möchtest du Tee?«

»Warum nicht? Schmeckt zwar wie Abwaschwasser, aber wenn es nichts anderes gibt ...«

Lukas holte ihm Tee und einen Keks, und sie setzten sich neben ein Schafgatter.

»Hier lebst du?«, fragte Theo mit einem Blick auf die provisorischen Unterkünfte und das alte Zelt.

»Nein. Das hier ist nur ein vorübergehendes Lager für uns Viehtreiber, wenn der Weg zurück zur Heimstätte abends zu weit ist. Dann schlafen wir hier draußen. Sie schicken uns immer jemanden, der für uns kocht.«

»Ihr werdet bedient wie die Herrschaften, scheint mir.«

»Von wegen. Wir arbeiten hart, Theo. Ich weiß nicht, wie es den anderen geht, aber wenn man mir abends nichts zu essen vorsetzen würde, wäre ich zu müde, um mich selbst darum zu kümmern.«

»Und Hanni lässt du auf der Farm allein? Das gefällt ihr bestimmt nicht. Wohnt sie auch in so einem Lager?«

»Nein. Wir haben ein Zimmer, sogar ein recht hübsches. Schau es dir mal an, wenn du auf die Farm kommst.«

»Wir haben nicht viel Zeit. Davey, der Bullocky, sagt, wir haben die Heimstätte bald erreicht, dann laden wir unseren Kram ab und kehren gleich wieder um, solange die Wege noch gut sind. Ich glaube, er meint das Wetter. Aber im nächsten Moment fängt er schon wieder an, über die Trockenheit zu stöhnen und um Regen zu beten. Aber sag mal,

Lukas … wie war das mit den Scherern? Wie ich höre, verdienen die auf diesen Farmen das ganz große Geld.«

»Die Schafschur beginnt, wenn es heißer wird. Man möchte meinen, es wäre auch jetzt heiß genug, aber das ist anscheinend nicht der Fall.«

»Warum scheren die Farmarbeiter ihre Schafe nicht selbst?«

Lukas schüttelte den Kopf. »Ich weiß nicht. Keine Ahnung. Viehtreiber sind ja immer reichlich da. Ich kenne nicht mal die Hälfte von ihnen. Vielleicht liegt's daran, dass es einfach zu viele Schafe sind.«

»Wie viele Schafe gibt es auf dieser Farm? Ich meine, wenn die Tiere alle reingeholt werden, haben die Viehtreiber doch nichts anderes mehr zu tun, als sie zu scheren?«

Lukas blickte nervös um sich. Die anderen Männer standen um das provisorische Küchenhaus herum, rauchten und unterhielten sich, die Hüte aus den staubigen Gesichtern geschoben, im Begriff, wieder an die Arbeit zu gehen. Diese leichte Mahlzeit mit Tee aus dem großen Kessel wurde »Smoko« genannt; es war eher eine Rauch- als eine Essenspause.

»Theo«, sagte Lukas, »ich weiß einfach viele Dinge noch nicht so genau. Ich möchte nicht zu viele Fragen stellen und mich zum Narren machen. Das habe ich oft genug getan, und lass dir sagen, diese Männer machen vielleicht einen ganz freundlichen Eindruck, aber das täuscht. Die sind abgebrüht und stehen in ständiger Konkurrenz zueinander.«

»Ich habe dich nur nach den Scherern gefragt.«

»Und ich versuche, dir was über Schafe zu erzählen. Ich weiß nicht, ob sie mich aufziehen oder die Wahrheit sagen, aber ich glaube, auf dieser Farm gibt es ungefähr zwanzigtausend Schafe, wenn nicht mehr.«

Theo lachte. »Die nehmen dich hoch, Lukas. Und warum auch nicht? Du bist ein Pferdeknecht. Erklärst du denen, wie die Ställe in Ordnung gehalten werden? Wissen die, dass du gar kein richtiger Viehtreiber bist? Du verstehst überhaupt nichts von Schafen.«

»Inzwischen doch.«

»Blödsinn. Ich habe mal als Schäfer gearbeitet, als ich noch jung war. Mit sechzehn konnte ich schon Schafe scheren. Ich verstehe was von Schafen. Hör mal, geh und erkundige dich für mich nach den Scherern. Ich habe drei Kinder, Lukas. Als Daveys Handlanger durch die Gegend zu traben, bringt mir nichts ein. Ich verdiene nicht mal genug, um mich selbst zu ernähren, geschweige denn die Kinder.«

»Der Erste Viehtreiber ist nicht da«, sagte Lukas und sah einem schwarzen Jungen nach, der einen gefüllten Wassereimer zu den durstigen Pferden trug.

»Frag jemand anderen. Zum Beispiel den Koch.«

»Na schön!«, sagte Lukas gereizt. Er ging zum Koch hinüber. »Mein Freund da drüben wüsste gern, wie man Arbeit als Scherer bekommt, Lenny. Kannst du ihm einen Rat geben?«

Lenny sammelte leere Keksbüchsen ein, schob mit dem Fuß Asche über das verlöschende Lagerfeuer und spuckte in den Staub. »Scherer? Die lassen kaum noch einen rein. Ist er gut?«

»Ich glaube schon.«

»Wie gut?« Er stapfte zu Theo herüber. »Wie viele Schafe schaffst du an einem Tag, Kumpel?«

Theo sah ihn verständnislos an. »An einem Tag? Das weiß ich nicht. Ich habe sie nie gezählt.«

»Dann schätz mal.«

»Weiß nicht. Vielleicht zehn.«

»Ach, mach, dass du wegkommst, Lukas«, höhnte der Mann. »Und nimm den Kleinen mit. Der ist nicht mal als Fußabtreter eines Scherers zu gebrauchen.«

Er stampfte zu den Viehtreibern hinüber, die bereits die Pferde sattelten, und erzählte die Geschichte unter dem brüllenden Gelächter der Männer.

Lukas seufzte. Wegen dieser Sache würde man sich erbarmungslos über ihn lustig machen, wenngleich er nicht die geringste Ahnung hatte, wie viele Schafe ein Mann an einem Tag scheren konnte. Er hasste es, ausgelacht zu werden, aber

wenn nötig, würde er es immer und immer wieder über sich ergehen lassen, bis er seine Arbeit perfekt beherrschte.
Bis er selbst über neue Kollegen lachen konnte. Das war, wie er festgestellt hatte, nur eine Frage der Zeit und der Hackordnung. Die Leiter war da und wollte von ihm erstiegen werden, und genau das würde er tun.
Eines Tages würde er seine eigene Farm besitzen.
Ein schriller Pfiff von Davey brachte Theo auf die Füße.
»Du hast mich zum Narren gemacht«, fauchte er Lukas an. »Das hast du mit Absicht getan. Du hättest mir sagen können, was ich zu antworten hatte.«
»Nein, hätte ich nicht, Theo. Ich weiß es doch selbst nicht.«
»Wenn ihr beiden endlich aufhört, in eurer komischen Sprache zu plappern, können wir weiter, Theo«, sagte sein Boss, der Bullocky. »Ich hätte nichts dagegen, hier bei dieser Bande im Lager zu bleiben, die lassen's sich hier gut gehen, aber wir vergeuden kostbare Zeit. Ziehen wir lieber weiter; je eher wir aufbrechen, desto eher sind wir da.«
»Wie steht's in der Stadt?«, fragte Lukas Theo hastig, als sein Freund Daveys Aufforderung Folge leistete.
»Was interessiert es dich? Hier draußen am Ende der Welt, wo du den großen Mann markierst und so tust, als würdest du was von Schafen verstehen!«
Lukas erschrak. Er lief Theo nach und hielt ihn zurück. »Wie redest du mit mir? Bist du verrückt geworden? Wir sind Freunde, hast du das vergessen? Wir sind zusammen vom anderen Ende der Welt hierher gekommen. Falls es irgendwas gibt, womit ich dir helfen kann, dann helf ich dir, Theo, jederzeit. Brauchst du Geld? Steht es so schlimm für dich?«
»Ja«, gab Theo zu. »Tut mir Leid, Lukas, ich gehe unter. Wir können nicht da draußen in Pastor Beitz' Urwald leben. Wir haben ein halbes Haus gemietet, die einzige Wohnung, die wir in diesem lächerlichen Dorf finden konnten, aber ich komme mit der Miete nicht nach. Ich versuch's ja, aber ich schaff's nicht.«

Er war den Tränen nahe. »Es war ein schrecklicher Fehler, hierher zu kommen, das weiß ich jetzt. Ich habe eine gute Stelle als Türsteher in einem erstklassigen Hotel aufgegeben, weil ich glaubte, die Kinder würden hier besser …«

Lukas fiel ihm ins Wort. »Du darfst jetzt nicht aufgeben. Dieses Land ist in Ordnung. Nur ungewohnt, das ist alles. Ein Pfund kann ich dir leihen, aber ich habe kein Geld bei mir und komme heute Abend nicht nach Hause. Hanni bewahrt unsere Ersparnisse in einer Büchse auf. Du weißt ja, wie Frauen so sind … sehen es gern, wie das Geld sich vermehrt …«

»Woher soll ich das wissen? Eva gibt mein Geld aus, sobald sie es in die Finger bekommt.«

»Dann wende dich an Hanni, wenn ihr zur Heimstätte kommt. Sag ihr, ich hätte gesagt, sie soll dir ein Pfund leihen. Du kannst es zurückzahlen, wenn es dir besser geht.«

»Nur wenige Leute haben ein Pfund übrig«, schmollte Theo, »aber ich bin nicht in der Position, es ablehnen zu können. Ich werde Hanni fragen.«

»Gut. Aber, Theo, ich habe auch nichts zu verschenken. Das Pfund, das ich dir leihe, sollte der Zehnte für Pastor Beitz sein, aber ich denke, deine Familie braucht es nötiger.«

»Warum soll ich es dann zurückzahlen?«, fragte Theo wütend. »Du schaust auf mich herab, wie alle anderen auch.«

»Theo, ich muss jetzt gehen. Und was das Geld betrifft, mach, was du willst.«

Lukas war froh, ihn loszuwerden. Und er war peinlich berührt. Er ging zu seinem Pferd, prüfte den Gurt und schwang sich in den Sattel. Die Sättel der Viehtreiber hier waren bedeutend leichter als in Deutschland. Kein Wunder, dass er sich wie ein Anfänger hatte durchrütteln lassen, als er zum ersten Mal auf eines dieser Pferde gestiegen war.

Als er sein Pferd wendete, um die anderen Männer einzuholen, die bereits davonritten, sah er sich nach Theo um, um sich zu verabschieden, doch Theo war auf dem Weg zu seinem Ochsengespann und warf keinen einzigen Blick mehr in seine Richtung.

»Wie dumm von mir, ihm so ein Angebot zu machen«, sagte Lukas leise zu sich selbst und ließ sein Pferd in Trab fallen. Er und Hanni hatten eine gewaltige Summe angespart. Zwei Pfund. Fünf Shilling davon hatten sie bei einem Pferderennen gewonnen, am Tag des Clonmel-Rennens, zu dem die Leute von nah und fern gekommen waren, um ihre besten Vollblüter auf der Rennbahn von Clonmel auf die Probe zu stellen.
Fünf Shilling hatte er also gewonnen. Aber was war nur in ihn gefahren, dass er Theo gegenüber ausplaudern musste, sie würden Pastor Beitz ein Pfund bezahlen? Das war die Summe, die er gefordert hatte, doch Hanni hatte sich strikt geweigert, diese Gabe auch nur in Erwägung zu ziehen.
»Der Pastor sollte sein Bauholz verkaufen«, hatte sie gesagt. »Du weißt ja, was die Männer hier sagen. Das Bauholz da drüben auf dem Kirchenland ist ein Vermögen wert. Warum sollen wir arbeiten, um ihn zu unterstützen, wenn das völlig überflüssig ist?«
Lukas war trotzdem der Meinung gewesen, dass sie ihm Geld schicken müssten. Vielleicht diese fünf Shilling, aber der Vorschlag hatte Hanni so wütend gemacht, dass sie stundenlang kein Wort mit ihm gesprochen hatte.
»Du brauchst einen Vormund, Lukas«, hatte sie geschimpft. »Du sprichst immer gleich alles aus, was dir in den Kopf kommt.«
Zu seiner Gruppe gehörten fünf Viehtreiber. Sie verließen den Weg und ritten nach Westen, querfeldein durch offenes Buschland, wo Lukas sie einholte. Hoffentlich erinnerte sich keiner von ihnen daran, dass er sich hier auf dem Dreißig-Meilen-Ritt zu den Dilba-Seen seinerzeit verirrt hatte. Er war im Kreis geritten, wie sie ihm später erklärten, und er hatte einiges an Spott über sich ergehen lassen müssen, doch er war dankbar für die Anstrengungen, die sie auf sich genommen hatten, als sie ihn die ganze Nacht hindurch suchten. Merkwürdige Menschen, dachte er.
Aber auch Theo war merkwürdig. Lukas wusste nicht mehr,

was er von Theo halten sollte. Plötzlich war er froh, dass er am Abend nicht heimkehren musste. So konnte er wenigstens dem Problem mit dem Darlehen an Theo aus dem Wege gehen.
»Du bist schwach«, sagte er zu sich selbst. »Und feige.«
Dann lachte er, trieb sein Pferd an, als wollte er Abstand gewinnen, Abstand von Theo, der Hanni um Geld bitten würde, und von Hanni, die um nichts in der Welt ein kostbares Pfund aus der Hand geben würde.
Ich habe es gut gemeint, dachte Lukas und hob die Schultern. Er hat mir wirklich Leid getan, doch Hanni wird das anders sehen.

Hanni sah es anders.
»Lukas hat gesagt, ich soll dir was geben? Ist er verrückt geworden? Ihr habt wohl einen Sonnenstich, alle beide. Du hast Arbeit, Theo Zimmermann. Nimm dein eigenes Geld.«
Ganz gleich, wie sehr er sie zu überreden versuchte, sie gab ihm nicht einen Penny, und Theo war wütend.
»Lukas hat es mir versprochen«, schrie er, während er schon den Rückzug antrat. »Er ist ein guter Mann, er ist gerecht. Er wird mich nicht im Stich lassen. Er wird mir das Geld schicken.«
Er beherrschte sich und sagte Hanni nicht, was er von ihr hielt, aus Angst, sie könnte es Lukas sagen, der dann böse sein würde, doch als er am Abend bei den Viehtreibern saß, erfuhr er etwas äußerst Interessantes. Sie hatten sich draußen am Lagerfeuer versammelt, rauchten, erzählten und vertrieben sich die Zeit bis zum Schlafengehen. Jemand fragte ihn, ob er Lukas kenne. Als er ihre Beziehung erklärte, schnappte er in seinem Rücken Gesprächsfetzen auf. Über Hanni. Theo gab vor, interessiert der Geschichte zu lauschen, die einer der Burschen erzählte, spitzte jedoch die Ohren und hörte, dass Hanni beim Boss einen gewaltigen Stein im Brett habe.
»Bei welchem? Dem jungen oder dem alten?«, fragte eine Stimme.

»Natürlich dem jungen. Keith. Ich sehe sie oft zusammen spazieren gehen.«
»Tatsächlich?«
»Ja. Still jetzt.« Die Stimmen begannen zu flüstern, doch Theo hatte genug gehört. Er wartete noch ein Weilchen, dann entfernte er sich still von der Gruppe, ging an ihren Unterkünften vorüber und dann zur Seite einen Weg an den Ställen entlang, der ihn zur Wohnung der Fechners führte.
Als Hanni die Tür öffnete, war sie gerade im Begriff, eine lange rüschenbesetzte Schürze abzulegen, die Dienstmädchenhaube trug sie noch auf den blonden Locken. Theo fiel wieder auf, wie hübsch sie war, aber ihr Verhalten stand ihr überhaupt nicht zu Gesicht.
»Was willst du, Theo? Ich bin müde, ich komme gerade von der Arbeit.«
»Bist du sicher, dass es Arbeit war?«, fragte er hinterhältig.
»Was?«
»Ich komme herum, Hanni. Ich höre so manches. Eine ganze Menge sogar.«
»Zum Beispiel?«
»Du würdest dich wundern.«
»Wohl kaum. Es sei denn, du willst dich entschuldigen.«
»Ich doch nicht. Aber du solltest dich entschuldigen. Ich weiß nämlich einiges über dich und das, was du hinter Lukas' Rücken so treibst.«
Ganz ruhig stand sie an der Tür. »Wie ich schon einmal fragte: was denn zum Beispiel?«
»Gib mir das Pfund. Oder warte, ich will es dir nicht zu schwer machen. Gib mir zehn Shilling, dann verrate ich Lukas nichts.«
Hanni trat hinaus auf die Veranda. Sie fragte ihn nicht, was er wusste. Sie bat ihn nicht, Lukas nichts zu verraten. Sie machte keine Anstalten, zurück ins Zimmer zu gehen und das Geld zu holen. Sie stand lediglich ein paar Minuten lang vor ihm, wie Theo glaubte, verängstigt. Jetzt hab ich sie. Für sie gibt es keinen Ausweg, außer den, mir das Geld zu geben.

Es traf ihn völlig überraschend. Sie ohrfeigte ihn nicht einfach. Sie holte aus und schlug ihn so heftig, als hätte ein Hammerschlag sein Gesicht getroffen. So überrumpelt, taumelte er zurück, stürzte die kleine Treppe hinunter und landete auf dem Boden.

Als er aufblickte, ging sie in ihr Zimmer und schlug die Tür hinter sich zu. Dummes Weib. Er hätte Lukas sowieso nichts verraten. Ein Mann musste schon sehr mutig sein, um mit einer solchen Geschichte zu Lukas Fechner zu gehen, ob sie nun der Wahrheit entsprach oder nicht.

Am nächsten Tag hob Davey nur die Schultern, als er erfuhr, dass eine kleine Meinungsverschiedenheit mit einem Viehtreiber Theo das blaue Auge eingebracht hatte. In dieser Männerwelt waren Schlägereien etwas Alltägliches.

Ihre Fingerknöchel schmerzten, aber es hatte sich gelohnt. Hanni stellte den Stuhl vor die Tür und setzte sich, um sich die Schuhe auszuziehen. Theo mochte sagen, was er wollte; sie hatte nichts Böses getan.

Was für ein herrliches Gefühl, wirklich und wahrhaftig unschuldig zu sein. Ausnahmsweise mal. Sie sog an ihren Knöcheln und erstickte ein Kichern. Es war nichts dagegen einzuwenden, dass der Boss sie auf ihren Spaziergängen begleitete, wenn er zufällig den gleichen Weg hatte oder wenn er sie einfach mal außerhalb des Hauses traf. Im Haus sah sie ihn oft, und er war immer höflich. Ein Kavalier war er, dieser Mr Keith.

Und wie aufregend, dass die Männer doch tatsächlich über sie und ihn klatschten! Hanni fühlte sich dadurch aufgewertet, dass ihr Name in eine romantische Beziehung zu Mr Keith gesetzt wurde. Es war prickelnd. Und so schmeichelhaft. Aber nichts, was Theo Lukas würde erzählen können, reichte aus, um ihr auch nur eine Minute der Sorge zu bescheren. Die Sache hatte ja ohnehin gar nichts mit Lukas zu schaffen, es war nur ein kleines Vergnügen, das sie und Mr Keith sich gönnten.

Während sie ihre Bluse aufknöpfte, sie auszog und dann die Verschnürungen ihres Baumwollmieders löste, um ihre Brüste zu befreien, dachte sie daran, wie er ihre Hand geküsst hatte, so sanft, so lieb. Erstaunlich, was dieser Kuss in ihr ausgelöst hatte; er erregte sie noch immer, wenn sie daran dachte. Gab ihr das Gefühl, erregend zu sein, und weckte ihr Begehren. Sie hob ihre Brüste mit den Händen und zeigte sie dem kleinen Spiegel auf dem Frisiertisch. Dabei stellte sie sich vor, wie es wäre, wenn sie sich ihm so zeigen würde. Er würde ihr nicht widerstehen können.

Am nächsten Tag war die Köchin schlechter Laune, weil nicht genug Holz für den Herd vorhanden war.

»Wo steckt der Hausdiener?«, fragte sie wütend.

»Ich habe ihn heute Morgen noch nicht gesehen«, sagte Hanni, und die Köchin wandte sich an Lulla, das Küchenmädchen.

»Wieso ziehst du so ein langes Gesicht?«

Das schwarze Mädchen wich geduckt zurück. »Da draußen, scheußlicher Himmel. Böser Tag heute, Missus. Ich gehe lieber zurück zum Lager.«

»Du gehst jetzt lieber raus und suchst den alten Tim. Sag ihm, meine Holzkiste ist leer. Mach schon, Mädchen!«

Das Mädchen huschte davon, und im selben Moment betrat die Hauswirtschafterin die Küche.

»Keith ist zurück. Ist gestern spät in der Nacht heimgekommen. Wenn du hier fertig bist, bereite ihm das Übliche, Steak und so weiter, dann bringe ich ihm seine Mahlzeit aufs Zimmer. Danach will er ruhen, also macht keinen Lärm in der Nähe seines Zimmers.«

Hanni wäre bei dem Gedanken, ihm das Tablett bringen zu dürfen, fast in Ohnmacht gesunken. Sie stellte sich vor, wie sie den schläfrigen Mann weckte, ihn anlächelte … Himmlisch. Beinahe hätte sie angeboten, diese Aufgabe zu übernehmen, doch sie überlegte es sich noch rechtzeitig.

Ärgerlich, dass Lukas der Letzte war, der den Klatsch zu hören bekam. Das Wissen war schleichend wie ein Schatten über ihn gekommen und hinterließ eine solche Kälte, dass er es nicht fassen konnte.
Zuerst war es das Schweigen. Die plötzlichen Themenwechsel, wenn er sich einer Gruppe von Kollegen näherte. Die verlegenen Blicke. Dann die Seitenhiebe, das Grinsen, das boshafte Männer in seinen Arbeitsgruppen ihm zuwarfen, die paar, die immer etwas fanden, worüber sie sich ärgern konnten. Verstohlene Bemerkungen über seine Frau und Keith Dixon. Dumme Bemerkungen. Er und Hanni liebten sich so sehr; Hanni würde einen anderen Mann nicht einmal ansehen.
Trotzdem sorgte er sich. Es war nicht ungewöhnlich, dass die vornehmen Herrschaften hübsche Mädchen benutzten, ganz gleich, welchen Standes sie waren. Und sosehr er sich auch sorgte, wie sollte er Hanni auf dieses Thema ansprechen? Er würde sie demütigen, indem er ihr sagte, dass sie Gegenstand schmutziger Witze bei den Männern war. Das würde sie furchtbar treffen. Und ihr Angst machen. Es gäbe ihr sicherlich Anlass, um ihre Stelle zu fürchten und um die Reaktion im Haupthaus, wenngleich der Klatsch jeder Grundlage entbehrte. Hanni und der Boss! Unvorstellbar. Ihr Mann hätte es wissen müssen, wenn sie Derartiges im Schilde führte. Er vermutete, dass es zu diesem Klatsch gekommen war, weil sie sich vor den Männern zur Schau stellte, genau das, wovor er sie gewarnt hatte. Wenn nicht mit dem jungen Boss, dann hätte der Klatsch sie mit irgendeinem anderen in Verbindung gebracht. Lukas versuchte zu lächeln. Womöglich gar mit dem alten Boss, J. B.
Sie arbeiteten schwer an diesem Tag. Hanni glaubte anscheinend, sie hätten den ganzen Tag über nichts anderes zu tun, als erhaben durch die Gegend zu reiten. Jetzt müsste sie sie einmal sehen, knietief im Schlamm steckend. Die Wasserknappheit nahm bedenkliche Formen an, nicht nur auf diesem Besitz, sondern fast überall in Queensland, wie er ge-

hört hatte, deshalb mussten sie alles tun, was in ihrer Macht stand, um für alle Schafe Wasser zur Verfügung zu haben. Für so viele Schafe. Die Aufgabe war inzwischen kaum noch zu bewältigen, und die Treiber waren schon dazu übergegangen, die alten und schwachen Tiere auszusondern und in die Siederei in Bundaberg zu überstellen.

Sämtliche Viehtreiber hatten Order, überall ein wachsames Auge auf die Wasserstände zu haben: die Flüsse, die Bäche und insbesondere die meilenweit vom Fluss entfernten Wasserlöcher. J. B. Dixon hielt sogar schon Ausschau nach einem guten Wünschelrutengänger, der unterirdische Quellen aufspüren sollte. In der Zwischenzeit trocknete das Land mehr und mehr aus, und das Futter für die vielen Tiere wurde so knapp, dass es zum Erbarmen war, ansehen zu müssen, wie sie in Scharen im Staub nach ein paar kärglichen Grashalmen scharrten.

Der Wasserstand dieses Flussarmes war so niedrig, dass Sam, der Vormann, befahl, den eingetrockneten Schlamm auszugraben, um einen Zugang zu der seichten Quelle zu schaffen. Sie taten, was sie konnten, und dann begannen sie, Löcher für Zaunpfähle in die harte Erde zu hacken, damit sie die provisorischen Gatter für das Ausmustern der Schafe aufstellen konnten.

Lukas ahnte allmählich, was für ein Aufwand es sein würde, so viele Schafe zu kennzeichnen, zum Scheren in die Gatter zu bringen und sie alle auch noch zu füttern und zu tränken. Manchmal sehnte er sich nach den grünen Wiesen seiner Heimat.

Ursprünglich hatten die Viehtreiber an diesem Abend zur Farm zurückkehren wollen, aber sie hatten in der Nähe des Flussarms eine Herde Brumbies, Wildpferde, gesichtet, und Sam wollte die Gelegenheit wahrnehmen, ein paar von ihnen einzufangen.

»Dank der Trockenheit sind sie geschwächt«, sagte er. »Da haben wir vielleicht eine bessere Chance, sie zu fangen. Mit etwas Glück wehren sie sich nicht so energisch.«

Lukas wusste, dass Hanni ihn zu Hause erwartete, doch er konnte sich kaum gegen Sams Entscheidung stellen, und außerdem freute er sich wie alle anderen auch auf das Zusammentreiben der Wildpferde.

»Das ist keine leichte Arbeit«, hatten seine Freunde ihm erklärt, »und gefährlich noch obendrein. Diese verdammten Brumbies werden fuchsteufelswild, wenn wir sie zusammentreiben. Sie beißen und treten und wiehern, also halte Abstand.«

Am Morgen waren die Brumbies immer noch da, wollten ans Wasser, hielten jedoch Abstand, und die Männer machten sich an den Bau stärkerer Gatter aus kräftigen Schösslingen, die dem Gewicht und den Hufen wütender Wildpferde gewachsen sein würden.

Jemand äußerte sich über den dunkelvioletten Himmel am westlichen Horizont, der in starkem Kontrast zur Morgendämmerung stand und hoffentlich Regen brachte.

Sam schnupperte die Luft. »Riecht nicht nach Regen. Und seht euch diese Brumbies an; wenn Regen in der Luft läge, würden sie nicht so verzweifelt nach unserem Wasser gieren.«

»Könnte ein Staubsturm sein«, bemerkte einer der Männer, als Sam, um besser sehen zu können, unter den Bäumen hervortrat, aus denen sie Schösslinge geschnitten hatten.

»Noch weit weg«, sagte er und kniff die Augen zusammen. »Könnte Staub sein, verdammich.«

Staub?, wunderte sich Lukas. Nun, ich werde es früh genug erfahren.

»Staub!«, rief die Hauswirtschafterin und hastete durch das Speisezimmer. »Macht alles dicht.«

Hanni putzte die Spiegel; es war bald an der Zeit, den Tisch zum Mittagessen zu decken. Heute für drei Personen, da Mr Keith noch im Hause war, nicht wie gewöhnlich nur für zwei Frauen. Sein Vater war tagsüber immer unterwegs. Außer am Sonntag.

Sie fuhr verwundert hoch. »Macht alles dicht«, das hatte sie wohl gehört, doch die Worte waren so überstürzt, so unerwartet gekommen, dass sie nicht ganz begriff. Irgendetwas aber war schrecklich dringend, und so eilte sie in die Küche, die sie allerdings leer vorfand. Sie warf einen Blick in die Speisekammer und ging dann durch die Hintertür nach draußen, wo sie zu ihrer Verwunderung die Köchin sah, die hastig die Wäsche von der Leine nahm und sie der Wäscherin in die Arme legte.

»Was ist los?«, rief Hanni.

»Ein Staubsturm ist unterwegs, alles muss dicht verschlossen werden!«

»Oh!« Hanni rannte. »Oh Gott! Das Speisezimmer!« Sie kam noch rechtzeitig zurück, um die Fenstertüren zuzuschlagen, und lief dann in den Salon, doch dort hatte die Hauswirtschafterin schon nach dem Rechten gesehen.

Mrs Dixon stürzte aus der Bibliothek. »Sind alle Fenster und Türen in den Schlafzimmern fest verschlossen, Hanni?«

»Ich weiß es nicht«, antwortete Hanni bestürzt. Dieses Haus hatte mehr Türen und Fenster, mehr Ausgänge als ein Bienenstock, und obendrein keinen erkennbaren Grundriss.

Mr Keith trat zu ihnen in den Salon, und seine Mutter fragte ihn sogleich, ob er sein Zimmer dichtgemacht habe.

»So dicht ich konnte«, sagte er. »Wie geht's dir, Elsie?«

Die Hauswirtschafterin eilte herbei und schlug die Tür hinter sich zu. »Mir geht's gut. Ich glaube, alles ist verrammelt und verriegelt, Mrs Dixon. Die Köchin hat die Wäsche reingeholt, und ich habe die Ritze unter dem Wäscheschrank mit Papier zugestopft. Viel mehr können wir nicht tun.«

»Wir werden hier auf das Ende des Sturms warten, Elsie«, sagte Mrs Dixon. »Du gehst zurück und leistest der Köchin Gesellschaft, Hanni. Und mach nicht so ein ängstliches Gesicht. Vor solch einem Sturm brauchst du dich nicht zu fürchten, es fliegt nur eine Menge Staub herum, und das ist lästig.«

»Komm«, sagte Keith zu Hanni. »Ich gehe durch die Küche

nach draußen. Ich will in den Ställen nach dem Rechten sehen, Mutter.«
In der Küche, die im Halbdunkel lag, nachdem die Fensterläden geschlossen waren, hatte die Köchin eine Kanne Tee aufgebrüht und saß nun anscheinend völlig unbekümmert am Tisch.
»Oh Gott«, sagte Hanni. »Heute Morgen habe ich die Gästezimmer gelüftet. Sie sagten, es würden Gäste kommen.«
»Und?«
»Die Fenster stehen weit offen«, jammerte Hanni. »Ich muss sie schließen!«
»Dann komm«, sagte Keith. »Ich helfe dir.«
Hanni erschrak, als er sie auf die Veranda hinausschob. Wirbelnder roter Staub erfüllte die Luft und verwandelte den Sonnenschein in einen gespenstischen Schimmer. Gemeinsam stemmten sie sich gegen den Wind, kämpften sich den Weg entlang, bis sie die lange Veranda des Gästeflügels erreicht hatten.
Durch die offenen Türen wehte längst Staub in die Zimmer, als sie hineinstürzten und die Fenster zuschlugen. Erst als alle versorgt waren, fiel Mr Keith ihr Zimmer am Ende des Flurs ein. »Stehen da die Fenster auch noch offen?«, keuchte er.
»Ja.«
»Komm schon, beeil dich«, schrie er, packte ihren Arm und zog sie auf die Veranda.
Als sie endlich vor ihrer Tür angelangt war, peitschte der Wind den dichten Staub um sie herum. Hanni glaubte zu ersticken; sie konnte kaum atmen. Keith stieß die Tür auf, und als sie im Zimmer waren, ließen sich beide rücklings gegen die Wand fallen.
Keith lief zum Fenster, schloss es und drehte sich um. »Wenn ich weg bin, schiebst du ein Kissen vor die Türritze dort, dann kommt kein Staub mehr herein. Dieser verdammte Staub, er dringt überall ein, selbst wenn Türen und Fenster fest verschlossen sind. Ist alles in Ordnung mit dir?«
Ihre Augen tränten, und sie war wieder so weit zu Atem ge-

kommen, dass sie heftig niesen konnte. Keith lachte nur darüber.
»Deine erste Bekanntschaft mit einem Staubsturm, Hanni.«
Sie kramte in ihrer Schürzentasche nach einem Taschentuch, schnäuzte sich und entschuldigte sich dafür, während es im Zimmer dunkel wurde.
Er legte den Arm um sie. »Keine Angst, Hanni. Der hat sich bald ausgetobt. Dieser Staub aus der Wüste ist manchmal so dicht, dass er die Sonne verdunkelt. Das ist alles.« Und dann küsste er sie, als ob es sich so gehörte, küsste sie ganz unschuldig auf die Wange. Er wiegte sie in den Armen, als der furchtbare Wind noch schlimmer wurde, noch lauter, an den Wänden rüttelte, das Dach erzittern ließ. Von draußen hörte sie ein Krachen.
»Zugegeben, dieser ist schon ein bisschen schlimmer als gewöhnlich«, sagte er leise und liebkoste mit den Lippen ihr Ohr, und zum zweiten Mal an diesem Tag wäre Hanni fast in Ohnmacht gesunken, weil er bei ihr war, Mr Keith, und er war so hinreißend, dass sie nicht widerstehen konnte, ihm ihre Lippen zu bieten und in einem leidenschaftlichen Kuss, der ihr den Atem raubte, in seine Arme zu sinken. Es war himmlisch! Er band ihr die Schürze ab, ohne mit dem Küssen aufzuhören; er knöpfte ihre Bluse auf und öffnete ihr Mieder, und Hanni konnte es nicht fassen, dass ihre Träume wahr wurden. Er umfasste ihre Brüste mit den Händen und betrachtete sie gierig.
»Wunderschön«, sagte er. »Wunderschön. Ich wusste es.«
Sie schwoll an vor Stolz, als er seine Lippen um ihre Brustwarze schloss, doch gleichzeitig drängte er sie kaum merklich auf ihr Bett herab, und sie begann, sich Sorgen zu machen. Die Idee war vielleicht doch nicht so gut. Es war zwar schmeichelhaft, dass er sie mochte, dass Mr Keith höchstpersönlich ihre Brüste liebkoste, aber sie wollte nicht bis zum Äußersten gehen. Nicht mehr, denn sie war eine verheiratete Frau. Sie lächelte in sich hinein. Sie war jetzt eine Ehefrau. Er liebte sie nicht. Zumindest hatte er es noch nie ge-

sagt. Er kuschelte sich nur mit ihr in dieses Bett, Waisenkinder im Sturm.

Er versuchte, sie zu entkleiden, versuchte, ihr den Rock auszuziehen, und Hanni begann, sich zu wehren. »Bitte, Mr Keith. Nicht.«

»Schon gut, Hanni, Liebling. Ich fass dich nicht an. Ich will dich nur anschauen. Du kannst dir nicht vorstellen, wie es für mich ist, dich in meinem eigenen Haus zu sehen und von dir zu träumen.«

Hanni staunte. »Tatsächlich? Sie träumen von mir?«

»Ich träume von dem siebenten Schleier. Davon, dass du diese allerletzte Hülle ablegst und mir das Glück gönnst, dich zu sehen. Ich will dich bewundern, mehr nicht.«

Von dem siebenten Schleier hatte Hanni noch nie gehört, doch sie verstand, was er sagen wollte, und es hörte sich nach Spaß an, ganz harmlos. Warum sollte sie ihm nicht einen Blick gewähren? Sie hatte nun mal einen sehr schönen Körper. War der es nicht gewesen, der Lukas von Hilda, seiner Verlobten, fortgelockt hatte? Warum sollte sie nicht?

Er ließ sie auf dem Bett für sich posieren, anmutig in ein Laken gehüllt, das einen Rest von Keuschheit vortäuschte.

»Ja, so. Öffne dein Haar. Oh Gott, wenn ich ein Künstler wäre, würde ich dich malen. Ich würde kein anderes Modell mehr anschauen. Hast du schon mal einem Künstler Modell gestanden, Hanni?«

»Nein, Mr Keith«, sagte sie erregt. »Nie.« Doch jetzt bemerkte sie, dass er sich ebenfalls entkleidete.

»Gott!« Sie zog das Laken bis ans Kinn, als ihre Benommenheit wich und der Realität Platz machte, das Dach über ihrem Kopf zu wackeln begann angesichts ihrer Dummheit und die Fenster missbilligend klapperten.

»Nein«, sagte sie, als Keith sie aufs Bett stieß. »Nein.« Und sie griff nach Strohhalmen, um ihn nicht zu verärgern. »Jemand könnte reinkommen.«

Mr Keith lachte. »Da draußen fliegen einem Holzbalken um die Ohren. Kein Mensch kommt hierher.«

»Dann sollten wir uns lieber anziehen. Ich fürchte, dieses Zimmer könnte einstürzen.«
»Wir sind hier sicher, keine Angst.«
»Bitte, Mr Keith, ich will das nicht.«
»Ach, nein? Seit dem Tag deiner Ankunft machst du mir schöne Augen, du hast praktisch darum gebettelt. Warum zierst du dich jetzt? Willst du Geld? In Ordnung. Es macht mir nichts, dir ein Pfund dafür zu geben oder zwei.«
»Nein.« Sie wehrte sich weiterhin. »Nein. Ich meine, das dürfen wir nicht.«
»Natürlich darfst du. Wenn dein Mann dich befriedigen könnte, meine Liebe, dann hättest du nicht versucht, mich zu verführen. Oder?« Er schüttelte sie, und Hanni wurde böse.
»Mr Keith, tut mir Leid. Es ist meine Schuld.« Wieder ließen ihre Englischkenntnisse sie im Stich; sie wusste, dass sie deutsche Wörter einflocht, aber es musste reichen. »Bitte verzeihen Sie. Es stimmt. Sie sind ein netter Mann, und in meiner Dummheit hab ich Ihnen schöne Augen gemacht, aber jetzt weiß ich, dass es nicht recht war, und ich bitte Sie dafür um Entschuldigung.«
Absichtlich nahm Hanni alle Schuld auf sich, um ihm den Rückzug zu erleichtern, obwohl sie wusste, dass die Affäre eindeutig nicht nur einseitig gewesen war, dass er sich seinerseits auch an sie herangemacht hatte. Auf dem Bett setzte er sich rittlings auf sie. »Du blödes Weib. Lässt dich mit mir ein, dann musst du den Ritt auch bis zum Ende aushalten. Spiel mir nicht die keusche Jungfrau vor, das ist keine gute Idee. Schon gar nicht von einer verheirateten Frau.«
Die Entscheidung nahte. Dieser Mann nahm ein Nein als Antwort nicht hin. Er würde versuchen, sie zu vergewaltigen. Wenn sie sich wehrte, wenn sie ihn verletzte, wozu sie durchaus fähig war, zumal er sich über sie lümmelte, dann würden Lukas und sie gefeuert.
Er blickte auf sie herab, als hätte er ihre Gedanken gelesen. »Du wolltest es nicht anders, Hanni. Jetzt kriegst du es. Mit

Vergnügen. Und zu deinem Vergnügen, wenn du tust, was ich dir sage. Wenn nicht, Pech für dich. Die Fechners haben einen langen Weg vor sich nach Bundaberg. Ein verdammt langer Fußweg, meinst du nicht auch? Noch dazu, wo die Zeit der Hitze bevorsteht.«

Hanni hatte keine Gelegenheit mehr, einen Entschluss zu fassen, sich zu wehren oder sich zu ergeben. Urplötzlich traf sie sein Fausthieb in den Leib. Er drehte sie um und versetzte ihr Hiebe in die Taille und aufs Gesäß. Er zerrte sie zur Seite des Betts und knebelte sie mit ihren Strümpfen, dann drang er von hinten in sie ein und stieß zu, bis sie blutete.

»Hast du etwa geglaubt«, fragte er, während er sich ankleidete, »dass du mich dazu verführen könntest, dir einen kleinen Dixon zu machen, einen Erben für unser gutes Geld? Ausgeschlossen, Hanni. Darauf falle ich nicht herein.«

Während er weiter pöbelte, lag Hanni auf dem Bett und versuchte, ihre Ohren vor seiner Stimme zu verschließen. Sie fragte sich, ob er geistesgestört sei, so, wie er sich verhielt. Doch der Sturm hatte sich gelegt, und er ging. Sie betete, dass er ging.

»Beim nächsten Mal«, sagte er auf dem Weg zur Tür, »ist es schon besser.« Hanni erstarrte vor Schreck, doch er redete weiter, mit fröhlicher Stimme, sogar ein bisschen tröstend: »Du wirst sehen, Hanni, wir machen es uns schön, du und ich. Das soll unser Geheimnis sein. Und du wirst doch kein Wort darüber zu deinem Mann sagen, oder? Schließlich haben wir ja auch schon über diesen langen Weg nach Bundaberg gesprochen.«

Als er die Tür öffnete, schien ihr ein Strom frischer Luft zur Rettung zu kommen und sie von der Abscheulichkeit zu erlösen, die gerade gegangen war, doch sie sollte keine Ruhe finden. Sie musste wieder an die Arbeit gehen.

Erschöpft und unter Schmerzen ergriff sie den schweren Krug und goss Wasser in das Porzellanbecken auf dem Waschtisch, um sich zu reinigen, zu versuchen, jede Erinnerung an diesen niederträchtigen Mann abzuwaschen, aber

weinen würde sie nicht. Sie durfte sich nichts anmerken lassen und musste alles tun, um zu verhüten, dass man Fragen stellte. Der Staub hätte als Entschuldigung dienen können, doch Hanni wusste, dass sie, wenn sie einmal anfing zu weinen, nicht wieder aufhören konnte. Jetzt schon kämpfte sie gegen das Schluchzen, das in ihrem Inneren aufstieg.
Das nächste Mal. Bei dem Gedanken zitterte sie vor Angst, denn ihr war klar, dass es noch viele nächste Male geben sollte, dass er erwartete, dass sie sich ihm zur Verfügung hielt. Zu seiner Verfügung. Wann immer er wollte.
Er hatte Recht. Sie konnte Lukas nichts davon sagen. Ausgeschlossen. Es wäre eine Katastrophe. Und abgesehen davon war Hanni wütend auf sich selbst.
»Blick den Tatsachen ins Gesicht«, sagte sie und bürstete mit heftigen Strichen die Knoten aus ihrem Haar, »du warst dumm, zu dumm, um zu erkennen, dass du dich auf ein gefährliches Spiel eingelassen hast. Sicher, du hast ihn für einen Kavalier gehalten. Du dachtest, du hättest ihn um den Finger gewickelt. Hochmut hat dich in diese Situation gebracht. Dein verdammter Hochmut!«
Sie warf die Bürste nieder und kleidete sich mit äußerster Sorgfalt an. Jedes Härchen an seinem Platz. Die Schleifchen genauestens ausgerichtet. Die Schuhe glänzend. Ihre zweite Schürze ordentlich umgebunden. Sie ging zur Küche, trotz der Schmerzen mit energischen Schritten, um der Köchin Bescheid zu geben, dass sie nun die Gästezimmer reinigen würde. Dann ging sie zurück, ausgerüstet mit Mopp, Besen und Staubwedeln, und dachte an ihn. Sie würde ihn tagaus, tagein sehen müssen, solange sie hier lebten. Und er würde über sie lachen. Über ihre Dummheit.
*Wunderschön. Hast du jemals einem Künstler Modell gestanden?*
Sie wurde rot bis unter die Haarwurzeln und erstickte ein neuerliches Schluchzen. Aber er hatte ihr wehgetan, hatte sie vergewaltigt, geschlagen … ihr in den Bauch und auf das Gesäß geschlagen, wo die Blutergüsse, die sich bereits bildeten,

nicht zu sehen waren, was den Verdacht in ihr weckte, dass er nicht zum ersten Mal so über eine Frau hergefallen war. Dazu war sein Vorgehen zu planmäßig.

Hanni blickte in das erste Gästezimmer. Alles war mit einer feinen Schicht von rotem Staub bedeckt. Sie fing mit den Bettdecken an, trug sie nach draußen und schüttelte sie aus, bevor ihr klar wurde, dass es so nicht ging, dass sie gewaschen werden mussten. Sie warf sie auf einen Haufen zusammen und ging zurück, um die Läufer zu holen. Diese hängte sie über einen gespannten Draht und stapfte dann zum Waschhaus, um den Teppichklopfer zu holen. Dann machte sie sich an die Arbeit und drosch inmitten von Staubwolken auf die Läufer ein, schlug und klopfte immer noch, als kein einziges Stäubchen sich mehr löste, und sagte immer wieder zu sich selbst: »Er glaubt, er käme ungeschoren davon. Er glaubt, ich ließe ihn davonkommen. Aber das tu ich nicht. Nein, nein, nein.«

Als sie die Läufer zurück in die Zimmer brachte, hatte Hanni zwar noch keinen Plan, aber sie wusste, dass sie etwas unternehmen würde. Es war nur eine Frage der Zeit. Er sollte bezahlen. Irgendwie würde er bezahlen.

# 8. Kapitel

»Er ist ein Schweinehund, dieser Keith Dixon.«
Jakob erschrak, dass ein Anwalt sich solcher Ausdrücke bediente. Er hatte immer geglaubt, diese Herren wären von ernster, bedächtiger Art, nicht laut und streitlustig wie dieser Bursche aus Maryborough, Mr Arthur Hobday, Rechtsanwalt und Notar.
Maryborough war auch ein Mündungshafen, aber viel belebter als Bundaberg, und die Entwicklung der Stadt war weiter fortgeschritten. Jakob hatte gelächelt, als er mit Billy in die Stadt eingeritten war und bemerkt hatte, dass sie sich auf einer Straße befanden, die am Fluss entlangführte und Quay Street hieß, genauso wie die erste Straße, die er in Bundaberg abgegangen war. Er hätte gern gewusst, ob das in diesen Städten die Regel war oder nur Zufall. Er meinte, sich zu erinnern, dass er auch in Brisbane während ihres kurzen Aufenthalts eine Quay Street gesehen hatte. Aber wichtiger war jetzt der Grund seines Kommens.
Sie waren am späten Nachmittag eingetroffen und schlugen ihr Nachtlager am Fluss auf, so dass Jakob die Möglichkeit hatte, sich am Morgen einigermaßen frisch zu machen.
Dieses Mal ging er die Quay Street zu Fuß entlang und hielt Ausschau nach Anwaltskanzleien, doch die erste, die er entdeckte, gehörte Philps und Söhnen, und er wich zurück wie ein scheuendes Pferd. Er umrundete den Häuserblock, immer noch auf der Suche, aber auch, um all die neuen Eindrücke aufzunehmen, die diese Stadt und ihre Bewohner boten. Es gab immer noch Schandflecke, die Nissenhütten und die überwucherten Grundstücke, doch ein paar durchaus prächtige Hotels stachen ihm ins Auge sowie respektable Geschäfte, mehrere Kirchen und ein Meer von sehr schlichten, aber durchaus ordentlichen Häusern.

Irgendwann fand er, zurück in der Quay Street, das Büro eines anderen Anwalts, Mr Hobday, direkt gegenüber von Philps und Söhne, aber im Obergeschoss, mit Blick über die Straße hinweg.

Mr Hobday war ein großer Mann mit schütterem Haar und einem mächtigen Schnauzbart. Er stand in Hemdsärmeln und Weste an der Tür, eine goldene Taschenuhr auf dem ansehnlichen Bauch, und brüllte einen flüchtenden Angestellten an, als Jakob sich der Treppe näherte und zur Seite trat, um den Burschen vorbeieilen zu lassen.

Hobday lachte und winkte Jakob heran. »Suchen Sie mich? Kommen Sie. Buchhalter! Die würden ihren Kopf vergessen, wäre er nicht fest mit dem Hals verwachsen! Sie kommen aus Bundaberg?«, bemerkte Hobday, nachdem sie sich vorgestellt hatten. »Gute Lage; die Stadt wird groß rauskommen.«

Jakob war inzwischen nicht mehr so sicher. »Ich habe mit Staunen gesehen, wie diese Stadt hier blüht. Da frage ich mich unwillkürlich, ob Bundaberg überleben wird.«

»Machen Sie sich keine Sorgen. All diese Städte sind Tore zum Hinterland, all diese Häfen werden prosperieren … Aber sagen Sie, Mr Meissner, wie kam es, dass Sie in diesen Teil der Welt aufgebrochen sind?«

Er interessierte sich für alles, was Jakob und seine Freunde und ihre Heimat betraf, und Jakob fragte sich, ob sie jemals auf sein Problem zu sprechen kommen würden. Doch irgendwann kam der Angestellte zurück, servierte Tee, und dann wurde Hobday geschäftlich.

Jakob schilderte seine Situation, und als er bei seinem Streit mit Keith Dixon angelangt war, äußerte der Anwalt eine wenig schmeichelhafte Bemerkung über den Kerl. »Sie kennen ihn, Sir?«

»Ich kenne sie alle. Der Vater, J. B., ist schon schlimm genug, aber dieser Keith übertrifft ihn noch. Ist einmal fast ins Gefängnis gekommen, weil er einen Viehtreiber mit einer Eisenstange verprügelt hat.«

»Nur fast?«

»Im letzten Augenblick hat der Viehtreiber einen Rückzieher gemacht. Wollte keine Klage. Offenbar hatten sie ihn gekauft. Sie haben also Land gepachtet, das die Regierung von der Clonmel Station eingezogen hat? Ich muss schon sagen, da haben Sie nicht gerade die besten Nachbarn, aber was genau ist nun das Problem?«

»Die Holzfäller stehen bereit, um das Bauholz auf unserem Land zu schlagen, aber Mr Dixon lässt es nicht zu. Er behauptet, das Holz gehöre ihm.«

»So ein Quatsch!«

»Das dachten wir auch, bis sie uns diese Papiere vorlegten.« Er gab dem Anwalt die Dokumente. »Dieser amtliche Brief besagt, dass wir keinen rechtlichen Anspruch auf das Holz haben, obwohl die Besitzverhältnisse bezüglich des Landes nicht in Frage gestellt werden. Ich hoffe, Sie können uns einen Rat geben, was nun zu tun ist.«

Hobdays Augen weiteten sich, als er Dixons Behauptung las.

»Gott verdammich!«, sagte er. »So eine verdammte Frechheit! Ich schätze, sie haben fest damit gerechnet, dass Sie sich einschüchtern lassen und die Sache nicht hinterfragen würden.«

»Wie bitte, Sir?«

»Ich sagte, die haben geglaubt, Sie wären dumm genug, darauf reinzufallen. Bravo, Mr Meissner. Wer auf seinen Rechten besteht, wird es hier weit bringen. Sagen Sie das auch Ihren Freunden. Lassen Sie sich nicht über den Tisch ziehen.«

Im Großen und Ganzen begriff Jakob schon, was Hobday ihm zu verstehen geben wollte. Das war ja alles schön und gut, aber wollte der Anwalt damit auch sagen, dass die Auffassung von Dixons Rechtsanwalt falsch war?

»Ich sag Ihnen, was ich tun werde, Mr Meissner. Ich trabe eben über die Straße und rede ein Wörtchen mit dem Kollegen Jefferson Philps und mit seinem Sohn, sofern er anwesend ist. Trinken Sie noch eine Tasse Tee. Ich bin gleich wieder da.«

Philps senior war sprachlos, als Hobday in sein Büro einfiel und mit ein paar Briefen herumfuchtelte.

»Was hat das hier zu bedeuten?«, brüllte er. »Sind Sie blöd, oder hat J. B. Dixon Sie gekauft? Die Rechtsauskunft, die Sie da gegeben haben – schriftlich, Philps – ist verdammter Schwachsinn, und das wissen Sie auch.«

»Ich weiß nicht, wovon Sie reden.«

»Hiervon! Von diesem Mist hier, Sir! Ihr Briefkopf. Ihre Unterschrift unter einem Stück Rechtsverdrehung von der schlimmsten Sorte. Sie haben einen Landbesitzer hinsichtlich seiner Rechte aufs Übelste angelogen.«

Nervös überflog Philps die Dokumente. »Jemand muss sich unser Briefpapier angeeignet haben. Das da ist nicht meine Unterschrift.«

»Ist es doch. Ich erkenne sie mit verbundenen Augen, Philips. Wem gehört das Holz auf rechtmäßig gepachtetem und eingetragenem Land? Dem Pächter oder dem Vorbesitzer?«

»Vielleicht doch dem Vorbesitzer, wenn der andere nur einen Pachtvertrag hat«, jammerte Philps. »Ich bin ziemlich sicher, dass es möglich wäre.«

Er nahm seine Brille ab und putzte sie mit einem großen Taschentuch, als wollte er so von seiner Verlegenheit ablenken.

»Dass es möglich wäre? Nie im Leben!«

»Kann sein, dass ich einem Irrtum aufgesessen bin, Moment …«

»Mehr als einem Irrtum! Wer wäre denn der Vorbesitzer?«

»Die Dixons, versteht sich.«

»Wieder falsch. Die Regierung hat das Land wieder eingezogen. Mr Meissner hat es von der Regierung gepachtet, vom Vorbesitzer, nicht von den Dixons. Sie liegen hier so vollkommen daneben, Philps, dass ich die Anwaltskammer davon in Kenntnis setzen muss. Das könnte Ihnen ernste Probleme bereiten.«

Hobday hörte sich Philps' Ausreden an und wusste, dass dieser zweifelhafte Charakter weder zum ersten noch zum

letzten Mal das Gesetz zu Gunsten wohlhabender Klienten beugte.
Das war einer der Gründe, warum die Philps ein prachtvolles Haus mit Blick über den Fluss hinweg ihr Eigen nannten, während die Hobdays immer noch in ihrem bescheidenen Häuschen neben dem Bluebird Café wohnten. Er würde nur seine Zeit verschwenden, wenn er einen Mann anklagte, der vor der Anwaltskammer skrupellos auf persönlichen Irrtum plädieren und sich damit bestenfalls eine Rüge einhandeln würde. Doch er konnte Philps nicht ungeschoren davonkommen lassen. Außerdem war sein Klient, dieser Mr Meissner, ein vernünftiger Bursche. Was konnte es ihm nützen, wenn ein Anwalt eine Stellungnahme abgab und der andere sie entkräftete? Augenscheinlich konnte der Mann sich einen aufwändigen Rechtsstreit nicht leisten. Es war angeraten, ihm ein langwieriges Gerichtsverfahren zu ersparen.
Er griff nach den Papieren. »Es liegt auf der Hand, dass Sie sich, gelinde gesagt, im Irrtum befinden, Philps. Da beißt die Maus keinen Faden ab. Wenn es Ihnen lieber ist, dass ich die Anwaltskammer nicht unterrichte, könnten Sie einen Widerruf für mich schreiben, den ich Mr Meissner aushändigen würde. Das würde mir schon reichen.«
Dieses Angebot stellte Philps' Zuversicht einigermaßen wieder her.
»Sie stehlen mir meine Zeit, Hobday. Wenn Sie anderer Meinung sind als ich, schreiben Sie Ihrem Klienten doch Ihre eigene Stellungnahme auf.«
»Oh nein. Damit würde ich unserem Berufsstand einen schlechten Dienst erweisen und uns alle als Streithähne abqualifizieren. Allerdings … wenn ich Ihre Rechtsauffassung in diesem Streitfall dem Herausgeber unserer Zeitung vorlegen und ihn bitten würde, sie abzudrucken …« Er unterbrach sich und zog mit sicherer, entschlossener Geste seine Weste straff. »Ich fürchte, den allgemeinen Aufschrei könnte man bis nach Brisbane hören. Die Leute hier kennen die Gesetze, die sind keine Neulinge wie die da oben in Bundaberg.«

»Schon gut. Was wollen Sie also?«
»Ganz einfach. Einen Brief an Mr Meissner, der geduldig drüben bei mir wartet. In diesem Brief erklären Sie, dass Sie sich geirrt haben. Schreiben Sie, was Sie wollen, aber bringen Sie klar und deutlich zum Ausdruck, dass er als Pächter des besagten Landes der rechtmäßige Besitzer der gesamten Flora ist.«
»Sie können meinen Brief nicht veröffentlichen. Das ist meine private Korrespondenz.«
»Wieder falsch. Der Brief gehört Mr Meissner, genauso wie das Holz. Schreiben Sie jetzt endlich, ich will nicht den ganzen Tag hier herumstehen.«

»Er kommt.« Der Buchhalter stand am Fenster und spähte nach unten. »Jetzt überquert er die Straße. Scheint bester Laune zu sein. Hoffentlich hat er Philps nicht verprügelt.«
»Verprügelt?«, fragte Jakob verdutzt.
»Ja, das letzte Mal, als er mit ihnen aneinander geraten ist, hat er dem Sohn eins aufs Ohr gegeben.«
Der Anwalt stürmte die Holztreppe hinauf zu Jakob. »Bitte schön, Mr Meissner. Sie brauchen sich nicht auf meine Meinung allein zu verlassen. Unser Freund auf der anderen Straßenseite hat seine Behauptung widerrufen und gibt jetzt freimütig zu, dass die Flora – das heißt, das gesamte Pflanzenleben – auf Ihrem Besitz Ihnen gehört. Einschließlich des Bauholzes, versteht sich. Jetzt können Sie die Holzfäller wieder zu sich bestellen und brauchen nichts mehr auf Dixons Gequatsche zu geben. Und noch etwas sollten Sie sich gut merken, Mr Meissner. Sie haben das Land von der Regierung gepachtet, nicht von den Dixons, also beachten Sie sie gar nicht.«
Jakob lehnte sich, überwältigt vor Erleichterung, in seinem Sessel zurück. Er war plötzlich so müde, als wäre er am Ziel einer langen Reise angelangt und könnte endlich seine Bürde ablegen.
Er stand auf. »Ich bin Ihnen sehr dankbar, Mr Hobday. Ich

hätte nicht gedacht, dass das Problem sich so schnell lösen lässt.«
»Weil Anwälte als Bürokraten bekannt sind?« Hobday grinste.
»Nein, Sir. Überhaupt nicht. Ich wollte nicht unhöflich sein. Der Ritt nach Maryborough, die Chance, jemanden zu finden, der uns hilft, das war für mich ein Glücksspiel. Der Weg hierher ist so weit, verstehen Sie? Und dann ist es plötzlich vorüber. Die Sorge. Entschuldigen Sie, ich bin jetzt ganz durcheinander. Aber ich muss Ihnen danken.«
»Es war mir ein Vergnügen, Mr Meissner.«
Jakob zückte seine Geldbörse. »Dürfte ich Sie jetzt bezahlen?«
»Aber sicher. Das macht zwei Bob. Zwei Shilling.«
Der Buchhalter zog angesichts dieser Summe die Brauen hoch, und Jakob hatte das Gefühl, dass ihm zu wenig abverlangt wurde.
»Ich kann bezahlen«, sagte er zu Hobday. »Ist das alles, zwei Shilling?« Er legte das Geld auf den Schreibtisch des Anwalts.
»Das ist reichlich, mein Freund. Ich hatte ja zusätzlich noch meinen Spaß mit Philps. Und jetzt möchte ich Sie gern auf einen Drink einladen, bevor Sie sich auf den Heimweg machen.«
Ehe er sich's versah, wurde Jakob von diesem Ehrfurcht gebietenden Mann die Straße entlang und in eines der vornehmen Hotels geführt, die ihm zuvor schon aufgefallen waren. Auch im Inneren war es sehr eindrucksvoll, mit roten Plüschläufern auf den glänzend gewienerten Böden, Spitzengardinen vor den hohen Fenstern und blitzenden Messinglampen und Armaturen an den Wänden.
»Wie wär's mit einem Ale?«, fragte Hobday, und Jakob nickte.
Sie standen an der Bar und redeten. Das heißt, Jakob lächelte in sich hinein, Mr Hobday stellte Fragen, und er lieferte die Antworten, denn der Mann wollte immer noch alles von ihm wissen, von seiner Familie, von der Reise, von der Hei-

mat. Irgendwann wurde Jakob klar, dass der Anwalt sich aufrichtig für Land und Leute interessierte, und er verlor seine Schüchternheit und bestand darauf, einen zweiten Drink zu bestellen, da Mr Hobday ja für den ersten aufgekommen war.
Jakob Meissner fühlte sich wohl. Er war wieder Mensch. Ein Mann, der alles unter Kontrolle hatte, der sich darauf freute, triumphierend nach Hause zurückzukehren.
»Sagen Sie Arthur zu mir«, bat der Anwalt. »Wir geben hier nicht viel auf Etikette. Ich hoffe, Jakob, es stört Sie nicht, dass ich so viel frage, aber Europa ist weit weg, und ich werde es wohl nie zu sehen bekommen. Also frage ich.«
Ein dunkelhaariger Mann in Arthurs Rücken drehte sich mit einem frechen Grinsen um.
»Fragt, und euch wird gegeben werden«, verkündete er.
Eine Sekunde lang sah Arthur ihn verwundert an, dann stieß er hervor: »Heiliger Strohsack! Mike! Wann bist du rausgekommen?«
»Keinen Moment zu früh, mein Lieber. Sie haben mir Zeit erlassen wegen guter Führung und weil ich das Pferd des Direktors von seinen Bauchschmerzen befreit habe.«
»Ich freue mich, dich zu sehen. Du siehst trotz allem gut aus.«
»Das verdanke ich aber nicht den Schweinen, die mich eingelocht haben«, knurrte er.
Arthur nickte. »Es tut mir Leid.«
Die gute Laune schien ihm vergangen zu sein, als er Jakob diesem Mann, Mike Quinlan, vorstellte.
»In Mikes Fall habe ich versagt«, erklärte er Jakob. »Ich konnte ihn nicht vor dem Gefängnis bewahren, als er und J. B. Dixon sich einen privaten Krieg geleistet haben.«
»Der Schweinehund!«, fügte Quinlan hinzu. Allmählich dämmerte es Jakob, wer dieser Bursche war.
Hatte Davey nicht von ihm gesprochen? Oder von jemandem mit einem ähnlich klingenden Namen …
»Trinken Sie einen auf meine Rechnung«, sagte Arthur,

»denn Jakob hier hat sich auch mit den Dixons überworfen, aber dieses Mal haben wir gewonnen.«
Er rief den Barmann heran, der drei weitere Krüge Bier brachte, und Jakob begann, sich Sorgen um Billy zu machen, der draußen wartete.
»Wie kam es dazu?«, fragte Quinlan den Anwalt, doch Jakob mischte sich ein. »Entschuldigen Sie, Mr Quinlan, aber ich glaube, Sie sind mein Nachbar. An der östlichen Grenze.«
»Auf Clonmel-Land?«
»Ja.«
»Hol mich der Teufel!«
»Haben sie Ihnen Ihr Bauholz genommen?«
»Ja, das haben sie, die Schweine.«
»Lass nur, Mike, dafür hast du sie auch an einer empfindlichen Stelle getroffen«, sagte Arthur, aber Quinlan nahm offenbar immer noch übel.
»Sie mussten aber nicht sitzen, oder?«, fragte er bitter.
»Fang nicht wieder an mit deinem irischen Temperament«, sagte Arthur, und das weckte Jakobs Interesse, der inzwischen, nachdem er sich so weit an die englische Sprache gewöhnt hatte, dass er kaum noch im Kopf übersetzen musste, auch anfing, Akzente zu erkennen. Und davon gab es entschieden mehr, als er erwartet hatte. Doch diesen hier, den hatte er zuvor schon mal gehört, und er war ihm angenehm aufgefallen. So also klang Irisch. Auch schottische Dialekte waren ihm schon begegnet, doch das lag eine Weile zurück – auf der *Tara*, als sie von Brisbane nach Bundaberg segelten. Er hatte tatsächlich kein Wort verstanden von dem, was die Schotten sagten, obwohl man ihm versicherte, sie sprächen Englisch. Dieses Erlebnis hatte er unter Erfahrung abgehakt und sich selbst die Schuld zugeschrieben. Was die Einheimischen betraf, die in diesem Land geboren waren, hatte Jakob ihre Aussprache mit Frieda diskutiert. Sie sprachen abgehackter, mit volleren Vokalen als die anderen, doch sie waren nicht so schwer zu verstehen wie die Schotten. Der Anwalt gab offenbar sich selbst die Schuld, dass er Quinlan nicht vor

dem Gefängnis hatte bewahren können, ein Zeichen dafür, dass er seinen Beruf ernst nahm, dachte Jakob. Auf der anderen Seite freute er sich, dass Jakob dieser schandbaren Familie eine lange Nase drehen konnte.
»Wir gehen alle zu mir zum Mittagessen«, verkündete er. »Stella wird sich freuen, dich wiederzusehen, Mike.«
»Tut mir Leid«, sagte Jakob. »Ich will nicht undankbar sein, aber mein Führer, ein junger Aborigine, wartet auf mich.«
»Dann lesen wir ihn unterwegs auf«, schlug Arthur vor.
»Wir haben nicht oft Gelegenheit zu feiern, Jakob«, erklärte sein Nachbar. »Pack die Möglichkeit beim Schopf, wenn sie sich bietet, mein Junge.«
Jakob musste lachen. Dieser berüchtigte Schlingel war mindestens zehn Jahre jünger als er, mit regelmäßigen Gesichtszügen, von durchschnittlicher Größe, aber seine Augen … Gewöhnlich zeigte Jakob kein großes Interesse an den Augen von Männern, wenngleich die der Frauen ihn oftmals in ihren Bann gezogen hatten, aber dieser Mike … seine Augen waren dunkel, blitzend, sie tanzten. Sie sprachen von Spaß und Schelmenstreichen – und gleichzeitig von eiserner Entschlossenheit. Jakob ertappte sich bei der Überlegung, was Tibbaling wohl von diesem Mann halten mochte.

Mrs Hobday servierte ihnen eine herzhafte Mahlzeit aus Koteletts und süßem Kartoffelkuchen, gefolgt von großen Portionen Brotpudding, und während sie aßen, berichtete Mike von seinen neuen Plänen.
»Vergiss die Milchwirtschaft, Arthur, die Kühe sind längst verkauft. Ich steige um auf Zucker. Das sollten Sie auch tun, Jakob. Zuckerrohr hat Zukunft. Unser Boden ist wie geschaffen dafür. Ich habe im Knast lange darüber nachgedacht, wenn ich mir vorstellte, wie die herrlich grünen Zuckerrohrfelder sich im Wind wiegen.«
»Ich weiß überhaupt nichts über Zuckerrohr«, wandte Jakob ein.
»Ich auch nicht. Wir können es lernen.«

»Ich werde es mir überlegen«, sagte Jakob, um in dieser netten Runde keinen Anlass zu Meinungsverschiedenheiten zu geben. Bald war es Zeit zum Aufbruch.
Er bedankte sich bei den Hobdays und versprach, in Kontakt zu bleiben.
»Falls Sie mal nach Bundaberg kommen, können Sie hoffentlich doch die Zeit für einen Besuch bei uns erübrigen. Wir leben nicht gar so weit von der Stadt entfernt.« Jakob bemerkte, dass auch für ihn die großen Entfernungen langsam zur Selbstverständlichkeit wurden.
»Der Tag geht bald zur Neige«, sagte Mrs Hobday. »Sie können über Nacht hier bleiben, wenn Sie mögen, Jakob.«
»Danke, aber wir möchten heute Nachmittag noch aufbrechen. Bevor es dunkel wird, können wir noch ein gutes Stück bewältigen.«
»Keine Sorge.« Mike grinste. »Ich pass schon auf ihn auf.«
Jakob fuhr herum und sah ihn fragend an, doch Mike erinnerte ihn: »Ich bin Ihr Nachbar, haben Sie das vergessen? Ich begleite Sie. Warten Sie, bis ich mein Pferd vom Pub abgeholt habe, dann kann's losgehen.«

Als die drei Männer zur Stadt hinausritten, rief Mike Billy zu: »Welchen Weg seid ihr gekommen?«
»Über Childers, Boss.«
»Gut. Dann hast du sicher nichts dagegen, jetzt einen anderen Weg zu nehmen, Jakob. So lernst du die Gegend kennen.«
»Ich wusste nicht, dass es noch einen anderen Weg gibt. Du etwa, Billy?« Er sah Billys Stirnrunzeln, doch Mike lachte. »Da gibt's gar nichts zu wissen. Nicht mal ein Blinder könnte sich auf diesem Weg verirren. Im Grunde hättest du gar keinen Führer gebraucht, wenn du die Straße längs der Küste genommen hättest. Ganz einfach, Jakob. Wir folgen dem Fluss bis zur Küste, das ist bei Hervey's Bay. Dann halten wir uns in nördliche Richtung und folgen der Küste bis zur Mündung des Burnett River. Dem folgen wir landeinwärts,

und ehe du dich's versiehst, sind wir zu Hause. Stimmt doch, oder, Billy?«
»Stimmt schon«, bestätigte Billy.
Der Vorschlag erschien Jakob großartig. Seine Mission in Maryborough hatte er erfolgreich abgeschlossen, und gleichzeitig bot sich ihm auch noch die Gelegenheit, die Gegend ein wenig besser kennen zu lernen. Er blickte zurück auf das Blau der Berge, als sie die Pferde auf eine Straße längs des Mary River lenkten, und dachte daran, dass Davey von diesen Bergen gesprochen hatte.
»Stimmt es, dass es da oben Gold gibt?«, fragte er Mike.
»Eimerweise, mein Freund. Dort will ich mir den Zaster zur Finanzierung meiner Zuckerrohrplantage holen.«
»Und warum reitest du jetzt heim?« Er sagte heim, weil ihm ein besseres Wort nicht einfiel, doch Quinlans Land war eben nichts als Land. Es gab kein Haus, weit und breit nichts zu sehen außer Gestrüpp, das inzwischen fast vom hohen Gras überragt wurde, und jede Menge Baumstümpfe – die Überreste wertvoller Bäume, die die Dixons gestohlen hatten.
»Ich muss, Kumpel. Die verdammten Inspektoren lassen einen Gefängnisaufenthalt nicht als Entschuldigung gelten. Du weißt selbst, was in diesen Pachtverträgen steht. Wir müssen Fortschritte auf unserem Land belegen, Häuser und Zäune und so weiter, sonst schmeißen sie uns raus. Ich hatte bisher noch keine Gelegenheit, auch nur einen Quadratmeter zu roden. Ich muss endlich anfangen.«
»Wird das Abholzen als Fortschritt anerkannt?«
»Nein. Es geht ja eben darum, Spekulanten fern zu halten. Verstehst du, die Regierung will das Land bevölkern. Da können sie nicht zulassen, dass Klugscheißer billige Pachtverträge kriegen und auf dem Land sitzen, bis sie ein gutes Angebot bekommen. Dann lösen sie nämlich die Pachtsumme ab, verkaufen das Land mit Gewinn und machen sich aus dem Staub. So werden Jahre vergeudet, ohne die Landwirtschaft voranzutreiben. Ich muss nicht nur Fortschritte nachweisen können, ich muss auch beweisen, dass ich auf mei-

nem Land lebe. Also baue ich am besten wohl zuerst ein Haus, was meinst du?«
»Ist vermutlich richtig.«
»Na ja, es wäre doch sinnlos, Weiden einzuzäunen, wenn ich kein Vieh dafür habe.«
»Stimmt.«
»Hey, Billy! Hast du nicht Lust, für mich zu arbeiten?«
»Ich bin Viehtreiber.« Billy grinste. »Du hast kein Vieh.«
»Ich sehe hier aber auch kein Vieh. Wie kommt's, dass du Jakob durch die Gegend führst?«
»Tibbaling hat mich geschickt.«
Mike lehnte sich zurück und zügelte sein Pferd. »Oho! Du bewegst dich ja in der vornehmsten Gesellschaft, Jakob. Tibbaling, schau an. Wie bist du mit ihm verwandt, Billy?«
»Er ist der Vater meines Vaters.«
»So. Dann bezahle ich dich natürlich, wenn du für mich arbeitest. Anfangs muss ich dir den Lohn schuldig bleiben, aber ich geb's dir schriftlich, wenn du mir beim Hausbau hilfst.«
»Dein Versprechen reicht.«

Jakob sollte bald herausfinden, dass ein Ritt mit Mike Quinlan niemals langweilig war. Er war ein Mann voller Enthusiasmus und Überraschungen, von denen nicht alle angenehm waren. Jakob ritt dahin und hörte mit halbem Ohr zu, wie die beiden anderen über die Größe des geplanten Hauses stritten, wobei der Ire für ein anständiges Farmhaus plädierte und sein »Geselle« darauf hinwies, dass es zu lange dauern würde, zumal ohne Bezahlung. In Gedanken war Jakob meistens bei seinem eigenen kleinen Farmhaus, das er abhängig vom Erlös aus dem Verkauf des Bauholzes würde vergrößern können. Mein Bauholz, freute er sich.
Was sie wohl sagten, wenn sie *das* hörten. Er würde Les Jolly eine Nachricht schicken, sobald sie in Bundaberg waren. Und wenn er schon mal dort war, sollte er auch zur Feier des Tages ein Geschenk für Frieda kaufen.

Bevor sie die Flussmündung erreicht hatten, schlug Billy vor, dass sie sich nach Norden wandten, doch Mike war anderer Meinung.

»Das geht nicht, Billy. Wir erforschen die Gegend. Wir wollen alles sehen, und nicht nur vom Deck eines Schiffes aus.«

»Das dauert dann aber ein paar Tage länger«, sagte Billy. »Und wir werden lange und schnell reiten müssen. Es gibt hier keine Wege, nur Trampelpfade von den Schwarzen.«

»Aber wir wollen der Küste folgen.«

»Sie beult sich hier aus wie ein Bauch. Dieser Weg ist jetzt schon länger als der über Childers. Am besten kürzen wir hier ab.«

Zwar war Jakob tief in Gedanken versunken, aber das hatte er doch gehört.

Er riss den Kopf hoch.

»Billy! Hast du gesagt, dieser Weg ist länger als der, den wir gekommen sind?«

Billy grinste. »Nimm meinen Weg, dann ist er zwei Tage lang, vielleicht ein bisschen mehr. Nimm seinen Weg, dann brauchst du sieben oder zehn Tage, und ihr habt ja nicht genug zu essen.«

»Was? Ich dachte, dieser Weg wäre kürzer.«

Quinlan sah ihn befremdet an. »Hast du denn nie eine Karte von dieser Küste gesehen?«

»Natürlich nicht!« Jakob war verzweifelt. »Ich kann nicht so viel Zeit verschwenden. Ich muss nach Hause.«

»Ach, du verschwendest doch keine Zeit, denn es heißt, diese Küste, die dem herrlichen Strand rund um die Bucht folgt, wäre landschaftlich sehr schön. Gottes gelobtes Land. Hör zu, wir schließen einen Kompromiss. Von hier an nehmen wir Billys Weg, wenn der uns direkt zu Hervey's Bay führt, und dann sind wir schon auf dem Heimweg.«

Jakob schaute zurück. Bis hierher hatte er einen halben Tag vergeudet. Die Rückkehr zur Route über Childers würde noch einen halben Tag kosten, und dann wäre er auf dem rechten Weg.

»Wie lange brauchen wir von hier aus, Billy, wenn wir weiterreiten? Ganz genau?«

»Hängt vom Fluss ab. Vielleicht zwei, drei Tage.«

»Gott behüte uns! Von welchem Fluss? Dem Burnett? Das ist unser Fluss.«

»Nein. Vorher gibt es noch einen Fluss.«

Jakob sah Quinlan an. »Wie überquerst du einen Fluss, wenn du kein Boot hast?«

»Keine Ahnung. Ich schätze, wir sollten hier am Fluss unser Lager aufschlagen. Ein bisschen angeln fürs Abendbrot und am Morgen dann umkehren, wenn es auch eine Schande ist. Und du willst wirklich nicht noch ein bisschen weiter reiten und dann im Meer schwimmen?«

»Nein!«, antwortete Jakob nachdrücklich.

Es störte Jefferson Philps nicht sonderlich, dass Hobday ihn jenes kleinen »Irrtums« überführt hatte, da er die Versicherung des Anwalts hatte, dass sein Brief an Dixon mit seinem juristischen Rat nicht an die Öffentlichkeit gelangen würde. Das war Hobdays schwache Stelle. Nachdem er sein Wort gegeben hatte, würde Arthur nicht davon zurücktreten, darauf hätte Philps hundert zu eins gewettet. Blieb also nur J. B. Dixon, der gewarnt werden sollte, dass der Deutsche sich nicht hatte bluffen lassen. Und dass er wegen widerrechtlichen Betretens belangt werden könnte, falls er oder seine Männer sich ohne Erlaubnis auf Meissners Land aufhielten. Was er J. B. im Grunde nicht erst zu erklären brauchte. Er griff nach Papier und Bleistift und entwarf ein Telegramm an J. B., das den Angestellten vom Telegrafenamt und ihren neugierigen Freunden in Bundaberg weder zu viel noch zu wenig verraten sollte. Nach einer halben Stunde des Durchstreichens und Radierens und unter Beachtung der entstehenden Kosten war sein Telegram fertig und dem Angestellten übergeben, der es zum Telegrafenamt bringen sollte. Es lautete:

*Hinsichtlich Anspruch auf Holz zweier nicht-britischer Pächter verweise ich dringend und mit Bedauern darauf, dass Pächter heutzutage Recht darauf haben.*

*Philps*

Der Telegrafenbeamte in Bundaberg fand das Schreiben uninteressant, uninteressanter als das meiste, was ihm vorgelegt wurde, aber es war an J. B. Dixon adressiert, und das bedeutete Geld. Gewöhnlich wurden Telegramme an abgelegene Lager, Farmen und Stationen mit dem Postwagen zugestellt, der manchmal Wochen dafür brauchte. Das galt jedoch nicht für Telegramme, die an J. B. Dixon adressiert waren. Er erhielt seine Telegramme von Expressreitern, die bei der Ablieferung ein Pfund erhielten. Ein ganzes Pfund, das sich der Telegrafenbeamte und der von ihm gewählte Reiter teilten. Wenn keine Zeit verschwendet wurde. Der Mann lief eilends zum Pub und nahm gewissenhaft die Pferde in Augenschein, die unter einem großen Gummibaum an einer Querstange angebunden waren. Dann marschierte er zur Bar.

»Wem gehört der Graue?«

Spät an diesem Abend galoppierte ein Reiter auf einem grauen Pferd auf das Haupthaus von Clonmel Station zu, rannte die Stufen zur Veranda hinauf, spähte durch die offene Eingangstür, schob zwei Finger zwischen die Zähne und stieß einen schrillen Pfiff aus.

Eine Frau trat heraus, eine Laterne in der Hand. »Was wollen Sie?«

»Telegramm für Mr J. B. Dixon, Madam.«

»Oh, ach so. Gut. Warten Sie.«

Er wartete. Er wartete, bis sie das Telegramm an sich nahm, es auf einen Tisch legte und zu einer Schublade ging, der sie eine Kasse entnahm. Währenddessen schaute er sich interessiert in dem Zimmer um. Diese Tür führte nicht in eine Halle oder einen Flur oder dergleichen, sondern in ein Wohnzimmer. Er hatte schon oft gehört, dass dieses Haus ganz zu Anfang eine Blockhütte mit einer Veranda war und dass alle übrigen Räume angebaut worden waren wie zusätzliche Ställe, allerdings nicht für Schafe, sondern für Menschen. Er nickte vor sich hin. Jetzt hatte er sich mit eigenen Augen davon überzeugen können, dass das Haupthaus der berühmten Clonmel Station gar nicht so großartig war. Nicht zu vergleichen mit dem Haus, das sich sein Boss, Charlie Mayhew, gerade baute. Charlie war zwar nur ein Plantagenbesitzer, aber eines Tages, davon war der Reiter überzeugt, würde sein Reichtum all diese Squatter in den Schatten stellen. Darauf würde er sein Leben wetten.

»Danke, Madam«, sagte er, als sie ihm das Geld in die Hand zählte.

Sie saßen in der Bibliothek am langen Tisch über Zeitungen und Viehzüchter-Blättern, als Elsie den Kopf zur Tür hereinsteckte.

»Was gibt's?«, fragte J. B. und legte seine Pfeife zur Seite.

»Telegramm«, sagte sie und reichte ihm das Papier. »Kann ich noch etwas für Sie tun, bevor ich zu Bett gehe, Mister Dixon?«

Keith wandte sich zu ihr um. »Wir könnten noch ein wenig Port gebrauchen. Die Karaffe ist fast leer.«

»Du hast längst genug«, brummte J. B. und öffnete das Telegramm.

»Nein, hab ich nicht. Das ist ein ganz besonders guter Jahrgang. Wer ist gestorben?«

»Niemand.« J. B. wartete, bis Elsie gegangen war. »Dieser verdammte Deutsche hat einen Anwalt aufgesucht und unsere Regelung bezüglich des Bauholzes angezweifelt.« Er warf das Telegramm auf den Tisch.

»Welcher Deutsche?«

»Um Himmels willen, Keith. Dieser Meissner. Ich glaube zumindest, dass es in diesem verdammten Telegramm darum geht. Ich verstehe nicht, warum Philps sich so unverständlich ausdrückt.«

Keith las das Blatt und nickte. »Ja. Das wird wohl Meissner sein.«

»Gleich morgen früh reitest du in die Stadt, telegrafierst Philps und wartest auf die Antwort. Ich möchte meine Vermutung in klaren Worten bestätigt haben, und ich will wissen, woher er das weiß.«
Elsie kam mit einer Flasche Port zurück. »Darf ich einschenken, Keith?«
»Nein, das mach ich selbst. Wie wär's noch mit ein paar Sandwiches? Ist noch was von dem Rinderbraten übrig?«
»Ja, natürlich. Und Sie, Mister Dixon? Soll ich Ihnen auch etwas bringen?«
»Nein. Ich gehe zu Bett.« Er stand auf, reckte sich und blickte seinen Sohn über die Brillengläser hinweg an.
»Das Holz gehört mir. Es steht auf Clonmel-Land. Was die sagen, ist mir gleich. Aber bei Gott, wenn Philps, dieser Idiot, sich hat in die Karten sehen lassen und das verdammte Gesetz zitiert, dann kriegen die es mit mir zu tun. Wenn ich das Holz nicht bekomme, dann soll's keiner haben, schon gar nicht diese verdammten Einwanderer. Hast du verstanden?«
»Klar doch.« Keith grinste und kramte in einer Schublade nach einem Korkenzieher.
»Aber mach keine halben Sachen. Frag zuerst Philps, lass dir die Sache genau erklären.«

Philps ging zurück ins Telegrafenamt von Maryborough, um auf eine kurze Nachricht von Keith Dixon zu reagieren. Seine Antwort lautete:

*Der in meinem Brief über Bauholz auf früherem Clonmel-Land Genannte hat gestern hier bei Hobday Rechtsbeistand gesucht.*

*Philps*

»Verdammt noch mal!« Keith las das zweite Telegramm verdutzt noch einmal. Ihm wäre nie in den Sinn gekommen, dass diese Leute – oder überhaupt jemand – den amtlichen Rat eines Anwalts in Zweifel ziehen könnten. Wohin sollte

so etwas denn führen? Als sein Vater ihm den Brief gezeigt und ihn angewiesen hatte, ihn diesem Meissner unter die Nase zu halten, da hatte er die Behauptung des Anwalts für korrekt gehalten. Nun, warum auch nicht? Was ihn jetzt also besonders wütend machte, war die Tatsache, dass der Deutsche es nicht geglaubt hatte. Dass er ihn zum Narren machte. Und diese Frechheit, tatsächlich nach Maryborough zu gehen und einen eigenen Anwalt zu verpflichten! Hobday. Dieser scheinheilige Typ hatte Philps widerlegt. Offenbar hatte J. B. von Anfang an Bescheid gewusst und war davon ausgegangen, dass sein Sohn auch Bescheid wusste. Keith war froh, dass er keine verräterische Bemerkung hatte fallen lassen. Sich selbst nicht zum Narren gemacht hatte. Denn wenn Philps wirklich im Recht gewesen wäre, hätte J. B. Hobdays »Rat« nicht so bereitwillig akzeptiert.
Jetzt wurde Keith klar, dass es ein abgekartetes Spiel gewesen war. Dass sein Vater Philps angewiesen hatte, den verdammten Brief zu schreiben und J. B.s Version von Recht und Unrecht darzustellen. Kein Zweifel, J. B. war ein schlauer alter Fuchs. Aber er mochte es nicht, eins auf den Deckel zu bekommen. Oh nein, das mochte er überhaupt nicht. Und der Deutsche hatte den Streitfall gewonnen, hatte einen eigenen Anwalt herangezogen, um Philps zurechtzustutzen. Nicht schwer, sich vorzustellen, dass das eine böse Überraschung und eine Ohrfeige für Philps war, doch er war der Letzte, um den sich die Dixons Gedanken machten. Es ging um das Bauholz. Sie konnten jetzt nicht mehr zulassen, dass Meissner und all diese Holzfäller einschließlich Les Jolly es sich holten und die Spatzen es von den Dächern pfiffen, dass der Deutsche die Dixons geschlagen hatte. Das war ausgeschlossen. Durfte einfach nicht sein. Man musste den Leuten zeigen, dass die Squatter hier immer noch die Zügel in der Hand hatten; sie waren immer noch die großen Bosse.

Er ritt über Clonmel-Land, als er dreien von seinen Viehtreibern auf dem Heimweg begegnete. Er schloss sich ihnen an,

war aber nicht in der Stimmung, sich mit ihnen zu unterhalten. Vielmehr war er mit seinen Gedanken bei Meissner, nachdem er ein paar Meilen am Besitz des Deutschen vorübergeritten war, dort, wo das Bauholz immer noch stand. Wenn Meissner gestern in Maryborough gewesen war, würde er wahrscheinlich irgendwann im Laufe des morgigen Tages nach Hause kommen. Und darüber dachte er nach.
Plötzlich riss er sein Pferd herum und rief den Männern zu, ihm zu folgen, was sie auch taten, ohne nach dem Grund zu fragen. Vielleicht überlegten sie, wohin sie nun ritten, doch auf der Zuchtfarm der Dixons hatten sie gelernt, erst zu springen und dann zu fragen.
Keith war aufgeregt, preschte über offenes Land und forderte die Viehtreiber auf, sich zu beeilen. Sie spornten ihre Pferde an und ritten ihm nach, doch schließlich erreichte er weit vor ihnen Hangman's Point, einen Felsvorsprung mit einem sprechenden Namen, denn er warnte Vorbeireitende vor dem unwegsamen Land, das vor ihnen lag. Hier zügelte er sein Pferd und dirigierte es behutsamer durch lichten Wald in Richtung auf Quinlans Landbesitz. Er und sein Vater hatten die Karten studiert. Sie wussten, dass Meissners eine Parzelle am Fluss lag und an Quinlans Ländereien grenzte, die andere lag von dort aus gesehen weiter landeinwärts. Eine Frechheit, sich gleich zwei Parzellen anzueignen!
Sie ritten jetzt hintereinander, immer noch schnell, wichen Bäumen aus, brachten die Pferde über gestürzte Baumstämme und Gräben, und Keith lachte und rief über die Schulter hinweg: »Kommt schon, Jungs!«
Er war ein geübter und geschickter Reiter. Sein Pferd war ein Vollblut, dem es vielleicht ein wenig an den Fähigkeiten ihrer Treiberpferde mangelte, doch es gehorchte aufs Wort, wunderschön, perfekt, und so ging Keith kein Risiko ein, als er durch den schattigen Wald aus Gummibäumen ritt und die Pferdehufe tief und knisternd in trockenes Laub einsanken.
Es störte ihn nicht, dass er seine Männer der Gefahr aussetz-

te, vom Pferd zu stürzen; er war völlig versessen darauf, das Land des Iren zu finden. Dort wollte er sein Werk beginnen. Eine Stunde später hatte er sein Ziel erreicht. Gemächlich ritt er über das Land, dessen Bäume bereits gefällt waren und auf dem hohes Gras die Stümpfe verbarg.

Sam, einer der Vormänner von Clonmel, ritt an Keith heran.

»Ist das nicht Quinlans Land, Keith?«

»Gut beobachtet, Sam. Das hier gehört tatsächlich Quinlan, und er kann sich dran freuen, wenn er aus dem Gefängnis entlassen ist.«

»Dieser Schuft«, sagte Sam. »Den Widder kaltblütig abzuschießen, das hat mir fast das Herz gebrochen. Er war so ein schönes Tier.«

»Das kannst du laut sagen«, bestätigte Keith mit aufrichtigem Bedauern. »Duke war fast wie ein Mensch für mich. Ein Haustier.«

»Gott, ja. Und die Wolle! Lieber Himmel, haben Sie je Vergleichbares gesehen?«

»Unersetzlich war er. Ganz gleich, wie viele Lämmer seine Schafe werfen, einen zweiten Duke wird es niemals geben. Aber eins sag ich dir, Sam, unsere Merinos sind schon wieder in Gefahr.«

»Wieso?«

»Ist nun mal so«, sagte Keith geheimnisvoll. »Drohungen und so weiter. Und deshalb müssen wir ihnen eine Lektion erteilen, müssen sie warnen, damit sie die Finger von unseren Tieren lassen.«

»Wen?«, fragte Sam, und es klang kampfeslustig. »Freundchen, die sollen mich kennen lernen.«

Sie folgten der Grenze zu Quinlans Land, doch Keith machte keinerlei Anstalten, auf das angrenzende Land vorzudringen. Stattdessen ritt er weiter, immer die Pflöcke der Landvermesser im Auge, bis er das zweite Landstück fand, das noch eine zaunlose Wildnis darstellte. Dieses Mal führte er die Männer kühn an den Grenzmarkierungen vorbei und wandte sich Sam zu.

»Du denkst, du kennst Clonmel wie deine Westentasche. Auf wessen Besitz befinden wir uns hier?«
»Meissner, der Deutsche, hat dieses Land gepachtet.«
»Gut. Du bist wirklich gut, Sam. Ich dachte, ich könnte dich reinlegen. Also – dieser Deutsche ist es, der die Drohungen ausstößt …«
»Warum?«
»Das ist eine Sache zwischen ihm und J. B. Unsere Aufgabe ist es, ihm einen kleinen Schrecken einzujagen.«
Er saß ab und wartete, bis die anderen herangekommen waren. Sie sahen Sam an, der ihnen mit einem Handzeichen bedeutete, ebenfalls abzusitzen und einen Moment zu warten.
Keith begann, mit dem Fuß trockenes Laub und dürre Äste auf einen Haufen zu scharren.
»Hast du ein Streichholz?«, fragte er Sam, und dieser reichte ihm seine Wachshölzchen. Keith strich eines an und warf es auf den Haufen, der rasch in Flammen aufging.
»Himmel! Passen Sie auf!«, schrie Sam und packte ihn am Arm. »Sie lösen ein verdammtes Buschfeuer aus. Hier ist doch alles trocken wie Zunder.«
»Meissner glaubt, er könne genauso mit uns umspringen wie Quinlan, ohne erwischt zu werden. Unsere Merino-Widder sind kostbar, Sam, und wir können sie nicht bis in alle Ewigkeit bewachen. Ist dir noch nicht aufgefallen, dass sie neuerdings Tag und Nacht bewacht werden?«
»Himmel! Nein, wirklich nicht, Keith.«
»Wahrscheinlich bist du abends einfach zu müde dazu.«
»Das mag schon sein.«
»Also. Wir müssen zeigen, dass wir nicht so verletzlich sind, wie diese Ausländer glauben. Der Wind weht in die richtige Richtung. Genau richtig für uns. Keine Sorge, Sam. Sie haben den Fluss auf ihrer Seite; es ist ein fairer Kampf.«
Keiths Feuer knisterte munter, doch die Männer standen nur da und starrten es verwirrt an.
Sam nahm Keith zur Seite und senkte die Stimme. »Wir soll-

ten lieber vorsichtig sein. Der Bursche da drüben, der mit der Lederweste, wissen Sie nicht, wer das ist?«
»Nein.«
»Das ist Fechner. Der Deutsche. Er kennt diesen Meissner wahrscheinlich.«
Keith drehte sich langsam um, um weder Überraschung noch Ärger sichtbar werden zu lassen. Er schob den Hut in den Nacken, und schon spürte er die Hitze des brennenden Grases.
»Wahrhaftig«, sagte er gedehnt. Himmel! Hannis Mann! Verdammt ärgerlich. Aber was sollte der schon ausrichten? Er ist sowieso ein dummer Hund, wenn er eine solche Frau auf eine Schafzuchtfarm bringt. Jeder Mann unter Gottes Sonne träumt davon, so eine Frau zu bespringen.
»Hey, Lukas!«, rief er. »Wir machen eine Brandrodung. Nimm diesen Ast, zünde ihn an und steck da drüben das Gestrüpp in Brand, und ihr anderen geht von da aus in gerader Linie weiter. Gebt Acht auf den Wind. Er darf das Feuer nicht in unsere Richtung zurücktreiben. Sam, schaff die Pferde aus dem Weg. Los, Leute, bewegt euch. Ich habe Durst auf ein Bier. Wenn wir nach Hause kommen, steht ein halbes Dutzend Flaschen für uns bereit.«

Lukas war wütend über so viel Pech. Wenn sie Keith nicht begegnet wären, hätten sie längst zu Hause sein können. Dann hätte er die seltene Gelegenheit gehabt, einen Nachmittag mit seiner Frau zu verbringen. Die arme Hanni, sie fühlte sich so einsam. Schlimm genug, dass über sie und diesen Keith geredet wurde, aber in letzter Zeit war Hanni so verschlossen, dass Lukas schon befürchtete, die Geschichten könnten der Wahrheit entsprechen.
Er hatte sie sehr behutsam darauf angesprochen. Sehr milde. »Liebste Hanni, ich habe Angst, dass du mich nicht mehr liebst. In letzter Zeit darf ich dich kaum noch berühren.«
»Ich bin nur müde!«, fuhr sie ihn an.
»Und gereizt«, sagte er. »Hier sind so viele Männer, da

fürchte ich manchmal, du könntest einen finden, der dich mehr interessiert als dein Lukas.«

»Ach, um Himmels willen! Den Floh hat dir wohl Theo ins Ohr gesetzt.«

»Was hat das mit Theo zu tun?«

Hanni brach in Tränen aus. »Er war so grob zu mir. Er hat mir vorgeworfen, ich würde anderen Männern schöne Augen machen, und jetzt fängst du auch noch damit an. Ich hasse dich! Ich hasse euch alle!«

Es dauerte Tage, bis der Schaden, den dieses Gespräch angerichtet hatte, wieder behoben war. Hanni war wütend auf ihn und sprach kaum noch mit ihm, und selbst, als sie sich beruhigt hatte, begegnete sie ihm noch ziemlich unterkühlt. War nicht mehr die liebende Ehefrau.

»Was ist denn nun schon wieder los?«, fragte er, nur um zu hören, dass sie unglücklich war und das Leben auf der Farm verabscheute. Sie wollte fort.

»Nun mach schon, Lukas!«, schrie Sam ihn an, weil er tatenlos in die Flammen starrte.

»Ja. Entschuldigung!« Er hob einen dürren Ast auf, zündete ihn an und setzte das Gras vor seinen Füßen in Brand.

Immer noch unsicher über ihr Vorgehen, wandte er sich an Pike, den anderen Viehtreiber. »Was soll diese Brandrodung?«

»Wir verbrennen das trockene Gras, damit es sich nicht von selbst entzündet und ein richtiges Buschfeuer verursacht. Dadurch wird auch das Gestrüpp vernichtet.«

Lukas nickte, und auf Sams Anweisung hin fachte er noch weitere kleine Feuer an, bis diese sich, vom Westwind getrieben, ausbreiteten. Dann trat er zurück und fragte sich, wie lange das noch dauern würde. Pike gesellte sich zu ihm.

»Der Blödmann, er zündet da drüben auf seiner Seite so viele Brände an, dass es doch noch zu einem Buschfeuer kommen muss.«

»Wer? Keith?«

»Ja. Viel Grips hat der nun mal nicht. Brandrodung ist ein

kontrolliertes Feuer, Kumpel. Hier siehst du eins, das rasend schnell außer Kontrolle gerät.«
»Sollten wir ihn nicht warnen?«
»Sam ist bei ihm. Der wird ihn schon aufhalten.«
Lukas konnte die anderen auf Grund des Rauchs kaum noch erkennen, und er wich mehr und mehr vor den Grasbränden zurück. Plötzlich ertönte ein Brüllen, und das Feuer um sie herum schien zum Leben zu erwachen, als die Bäume wie Fackeln in den Flammen aufgingen. Es geschah so schnell, dass Lukas stolperte, als er versuchte, vor der Hitze zu flüchten, und als er wieder auf die Füße kam, brannte es um ihn herum lichterloh. Lukas rannte. Er floh vor den Flammen und kämpfte sich durch den Rauch, bis er neben Sam auftauchte, der mit Pike stritt.
»Das geht dich nichts an«, sagte Sam. »Die Pferde sind in Sicherheit. Keith hat sie in Sicherheit gebracht. Wir machen jetzt, dass wir wegkommen.«
»Welcher verdammte Idiot ist so blöd, auf seinem eigenen Land so ein Feuer zu legen?«, fauchte Pike wütend.
»Das hier ist nicht sein Land.« Sam grinste. »Es gehört Meissner.«
»Das ist kriminell, verdammt noch mal!«
»Halt den Mund, Pike. Wir reiten nach Hause.«
Lukas taumelte an ihnen vorbei, auf der Suche nach den Pferden. Der Rauch lichtete sich jetzt, während das Feuer wie eine Walze über den Busch hinwegfegte. Er holte Keith ein, der die Pferde führte, und packte ihn am Arm.
»Wem gehört dieses Land?«
»Fass mich nicht an. Es ist Clonmel-Besitz.«
»Nein. Es gehört Meissner. Sie verbrennen Meissners Land!«
»Wir verbrennen gar nichts. Brände entstehen während dieser Trockenheit an allen Ecken und Enden.« Er grinste höhnisch. Lukas erkannte noch mehr als die nackte Lüge in dem Gesicht des Mannes; er sah die Verachtung, die Keith Dixon für ihn übrig hatte, als er die Achseln zuckte und weiterging,

und dem höhnischen Grinsen entnahm er, dass diese Verachtung etwas mit Hanni zu tun hatte. Mit der Schwäche ihres Mannes, selbst in diesem Augenblick. Mit seiner Unfähigkeit, sich gegen solche Situationen zu wehren.
Doch Keith irrte sich. Lukas, der nicht leicht in Wut geriet, war jetzt in Rage. Er schoss vor, riss Keith mit einer Hand zurück und schlug mit der anderen zu. Die Pferde stießen und drängten von ihnen fort, als Keith sich boxend und tretend Lukas entgegenwarf. Lukas wusste, dass er keine Zeit zu verlieren hatte. Er hob beide Hände zu einer Faust geballt über die linke Schulter und ließ sie mit aller Kraft auf Keith niedersausen, streckte den Mann nieder, als er gerade wieder auf die Füße kommen wollte. Dann rannte er zu seinem Pferd.
Sam kam zurück und half Keith beim Aufstehen. Pike hielt die anderen Pferde.
»Wo geht es zum Fluss?«, keuchte Lukas.
»Da entlang! Was zum Teufel hast du vor, Lukas?«
»Du bist gefeuert!«, schrie Keith. »Das verdammte Pferd gehört mir! Bring mir das Pferd zurück! Sam, mein Gewehr …«
Doch Lukas war außer Reichweite. Was war er doch für ein Dummkopf! Er weinte beinahe über seine eigene Dummheit. Er hätte wissen müssen, dass dies hier Jakobs Land war. Andere Viehtreiber hatten es ihm früher schon mal gezeigt, doch dieses Mal waren sie aus einer anderen Richtung gekommen, aus einem großen, von Bäumen bereits geräumten Gebiet, das seiner Meinung nach noch zu Clonmel gehörte, und von dort aus waren sie wieder Richtung Heimat geritten. Wie dumm!
Er musste Jakob warnen. Auf diesem Teil des Landes, der noch immer wütend brannte, war nicht mehr viel zu retten, aber er hatte gehört, dass Jakob in der Nähe des Flusses mit dem Aufbau einer Farm begonnen hatte, und bis dahin waren noch einige Meilen zurückzulegen. Er musste versuchen, Jakob zu helfen. Vielleicht blieb noch Zeit, eine Schneise zu

schaffen und so das Feuer zu stoppen. Die Luft war rauchgeschwängert, sein Pferd schnaubte, als es auf das Inferno vor ihm zutrabte, und ließ Lukas wissen, dass sein Plan nicht gut war.

Stimmt schon, dachte er. Wir können nicht hineinreiten, wir müssen es irgendwie umrunden. Voller Entsetzen beobachtete er, wie rasend schnell das Feuer um sich griff, und das versetzte ihn in Panik. Als er aufblickte, sah er es von Baumwipfel zu Baumwipfel springen wie in einem feurigen Trapezakt. Wenn der Wind nun drehte und das Feuer in seine Richtung trieb? Um ihn herum gingen Bäume in Flammen auf. All das herrliche Bauholz, von dem die Leute hier ständig redeten. Er brachte das Pferd zum Stehen. Es tänzelte verärgert, als wollte es ihn zu einem Entschluss drängen. Was war in ihn gefahren, als er Keith Dixon angriff? Dadurch hatte er alles nur noch schlimmer gemacht. Dieses Feuer konnte er nicht aufhalten, und er bezweifelte, dass es Jakob gelingen würde. Wahrscheinlich hätte es sich ohnehin ausgebrannt, bevor es den Fluss erreichte.

Er hörte ein Brüllen, als ein weiterer mächtiger Baum umstürzte. Vielleicht brannte es auch gar nicht aus. Doch was geschah jetzt mit Hanni? Sie würde zumindest ihren Willen bekommen. Er hatte seine Arbeit verloren. Was sollte nun werden?

Lukas wurde zunehmend verwirrt und orientierungslos. Die Sonne war jetzt völlig verdeckt, und er führte das Pferd durch die Verheerung, über einen schwarzen Friedhof, der nicht zu umrunden war: Dieses Feuer hatte meilenlange Arme, die Füße waren Brennöfen, der Kopf war ein flammendes Gorgonenhaupt. Es würde den Fluss schneller als er erreichen. Warum machte er sich überhaupt die Mühe? Würde er noch rechtzeitig kommen, um Jakob zu sagen, dass er geholfen hatte, das Feuer zu legen? Warum ritt er nicht einfach zurück, holte Hanni und verließ mit ihr die Farm? Wie üblich hatte er sich selbst ein Bein gestellt, indem er redete, bevor er nachgedacht hatte. Was hatte er Keith vorgeworfen? Oh Gott, wenn das nun alles ein Irrtum war? Wer wusste schon so genau Bescheid in diesem endlosen verdammten Land, wo alles so gleich aussah, wo Tausende von Gummibäumen auf Tausende und Abertausende Gummibäume folgten? Es war hier nicht ungewöhnlich, dass sich Leute verirrten; kein Wunder, da es überhaupt keine Anhaltspunkte zur Orientierung gab, wie er es in der Heimat gewöhnt war. Selbst die Sterne waren anders. Er musste sich unbedingt mit diesen Sternen beschäftigen. Sie würden hilfreich sein.

Vor ihm lag ein grüner Fleck. Er erinnerte Lukas an die Bühnenkulissen in der Lutherhalle zu Hause, so künstlich, dass er außerirdisch wirkte, aber er war da. Ein Korridor aus hüfthohem Gras, aus Bäumen, von denen die Rinde herabhing wie Papier und darum bat, verbrennen zu dürfen, aus den grünen Spitzen der Gummibäume, die sich in langen Fäden dem Waldboden entgegenneigten, herablassend, unbeeindruckt von der Feuersbrunst um sie herum, als wollten sie sagen, das haben wir alles schon mal gesehen.

Lukas hielt darauf zu. Er sprang aufs Pferd, grub ihm die Fersen in die Seiten und preschte in vollem Galopp durch die Schneise. Das Pferd allerdings war ein Brumby, ein Wildpferd, gefangen und gezähmt, aber nicht für die Koppel gezüchtet, und diese Pferde verfügten über einen wahren Schatz an Eigenarten. Die Augen blitzten vor Angst vor den Feuerwänden zu beiden Seiten, es legte die Ohren an, um den Lärm auszuschalten, das Gebrüll dieses entsetzlichen Feuers, das es offenbar zu umzingeln drohte. Hoch in den Baumwipfeln schuf das Feuer nun seinen eigenen Wind, der in Wolken von Asche und Rauch Funken versprühte. Hätte der Staubsturm dem Versuch der Viehtreiber, Brumbies zu fangen, nicht ein Ende gesetzt, wäre es Lukas vielleicht vergönnt gewesen, mehr über die Gewohnheiten dieser Pferde zu erfahren, doch die Gelegenheit war nun vorüber.

Das Tier begann, sich zurückzustemmen, sich gegen das Drängen des Reiters zu wehren, doch Lukas gestattete keinen Rückzug. Er hatte nicht bemerkt, dass die Schneise sich

verengte; er war zu sehr damit beschäftigt, das Pferd vorwärts zu treiben. Doch dann entdeckte das Pferd durch den Rauch und den Dunst hindurch die Schlucht, wusste, dass sie zu breit zum Überspringen und zu tief zum Durchschreiten war, und griff auf einen Trick zurück, der erfahrenen Viehtreibern durchaus bekannt war. Es blieb stehen und ließ gleichzeitig die Vorderbeine einknicken. Lukas hatte keine Chance. Er flog über den Kopf des Pferdes hinweg in die Schlucht, wo das Gehölz bereits schwelte.
Eine Minute lang blickte das Pferd zu ihm hinunter, doch der Mann lag ganz still da, und so machte es kehrt und preschte davon, nicht in das Feuer hinein, sondern zurück in die Sicherheit. Es suchte sich den Weg über das schwarzgebrannte Land, mit schleifendem Zügel, bis es auf grünes Land kam, wo es in den verstreut wachsenden Disteln nach Nahrung suchte.

Der Rauch von einem fernen Feuer irgendwo in der Gegend roch eindeutig nach Eukalyptus, stellte Frieda fest, aber stärker noch als der Duft frischer Blätter. Sie merkte sich alles, was mit dem Busch zu tun hatte, um später darauf zurückgreifen zu können und besser mit der neuen Umgebung zurechtzukommen. Ihre Erinnerungen waren bereits angefüllt mit Beschreibungen von Vögeln und Pflanzen, von denen die meisten noch auf jemanden warteten, der ihnen einen Namen geben konnte.
Sie und Karl vermissten Jakob. Seit er gegangen war, hatten sie keine Menschenseele mehr gesehen, außer dem schwarzen Botenjungen, der ihnen mitteilte, dass Jakob nach Maryborough reiten wollte.
Frieda seufzte. Das konnte nur eines bedeuten: Er hatte in Bundaberg keine Hilfe gefunden.
»Was kann er in Maryborough schon ausrichten?«, hatte Karl gefragt.
»Ich weiß es nicht. Wie weit ist die Stadt entfernt?«
»Ungefähr siebzig Meilen, glaube ich. Wenn nicht mehr.«

»Gott im Himmel! Siebzig Meilen Wildnis! Er könnte sich verirren oder angegriffen werden. Und er wird tagelang fort sein. Wo will er schlafen? Ich sage dir, wenn ich in dieser Sache ein Wörtchen mitzureden hätte, würde er diesen unnützen Weg nicht auf sich genommen haben. Er verschwendet nur seine Zeit. Warum können diese schrecklichen Leute von der Schafzuchtfarm uns armen Menschen nicht das Holz lassen? Sie haben doch reichlich Geld. Sie brauchen es nicht.«
Sie löste ihre Haube und wischte sich mit einem Tuch die Stirn. Als sie aufblickte, sah sie Ascheflocken im Wind treiben, und das weckte ihre Sorge. Wie nah war das Feuer? Schwer zu sagen. Um das Haus herum war es ruhig und freundlich. Selbst die Vögel waren still, wenngleich das an solch heißen Nachmittagen nicht unbedingt außergewöhnlich war.
»Missus! Missus!«
Frieda fuhr herum und sah Mia auf sich zueilen. Sie trug ihr Kind in einem Tuch auf dem Rücken, doch das hinderte sie nicht, Frieda zu packen und mit sich fortzuziehen.
»Feuer, Missus. Komm schnell.«
»Wohin? Wo ist das Feuer?«
Das schwarze Mädchen deutete wild mit dem Finger und versuchte immer noch, Frieda in die entgegengesetzte Richtung zu zerren.
»Augenblick«, sagte Frieda, um ihr zu zeigen, dass kein Grund zur Panik vorlag. »Ich kann das Feuer riechen. Aber es ist noch weit weg. Bleib du hier, ich sehe nach. Ich gehe den Bach entlang und schaue, ob sich in unserer Richtung etwas tut.«
Doch dann kam Karl gelaufen, und mit ihm Mias Mann, Yarrupi.
»Mutter, er sagt, das Feuer ist schon ganz nahe. Ich bin mit ihm auf einen Baum gestiegen. Es ist riesig. Dehnt sich über Meilen aus und kommt rasch auf uns zu. Wir müssen zum Fluss hinunter.«
»Der ist doch gleich vor der Tür«, sagte sie. »Dort sind wir sicher.«
»Nein, Missus, nein«, warnte Yarrupi. »Geht jetzt!«

Plötzlich wurde sich Frieda der Ungeheuerlichkeit dessen, was er da andeutete, bewusst. »Was sagen sie da? Wir sind hier nicht sicher, Karl? Wir sind in unserem eigenen Haus nicht sicher? Unser Haus! All unsere Sachen! Nein … das kann nicht wahr sein.«

»Es wird schon alles gut gehen«, versuchte Karl sie zu beruhigen. »Aber dieser Wind ist so heiß. Unten am Fluss wird es kühler sein.«

»Rede keinen Unsinn! Wir können in unserem Haus Schutz suchen.«

»Nein, Missus!«, schrie Mia. »Haus brennt ganz ab! Geht jetzt! Schnell, bitte!«

Frieda wandte sich Karl zu und schrie: »Was hat sie gesagt? Das Haus würde abbrennen? Nein! Das glaube ich nicht. Wenn Jakob hier wäre, würden sie uns nicht solche Angst einjagen. Sag ihnen, sie sollen gehen.«

»Hör doch, Missus«, sagte Yarrupi, und während Frieda bestürzt zurückwich, hörte sie zum ersten Mal das Geräusch eines sich nähernden Buschfeuers.

In ihren Ohren klang es wie ein tosender Kamin, unwirklich und noch weit entfernt. Es war schwer zu glauben, dass eine Katastrophe drohte.

Noch mehr Zeit ging verloren, als sie ins Haus lief, um der Panik der anderen zu entkommen, und sich hastig umschaute, um zu entscheiden, was sie notfalls mitnehmen würde. Die alte Familienbibel mit ihren Andenken, den abgeschabten Koffer mit Jakobs Geschäftspapieren – das fiel ihr ins Auge, und sie griff danach. Dann nahm sie ihre Büchse mit Geld an sich und stand da, zu verwirrt, um weitere Entschlüsse zu fassen. Das alles durfte nicht wahr sein.

Doch der Himmel hatte sich in einen Baldachin aus Funken und fliegenden Blättern verwandelt, und da rannte sie mit den anderen, rannte den Wagenspuren nach, hinunter zum Fluss und hörte hinter sich das Monster, das sie verfolgte wie eine Flutwelle. Das Geräusch war jetzt sehr nah und verbreitete Angst und Schrecken. Sie konnten sich nicht nach dem

Haus umsehen, nach dem Gemüsegarten, denn der Weg schlängelte sich durch den Busch.
Sie standen im Fluss, in Sicherheit, dankbar für die uralten Mangrovensümpfe, die verhinderten, dass das Feuer an den Fluchtpunkt vordrang, den sie mit den Tieren des Waldes teilten. Dingos lagen hechelnd im Schlamm, ohne die Koalas und Kängurus zu beachten, die im seichten Wasser nur wenig entfernt von den Menschen Schutz gesucht hatten. Die Menschen ihrerseits standen bis zur Hüfte im Wasser und vergaßen in ihrer Not die Krokodile. Yarrupi hatte die Kuh in Sicherheit gebracht, doch für die Hühner gab es keine Hoffnung.
Frieda weinte. Sie sah zu, wie ihr Land, ihre Farm dem Brüllen und den Flammen des mächtigen Buschbrandes zum Opfer fiel. Sah, wie sich das böse Glühen im Fluss spiegelte an diesem schlimmsten Tag in ihrem Leben. Ihr Traumschiff war bis zur Wasserlinie abgebrannt. Sie waren ruiniert. Was würde Jakob sagen? Was nützte es jetzt noch, dass er den Clonmel-Leuten getrotzt hatte? Sie betrachtete die Tiere um sich herum, die nervös das versengte Ufer im Auge behielten, und empfand grenzenloses Mitleid. Wie viele von den Waldbewohnern waren in diesem Glutofen umgekommen? Bäume waren vernichtet, mit ihnen die Vogelnester; all die Eidechsen, so scheu und so harmlos. Und was war aus all den anderen Tieren geworden, die es nicht bis hierher geschafft hatten? Die Verheerung war so entsetzlich, dass Frieda, als Mia sagte, sie könnten nun aus dem Wasser kommen, übel wurde. Sie übergab sich dort im Wasser, und das Erbrochene schwamm um sie herum, doch Mia trat vor und spritzte sie mit Wasser sauber. Immer auf Reinlichkeit bedacht, war Frieda entschlossen, gleich, wenn sie zurück im Haus war, all diesen Schlamm abzuwaschen, ihr Äußeres in Ordnung zu bringen, eine frische Bluse und einen frischen Rock anzuziehen und erst dann nachzusehen, wie viel Schaden das Feuer angerichtet hatte.
Später konnte sie sich nicht mehr vorstellen, wie sie auf die-

se Idee gekommen, wie sie mit diesem Plan im Kopf die Böschung hinaufgestapft war, denn es gab kein Haus mehr. Nur der Kamin war stehen geblieben; er erhob sich schwarz aus der verkohlten Erde.

Der alte Mann sah sie heranreiten. Er nahm die Abkürzung durch die Ställe zu den Schuppen neben der Pferdekoppel, wartete, bis sie ihre Pferde versorgt und die Sättel und das Zaumzeug unter Dach und Fach gebracht hatten, und pfiff dann leise.

Sein Sohn hob den Kopf, nickte und kam zu ihm herüber.

»Grasfeuer in der Nähe unserer östlichen Grenze«, sagte Keith in gespieltem Ernst. »Pech, was?«

»Hat Philps bestätigt, dass der Deutsche eine neue Rechtsauskunft bekommen hat?«

»Ja. Meissner hat den anderen Anwalt, diesen Hobday, verpflichtet, der ihm anscheinend die Augen geöffnet hat. Hat ihm offenbar erklärt, dass uns das Bauholz jetzt nicht mehr zusteht. Aber es war einen Versuch wert, J. B. Der Deutsche hätte sich viel Ärger ersparen können, wenn er sich mit Philips' Auskunft zufrieden gegeben hätte, statt die Sache zu komplizieren.«

J. B. grunzte zustimmend. »Sam und Pike waren bei dir?«

»Ja, aber die sind auf unserer Seite.« Er grinste. »Sam glaubt, dass der Deutsche ganz erpicht darauf ist, noch mehr von unseren Zuchtmerinos abzuschießen, und deshalb wollte er ihm eine Lektion erteilen. Pike ist in Ordnung. Er ist lange genug bei uns, um zu wissen, dass er seine Nase nicht in unsere Angelegenheiten stecken sollte.«

»Sorg dafür, dass er es nicht tut.«

»Ich wollte ihnen gerade ein paar Bierchen spendieren. Durstige Arbeit heute!«

Etliche Stunden später, als er die Arbeit der Zimmerleute überprüfte, die in Vorbereitung auf die Schersaison die erhöhten Schafgänge reparierten, lenkte einer der Schreiner

seine Aufmerksamkeit auf ein reiterloses Pferd, noch gesattelt und den Zügel hinter sich herschleifend, das über die Ebene trabte.
J. B. stieg auf ein Gatter, um es besser sehen zu können.
»Was zum Teufel hat das Pferd da draußen zu suchen?« Mit einer Kopfbewegung wies er einen Viehtreiber an: »Hol's rein.«
Als das verirrte Pferd zu ihm gebracht wurde, musterte J. B. es neugierig.
»Ruhig, mein Junge«, sagte er und untersuchte das Tier auf Verletzungen. »Dir fehlt doch nichts. Braves Tier. Kommst allein nach Hause, wie?« Er nahm ihm den Sattel ab und ließ ihn zu Boden fallen, während er immer noch beruhigend auf das Pferd einredete. Dann wandte er sich dem Viehtreiber zu.
»Wer hat das Tier heute geritten?«
»Weiß ich nicht.«
»Dann frag jemanden, verdammt noch mal! Sein Reiter könnte verletzt irgendwo da draußen liegen. Vielleicht ist er gestürzt.«
Es stellte sich heraus, dass Lukas Fechner, der Deutsche, das Pferd geritten hatte, und unverzüglich schrillten J. B.s Alarmglocken. Er machte sich auf die Suche nach Sam.
»Wie kommt's, dass Fechners Pferd nach Hause kommt, aber Fechner selbst nicht?«
Sam dachte sich gleich, dass Keith seinem alten Herrn nichts über seinen Zusammenstoß mit Fechner erzählt hatte, und er fürchtete, dass J. B. vielleicht nicht einmal von dem Feuer wusste.
Das Letzte, was er brauchte, war, mitten in einen Streit zwischen Vater und Sohn zu geraten. Er schob sich den Hut ins Genick, kratzte sich am Kopf und suchte nach einer passenden Antwort, doch J. B. kam ihm zuvor.
»War er mit euch drüben an der Grenze?«
»Wer, Fechner?«
»Nein, der Mann im Mond! Natürlich Fechner. War er bei euch?«

»Ja. Er hat uns beim Abbrennen geholfen.«
»Er hat geholfen? Obwohl das Land einem seiner Freunde gehörte? Lüg mich nicht an, Sam, sonst fliegst du schneller, als du denken kannst.«
Sam sog scharf den Atem ein. »Hören Sie … er wusste es da noch nicht. Alles lief glatt, bis er offenbar erkannte, wo er war. Er wurde ein bisschen frech Keith gegenüber, als das Land in Flammen stand, deshalb hat Keith ihn entlassen.«
»Wunderbar! Wunderbar, verdammt noch mal! Und wo ist er jetzt? Und wieso wandert sein Pferd allein durch die Gegend?«
»Ich weiß nicht, wo er ist, aber Keith hat ihn, nachdem er ihn gefeuert hatte, noch daran erinnert, dass das Pferd Clonmel gehört. Vielleicht hat er es von da draußen heimgeschickt, irgendwo aus der Nähe, statt sich noch einmal blicken zu lassen.«
»Und vielleicht ist er auch zum Zirkus gegangen, ihr verdammten Idioten«, sagte J. B. und stapfte davon.
Er fand seinen Sohn auf der Veranda vor seinem Zimmer, wo er in einem Segeltuchsessel schnarchte, und er weckte ihn, indem er dem Sessel einen Tritt versetzte, der darunter zusammenbrach.
»Was zum Teufel soll das?«, schrie Keith ihn an. »Das ist ganz und gar nicht witzig.«
J. B. packte seinen Sohn an der Hemdbrust und fauchte: »Es ist auch nicht sonderlich witzig, einen Deutschen mitzunehmen, damit er hilft, das Bauholz eines anderen Deutschen zu verbrennen. Bist du nicht ganz bei Trost?«
Keith riss sich los. »Er ist mit Sam und Pike gekommen. Es hätte jeder andere von unseren Viehtreibern sein können.«
»Aber es war kein anderer, oder? Es war Fechner. Und wenn wir jetzt schon mal dabei sind, dann sag mir, woher du das blaue Auge hast.«
»Er hat mich von hinten angegriffen, als ich nicht aufpasste; wir haben uns ein bisschen geprügelt, und deshalb hab ich ihn entlassen. Was hätte ich sonst tun sollen?«

»Du hättest uns überhaupt nicht in eine solche Klemme bringen sollen.«
»Es war deine Idee, Meissners Land anzuzünden.«
»Aber nicht, einen feindlichen Zeugen dazu mitzunehmen. Wo steckt Fechner jetzt?«
»Woher soll ich das wissen?«
»Sein Pferd ist zurückgekommen.«
»Gut. Ich hab ihm gesagt, dass es ihm nicht gehört.«
»Gut? Du und dieser idiotische Sam, ihr denkt also, er hat seine Entlassung wie ein Mann hingenommen und das Pferd irgendwie zurückgebracht?«
»Sieht so aus.«
»Glaubst du nicht, dass er zu Meissner gegangen ist, um ihn zu warnen?«
»Schon möglich.«
»Er geht also los, warnt Meissner, bringt das Pferd zurück und lässt seine Frau hier. Du bist nicht ganz richtig im Kopf! Du begreifst überhaupt nichts! Jetzt hör mir mal gut zu. Wenn Fechner zurückkommt, wenn er nicht vom Pferd gefallen ist und sich den verdammten Hals gebrochen hat, wag es nicht, mit ihm zu reden. Das werde ich tun. Um diese Sache kümmere ich mich selbst.«
Keith senkte die Stimme. »Und wenn er gestürzt ist?«
J. B. überlegte eine Weile.
»Hol Sam und Pike und sucht ihn.«
»Jetzt? Es ist schon spät. Zeit fürs Abendessen.«
»Das Pferd ist ohne Reiter nach Hause gekommen. Alle wissen davon. Wir müssen reagieren: Sucht ihn im Osten, aber nicht auf Meissners Land, auch nicht, wenn es restlos verbrannt sein sollte. Ich schicke noch einen anderen Trupp ungefähr in die Richtung, aber nicht ganz so weit; sie können sich mehr nördlich halten.«
»Und wenn wir ihn finden?«
»Dann bringt ihr ihn her, und wag es nicht, ihm ein Haar zu krümmen.«

Elsie kam in die Küche, als die Köchin gerade die Suppe auftragen wollte.
»Mr Dixon hat mich gebeten, mit dir zu reden, Hanni. Es scheint ein Unglück gegeben zu haben. Im Grunde nichts, worüber du dir jetzt schon Sorgen machen müsstest. So etwas kommt vor …«
»Was ist passiert?«, fragte die Köchin scharf.
»Lukas' Pferd ist ohne ihn nach Hause gekommen.«
»Es hat ihn abgeworfen?«
»Mag sein, muss aber nicht. Vielleicht ist er auch bloß abgesessen, und das Pferd ist ihm ausgerissen. Ohne ihn weitergegangen, könnte man sagen.«
»Also wo ist Lukas?«, fragte Hanni.
»Wahrscheinlich zu Fuß auf dem Heimweg«, sagte Elsie. »Womöglich hat er ein gutes Stück zu laufen und kommt deshalb spät.«
»Suchen sie ihn?«, fragte die Köchin.
»Ja, natürlich. Mr Dixon hat zwei Suchtrupps losgeschickt, die werden ihn schon finden. Also mach dir keine Sorgen, Hanni.«
Merkwürdigerweise machte sie sich tatsächlich keine Sorgen, jedenfalls nicht so sehr wie beim letzten Mal. Sie dachte sich, dass er sich wohl wieder verirrt hatte, aber dieses Mal ohne Pferd, doch inzwischen kannte er die Farm schon viel besser. Er würde nach Hause finden. Sie hoffte nur, dass er sich beeilte. Mittlerweile mochte sie des Nachts nicht mehr allein in ihrem Zimmer sein.
»Ihm ist bestimmt nichts zugestoßen«, sagte die Köchin, um sie zu trösten. »Aber wenn er nach Hause kommt, ist das Küchenhaus der Männer wahrscheinlich längst geschlossen. Ich mache ihm einen Teller zurecht, Hanni, den kannst du dann mitnehmen in euer Zimmer. Damit er etwas zu essen bekommt.«
»Danke.«
Dann fiel Elsie wieder ein, dass Keith selbst mit einem der Suchtrupps geritten war, und sie gab die Information an die

Köchin weiter. »Zum Essen sind wir also nur zu dritt. Gib mir das Tablett, Hanni. Ich trage die Suppe auf.«
Hanni schauderte, als sie das große Tablett übergab. Bei dem Gedanken, dass Mr Keith Lukas suchte, bekam sie plötzlich Angst und hätte ihm gern geholfen.
»Das geht wohl nicht«, sagte sie leise zu sich selbst und zog sich mit einer Entschuldigung ins Anrichtezimmer zurück. »Oh, Lukas, pass auf dich auf!«

Am Morgen sprach man von einem ausgedehnten Buschfeuer nahe der östlichen Grenze von Clonmel, das allerdings der Farm nur geringen Schaden zugefügt hatte. Von Lukas gab es jedoch noch keine Spur.
J. B. schickte frische Suchtrupps aus, gab einer Gruppe Anweisung, Meissners Land abzureiten und nachzusehen, welchen Schaden das Feuer dort angerichtet hatte, wenn überhaupt, und Meissner zu fragen, ob er Fechner gesehen habe. »Wenn ihr schon mal dort seid, achtet darauf, ob er irgendwie Hilfe braucht. Sie sind zwar Ausländer, aber immerhin unsere Nachbarn. Wir helfen, wenn wir können.«
»Nett von Ihnen, J. B.«, sagten die Männer und machten sich an die Arbeit. Sie kämmten die Gegend ab, hielten Ausschau nach einem Mann zu Fuß und hörten nicht auf, bis sie das verkohlte Grenzland erreichten. Kopfschüttelnd betrachteten sie die Verheerung.
»Das hier war kein Grasfeuer, Leute«, sagte einer der Männer. »Das war ein ausgewachsener Buschbrand, sag ich.«
Sie ritten in die rauchenden Ruinen des früheren Waldes hinein und saßen hin und wieder ab, um sich genauer umzusehen und die schwelenden Reste auszutreten, aus Angst, der Wind könnte Funken treiben und ein neuerliches Feuer entfachen.
Sie banden sich Tücher vors Gesicht zum Schutz gegen den beißenden, kalten Rauch und die Asche und gegen den alles überlagernden Geruch des Todes, denn die Tiere hatten keine Chance gehabt, dem Inferno zu entkommen. Sie sahen

völlig verbrannte Bäume, in deren Ästen noch die verkohlten Reste kleiner Koalas klebten.
Es war eine traurige Pflicht. Sie vergaßen Lukas, gingen an der Schlucht vorbei, in der er lag, und drängten weiter, dem Fluss zu, wo, wie sie hofften, diese Zerstörung ein Ende gefunden haben musste, bis sie schließlich auf eine verbrannte Heimstätte stießen. Das jagte ihnen einen Schrecken ein. Sie sahen sich um, fanden jedoch keine Leichen, und das war eine große Erleichterung. Eine Zeit lang durchsuchten sie die vernichtete Farmlichtung und fragten sich, was aus den Leuten geworden sein mochte, die hier gewohnt hatten, doch sie stießen nirgendwo auf ein Lebenszeichen, und so ritten sie noch etwa eine halbe Stunde weiter, bis jemand bemerkte, dass sie sich auf dem Land des Iren befanden.
»Ein Glück, dass der Boss sich wenigstens hier rechtzeitig das Bauholz geholt hat. Quinlan hätte es jetzt nicht mehr viel genützt.«
»Wer ist Quinlan?«, fragte einer der Viehtreiber.
»Der Kerl, der Duke erschossen hat. Unseren Zuchtmerino.«
»Lieber Himmel! Na, das hier wird ihn in die Schranken weisen.«
»Wenn er davon erfährt. Er sitzt im Knast. Wir sollten jetzt umkehren. Wir folgen dem Fluss an dem verbrannten Land vorbei und teilen uns dann, um Lukas zu suchen. Ich wüsste zu gern, wohin der verschwunden ist.«
»Ist wahrscheinlich längst zu Hause.«
»Kann sein, und wir reiten durch die Gegend, als hätten wir nichts Besseres zu tun.«
»Ich hab gehört, zwischen Lukas und Keith hätte es böses Blut um die Gunst der kleinen Frau gegeben. Vielleicht will Keith gar nicht, dass er gefunden wird.«
»Und vielleicht solltest du J. B. gegenüber lieber das Maul halten. Sonst schlägt dir einer die Fresse ein.«

Sie waren alle sehr nett zu ihr, die Köchin, Elsie, sogar Mrs Dixon. Sie gaben ihr frei. Sie ließen sie mit einem Stapel Zeitschriften und Tee und Kuchen in der Sonne sitzen. Aber Hanni hatte Angst. Große Angst inzwischen.

»Lukas ist etwas zugestoßen, ich weiß es genau«, sagte sie zur Köchin, die ihr gebot zu schweigen und ihr erklärte, wie riesig diese Farm war.

»Deshalb sind sie oft tagelang weg, trotz ihrer schnellen Pferde, meine Liebe. Zu Fuß hat ein Mann es noch viel schwerer.«

»Und außerdem hat er nichts zu essen.«

»Zu essen gibt's genug. Du würdest staunen. Frag doch Lulla, sie kann dir davon erzählen. Ihre Leute, die Aborigines, die hatten noch nie Schafe oder Gemüsegärten und sind trotzdem nicht verhungert. Ich schick sie zu dir, sie soll mit dir reden.«

Lulla, das Küchenmädchen, kam und brachte Hanni ein aus Hanf geflochtenes Täschchen als Geschenk.

Sie hörte sich kommentarlos Hannis Befürchtungen an, ihre Ängste um Lukas, ließ sie reden, und irgendwann blickte sie Hanni offen ins Gesicht, die dunklen Augen von Sorge getrübt,

»Du hast verdammte Angst vor dem Boss, Missy.«

»Nein.« Hanni erschrak. »Vor welchem Boss? Was sagst du da?«

»Mr Keith. Er hat dir Angst gemacht, Missy?«

»Wie kommst du darauf, Lulla? Das ist doch Unsinn.«

»Was für ein Unsinn das ist, seh ich daran, wie du ängstlich zusammenzuckst, wenn einer seinen Namen spricht. Du hast verdammt viel Angst. Hat er's bei dir versucht?«

»Was?«

Lulla, erst siebzehn Jahre alt, erschien Hanni in diesem Augenblick so alt wie Methusalem. Ihre dunkle faltige Haut schien Jahrhunderte durchlebt zu haben, und aus ihren Augen strahlte eine Weisheit, um die Hanni sie bedauerte und gleichzeitig beneidete. Doch sie konnte ihre Demütigung nicht eingestehen, diese furchtbare Schande; niemandem konnte sie das eingestehen, zuallerletzt diesem schwarzen Mädchen.

»Ich weiß nicht, wovon du redest«, brachte sie mit leicht hochmütigem Tonfall heraus, doch Lulla ergriff ihre Hand.
»Du hast es deinem Mann nicht gesagt, Mädchen?«, fragte sie kummervoll. »Natürlich nicht. Was würde er schon sagen? Was wohl? Du böses Mädchen! Wie sagt er? Boss spuckt ihn an. Weg mit dem Niemand.«
»Bitte, Lulla. Habe ich nicht schon genug Sorgen? Lukas ist fort. Er hat sich irgendwo da draußen verirrt. Vielleicht ist er vom Pferd gestürzt und hat sich verletzt.«
Lulla drang nicht weiter in sie, doch Hanni wusste jetzt, dass sie nur eines von Keiths Opfern war. Aborigine-Mädchen waren genauso hilflos wie sie … verführt von seinem künstlichen Charme. Von seinem hinterhältigen Charme.
Später, als der Nachmittag zu Ende ging und Lukas immer noch nicht gefunden war, kam Lulla noch einmal zu ihr.
»Soll ich heute Nacht bei dir in deinem Zimmer bleiben, Missy?«
Hanni war schon im Begriff, sie abzuweisen, doch dann wurde ihr klar, dass der Stuhl unter dem Türgriff nicht viel Schutz vor diesem Mann bot, falls er es sich in den Kopf setzte, sie zu besuchen.
»Würdest du das tun? Bitte?«, sagte sie, und dann weinte sie, weinte und weinte unaufhörlich. Aus Angst. Aus Panik. Und weil sie ein schrecklich schlechtes Gewissen hatte. Ihre Angst vor Keith Dixon war verflogen. Hanni weinte um ihren geliebten Lukas. Was war ihm zugestoßen? Was hatten sie ihm angetan? Sie gab sich selbst die Schuld. Sie war überzeugt, dass Keith Dixon Lukas aus eigennützigen Gründen irgendwie beseitigt hatte.
In dieser Nacht, als sie auf Lukas warteten, redete sie mit Lulla. Sie erfuhr, dass Keith Dixon Aborigine-Frauen als Freiwild für seine sexuellen Begierden betrachtete und dass die Aborigines vermuteten, auch sie sei ein Opfer seiner Triebe.
»Genau wie das letzte weiße Mädchen«, sagte Lulla. »Aber das Mädchen nicht verheiratet. Also erzähl mir nicht, er hätte es nicht bei dir versucht, Hanni.«

Hanni musste diese Information zunächst verdauen. Sie war sprachlos, dass Keiths Aufmerksamkeit nichts mit ihrem hübschen Aussehen, mit ihrer Schönheit zu tun hatte. Sie war nichts weiter als irgendeine Frau, jung, mehr oder weniger verfügbar. Das machte sie wütend. Es demütigte sie noch mehr.

Sie gab zwar nicht direkt zu, dass er »es bei ihr versucht« hatte, wie Lulla es ausdrückte, weil sie keinem Menschen auf der ganzen Welt jemals würde erzählen können, was er mit ihr getan hatte, doch sie hörte auf, es abzustreiten, und Lulla wusste Bescheid.

»Droben im Haus wissen sie nichts von ihm«, sagte Lulla.

»Über mich?« Hanni hätte beinahe vor Schrecken aufgeschrien.

»Nein. Über ihn und unsere Mädchen. Manchmal kommt er nachts in unser Lager. Packt sich ein Mädchen. Bezahlt die Männer für uns. Wir können nichts tun. Der alte Boss, dem ist es egal. Missus Dixon nicht. Sie schreit und schimpft. Ich schätze, du solltest zu Mrs Dixon gehen, die lässt nicht zu, dass er dich noch einmal anfasst.«

»Damit mein Mann alles erfährt? Nein. Und du erzählst auch nichts, Lulla. Sobald Lukas zurück ist, gehen wir weg von hier.«

Spät in der Nacht klopfte es an der Tür, und die beiden Mädchen waren sofort wach. Lulla, die am Fußende des Doppelbettes lag, reagierte als Erste.

»Wer ist da?«, schrie sie so laut, dass ihre Stimme die Toten hätte wecken können, doch sie erhielt keine Antwort. Und in dieser Nacht klopfte es nicht mehr an Hannis Tür.

Am Morgen, als immer noch keine Nachricht von Lukas gekommen war, fühlte Hanni sich so elend, dass sie mit niemandem außer Lulla reden wollte, und Elsie wies das Aborigine-Mädchen an, sich um sie zu kümmern, bis alles überstanden war.

Gleich nach seiner Rückkehr erstattete der Suchtrupp J. B. Dixon Bericht. Er entließ sie kommentarlos und ging zurück

in sein Arbeitszimmer, um über das Gehörte nachzudenken. Es störte ihn wenig, dass das Haus der Meissners abgebrannt war. »Das war sowieso nur eine Blockhütte«, sagte er zu sich selbst. »Die Überreste unserer alten Schäferhütte. Keinen Pfifferling wert.« Aber er hätte schon gern gewusst, wo Fechner geblieben war. Augenscheinlich waren die Meissners vor dem Feuer geflüchtet, hatten irgendwo Unterschlupf gefunden, aber war Fechner bei ihnen? Die Frau wohnte noch auf der Farm, das sollte ihn doch eigentlich zurückholen, außerdem hatte er noch Lohn zu bekommen. Also: Wo steckte er? Falls er einen Unfall gehabt hatte, war mit weiteren Komplikationen zu rechnen, mit echten Problemen, und alles nur, weil sein Dummkopf von einem Sohn den dritten Viehtreiber nicht wahrgenommen hatte. Vermutlich musste er jetzt einen weiteren Suchtrupp aussenden, um den Schein zu wahren, und da die letzte Gruppe den Besitz Meissners durchkämmt hatte, würde er die Männer anweisen, die gesamte Gegend zwischen dem Haupthaus und Meissners Haus abzusuchen. Es bestand die Möglichkeit, dass Fechner das Pferd hatte entwischen lassen und nun wieder einmal orientierungslos umherirrte.
Er stand auf, klopfte tief in Gedanken mit den Fingern auf die Fensterbank und schaute hinaus zu den Wildenten, die heiter über den Fluss segelten. J. B. fand diesen Anblick seit jeher sehr erfreulich und beruhigend, besonders seit er die Weiden gepflanzt hatte, die sich nun anmutig im Wind wiegten und den Blick weiter über das Land von Clonmel lenkten. Heute jedoch empfand er das alles ganz und gar nicht beruhigend. Wenn sie Fechner nicht bald fanden, würde ihm nichts anderes übrig bleiben, als ihn vermisst zu melden … bei der Polizei, verdammt noch mal! Seine Männer würden nichts anderes von ihm erwarten.
An diesem Abend knöpfte er sich noch einmal seinen Sohn vor. »Morgen sind es schon drei Tage! Dann ist Fechner seit drei Tagen verschwunden. Ich kann die Vermisstenmeldung höchstens noch einen Tag aufschieben. Die Sache wird sich

herumsprechen, durch die Kontakte der Viehtreiber mit den benachbarten Farmen. Und deshalb will ich, dass du morgen allein losreitest und ihn findest. Tot oder lebendig. Er könnte bei den Meissners untergekrochen sein, ist vielleicht verletzt und deshalb noch nicht zurückgekommen. Aber dann hätte jemand seine Frau benachrichtigt. Du gehst und suchst ihn, hörst dich um, findest den Mistkerl.«

J. B. seufzte. Wenigstens wurde es jetzt wärmer, die Temperaturen stiegen rasch und scherten sich kaum um den Frühling, der noch nicht vorüber war. Er würde auf ewig dankbar dafür sein, so überlegte J. B., dass sein Vater dieses Gebiet am Burnett River erschlossen hatte, weit genug nördlich, um den schlimmen Wintern zu entkommen, und weit genug südlich, um tropischen Unbilden aus dem Weg zu gehen. Doch jetzt sah es so aus, als lockten diese idealen Bedingungen immer mehr Siedler nach Bundaberg. Und das bedeutete das Aus für die großen Vieh- und Schafzuchtfarmen.

# 9. Kapitel

Mit vereinten Kräften bauten Rolf und Rosie einen Zaun um ihr Häuschen. Eine Art Staketenzaun, doch sie hatten kein sauber gesägtes Holz für ein solches Unternehmen, und so begnügten sie sich mit Stöcken, mit soliden, brusthohen Stöcken, die mit ungegerbter Schlachthaut zusammengebunden wurden. Thomas musste sich vor Lachen setzen. Er hatte noch nie einen so erbärmlichen Zaun gesehen. Dünn und knotig. Ungleichmäßig. Würde nicht mal ein junges Kätzchen fern halten. Doch sie machten weiter. Der Zaun sollte nicht dazu dienen, junge Kätzchen fern zu halten, sondern ihrem Anwesen Würde zu verleihen, ihm ein geschlossenes Aussehen zu verleihen, mitten in einer lebensfeindlichen Gegend auf einem abgeholzten Hügel, der mit Baumstümpfen übersät war – schändliche Andenken an zauberhafte Wälder.

»Eines Tages«, sagte Rolf zu seiner Frau, »wird unser Land, so nahe bei der Stadt, eine Menge Geld wert sein.«

»Wenn die Stadt überlebt«, wandte Thomas ein. »Wenn die Holzfäller abziehen, ist sie nicht mehr viel wert. Außer für die Squatter, und die können sich dann wieder Land im Übermaß aneignen.«

»Sie wird überleben«, sagte Rolf fest und schob das Kinn vor, wie immer, wenn er Recht haben wollte.

Sie waren beim seitlichen Abschnitt des Zauns angelangt, als Rosie plötzlich schnupperte. »Ich rieche Feuer.«

»Jemand brennt Gras ab«, sagte Thomas. »Les Jolly sagte neulich, die Leute sollten zurzeit lieber vorsichtig sein, wenn sie abbrennen. Er sagt, das Land ist viel zu trocken. Er meinte sogar, man sollte auch keine Stümpfe ausbrennen, es sei denn, man würde dabei bleiben und aufpassen, dass nichts passiert.«

»Das wäre doch eine Aufgabe für dich«, sagte Rolf. »Wir brauchen ein neues Loch für einen Zaunpfahl da drüben, Thomas. Es ist besser, du machst dich gleich an die Arbeit, sonst holt Rosie die Peitsche.«

»Schon gut.« Thomas hob den Spaten auf, doch das Feuer machte sich deutlicher bemerkbar, und er suchte den Himmel nach Spuren von Rauch ab.

»Da drüben«, sagte er und deutete mit dem Finger zum Fluss.

Auch Rolf hob den Blick. »Ja, am anderen Flussufer, glaube ich.«

Der Zaun war zunächst vergessen. Sie stapften zehn Minuten lang durch das Gestrüpp, bis sie zum Fluss gelangten. Mittlerweile hatten sie Gelegenheit, einen Buschbrand in seiner ganzen Pracht anzusehen. Die Flammen tanzten über den Bäumen, und böiger Wind trieb die Asche in alle Himmelsrichtungen. »Was für ein furchtbares Feuer«, sagte Rosie nervös, froh über den Fluss und die Entfernung zwischen ihnen und dem Inferno, doch Rolf war besorgt.

»Ich glaube, das ist in der Nähe von Jakobs Land. Lasst uns nachsehen.«

»Nein«, sagte Thomas, »Jakobs Farm ist viel näher in unserer Richtung.«

»Liebe Zeit, das hoffe ich doch«, sorgte sich Rosie. »Liegt ihre Farm nicht fast genau dem Anleger gegenüber?«

Weitere Leute kamen ans Flussufer, um das Feuer zu sehen, und alle schlugen den Weg zum Anleger ein. Rolf rannte los. Es ging doch um Jakobs Land, dessen war er sicher, und wahrscheinlich auch um die Grundstücke zu beiden Seiten. Auf Grund des Rauchs war schwer zu erkennen, was jenseits des Flusses geschah, doch Rolf sah ein paar Gestalten aus dem Busch auftauchen, unter ihnen Frieda, und er bekreuzigte sich vor Erleichterung. Dann kämpfte sich ein Mann vor, der eine Kuh hinter sich herzerrte. Er band sie an einem halb im Wasser stehenden Baumstamm am Ufer an und rannte los, drängte die anderen in den Fluss, zu ihrer Si-

cherheit. Rolf meinte, auch Karl zu sehen, aber Jakob entdeckte er nicht.
»Wo ist das Boot?«, schrie er den Leuten zu, die am diesseitigen Ufer standen und über ihre Unfähigkeit, Nachbarn in Not zu helfen, verzweifeln wollten.
»Es ist nie da, wenn man es braucht«, stöhnte ein Mann. »Können wir nicht ein Floß bauen?«
»Und was sollen wir damit?«, fuhr eine Frau ihn an. »Bis jetzt sind sie im Wasser in Sicherheit. Willst du sie jetzt auch noch ertränken? Kümmert ihr Männer euch lieber darum, unsere Häuser vor dem Funkenflug zu schützen.«
Rosie nahm sie beim Arm. »Glauben Sie, ihr Haus ist abgebrannt, Mrs Croft?«
»Muss wohl, Mrs Kleinschmidt. Ich kann mir nicht vorstellen, dass es so ein Feuer übersteht. Aber ängstigen Sie sich nicht so. Es sieht so aus, als seien Ihre Freunde gerettet.«
»Aber nein. Ich kann Jakob nirgends sehen.«
Mrs Croft wandte sich Rolf zu. »Flussaufwärts steht ein neues Bootshaus. Man sagt, es gehört Charlie Mayhew. Weiß nicht, ob er dort schon ein Boot liegen hat, aber man könnte mal nachsehen. Es liegt ungefähr eine Meile dort hinauf, hinter einer Biegung.«
Rolf küsste Rosie. »Hier kannst du nichts tun, außer dich zu ängstigen. Geh mit Thomas nach Hause, ich schau nach, ob ich ein Boot finde. Irgendwo müssen wir eines auftreiben, damit wir sie herüberholen können.«

In der Stadt munkelte man von einem Grasfeuer in den Flussniederungen. Nichts von Interesse, keine Nachrichten über Verluste an Vieh oder Ernte. Selbst die Sägemühlen waren nicht betroffen. Nur ein Buschbrand, sagte man. Ein Feuer, das sich wohl selbst entzündet hatte und wahrscheinlich am Ufer des Burnett ausgebrannt war.
Dann kam der Waliser Llew Edwards in die Stadt geritten und berichtete von einem Feuer, das den halben Besitz seines Nachbarn vernichtet hatte.

»Es war schon zur Hälfte über Quinlans Land hinweg, und ich stand nur mit ein paar Eimern Wasser da, um meine Farm vor dem Monsterbrand zu schützen, als der Wind plötzlich drehte und die Flammen zurücktrieb, bis sie den Fluss erreichten und alles vorbei war. Ich sag euch, Leute, ich bin auf die Knie gefallen und hab dem Herrn für meine Rettung gedankt, denn mein Mais stand direkt in der Zugbahn des Feuers. Morgen auf Morgen voller Mais, die größte Ernte, die ich je in meinem Leben erwarten durfte. Solche Angst will ich nie wieder ausstehen.«

Jules Stenning nahm die Geschichte mit nach Hause zu seiner Frau.

»Ich dachte mir schon, dass da draußen irgendwo ein Buschbrand sein musste«, sagte sie.

»Angefangen hat es wohl als Grasfeuer, das Land ist ja inzwischen auch trocken wie Zunder, aber dann hat es sich zu einem Buschbrand ausgewachsen und Llew Edwards einen Heidenschrecken eingejagt. Das Feuer hat sich aber ausgebrannt, bevor es seinen Mais erreichte.«

»War es auf Clonmel-Land?«

»Nein, Gott sei Dank nicht. Quinlans und Meissners Ländereien sind betroffen, wenn ich recht verstanden habe. Du weißt doch, dieser Deutsche, der neulich in mein Büro kam, obwohl es geschlossen war, und frech werden wollte.«

»Weswegen?«

»Er wollte mir eine dumme Beschwerde über J. B. Dixon vortragen. Dem hab ich's aber gegeben, dass ihm die Ohren klingelten.«

Nora Stenning hörte dieses Gespräch. Sie war wütend über die Gefühllosigkeit ihres Vaters. Sie lief durch den Garten zu den Ställen, sattelte ihr Pferd und ritt hinaus zu der deutschen Gemeinde, wie sie in der Stadt genannt wurde, ein Name, der weder als Lob noch als Kritik zu verstehen war, denn die meisten Leute in Bundaberg verstanden, dass der Zustrom von Dänen und Deutschen zusammen mit den Briten für die Erschließung der Gegend wichtig war, und akzeptierten sie. Wie ihr Vater oft genug gesagt hatte: »Alles, was wir brauchen, um Bundaberg in Gang zu kriegen, sind Arbeitskräfte.«

Walther war überglücklich, Nora zu sehen. Das war er immer, und das war so aufregend für sie. Niemand hatte sich jemals so sehr um sie bemüht. Und niemand hatte ihr je gesagt, wie schön sie sei, was nicht hieß, dass Nora solche Komplimente erwartete, denn sie wusste, dass sie keine auffällige Erscheinung war. Hatte sie nicht oft genug Bemerkungen ihrer Eltern darüber gehört? Manchmal betrachtete Nora sich im Spiegel, um diese Behauptung widerlegen zu können, und gelegentlich konnte sie sich einreden, dass sie, wenn auch nicht schön, so doch zumindest nicht hässlich war mit ihren glatten blonden Haaren, dem ziemlich großen Mund und den seltsamen Augen. Wirklich nicht. Sie konnte nur nicht mit der Schönheit ihrer Mutter konkurrieren, das war alles. Jayne Stenning hatte herrliches schwarzes Haar, große braune Augen und eine seidige Haut. Sie wurde weit und breit als große Schönheit gefeiert ...

»Du bist heute so schön, so wunderschön«, sagte Walther, und Nora ging das Herz auf. Sie seufzte. Sie wollte berichten, was sie in der Stadt gehört hatte, doch er war so aufgeregt auf Grund seiner eigenen Neuigkeiten, dass sie beschloss, mit den ihren noch ein paar Minuten zu warten.

Er führte sie im Eilschritt zu der Lichtung, die sie am Bach geschaffen hatten, und erzählte, dass endlich die Zimmerleute gekommen wären, um mit dem Bau der Kirche zu beginnen. Erst gestern waren sie eingetroffen, mitsamt dem Bauholz, und sie alle arbeiteten so eifrig, dass die Kirche innerhalb kürzester Zeit fertig sein würde.

»Sieh nur!«, sagte er und trat einen Schritt zurück. Nora teilte seine Freude. Das Skelett der Kirche stand bereits – ein winziges Bauwerk, sogar noch kleiner als die anglikanische Kirche in der Stadt, aber im Grundriss identisch.

»Wunderbar!«, sagte sie ehrlich beeindruckt, denn die Umgebung war ausgesprochen malerisch, zwischen den Bäumen, durch die gebrochenes Licht fiel, als ob es über ihre Anstrengungen strahlte.
Beitz gesellte sich zu ihnen, und Nora ließ sich von ihrer Begeisterung anstecken, bis sie sich wieder an ihre Mission erinnerte.
»Herr Pastor, ich habe traurige Nachrichten für Sie. Bitte, hören Sie mir zu ... nur eine Minute.« Sie musste ihn am Arm zurückhalten, um zu verhindern, dass er zu den Zimmerleuten lief und ihre Arbeit überwachte. »Draußen am Fluss hat es einen Buschbrand gegeben. Einen ziemlich großen.«
»Ja. Die Schwarzen haben davon erzählt.«
»Aber das Feuer hat Mr Meissners Land zerstört, Herr Pastor.«
Das war ein Schock für Walther. »Bist du sicher?«
»Ja. Es tut mir Leid.«
»Sind sie verletzt?«
»Soviel ich weiß, nicht. Davon hat niemand gesprochen.«
»Jakob Meissner ist in Maryborough. Er ist noch nicht zurück«, erklärte Walther. »Gott hab Erbarmen, was können wir tun?«
»Frau Meissner und Karl waren dort ganz allein«, rief Beitz. »Wir müssen genau wissen, was passiert ist. Oh Gott, wo ist Jakob?«
»Vielleicht ist er geradewegs nach Hause gegangen«, überlegte Walther, doch Beitz schüttelte den Kopf.
»Dann wäre Billy hierher gekommen. Ich werde Tibbaling holen lassen. Er wird alles Wichtige für uns in Erfahrung bringen.«
»Ich hoffe, ihnen ist nichts zugestoßen«, sagte Nora. »Ich muss jetzt nach Hause.«
»Danke, meine Liebe«, sagte Pastor Beitz. »Gott segne Sie. Walther, begleite Miss Stenning zu ihrem Pferd.«
Nora lächelte. Das musste man Walther nicht zweimal sagen. Er nahm ihren Arm, und gemeinsam gingen sie zur

Straße hinunter, und dort glaubte Nora eine Sekunde lang, der schüchterne Mann würde sie jetzt vielleicht küssen. Sie hoffte es so. Aber Walther war überaus anständig, brachte ihr große Achtung entgegen, und so trennten sie sich mit einem kurzen Wink. Vermutlich war es auch gut so. Möglicherweise war ein Kuss für Walther gleichbedeutend mit einer Verlobung, und obwohl sie ihn wahnsinnig gern hatte, ihn vielleicht sogar lieben würde, wenn ihre kleine Romanze hätte blühen dürfen, so war sie doch nicht sicher, ob sie den Mut aufbrachte, ihren Eltern in dieser Hinsicht zu trotzen. Beide waren sehr starke, anmaßende Menschen, und Nora war schon stolz auf sich, ihnen bis hierher den Gehorsam verweigert zu haben, aber noch weiter zu gehen …

Dieses Mal hatte Jakob nichts dagegen, dass Mike die Führung übernahm. Immerhin befanden sie sich wieder auf dem richtigen Weg, auf dem Weg nach Hause, und er hatte seine gute Laune wiedergefunden.

Sie hatten ihr Nachtlager am Fluss aufgeschlagen, wo Billy fürs Frühstück einen schönen Fisch fing, und Jakob fühlte sich wie beflügelt. Das Holz gehört uns, sagte er sich immer wieder. Die erste Geschäftsreise seines Lebens war ein voller Erfolg. Er nahm sich vor, Hubert Hoepper zu schreiben, wenn er zu Hause war, und ihm von dieser Begebenheit zu berichten. Das war mal etwas anderes, nicht immer nur die langweiligen Neuigkeiten über die Fortschritte auf seiner Farm. Er konnte ihm sogar seinen Besuch in einer anderen Stadt, in Maryborough, schildern, und Hoepper konnte den Ort auf seiner Karte markieren.

»Ich bin immer noch der Meinung, wir hätten die landschaftlich schönere Strecke nehmen sollen«, sagte Quinlan. »Du hast keine Seele, Meissner.«

»Ein anderes Mal.«

Doch auf Grund des Umwegs erreichten sie Childers erst am späten Nachmittag, und dann fanden sie zu ihrer Verwunderung das einsame Buschgasthaus sehr gut besucht vor.

»Was ist denn hier los?«, fragte Quinlan. »In diesem verschlafenen Nest hab ich doch noch nie mehr als sieben Männer und einen Hund auf einem Haufen gesehen.«
Wie sich herausstellte, feierten die Einheimischen. Einer der ihren war gerade mit den Satteltaschen voller Geld von den Goldminen bei Gympie zurückgekommen.
Der Glückliche taumelte ihnen zur Begrüßung entgegen. Zwar trug er noch die von der harten Arbeit abgetragenen Kleider, dazu aber einen Zylinder und einen großen Diamantring. »Willkommen!«, rief er ihnen zu. »Jung und Alt sind eingeladen! Speisen und Getränke auf mich! Champagner gibt's hier nicht, aber der Whisky ist gut.«
»Siehst du«, sagte Quinlan zu Jakob. »Goldgräberei. Das ist die beste Fahrkarte. Sobald ich mein Land sicher habe, mach ich mich auf den Weg nach Gympie.«
Es war eine wilde Nacht. Sie legten sich schließlich in den Ställen hinter dem Gasthaus schlafen. Das heißt, Billy und Jakob legten sich schlafen. Quinlan hatte sich mit einer Frau aus dem Staub gemacht. Am nächsten Morgen verzögerte er die Heimreise noch um einiges mehr, weil er darauf bestand, ein Wort mit dem Gastgeber zu wechseln, der fast wieder nüchtern war, um von einem offensichtlichen Experten so viel wie möglich über die korrekten Methoden und die Fallstricke in der Kunst des erfolgreichen Goldgrabens zu erfahren. Jakob musste zugeben, dass auch er das Gespräch äußerst interessant fand.
Dann machten sie sich schließlich doch wieder auf den Weg und kamen bei Sonnenuntergang in Bundaberg an. Jakob wäre am liebsten gleich weiter zu seiner Farm geritten, doch die Höflichkeit verlangte, dass er zunächst Pastor Beitz seinen Dank abstattete, weil dieser ihm Billy als Führer mit auf den Weg gegeben hatte. Und natürlich wollte er seinen Freunden die guten Nachrichten überbringen. Bei ihrer Ankunft wurden sie jedoch von solch aufgescheuchtem Entsetzen empfangen, dass es Jakob die Sprache verschlug.
Sie alle rannten ihm entgegen, Pastor Beitz, Walther, die

Lutzes und ein paar Fremde, alle redeten gleichzeitig, so kam es Jakob zumindest vor, denn in den ersten paar Minuten begriff er nicht, was sie sagten.
»Ein Buschfeuer?«, schrie Quinlan. »Wo? Auf Jakobs Land. Wann war das? Gestern? Wie schlimm?«
Er wandte sich Jakob zu. »Sie wissen es nicht. Wir müssen sofort zu deiner Farm.«
Billy war vom Pferd gestiegen. »Soll ich das Pferd irgendwo unterbringen?«, fragte er Walther.
»Nein, ich werde die beiden begleiten.«
»Ja«, pflichtete Beitz ihm bei. »Tu, was du kannst. Wir werden den Herrn um Erbarmen bitten.«
Walther wurde dem Fremden vorgestellt, der mit Jakob und Billy gekommen war, dann stieg er aufs Pferd, und gemeinsam folgten sie Jakob, der bereits in Panik davonstob. Erst jetzt fiel Walther das Telegramm wieder ein, das Beitz am Morgen empfangen hatte.
Das enthielt wenigstens mal gute Nachrichten. Es kam vom Dekan des St.-Johannis-Seminars und ließ Beitz wissen, dass Vikar Friedrich Ritter, der sein Hilfspfarrer sein sollte, am 3. November mit Gottes Hilfe auf dem Schiff *Clovis* von Hamburg nach Bundaberg in See stechen würde und mit den erbetenen Geldern ausgestattet war. Ein Brief würde folgen.
»Warum hat er das nicht alles gleich per Brief geschickt?«, hatte Beitz verärgert gefragt.
»So viel Geld für ein Telegramm zu verschwenden!«
»Weil der Brief wahrscheinlich mit demselben Schiff kommen würde, Herr Pastor. Er träfe wohl erst zusammen mit Vikar Ritter ein. Der Dekan war der Meinung, Sie sollten vorab informiert sein.«
»Stimmt. Dann müsste er jeden Tag ankommen. Was für ein Glück, dass die Kirche schon gebaut wird. Es wäre mir überhaupt nicht recht, wenn er dem Dekan melden müsste, ich würde der Gemeinde schlecht dienen.«
»Beileibe nicht, Herr Pastor. Das hier ist ein Telegramm. Das

wird sehr schnell übermittelt. Das Schiff ist allerdings schon unterwegs. Es dürfte allerdings erst im Februar hier sein.«
Der Geistliche schüttelte den Kopf. »So lange noch? Diese Post ist äußerst verwirrend. Ich verstehe nicht, warum sie sich die Mühe gemacht haben. Wann sind wir aus Deutschland abgereist, Walther?«
»Anfang Januar, Herr Pastor.«
»Merkwürdig. Äußerst merkwürdig. Wo ist nur die Zeit geblieben? Die Tage vergehen so schnell …«

Während der ganzen Zeit seit ihrer Ankunft in Australien war Walther, seinem Pastor treu ergeben, noch nicht über die Stadt hinausgekommen. Daher war es wohl verzeihlich, dass er eine leicht schuldbewusste Freude an diesem wilden Ritt empfand, in halsbrecherischem Tempo, um mit Jakob und seinem Freund Schritt halten zu können. Die Sonne sank mit einer Geschwindigkeit, als erwartete sie hinter dem Horizont etwas bedeutend Interessanteres.
Manchmal versuchte Walther sich vorzustellen, was eben diese Sonne auf der anderen Seite des Globus sehen mochte, wenn sie in seinem Heimatdorf aufging, um einen neuen Tag anzukündigen.
Das Pferd preschte die Straße entlang, und Walthers Stimmung verdüsterte sich. Bäume flogen zu beiden Seiten vorüber, doch er sah nur einen einzigen Baum, einen Geist aus seiner Vergangenheit.
Seinerzeit war er ein wilder Bursche gewesen. Verrückt nach Mädchen und Alkohol, seit dem Tag, da ihn das Drängen überkam. Zwar arbeitete er schwer, aber genauso heftig tobte er sich aus, wenn die Sonne unterging, ohne jemals einen Gedanken zu verschwenden an …
Sein Vater versuchte, mit ihm zu reden, über sein Benehmen, vermutete Walther, doch er fiel ihm ins Wort.
»Du brauchst dir wegen mir keine Sorgen zu machen, Vater. Ich werde dich nicht enttäuschen. Ich weiß, dass ich's mit dem Bier manchmal ein bisschen übertreibe. Ja, ich weiß, dass

ich zu oft betrunken bin. Aber fang bitte nicht an zu nörgeln, ja? Du bist ja schlimmer als Mutter.«

Selbst heute noch hatte er im Ohr, wie sein Vater sagte, er müsse mit ihm reden, aber nicht hier, »vor allen deinen Freunden«.

»Wir … ich möchte in aller Ruhe mit dir reden, Walther. Du bist jetzt erwachsen, neunzehn Jahre alt. Ich habe sonst niemanden, mit dem ich reden könnte. Ich brauche …«

Nun, was sonst hätte er denken sollen? Walther hatte sich diese Frage wohl schon tausend Mal gestellt. Tausend Mal. Er erstickte das lang vertraute Schluchzen, das sich mit der Erinnerung Bahn brechen wollte, und trieb das Pferd die dunkle Straße entlang, denn er konnte es sich nicht erlauben, den Anschluss zu verlieren.

Er hatte sich so geirrt. Als sein Vater ihn brauchte, war Walther nicht für ihn da gewesen, und dieses Versagen hatte er sich nie verziehen.

Die Arbeiter der Frühschicht fanden seinen Vater, der sich an dem Baum neben dem Schuppen erhängt hatte.

Walther stand unter Schock. Er konnte es nicht akzeptieren. Er wollte nicht glauben, dass sein Vater Selbstmord begangen hatte. Jedem, der ihm zuhören wollte, erzählte er etwas von Mord, bis der Pastor sehr freundlich, aber streng auf ihn einwirkte.

Niemand konnte ihm eine Erklärung geben. Kein Mensch. Walther war verletzt und beschämt, weil sein Vater die Familie offenbar ohne guten Grund im Stich gelassen hatte. Seine Brauerei, Badke Bier, war berühmt und machte gute Umsätze. Sie besaßen ein großes Haus im Dorf. Familie und Freunde. Was also war geschehen?

Als die Familie und die besagten Freunde sich um die Hinterbliebenen versammelten und laute Stimmen die Feierlichkeit störten, war Walther verwirrt. Er hörte seine Mutter und seine Tante in der Küche streiten. Er musste einschreiten, als Großvater Badke sich weigerte, mit seiner Mutter zu sprechen, sie in ihrem eigenen Haus ächtete. Doch allmählich kam es ans Tageslicht: die schmutzige Geschichte, dass seine Mutter einen Geliebten hatte.

»Ist das ein Grund, sich umzubringen?«, fragte Walther den Pastor. »Hätte er sie nicht aus dem Haus werfen können? Oder ihren Geliebten umbringen, ihn aus dem Weg räumen können?«

»Ich glaube, Gewalt lag deinem Vater nicht. Menschen machen Fehler. Du darfst deine Mutter nicht verurteilen, Walther.«

Aber er verurteilte sie an dem Tag, als er nach langen Nachforschungen erfuhr, wer ihr Geliebter war. Sein Onkel. Der Bruder seines Vaters. Der Vater seiner Vettern, seiner besten Freunde. Der Mann jener Frau, die seine Mutter während einer heftigen Masernerkrankung gepflegt hatte. Sie hatte sie alle betrogen. Sie, seine Mutter, hatte auch ihn betrogen. Walther war am Boden zerstört, auch durch das Wissen, dass er, wenn er zurückschlug, seine Freunde noch mehr verletzte.

Das Testament wurde verlesen. Der Verstorbene hinterließ all seine irdischen Güter seinem einzigen lebenden Erben, Walther. Er hatte keinerlei Vorkehrungen für seine Frau getroffen. Das tat auch Walther nicht. Er verkaufte die Brauerei und war trotz der verzweifelten Bitten seiner Mutter im Begriff, auch das Haus zu verkaufen, als der Pastor wieder zu Besuch kam.

»Das kannst du nicht tun, Walther. Du kannst deine Mutter nicht auf die Straße setzen. Sie wäre völlig mittellos.«

»Soll mein Onkel für sie sorgen. Er ist schuld an allem.«

Er unternahm lange Spaziergänge mit dem Pastor, bis er sich schließlich zum Nachgeben überreden ließ. Oder vielleicht war er auch all der Probleme nur überdrüssig, überlegte Walther, als die Reiter vor ihm von der Hauptstraße abbogen.

»Pass auf«, rief ihm der Ire über die Schulter hinweg zu. »Der Weg ist uneben. Er wird nur selten benutzt.«

Walther nickte. Er roch kalten Rauch, doch von einem Buschbrand war noch nichts zu sehen.

»Wie weit ist es noch?«, rief er.
»Etwa zehn Meilen bis zur ersten Parzelle.«
Der ersten Parzelle. Das erinnerte Walther an etwas. Auf einer Erhebung nördlich seines Heimatdorfes hatte sich herrliches Weideland befunden, und Walt Badke hatte es immer schon haben wollen.
»Eines Tages«, sagte er zu seinem Sohn, »habe ich genug gespart, um das Land kaufen zu können, und dort werden wir uns ein schönes Haus bauen. Hoffen wir, dass nicht ein anderer vor uns auf diese Idee kommt.«
Walther hatte genügend Geld dafür, aus dem Verkauf der Brauerei. Er hatte reichlich Geld.
Er hatte das Land gekauft, den Rest investiert, hatte ein paar Habseligkeiten in seinen Rucksack gepackt und war still fortgegangen, hatte sich nur von wenigen Freunden verabschiedet. Seit der Zeit zog er umher, arbeitete hier und da als Landarbeiter, bis er sich auf einem Hof vor Hamburg wiederfand. Da hörte er von den Emigranten, und seine Nachforschungen führten ihn zu Pastor Beitz.
Er war wie hypnotisiert von der Idee. Als guter Lutheraner glaubte er sich in allerbester Gesellschaft und überließ alle Vorbereitungen dem Pastor und seinem Komitee, bestand lediglich darauf, für seine Kosten selbst aufzukommen.
Doch jetzt sollten seine Sorgen eigentlich eher Jakob gelten.
Sie sahen im Mondlicht die ersten niedergebrannten Felder, und sie waren entsetzt. Verkohlte Bäume, kalt und reglos, erhoben sich urplötzlich vor ihnen, und Jakob schrie erschrocken auf.
»Bleib ruhig«, rief Walther ihm zu. »Das hier ist vielleicht noch gar nicht dein Land.«
Quinlan schüttelte den Kopf. »Nach meiner Einschätzung ist es doch sein Land, so traurig es auch sein mag. Sieht so aus, als wäre das Feuer an dieser Stelle ausgebrochen.«
Schweigend ritten sie den schmalen Pfad entlang, der sich in der Düsternis abzeichnete, und Walther hatte das Gefühl, über einen Friedhof zu reiten, weil alles, was zu beiden Sei-

ten in dem schwarzen Wald noch stehen geblieben war, so furchtbar still war. Es war gespenstisch und unheimlich, und er war froh, hinter den beiden zu reiten, denn er wagte es nicht, von seinen eigenen Ängsten in Bezug auf Frieda und Karl zu sprechen, die da draußen ganz allein gewesen waren. Er hörte Jakob und Quinlan reden. Ihre Stimmen klangen gedämpft, aber sie trugen doch in der Stille der Nacht.

»Das hier dürfte deine erste Parzelle sein«, sagte der Ire.

»Ja.«

»Du hast doch zwei?«

»Ja, eine für meinen Sohn.«

»Guter Schachzug. Wenn du dich um deine Frau und deinen Sohn sorgst, Jakob, lass es. Du hast gesagt, von deinem Haus aus war der Fluss zu sehen. Wasser brennt nicht, wie du weißt. Außerdem kann es doch sein, dass das Feuer sich ausgebrannt hat, bevor es deine Farm erreichte. Und meine, hoffe ich.«

Eine Zeit lang ertönte in kurzen Abständen immer nur die Stimme des Iren, der versuchte, Jakob Mut zu machen.

Irgendwann erreichten sie eine Weggabelung. Der Ire zügelte sein Pferd und wandte sich nach links.

»Also, Freunde, wie konnte ich bei meinem Pech auch erwarten, davongekommen zu sein?«

»Das hier ist Ihr Land?«, fragte Walther.

»Ja. Und auf der anderen Seite liegt Jakobs Territorium. Das Buschfeuer ist mitten hindurchgegangen, und erst der Fluss hat ihm Einhalt geboten. Wir sind beide völlig abgebrannt.«

Unfähig, das langsame Tempo noch länger zu ertragen, preschte Jakob davon, galoppierte den Weg entlang und ließ alle Vorsicht außer Acht.

Zum ersten Mal im Leben empfand er derartiges Entsetzen. Das verbrannte Land mit den Vogelscheuchenbäumen beschwor die grauenhaftesten Vorstellungen herauf. Alles erschien ihm so fremdartig. Er sagte sich immer wieder, es könnte gar nicht sein Land sein. Ausgeschlossen. Irgendwo

auf dem Weg war er wohl falsch abgebogen. Schon bei Tageslicht konnte man sich hier so leicht verirren. Bei Nacht umso leichter.
Sein Pferd schwenkte zur Seite, um wieder einmal einem Hindernis auszuweichen, und Jakob wurde bewusst, dass er das Tier nicht mehr lenkte. Es kannte den Weg, lief von allein nach Hause. Ein tiefer Seufzer entrang sich ihm, und er wappnete sich für das, was ihn erwarten mochte.
Viel zu bald erreichte er die Abzweigung, den Weg zum Haus. Da war kein Tor. Da war auch kein Zaun. Da war nichts, was einen Besucher in die Richtung der Meissner'schen Wohnstatt gelenkt hätte. Dergleichen war auch nie da gewesen, aber man hatte sie trotzdem gefunden. Das heißt, die wenigen Leute, die überhaupt kamen. Im Grunde kaum jemand. Der Bullocky und sein Gespann, mit Theo. Die Herren von Clonmel. Worum ging es gleich noch in diesem Streit? Jakob verlor mehr und mehr die Orientierung. Das Pferd war stehen geblieben. Und warum? Er kannte diesen Ort nicht. Nur verkohlter Wald, und auf der Lichtung stand unsinnigerweise ein Kamin aus Backsteinen.
Quinlan und Walther sahen sich um. Wonach? Er wollte rufen, aber seine Kehle war wie zugeschnürt, seine Stimme versagte. Sie redeten, doch er verschloss die Ohren vor dem, was sie sagten. Er blieb auf seinem Pferd sitzen. Dandy verstand. Er stand wie angewurzelt, wollte nicht länger die Führung übernehmen. Aber das arme Tier hatte einen langen Tag hinter sich und war sicher durstig. Langsam wendete Jakob es ab von dem grauenhaften verrückten Schornstein da draußen mitten im Nichts und lenkte es behutsam durchs Gestrüpp, durch das verbrannte Gestrüpp, hinunter zum Fluss.
Die eisernen Ringe, die seine Brust umspannten, erstickten ihn, pressten das Leben aus ihm heraus. Jakob rang nach Luft. Im Fluss wären Frieda und Karl in Sicherheit gewesen, sagte Quinlan, aber stimmte das auch?
Waren sie dem Feuer überhaupt entkommen? Die Dunkel-

heit mochte mit den Überresten des Feuers im Bunde sein und die Wahrheit vor ihm verbergen. Jakob zwang seine Gedanken zurück zum Fluss, zu jener Sicherheit, die der Fluss bot. Er hörte ihn jetzt, das leise Rauschen des Wassers in der Ferne. Das einzige Geräusch im Busch, das ihm so vertraut war, wenn die Nächte lebendig wurden vom Kreischen und Grunzen und Rascheln der Nachttiere und dem empörten Geschrei der Vögel, die sich im Schlaf gestört fühlten.
Aber welche Art von Sicherheit hatte der Fluss zu bieten? Um Gottes willen! Jakob stieg es sauer in die Kehle, er griff in die Mähne des Pferdes, um nicht zu stürzen, und richtete sich starr im Sattel auf, in dem Versuch, ein wenig Zuversicht zu finden. Die beiden anderen Männer folgten ihm.
Der Weg war abschüssig, und er zog die Zügel straff, damit sein Pferd auf dem von Asche bedeckten Boden nicht ausglitt.
Plötzlich scheute es und stieß gegen den schwarz verkohlten Stamm eines mächtigen Baums. Jakob musste sich abstützen, um sich nicht zu verletzen, doch dann sah er den Grund für die Furcht des Tieres. Vor ihnen stand traurig eine Kuh, Friedas Kuh. Sie sah ihn an, machte aber keine Anstalten weiterzugehen, als aus der Dämmerung hinter ihr eine Stimme ertönte.
»Bist du das, Mr Jakob? Wir haben deine Kuh gehütet.«
Es war Mia.
In Sekundenschnelle saß Jakob ab. Er nahm Mia fest in die Arme. »Mia! Mein liebes Mädchen! Wo sind sie? Meine Frau. Mein Sohn.«
Sie deutete mit dem Finger. »Weg. In einem Boot über den Fluss. Freund Rolf ist gekommen und hat sie geholt. Ich hab gesagt, ich hüte die Kuh.«
»Danke. Danke. Und was ist mit Yarrupi und deinem Kind? Ist alles in Ordnung?«
»Ja, Boss. Sind flussaufwärts ins Familienlager. Alles in Ordnung.« Sie seufzte. »Schlimm, dass Feuer dein feines Haus verbrannt hat.«

Jakob zwang sich, ihr zu Gefallen zu lächeln. »Macht nichts.« Aber das entsprach nicht der Wahrheit. Sein Lächeln wurde bitter. Nicht nur das Haus war verloren, sondern alles, was sie besaßen. Sie waren mittellos.
»Dann ist ja alles gut«, sagte Quinlan und klopfte ihm auf die Schulter. »Ich hab doch gesagt, sie haben sich in Sicherheit gebracht. Heute Nacht sollten wir gleich hier unser Lager aufschlagen. Morgen sehe ich nach, wie es bei mir aussieht.«

Wachleute auf der anderen Seite des Flusses sahen das Lagerfeuer und riefen über den Fluss. Zur Antwort nannte Jakob seinen Namen, und sie begrüßten ihn.
Sie schickten einen Boten zu Rolf Kleinschmidts Haus, damit die Frau erfuhr, dass ihr Mann zurück war, und das löste bei Frieda einen neuerlichen Weinkrampf aus. Sie konnte sich vorstellen, wie schockiert Jakob war.
»Was tun wir jetzt?«, fragte Karl, an Rolf gewandt. »Gehen wir dorthin zurück, oder kommt Vater hierher? Da draußen ist ja nichts mehr, nichts, wohin man zurückkehren möchte.«
»Es ist immer noch euer Land. Es wird auch wieder grün werden.«
»Wann?«, fragte er zornig. »Und wovon sollen wir bis dahin leben? Alles war eine schreckliche Zeitverschwendung. Kannst du mir Arbeit im Sägewerk besorgen, Rolf?«
»Wir werden sehen«, sagte Rolf zurückhaltend, weil er wusste, dass Frieda zuhörte.

Der Schmerz holte Lukas ins Bewusstsein zurück, doch er konnte nicht klar denken. Wusste nicht, wo er war. Weshalb lag er hier in einem Graben? Ein Graben war es tatsächlich, so viel erkannte er an seiner erdigen Umgebung. Oder war es ein Grab? Wie in einem Albtraum. Irgendwo weit draußen im offenen Land, dachte er und griff nach einem Büschel Gestrüpp, in der Hoffnung, sich daran ein wenig hochziehen zu können, doch es zerfiel in seiner Hand zu Asche, löste sich vor seinen Augen in nichts auf! Lukas schloss die Augen wieder und verzog das Gesicht. Wie war das möglich? Es konnte doch nicht wahr sein. Er ließ das Gesicht wieder in den Schmutz sinken.

Es war jetzt Tag, und er war völlig steif. Außerdem war es verdammt kalt, und trotzdem erinnerte er sich deutlich an die große Hitze. Sein Kopf schmerzte, und er ertastete eine Beule an seiner rechten Schläfe. Offenbar war er irgendwann in der Nacht gestürzt und hatte sich den Kopf gestoßen. Doch dann fiel ihm der Graben wieder ein. Letzte Nacht hatte er in diesem Graben gelegen, zu benommen, um aufstehen zu können. Dann war er wohl wieder bewusstlos geworden.

»Verdammt noch mal!« Er stemmte beide Hände in den Boden, um sich aufzurichten, verzog das Gesicht, weil die Erde sich so merkwürdig anfühlte, so weich und schwammig. Die Verwunderung darüber lenkte ihn kurzzeitig von dem Schmerz ab, der in seinem Bein pochte.

»Oh Gott«, keuchte er und wartete darauf, dass dieser warnende Schmerz nachließ.

Seine Bemühungen kosteten Zeit und schmerzten gewaltig, obwohl er ganz behutsam bei der Untersuchung seines Beines vorging. Gebrochen! Zerschmettert. Lukas wurde übel. Er konnte sich nur mühsam aufsetzen. Sofort machten sich die Anstrengungen bemerkbar, und er verlor wieder das Bewusstsein.

Jetzt kam die Hitze. Die Sonne stand am Himmel und brannte auf ihn nieder. Es gab keinen Schatten. Das war merkwürdig. Er wachte wieder auf und versuchte sein Bein zu bewegen, in der Hoffnung, sich den Bruch nur eingebildet zu haben.

»Nein«, stöhnte er, als der Schmerz ihn durchzuckte, »das war keine Einbildung.«

Dann sah er, dass seine Hände schwarz waren. Wovon? Die Erde hier war rötlich braun. Auch sein Hemd, seine Hose

waren schwarz, er war rußverschmiert, sah aus wie ein Schornsteinfeger.
Ruß! Seine Augen weiteten sich, als er seine Umgebung betrachtete. Kein Schatten. Natürlich gab es keinen Schatten. Die Bäume waren alle kahl. Schwarz. Das Feuer! Oh Gott! Das Feuer. Es war über ihn hinweggegangen. Er hatte zu Jakob reiten wollen, um ihn zu warnen, oder? Lukas war immer noch nicht ganz sicher. Wo war dann sein Pferd?
»Ich habe keine Eile«, sagte er zu sich selbst, immer noch nicht in der Lage, den Ernst seiner Situation richtig einzuschätzen. »Ich bleibe einfach hier sitzen, bis ich alles wieder weiß. Also, wie bin ich hierher gekommen?«
Allmählich kamen ihm die Erinnerungen an den Buschbrand. Er überlegte, dass das Pferd vielleicht gestolpert war und ihn dabei abgeworfen hatte, und er hoffte, dass es nicht verletzt war. Das hier war Jakobs Land, deswegen hatte er ihn ja warnen wollen. Und offenbar hatte das Feuer ihn eingeholt. Aber wie konnte es dazu kommen? Und weshalb war er ganz allein hier draußen? Ursprünglich war er nicht allein gewesen. Wo waren Keith Dixon, Sam und Pike?
»Und das Pferd ist nicht gestolpert!«, sagte er plötzlich. Empört. Als gäbe er einer Zuhörerschaft Erklärungen ab. »Es hat mich abgeworfen. Hat gebockt. So bin ich in dem Graben gelandet. Oh lieber Gott, hab Dank dafür, dass ich lebe!«
Aber wo waren die anderen? Er sorgte sich um sie, bis ihm der Streit mit Keith wieder einfiel, und dann hatte er plötzlich Angst, wusste, dass ihr Wortwechsel eine Gefahr über ihn brachte, die er nicht genau bestimmen konnte. Hatten sie ihn hier zum Sterben liegen gelassen? Aber warum hätten sie das tun sollen?
Diese Fragen verwirrten ihn nur noch mehr, denn er glaubte, in seinem Streit mit Keith wäre es um Hanni gegangen. Um all das Gerede, den Klatsch, der endlich zur Sprache kam. Keith hatte sich darüber aufgeregt, und er auch. Kein Wunder, dass es zum Streit gekommen war. Er war davongeritten, um ihnen zu entkommen, denn Keith, dieser mächtige

Mann, war jetzt sein Feind. Dann erinnerte er sich, dass er doch eigentlich fortgeritten war, um Jakob vor dem Feuer zu warnen. Aber passte das zu dem Kampf? Es war tatsächlich ein Kampf gewesen – mit Keith Dixon. Es gab keinen Grund, sich mit Keith zu prügeln, weil er zu Jakob reiten und ihn vor dem Buschfeuer warnen wollte. Nein … es hatte irgendwie mit Hanni zu tun …
Und nun dämmerte es ihm. Ohne die Spur eines Zweifels wusste Lukas, dass ihm von Keith Dixon Gefahr drohte. Und als zwei Reiter von Clonmel durch den verkohlten Wald kamen, fiel es ihm nicht schwer, sich vor ihnen zu verbergen. Sich flach in den Ruß und die Asche zu legen. Das war viel schlimmer, als im Schlamm zu liegen, dachte er, als er sie vorüberreiten hörte, schmutziger, klebriger, widerlich. Er musste grauenhaft aussehen. Hanni würde einen Anfall bekommen, wenn sie ihn so sehen könnte. Sie würde ihn mit dem Schlauch abspritzen müssen, um ihn vom gröbsten Schmutz zu befreien, bevor sie ihn zur Tür hereinließ.
Lukas ließ die Männer vorüberziehen. Er wusste nun, wo er sich befand, er hatte sich nicht verirrt. Er lag auf Jakobs Land. Er musste nur bis zu Jakobs Haus gehen, dann waren all seine Probleme gelöst. Sie würden Clonmel verlassen. Hanni würde sich freuen, sie wollte ja ohnehin fort. Sie würden zurück nach Bundaberg gehen; jetzt hatten sie ja ein bisschen Geld. Dort würden sie Arbeit finden. Sie könnten auch für eine Weile zurück zu Pastor Beitz gehen. Das wäre doch schön. All die anderen wiederzusehen. Seine Stirn war heiß. Sehr heiß. Wahrscheinlich hatte er wieder einen Sonnenbrand. Gott, an jenem ersten Tag, als er mit den Viehtreibern über die Hügelkette geritten war, von Sonnenaufgang bis Sonnenuntergang draußen gewesen war … da hatte er einen schrecklichen Sonnenbrand, noch verstärkt durch den Wind. »Windbrand«, kicherte er. In der Vergangenheit hatte er sich schon mal einen Sonnenbrand im Schnee zugezogen, nicht besonders schlimm, im Winter war es ja kalt … Dieser Gedankengang versiegte, weil er nicht mehr wusste, in wel-

chem Zusammenhang er stand. Und was immer es auch war, es war nicht annähernd so wichtig wie das, was er gerade geschafft hatte. Die Männer hatten ihn nicht gesehen. Waren vorübergeritten.
Lukas Fechner nickte in milder Befriedigung. Erste Mission erledigt. Jetzt musste er ein paar Stöcke suchen und sein Bein schienen, wie die Ärzte es taten, damit er zu Jakob gehen konnte. Er begann sich aus dem Graben zu ziehen, stöhnte vor Schmerzen, spuckte Asche und Ruß aus, und als er die Böschung bewältigt hatte, blieb er erschöpft liegen und betrachtete die Verwüstung vor seinen Augen. Dann weinte er. Nicht um sich selbst, das fiel ihm nicht ein. Nein, Lukas weinte um Jakob Meissner. Über die Verheerung seines schönen Landes. Durch die Tränen wurde sein Gesicht noch schmutziger. Der Schmutz erinnerte ihn daran, dass er, sobald er auf die Füße gekommen war, sehr vorsichtig meilenweit durch tiefe Asche würde waten müssen.
Er blinzelte. Meilen? Konnte das sein? Nein! Jakob hatte, soweit er wusste, Morgen, nicht aber Quadratmeilen gekauft. Diese Maßeinheiten hatte er von Sam gelernt. Um sich mit den Entfernungen vertraut zu machen, so dass er eines Tages mit genau dem richtigen Maß an Gleichmut würde sagen können: »Nicht weit. Ein Stück die Straße hinauf. Nur etwa fünfzig Meilen.«
Dieser Gleichmut, diese sorglose Stimmung überkam ihn jetzt. Er bewegte sich auf dem Hinterteil vorwärts, zog das Bein nach. Riesige Bäume standen im Wald umher wie schweigende Witwen. Am Morgen würde er sich an einem dieser Skelette hochziehen, dann würde sein Weg einfacher, indem er sich von einem Halt zum nächsten hangelte. Und die ganze Zeit über rechnete er im Kopf. Rechnete in Morgen und Quadratmeilen und Meilen, versuchte herauszufinden, wie viel neunzig Morgen in Meilen, in echter Entfernung waren.
Das hatten sie drüben auf Clonmel gesagt. Dass all diese Landstücke auf jeweils neunzig Morgen bemessen waren.

Allerdings sprachen die Leute auf der Schafzuchtfarm nicht von Landstücken, sondern verächtlich von Schweineställen, so sehr blickten sie auf diese kleinen Farmen herab. Sogar auf Farmen mit neunzig Morgen Land, überlegte Lukas. Und die Farmer nannten sie Cockies, nach den Kakadus, Vögeln, die in großen Scharen einfielen und sich niederließen, wo sie nicht erwünscht waren. Zu seiner Schande hatte Lukas seine Nachforschungen über das von seinem Freund Jakob Meissner gepachtete Land erst aufgenommen, nachdem er erkannt hatte, dass er sich im gegnerischen Lager befand. Er hatte sich sogar auf der Seite der Familie Dixon gesehen. Was für eine grausame Welt war das, in der ein Besitz, den diese Leute vor erst einer Generation der Wildnis abgerungen hatten, von der Regierung zerstückelt wurde, Parzelle um Parzelle. Die Dixons hatten das Land erschlossen, hatten fern der Zivilisation enorme Schwierigkeiten bewältigt, hatten gegen schwarze Stämme gekämpft und ihre Schafe Hunderte und Aberhunderte von Meilen über Land getrieben, hin und her, von einem der wenigen Märkte zum nächsten.

Doch Männer wie Jakob wussten es nicht besser. Sie kauften Land, das ihnen in legalen Transaktionen angeboten wurde. Lukas fragte sich, ob er vor den gleichen Problemen stehen würde, wenn er erst einmal seine eigene Schafzuchtfarm besaß. Würden dann die Cockies kommen, ihn bedrängen, bis er nicht mehr genug Platz hatte, um seine Schafe zu weiden? Denn eines Tages würde er eine eigene Schafzuchtfarm besitzen. Er dachte an die bitteren Worte seines Chefs zu Hause, des Stallmeisters und Vaters seiner Verlobten.

»Wenn du mit ihr gehst, du verdammter Narr, dann bist du ruiniert. Komm dann nicht wieder angekrochen. Du bist hier nicht mehr erwünscht, wenn du meiner Tochter das antust, noch dazu eine Woche vor der Hochzeit. Du bist ein Taugenichts, Fechner. Du wirst es nie im Leben zu was bringen.«

Ein Taugenichts, dachte er benommen. Das finde ich nicht.

Dann war es schon wieder Nacht, doch er bewegte sich weiter voran. Entschlossen, zu Jakobs Haus zu gelangen. Aber sein Weg war dem Zufall überlassen, jedes Hindernis erforderte einen Umweg, der ihn in eine andere Richtung zwang. Mittlerweile wusste er, das Aufstehen und Hüpfen auf einem Bein zu schwierig sein würde, dass das Feuer alle kräftigen Äste vernichtet hatte, die ihm als Krücken hätten dienen können, und so stemmte und schleppte er sich weiter, bis seine Hände bluteten und sein linker Oberschenkel durch den zerrissenen Stoff seiner Hose hindurch wund gescheuert war.

Es passte Keith gut in den Kram, dass er Fechner suchen sollte. Das bescherte ihm einen freien Tag, an dem er lediglich durch die Gegend zu reiten brauchte. Noch besser, er konnte sich ein stilles Plätzchen am Fluss suchen, ein paar Yabbies, seine Lieblingsfische, fangen und auf dem Feuer zubereiten. Dann ein Weilchen schlafen. Wieso musste Fechner überhaupt gefunden werden? Inzwischen hatte er bestimmt irgendwo die Meissners aufgestöbert und ihnen erzählt, auf welche Weise das Feuer ausgebrochen war.

»Aber drei von uns werden bezeugen, dass er lügt«, sagte Keith laut zu sich selbst, als er sich auf den Weg machte.

Wenn Fechner verletzt war, wenn sein Pferd ihn abgeworfen hatte, dann sollte er doch bleiben, wo er war. Warum sollte Keith ihn nach Hause bringen?

Es wäre viel klüger, ihm eine Kugel in den Kopf zu jagen. Ihn für immer zum Schweigen zu bringen. Keith war der Meinung, dass sein Vater überreagierte. Sie sollten Hanni Fechner schnellstens loswerden, sie zurück nach Bundaberg schicken und die beiden vergessen. Eines war sicher: Er würde sich nicht in die Nähe des Meissner'schen Besitzes vorwagen, um zu verhindern, dass diese Deutschen mit Flinten auf ihn losgingen.

Wenn er es sich recht überlegte, konnte ihn eigentlich nichts daran hindern, nach Bundaberg zu reiten. Im Pub etwas zu trinken und sich umzuhören, was man so über das Feuer redete. Er war überaus neugierig zu erfahren, wo die Meissners jetzt waren. Und er musste sich nach Fechner erkundigen. Ja. Fragen, ob ihn jemand gesehen hatte. Sich besorgt geben.

Er ging in das neue Pub, das Royal. Es hatte eine breite Veranda mit Blick über den Fluss hinweg, und es erfreute sich jetzt schon großer Beliebtheit. Freunde forderten ihn auf, sich zu ihnen zu gesellen, und erklärten, dass der Wirt sich beliebt machen wolle, indem er die ganze Woche über kostenlose Mittagsmahlzeiten ausgab.

»Ich hab mich schon gewundert, warum es hier so voll ist«, sagte Keith. »Er geht ein großes Risiko ein. Ihr alle fresst wie die Geier. Der Mann ist pleite, bevor er überhaupt richtig angefangen hat.«

Ein paar Biere später schaffte er es, die Sprache auf das Feuer draußen am Fluss zu bringen, und dazu hatten alle etwas zu sagen. Keith lehnte sich an den Tresen und hörte zu. Offenbar hatten die Meissners auf der anderen Seite des Flusses Unterschlupf gefunden, bei Holzfällern, die auch Deutsche waren und für Les Jolly arbeiteten. Ihr Haus war abgebrannt, die kleine Ernte vernichtet. Arme Teufel. So ein Feuer war wirklich das Schlimmste …

»Ich weiß nicht«, sagte einer. »So eine große Überschwemmung, die kommt rasend schnell. Menschen ertrinken.«

»Das kann man wohl sagen«, stimmte Keith zu. »Vor Jahren hat es hier eine gewaltige Überschwemmung gegeben. Mein Alter hat mir davon erzählt. Sein Verwalter ertrank damals. Übrigens, die Meissners, ist ihnen was passiert?«

»Nein. Sie sind gesund. Mutter und Sohn haben den Fluss überquert. Dann ist Jakob Meissner nach Hause gekommen, er war irgendwo unterwegs gewesen, und ist auch rüber über den Fluss.«

»Ich dachte, sie waren zu viert«, sagte Keith, in der Hoffnung auf neue Informationen über Fechner.

»Nein, nur zu dritt. Das Ehepaar und der Sohn.«

Das war also geklärt. Lukas war nicht bei ihnen. Später fragte er noch beiläufig, ob irgendwer in den letzten Tagen Lukas Fechner gesehen hätte, einen Viehtreiber von Clonmel Station, aber man kannte ihn nicht einmal. Jedenfalls war er nicht gesehen worden.

Das Bier floss mittlerweile in Strömen, und irgendwie kam man wieder auf den Brand zu sprechen. Das interessierte Keith weniger, bis er zwei Männer über Jakob Meissner streiten hörte. »Er war nicht allein«, sagte der eine. »Ich war ja da. Ich habe gesehen, wie die Jungs ihn in Charlie Mayhews Boot über den Fluss gebracht haben. Jakob und einen anderen Burschen, von der Stelle aus, wo das Haus abgebrannt war.«

»Wer war denn der Kerl?«, wollte Keith gespannt wissen.

»Wenn nicht einer von der Familie, wie ich schon sagte.«

»Ich war das.« Eine tiefe Stimme an seiner Seite gab ihm die Antwort, und als Keith sich umdrehte, sah er in Mike Quinlans zorniges Gesicht.

»Wieso hat man dich rausgelassen?«, fuhr er ihn an und wandte sich, ohne eine Antwort abzuwarten, zu seinen Freunden um. »Ich dachte, das hier sei ein anständiger Pub.«

»Das dachte ich auch«, sagte der Ire. »Aber dann bist du gekommen, du dreckiger kleiner Gauner. Geh mir aus dem Weg, mach Platz am Tresen.«

Auf Grund des Alkoholkonsums wurde Keith außergewöhnlich mutig. »Dieser Galgenvogel beschimpft mich. Geh woanders hin, wenn du trinken willst, Quinlan. Falls du überhaupt Geld hast.«

Plötzlich stand Keith nicht mehr an der Theke. Er wurde von Quinlan hochgehoben und zu Boden geworfen, wobei er gegen andere Gäste stieß, die auszuweichen versuchten und dabei ihre Getränke verschütteten, größtenteils über ihn. Niemand kam ihm zu Hilfe. Stattdessen sah er ringsum begeistertes Grinsen, während die Männer zurücktraten, um Platz für den kommenden Kampf zu machen.

Doch das wollte der neue Wirt nicht dulden. Er trat an die verspiegelten Regale hinter dem Tresen, als wollte er seinen

beträchtlichen Vorrat an Flaschen schützen, und holte ein Gewehr hervor, woraufhin alle binnen Sekunden verstummten.
»So, Leute«, sagte er. »Ich sag euch das nur ein einziges Mal. In meinem Pub gibt es keine Prügeleien. Ich hab auf den Goldfeldern Pubs gehabt. Ich habe verdammt noch mal mehr Prügeleien gesehen als ihr alle zusammen. Dieses Pub hat mich und meinen Partner eine Menge Geld gekostet. Aber es gehört uns. Wenn irgendwas kaputtgeht, bezahlt ihr's doppelt. Wenn ihr euch prügelt, kriegt ihr Lokalverbot. Und diese Flinte ist immer geladen, also wagt es nicht, mir dumm zu kommen.«
Er sah Quinlan an. »Wenn du noch einmal meine Gäste rumstößt, fliegst du raus. Verstanden?«
»Ja, Sir.« Quinlan grinste.
»Und du, du Großmaul da auf dem Boden, ich bestimme, wer in meinem Laden trinkt. Nicht du. Jetzt steh auf und halt's Maul.«
Keith rappelte sich hoch. Jetzt, da der Spaß vorbei war, kam man ihm zu Hilfe. Er schüttelte die Männer ab und ging auf den Wirt zu, der sein Gewehr sorgfältig unter dem Tresen verstaute.
»Entschuldigen Sie. Sie wissen offenbar nicht, wer ich bin. Das ist verständlich, schließlich sind Sie neu in der Stadt, aber …«
Der stämmige Wirt lehnte sich über den Tresen. »Dann sind wir quitt, Kumpel. Ich kenne dich nicht, und du kennst mich nicht. So etwas erledigt sich von selbst. Mach dir mal keine Gedanken. Was willst du trinken?«
Keith blieb aus Prinzip, obwohl er bedeutend lieber in O'Malleys Pub übergewechselt wäre, wo man ihm mit Respekt begegnete. Aber noch war nicht alles verloren. Jetzt stand fest, dass Lukas nicht bei den Meissners war. Also wusste niemand, dass das Feuer absichtlich gelegt worden war, geschweige denn von wem. Keith lachte selbstzufrieden. Quinlan würde einen Anfall kriegen, wenn er wüsste,

dass er neben dem Mann stand, der auch sein Land abgebrannt hatte. Aber er wusste es nicht. Und nach allem, was Keith in der Stadt gehört hatte, würde er es nie erfahren.

Er blieb noch zu der kostenlosen Mahlzeit, und als ihm ein großer Teller Fleischpastete serviert wurde, kostete er, fand sie köstlich, schob den Teller von sich und behauptete, sie wäre ungenießbar.

»Ich geh zu O'Malley und ess was Vernünftiges«, sagte er.

# 10. Kapitel

Quinlan hielt sich mit seinen Freunden auf der Veranda auf. Kommentarlos blickte er Dixon nach. Er hatte andere Sorgen. Er konnte nicht viel tun, um Jakob zu helfen, außer ihm seine unbezahlte Arbeitskraft als Farmhelfer anzubieten und ihn bei der Beseitigung des Chaos zu unterstützen, und er dachte nicht daran, sich auf seinem eigenen Land diese Mühe zu machen.

»Soll die Natur lieber ihren Lauf nehmen. In diesem Klima dauert es nicht lange, bis Bäume und Gras wieder grün werden. Du wirst schon sehen. Es ist schade um dein Haus und alles, aber immerhin bist du gesund und am Leben. Du hättest auch im Meer ertrinken können wie so viele andere Emigranten aus den alten Ländern ...«

»Sei still, Quinlan«, hatte sein neuer Freund gesagt, und vermutlich hatte Jakob völlig Recht. Ein Mann brauchte Zeit, um mit einem Unglück fertig zu werden, bevor er sich wieder aufraffen und von vorn anfangen konnte. Hatte er es nicht selbst auch so gemacht? Hätte beinahe den Verstand verloren, als er im Gefängnis saß. War dumm von ihm gewesen, diesen Widder zu erschießen. Aber es hatte sie dort getroffen, wo es sie am meisten schmerzte, so viel war sicher.

Er hatte mit Billy geredet. Für den gab es nun keine Arbeit mehr. Sinnlos, im Moment auch nur eine Hütte zu bauen. Wenn nur die Pachtgesetze nicht wären ... Er hatte sich mit seinem Problem an Clem Colley gewandt, und der Polizist hatte ihm geraten, sich eiligst in O'Malleys Pub zu begeben, wo die Inspektoren sich gerade aufhielten.

Dem sprichwörtlichen Glück der Iren war Quinlan in seinem Leben bisher nicht begegnet. Zu seiner Mutter hatte er einmal gesagt, dass er wohl gerade hinter der Tür gestanden haben musste, als es verteilt wurde, und als sie ihn im Gefängnis besuchte, hatte sie ihm voll und ganz zugestimmt. Das fand er ein wenig beunruhigend, doch dann war sie losgegangen und hatte Walter Scott, dem Abgeordneten für den Wahlkreis Mulgrave, wegen seiner Haftstrafe in den Ohren gelegen.

»Es war verrückt«, berichtete Quinlan seinen Mitgefangenen, »aber ich hatte nie damit gerechnet, dass meine liebe alte Mama eine geborene Detektivin ist. Sie arbeitete in Maryborough als Köchin für eine hochvornehme Familie; wie sich dann herausstellte, im Haus eines gewissen John Douglas, der, Gott steh uns bei, Premierminister unseres großen und glorreichen Staates Queensland war.

Dies ist eine wahre Geschichte, glaubt's mir, Jungs. Ihr Arbeitgeber also hat's weit gebracht in der Welt, bis zum Premierminister, aber das half ihrem armen, unglücklichen Sohn überhaupt nicht, bis sie dann diesen Gast zu fassen kriegte, jenen Walter Scott. Sie hörte, dass er eingeschworene Feinde hatte: die Dixons. Mit diesem kostbaren Wissensschatz in der Tasche trat meine liebe alte Mama die Hände ringend und Unsinn redend vor ihren Volksvertreter. Und als Scott den Namen Dixon hörte, war ich so gut wie frei.«

Also machte Quinlan sich auf den Weg zu den Landinspektoren. »Ich bin froh, Sie in der Stadt anzutreffen, meine Herren, denn ich war gerade im Begriff, meinen guten Freund Walter Scott aufzusuchen.«

»Wen?«

»Mr Scott, unseren Abgeordneten im Parlament. Es geht um eine Erweiterung meines Pachtvertrags. Ich bin hierher gekommen, um die erforderlichen Verbesserungen auf meinem Land vorzunehmen – Haus, Zäune, Schuppen und so weiter –, aber das Schicksal hat mir einen schweren Schlag versetzt. Sie haben sicher von dem bösen Buschfeuer hier draußen gehört?«

Sie saßen an einem langen Tisch in einem der Räume gegenüber dem Büro von Jules Stenning, den Quinlan nicht hatte treffen wollen. Der Tisch war bedeckt mit Aktenordnern und Papieren und anderem Arbeitsmaterial, dem unerlässlichen Zubehör der Bürokraten, dachte Quinlan, während sie ihm gemeinschaftlich zunickten.

»Und, Gott steh mir bei, es war mein Land. Alles abgebrannt. Deshalb kann ich jetzt nicht mit diesen Verbesserungen anfangen. Und die armen Kerle, die ich als Hilfskräfte eingestellt hatte, musste ich wieder wegschicken. Daher wäre ich Ihnen sehr dankbar, meine Herren, wenn Sie mir eine Verlängerung um ein Jahr gewähren würden. Dann kann es losgehen.«

Der jüngere der beiden Inspektoren kniff die Augen zusammen, als hätte er nicht recht verstanden, und suchte unter den Ordnern auf dem Tisch nach Quinlans Akte. Er studierte sie eingehend, beugte sich vor, um das Kleingedruckte lesen zu können, und wandte sich dann seinem Vorgesetzten zu.

»Ich finde hier nichts, was uns befugt, Rückschläge durch Buschfeuer in Betracht zu ziehen, Sir. Überhaupt nichts. Und das heißt, er ist seinen Verpflichtungen nicht nachgekommen und muss sein Land aufgeben.«

Quinlans Lächeln und das Funkeln in seinen Augen wichen nicht, während er in seinen Taschen nach seinen eigenen Papieren kramte und dabei zufällig ein Bündel Banknoten zu Boden fallen ließ. »Trotzdem«, sagte er, »haben Herren in Ihrer Stellung doch Entscheidungsspielräume, wie alle Beamten. Wie Mr Scott zum Beispiel. Vorausgesetzt, dass solche Maßnahmen zum Wohl des Bezirks getroffen werden, und das versteht sich von selbst.«

»Da hat er Recht«, sagte der ältere Mann.

»Ich fürchte, nein, Sir, denn die Bestimmungen sagen, dass ...«

»Die Bestimmungen und die Gerichte würden Mitleid zulassen, Sykes. Überlegen Sie doch mal. Stempeln Sie seine Papiere. Verlängerung. Um ein Jahr.«

Der Ire strahlte. »Danke, Sir. Und wenn ich schon mal hier bin: Könnten Sie vielleicht auch gleich Mr Meissner eine

Verlängerung für seine zwei Grundstücke geben, die ebenfalls abgebrannt sind? Er kann durch zahlreiche Zeugen belegen, dass er schon wunderbare Fortschritte auf seinem Land erzielt hatte, einschließlich eines neu gebauten Hauses, und alles ist abgebrannt. Es ist ja nur eine Formsache, ihm diese Verlängerung zu geben, damit alles seine Ordnung hat.«

»Wo sind seine Papiere?«, fragte Sykes misstrauisch.

»Auf der Bank, Gott sei Dank. Er wird sie vorlegen, wenn er sich von seinem Schock erholt hat.«

»Es ist eine Schande«, sagte der ältere Inspektor, stand auf und reckte sich. »Ich denke, ich mache mal einen Spaziergang.«

An der Eingangstür steckte Quinlan ihm eine Pfundnote zu, froh, dass er wegen Meissners Vertrag nicht das Doppelte verlangte, denn diese Pfundnote war zur Vortäuschung einer größeren Summe um Zeitungspapier gewickelt gewesen …

»Wie lange sind Sie schon draußen?«, fragte der Inspektor, um Quinlan wissen zu lassen, dass er über seinen Hintergrund informiert war.

»Eine Weile.«

»Ich habe nachgedacht. Wenn Sie mit Scott befreundet sind, könnten Sie mal ein Wort für mich einlegen. Ich stehe auf der Liste für die nächste Beförderung. Das dürfte schon bald der Fall sein.«

»Wird gemacht, aber dazu brauche ich Ihren Namen, Sir.«

»Pinnow. Laurence Pinnow.«

»Von der Familie Pinnow, Sägemühlen?«

»Ja.«

»Oh, gut. Ich mach mich dann jetzt auf den Weg.«

Er saß immer noch im Royal Hotel, blickte auf den Fluss hinaus und dachte über seine Zukunft nach, als Pinnow ihm wieder in den Sinn kam. Er sollte ein gutes Wort für ihn einlegen? Im Leben nicht. Der gehörte schließlich zur Familie Dixon. Die Frau des alten J. B. war eine geborene Pinnow.« Dann musste er lachen. Für einen Augenblick hatte er doch

wahrhaftig selbst geglaubt, dass Walter Scott, Mitglied des Parlaments, sein Freund sei.
»Du scheinst ja recht zufrieden zu sein.« Es war Davey, der Bullocky.
»Warum auch nicht, an so einem schönen Tag und ohne einen Penny in der Tasche?«
»Dann komm zu uns, ich geb dir ein Bier aus. Das hier ist Theo Zimmermann, mein Gehilfe.«
»Wie geht's, Theo?«
Er verbrachte ein wenig Zeit mit den beiden. Sie unterhielten sich vorwiegend über den Brand und seine Auswirkungen auf die Meissners und dann über seine eigenen Pläne, sein Glück auf den Goldfeldern zu versuchen.
Theo war fasziniert. »Heißt das, man findet dort tatsächlich Gold? Hier in der Nähe? Echtes Gold?«
Quinlan erinnerte sich, dass er noch zur Bank musste, um Rawlins aufzufordern, in Jakobs Pachtpapiere die genehmigte Verlängerung einzutragen. Das war so ziemlich das Einzige, was er in der Stadt noch zu erledigen hatte. Dann konnte das große Abenteuer beginnen.
Theo nahm ihn zur Seite. »Gehst du allein, Mike?«
»Aber sicher.«
»Kannst du nicht einen Partner gebrauchen?«
»Wieso? Willst du etwa mitkommen?«
»Warum nicht? Gemeinsam sind wir stark.«

»Ich muss mir ein Pferd kaufen«, ließ Theo Eva wissen.
»Warum? Du kannst auf dem Frachtwagen mitfahren, wenn du nicht mit den Ochsen gehst.«
»Einer von uns braucht nun mal ein Pferd. Falls wir einen Unfall haben, ist das die einzige Möglichkeit, Hilfe zu holen. Und wir brauchen häufig zusätzliche Dinge.«
»Komisch, bisher ist Davey doch ohne ein Pferd ausgekommen.«
»Aber das ist riskant.«
Eva hatte verstanden. Es war wirklich sinnvoll, dass die bei-

den sich ein Pferd anschafften, wenn sie ständig in der Wildnis umherziehen mussten. Und schließlich kam sie inzwischen mit Theos Lohn viel besser über die Runden, seit sie darauf bestanden hatte, dass Davey das Geld direkt an sie ausbezahlte.

Es hatte sie überrascht, dass Davey sich auf diese Regelung einließ, aber er war ein gerissener alter Kerl und begriff wahrscheinlich, dass es so besser war. Theo allerdings war offenbar wütend geworden, als Davey ihm das erzählte, aber was sollte er tun? Seinen Boss beschimpfen? Stattdessen schrie er lieber Eva an, die ihn dermaßen blamiert hatte, doch sie ignorierte ihn einfach und riet ihm, mit seinem Boss darüber zu reden, nicht mit ihr.

Wie auch immer, es klappte. Die Miete war bezahlt, und sie hatte etwas Geld gespart. Und warum sollten sie sich nicht ein Pferd anschaffen? Es war schwer, ohne Pferd auf dem Land zu leben. Ihre Sonntage würden sich ganz anders gestalten, wenn Theo dann mal nicht arbeiten musste. Sie konnten abwechselnd zu Pastor Beitz' Gottesdienst reiten. Je länger sie darüber nachdachte, desto glücklicher machte es sie, und sie lächelte sogar wohlwollend, als ihr Mann fröhlich wie ein Kind losrannte, um nachzusehen, ob in den Ställen ein Tier zu haben war.

Er hatte Glück. Ein schönes Pferd, ein graues, nicht zu temperamentvoll, aber liebenswert, und es hieß Belle. Als er Belle nach Hause brachte, waren die Kinder außer sich vor Begeisterung. Sie verliebten sich sogleich in Belle. Vor lauter Aufregung konnten sie am Abend kaum essen, und Eva hatte es nicht leicht, sie zu Bett zu bringen. Sie wollten bei Belle bleiben, die doch ganz allein da draußen im Dunkeln stand.

Ein paar Tage später kam Davey, um Theo wissen zu lassen, dass sie einen neuen Auftrag hatten. Eine Ladung Möbel und Einrichtungsgegenstände musste vom Anleger zu einem neuen Haus auf der Burrum Street transportiert werden. Er

war bester Laune, die Schafschur hatte auf einigen Farmen bereits begonnen, und das versprach viel Arbeit, denn bald musste er die riesigen Wollballen zum Hafen bringen. Die Schafzüchter bezahlten gut dafür, dass ihre kostbare Fracht mit der nötigen Sorgfalt transportiert wurde.
Theo war nicht zu Hause. Seine Frau war ein Häufchen Elend.
»Was ist denn, Mrs Zimmermann?«, fragte Davey.
»Wussten Sie von dem Pferd?«
»Von welchem Pferd?«
»Dachte ich's mir. Er hat mich reingelegt.«
»Wie das?«
»Er hat mich überredet, ein Pferd zu kaufen. Behauptete, Sie und er brauchten dringend ein Pferd, und jetzt ist er weg.«
»Wohin?«
»Zu den Goldfeldern. Er hat mir diese Nachricht hinterlassen. Konnte es mir nicht mal ins Gesicht sagen.«
Sie reichte ihm den Zettel, doch die Nachricht war auf Deutsch geschrieben. Davey schüttelte den Kopf. »Was schreibt er?«
»Dass er zu den Goldfeldern von Gympie geht, wo immer das sein mag, und dass er bald mit einem Vermögen zurückkommt. Mit einem Vermögen! Theo doch nicht!« Sie lachte bitter. »Nie im Leben. Seine Chancen, Gold zu finden, sind genauso groß wie die, zum Mond zu fliegen.«
»Mit wem ist er gegangen?«, fragte Davey.
»Mit einem Kerl namens Mike Quinlan. Ist das nicht der Knastbruder? Ich habe schon von ihm gehört.«
Davey nickte. »Quinlan ist in Ordnung, Mrs Zimmermann. Bei ihm ist Theo in guten Händen. Tut mir Leid. Ich meine nur, wenn er denn schon mal losziehen musste.«
Später machte er sich Sorgen um sie und die Kinder. Quinlan fand sich schon zurecht, aber er war nicht unbedingt bekannt für sein glückliches Händchen. Im Grunde war der arme Mike ein Verlierer. Viel zu hitzköpfig.
»Was für ein Pärchen«, murmelte er auf dem Weg zum Pub,

wo er Ersatz für Theo suchen wollte, der immerhin so viel Anstand hätte besitzen müssen, ihm Bescheid zu geben. »Quinlan und Theo. Goldgräber! Du liebe Zeit! Da müsste ihnen das Gold schon direkt auf den Schädel fallen.«

Mittlerweile hatte Keith Dixon sich nach Hause begeben, nachdem er eine feuchtfröhliche Nacht im vornehmen *Black and White*-Bordell verbracht hatte, das erst vor ein paar Tagen etwas abseits von der Burbong Street in einer Gasse eröffnet hatte.
»Bundaberg macht sich«, berichtete er seinen Freunden auf der Farm. »Jetzt gibt es endlich ein schickes Lokal. Es ist sauber und ganz in Schwarz und Weiß eingerichtet, die Laken, Bettdecken und Vorhänge, alles. Und man kann sich die Frauen aussuchen, ebenfalls Schwarz oder Weiß.«
Er berichtete außerdem, er habe Fechner in der Stadt gesehen. Im Grunde war ihm das nur so herausgerutscht. Er hatte gerade lachend von den frechen Huren erzählt, als er nach Lukas gefragt wurde.
»Wo sonst sollte er jetzt wohl sein?«, erklärte er, verärgert über seinen Ausrutscher.
»Und seine Frau? Bleibt sie hier?«
Keith erstarrte. Er hatte gerade erzählen wollen, dass es in dem Puff auch eine chinesische Hure gab, ausgesprochen teuer. Jetzt schluckte er schwer. Er hatte Fechners Frau völlig vergessen. Jetzt saß er in der Tinte.
»Hanni? Ach ja. Wir müssen sie wohl zu ihm in die Stadt bringen. Mitsamt seinem restlichen Lohn.«
Hör auf, ermahnte er sich. Geh nicht weiter drauf ein, sonst verstrickst du dich noch mehr. Er winkte ab und riet seinen Freunden, ihren Lohn brav zu sparen, falls sie hofften, jemals das *Black and White* betreten zu dürfen. »Das sind kostspielige Mädchen«, sagte er und grinste, unfähig, seine Genugtuung darüber zu verbergen, dass er sie sich leisten konnte.

»Wie kommt es bloß, dass ich dir kein Wort glaube?«, höhnte J. B. und drehte sich mit seinem Schreibtischstuhl. »Wo genau willst du Fechner gesehen haben?«
»In der Stadt, das sagte ich doch. Er ging bei O'Malley vorbei.«
»Und du hast ihm locker zugewinkt und gefragt, was denn nun aus seiner Frau werden soll? Die er hier bei uns vergessen hat, zusammen mit seinem Gepäck?«
»So ähnlich.«
»Florence!« J. B. sprang auf und steckte den Kopf zur Tür hinaus, um nach seiner Frau zu rufen. »Florence!«
Seine Frau kam im Laufschritt und schob ein paar Strähnchen ihres blonden Haars hinter die Ohren. »Was gibt's?«
»Wieder mal dein hochintelligenter Sohn. Was meinst du wohl? Er hat Lukas Fechner in der Stadt gesehen!«
»Oh, Gott sei Dank! Hast du ihn gefragt, was er jetzt vorhat? Seine Frau ängstigt sich seinetwegen zu Tode.«
»Wir müssen sie in die Stadt schicken.«
»Oh ja«, sagte J. B. schnurrend. »Und wohin dort?«
»Zu den Deutschen, denke ich mal. Er hat nichts Genaues gesagt.«
»Siehst du, Florence. Ist er nicht genial? Als er Fechner das letzte Mal gesehen hat, haben sie sich geprügelt. Und jetzt, nur ein paar Tage später, halten sie einen netten kleinen Schwatz vor O'Malleys Pub.«
Die Mutter blickte Keith verunsichert an. »Jetzt wissen wir wenigstens, wo der Mann steckt.«
»Ich bin nicht der Einzige, der ihn gesehen hat«, verteidigte sich Keith.
»Ach, nein?«, brüllte sein Vater. »Wer denn noch?«
»Ein paar von den Leuten.«
»Welche Leute?«
»Weiß nicht. Ich habe sie nur reden hören …«
J. B.s Hand schoss vor und traf ihn brutal im Gesicht. »Jetzt noch mal ganz von vorn, und zwar wahrheitsgemäß, wenn ich bitten darf. Nein, du bleibst, Florence. Setz dich da hin

und halt den Mund. Und jetzt, du Genie … wo ist Fechner?«
Keith ließ sich in einen Sessel sinken und strich mit der Hand über seine schmerzende Wange. »Ich weiß es nicht.«
»Wer hat ihn in der Stadt gesehen?«
»Niemand.«
»Schön. Aber du erzählst unseren Leuten, du hättest ihn gesehen.«
»Sie haben mich überrumpelt. Ich wollte das gar nicht sagen. Ich wusste nicht, was ich sonst sagen sollte.«
J. B. wandte sich seiner Frau zu. »Verstehst du, was das bedeutet? Jetzt stecken wir schön in der Patsche. Dieser Idiot behauptet, er hätte Fechner gesehen, und der verlangt nun, dass seine Frau in die Stadt gebracht wird. Mir bleibt jetzt keine Wahl mehr. Ich muss das verdammte Weib in die Stadt bringen.«
»Könnte Keith nicht einfach sagen, er hätte sich geirrt?«
»Himmel! Du bist ja genauso blöd wie er. Die ganze verdammte Pinnow-Sippschaft ist strohdumm, und er hier ist ein Musterexemplar an Dummheit. Wie soll er das erklären? Dass er mit dem Kerl geredet hat und ihm jetzt auf einmal einfällt, dass er es gar nicht war? Viehtreiber sind nicht blöd. Die riechen den Braten. Nein, wir müssen jetzt bei dieser Geschichte bleiben – und seine Frau wegschicken.«
Florence seufzte. »Das ist schade. Sie ist das beste Hausmädchen, das wir je hatten.«
»Na und? Besorg dir ein neues, aber schaff sie schnellstens fort.«
»Gut. Morgen früh kann sie aufbrechen. Mit dem Wagen. Keith kann sie begleiten …«
»Er soll sie begleiten? Bist du verrückt? Er kann ja nicht mal die Finger von den kleinen Schwarzen lassen, geschweige denn von einem hübschen weißen Mädchen. Wenn er sie nicht schon längst gehabt hat.«
»Das reicht!«, sagte Mrs Dixon. »Ich höre mir dieses Gerede nicht länger an!«
Nun wurde Keith wieder mutig. »Er hat ganz vergessen,

worum es hier geht, Mutter. Er hat mir befohlen, die Meissners von den eingezogenen Landstücken im Osten zu vertreiben. Er war ganz froh darüber, dass ich ihr Land verbrannt habe, weil sie ihm ihr Bauholz nicht überlassen wollten.«
»Das sind geschäftliche Dinge«, knurrte J. B.
»Aber sicher. Ich habe ihr Haus mitsamt ihren Habseligkeiten verbrennen lassen. Und ihr Holz und die Ernte. Ich habe gründliche Arbeit geleistet. Er würde verdammt dumm aussehen, wenn ich der Polizei sagen würde, wie das Feuer zu Stande gekommen ist …«
J. B. schüttelte den Kopf und wandte sich ab. »Geh doch und sag's ihnen, du Dummkopf. Im Gefängnis wärst *du* es, der verdammt dumm aussieht. Ich würde alles abstreiten. Aber der Knast würde dir vielleicht ganz gut tun. Womöglich kannst du da noch was lernen. Und nun verschwindet – alle beide!«

Hanni war völlig durcheinander. Offenbar wusste kein Mensch, was aus Lukas geworden war. Und dann sagte Elsie, er sei in der Stadt.
»Er hatte Streit mit Mr Keith«, berichtete sie. »Und er ist gefeuert worden.«
»Warum hat mir das keiner gesagt?«
»Weil wir damit gerechnet haben, dass er zurückkommt, und als er nicht kam, machten sich alle Sorgen. Besonders, weil er sein Pferd hatte laufen lassen. Aber jetzt wissen wir ja, wo er steckt, und alles wird wieder gut. Mrs Dixon bedauert es sehr, dass du gehen musst. Sie hat dir zu deinem Lohn noch einen Bonus von zehn Shilling ausbezahlt, und Lukas' Lohn kommt natürlich noch hinzu. Den kannst du mitnehmen.«
Hanni ging davon aus, dass der Streit zwischen Lukas und Mr Keith, diesem Schwein, ziemlich heftig gewesen war, da er anscheinend keinen Fuß mehr auf Dixons Land setzen wollte. Das sah Lukas ähnlich. Es sah auch Keith ähnlich, der niederträchtig genug war, ihm das Betreten der Farm zu

untersagen. Sie hoffte, dass sie nicht ihretwegen gestritten hatten, denn Keith war im Stande, Lukas alle möglichen Lügen aufzutischen. Sie schüttelte sich und begann ihre Sachen zu packen. Was mochte Keith ihm gesagt haben? War Lukas deswegen fortgegangen? Möglich war es.

Mit der Nacht kam eine neuerliche Angst. Sie hatten gesagt, jemand würde sie mit dem Wagen in die Stadt bringen. Aber wer? Hanni beschloss, sich einfach zu weigern, falls Keith Dixon sie fahren sollte. Und da sie diesen grauenhaften Ort endlich verlassen konnte, brauchte sie keine Angst mehr davor zu haben, dass sie jemanden kränkte.

Es war nicht derselbe Wagen, in dem sie und Lukas gekommen waren; dieser war bedeutend vornehmer, mit Ledersitzen und einem Dach. Fast wie eine Kutsche. So etwas hatte Hanni noch nie gesehen, und das Dach schützte sie gut vor der Sonne. Sie und die Haushälterin und einen der Viehtreiber, der als Kutscher einsprang.

Auf halbem Weg zur Stadt machten sie Halt, und der Kutscher kochte Wasser in seinem Feldkessel, um Tee zu brühen, während Elsie Kuchen und Waffeln aus einem Korb auspackte. Hanni war die Verzögerung nicht recht. Es fiel ihr schwer, sich mit einer Frau zu unterhalten, die sie kaum kannte; diese Stunden hinter sich zu bringen, war regelrecht Arbeit für sie. Doch dann zog Elsie, die überaus gestrenge Haushälterin, eine Flasche Gin hervor.

»Möchtest du einen Schluck?«, fragte sie Hanni. »Da du ja nicht mehr für uns arbeitest, darf ich dich ruhig fragen.«

»Ich glaube nicht. Ich habe noch nie Gin getrunken.«

»Er schmeckt ziemlich ekelhaft, aber daran gewöhnt man sich. Probier doch mal ein Schlückchen. Ich trinke nicht gern allein, und diese langweilige Fahrt dauert noch Stunden.«

Sie tranken den Gin aus den Tassen, die sie nicht wieder in den Korb einpackten, genauso wenig wie den Gin.

Elsie hat Recht, dachte Hanni. Der Gin war eklig, aber auf dem Schiff hatte sie schon schlimmeren Alkohol gekostet, und als sie ihren Weg fortsetzten, schmeckte die zweite Tasse, die sie unter Kichern in dem schaukelnden Wagen leerten, schon nicht mehr so übel.

Es stellte sich heraus, dass Elsie Mrs Dixons Cousine war. Sie hatte »über alle Maßen«, wie sie es ausdrückte, unter einem nichtsnutzigen Mann gelitten, der nur anderthalb Wochen vor ihrem Hochzeitstag mit irgendeinem Flittchen durchgebrannt war. Hannis Ohren wurden heiß, als sie das hörte, und sie äußerte sich mit keinem Wort zu Elsies Leidensgeschichte. Dabei ging es um das Hochzeitskleid, das Großmutter Pinnow für sie genäht hatte, und um das unvermeidliche Durcheinander, da die Gäste bereits von weit her auf dem Weg waren und der Empfang in einem Hotel in Maryborough abgesagt werden musste, und die Brautführerinnen weinten, als seien sie selbst verlassen worden. Es war eine lange Geschichte, doch sie vertrieb die Zeit, bis sie zum Mittagessen und einem Pferdewechsel bei einem großen Farmhaus Halt machten. Ihre Gastgeberin, eine warmherzige Frau, erwies sich als eine weitere Verwandte Elsies. Als sie zum Aufbruch rüsteten, gab diese Frau Elsie Kuchen für Großmutter Pinnow sowie einige Flaschen ihrer selbst gemachten Limonade mit, und kaum befanden sie sich wieder auf der Straße, holte Elsie die Tassen hervor.

»Möchtest du Limonade? Die Gute macht wirklich ein ausgezeichnetes Zitronengetränk.«

»Ja, gern.«

»Und das schmeckt großartig mit Gin«, fügte Elsie hinzu.

Und so war es auch. Durch die Limonade wurde aus dem widerwärtigen Schnaps ein kühler, köstlicher Nektar, und Hanni lehnte sich auf dieser letzten Etappe der Fahrt in die Stadt zurück und überlegte, wie viel angenehmer diese Reise doch war als die lange Fahrt, die Lukas und sie ertragen mussten, als man sie nach Clonmel holte. Der Wagen war alt und hart gewesen, und sie hatten nur eine Pause gemacht, um am Fluss, wo der Kutscher die Pferde tränken wollte, Tee aus dem Feldkessel und Biskuits zu sich zu nehmen.

Elsie plapperte immer noch, irgendetwas über einen Herrn,

der weit draußen im Westen eine große Schafzuchtfarm besaß, und Hanni wunderte sich verschwommen, obwohl sie nur mit halbem Ohr zuhörte. Clonmel lag schon so weit landeinwärts, nach Westen hin, wie man sagte. Wie viel weiter war dann »weit draußen im Westen«, um Himmels willen? Der Mann hieß Henderson, und der Name kam ihr irgendwie bekannt vor, doch ihre Gedanken weilten bei Lukas, als Elsie ihr nun noch mehr Limonade einschenkte. Sie sehnte sich so danach, ihn wiederzusehen, ihren geliebten Lukas. Es war entsetzlich gewesen, diese ganz Zeit, da sie sich gesorgt hatte und die Tage ihr wie Monate erschienen waren und sie sich ständig gefragt hatte, ob ihm etwas Schreckliches zugestoßen war. Nie wieder im Leben würde sie einem Mann schöne Augen machen. Das würde sie Lukas sogar versprechen. Nie wieder. Dann brauchte er nie wieder Angst zu haben, dass sie etwas Dummes, Idiotisches tat …
Die Ginflasche war leer. Elsie ließ sie auf den weichen roten Boden an der Straßenseite fallen, damit der Kutscher sie nicht bemerkte, und kurz darauf näherten sie sich den Außenbezirken der Stadt, wo sie schließlich in die Zufahrt zu einem Haus einbogen, das neben einer Sägemühle lag.
»Hier steige ich ab«, sagte Elsie. »Großmutter Pinnow wohnt hier. Dan bringt dich noch den restlichen Weg bis zu deinem Ziel, Hanni. Es tut mir wirklich Leid, dass du Clonmel verlässt, aber was soll's. Gib gut auf dich Acht, und grüße Lukas von mir.«
Sie fuhren durch die Stadt und dann die Taylor's Road entlang, und schließlich hielten sie an.
»Wo sind wir?«, fragte Hanni und blickte über gerodetes Buschland hinweg.
»Bei den Deutschen«, sagte Dan. Er sprang vom Kutschbock, band die Pferde an und begann das Gepäck abzuladen.
Hanni blieb sitzen. »Wo ist Lukas?«, fragte sie und wunderte sich über den fremden Klang der Worte, die sich in etwa anhörten wie: »Wosch Lukasch?«
»Irgendwo hier vermutlich.«

Dann kam Beitz auf sie zu, und Hanni freute sich so, ihn zu sehen. Sie war so erleichtert. Er sah aus wie ein Engel, ganz in Weiß, mit weißem Haar und weißem Bart, viel schöner als seinerzeit, als er immer diesen schwarzen Rock trug.
Er streckte die Hand zu ihr hinauf, offenbar entzückt, sie zu sehen, und das war so schön, so nett nach allem, was sie durchgemacht hatte.
»Hanni, meine Liebe. Was für eine schöne Überraschung …«
Mit wackligen Beinen stieg sie ab. »Pastor Beitz. Sie sehen so schön aus, einfach richtig schön …« Bevor sie ihn erreicht hatte, gab der Boden unter ihren Füßen nach.
Der Priester riss die Augen auf, als Hanni zu Boden sank.

Sie erwachte in einer Hütte, und die Sonne schien durch ein Loch im schadhaften Dach auf sie herab. Sie lag auf einer niedrigen Pritsche, nur wenige Zentimeter über dem Boden, und beobachtete die durch den Raum huschenden Echsen. Mittlerweile hatte sie sich an alle Arten von Echsen gewöhnt, nachdem sie ihnen auf der Clonmel Station nicht hatte ausweichen können, ebenso wenig wie den Insekten und Spinnen. Sie mochte diese Echsen und die Geckos mit den freundlichen Gesichtern, die sie von ihrer Zimmerdecke her anstarrten, eigentlich ganz gern. Doch dieser Raum hatte keine Decke. Er hatte ein Dach aus Zweigen und Gestrüpp. Und er hatte auch keine Tür, sondern war auf einer Seite offen und gab den Blick direkt auf den Busch frei.
»Wo bin ich?« Hanni richtete sich ruckartig auf, was einen stechenden Schmerz in ihrem Kopf hervorrief. Sie kannte diesen Ort nicht, aber ihr Gepäck war hier, ihr Mantel und ihre Haube lagen auf den Kisten.
Mit wachsender Panik bemerkte Hanni, dass sie voll bekleidet geschlafen hatte, noch dazu in ihrem besten Rock mit dem bestickten Latz. Auf Strümpfen stolperte sie über den fest gestampften Boden und spähte nach draußen. Die Vögel lärmten, doch kein Mensch war zu sehen, und plötzlich fiel

Hanni ein, dass sie hergekommen war, um Lukas zu treffen. Also musste er doch irgendwo hier sein. Warum er allerdings zugelassen hatte, dass sie in ihren Kleidern schlief, war ihr ein Rätsel.

»Lukas!«, rief sie. »Lukas! Wo bist du?«

Aber es war nicht Lukas, der auf ihr Rufen antwortete. Es war Walther Badke!

»Was tust du hier?«, fragte sie ihn.

»Ich wohne hier, Hanni. Geht es dir besser heute Morgen?«

»Ja, danke. Wo ist mein Mann?«

»Lukas? Das weiß ich nicht.«

Auf einer Seite hatte sich Hannis Haar aus ihrem Zopf gelöst. Sie schob es zurück. »Entschuldige. Ich muss ja grauenhaft aussehen. Ich kenne das alles hier gar nicht. Wo sind wir?«

»Das hier ist unsere Gemeinde, Hanni. An der Taylor's Road. Weißt du nicht mehr?«

»Oh. Ja, natürlich. Hast du diese Hütte gebaut?«

»Diese und andere Hütten. Die Lutzes, Pastor Beitz und ich«, erklärte er voller Stolz. »Und die Kirche befindet sich bereits im Bau.«

»Oh.« Hanni seufzte. Was sie hörte, konnte sie nur schwer begreifen. »Ich sollte Lukas hier treffen«, sagte sie schließlich. »Ist er noch nicht da?«

»Nein.«

»Deshalb hast du mich aufgenommen? Das ist sehr freundlich von dir. Jetzt weiß ich es wieder, ich bin mit dem Wagen von der Clonmel Station gekommen. Ich war schrecklich müde. Der Weg war so weit.«

»Ja.« Walther nickte ernst. »Möchtest du frühstücken?«

»Gern. Ich habe großen Hunger. Darf ich mich zuerst ein wenig frisch machen?«

»Hanni wartet auf Lukas«, berichtete Walther Pastor Beitz.

»Dem Himmel sei Dank! Siehst du, ich habe es doch gesagt. Irgendwann kommen sie alle hierher zurück, und dann haben wir eine gut funktionierende, arbeitende Gemeinde. Bald schon kann ich mit dem Bau meiner Missionsschule beginnen.«

Walther jedoch gab zu bedenken, dass sie eine weitere Hütte brauchten, eine, die mehr Privatsphäre ermöglichte, da sich ihnen jetzt eine Dame anschloss. Und sie würden sorgfältiger auf ihre Kleidung achten müssen. Vielleicht gehörte es sich doch nicht, dass die Männer hier nur mit Hosen bekleidet, von denen sie die Beine abgeschnitten hatten, herumliefen. Und er hätte gern gewusst, warum die Fechners nicht auf der Schafzuchtfarm geblieben waren. Das Letzte, was er von ihnen gehört hatte, war, dass es ihnen gut ging. Außerdem fürchtete er, dass, wenn noch mehr Leute kamen, so willkommen sie ihnen natürlich auch waren, die Vorräte knapp wurden. Er würde mehr Land für Feldfrüchte roden und bestellen und den Hühnerstall vergrößern müssen, was allein schon eine Heidenarbeit war. Dadurch blieb ihm dann nicht mehr viel Zeit zum Fischen, ihrer Hauptnahrungsquelle. Die Tage waren einfach nicht lang genug; das war das Problem.

Tibbaling war fasziniert von der jungen Frau mit dem unglaublich weißen Haar. Im Grunde faszinierten ihn all diese Leute, die von einem anderen Stamm waren als die einheimischen Weißen. Sie sprachen eine andere Sprache und bauten Häuser, die an die Behausungen der Südsee-Insulaner erinnerten. Die Kanaken hatten Tibbalings Leuten erzählt, dass ihr Volk in der Heimat in großen, kunstvoll gebauten strohgedeckten Hütten lebte. Sie hörten voller Interesse, dass der Stamm der Deutschen ähnlich lebte. Einer von Tibbalings Kanakenfreunden war sogar gekommen, um die Häuser der Deutschen zu begutachten, war aber überhaupt nicht beeindruckt gewesen. Er fand sie primitiv.

»Immer noch besser als die Hütten, in denen deine Leute hausen«, neckte er.

Tibbaling hatte gelacht. »Wir verstehen es, uns warm und trocken zu halten, und wenn die Sterne am Himmel stehen,

wollen wir sie auch sehen. Wir wollen uns nicht vor ihnen verstecken; all unsere Kinder und Ahnen sind ja dort oben.«
Die junge Frau namens Hanni war den ganzen Tag lang da gewesen. Walther war in die Stadt geritten, um ihren Mann zu suchen, jedoch ohne ihn zurückgekommen. Er hatte nicht einmal etwas von ihm gehört. Sie waren schon ein merkwürdiger Haufen. Erst gestern hatten Walther und Beißt eine andere Frau getröstet, deren Mann, Theo, weggelaufen war. Gewöhnlich kam diese Frau mit Theo und den Kindern zu ihren allwöchentlichen Zeremonien, doch dieses Mal erschien sie ohne ihn und war sehr bekümmert.
Beißt schien sich um den Mann namens Theo keine Sorgen zu machen. Er sagte, er würde schon zurückkommen, aber um den anderen Mann, um Lukas, sorgte er sich sehr.
Tibbaling mischte sich nicht in ihre Gespräche mit der hübschen weißhaarigen Frau ein; er setzte sich neben die Hütte und war traurig wegen ihrer Kümmernis. Er konnte sich an den Mann, von dem sie sprachen, nicht erinnern – in den ersten Tagen waren so viele von diesen Leuten hier gewesen –, also betrachtete er den Mann namens Lukas mit den Augen dieser Leute. Dann nickte er. Ah, ja. Jetzt konnte er ihn sehen, einen großen, dunkelhaarigen Mann. Geistesabwesend wischte er die Ameisen von seinen Beinen.
Tibbaling schien zu schlafen, wie er da mit gekreuzten Beinen neben der Hütte saß und seine alten Knochen in der Nachmittagssonne wärmte. Vielleicht schlief er tatsächlich. Doch ein Teil seiner selbst dachte sich in jene Leere hinein, in jenen Ort des Nichts, wo selbst das Denken unbekannt war. Er befingerte den Haifischzahn, den er um den Hals trug, das Zeichen seiner hohen Würde als Mann des Geistes, und er suchte Warrichatta auf, den großen, furchtlosen Hai, der vom Himmel in die Traumzeit gekommen war, um alle Fische im Meer vor Gongora zu schützen.
Mit Warrichattas Augen durchsuchte er die Tiefen der Flüsse, von den Quellen bis zu den Mündungen im weißen Sand der Bucht, für den Fall, dass der vermisste Mann ins tiefe

Wasser gestürzt war. Als er Lukas dort nicht fand, suchte er trotz seiner Angst Gongora auf, denn wenn die Weißen mit ihrer Klugheit einen der ihren nicht fanden, lag es für Tibbaling auf der Hand, dass er im Fluss ertrunken sein musste. Oder schlimmer.

Die Welt durch Gongoras Augen zu betrachten war schrecklich. Alles war hässlich gelb verschleiert und roch nach faulen Eiern, und man bewegte sich brutal, schnell und wütend und schlug beim Tauchen mit einem monströsen Schwanz. Nicht wie Warrichatta, der elegant und glatt war, den man gern begleitete. Doch Tibbaling ertrug den Krokodilblick auf den Fluss und die Schlammflächen so lange, wie es nötig war, um sicher zu sein, dass der Mann, Lukas, nicht ertrunken, nicht von einem Hai oder Krokodil gefressen worden war. Nach diesem Erlebnis schwitzte er stark, und die Ameisen, die ihn belästigten, fingen jetzt an zu beißen.

Ungeduldig streifte er sie ab, zog sich in den Busch zurück und suchte sich einen besseren Platz in einem moosigen Hain bei einer Bambusstaude. Doch dann störte ihn das Knarren des Bambus, und die Vögel mit ihrem Kreischen und Schnattern machten ihm die Arbeit unmöglich.

Er stand auf, brach ein Bambusrohr ab und schleuderte es hoch wie einen Speer. Es erhob sich über die Bäume und verharrte dort, in der Luft …

»Was ist das, Walther?«, fragte Pastor Beitz.

»Was denn?«

»Alles ist plötzlich still. Kein Ton mehr zu hören.«

»Wahrscheinlich ein Falke. Mir ist aufgefallen, dass Falken die Vögel verscheuchen.«

»Aber ich höre nicht einmal den Bach.«

Walther bemerkte es nicht. Er war zu sehr damit beschäftigt, Hanni zu beruhigen. Walther glaubte, dass Lukas vielleicht jemanden in der Stadt besuchte. Irgendwo, wo er ihn nicht finden konnte. Und vielleicht hatte Lukas nicht gewusst, dass Hanni schon so bald in die Stadt kommen würde. Da Beitz sich für das Gespräch interessierte, war ihm die plötzliche Stille auf einmal egal, während Tibbaling besänftigt seinen Platz wieder einnahm. Das Rohr fiel sacht zu Boden, und die Vögel waren nach dieser Ermahnung etwas ruhiger. Er ließ sein Bewusstsein wieder in diese Leere schweifen, doch nach der beunruhigenden Reise mit Gongora umklammerte er mit einer Hand fest eine Baumwurzel, um einen Halt zu haben, denn Gongora war fähig, böse Geister heraufzubeschwören, die schreckliches Unheil anrichten konnten. Schon zu vielerlei Gelegenheiten hatte Gongora Tibbaling diese Geister angeboten, um ein Band der Freundschaft zu schmieden, doch Tibbaling war klug genug, sich niemals mit Gongora gemein zu machen, dem man nicht trauen durfte. Manchmal erwog er, sich an den weißen Eindringlingen zu rächen, indem er sie Gongoras Grausamkeit aussetzte, sobald sie sich dem Fluss näherten, doch Warrichatta in seiner Weisheit hatte ihm davon abgeraten.

»Ich habe sie überall auf der Welt gesehen«, sagte er. »Sie sind zu zahlreich. Gongora kann nicht helfen. Sie spucken auf ihn.«

»Auf Gongora? Dann müssen sie sehr mächtig sein.«

»Ich will mit deinen Dingo-Leuten für dich sprechen, Tibbaling. Deine Dingo-Leute sind sehr klug. Ich werde veranlassen, dass sie sich mit den mächtigen Hai-Geistern aller Meere treffen und in Erfahrung bringen, was du über die weißen Eindringlinge wissen musst.«

Tibbaling hatte sich in einen Zustand tiefster Zufriedenheit versetzt, als er an den Rat dachte, den Warrichatta ihm schließlich brachte, und daher ärgerte er ihn nicht mehr so sehr wie vor langer Zeit.

»Sie trauern«, erfuhr er. »Sie haben die Erinnerung unserer Stämme über tausend Generationen hinweg durchforscht, doch dieses Problem war noch nie da. Andere sind an unseren Ufern gelandet und wurden entweder abgewehrt oder haben sich mit unserem Volk vermischt. Das haben mehrere unserer nördlichen Stämme bezeugt.

Sie ringen die Hände vor Beschämung, weil sie keine Lösung

anzubieten haben. Es sind Geister«, Warrichatta weinte, »die Flutwellen abwehren können. Die Blitze vom Himmel schleudern. Sie können das Land vertrocknen lassen. Doch sie haben der Masse und dem Zorn der weißen Männer nichts entgegenzusetzen.«
»Warum nicht?« Tibbaling weinte auch.
»Weil sie von unserer Mutter Erde sind. Sie können nur irdische Mächte beschwören. Unsere Feinde sind zu zahlreich, und unsere Geister müssen anerkennen, dass auch sie ihre Geister haben. Die Geister fordern das Recht, ungehindert auf unserer Erde wandeln zu dürfen.«
Tibbaling erschrak. Er hatte nicht gewusst, dass auch die Eindringlinge Geister hatten.
»Dann ist alles verloren?«, fragte er Warrichatta, und den grauen Augen des Hais gelang ein Aufblitzen.
»Das glauben sie nicht. Sie glauben, dass eine neue Traumära bevorsteht. Um einen Weg durch diesen bösen Nebel zu finden, ist mehr Besinnung notwendig.«
»Das ist schon eine große Hilfe.«
»Ein wenig Hilfe wird dir jedoch geboten. Einige weise Männer wie du selbst …«
»Bitte sag das nicht, Warrichatta. Ich bin kein weiser Mann. Ich habe alles getan, was die Geister von mir verlangten. Ich habe gefastet, ich habe auf mein weises Ich gehört, ich habe die neun Teufel des Nordens ertragen, in ihren Höhlen und auf ihren Bergen gekämpft, all das hab ich getan. Aber die Weisheit blieb mir versagt.«
»Man sagt, weise ist der, der weiß, dass er noch viel lernen muss.«
»Richtig, und mir bleiben nur noch wenige Jahre, mein Freund. Ich kann meinem Volk nicht helfen. Die Zeit hat mich besiegt.«
»Nein. Unsere Geister haben die Zeit besiegt, Tibbaling. Du und viele andere weise Männer bekommen eine weitere Lebensspanne, um zu lernen.«
»Was ist das?«

»Die großen Geister verstehen, dass dem einfachen Menschen, wenn sie selbst keine Lösungen finden, mit nur einem Leben keine Hoffnung bleibt. Deshalb gewähren sie dir noch eines.«

»Noch eines?«

»Ja.« Warrichatta, sein glattes Grau, verschwand im silbrigen Meer. »Noch ein Leben«, flüsterte er. »Um mehr zu lernen, Tibbaling. Dir wird noch ein Leben gewährt.«

»So«, Tibbaling keuchte jetzt. »So.« Das Keuchen hörte auf, als er wieder einschlummerte und der Dingo näher kam, der Dingo-Geist, nicht nur sein Totem, sondern sein Freund. Immer treu. Dieser Dingo wurde selten gesichtet, war jedoch immer in der Nähe. Gemeinsam suchten sie das Land ab, von den fernen Hügeln über die ausgetrockneten Bäche und Wasserlöcher, vorbei an den mächtigen Bäumen, die sie schon in der Tramzeit gekannt hatten, und immer weiter …

Mit einem Aufschrei erwachte Tibbaling aus seiner Trance. Er war über und über mit Ameisen bedeckt, mit riesigen Ameisen, die ihn bissen. Verzweifelt schlug er nach ihnen, doch als er aufstehen wollte, gelang es ihm nicht. Sein rechtes Bein schmerzte höllisch und wollte ihn nicht tragen.

Der Dingo, von dieser Störung überrumpelt, sprang zurück, doch dann weiteten sich seine Augen, und er senkte den Kopf, beobachtete die Ameisen und hörte ihnen zu … Nach einer Weile drehte er sich lautlos um und trabte zurück in den Busch.

Lukas musste sich eingestehen, dass er wohl im Kreis gelaufen war. Er befand sich immer noch auf verbranntem Land. Das hätte längst hinter ihm liegen oder er hätte auf den Fluss stoßen müssen. Allerdings sank er von Zeit zu Zeit auf Grund unerträglicher Schmerzen immer wieder in dunkle schattenhafte Träume, aus denen er irgendwann, schweißgebadet vor Angst, zurück ins Bewusstsein gerissen wurde. Danach musste er sich jedes Mal ausruhen, zu erschöpft, um seinen Weg fortzusetzen.

Er lehnte sich gegen einen Baum, versuchte, einen Plan zu fassen, vielleicht auf dem Weg die Bäume zu markieren, doch sein Mund war so ausgetrocknet, der Durst inzwischen so qualvoll, dass es eine Erleichterung war, einzudämmern, zu flüchten. Ihm war bewusst, dass er während der Tagesstunden nicht schlafen, dass er sie nutzen sollte, um einen Weg aus diesem Irrgarten zu finden, doch die Verlockung war übermächtig. Er war fast eingeschlafen, als das unbehagliche Gefühl einsetzte, das Jucken, das ziellose Kratzen, die Reizung in seinem Hemd, die ihn veranlasste, verschlafen seine Brust zu reiben, und dann war er hellwach, schleppte sich verzweifelt fort und fluchte, als unter der Hitze Hunderte von Insektenbissen seine Haut verätzten. Lukas hatte sich auf einem Ameisenhügel niedergelassen.

»Stechameisen«, fauchte er und wälzte sich zur Seite, um den angriffslustigen Biestern, die überall auf ihm herumkrabbelten, zu entkommen. Viehtreiber hatten ihn in den Camps auf die Tiere aufmerksam gemacht und ihn gewarnt, dass sie gemein beißen konnten, und was tat er? Er war dumm genug, sich ausgerechnet auf einen ihrer Hügel zu legen. Und sie bissen nicht nur, sie stachen wie Bienen! Lukas weinte Tränen des Schmerzes und der Wut, während er sich bemühte, die Ameisen ohne Hilfe von Wasser loszuwerden. Er riss sich das Hemd vom Leib, schlug es aus, doch wegen des gebrochenen Beins konnte er seine Hosen nicht ausziehen, und der Kampf setzte sich fort, bis die Ameisen entschieden, ihn genügend gestraft zu haben, und ihre Krieger zurückriefen. Lukas lag keuchend, wieder völlig erschöpft, auf dem Boden.

Zuerst glaubte er, es wäre nur die Sonne, doch dieser heiße Hauch musste etwas anderes zu bedeuten haben. Er schlug die Augen auf und erblickte einen großen, grimmigen Dingo, der auf ihn herabblickte.

»Oh nein«, stöhnte er und fühlte sich wie Hiob. Als ob der Herr sich immer neue Grausamkeiten ausdachte, um ihn zu quälen. Er konnte nicht einmal auf den Dingo reagieren.

Sollte er ihn doch beißen! Er hatte nicht mehr die Kraft, ihn fortzujagen. Ihn wegzuscheuchen.
Er biss ihn nicht. Er wich ein wenig zurück, setzte sich auf die Hinterbeine und starrte Lukas an.
Brav, dachte Lukas, doch aussprechen konnte er es nicht. Die Zunge war zu groß für seinen Mund. Er fragte sich, wie lange er schon hier war.
Der Dingo blieb, so, als wollte er Wache halten, doch Lukas verlor das Interesse. Er musste irgendwie weiterkommen.

Die Ameisen waren fort, doch etwas anderes störte Tibbaling. Er rief nach dem Dingo, aber der war auch weg. Er kratzte sich am Kopf und blickte sich um. Der Busch hatte seine Farbe verloren, war nur noch schwarz und weiß. Ein Brand war über dieses Land hinweggegangen. Er wanderte über den verkohlten Boden, trabte immer weiter, denn ein Stück entfernt entdeckte er einen Dingo. Der saß nur da, bewachte etwas. Und nun erkannte Tibbaling eine menschliche Gestalt in der Asche. Einen Mann.
»Da bist du ja!«, sagte Tibbaling zu ihm, bekümmert darüber, dass der Mann Schmerzen litt und dringend Hilfe benötigte.
Der Ort war kalt und still, ein elender Ort, und Tibbaling war froh, als das vertraute Gurgeln des Bachs ihn aus dem Traum zurück in Beißts Lager holte.
Er machte sich auf die Suche nach Billy, seinem Schützling, der, wie Tibbaling den Geistern berichtet hatte, drei Leben benötigen würde, um diese Zeiten begreifen zu können, in denen so viel so schnell geschah. Es fiel seinen Leuten schwer, an ihren Träumen festzuhalten, obwohl in diesem Gebiet das Morden weitgehend aufgehört hatte. Die weißen Männer drangen überallhin vor. Und immer neue Stämme, die andere Laute sprachen, wie die Chinesen und Kanaken. Solange er lebte, hatte er nie eine solche Ansammlung unterschiedlicher Stämme erlebt. Ein Mann brauchte ein ganzes Leben, um deren Art zu begreifen.

»Ich will, dass du zu dem Dingo gehst«, sagte er zu Billy.
»Wo finde ich ihn?«
»Er wird dich finden. Ich vermute, dass er sich auf dem verbrannten Land aufhält, über das kürzlich ein Feuer hinweggegangen ist. Fahre mit dem Kanu flussaufwärts. Der Dingo wird dir zeigen, was du dann zu tun hast.«

Die ganze Nacht über blieb der Dingo bei ihm, hielt ihn warm, tröstete ihn. Am Morgen war er fort, und ein Aborigine-Viehtreiber stand über ihm. Lukas hörte ihn über die Schulter zurückrufen:
»Es steht nicht zum Besten um ihn, Yarrupi. Ihn fortzuschaffen, wird nicht einfach sein.«
Lukas streckte die Hand nach ihm aus, versuchte zu sprechen, doch wieder spürte er seine Zunge wie einen harten pelzigen Klumpen in seinem Mund. Als er sie bewegte, glaubte er, Blut zu schmecken, von seinen rissigen, wunden Lippen. Krächzende Töne kamen aus seiner ausgedörrten Kehle, doch sie verstanden.
Sie brachten ihm Wasser, ließen es in seinen Mund und über sein Gesicht tröpfeln. Die Zeit verging. Sie trugen ihn irgendwo hin … zu fließendem Wasser … an einen Bach, und sie kümmerten sich mit unendlicher Geduld um ihn, als hätten sie alle Zeit der Welt, und Lukas hatte Angst, dass es wieder dunkel wurde und sie ihn allein ließen. Sie hatten Schmutz und Asche von seinem Gesicht gewaschen, das wusste er. Und sie hatten etwas mit seinem Bein angestellt, hatten es festgebunden, und auch wenn es noch schmerzte, es fühlte sich nun etwas besser an.
Er glaubte, sich zu erinnern, dass sie ihn mit einer Flüssigkeit, die sich wie Pflanzensaft anfühlte, abgerieben hatten, wahrscheinlich wegen der Ameisenbisse, und er verstand nicht, wozu das gut sein sollte. Hatte ihn denn eine Ameise gebissen? Er begriff nicht, was ihn an diesem Gedanken so störte. Er hatte ein gebrochenes Bein. Warum unternahmen sie dagegen nichts? Und er hatte Hunger. Mörderischen

Hunger. Lukas packte den Mann namens Billy am Arm und bat ihn, ihm sein Pferd zu holen.

»Ich muss jetzt los«, sagte er, und Billy nickte.

»Was hat er gesagt?«, fragte Yarrupi in der Sprache der Eingeborenen.

»Keine Ahnung. Er ist nicht bei sich. Wir müssen ihn zum Fluss hinuntertragen. Ich schätze, er ist schon seit Tagen hier draußen, der arme Kerl.«

»Bringen wir ihn in unser Lager?«

»Nein. Am besten übergeben wir ihn so schnell wie möglich den Weißen. Hilf mir, ihn zum Kanu zu bringen, dann fahre ich ihn den Fluss hinunter.«

»Sei sehr vorsichtig auf dem Fluss, Billy. In dieser Jahreszeit gibt es nicht viel Nahrung. Das Gongoravolk ist hungrig.«

Billy war zu schüchtern, um Yarrupi zu erzählen, was mit seinem Leben vor sich ging. Er verriet nicht einmal die kleinen Dinge, die Tibbaling ihm beibrachte. Sie alle wussten, dass Tibbaling ein Mann mit sehr großer Macht war, aber keiner, wirklich keiner, hatte auch nur die geringste Ahnung vom Ausmaß dieser Macht. Diese Macht erstreckte sich nicht auf die augenfälligen Dinge, sondern auf die Geistesarbeit, wie Tibbaling es nannte, Geistesarbeit, die lange, lange Stunden intensivster Konzentration erforderte ... zu viel, um jetzt auch nur daran zu denken. Doch der Dingo hatte ihn hierher geführt. Wie sollte er Yarrupi erklären, dass er den Weg mit den Augen des Dingos gegangen war, bis er ihn an der Seite des Mannes namens Lukas gefunden hatte? Und sobald er und Yarrupi Lukas erreicht hatten, war der Dingo verschwunden.

Doch Billy wusste wohl, dass er im Kanu in Sicherheit sein würde. Tibbaling hatte Warrichatta geschickt, der ihn begleiten und vor dem Monster Gongora und seinem Stamm, dem man nicht trauen konnte, beschützen sollte. Selbst die weißen Männer mit ihren Gewehren fürchteten die Krokodile, wie sie sie nannten, und dazu hatten sie allen Grund.

Am Fluss brachte Mia, die Jakobs Kuh gehütet hatte, Milch

für Lukas und ließ nicht zu, dass sie ihm jetzt schon feste Nahrung gaben.
»Der arme Mann«, sagte sie. »Er ist sehr krank. Seht euch dieses schlimme Gelb an. Bring ihn schnell fort, Billy. Und komm bald einmal wieder zu uns.«
Billy legte seiner Schwester den Arm um die Schultern. »Ich komme heim, sobald ich kann. Gebt ihr bitte Acht auf Jakob. Er ist auch mein Freund. Das hat Tibbaling bewirkt.«
»Tibbaling bewirkt viel zu viel«, sagte sie gereizt. »Er sollte dich nach Hause zu deiner Familie schicken.«
Als Lukas sicher auf dem Boden des Kanus untergebracht war, lenkte Billy es in die Strömung hinein und ließ sich flussabwärts treiben. Neidisch blickte er sich nach Mia und Yarrupi um. Wie viel einfacher könnte sein Leben sein, überlegte er traurig, wenn er die Tarnung als Viehtreiber ablegen könnte, die er tragen musste, um die Weißen besser kennen zu lernen. Wenn er die Ketten des Lernens abschütteln könnte, die ihn fesselten und gleichzeitig faszinierten, während sein Lehrmeister ihn von einer Geistesebene zur nächsten führte. Wie viel glücklicher wäre er dann.
Vielleicht aber auch nicht. Die Welt jenseits der Welt war da, um von jemandem entdeckt zu werden, der die Geduld besaß, um zuzuhören, und den Mut, um zu forschen. Ein Geheimnis von vielen aber entzog sich immer wieder seiner Auflösung. Wie war es möglich, dass Tibbaling so viel wusste, bis in die kleinste Einzelheit, von Dingen wusste, die sich lange Zeit vor seiner Geburt zugetragen hatten?
Lukas schrie im Fieberwahn. Schrie nach Hanni.
»Dauert ja nicht mehr lange«, sagte Billy und tauchte das Paddel ein. »Nicht mehr lange.« Die Worte ergaben ein Lied, das Billy sang, um Lukas wach zu halten, und bald schon fiel Lukas in den monotonen Singsang ein. »Nicht mehr lange.« Keiner von beiden bemerkte, dass sie in ihrer jeweiligen Muttersprache sangen, Welten voneinander entfernt, doch Tibbaling hörte es und lächelte.
Er sah zu, als die guten Lutze-Jungen Lukas, der laut schrie,

aus dem Kanu hoben, und sie dankten Billy und machten viel Aufhebens um ihn, bis die Trage gebracht und Lukas in das Gebäude geschafft wurde, das sie Krankenhaus nannten. Da ging Tibbaling zurück in sein Lager, um zu essen, denn er hatte großen Hunger, und das Essen, das Beißt in seiner Freundlichkeit ihm gab, schmeckte ihm nicht sonderlich.

# 11. Kapitel

Les Jolly und Charlie Mayhew waren Passagiere auf dem Küstendampfer *Tara*, als dieser Brisbane verließ. Beide Männer hatten geschäftlich in der Hauptstadt zu tun: Les mit Bauholzexporten und Charlie im Parlamentsgebäude, wo er mit dem Premierminister und dem Abgeordneten Walter Scott über das Thema der kanakischen Arbeitskräfte gesprochen hatte. Auf der letzten Etappe ihrer Reise von Maryborough nach Bundaberg hatte die *Tara* nur wenige Passagiere an Bord.

»Alle sind wie eine durchgegangene Viehherde in Maryborough an Land gestürmt«, sagte der Kapitän, und Charlie lachte.

»Ja, ich hab's gesehen. Wirkte wie ein Wettrennen, nach dem Motto: Wer kommt als Erster an Land. Wie kommen sie von dort aus zu den Goldfeldern?«

»Auf Schusters Rappen«, sagte Les. »Es sei denn, sie können sich's leisten, Pferde zu kaufen, aber die sind zurzeit sowieso knapp. Man sollte ein paar Leute zusammentrommeln und Brumbies fangen. Damit kann man Geld machen.«

»Hör sich das einer an«, sagte Charlie. »Du bist vielleicht ein Geldscheffler. Wie ich gehört habe, hast du die Sägemühle gekauft.«

»Und außerdem das neue Pub.«

»Das Royal? Das gehört dir, Les?«

»Zur Hälfte, zusammen mit Baldy Grigg, dem Lizenznehmer. Es ist solide gebaut, aus dem besten Holz und von den besten Zimmerleuten weit und breit. Und was ist mit dir, Charlie? Du redest doch ständig davon, dir ein gutes Haus auf deiner Plantage zu bauen. Warum lässt du mich nicht ran, solange ich die Handwerker hier habe?«

»Ein Wunder, dass sie dir noch nicht durchgebrannt sind«,

warf der Kapitän ein. »Gold ist eine mächtige Versuchung.«
»Das sollen sie schön bleiben lassen. Ich habe sie mit dem Auftrag zurückgelassen, das Haus neben dem Royal zu renovieren. Dort hat der Geschäftsführer der Sägemühle gewohnt, aber er musste aufgeben, weil seine Frau nicht in Bundaberg leben wollte.«
Das Lachen des Kapitäns dröhnte durch seine kleine Kajüte, als er seinen Freunden einen Abschiedswhisky einschenkte.
»Die war bei mir an Bord! Nach einem einzigen Blick auf die Quay Street weigerte sie sich, von Bord zu gehen. Wollte keinen Fuß an Land setzen, so sehr er auch flehte. Und wie sie ihm die Leviten gelesen hat!
›Ich bin keine Landpomeranze!‹, hat sie gekreischt. ›Wie kannst du es wagen, mich in eine solche Stadt zu holen!‹«
»Ja, das ist sie.« Les grinste. »Jetzt hat eine deutsche Familie das Häuschen vorübergehend gemietet, aber die müssen wieder ausziehen, wenn die Renovierung abgeschlossen ist.«
Charlie empfand eine leichte Verlegenheit bei der Erwähnung der deutschen Familie, und er hoffte, dass Keith Dixon mit dem kleinen Geschenk an Mrs Fechner auch eine ausreichende Entschuldigung verbunden hatte.
»Wie ist es nun mit deinem Haus, Charlie?«, fragte Les. »Sagtest du nicht, du hättest dir sogar schon eine Zeichnung vom Architekten anfertigen lassen?«
»Ja.« Charlie richtete seine Aufmerksamkeit wieder auf die Männer und wurde lebhafter angesichts der Möglichkeit, sich sein Traumhaus bauen zu lassen.
»Ich will es im echten Kolonialstil, zweistöckig mit Veranden rundum, als Schutz vor Regen und Hitze, aber elegant …«
»Meine Jungs machen's dir so elegant, wie du's dir nur wünschen kannst.« Les grinste, aber Charlie war nicht überzeugt.
»Bei allem Respekt, Les, ich will nicht irgendeinen Bauunternehmer, ich will den besten. Du hast die Zimmerleute, aber können die meine Pläne lesen? Finde mir einen Bauunternehmer, dann kommen wir ins Geschäft.«

Wie nicht anders zu erwarten, begleiteten die beiden Männer, als die *Tara* angelegt hatte, Les Jolly zum Royal Hotel, wo der Lizenznehmer Mr Jolly und seine beiden Freunde in einem Privatzimmer bediente und ihnen von den Neuigkeiten und Geschehnissen während ihrer Abwesenheit berichtete.

Sie erfuhren von dem Buschbrand auf Meissners Land. »Dort und auf dem benachbarten Land, sagt man.«

»Doch nicht Quinlans?«, fragte Charlie.

»Ja, so heißt er.«

»Hat das Feuer auch Meissners Haus betroffen?«, wollte Les wissen.

»Ja. Es ist völlig abgebrannt. Und ein anderer Bursche wurde vom Feuer überrascht. Kann froh sein, dass er noch lebt. Die Schwarzen haben ihn gefunden und ins Krankenhaus gebracht.«

»Wie heißt er?«

»Ein Deutscher. Lukas Fechner.«

»Arbeitet der nicht auf Clonmel?«, erkundigte sich Charlie, der sich an den Namen sofort erkannte.

»Hat gearbeitet. Wurde gefeuert.«

»Wo sind die Meissners jetzt?«, fragte Les.

»Auf der anderen Seite des Flusses, bei den Holzfällern, soviel ich weiß.«

Les Jolly nahm sich selten die Zeit für ein ausgedehnteres Gespräch. Nach zwei Getränken verabschiedete er sich und ging zum Haus des Geschäftsführers, froh zu sehen, dass die Renovierung so gut wie abgeschlossen war. Die Zimmerleute hatten das alte Holzhaus in ein hübsches Vororthäuschen mit Veranda verwandelt, und jetzt verfügte es zusätzlich zu den üblichen zwei Schlafzimmern und der Küche, auch über ein Wohnzimmer und ein Bad.

Es war nicht seine Absicht gewesen, jemanden zu stören, indem er jetzt schon einfach eintrat, doch Mrs Zimmermann kam zum Tor gelaufen.

»Oh, Mr Jolly, bitte verzeihen Sie. Ich weiß wohl, dass ich

mit der Miete im Rückstand bin, aber ich habe kein Geld. Ich habe dem Angestellten in Ihrem Büro gesagt, was passiert ist, aber er sagt, das ändert nichts. Wenn Sie mir bitte noch ein bisschen mehr Zeit geben würden, dann bringe ich das Geld schon auf …«

»Was ist denn passiert, Mrs Zimmermann?«, fragte er freundlich.

»Theo ist weg!«

»Wie bitte? Er hat Sie und die Kinder verlassen?«

»Nicht wirklich«, sagte sie und kämpfte mit den Tränen. »Er ist zu den Goldgräbern gegangen.«

Les machte eine ungeduldige Handbewegung.

»Na gut, hoffen wir, dass er bald zurückkommt. Sie wissen ja, dass ich einen neuen Geschäftsführer einstelle, Mrs Zimmermann. Dann müssen Sie ausziehen.«

»Aber wo soll ich denn hin, Mr Jolly? Ich habe die Kinder in die Schule gegeben. Sie kostet nichts. Ich bin so froh, dass es eine Schule gibt, ich kann nicht von hier wegziehen!«

»Können Sie nicht zur Taylor's Road gehen? Pastor Beitz und die anderen werden sich um Sie kümmern.«

»Nein, nein! Das geht nicht. Pastor Beitz wird nicht gestatten, dass meine Kinder hier zur Schule gehen. Er hält nichts davon. Er sagt, wir müssen warten, bis er die Missionsschule baut, und die sollen sie dann besuchen.«

Es war zu viel für Les. »Schon gut, regen Sie sich nicht auf. Wir werden uns eine Lösung überlegen.«

»Das Haus ist jetzt so hübsch«, sagte sie. »Sie können es sich gern von innen ansehen, Mr Jolly. Ich achte darauf, dass die Kinder nichts anfassen …«

»Ja«, sagte er geistesabwesend. Er dachte an Theo. Verdammter Narr. Er hatte feste Arbeit bei Davey. Womöglich fand er niemals Gold – wahrscheinlich fand er nichts –, und wovon sollte seine Familie dann leben? Les hatte schon früher Erfahrungen mit Goldgräbern gemacht. Wenn das Fieber sie gepackt hatte, dauerte es lange, bis sie die Hoffnung aufgaben. Es war fast unmöglich, einen Goldgräber von der

Mine fortzubringen, solange noch Hoffnung auf das große Glück bestand. Lieber würden sie tot umfallen.
»Mr Jolly«, fuhr Eva fort. »Wissen Sie, wo ich Arbeit bekommen könnte? Irgendwie muss ich ja Geld verdienen.«
»Sie suchen Arbeit?«
»Ich muss.«
Er schob sich den Hut in den Nacken und strich seinen blonden Haarschopf zurück. »Na ja. Ich weiß nicht. Vielleicht gibt es Arbeit im Hotel. Im Royal. Da könnten Sie mal nachfragen. Vielleicht in der Küche. Sagen Sie der Frau des Wirts, dass ich Sie geschickt habe. Sie heißt Grigg, Mrs Grigg.«
»Oh, danke. Ich gehe sofort hin.«
»Augenblick noch. Ich habe gehört, das Haus der Meissners ist abgebrannt?«
»Ja! Es ist entsetzlich. Sie besitzen überhaupt nichts mehr. Ich weiß nicht, was aus ihnen werden soll. Und dann Lukas Fechner, der ist beinahe in dem Feuer umgekommen …«
Er machte sich auf den Weg in sein Büro, um liegen gebliebene Arbeit nachzuholen, aber immer wieder musste er an den Buschbrand denken. Hatte der Deutsche den Brand etwa selbst gelegt, um zu verhindern, dass die Dixons sein Bauholz bekamen? In dieser hinterwäldlerischen Gegend war schon Verrückteres passiert. Besonders, wenn Quinlan mit der Sache zu tun hatte.
»Ich glaube nicht, dass sie riskieren würden, ihr eigenes Haus niederzubrennen«, sagte er zu sich selbst. »Aber wenn das gesamte Unterholz abbrennt, ist das Roden bedeutend einfacher. Das Feuer könnte außer Kontrolle geraten sein …«
Später erwähnte sein Angestellter zwar nicht das Feuer, wohl aber Jakob Meissner. »Er hat die Dixons geschlagen, wissen Sie?«
»Was soll das heißen? Geschlagen?«
»Sie erinnern sich doch sicher, dass Sie Ihre Leute von dem Auftrag bei Meissner abgezogen haben, weil die Dixons behaupteten, Meissner hätte kein Recht auf das Holz?«
»Ja.«

»Nun ... die ganze Stadt lacht darüber. Meissner holte sich juristischen Rat bei Arthur Hobday. Hat die Dixons bloßgestellt. Das Holz gehört Meissner.«
»Was sagen Sie da? Das lässt die Sache in einem ganz anderen Licht erscheinen.«
»Na sicher.«
Doch Les dachte bereits wieder über das Feuer nach. Über den Zeitpunkt. Wenn Ärger in der Luft lag, schlugen die Dixons rasch zu. Sie hatten bestimmt gekocht vor Wut darüber, dass die Deutschen sie vorgeführt hatten. Les wollte sich nicht auf Streitereien einlassen, aber diese Sache war interessant. Sie war beachtenswert. Der Brand war vielleicht noch längst nicht das Ende des Streits. Er beschloss, hinauszureiten und sich umzusehen, sobald er die Zeit fand.
»Wann kommt der Geschäftsführer der Sägemühle, Les?«, fragte sein Angestellter.
»Er kommt nicht. Hat es sich in letzter Minute anders überlegt, die feige Ratte. Es ist nicht einfach, hier Arbeitskräfte zu bekommen. Diese Stadt hinkt weit hinter Maryborough her.«
»Dahin fließt ja auch das ganze Regierungsgeld. Für unsere Stadt geben sie nichts aus. Jemand sollte Walter Scott mal ordentlich wachrütteln.«
»Wer denn zum Beispiel?«, fragte Les.
»Keith Dixon redet davon, sich zur Wahl zu stellen. Sein Vater hat genug Geld und Einfluss, um das zu bewerkstelligen.«
»Gott steh uns bei.« Les hob die Schultern. Er dachte schon wieder über einen Geschäftsführer für die Sägemühle nach und hatte auch schon jemanden im Sinn.

»Wie geht es ihm?« Eva traf Hanni Fechner vor dem Krankenhaus. »Ich hatte solche Angst um ihn.«
Sie hatte Hanni noch nie so elend erlebt. Seit der Reise schien sie um zehn Jahre gealtert zu sein. Ihre Augen hatten den Glanz verloren, ihr gesamter Körper wirkte erschlafft,

und ihre Kleidung, gewöhnlich immer so adrett, sah ungebügelt aus. Das war natürlich nicht ihre Schuld. Diese primitiven Hütten draußen in der Gemeinde waren nicht der richtige Ort für Damen.

Das hatte Eva bereits gesagt, und sie würde es immer wieder sagen.

»Er ist auf dem Weg der Genesung«, sagte Hanni.

»Oh mein Gott! Das wusste ich nicht. Wie muss er gelitten haben! Und das Bein?«

»Er wird für lange Zeit einen Gips tragen müssen. Es ist alles so schrecklich, Eva«, weinte sie. »Er hat Verbrennungen am Rücken, und sogar seine Hände mussten wir verbinden. Er hat sich die Haut abgeschürft, als er über den verbrannten Boden kroch.« Sie weinte noch heftiger. »Ich weiß nicht, was ich tun soll. Wir haben jetzt beide keine Arbeit mehr. Ich weiß einfach nicht, wohin ich mich wenden soll ...«

»Du hast immer noch Pastor Beitz, Hanni. Er wird euch nicht verhungern lassen. Wein doch bitte nicht so. Alles wird wieder gut.«

»Wie kannst du das sagen, Eva? Ich hasse das Leben hier draußen. Du willst doch selbst nicht in der Gemeinde leben.«

»Ich werde es aber vielleicht müssen. Ich kann nicht in unserem Häuschen bleiben, der neue Geschäftsführer zieht ein. Aber, Hanni, ich habe Arbeit ...«

»Tatsächlich? Wo?«

»In dem neuen Hotel. Dem Royal. Ich bin Küchenmädchen, aber die Köchin ist nett. Sie sagt, wenn ich mich eingearbeitet habe, kann ich an ihrem freien Tag für sie einspringen. Ich habe nie geglaubt, dass ich als verdammtes Küchenmädchen enden würde, aber was soll ich tun?«

»Gibt es noch mehr Arbeit in dem Hotel?«, fragte Hanni begierig.

»Nein. Es gibt eine Kellnerin und Männer, die die Theke putzen. Ich habe Kuchen für Lukas mitgebracht und sollte jetzt hineingehen. Kommst du mit?«

»Ich kann nicht. Ich bin so fertig. Ich werde durch die Stadt gehen und an jede Tür klopfen, um Arbeit und eine Unterkunft zu finden, selbst wenn ich Lukas für eine Weile bei Pastor Beitz lassen muss. In ein paar Tagen kann er das Krankenhaus ja verlassen.« Sie hielt inne und nahm Evas Arm. »Entschuldige. Ich lade dir meine Sorgen auf, und du hast doch selbst genug Ärger. Wie geht es den Kindern?«

»Gut. Sie sind so glücklich hier. Jetzt gehen sie zur Schule, in eine neue Schule, die es erst seit ein paar Wochen gibt, und alles wäre in bester Ordnung, wenn ich nur eine Wohnung finden würde. Übrigens, Hanni, erwähne Pastor Beitz gegenüber mit keinem Wort, dass die Kinder immer noch in die staatliche Schule gehen. Er hat es verboten.«

Hanni straffte sich. »Lass sie bloß da! Lass dir von ihm nichts befehlen. Und sprich mit deinem Vermieter. Ich finde es grausam von ihm, eine Mutter mit Kindern auf die Straße zu setzen.«

»Oh nein. Mr Jolly trifft keine Schuld. Er ist ein überaus freundlicher junger Mann … und sieht obendrein auch gut aus. Es war von vornherein abgemacht, dass wir nur eine Weile in dem Häuschen wohnen würden. Noch so eines von Theos unausgegorenen Geschäften.«

Hanni fragte nicht, wie es Theo als Goldgräber erging. In der Hinsicht gab es offenbar keine guten Nachrichten. Noch nicht. Hanni kam in den Sinn, dass Lukas, wenn er doch nur arbeitsfähig wäre, sich als letzten Ausweg den Goldgräbern anschließen könnte. Anscheinend taten das sogar Frauen. Jeder konnte in die Berge gehen. Aber Lukas konnte nicht arbeiten, und wenn sie keine Arbeit fand, würden sie als Fürsorgefälle enden.

»Geh jetzt rein«, sagte sie zu Eva. »Und danke für den Kuchen. Er schmeckt bestimmt sehr gut.«

Sie blickte Eva nach, als diese über die Veranda des kleinen Krankenhauses schritt, und wünschte, sie selbst wäre auch von so zupackender Art. Die Ereignisse der letzten Zeit schienen ihr die Zuversicht geraubt zu haben. Und die Pre-

digt, die Pastor Beitz ihr über das Übel des Trinkens gehalten hatte, sowie seine Forderung, zu bereuen und für ihre Sünden Buße zu tun, schmerzten noch immer.
Sünden, dachte sie wütend. Was weiß er denn von Sünden? Da könnte ich ihm einiges erzählen. Schon aus Prinzip sprach sie nie ein einziges von den zusätzlichen Gebeten, die er ihr als Buße auferlegt hatte.
Sie hätte gern ein Stück von dem Kuchen gehabt, den Eva Lukas mitbrachte, und mit einem schweren Seufzer, so, als würde sie sich eine Last auf die Schultern laden, machte sie sich auf die Suche nach Unterkunft und Arbeit.

Die Stennings hatten Besuch. Keith Dixon. Als Nora eintrat, sprang er auf, nahm ihr den Korb ab und bestand darauf, ihn hinaus in die Küche zu tragen.
Nora ließ es unwillig zu und kehrte, da ihr keine andere Wahl blieb, mit ihm zurück ins Wohnzimmer, um ihm Gesellschaft zu leisten, während ihre Mutter sich für das erbärmliche Häuschen entschuldigte, das zu bewohnen sie gezwungen waren.
»Wir überlegen, ein Stück Land am Hummock zu kaufen«, ließ sie Keith wissen, und das überraschte Nora.
»Das ist eine gute Idee, aber es liegt meilenweit außerhalb der Stadt, Mutter. Würdest du denn gern da draußen leben?«
Ihr Vater schenkte auf der Anrichte zwei Gläser Whisky ein und reichte Keith eines davon. »Wer will denn in dieser Stadt leben?« Er lachte. »Hier ist alles so unzivilisiert. Der Hummock liegt näher zum Meer hin und ist das einzige höher gelegene Stück Land im Umkreis von fünfzig Meilen.«
»Kennen Sie die Aussicht von dort oben, Keith?«, fragte Mrs Stenning, und er nickte.
»Fabelhaft. Mir ist nie in den Sinn gekommen, dass man dort bauen könnte, aber natürlich! Ich muss mich selbst mal darum kümmern. Hättest du Lust, hinzureiten und dich umzuschauen, Nora? Wir könnten noch heute Nachmittag aufbrechen.«

»Sie möchte bestimmt von Herzen gern«, begeisterte sich ihre Mutter.
»Ich kann nicht«, sagte Nora. »Ich will einen Freund im Krankenhaus besuchen.«
»Wen denn, Liebes?«
»Mr Fechner.«
Ihr Vater warf ihr einen Blick zu, und sein Stirnrunzeln verwunderte sie nicht, doch Keith wirkte plötzlich unsicher, verlegen.
»Wer ist das?«, fragte er auf seine dumme, unhöfliche Art, als wäre der Mensch, nach dem er sich erkundigte, ein Nichts.
»Du weißt ganz genau, wer das ist«, fuhr Nora ihn an. »Er hat schließlich für dich gearbeitet.«
»Ach ja, der Kerl, den wir feuern mussten«, sagte er herablassend, doch Nora kannte Keith von Kindesbeinen an und bemerkte sein wachsames, beinahe ängstliches Gebaren. Auch die Stennings waren Schafzüchter; ihr Besitz lag in Richtung Mount Perry, weiter im Westen als Clonmel. Noras Großeltern und ihr Onkel lebten noch dort, doch Jules Stenning war mit seiner Familie zuerst nach Maryborough, dann nach Bundaberg gezogen, als er verschiedene Aufgaben im öffentlichen Dienst übernommen hatte. Schafzüchter blieben gewöhnlich unter sich, waren die Elite der Gegend, und Nora war, wie sie oft betonte, damit aufgewachsen, dass Keith an ihr hing wie eine Klette.
Jayne Stenning war ständig überrascht und erfreut, wenn Keith vor ihrer Tür stand, um seine alte Zuneigung zu Nora aufzufrischen. Eine Zuneigung, die nicht auf Gegenseitigkeit beruhte. Und das brachte Mrs Stenning zur Weißglut. War das Mädchen denn verrückt? Nora erwiderte auf diesen Vorwurf höchstens, dass Keith verrückt sei. Dass er nur deshalb hinter ihr her war, weil sie nichts mit ihm zu tun haben wollte.
»Mutter, er ist ein Idiot! Du kennst ihn nicht so, wie ich ihn kenne. Wenn er auch der Erbe von Clonmel und allem

Drum und Dran ist, und wenn er auch auf seine dümmliche Art gut aussieht, so ist er doch ein Idiot. Er hat nicht einen Funken Verstand.«

»Und du hast vermutlich den Verstand gepachtet!«

Während die Stennings einen aus ihrer Sicht passenderen Bewerber bewirteten, ging Walther zum Pub, bestellte sich ein Ale und stand nachdenklich und unauffällig am Ende des Tresens. Niemand kümmerte sich um ihn. Von diesem rauen Haufen hielten es nur wenige für ratsam, Badke zu belästigen, der – in dem Punkt war man sich einig – gebaut war wie ein Kleiderschrank. Was nicht hieß, dass er jemals feindselig auftrat. Überhaupt nicht. Er kam einfach nur ins Pub, trank sein Ale und ging wieder. Dagegen war nichts einzuwenden, oder? Ein Mann hatte ein Recht auf ein bisschen Ruhe.

Also überließ man Walther seinen Grübeleien. Oder vielmehr seinen Sorgen. Er musste etwas wegen der Finanzlage der Gemeinde unternehmen, sonst schickten Beitz' Gläubiger bald den Gerichtsvollzieher. Andererseits musste er, wenn er als akzeptabler Bewerber um Nora Stenning auftreten wollte, Jules Stenning beweisen, dass er nicht unbedingt ein armer Mann war. Beides war äußerst schwierig. Inzwischen war ohnehin jeder Penny, den er mitgebracht hatte, in die Gemeinschaftskasse geflossen. Nicht, dass es ihm etwas ausmachte. Die gemeinsame Sache gefiel ihm wohl, aber sie funktionierte nicht und würde auch nie funktionieren. So viel war klar.

Walther hatte bereits vereinbart, am nächsten Morgen mit seiner Arbeit als Träger der Messkette für zwei Landvermesser zu beginnen und ihnen bei der Kartierung von Straßen zu helfen. Man hatte ihn gewarnt, dass es eine harte Arbeit sei, aber gut bezahlt, und das war ihm im Augenblick das Wichtigste. Sein Lohn sollte zur Bezahlung der Handwerker beitragen, die an den bleiverglasten Fenstern der Kirche arbeiteten, doch diese Extravaganzen mussten jetzt ein Ende haben. Pastor Beitz durfte nicht weiterhin Geld ausgeben, das für die

Grundbedürfnisse der Gemeinde benötigt wurde. Schön und gut, ständig zu sagen »Der Herr wird's schon richten«. Das tat der Herr. Sie hatten Unterkunft und zu essen, aber nicht genug für einen Baufonds, schon gar nicht, wenn der Priester ihre kostbaren Vorräte als Anreiz zur Teilnahme am Beten und Bibellesen großspurig an die Aborigines verteilte.

Walther Badke bestellte ein zweites Ale, ohne die erstaunten Blicke um sich herum wahrzunehmen. Er verfügte noch über seine Investitionen und sein Land in Deutschland. Augenscheinlich war es an der Zeit zu verkaufen. Sich auf dieses Land Australien einzulassen. Eine gewichtige Entscheidung. Er hatte sich eher im Zorn denn aufgrund gründlicher Überlegung zum Auswandern entschlossen, und die Bekanntschaft mit gleichgesinnten Reisegefährten war ein zusätzlicher Anreiz. Außerdem war er restlos begeistert von dieser Idee einer deutschen Gemeinde in einem fernen Land. Ein Utopia, an dem er teilhaben konnte …

Das Bier schmeckte wässrig. Besseres Bier als dieses konnte er im Schlaf brauen.

Nora wünschte sich ein Haus. Ein schönes Haus. Das konnte er ihr geben. Merkwürdigerweise bedauerte er es nicht, das Haus seiner Familie an seine Mutter zurückzugeben. Mit allem, was dazugehörte. Seine Feindseligkeit hatte sich erschöpft, war überholt.

Jetzt aber bedeutete der Erwerb eines schönen Hauses, dass er die Gemeinde in der Zeit der Not im Stich lassen würde. Walther meinte, das Geld müsste besser genutzt, dort angelegt werden, wo es am meisten Gutes bewirkte. Beitz verließ sich zwar auf die Mittel, die der Hilfspfarrer mitbringen sollte, doch auch dieses Geld wäre nur ein Tropfen auf den heißen Stein. Es würde nicht lange reichen, und sie hätten noch einen weiteren Mund zu füttern.

Walther seufzte schwer. Aus Enttäuschung. Er hatte gehofft, sich hier hocharbeiten zu können, ohne sein Erbe anzugreifen, aber er hatte versagt. Sinnlos, anderen die Schuld daran zu geben; er hatte seine Wahl getroffen, jetzt musste er auch dazu stehen. Dieses gute Land daheim zu verkaufen, würde schmerzlich sein; irgendwie hatte er sich vorgestellt, dort eines Tages zu bauen. Diesen schönen Traum musste er sich nun aus dem Kopf schlagen. Er beschloss, dass es besser sei, zur Tat zu schreiten, bevor er es sich anders überlegte.

Er ging zu Pimbleys Laden, kaufte Schreibpapier und einen Umschlag, borgte sich Feder und Tinte und entwarf am Verkaufstresen neben dem mit Gaze bedeckten Käse seinen Brief. Einen Brief an Kurt, seinen Vetter und besten Freund, den er bat, das Land für ihn zu verkaufen. Er lud seinen Vetter ein, zu ihm nach Australien zu kommen, ihm den unterschriebenen Vertrag persönlich zu bringen, denn hier gäbe es Arbeit für ihn. Kurt war Brauer und außerdem geprüfter Chemiker.

Die Erklärung umfasste nur wenige Zeilen. Hier gab es eine Rumbrennerei, und weitere würden entstehen, wenn der Zuckerrohranbau sich ausdehnte, doch eine Brauerei fehlte noch. Das Bier wurde aus Brisbane importiert. Walther beabsichtigte, das berühmte Badke-Bier nach Bundaberg zu holen.

Der Brief wurde unterschrieben und versiegelt und Jim Pimbley ausgehändigt, der in seiner Rolle als Postmeister seine Fachkenntnis unter Beweis stellte, indem er den Preis für Briefmarken auf vier Pence berechnete. Außerdem zeigte er Walther seine neueste Errungenschaft, eine Kiste mit Postkarten, die, wie er erklärte, beim nächsten Mal entschieden billiger kommen würden.

Danach suchte Walther Mr Rawlins auf, den Bankdirektor, der sich sehr freute, ihn zu sehen.

»Das Kirchenkonto ist überzogen, Mr Badke.«

»Das habe ich mir fast gedacht«, antwortete Walther bekümmert. »Machen Sie sich keine Sorgen. Ich werde mich darum kümmern. Ich komme in einer anderen Angelegenheit …«

Rawlins war überrascht, dass dieser Bursche, den er für einen dieser armen deutschen Bauern gehalten hatte, in Wirklichkeit recht wohlhabend war.

»Ich wäre fast hintenübergefallen«, erzählte er seinem Angestellten, »als er mir eine Liste seiner deutschen Anteile und Aktien überreichte. Ein Vermögen, sag ich dir. Er will sie in Bargeld umwandeln, braucht jedoch Rat. Ich werde einem Börsenmakler in Brisbane schreiben und mich kundig machen, wie ich am besten vorgehe. Auf jeden Fall ist er schon mal losgegangen, um sich ein Stück Farmland auszusuchen. Wie es aussieht, wird er die Gemeinde auch im Stich lassen. In dem Fall muss ich weiteren Überziehungen einen Riegel vorschieben.«

»Wofür braucht er das Land?«

»Für eine Farm. Sie sind in ihrem Herzen doch alle Bauern.«

Das traf nicht ganz zu. Walther sah sich nach Ackerland um, doch dort wollte er Getreide für sein Bier anbauen. Gerste und Hopfen. Er hätte Kurt schreiben sollen, dass er Saatgut mitbringt. Sobald er Zeit hätte, würde er ihm ausführlicher schreiben. Vielleicht brachte Kurt auch ein paar Arbeiter aus der Brauerei mit, am besten auch den Böttcher, der ihre Fässer herstellte. Walther hatte in diesem Land hervorragendes Bauholz gesehen, gut geeignet für seine Zwecke.

Nun, so überlegte er auf dem Weg zum Krankenhaus, wo er Lukas besuchen wollte, Vetter Kurt hat daran gedacht, nach Australien zu kommen. Jetzt soll er sich beeilen.

Die Oberschwester des Krankenhauses hatte es aufgegeben, auf festen Besuchszeiten zu bestehen, denn kein Mensch in dieser ungebärdigen Stadt hielt sich daran. Die Leute kamen und gingen, wie es ihnen gerade passte, durch den Haupteingang, die Seitentüren, sogar durch die Küche. Sie strömten aus allen Himmelsrichtungen herbei und waren ein ständiges Ärgernis für sie. Besonders in der Männerabteilung, wo die Besucher in staubiger Kleidung umhertrampelten, sich auf die Betten setzten, Stühle heranschleppten und die Zimmer mit Pfeifenrauch einnebelten, was natürlich auch verboten war.

Auch heute war es wieder so. Zwei Krankenschwestern bemühten sich, den Patienten das Essen zu servieren, während freche Besucher sie neckten, die Speisen kritisierten, ihnen im Weg standen, Hilfe anboten und überhaupt nichts als Ärger machten. Ein Blick reichte der Oberschwester. Es war einer dieser Tage, an denen alles schief ging. Die Mahlzeit wurde bereits mit fast einer Stunde Verspätung ausgegeben.

»Schluss jetzt!«, brauste sie auf. »Alle raus. Raus hier!«

Eine Frau, die sich mit ihrer gesamten Familie um das zweite Bett drängte, hob erstaunt den Blick. »Wir werden Ihnen nicht im Wege sein, Oberschwester.«

»Alle, hab ich gesagt, Mrs Court. Meine Mädchen können sich hier gar nicht bewegen. Raus jetzt.«

»Deswegen müssen Sie nicht gleich so grob werden«, empörte sich die Frau und entschuldigte sich bei ihrem Mann. »Tut mir Leid, Lieber. Wir bleiben nicht lange fort. Iss jetzt brav auf. Sofern es genießbar ist!«

Lukas sah den Besuchern nach, unter ihnen auch Hanni und Walther, und er war bekümmert, als Walther ihm zurief: »Morgen komme ich wieder.«

Er wollte mit Walther unter vier Augen reden. Er hätte schon einen Vorwand gefunden, um Hanni kurz wegzuschicken. Sie verbrachte den Großteil des Tages an seinem Bett. Die übrige Zeit lief sie auf der Suche nach Arbeit durch die Stadt, und das ärgerte ihn mehr als alles andere.

Seit einer Woche lag er nun im Krankenhaus. Sein Rücken, seine abgeschürften Hände und die Knie verheilten, doch sein Bein war eingegipst. Für lange Zeit würde er sich nicht ohne Krücken fortbewegen können. Keine Arbeit. Kein Lohn. In seinem ganzen Leben war Lukas nicht so deprimiert gewesen. Es schmerzte ihn, dass die Leute ihn bemitleideten und ihn gleichzeitig bewunderten, weil er so lange draußen in der Wildnis durchgehalten hatte.

Bisher hatte er geschwiegen. Er wusste um seine Neigung, zu viel zu reden, das Falsche zu sagen, und deshalb verschanzte er sich hinter einem Gedächtnisverlust. »Ich erinnere mich kaum an etwas«, hatte er bislang immer zur Antwort gegeben.

Irgendwann einmal, so erinnerte er sich, hatte er gesagt, dass das Pferd ihn abgeworfen hatte, und selbst das war schon ein Fehler. Die nahe liegende Frage daraufhin lautete nämlich: »Was hast du da draußen getrieben?«

Und er wusste nicht, was er antworten sollte. Noch nicht. Konnte sich nicht entscheiden.

Beitz glaubte ihm bestimmt nicht. Das lag auf der Hand. »Wieso erinnerst du dich nicht?«, hatte er unverblümt gefragt. »Mit deinem Kopf ist doch alles in Ordnung.«

Eva Zimmermann hatte ihn gerettet. »Das ist der Schock, Herr Pastor. Und er war tagelang Wind und Wetter ausgeliefert! Es ist ein Wunder, dass er an seinen Verletzungen nicht gestorben ist, ganz zu schweigen vom Durst. Die Leute in der Stadt sagen, er ist ein Held, unser Lukas, weil er den Mut und die Ausdauer hatte, so lange durchzuhalten.«

Beitz ließ sich nicht beeindrucken. »Dann sind Helden hier aber nicht viel wert. Er hatte ja gar keine Wahl!«

Solange sie zanken, lassen sie mich wenigstens in Ruhe, dachte er und wünschte, sich am Bein kratzen zu können. Auch Hanni hatte ihm zugesetzt und eine Erklärung für seine Kündigung gefordert. Wie kam es, dass sein Pferd reiterlos heimlief? Das Problem mit den Lügen war, dass sie sich so schwer kontrollieren ließen. Da war es einfacher, den Fragen auszuweichen. Kopfschmerzen, Schwächegefühl, Schwindel dienten ihm eine Zeit lang als Ausreden, aber es konnte nicht immer so weitergehen, und zu allem Überfluss behelligte ihn die Oberschwester jetzt auch noch. »Was muss ich da hören? Sie haben starke Kopfschmerzen?«

Und wieder Lügen. Sie klebten wie Fliegen.

Fliegen. Er hätte sich nie träumen lassen, dass es so viele Fliegen gab. Sie summten selbst hier überall herum, wo Türen und Fenster mit feinem Fliegendraht gesichert waren und klebrige Fliegenfänger von der Decke hingen. Beiläufig fiel ihm auf, dass er sich wohl allmählich anpasste, wenn ihm der Begriff in der fremden Sprache so leicht in den Sinn kam. Der Fliegenfänger.

Er hatte Hunger. Er aß die wässrige Suppe und das geschmacklose Zeug, das sie hier als Kartoffelpüree bezeichneten, und schob einen Brei zur Seite, der als Sagopudding bekannt war. Er wartete auf die Rückkehr seiner Besucher. Hoffte, dass Walther es sich anders überlegt hatte.

Was sollte er tun? Sie hatten gesagt, dass Rolf morgen die Meissners mitbringen würde.

Gott! Wie konnte er ihnen in die Augen sehen? Es war noch niemandem in den Sinn gekommen, dass der Buschbrand absichtlich gelegt worden sein könnte. Sollte er es ihnen sagen? Das würde einen Aufruhr bewirken. Einen Skandal! Aber was wäre dadurch erreicht? Dixon würde es abstreiten. Er war aber dabei gewesen. Lukas Fechner. Er hat es gesehen. Und in seiner Dummheit hatte er auch noch geholfen, das trockene Gras anzuzünden. Außerdem gab es noch zwei weitere Zeugen, Sam und Pike, aber die hatten womöglich zu viel Angst, um offen zu reden. Wie auch immer, überlegte er und bedauerte die verpasste Gelegenheit, mit Walther zu reden, der ein vernünftiger Bursche war und den Mund halten konnte, wenn man ihn darum bat, wie man es auch dreht und wendet, man kommt doch immer wieder auf die gleiche Frage zurück. Was wäre damit erreicht, wenn er die Wahrheit sagte?

Es war vorbei. Der Wald war vernichtet. Das Haus der Meissners war abgebrannt. Sie besaßen nichts mehr, und nichts würde ihnen ihre Habseligkeiten, ihre Kleidung und ihre kostbaren Erinnerungsstücke an die Familie zurückbringen.

Beitz hatte ihm berichtet, dass Jakob Meissner nach Maryborough gegangen war, um Dixons Behauptung, das Holz auf Meissners Land gehöre ihm, zu entkräften, und dies nun auch beweisen könne. Jetzt verstand Lukas, was Keith Dixon im Schilde geführt hatte. Es war Rachsucht. Nichts als Rachsucht. Er hätte gern über Jakobs Sieg gejubelt, wie er es getan hätte, wenn er seinerzeit davon gehört hätte, aber es war wieder einmal zu spät. Es war zu spät für alles.

Hanni war zurück. »Du siehst so traurig aus«, sagte sie. »Sei nicht traurig. Es ist doch gut für uns, wieder in der Zivilisation zu sein ...«

»Zivilisation nennst du das?«, sagte Lukas bitter. »Gestern Nacht habe ich geträumt, wir wären wieder zu Hause und hätten ein eigenes kleines Häuschen, und es schneite, und vor der Haustür hatten wir auf einem runden Tisch ein riesiges Festmahl aufgetragen ...«

»Das beweist mal wieder, wie dumm Träume doch sind«, sagte sie. »Woraus bestand denn das Festmahl? Aus Eis? Die Oberschwester sagt übrigens, du kannst in ein, zwei Tagen nach Hause ...«

»Nach Hause? Deswegen mein Traum. Wir haben kein Zuhause.«

»Wir hatten auch keines, bevor du dir das Bein gebrochen hast, Lukas. Also hör auf damit. Ich hab dir doch erzählt, dass Eva Arbeit im Royal Hotel gefunden hat, oder?«

»Ja, und dort scheint es ihr sehr gut zu gefallen.«

»Ich weiß. Aber als ich sie fragte, ob es dort noch mehr Stellen gibt, hat sie Nein gesagt. Heute Morgen stand ich dann vor diesem neuen Hotel und dachte, sie schwindelt. Es ist zweistöckig, Lukas. Es hat Zimmer, Gästezimmer, dort braucht man bestimmt Hausmädchen.«

»Hanni, Eva würde dich nicht belügen.«

»Ich wollte sichergehen und habe an der Hintertür gefragt, ob Stubenmädchen gebraucht würden. Und die Frau sagte Nein, die Zimmer seien noch nicht eingerichtet. Sämtliche Möbel müssen aus Brisbane herangeschafft werden ...«

Lukas dachte daran, wie er Keith Dixon geschlagen hatte. Er dachte an dessen höhnisches Grinsen, das mit seiner Frau zu tun hatte. Mit Hanni ... »Ist Walther nach Hause gegangen?«

»Ja, er hat noch zu arbeiten. Du hörst mir gar nicht zu.«

»Doch, Hanni, ich höre zu. Ich mache mir nur Sorgen um dich. Wie kommst du zurück zur Gemeinde?«

»So wie jeden Tag. Ich gehe mit den beiden Lutzes zu Fuß zurück.«
»Das ist ein weiter Weg.«
»Nur ein paar Meilen. Man gewöhnt sich daran.«
»Und morgen kommen die Meissners?«
»Ja. Ich freue mich so darauf, sie alle wiederzusehen. Sieht aus, als säßen wir jetzt alle im selben Boot. Außer den Kleinschmidts. Denen geht's gut. Sie bauen sich eigene Häuser.«
»Ja ... Ich wollte, ich könnte hier raus, Hanni. Es ist verrückt, aber ich fühle mich nicht in der Lage, ihren Besuch zu verkraften.«
»Musst du aber, Lukas. Sie machen sich große Sorgen um dich.«
Er stöhnte auf, glaubte sich in der Falle.

Sie kamen zusammen mit Rolf, waren im Begriff, vorübergehend ihren Wohnsitz in der Gemeinde zu nehmen, und daher waren sie nicht eben fröhliche Besucher.
Jakob plante, mit Hilfe der Kleinschmidts sein Haus wieder aufzubauen, sobald er mit dem Bankdirektor gesprochen hatte, und Frieda ärgerte sich über die schlecht sitzende Wohlfahrtskleidung, die zu tragen sie nun gezwungen waren.
Karl stand still im Hintergrund und sah völlig niedergeschlagen aus, und das brach Lukas fast das Herz.
Schlimm genug für seine Eltern und deren Freunde, all diese Krisen durchstehen zu müssen, aber Karl war ein junger Bursche, und er fragte sich offenbar, was denn wohl aus all den Träumen geworden war, die er sich in diesem neuen Land erfüllen wollte. Als Karl dann doch sprach, geschah es in einem gereizten Wortwechsel mit seiner Mutter, der ihm einen Tadel von seinem Vater eintrug. Die Belastung zeigte zweifellos erste Auswirkungen auf die Familie. Im Grunde genommen auf alle.
Und das dürfte nicht sein, dachte Lukas zornig. All dies hätte nie geschehen dürfen. Wären Keith Dixon und seine Atta-

cke auf Jakobs Land nicht gewesen, befänden sie sich jetzt nicht in dieser erbärmlichen Lage. Keiner von ihnen.

Je länger Lukas darüber nachdachte, desto empörter wurde er. Sie waren auf das Wetter zu sprechen gekommen und auf die Gleichförmigkeit des Buschs im Gegensatz zu der Artenvielfalt des Tierlebens, besonders der Vogelwelt …

»Frieda wird allmählich zur Expertin, was die heimischen Vögel angeht«, sagte Jakob stolz. »Sie hat sie katalogisiert und gezeichnet. Die Zeichnungen sind sehr gut gelungen. Ihr solltet mal ihr Buch sehen, es ist …«

»Verbrannt«, sagte Frieda mit Verzweiflung in der Stimme. »Verbrannt, wie alles andere auch.« Sie brach in Tränen aus, und Jakob legte den Arm um ihre Schultern.

»Nicht doch, Liebes. Nimm dich zusammen.«

Rolf sah Lukas an. »Ich muss jetzt gehen. Les Jolly will mich sprechen.« An Frieda gewandt fuhr er fort: »Ich weiß, du bist unglücklich, weil du jetzt in der Gemeinde leben sollst, Frieda. Ihr könnt gern zu mir zurückkommen, wenn ihr möchtet. Ihr seid immer willkommen.«

»Danke, Rolf«, sagte Jakob. »Du hast schon genug für uns getan. Wir wollen dir nicht noch länger zur Last fallen. Aber bitte lass mich wissen, wann du einen freien Sonntag hast.«

»Bald schon, keine Sorge. Wir bauen dir ruck, zuck ein neues Haus. Und du, Lukas, schone dein Bein.«

Rolf war seit einigen Stunden mit Les Jolly, seinem Boss, unterwegs und wusste nach wie vor nicht, ob es sich um eine gesellige oder geschäftliche Verabredung handelte.

Sie waren schon unten am Anleger gewesen und hatten zugesehen, wie das Holz auf einen Küstendampfer verladen wurde, dann hielten sie sich über eine Stunde in der Sägemühle auf, wo Les Verschiedenes überprüfte und Rolf aufforderte, das gesägte Holz zu identifizieren.

Danach gingen sie ins Büro, wo Bob, der Geschäftsführer der Sägemühle, eine Flasche Rum hervorholte. Sie tranken einen Schluck und redeten über die finanzielle Lage der Mühle, die, soweit Rolf es beurteilen konnte, einwandfrei war. Er sagte sich, dass Les wohl einfach Lust auf Gesellschaft hatte, ihm seine Sägemühle vorführen und einmal eine Arbeitspause einlegen wollte …

»Nun, wie findest du die Mühle?«, fragte Les ihn.

»Sehr gut«, antwortete Rolf und sammelte sich eiligst. »Ja. Sieht wirklich gut aus, auch wenn ich mich in der Materie nicht allzu gut auskenne.«

»Wer tut das schon? Ich wusste zu Anfang auch nichts über die Holzfällerei«, Les grinste, »bis ich dann ein paar Männer mit Äxten angeheuert und über den Fluss geschickt habe.«

»Tatsächlich?«, fragte Rolf verwundert.

»Ja, mein Freund. Das Gleiche gilt für die Sägemühle. Dass ich der Besitzer bin, heißt noch lange nicht, dass ich auch Experte bin, verstehst du?«

»Ja«, pflichtete Rolf ihm bei, wenngleich er keine Ahnung hatte, warum er in diese Gedankengänge eingeweiht wurde.

»Und ich will, dass du in dieser Sägemühle arbeitest.«

»Ich? Wieso?«

»Weil ich, wenn Bob hier seine Sachen packt und geht, weil seine Frau nach einem Blick auf unsere Stadt das Weite gesucht hat, einen Geschäftsführer für die Sägemühle brauche. Richtig, Bob?«

»Ja«, sagte Bob.

»Und du lernst Rolf noch an, bevor du uns verlässt, ja?«

»Natürlich.«

»Wozu soll ich angelernt werden?«

»Die verdammte Sägemühle zu leiten, Rolf. Was denn sonst? Du wirst Geschäftsführer und verdienst das Doppelte von deinem Lohn als Holzfäller.«

»Ich?«

»Ja. Falls du die Stelle willst.«

»In der Sägemühle?«

Rolf war völlig überrumpelt. Nach raschem Überlegen kam er zu dem Schluss, dass er wohl lernen konnte, eine Sägemühle zu leiten. Und den Papierkram zu bewältigen. Er war immer gut im Rechnen gewesen. Er und Rosie würden in die Stadt ziehen müssen, aber dadurch wurde die Situation in ihrem kleinen Haus entschärft. Hans und Thomas planten eigene Häuser, doch das konnte warten, und dann hätten sie Zeit für den bedeutend dringenderen Bau von Meissners Haus.

»Nun?«, fragte Les.

»Hm. Ja. Es ist mir eine Ehre, Sir. Wirklich eine Ehre. Ich danke Ihnen.«

»Mach deine Arbeit gut, dann danke ich dir, mein Freund. Aber du musst dann jederzeit erreichbar sein und ziehst mit deiner Frau in das Haus des Geschäftsführers. Bob wird noch etwa eine Woche bei euch bleiben, doch danach habt ihr das Haus für euch allein. Die Miete wird dir vom Gehalt abgezogen. Ist dir das recht so?«

»Ja«, stammelte Rolf. »Aber ja, Sir.«

»Sag du zu mir – ich heiße Les.«

Als Rolf gegangen war, musste Bob seinen Boss erinnern: »Was wird aus den anderen Mietern? Den Zimmermanns?«

»Verdammt noch mal! Die hatte ich ganz vergessen. Theo hat sich in die Büsche geschlagen, und Mrs Zimmermann bringt die Miete nicht auf. Ich hatte mir das Haus wirklich als Wohnung für den Geschäftsführer gewünscht, nicht als Pension. Rolf hat viel vorzuweisen, er hat ein Recht auf Respekt …«

»Ja. Mir tut's Leid, dass ich nicht bleiben kann, Les. Ich hatte die Arbeit hier als gute, feste Anstellung betrachtet, aber du siehst ja selbst … Der Mann denkt, die Frau lenkt.«

Les lachte.

»Dann tu mir bitte einen Gefallen. Ich weiß, das ist schwer, aber sagst du Mrs Zimmermann, dass sie ausziehen muss? Dass neue Mieter einziehen? Ich will sie raus haben, bevor Rolf zurück in die Stadt kommt, damit ihm niemand einen Vorwurf machen kann. Wahrscheinlich sind sie befreundet, und ich will nicht, dass er mit ihren Problemen belastet wird. Das gäbe ein schönes Chaos, wenn ich die Zimmermanns rauswerfen müsste, nachdem Rolf und seine Frau eingezogen sind.«

»Ich mache einen glatten Schnitt«, sagte Bob. »Es ist ja nicht so, dass sie niemanden hätte, an den sie sich wenden kann. Der lutherische Pastor hat mal reingeschaut. Guter alter Bursche. Er sagt, seine Gemeinde macht sich heraus, und er will, dass ihre Kinder dorthin zurückkommen, wenn er seine Missionsschule eröffnet.«

»Na also«, stimmte Les ihm zu. »Du machst das schon, Bob.«

# 12. Kapitel

Was wollen Sie?« Constable Clem Colley rang nach Luft. »Was denn für eine Anzeige?«

»Wegen eines Verbrechens, würde ich sagen«, antwortete Lukas. »So würden wir es jedenfalls in unserer Heimat nennen.«

»Ja? Nun, hier ist das aber verdammt anders, mein Freund. Sie können nicht einfach so daherkommen und derartige Verdächtigungen gegen Leute erheben. Und lassen Sie sich eines sagen: schon gar nicht gegen anständige Leute wie die Dixons.«

»Ich habe nicht die Dixons gemeint«, erwiderte Lukas ruhig. »Ich habe Keith Dixon genannt. Das absichtliche Legen eines Buschfeuers ist doch wohl gesetzwidrig, nicht wahr?«

»Mag sein«, gab Colley zu.

»Und Buschfeuer, die absichtlich gelegt werden, um Land und Hab und Gut eines Nachbarn abzubrennen?«

»Hängt davon ab, was ›absichtlich‹ bedeutet. Das Abbrennen von Gras ist kein Verbrechen, Mister. Falls jemand zum Schutz seines Landes Gras abbrennt und das Feuer außer Kontrolle gerät, ist das auch kein Verbrechen, also seien Sie lieber vorsichtig. In diesem Fall haben wir es sicher mit einem so genannten Gegenfeuer zu tun. Das Land wird abgeflammt, um einem Buschfeuer keine Nahrung zu geben. So wird es wohl gewesen sein.«

»Nein, so war es nicht. Ich habe gesehen, wie er absichtlich so Feuer legte, dass der Wind es auf das Nachbarland treiben musste, und wir mussten ihm helfen. Sam, Pike und ich …«

Ihm war klar, dass Colley diese Aussage aufgreifen würde, doch es ließ sich nicht vermeiden.

Lukas war der Meinung, dass zur Aufklärung der Angelegenheit die absolute Wahrheit notwendig war. Doch, wie nicht anders erwartet, lachte Colley nur.

»Sie erzählen mir, dass sie geholfen haben, einen Brand zu legen, und gleichzeitig wollen Sie einen unbescholtenen Mann der Brandstiftung bezichtigen? Das ist nämlich der Fachausdruck. Nein, Mister, nicht mit mir. In diesem Fall schon gar nicht. Ich habe den Eindruck, dass Sie einen Groll gegen den jungen Keith hegen, weil er Sie gefeuert hat, und es ihm auf diese Weise zurückzahlen wollen.«

»Und ich habe den Eindruck, dass Sie sich weigern, Ihre Aufgaben ernst zu nehmen. Ich möchte Anzeige gegen Keith Dixon erstatten, und es ist Ihre Pflicht, sie aufzunehmen.«

»Das geht nicht einfach mündlich. Dazu müssen Sie Protokolle unterzeichnen.«

»Das verstehe ich. Schreiben Sie die notwendigen Protokolle, und legen Sie sie mir vor. Ich unterschreibe sie.«

»Nette Art, seine Dankbarkeit zu zeigen«, knurrte Colley. »Ich habe Ihnen und Ihrer Frau zu einer guten Stelle auf Clonmel verholfen, und was tun Sie? Sie beißen die Hand, die Sie füttert. Möchte wetten, dass Keith verdammt gute Gründe hatte, Sie rauszuwerfen.« Er wandte sich zum Gehen. »Ich will darüber nachdenken.«

»Nein, das werden Sie nicht!«, rief Lukas ihm nach. »Sie werden es tun!«

Wochen waren vergangen, und Theo war noch nicht zurück. Er hatte nur zweimal geschrieben, jeweils um mitzuteilen, dass der ganz große Goldfund unmittelbar bevorstand, doch bislang war er noch ausgeblieben, wie Eva vermutete. Dass er sie so im Stich gelassen hatte, würde sie ihm nie verzeihen. Und Rosie und Rolf würde sie nie verzeihen, dass sie sie aus dem Haus gedrängt hatten. Das war unglaublich egoistisch von ihnen, ganz gleich, was sie sagten. Kleine Kinder auf die Straße zu setzen! Freunde so zu behandeln! Wenn Theo heimkam, würde er etwas dazu zu sagen haben. Sie glaubte nicht eine Sekunde lang, dass ein so netter Mensch wie Les Jolly nicht zulassen wollte, dass sie sich das Haus teilten. Nur weil Rolf jetzt Geschäftsführer der Sägemühle war, trugen er und Rosie die Nase hoch, mehr steckte nicht dahinter. Und dann noch Beitz, der sich weigerte, sie »unter unsere Fittiche zu nehmen«, wie er sich ausdrückte, solange sie die Kinder nicht von dieser »heidnischen« Schule nahm. Sie hatte versucht, ihn zu überzeugen, dass es eine gute Schule ist, eine staatliche Schule mit ausgebildeten Lehrern.

»Ausgebildet worin?«, fuhr er sie an. »Bis zehn zu zählen? Ich lasse nicht zu, dass unsere Kinder von diesen Heiden verdorben werden. Welche Gebete bringen sie ihnen bei? Welche Religion?«

Eva hütete sich einzugestehen, dass der Religionsunterricht der Schule im Sinne der Kirche von England erfolgte, wenngleich die Gebete ziemlich ähnlich klangen. Stattdessen antwortete sie mit Lob für die Lehrer, die den Kindern so freundlich beim Erlernen der englischen Sprache halfen.

»Mr Hackett weiß, wie schwer es den Kindern fällt, den Unterrichtsstoff zu verstehen, wenn sie gleichzeitig noch die Sprache lernen. Er gibt ihnen nach der Schule privat Nachhilfeunterricht.«

Pastor Beitz ließ sich nicht beeindrucken. »Frau Zimmermann, erinnern Sie sich an den ursprünglichen Sinn unserer gemeinschaftlichen Emigration. Sie scheinen vergessen zu haben, dass der Schutz unserer Religion, unserer Tradition und unserer Sprache Teil meiner Mission ist. Haben Sie verstanden, Madam? Unserer Sprache. Wollen Sie zulassen, dass Ihre Kinder ihr kulturelles Erbe vergessen? Ihre Einstellung schockiert mich. Dazu wäre es nie gekommen, wenn Theo in der Stadt wäre. Weiß er, dass seine Kinder auf den falschen Weg geschickt werden?«

Eva ertrug es nicht mehr. Er hatte ihr bereits so große Schuldgefühle eingeredet, dass sie Angst um ihr Seelenheil hatte, doch selbst das würde sie in ihrer Entschlossenheit, die Kinder vernünftig erziehen zu lassen, nicht von einem Priester, sondern von einem richtigen australischen Lehrer wie Mr Hackett, nicht erschüttern. Damit sie die Prüfungen machen konnten, die in den Augen der maßgeblichen Leute wichtig waren. Weder sie noch Theo hatten eine richtige Ausbildung bekommen. Theos Familie war zu arm dazu; er hatte im Alter von acht Jahren schon als Schornsteinfeger gearbeitet, mit zehn hatte er auf dem Hamburger Fischmarkt Fische ausgenommen, dann war er weggelaufen, um sein Glück auf eigene Faust zu versuchen.

»Und er läuft immer noch«, seufzte Eva.

Nachdem sie nicht willens war, sich auf Beitz' Bedingungen einzulassen, ging Eva zurück in die Stadt, kaufte ein Zelt aus Segeltuch und schlug am Flussufer etwas abseits der Quay Street ihr Lager auf. Aus Mitleid half ihr Bob, der scheidende Geschäftsführer der Sägemühle, beim Umzug und versprach, noch einmal mit Les Jolly zu reden.

Doch Jolly wiederholte: »Wie gesagt, Bob, das Haus soll die Wohnung des Geschäftsführers sein – keine Pension. Wenn die verdammte Stadt eine anständige Pension braucht, dann baue ich eine, sobald ich ein paar Dollar zusammengekratzt habe. Du machst jetzt den Weg frei für Rolf, damit er nicht in eine Situation gerät, die sich dann nie mehr ändern lässt. Theo ist ein Taugenichts. Typen wie er scheren sich weder um Mieten noch um Rechnungen, glaub mir. Selbst wenn er auf den Goldfeldern auf eine Mine stoßen würde, käme er doch pleite nach Hause. Diese Leute leben nach einem festen Muster, Bob. Ich muss es schließlich wissen, mein Vater war auch so einer. So ein verdammter nichtsnutziger Schweinehund!«

Bob half Eva beim Einzug in das Zelt. Und er schenkte ihr Laken und Decken, die er gekauft hatte und nun nicht mehr benötigte.

»Danke, Bob.« Eva trug den Kopf hoch; sie weigerte sich stoisch, vor ihnen – den Kindern, Bob und den zwei fremden Männern, die beim Aufbau des Zeltes geholfen hatten – zuzugeben, dass es ihr nahe ging, obwohl sie innerlich vor Beschämung starb.

Ihr Zelt stand versteckt unter einem riesigen Baum und bot Ausblick über den Fluss mit seinen sandigen Ufern. Den

Kindern gefiel es sehr. Schon als Eva noch das Notwendigste auspackte, planschten sie im warmen seichten Wasser, und bald gesellten sich Kinder zu ihnen, die mit ihren Eltern nahebei ebenfalls in einem Zelt lebten.
Offenbar, dachte Eva traurig, sind wir nicht die einzigen Obdachlosen in Bundaberg, und als sie die fremden Kinder danach fragte, schienen die sich darüber zu wundern.
»Wir kommen von den Goldfeldern. Unser Pa ist total pleite. Er will hier irgendwo neu anfangen, richtige Arbeit suchen.«
Eva wünschte ihnen alles Gute. Sich selbst auch, in Gedanken daran, dass sie sich bei der Vorstellung, das Zigeunerleben draußen in der Gemeinde führen zu müssen, geschämt hatte und jetzt noch viel tiefer gesunken war.
»Ach, was soll's?«, sagte sie sich. »Für eine gute Sache kann dein Stolz wohl ein paar Dämpfer ertragen. Und die Kinder kennen es nicht anders. Sie halten das Leben im Zelt für einen Riesenspaß.«
Eines Abends hatte sie gerade die Kinder zu Bett gebracht, als sich ein Besucher meldete. Es war Mr Grigg, ihr Boss. Mit gefurchter Stirn schaute er sich um, und Evas Knie wurden weich. Mr Grigg, mit seiner Glatze, der gebrochenen Nase und dem kräftigen Kinn, war ein harter Mann.
»Wie lange wohnst du schon hier?«, fragte er knurrend.
»Gut acht Tage«, sagte sie, nicht bereit zuzugeben, dass es schon mehrere Wochen waren.
»Das ist nicht in Ordnung, Eva. Es geht nicht, dass eine Frau allein in einem Zelt lebt. Hier treiben sich zu viele merkwürdige Gestalten herum. Dein Mann ist auf den Goldfeldern, wie?«
»Ja.«
»In diesen aus dem Boden gestampften Städten gibt es wohl nicht viele freie Wohnungen?«
»Nein.«
Er trat zur Seite und blickte auf den breiten, vom Mond beschienenen Fluss hinaus, und alles war so still und friedlich, dass Eva die Fische springen hörte. Sie fragte sich, wohin sie

gehen sollte, falls er sie von hier wegschickte. Sie würde ihm gehorchen müssen, denn sonst stand ihre Arbeit in der Küche auf dem Spiel.

»Ein Glück für dich, dass noch Trockenzeit ist«, bemerkte er. »Die ersten ordentlichen Regengüsse spülen dich gleich weg.«

»Oh. Das wusste ich gar nicht.«

»Tja. Nun, so geht es nicht, Eva. Meine Frau hat mir davon erzählt, wie du mit deinen Kindern hier unten haust, und da wollte ich mir selbst ein Bild machen. Jetzt hör mal zu. Du kennst doch diesen großen Schuppen neben den Stallungen hinten am Hotelhof?«

»Ja.«

»Der ist voll gestellt mit dem Kram der Zimmerleute und allem, was die Bauarbeiter zurückgelassen haben. Ich habe ein paar Kerle angewiesen, ihn auszuräumen, dann kannst du mit den Kindern dort einziehen.«

»Einziehen? Ich?«

»Ja. Es ist zwar nur ein Schuppen, aber allemal besser als ein Zelt, meinst du nicht auch? Ihr Frauen könnt den Schuppen etwas herrichten, damit er bewohnbar ist. Am besten fängst du gleich morgen an.«

Sie riss die Augen auf. Rang nach Luft. »Danke, Mr Grigg, das werde ich tun. Wir ziehen gleich morgen ein. Aber, bitte, wie hoch ist die Miete?«

»Die Miete? Für einen Schuppen? Nichts da. Du kannst mit meiner Frau besprechen, was du fürs Essen bezahlst, für dich und deine Kinder. Ich muss jetzt zurück, in der Bar herrscht heute ordentlich Betrieb.«

Er wandte sich um und zog leichten Schrittes von dannen, so dass er kaum noch zu hören war, als er die Wiese zwischen Zelt und Straße überquerte. Eva ließ sich schwer auf den einzigen vorhandenen Stuhl fallen. Er hatte Recht. Der Schuppen hatte ein Wellblechdach. Das war bedeutend besser als ein Zelt. Was für ein freundlicher Mensch!

»Sei dankbar für kleine Freuden«, ermahnte sie sich und beschloss, jeden Penny zu sparen, den sie entbehren konnte, denn wenn eben möglich wollte sie nie wieder zur Miete wohnen. Ihr nächster Plan bestand darin, ein Stück Land zu kaufen, ganz gleich, wie klein; es war schließlich das Land, das Geld wert war. Die Leute redeten unablässig darüber. Eine Pionierstadt, billiges Land, bis die Bevölkerung sich ausdehnte. Eva hoffte, dass sie Recht hatten. Manche Leute sagten, Bundaberg würde eines Tages eine Geisterstadt sein, aber den Eindruck hatte sie nicht. Es trafen ja immerzu Neuankömmlinge ein.

Auch Frieda Meissner hatte sich geweigert, länger als ein paar Tage in der Gemeinde zu bleiben, allerdings nur aus dem Grunde, weil Arbeit auf sie wartete. Jakob hatte eine Aufstockung seines Darlehens erwirkt, damit er sich einen neuen Wagen und Werkzeug kaufen und mit den Aufräumarbeiten auf dem Land rund um das ehemalige Haus beginnen konnte. Er und Karl rüsteten zum Aufbruch auf ihren Besitz, um dort von vorn anzufangen, und sie erwarteten, dass Frieda noch eine Weile in der Stadt bliebe, doch sie konnte die Untätigkeit nicht ertragen.

»Ich habe doch Hände zum Arbeiten«, sagte sie. »Ihr braucht mich genauso wie früher auch. In jedem Lager gibt es einen Koch.«

Auch sie lebten in einem Zelt am Fluss, aber ein gutes Stück flussaufwärts von Evas Lager, und mit jedem Tag, der verging, rangen sie dem verkohlten Land weitere bewirtschaftbare Flächen ab.

Frieda fand das Lagerleben beschwerlich, doch sie beklagte sich nicht, es sei denn, um zu bemerken, dass sie sich darauf freute, vor der Hitze wieder in ein Haus flüchten zu können.

»In einem Zelt ist es so viel heißer«, sagte sie.

»Es ist insgesamt sehr viel heißer geworden«, erklärte Karl. »Jetzt ist schließlich Sommer.«

»Ganz bestimmt nicht. Dafür ist es noch viel zu früh. Nach meinen Berechnungen ist jetzt Frühling.«

»Nenn es, wie du willst. Tagsüber haben wir wohl um die zweiunddreißig Grad, und das ist für mich Sommer.«

In dieser Nacht fiel ein leichter Regen, und als es bald darauf Nacht für Nacht kräftig regnete und die Tage klar waren, fiel es auch Jakob auf.

»Ich glaube, das ist das Ende der Trockenzeit. Gott sei Dank. Oktober. Das dürfen wir nicht vergessen.«

Zu ihrer Verwunderung und ihrem Entzücken sprießten grüne Grasspitzen aus dem verkohlten Boden, und an den schwarzen Eukalyptusbäumen schlugen frische Triebe aus, als hätte das Land beschlossen, alle Spuren des Feuers so schnell wie möglich zu beseitigen.

In jenen Tagen kam Les Jolly zu Besuch und entschuldigte sich dafür, dass er sich nicht früher hatte blicken lassen. Frieda lief nach ihrem Schultertuch und legte es um – ein schüchterner Versuch, ihr abgetragenes, schlecht sitzendes Kleid zu verbergen, das aus der »Wohlfahrts-Kiste« von Pastor Beitz stammte.

Die Männer sprachen wie üblich über das Wetter, und Jakob äußerte sich erfreut über die Segen spendenden nächtlichen Regenschauer.

Les grinste. »Ja, die gibt es häufig in dieser Jahreszeit; später dann ist der Regengott nicht mehr so gnädig. Ihr wisst vermutlich, dass Rolf jetzt die Sägemühle leitet?«

»Ja. Das haben wir gehört.«

»Ist das der Grund, warum die Jungs keine Zeit haben, uns beim Wiederaufbau zu helfen?«, fragte Karl verärgert. »Sie hatten es versprochen, aber reden kann man viel.«

»Karl!«, fuhr Frieda ihn an. »Das reicht! Die Leute haben zu tun. Sie können nicht immer zur Stelle sein, wenn du es willst!« Sie wandte sich wieder Les zu. »Im Grunde kommen Jakob und Karl zügig voran; sie haben bereits ein passendes Stück Land für den Bau des Hauses geräumt.«

»Darüber wollte ich ja mit euch reden«, sagte Les. »Die Jungs sind euch bisher nicht zu Hilfe gekommen, weil ich sie gebeten habe, noch zu warten, bis ich mich hier umgesehen habe.«

Frieda fand es reichlich eigenmächtig von Les, dass er sich bei ihnen umsehen wollte, denn ihr Land ging ihn nichts an. Aber glücklicherweise hielt sie den Mund.
»Auf dem Weg hierher habe ich die Bäume auf eurem Land in Augenschein genommen«, erklärte er. »Hab sie mit der Axt geprüft, und weißt du, Jakob, noch ist nicht alles verloren.«
»Wie meinst du das?«
»Ich will sagen, dass eine Menge von deinen großen alten Bäumen überlebt hat. Sie sind so mächtig und so alt und haben wahrscheinlich schon Dutzende von Buschbränden hinter sich. Das hat mich auf einen Gedanken gebracht. Buschbrände sind in diesem Land nichts Ungewöhnliches. Ordentlicher Regen beschleunigt das Wachstum, das Unterholz wird dichter, als es ihm gut tut, verdorrt in der Trockenzeit, und dann braucht es nur einen Blitz oder einen Funken und mir nichts, dir nichts hast du ein Buschfeuer.«
»Ja«, sagte Jakob höflich und fragte sich, worauf diese Belehrung anspielen sollte.
»Also. Verstehst du denn nicht?« Les hieb seine Axt in den nächsten Baum. »Das Bauholz ist immer noch gut in Schuss. Wir können es nutzen. Viele von deinen Bäumen haben einen mächtigen Umfang; den äußeren Ring nutzen wir sowieso nicht, der wird in der Sägemühle entfernt. Zurück bleibt gutes, starkes Bauholz. Du besitzt Eisenrindenbäume, Eschen, Zedern … wir sind im Geschäft.«
Jakob war sprachlos. Auch Karl konnte es kaum fassen. »Bist du sicher?«
»Mein Wort. Ihr habt immer noch großartiges Bauholz, das werdet ihr sehen, wenn wir es schlagen. Ich habe mir überlegt, dass meine Holzfäller nächste Woche hier anfangen könnten, Jakob. Was meinst du? Willst du immer noch verkaufen?«
Jakob schluckte und nickte. »Ja.«
Les lächelte Frieda an. »Ich mache euch einen fairen Preis. Und mit dem Blockhaus würde ich mir noch Zeit lassen,

Mrs Meissner. Jetzt könnt ihr doch gutes, bearbeitetes Bauholz nehmen. Ein anständiges Farmhaus bauen …« Er unterbrach sich. »Tut mir Leid, ich will euch ja nichts vorschreiben. Ich dachte nur …«

Doch Frieda warf beide Arme um ihn. »Les, du bist wunderbar! Danke! Wie können wir dir das jemals danken?«

Les blieb noch eine Weile, sehr zufrieden, weil er ihnen gute Nachrichten hatte bringen können, denn das brauchten sie ganz gewiss. Sie lebten so ärmlich, mühten sich in ihrem erbärmlichen Lager ab und verfügten kaum über das Notwendigste, um Körper und Seele zusammenzuhalten.

»Echte Kämpfernaturen«, sagte er zu sich selbst, als er davonritt. »Sie haben etwas mehr Glück verdient. Zumal …«

Zumal, so überlegte er, ich ziemlich sicher bin, dass das Feuer mit Absicht gelegt worden ist.

Die Leute in Bundaberg hatten den Eindruck, als sei eine Horde Verrückter von der *Loch Nevis* an Land gegangen. Es waren Bergleute aus Schottland, die sich zur Emigration nach Australien hatten überreden lassen und nun bei den Kohlenbergwerken in Newcastle, einem Hafen nördlich von Sydney, vorstellig werden sollten. Offenbar waren sie mit dieser Regelung ganz zufrieden gewesen, bis sie, in Newcastle angekommen, hörten, dass in Queensland haufenweise Gold gefunden würde. Und dann erfuhren sie, dass die *Loch Nevis* als Nächstes den Hafen Bundaberg ansteuerte. So beschlossen sie, an Bord zu bleiben und weiter nach Norden zu fahren.

Sie versuchten, den Kapitän zu überreden oder gar zu bestechen, über Bundaberg hinaus noch weiter nach Norden zu fahren, doch der hatte seine Verpflichtungen und beharrte auf seiner Route. Die *Loch Nevis* nahm in Bundaberg Bauholz an Bord und trat von dort aus die Rückreise an.

Allerdings knöpfte der Kapitän den Bergleuten nach stundenlangem Feilschen je zwölf Shilling für die Fahrt nach Bundaberg ab – eine Stadt, die nach seinen Worten den neu-

erdings berühmten Goldfeldern am Palmer River bedeutend näher lag. Und dort sollte selbst der Fluss vor Gold glitzern.
Mehrere Stunden später wendete die *Loch Nevis* mit der Flut und nahm den Burnett River entlang Kurs auf Wide Bay und andere Häfen im Süden. Nur der Bootsmann, selbst Schotte, empfand so etwas wie ein schlechtes Gewissen über das, was sie den armen unwissenden Kerlen angetan hatten.
Die Bergleute, überglücklich, endlich wieder festen Boden unter den Füßen zu haben, fielen übermütig in die kleine Stadt ein.
Sie füllten nur einige wenige der von Stenning geforderten Zoll-Formulare aus.
Ihre Ausrüstung legten sie in der Immigrantenbaracke ab, dann rannten sie wie verrückt über die Grasflächen zwischen dem Anleger und der Quay Street, vor lauter Freude, sich wieder frei bewegen zu dürfen. Einige von ihnen sprangen in den kühlen Fluss, hüpften und planschten wie Schuljungen – manche waren ja tatsächlich nicht viel älter.
Während einige auf der Straße Ball spielten, hielten andere Ausschau nach einem Café oder einem Fischgeschäft, wo sie etwas zu essen erstehen wollten, doch dieses nichtswürdige hinterwäldlerische Dorf hatte heranwachsenden Burschen nichts zu bieten. Man schickte sie in die Pubs, wo ihre schlauen Freunde längst entdeckt hatten, dass das billigste Getränk der hiesige Rum war, der noch dazu äußerst wohlschmeckend war.
Keiner wusste, wie lange es gedauert hatte, bis diese Truppe mit der schrecklichen Wahrheit konfrontiert wurde. Bis sie genau begriffen, wo sie sich befanden. Ganz genau.
»Wir wollen zu den Goldfeldern«, erklärten sie Grigg im Royal, als sie schließlich ins Gespräch gekommen waren.
»Ah ja, nach Gympie.«
»Was ist Gympie?«
»Die Goldfelder hier in der Nähe. Werden seit Jahren ausgeschlachtet.«
»Nein, Mann, wir wollen zum Palmer. Heute Nacht bleiben

wir hier, und morgen brechen wir auf zum Palmer. Mit dem, was andere übrig gelassen haben, verschwenden wir keine Zeit. Wir nicht, Kumpel.«

»Zum Palmer?« Grigg musterte ihre begeisterten Gesichter. Ihre hellen, sommersprossigen Gesichter und die rötlichen Haare. »Das schafft ihr nie im Leben, Jungs. Lasst es bleiben.«

»Was soll das?«, fragte ihn der Wortführer der Bergleute. »Soll das heißen, die Goldfelder vom Palmer sind zu weit entfernt von hier?«

»Mehr als das«, sagte Grigg. »Wie wollt ihr denn dorthin kommen?«

»Auf Schusters Rappen.« Sie lachten. »Wir gehen zu Fuß.«

Grigg schüttelte den Kopf. »Das solltet ihr euch noch einmal überlegen. Der Palmer ist tausend Meilen von hier entfernt, würde ich sagen.«

»Hör auf. So weit wird's schon nicht sein. Da wären wir ja schon wieder an der Küste.«

Unter den Schotten setzte ein zorniges Murren ein. Sie wollten dem Wirt nicht glauben, fragten andere Einheimische, doch die waren kaum in der Lage, sich eindeutig auf die Lage des Flusses und der Goldfelder zu einigen, die sich, soweit sie informiert waren, irgendwo dort oben jenseits der Grenzen der Zivilisation befanden.

Walther kam hinzu, konnte jedoch auch nicht helfen, da er noch nie von dem Ort gehört hatte, und bald darauf erschien Constable Colley.

»Würden Sie ihnen sagen, wo die Minen vom Palmer River liegen?«, forderte Grigg ihn auf. »Dann hat der Streit ein Ende.«

Colley wandte sich an die Schotten. »Das ist ein verdammt weiter Weg, Leute«, verkündete er. »Mehr als tausend Meilen, heißt es, und dort wimmelt es von Kannibalen.«

»Aber es gibt dort Gold?«

»Tonnenweise.« Clem lachte. »Ich fürchte, Jungs, ihr seid ir-

gendwo falsch abgebogen. Anscheinend wisst ihr gar nicht, wo ihr seid.«
Jetzt begriffen die Schotten, dass man sie in diesem abgelegenen Hafen ausgeladen und zurückgelassen hatte, weit entfernt von ihrem Ziel. Was der Constable ihnen mitteilte, war keineswegs erfreulich, und es gefiel ihnen auch nicht, Zielscheibe seines Spotts zu sein. Wütendes Murren und böse Bemerkungen wurden laut, als, wie das Schicksal es wollte, Jules Stenning in seiner Eigenschaft als Zollbeamter eintrat und unter lauten, zornigen Reden sein Klemmbrett schwenkte. Augenscheinlich war höchstens die Hälfte der Schotten seiner Aufforderung gefolgt, sich in seinem Büro zu melden, und er befand sich mitten in einer gehörigen Standpauke, als einer der Männer sich durch die Menge drängte und das Klemmbrett packte.
»Zum Teufel mit deinen Regeln«, fauchte er, brach das Klemmbrett entzwei und warf es über das Geländer der Veranda, so dass die Papiere durcheinander flatterten.
Der Constable kam Stenning zu Hilfe und erklärte einer inzwischen äußerst gereizten Horde von Männern, dass sie sich zu benehmen hätten, wenn sie in dieser Stadt bleiben wollten.
Walther hielt das angesichts der gefährlichen Stimmung für eine große Dummheit, und er sah sich nach Grigg um, doch der war zur Hintertür hinaus verschwunden, anscheinend um seine Vorräte aufzustocken.
Wie auf ein Stichwort wurden Stühle geworfen, und die Horde drang auf Colley ein. Sie hoben ihn einfach hoch und übergaben ihn den wütenden Männern in den hinteren Reihen, die ihn unter grölendem Gelächter dem Klemmbrett hinterherwarfen.
Glas splitterte und Tische wurden umgestoßen, als ein paar Viehtreiber die Fremden angriffen, und was als kleine Prügelei angefangen hatte, wuchs sich zu einer regelrechten Saalschlacht aus. Stenning, der in der Schusslinie allein geblieben war, wurde unter Stößen und Tritten zu Boden be-

fördert, und seufzend pflügte Walther durch den Mob, stieß Männer mit den Schultern aus dem Weg und zerrte den benommenen Zollbeamten zur Seite, damit er nicht totgetrampelt wurde. Er schleifte ihn in die Küche, wehrte unterwegs Boxhiebe ab, bis schließlich ein Schuss ertönte, woraufhin es sehr still wurde.

»Ich habe nichts mehr zu trinken und zu essen«, rief Grigg. »Das Pub ist geschlossen.«

Walther übergab Stenning Mrs Grigg und verließ das Hotel. Er sah ein paar Männer, die Stenning an den Beinen und Schultern packten und ihn forttrugen.

»Ist er verletzt?«, fragte er.

»Der Blödmann. Hat sich für seine Mühen eine Menge Beulen und blaue Flecken eingehandelt. Wir bringen ihn ins Krankenhaus.«

Mittlerweile streiften die Schotten wutentbrannt durch die Straßen. Einige schlugen den Weg zur Immigrantenbaracke ein, wo sie, wie Walther hoffte, sich beruhigen und ihren Ärger abklingen lassen würden, doch eine gewisse Nervosität, ein Unbehagen lag über der Stadt. Läden wurden geschlossen, die Straßen waren menschenleer, abgesehen von den Bergleuten und einigen neugierigen Aborigines.

Am Abend schlichen sich ein paar von den Geschäftsleuten der Stadt in das Hinterzimmer von Pimbleys Laden und berieten, was gegen die Bergleute zu unternehmen sei, die immer noch die Stadt durchstreiften und Zäune und Schaufenster zerstörten. Keith Dixon kam hinzu und erkannte auf Anhieb eine Gelegenheit, Vorteile aus der Situation zu ziehen. Er war immer noch verstört wegen des Debakels mit Fechner und konnte sein Glück kaum fassen, dass es kein Nachspiel gehabt hatte. Sein Vater war überzeugt gewesen, dass Fechner sein Unglück in der gesamten Stadt verbreiten würde, doch er hatte sich getäuscht. Der Dummkopf lag im Krankenhaus und hatte noch keinen Mucks von sich gegeben.

»Wie auch immer«, hatte Keith zu seinem Vater gesagt. »Er kann erzählen, was er will. Niemand wird ihm glauben.« Das allerdings war ein Irrtum, den er seiner Großspurigkeit verdankte. Fechners deutsche Freunde hätten ihm geglaubt.
»Bete, dass du Recht hast. Wir haben viel zu tun in Bundaberg, müssen Unterstützung für deine Kandidatur als Abgeordneter organisieren, und da will ich keine Probleme. Und hör zu, sorg dafür, dass man dich öfter mit Nora sieht. Sie ist sehr beliebt, kommt aus einer guten Familie, ein wichtiger Faktor. Ich verstehe nicht, warum ihr zwei nicht längst verlobt seid. Ihr kennt euch schließlich lange genug.«
Keith wand sich innerlich. Er hatte seinen Eltern nie gestanden, hatte überhaupt mit niemandem darüber geredet, dass er Nora schon zweimal einen Antrag gemacht und beide Male einen Korb bekommen hatte. Wenn sie ihm auch auf Tanzveranstaltungen und Gesellschaften nicht gerade aus dem Weg ging, machte sie sich neuerdings doch rar. War manchmal regelrecht schnippisch. Freunde behaupteten, sie hätte sich mit einem deutschen Bengel eingelassen, was ihn wütend machte, doch seinen Eltern gegenüber hatte er das nie erwähnt.
J. B. würde ihm sonst keine Ruhe mehr lassen. Ihren Eltern war er immer willkommen, und das war tröstlich. Deshalb achtete er darauf, ihnen jedes Mal, wenn er in der Stadt war, einen Besuch abzustatten.
»Wer weiß«, seufzte er. »Vielleicht kommt sie eines Tages doch noch zu Verstand.«
Er war zu spät in die Stadt gekommen, um die Prügelei im Royal Hotel zu bezeugen, und wenn er diese Rüpel jetzt auch lautstark ihres schändlichen und kriminellen Verhaltens wegen beschimpfte, bedauerte er doch, den Kampf verpasst zu haben. Sonst hätte er Grigg selbst im Eifer des Gefechts gern den einen oder anderen Stuhl über den Schädel geschlagen. Keith hatte die Beleidigungen des neuen Wirts durchaus nicht vergessen. Im Augenblick allerdings sah er eine gute Chance, seine politischen Ambitionen voranzu-

treiben, hier das Wort zu ergreifen und die Führung zu übernehmen, während die anderen ratlos umhertappten.

»Sie sitzen hier endgültig fest«, sagte Pimbley. »In den nächsten Tagen fährt kein einziges Schiff. Wie sollen wir sie bloß loswerden?«

»Wir können sie nicht loswerden«, sagte Dr. Strauss. »Und ich schlage vor, diese Versammlung aufzulösen … und die Männer in Ruhe zu lassen.«

»Wieso sind Sie dann hier?«, fuhr Keith ihn an. »Welcher Idiot kommt zu einer Versammlung, um sie aufzulösen?« Das brachte ihm einen Lacher ein, und so fuhr er fort: »Vermutlich haben Sie mit dem Zusammenflicken der Kerle mehr verdient als sonst das ganze Jahr über. Hoffen Sie für morgen auf eine neue Prügelei?«

»Ich hoffe auf Ihr Verständnis für ihre Zwangslage. Bevor ich hierher kam, habe ich mit einigen von ihnen gesprochen. Sie wissen, dass sie über die Stränge geschlagen haben, und es tut ihnen Leid. Sie sind dankbar für die Unterbringung in der Baracke …«

»Oh ja«, schrie jemand dazwischen. »Und deswegen haben sie Stenning zusammengeschlagen, als er nur seine Arbeit tun wollte.«

»Stenning?«, fragte Keith. »Was ist mit Jules?«

»Nur ein paar Kratzer und blaue Flecken«, antwortete der Arzt knapp. »Er wird's überleben. Ich meine immer noch, wir sollten die Burschen erst einmal in Ruhe lassen …«

»Und zulassen, dass sie unsere Stadt plündern? Sie treiben sich da draußen herum; wer weiß, wen sie als Nächsten überfallen?«

Les Jolly trat vor. »Der Doktor hat Recht …« Doch Keith brüllte ihn nieder und verlangte, dass man unverzüglich in Maryborough Polizeiverstärkung anforderte.

»Verstehen Sie denn nicht?«, schrie er. »Diese Kerle gehen nicht fort, und unsere Frauen sind in Gefahr. Soll unsere Stadt die erste in der Geschichte unseres Landes sein, die nicht für die Sicherheit der Frauen auf den Straßen garantieren kann? Weil wir zu zimperlich sind, unsere Rechte zu verteidigen? Ich sage, wir telegrafieren jetzt gleich und fordern Verstärkung an, während wir jeden kampftüchtigen Mann in der Stadt im Schutz der Nacht bewaffnen. Wenn der Morgen graut, werden diese ausländischen Clowns was erleben …«

»Sie werden die Schotten doch nicht als Ausländer bezeichnen!« Jock McAvoy, ein Neuankömmling, der einen Laden für Schiffsausrüstungen in der Quay Street eröffnet hatte, war empört, und das bot Les Gelegenheit zum Eingreifen.

»Wir kennen uns noch nicht«, sagte er und reichte ihm die Hand. »Aber, Sir, ich finde, Sie sind genau der Mann, den wir jetzt brauchen. Begleiten Sie mich und lassen Sie uns mit den Burschen reden. Mal sehen, was wir ausrichten können.«

»Wir wissen, was wir ausrichten können«, sagte Keith mit einem Blick auf die Zauderer. »Wir holen unsere Gewehre, unsere Pferde und unsere Peitschen und treiben sie bei Tagesanbruch aus der Stadt, genau in die Arme der Polizei aus Maryborough.«

Das brachte ihm Applaus ein, einen gedämpften Applaus, aus Angst, der Feind draußen auf der Straße könnte ihn sonst hören. Die Gemüter waren erhitzt, alle freuten sich auf das Abenteuer, selbst Jim Pimbley, der Gerüchten zufolge seinerzeit ein großartiger Scharfschütze gewesen war. Les Jolly ergriff seinen Arm. »Was sagst du da? Du willst auf sie schießen? Allmächtiger Gott, Jim, reiß dich zusammen. Wir hatten auch früher schon mit Kneipenschlägereien zu tun …«

»Aber nicht mit fünfzig Rüpeln, die unsere Stadt einnehmen wollen«, schoss Keith zurück. »Wenn sie nun beschließen, hier zu bleiben? Sie sind beinahe in der Überzahl. Jemand sagte, sie sitzen hier fest. Aber sie haben Beine, sie können doch laufen. Nach Norden, nach Süden, nach Westen oder meinetwegen ins Meer. Hauptsache, sie richten keinen weiteren Schaden in unserer Stadt an. Ich gehe jetzt auf der Stelle zum Telegrafenamt.«

Mr Hackett, der Lehrer, war es, der ihn darauf aufmerksam machte, dass nicht jeder x-Beliebige Verstärkung anfordern könne. Das musste die ortsansässige Polizei erledigen, und deren einziger Repräsentant lag im Krankenhaus.
»Macht nichts. Überlassen Sie das mir«, sagte Keith. »Ich kümmere mich darum. Sehen Sie zu, dass Sie am Morgen vollzählig einsatzbereit sind. Wir treffen uns in der Seitenstraße bei den Verkaufshöfen. Und geben Sie Acht, wenn Sie jetzt nach Hause gehen. Zeigen Sie sich ihnen nicht. Sollen sie denken, sie hätten uns eingeschüchtert!«
Les schüttelte den Kopf, als Dixon zur Hintertür hinaus verschwand und ihn mit einem höchst gereizten Jim Pimbley zurückließ, der nicht wusste, wohin, mit dem Arzt aus Österreich und Jock, dem Schiffsausrüster, der es nicht über sich brachte, sich gegen seine Landsleute zu wenden.
»Wie würdest du dich wohl fühlen«, fragte Les Pimbley, »wenn du nach Sydney willst und die setzen dich in Tasmanien ab?«
»Ich schätze, ich wäre ziemlich verärgert«, gab Jim zu.
»Dann lass ihnen doch eine Chance. Bleib zu Hause und halte den Mund. Und geh mit gutem Beispiel voran, indem du ganz normal deinen Laden öffnest.«
»Sie sind Bergleute«, sagte Jock. »Man sagt, auf den Goldfeldern am Palmer geht es rau zu. Ein Mann muss schon verzweifelt sein, wenn er in diese Hölle gehen will, und diese Kerls sind neu hier. Wir sollten ihnen helfen, die Goldfelder von Gympie zu erreichen, die sind schon schlimm genug.« Er grinste. »Schlimmer als Bergwerke allerdings können sie auch wieder nicht sein …«
Les klopfte ihm auf die Schulter. »Warum nicht, Jock? Lass uns sehen, was wir tun können. Kommen Sie mit, Doc?«

Constable Colley hatte starke Schmerzen. Von einer hohen Veranda geworfen zu werden und zu überleben, ohne sich den Hals zu brechen, war keine Kleinigkeit. Er war immer noch empört, dass ihm so etwas zustoßen konnte.

Er kaute an einem harten Stück Toffee, das die Oberschwester ihm gegeben hatte, und dachte über seine missliche Lage nach, bis Keith Dixon hereinplatzte und nicht einmal nach seinem Befinden fragte.

»Wir fordern Verstärkung an, Clem. Wir können nicht zulassen, dass diese Schläger eine ganze Stadt terrorisieren. Sie könnten plündern. Uns völlig ausrauben, wenn wir keine Hilfe bekommen. Das zeigt wieder einmal, wie dumm es ist, bloß einen Polizisten in der Stadt zu haben. Ich werde Beschwerde einlegen, und zwar an höchster Stelle, das kannst du mir glauben. Und du solltest unverzüglich eine dringende Forderung nach mehr Polizeikräften zu Papier bringen. Ich bringe sie dann zum Telegrafenamt.«

»Wozu?«

»Wozu? Um das verdammte Ding abzuschicken. Was glaubst du denn?«

»Die Oberschwester sagt, ich kann morgen entlassen werden. Nach der Visite. Dann erledige ich das.«

»Bist du wahnsinnig? Bis dahin kann die ganze Stadt abgebrannt sein.«

»Ich kann's nicht ändern. Das Telegrafenamt ist geschlossen.«

»Himmel! Das weiß ich auch. Ich wecke den Mann.«

»Aber das Amt in Maryborough ist auch geschlossen. Es öffnet erst um neun Uhr.«

»Du liebe Zeit!«

Das hatte Keith nicht bedacht. Siedend heiß fiel ihm die Bürgerwehr ein, die er für den Morgen aufgestellt hatte, die Bürgerwehr, die er gegen die Schotten führen wollte. Ohne die erwartete Polizeiverstärkung. Sie konnten sie wohl zusammentreiben, überlegte er, aber was dann? Und wer würde die Rowdies bewachen, bis die Polizei aus Maryborough eintraf? Wenn sie überhaupt kommen würde. Keith fühlte Übelkeit aufsteigen und fragte sich, was geschehen sollte, falls die Schotten Widerstand leisteten. Seine Männer würden laufen wie die Hasen, statt tatsächlich zu den Waffen zu greifen …

»Ich wollte sowieso mit dir reden«, sagte Clem jetzt. »Über diesen Kerl, der für dich gearbeitet hat.«

»Welchen Kerl?«, fuhr Keith ihn an, erstaunt darüber, dass dieser Schlappschwanz von Polizist das Problem, das erledigt schien, so nebenbei erwähnte.

»Der deutsche Viehtreiber. Du hast ihn gefeuert.«

»Ja. Fechner. Und?«

»Er behauptet, dass du Meissners Land vorsätzlich in Brand gesetzt hast.«

Keith unterdrückte eine heftige Reaktion, indem er sich herabbeugte und die Schnürsenkel seiner Stiefel fester zog. »Wie kommt er denn darauf?«

»Er sagt, er war dabei, hat dich gesehen. Will dich vor Gericht bringen.«

»Wann war das?«

»Nach seiner Entlassung aus dem Krankenhaus. Du weißt doch, das Feuer hatte ihn eingekreist. Es stand in der Zeitung.«

»Das war vor einer halben Ewigkeit. Ich hoffe doch, du hast ihm die Meinung gegeigt. Ich laufe nicht herum und lege Buschbrände. Habe genug damit zu tun, sie zu löschen, Clem, und das weißt du auch.«

»Natürlich. Ich hab's einfach ignoriert, Keith. Hab überhaupt nichts unternommen. Dachte, er würde es dabei belassen. Dann hat er mir ein paar Briefe geschrieben, von der deutschen Siedlung draußen an der Taylor's Road. Konnte wegen seines gebrochenen Beins nicht persönlich kommen …«

»Umso besser. Der Mann ist ein Idiot. Ist nicht gut auf mich zu sprechen, weil ich ihn gefeuert habe. Versucht, es mir mit seinen Lügen heimzuzahlen.«

»Sieht ganz so aus, aber vor ein paar Tagen kreuzte er auf dem Polizeiposten auf, humpelnd und mit Krücken, und wollte Klage gegen dich erheben. Ich wollte es dir schon längst gesagt haben. Er bestand darauf, dass ich die Anzeige aufnahm, hat zugesehen, wie ich das Protokoll schrieb, und es dann selbst unterzeichnet. Mit Sam und Pike muss ich auch noch reden. Der Kerl behauptet, sie wären Zeugen des Verbrechens gewesen.«

»Zeugen des Verbrechens!«, zischte Keith. »Es ist kein Verbrechen geschehen.«

»Das weiß ich ja. Ich muss nur meines Amtes walten, also nimm's mir nicht übel. Wenn Sam und Pike das nächste Mal in der Stadt sind, sollen sie mich aufsuchen, dann können wir den Fall abschließen.«

»Auf Sam und Pike kannst du lange warten. Sie arbeiten nicht mehr für uns. Ich glaube, der Goldrausch am Palmer hat sie gepackt.«

»Na also. Das war's dann schon.«

Doch Keith war wütend, weil dieser Schlamassel schon wieder hochkochte. Zweifellos steckte Meissner selbst dahinter und hatte seinen Kumpel aufgewiegelt. Jetzt war es fünf vor zwölf. Fechner konnte auch ohne Zeugen für großen Wirbel sorgen, falls er seine Beschwerde aufrechterhielt. Gewinnen würde er zwar nicht, doch es würde Ärger geben und J. B. erneut gegen Keith aufbringen. Sein Vater war an die Decke gegangen, als er hörte, dass die beiden Viehtreiber ausbezahlt worden waren, Pike ein paar Tage früher als Sam, dem auf der Armidale Station in Neusüdwales eine lukrativere Stelle angeboten worden war. Diese Schafzuchtfarm gehörte Seth Dixon, der seinem Neffen gern einen Gefallen tat.

J. B. hatte wegen des Verlusts zweier guter Arbeiter getobt und Keith die Schuld gegeben, hatte angeführt, dass es verdächtig aussah, wenn ausgerechnet diese zwei die Farm verließen, doch irgendwann hatte er sich auch wieder beruhigt. Jetzt war Keith sehr zufrieden mit sich selbst. Es war ein guter Schachzug gewesen, die Zeugen loszuwerden. Trotzdem musste er Fechner irgendwie für immer zum Schweigen bringen.

»Ganz gleich, wie gut man sie behandelt«, sagte er zu Clem Colley, »die Leute enttäuschen einen doch immer. Ich nehme es dir ja nicht übel, dass du mir diese Fechners empfohlen hast, Clem, sie machten ja einen anständigen Eindruck, aber ich hatte von Anfang an nichts als Ärger mit ihnen. Er hat nie recht begriffen, worum es bei seiner Arbeit ging. Verstand nichts von Schafen, hat sich ständig verirrt. Das war wohl auch wieder der Fall, als ich ihm gekündigt hatte ... Er hat sich wieder mal verirrt, hat mal wieder vergessen, sein Pferd anzubinden. Das Pferd ist nach Hause gelaufen, und er ist auf dem abgebrannten Land herumgestolpert, in eine Schlucht gestürzt oder so, und dabei hat er sich das Bein gebrochen. So einfach ist das.«

Während er das erzählte, schweiften seine Gedanken zu Hanni ab. Ach ja, Mrs Fechner.

»Und dann seine Frau. Ein Flittchen ist sie, hat allen Männern schöne Augen gemacht. Hat sich gefreut, wenn sie sie anglotzten. Und gestohlen hat sie. Eines der liebsten Stücke meiner Mutter war verschwunden. Ein Handspiegel, wunderschön verziert, mit Juwelen besetzt, mit herrlichen Steinen in vergoldeter Fassung. Ein Kunstwerk, wirklich kostbar, und sie hat es geliebt. Das hätte jede Frau getan. Wir konnten Mrs Fechner allerdings nichts nachweisen, aber wir waren froh, als sie ging.«

»Ist dieser Spiegel je wieder aufgetaucht?«

»Natürlich nicht. Meine Mutter hat die Sache inzwischen vergessen, und wir wollen sie nicht daran erinnern. Aber ich bin ganz sicher, wo er zu finden ist. Wenn Fechner sich das nächste Mal blicken lässt, frag ihn doch, ob seine Frau einen mit Edelsteinen verzierten Handspiegel besitzt ...«

Clem seufzte.

»Ja, das könnte ich tun. Gott, mir tut alles weh. Dieses verdammte Bett ist wohl aus Zement. Gleich nach meiner Entlassung gehe ich zum Telegrafenamt, Keith, aber ich schätze, wir müssen schon genauer wissen, was los ist, bevor sie uns Verstärkung schicken.«

»Bis dahin ist das Kind in den Brunnen gefallen.«

»Gib nicht mir die Schuld. Ich habe getan, was ich konnte, und wurde dafür zusammengeschlagen. Ich vermute mal, sie

werden eine Vertretung für mich schicken. Für diese Sache kann ich Urlaub verlangen. Gott, hab ich einen Durst. Könntest du mir eine Tasse Tee aus der Küche besorgen, Keith?«
Der Besucher stülpte sich den Hut auf den Kopf. »Frag die Schwester. Wir sehen uns später.«

Sie sammelten sich nach und nach am Eingang zu den Verkaufshöfen, führten ihre Pferde leise am hohen Zaun entlang, doch der Bambus, der das Grundstück einfasste, rasselte in der frühmorgendlichen Brise, als wolle er sie verraten.
»Keith kommt zu spät«, flüsterte jemand.
Jules Stennings Pferd war gut ausgebildet. Es wartete geduldig, während die anderen Gäule scharrten und tänzelten. Jules klopfte ihm lobend den Hals. An der Versammlung hatte er nicht teilgenommen, nach der Prügel, die er von diesen Schweinen bezogen hatte, war er zu erschöpft, um sich von seinem Krankenlager zu erheben, doch er war froh, dass man nicht vergessen hatte, ihn zu informieren. So schwer verletzt er auch war, er wollte dieses Unternehmen doch um nichts in der Welt versäumen. Diese Kerle würden heute Morgen kriegen, was sie verdient hatten. Das würde ihnen eine Lehre sein.
»In den Elendsvierteln, aus denen sie stammen, lässt man ihnen so etwas vielleicht durchgehen, aber nicht hier. Heute Morgen kriegen sie den Schock ihres Lebens, verlasst euch drauf«, sagte er.
»Ganz recht, Jules«, pflichtete ihm eine Stimme bei. »Wenn nur die anderen endlich kämen, sonst klappt es nicht mit der Überraschung.«
Bisher waren acht Mann eingetroffen, alle zu Pferde, alle bewaffnet.
»Wo bleiben die anderen?«, fragte Jules ärgerlich. »Man hat mir gesagt, wir wären mindestens zwanzig, wenn nicht mehr, sobald sich herumgesprochen hat, was los ist.«
»Jim Pimbley wollte eigentlich auch kommen.«

»Und wo steckt er dann? Die Sonne geht schon auf.«
Als müssten sie sich dessen vergewissern, wandten alle den Blick nach Osten, auf eine lange, niedrig hängende Bank harmloser, goldgeränderter Wolken. Der Himmel zeigte sich in einem warmen Rosa, das die Dunkelheit vertrieb. Schon zwitscherten Vögel, und Elstern schimpften aus hohen Bäumen. Eine riesige Schar von Papageien übertönte sie, um dann zum Fluss zu fliegen.
»Oh Gott!«, beklagte sich einer der Männer. »Diese verdammten Vögel können ja Tote aufwecken.«
»Heute wird es heiß«, prophezeite einer. »Ich schätze, wir müssen uns auf einen höllischen Sommer gefasst machen.«
»Es heißt, er soll außerdem auch recht feucht werden. Das dürfte eine tolle Mango- und Papauernte ergeben. Meine Frau hat dreißig Papaubäume im Garten gepflanzt, und sie sagt …«
»Halt endlich den Mund!«, schäumte Stenning. »Die Banditen sind inzwischen bestimmt schon auf den Beinen, wir können nicht länger warten. Wir müssen sie zusammengetrieben haben, bevor die Verstärkung eintrifft, sonst könnten sie sich einfach aus dem Staub machen.«
Einer der Männer wollte es genauer wissen. »Was macht das schon, solange sie wenigstens aus Bundaberg verschwinden? Wen interessiert schon, wohin sie gehen?«
»Sie sind illegale Einwanderer, das ist der Grund.«
Stenning war sich bewusst, dass das nicht unbedingt der Wahrheit entsprach. Nicht alle waren illegal. Nur diejenigen, die die Formulare nicht ausgefüllt oder nur mit einem X unterzeichnet hatten, was nur dann akzeptiert wurde, wenn jemand nicht schreiben konnte, dem zuständigen Beamten jedoch seinen Namen und die dazugehörigen Informationen angegeben hatte. Was die Betreffenden jedoch unterlassen hatten, und das machte Jules wütend.
»Die scheren sich doch einen Dreck um uns«, fügte er hinzu. »Sie halten sich für was Besseres, nur weil sie aus der Alten Welt kommen. Sie halten es nicht einmal für nötig, die For-

mulare richtig auszufüllen. Machen sich darüber lustig. Aber diese Stadt ist kein x-beliebiges Loch; wir werden ihnen schon Benehmen beibringen. Wir werden ihnen zeigen, was sie davon haben, wenn sie unsere Pubs kurz und klein schlagen und unsere Leute verprügeln. Hätte Grigg mich gestern nicht aus dem Handgemenge rausgeschleift, könnte ich jetzt tot sein. Eine Schande ist das! Und so etwas in einer friedlichen kleinen Stadt wie Bundaberg, wo wir Immigranten immer gastfreundlich aufgenommen haben! Aber das reicht; jetzt ist Schluss damit, verdammt noch mal!«

»Wie ich hörte, hat Walther dich gerettet«, rief einer der Reiter ihm zu, doch Stenning hatte endlich Keith entdeckt.

Keith war nicht gerade beeindruckt von ihrer Streitmacht. »Das reicht nicht. Wir sind nicht genug.«

»Doch, es reicht«, widersprach Stenning wütend. »Wir haben ihnen was voraus.« Er wollte eigentlich nur die Rädelsführer isolieren und selbst über sie zu Gericht sitzen, bevor die Verstärkung eintraf. Diese Rüpel sollten bezahlen für die Prügel, die er hatte hinnehmen müssen. Dafür würde er sorgen. Die Prügelstrafe war viel zu milde für sie, aber sie musste reichen. In Abwesenheit von Constable Colley war er der Verantwortliche, und er wollte von seiner Position Gebrauch machen. Sein Herz klopfte jetzt stürmisch vor wachsender Erregung.

Er ritt an die Spitze seiner kleinen Truppe und rief: »Für Bundabergs Ehre! Attacke!«

Später wurde allen Ernstes behauptet, sie hätten großen Eindruck gemacht, als sie die Burbong Street (einen Umweg, sagten manche) entlangpreschten, in die Quay Street abbogen und es mit fünfzig Schlägern aufnehmen wollten, die ihre friedliche kleine Stadt bedrohten.

»Es war noch früh«, sagte eine Frau. »Wir waren gerade erst aufgestanden, als sie an unserem Gartenzaun vorüberdonnerten. Das war ein Anblick! Und wir waren verdammt stolz auf sie. Unsere Männer. Ganz gleich, was die Leute reden.«

In den Zeitungen war am folgenden Tag zu lesen, dass Stenning und Keith Dixon diesen lächerlichen Angriff gegen schottische Immigranten angeführt hätten, die sich am Vorabend längst in einem Schreiben an die Einwohnerschaft für ihr Verhalten entschuldigt hatten. In einem Schreiben, dass noch am Tag des Angriffs in der Zeitung zu lesen war.
Stenning leitete die Attacke, platzierte seine Männer an den Ecken der Immigrantenbaracke und forderte die Bewohner brüllend auf, sich zu ergeben und das Gebäude zu verlassen. Einige von den Schotten kamen der Aufforderung nach, eher aus Neugier denn aus Sorge, es könnte ihnen etwas geschehen, doch auch einige Frauen eilten geschäftig herbei.
»Was treibt ihr dummen Kerle da?«, wollte die Frau des Arztes wissen. »Wir sind hier, um diesen Herren vor ihrem Aufbruch ein Frühstück zu servieren, weil gestern niemand daran gedacht hat, ihnen einen Willkommengruß zukommen zu lassen. Haut sofort ab!«
»Ihr gebt ihnen zu essen?«, schrie Keith Dixon und ritt hinüber zu Stenning. »Sie sind des Landfriedensbruchs, der Sachbeschädigung und Körperverletzung angeklagt.«
Dann erschien Les Jolly und ließ sie wissen, dass er und Grigg die Besitzer des Royal Hotel seien und trotz einiger Sachbeschädigung von einer Klage absehen wollten.
»Und was ist mit mir?«, schrie Stenning. »Ich zeige sie wegen Körperverletzung an.«
»Du kannst sie überhaupt nicht anzeigen«, sagte Les. »Deine Anzeige musst du bei der Polizei erstatten, nicht hier. Steckt jetzt eure Flinten ein, bevor ihr euch noch gegenseitig umbringt.«
»Du hältst dich wohl für sehr schlau«, brüllte Keith. »Wir wollen, dass diese Landstreicher von hier verschwinden. Stenning hier sagt, sie sind zum größten Teil illegale Einwanderer. Sie haben kein Recht auf Unterkunft …«
Les Jolly trat zu ihm. »Wie willst du sie denn rausjagen, Dixon? Die Baracke anzünden? Das ist doch dein Metier, nicht wahr? Aber lass dir eines sagen, man kennt deine

Tricks inzwischen. Es ist höchste Zeit für dich, den Kopf einzuziehen.«

Die Röte stieg ihm vom Nacken her ins Gesicht. Es ärgerte Keith, das nicht verhindern zu können. Einige der Reiter hatten den Wortwechsel gehört und waren neugierig geworden.

»Ich weiß nicht, wovon du redest«, sagte Keith mit gedämpfter Stimme und wünschte sich den Mut, sein Gewehr auf Les Jolly zu richten und ihm Angst einzujagen.

»Doch, doch, das weißt du sehr gut«, sagte Jolly. »Wenn du wirklich so dumm bist zu glauben, du könntest einen Sitz in der Regierung ergattern, versuch's nur. Du könntest dich glücklich schätzen, wenn du außer deiner eigenen auch nur eine einzige weitere Stimme bekommen würdest. Schon gerade nach diesem Vorfall. Du bist ein verdammter Dummkopf, Dixon. Geh nach Hause.«

Stenning bemerkte, dass die meisten Mitglieder der Bürgerwehr sich still zurückzogen, ihre Pferde wendeten und zur Straße ritten. Er hätte gern gewusst, worum es in dem Streit zwischen Les und Keith ging, doch jetzt war nicht der rechte Moment, sich um Dixon zu sorgen. Er war wirklich ein Dummkopf, das hatte Nora schon richtig erkannt.

»Sie scheinen nicht zu begreifen«, sagte Stenning zu Les. »*Ich* habe hier in meiner Eigenschaft als Gesetzeshüter zu tun.« Was betonen sollte, dass er keinen Anteil an Keith Dixons Eskapaden hatte. Sein Gewehr steckte noch im Sattelschaft, wo er es immer aufbewahrte.

»Diese Männer müssen sich sämtlich korrekt als Immigranten registrieren lassen, sonst droht ihnen eine Gefängnisstrafe. Das ist Gesetz, wie Sie wohl wissen.«

»Dann registrieren wir sie halt. Sobald sie gefrühstückt haben, schicke ich sie rüber in Ihr Büro und lass das erledigen, weil sie alle die Stadt verlassen wollen. Deswegen sind sie ja schon so früh auf den Beinen.«

Stenning war bestürzt. »Es gibt doch kein einziges Schiff. Wohin wollen sie denn?«

»Zu den Goldfeldern von Gympie. Wenn Sie sich mit dem Papierkram ein wenig beeilen, können sie abmarschieren, bevor die Geschäfte öffnen.«
»Aber ich bin angegriffen worden. Ich könnte tot sein!«
Les schüttelte den Kopf. »Sinnlos, mir das zu erzählen, Jules. Gehen Sie zu Clem Colley.«

»Ich hatte heute wieder ein Gespräch mit dem Constable«, berichtete Lukas, doch Hanni war des Themas überdrüssig.
»Warum vergeudest du deine Zeit damit? Er glaubt dir nicht, er wird keinen Finger krumm machen, und was hat es jetzt denn noch zu bedeuten? Hast du mir die Strümpfe mitgebracht, die ich in Pimbleys Laden bestellt hatte?«
»Hier brauchst du keine Strümpfe. Pastor Beitz sagt, es sei viel gesünder, barfuß zu laufen. Die offenen geflochtenen Sandalen reichen völlig aus.«
»Sag die Wahrheit, Lukas. Wir haben kein Geld mehr. Du hast ihm alles gegeben!« Hanni stürmte zurück in die kleine Hütte, die sie jetzt bewohnten, eine Eingeborenenhütte mit strohgedecktem Dach, wie alle anderen auch, unter Bäumen verborgen seitlich von Walthers Küche, wenn man diese Einrichtung so nennen wollte.
Lukas folgte ihr wütend. »Was hätte ich denn tun sollen? Ich kann immer noch nicht ohne Krücken gehen und habe keine Hoffnung auf Arbeit, solange mein Bein nicht kräftig genug ist. Wir müssen für unseren Unterhalt bezahlen.«
»Unterhalt nennst du das?«, schrie sie ihn an. »Wenn man wie Vieh in einem Stall lebt? Die Pferde, die du daheim betreut hast, lebten besser als wir. Ich ertrage den Gedanken an ihre schönen sicheren Backsteinbauten mit richtigen Fußböden und Teppichen nicht, und an Männer wie dich, die sie hegen und pflegen und …«
»Sei still! Hörst du? Sei sofort still!«
Hanni setzte sich ruckartig auf ihr Bett, erschrocken, dass er sie so anschrie. Lukas hatte nie zuvor die Stimme gegen sie erhoben.

»Ich habe genug von deiner Jammerei«, sagte er. »Ich bin auch nicht freiwillig hier. Es ist beschämend, dass ich meine Tage wie ein alter Greis verbringen muss. Also sei still!«
Hanni wagte es nicht, noch etwas zu sagen. Beitz beschäftigte Lukas mit der Herstellung von Kirchenbänken aus den Resten des guten Bauholzes, das Rolf Kleinschmidt gestiftet hatte. Lukas war kein Zimmermann, das gestand er bereitwillig ein, aber er entwickelte sich. Versuch und Irrtum, so erklärte er seiner Frau, und letztendlich beneidete sie ihn darum, etwas zu tun zu haben, was ihm allmählich sogar Freude machte. Sie war in die Gemüsegärten abgestellt worden, wo sie das Unkraut nicht von kostbaren Pflanzen unterscheiden konnte und nicht wusste, was sie tun sollte. Hier wucherte alles, keine kleinen zarten Blümchen spähten aus zierlichem Blattwerk hervor. Blüten explodierten in üppigen Farben, um gleich wieder zu verwelken. Sie schienen sich nicht lange zu halten. Das war gewiss nicht die Sorte Blumen, die man pflücken und in die Vase stellen konnte.
Lukas stand an einen Türpfosten gelehnt und sagte nichts, sondern starrte nur in den Busch hinaus. Nicht, dass es dort etwas zu sehen gegeben hätte, abgesehen von der Bananenstaude hoch über ihnen. Sie beobachteten sie seit einer Ewigkeit, warteten darauf, dass sie reif wurden. Es würde aufregend sein, Bananen direkt vom Baum zu essen.
Schließlich drehte Lukas sich zu ihr um. »Ich muss dich etwas fragen, Hanni.«
»Was denn?«
»Woher hast du diesen hübschen Spiegel?«
»Welchen Spiegel?«
Lukas stöhnte. »Den, der ganz unten in der Kiste liegt.«
»Ach, den! Den hat mir meine Mutter geschenkt.«
Er humpelte zum Bett und setzte sich neben sie. »Hanni, es ist wichtig. Ich weiß, dass du ihn nicht von deiner Mutter hast. Du hast ihn nicht mit hergebracht, sonst wäre er mir schon lange aufgefallen.«
»Doch, sie hat ihn mir geschenkt.«

»Lüg doch bitte nicht. Es ist ja nicht wahr, Hanni. Sag mir einfach, woher du ihn hast.«
»Wieso ist das wichtig? Ich muss jetzt los, ich muss das Gemüse fürs Abendessen putzen.«
Sie wollte aufstehen, doch Lukas hielt sie zurück. »Ich habe dich etwas gefragt. Du bleibst jetzt hier, bis ich die Antwort bekommen habe. Wahrheitsgemäß.«
»Du bist lästig, Lukas. Ich kann es nicht leiden, wenn du so schlechter Laune bist. Es ist schon ohne deine Launen schlimm genug, hier leben zu müssen.«
»Woher?«, drängte er.
Sie stellte die Stacheln auf. »Ich habe ihn gefunden, wenn du's genau wissen willst. Ich hab ihn gefunden.«
»Wo?«
»Das weiß ich nicht mehr. Vergiss endlich den blöden Spiegel. Ich hab sogar schon daran gedacht, ihn auf dem Markt zu verkaufen. Verstehst du, wozu ich hier gezwungen bin? Ich muss meine hübschen Dinge verkaufen …«
Hanni fragte sich, wie um alles in der Welt es so weit hatte kommen können.
Auch wenn Lukas heute wieder mit dem Polizisten gesprochen hatte, war es dabei doch sicherlich um den Brand, nicht um den Spiegel gegangen. Lukas' Fragen erschienen ihr sinnlos, doch gleichzeitig wusste sie, dass etwas dahinter steckte, und sie hatte Angst. Sie saß da, den Blick auf die Füße gesenkt, und hoffte, dass alles, was immer es war, vorübergehen möge.
Lukas war ebenfalls verstimmt, das erkannte sie wohl, aber das hatte er sich auf Grund seiner Nörgelei selbst zuzuschreiben.
»So. Du hast den Spiegel also gefunden. Und du weißt nicht mehr, wo.« Er seufzte schwer. »Dann lass dir berichten, was Constable Colley dazu zu sagen hat. Man hat ihn wissen lassen, dass dieser Spiegel sehr geliebt wurde. Er gehörte Mrs Dixon, und du hast ihn gestohlen.«
Hanni erschrak. Das war das Letzte, womit sie gerechnet

hätte. Die Antwort platzte aus ihr heraus. »Gestohlen! Das stimmt nicht! Wie können sie es wagen, so etwas zu sagen! Er hat ihn mir geschenkt.«

Die Stille war beängstigend, als Hanni klar wurde, was sie gesagt hatte. Ihre Antwort traf Lukas wie ein Blitz aus heiterem Himmel. Als er seine Stimme wiedergefunden hatte, glich sie einem Krächzen.

»Er? Wer ist er?«

»Ist das wichtig? Ich habe den Spiegel nicht gestohlen. Ich bin keine Diebin, das weißt du doch, Lukas. Lass nicht zu, dass sie mich des Diebstahls bezichtigen. Bitte, Lukas. Sag dem Polizisten, dass es ein Geschenk war.« Sie klammerte sich weinend an ihn. »Ich habe da draußen schwer gearbeitet. Sie haben gesagt, ich hätte meine Arbeit gut gemacht. Dafür haben sie mir den Spiegel geschenkt.«

Sanft, aber fest zog er sie zurück und sah ihr ins Gesicht. »Du sagtest aber ›er‹. Wer ist ›er‹?«

»Das meinte ich nicht so. Ich meinte sie alle. Mrs Dixon oder die Hauswirtschafterin, ich weiß es nicht mehr. Einer von denen.«

Unter Strömen von Tränen blieb Hanni bei ihrer Geschichte, und der Wortwechsel dauerte an, bis Lukas es nicht mehr ertrug.

»Keith Dixon war es, nicht wahr? Keith Dixon. Und jetzt benutzt er dich, um mich zu zwingen, meine Klage wegen Brandstiftung zurückzuziehen. Und wenn ich das mache, dann zeigt er dich nicht wegen Diebstahls an. Das hat Colley mir sehr deutlich zu verstehen gegeben.«

»Dann musst du deine Klage zurückziehen. Ich sagte doch, es ist ohnehin Zeitverschwendung. Lass nicht zu, das ich in die Sache hineingezogen werde. Sonst stecken sie mich womöglich ins Gefängnis.« Mittlerweile war Hanni einem hysterischen Anfall nahe. Sie warf sich aufs Bett, schluchzte in die Kissen und hob den Kopf nur, um darauf zu bestehen, dass Lukas mit dem Polizisten Frieden schloss. All diesem Ärger ein Ende machte.

»Schön«, sagte Lukas schließlich. »Ich ziehe meine Klage zurück, damit du ruhig schlafen kannst, aber ich möchte gern wissen, wann und warum Keith Dixon dir dieses Geschenk gegeben hat.«
Ihr Weinen hörte unvermittelt auf. »Das habe ich nie gesagt«, schluchzte sie.
»Das war auch nicht nötig. Ich weiß es ja. Und jetzt will ich, dass du mir sagst, warum er dir ein so großartiges Geschenk gemacht hat und wann das war.« Als sie die Antwort verweigerte, wurde Lukas wütend. »Die Viehtreiber haben mich gewarnt. Sie haben gesagt, dass zwischen dir und Dixon etwas läuft – nicht ausdrücklich, aber so, dass ich es verstand –, und ich wollte ihnen nicht glauben. Ich war ein Esel. Du hast über mich gelacht. Er hat es ganz gewiss getan … und du …«
Ihm gingen die Worte aus. Er packte die Krücke, erhob sich mühsam und humpelte aus der Hütte, so schnell er konnte.
»Du verstehst überhaupt nichts!«, rief Hanni ihm nach.
Lukas drehte sich um. »Oh doch, ich verstehe durchaus. Du hast mich betrogen. Du hast mich da draußen auf der Farm zum Narren gehalten, und jetzt tust du's schon wieder. Ich muss Constable Colley zu Willen sein. Er wird Dixon berichten, dass er vom Haken ist, und wer lacht zuletzt? Keith Dixon, dein Liebhaber. Also … von jetzt an kannst du tun und lassen, was du willst. Bleib hier, geh fort, spring in den Fluss. Ich kenne dich nicht mehr.«
Dieses Mal unternahm Hanni nicht einmal den Versuch einer Antwort. Sie konnte endlich aufhören zu weinen, doch tief im Inneren spürte sie ein heftiges, erbärmliches Schluchzen, das sie wohl nie mehr loslassen würde. Sie richtete sich auf, kramte ein Taschentuch aus ihrer Schürzentasche und putzte sich die Nase.
»Keith Dixon hat schon vor langer Zeit zuletzt gelacht«, sagte sie bitter, während sie Lukas nachlauschte, der sich auf dem laubbedeckten Weg entfernte.

»Was soll dieses Gerede, dass Jakob Meissners Land absichtlich in Brand gesetzt worden sein soll?«, fragte Beitz.
»Keine Ahnung«, erwiderte Lukas.
»Hanni sagt, ihr zwei hättet deswegen Streit. Hast du Jakob gegenüber etwas davon erwähnt?«
»Natürlich nicht.«
»Das erleichtert mich. Ich will nicht, dass solcher Klatsch uns Ärger einbringt. Ich werde noch einmal mit Hanni reden. Nein, ich möchte mit euch beiden ein Wörtchen reden. Heute Abend, wenn ich bitten darf. Nach dem Gebet.«
»Es gibt nichts zu reden, Herr Pastor.«
»Mein lieber Junge, wie schwer auch immer eure Probleme sein mögen, verschließt euch nicht dem Herrn.«
»Dann werde ich mich an Ihn persönlich wenden, Herr Pastor, wenn Sie nichts dagegen haben.«
Beitz hatte einiges dagegen einzuwenden. Immer wieder bemühte er sich zu verstehen, woran diese Ehe krankte. Sie konnten sich doch nicht so schwer zerstritten haben, nur weil Hanni mit dem Leben in der Gemeinde nicht zufrieden war. Keiner von den beiden war bereit, über das Problem zu sprechen, nicht einmal mit Walther. So blieb es ein Geheimnis und eine Störung der Harmonie in der kleinen Siedlung, und das bekümmerte den Pastor. Er glaubte, als Seelsorger versagt zu haben, nachdem nur drei Mitglieder ihrer lutherischen Gruppe das Leben in der Gemeinde wahrhaft genossen. Und dann brach direkt vor seinen Augen auch noch eine Ehe auseinander.
Allerdings hatte er auch noch ein anderes Problem. Bevor die Gruppe von Hamburg aus aufgebrochen war, hatte er eine wunderschöne Glocke für den Turm der Kirche in Auftrag gegeben, die er in Bundaberg zu errichten gedachte. Seine Kirche war nun fast fertig. St.-Johannis-Kirche sollte sie bei der Einweihung getauft werden. Walther und Lukas zimmerten bereits die Bänke und die Altargitter, und ein paar Männer setzten die beiden wunderschönen bleiverglasten Fenster in der Wand hinter dem Altar ein.

Er hatte einen Lieferbescheid erhalten, der besagte, dass die Glocke in Brisbane eingetroffen sei und gegen Zahlung der Summe von 22 Pfund, 7 Shilling und 6 Pence an den Beauftragten des Herstellers nach Bundaberg geliefert werden könne. Die Frachtkosten von siebzehn Shilling plus Zollgebühr müssten bei Lieferung entrichtet werden.
Pastor Beitz wäre verzweifelt, hätte sein Glaube ihn nicht aufrecht gehalten. Seine Kirche hatte keinen Glockenturm. Noch konnte er sich keinen leisten. Er konnte es sich nicht einmal leisten, die Männer zu entlohnen, die die bleiverglasten Fenster einsetzten, geschweige denn die ungeheure Summe für seine Glocke nach Brisbane zu schicken. Walther hatte versucht, die Arbeit an den Fenstern aufzuschieben, doch das durfte nicht sein. Und offenbar hatten Tibbaling und seine Leute sich jetzt endlich in seinen Bann ziehen lassen. So etwas Schönes wie diese Fenster hatten sie noch nie gesehen. Sie kamen von nah und fern, brachten ihre kleinen schwarzen Babys mit, damit sie sich die fast fertigen Fenster anschauten, strömten ins Innere der Kirche und betrachteten das überwältigende Farbenspiel, das das Sonnenlicht auf den Boden aus Zedernholz zauberte: Jesus und die kleinen Kinder auf der einen Seite und die Heilige Dreifaltigkeit auf der anderen Seite.
Pastor Beitz selbst war so glücklich über die Freude, die seine fast fertigen Fenster den Eingeborenen brachte, dass ihm die Tränen in die Augen traten, als er sie auf die Knie sinken sah. Offenbar waren sie überzeugt, dass sein Gott sich nun offenbart habe. Der Gott, von dem er die ganze Zeit geredet hatte. Jetzt konnten sie Ihn in lebendigen Farben sehen. Doch die Eingeborenen, Tibbaling eingeschlossen, bezeichneten Ihn immer noch als Götter der Weißen. Götter! Erst jetzt wurde Pastor Beitz klar, dass seine Themenwahl für das zweite Fenster vielleicht doch ein Fehler war. Oder vielmehr, ein bisschen voreilig.
Die Dreifaltigkeit zu erklären war schwierig, besonders Tibbaling gegenüber, der ihn manchmal mit seinen vielen Fra-

gen zur Verzweiflung brachte. Doch nach zahlreichen Gesprächen sah es so aus, als hätte es der alte Aborigine begriffen, und Pastor Beitz war außer sich vor Freude. »Verstehst du es jetzt?«
»Ja. Eigentlich verdammt einfach«, freute sich Tibbaling. »Du redest viel zu umständlich. Bringst dich selbst ganz durcheinander. Jetzt sagst du, du hast nur einen Gott. Nur einen, nicht mehr. Gut. Ich möchte deinen Gott gern einmal kennen lernen.«
»Du wirst ihn kennen lernen, lieber Freund. Das ist mein liebster Traum.«
»Denn unser Volk hat keinen Gott, nur Geister, und das ist gut so. Lernen wir deinen kennen. Gut, nicht wahr? Aber stell ihn uns wirklich vor.« Er lachte und boxte den Priester gegen den Arm. »Je mehr gute Geister, desto besser, oder?«
»Ja«, gab der Priester zu.
»Und die drei Burschen nennst du Dreifaltigkeit?«
»Ja.«
»Und der junge mit dem Bart, der ist auf die Erde gekommen?«
»Ja.«
»Und du sagst, die anderen beiden sind Geister?«
»Nun ja, da ist der Heilige Geist, gut, und der Vater …«
»So sehe ich das auch. Da oben hast du einen Dreifachmann. Einer zeigt sich den Erdenmenschen, die anderen sind immer bei ihm, wie? Aber wir können sie nicht sehen.«
»So könnte man es ausdrücken«, sagte Beitz versonnen.
Tibbaling blickte den Priester ernst an. »Auch du nicht? Du kannst die anderen beiden Männer nicht leibhaftig sehen? Nur auf dem Glas?«
»Nein, sie zeigen sich nicht. Aber wir wissen, dass sie da sind.«
Tibbaling nahm es als gegeben hin. Er nickte verstehend. »Gut, deine Dreifaltigkeit. Dein Dreifachmann. Gut.«
Pastor Beitz wandte sich wieder seinen weltlichen Problemen zu und dachte über Walthers Einschätzung der Lage

nach. Sie hatten kein Geld mehr auf der Bank. Ihr einziges Einkommen waren die mageren Löhne, die die Lutzes nach Hause brachten. Damit konnten die Männer, die auf Anfrage des Pastors eigens zum Einsetzen dieser Fenster geschickt worden waren, nicht bezahlt werden. Man würde sie bitten müssen, sich zu gedulden. Und Walther wusste noch nicht einmal von der Glocke. Beitz wagte nicht, sich das einzugestehen.

Er kam zu dem Schluss, dass er nichts anderes tun konnte, als mehr zu beten und weniger zu essen.

# 13. Kapitel

Obwohl Beitz ihn noch gar nicht kannte, sah er in Vikar Ritter jetzt schon einen regelrechten Heiligen. Tagtäglich fragte er irgendwen, wo die *Clovis* inzwischen sein mochte. Er konnte nicht glauben, dass es so lange dauerte, den Ozean zu überqueren, denn er hatte die eigene, endlos erscheinende Überfahrt verdrängt und wartete nun mit wachsender Ungeduld auf die Ankunft seines Hilfspfarrers. Das Geld, das er mitbrachte, würde eine große Hilfe sein, doch auch der Vikar selbst wurde dringend gebraucht, denn der alte Pastor hatte das Gefühl, in seinen Bemühungen zu versagen. Ritter war jung, er hatte sich freiwillig zur Missionsarbeit gemeldet. Allein das war schon eine mutige, gesegnete Tat.
»Viel zu viele junge Priester wünschen sich heutzutage reiche Gemeinden oder schmeicheln um ihres eigenen Vorteils willen dem Adel. Doch dieser Ritter ist ein gottesfürchtiger Mann, entschlossen, in dem Augenblick, da er das Priesterseminar verlässt, den heiligen Kampf aufzunehmen.«
Beitz war enttäuscht, weil er Vikar Ritter nicht ein von glücklichen deutschen Einwanderern bewohntes lutherisches Dorf und eine blühende Missionsschule voller eingeborener und weißer Kinder präsentieren konnte, doch das ließ sich nicht ändern. Die Ausführung seines großen Plans dauerte eben länger als erwartet. Er zweifelte nicht daran, dass er letztendlich Erfolg haben würde, dass andere deutsche Einwanderer sich ihnen anschließen würden. Neulich hatte er eine großartige Idee gehabt: Er wollte eine eigene Zeitung gründen. Was das für Vorteile brächte! So konnte das große Problem der Entfernungen hier überwunden werden, so konnte man mit der Christengemeinde in Verbindung bleiben. Der Vikar sollte sich darum kümmern. Das könnte dann sein eigenes Projekt werden.

Aber da war noch etwas, warum er sich so sehr auf Ritters Ankunft freute. Seine eigenen Tage waren gezählt, das lag auf der Hand, und in diesen Übergangsjahren vermisste Pastor Beitz nun einen Hilfspfarrer an seiner Seite. Manchmal ging ihm das richtig nahe, wenn er allein in seiner Hütte war, fast so, als würde ihn das Heimweh überfallen. Er seufzte. Er musste unbedingt mal wieder mit jemandem von seiner Art reden, wie seinerzeit in der Heimat. Abende mit befreundeten Pastoren verbringen, über Philosophie, Theologie und Geschichte diskutieren und über die sich verändernde Welt, wie es sich für Geistliche geziemte ... und, er lächelte traurig, all das andere ...
»Aber heute«, sagte er zu sich selbst, »darf ich mich nicht dem Selbstmitleid hingeben. Nicht heute, am Jahrestag der Geburt unseres Herrn und Retters.«

Weihnachten. Pastor Beitz hatte zu diesem wichtigen Anlass die Tropenkleidung abgelegt und zeigte sich prachtvoll in seinem besten Gewand, bereit, seine Herde zum Morgengottesdienst zu begrüßen und danach das mittägliche Festmahl einzunehmen.
Enttäuscht stellte er fest, dass nur die Bewohner der Siedlung seinem Gottesdienst am Heiligen Abend beigewohnt hatten, doch das ließ sich wohl nicht ändern, angesichts der Entfernungen, die einige von seinen Leuten auf sich nehmen mussten. Doch für den heutigen Tag würde er keine Entschuldigung gelten lassen.
Auf seine Bitte hin hatte Lukas einen Torbogen am Eingang zur Siedlung errichtet, und zur Feier des großen Tages hatten Aborigine-Frauen ihn mit Girlanden aus Hunderten von prächtigen tropischen Blüten geschmückt.
Der alte Pastor eilte zum Tor und spähte die Straße entlang, hielt Ausschau nach den ersten Besuchern und freute sich maßlos über den Blumenschmuck.
»Was für eine wunderschöne Überraschung, meine Damen. So schön. Danke.«

Die Frauen, froh, dass ihre Bemühungen Gefallen fanden, kicherten und lächelten auf ihre gewohnt scheue Art und ließen sich im Gras nieder, um auf die ersehnten Besucher zu warten.
Als schließlich eine der Frauen in die Siedlung eilte und rief: »Da kommt ein Wagen!«, lief Beitz den Weg entlang, um die Leute zu begrüßen.
Der Wagen kam näher, und weitere Männer hatten sich dem Pastor angeschlossen. Beitz betete, dass Hanni Fechner kommen möge. Vor einigen Wochen hatte sie Arbeit als Stubenmädchen im Royal Hotel gefunden und Lukas sowie die Gemeinde verlassen. Da sie nun auch im Hotel arbeitete, hatte der Wirt ihr gestattet, zu Eva Zimmermann und den Kindern in den großen Schuppen zu ziehen, und das war traurig. Ihr Platz war an der Seite ihres Mannes. Beitz war empört, dass Lukas ein solches Verhalten zuließ, doch der weigerte sich standhaft, seine Frau zurückzuholen.
»Aber ihr seid verheiratet, Lukas! Es ist schlimm genug, dass Eva dort lebt, wenngleich es gewissermaßen zu entschuldigen ist, da ihr die Führung des Gatten fehlt. Du aber gestattest deiner Frau, sich den sündigen Möglichkeiten zu nähern, gerade im Umfeld eines Wirtshauses …«
»Es ist mir gleich; sie kann tun und lassen, was sie will.«
Wie sehr er sich auch bemühte und flehte, Beitz konnte den Grund für die Feindseligkeiten zwischen den beiden nicht finden, und von den anderen wusste anscheinend auch niemand etwas …
Doch da kam sie, sie saß neben Eva und Jakob Meissner. Gott sei's gedankt! Vielleicht würden sie heute wieder zueinander finden, ihren Streit beilegen.
Die Kinder sprangen vom Wagen und liefen gleich davon, um die neue Umgebung zu erforschen, wurden jedoch von Eva zurückgerufen, damit sie Pastor Beitz anständig begrüßten.
»Gott segne euch«, sagte er, als sie zu ihm kamen, und strich ihnen übers Haar. Wie schnell sie wuchsen, diese Kinder!

Dass ihr Vater immer noch auf den Goldfeldern sein Glück suchte, war eine weitere Enttäuschung für ihn. Theo hätte wissen müssen, dass er seinen Kindern und anderen jungen Leuten ein schlechtes Beispiel bot.

Die Meissners wirkten sehr glücklich, und so sollte es auch sein. Walther hatte berichtet, dass ihnen das Holz eine Menge Geld eingebracht hatte.

»Willkommen«, wurden sie von Beitz begrüßt. »Frohe Weihnachten. Sag an, Jakob, ist euer neues Haus schon fertig?«

»Noch nicht ganz, Herr Pastor, aber wir haben ein Dach über dem Kopf.«

»Dem Himmel sei Dank«, setzte Frieda hinzu.

»Ein Dach über dem Kopf hattet ihr auch bei uns«, bemerkte der Pastor beleidigt, was Karl jedoch entging.

»Das neue Haus ist groß und geräumig«, begeisterte er sich. »Ein richtiges Farmhaus. Sie müssen uns mal besuchen, Herr Pastor, dann zeige ich Ihnen auch mein Land. Ich baue dort als Erstes eine Scheune …«

»Wer kommt dort?« Der Priester entfernte sich, um neue Besucher zu begrüßen.

»Das ist Rolf mit seiner Familie«, sagte Karl zu seiner Mutter. »Hat er das nicht gesehen?«

»Ich glaube, er wollte nichts von deinem Land hören.« Sie lachte. »Hast du ihm sein Weihnachtsgeschenk mitgebracht?«

»Ja. Wenn es ihm nicht gefällt, kann er es ja verkaufen.«

»Das wird er nicht tun«, sagte Jakob, obwohl ihm auch schon mal der Gedanke gekommen war, dass Beitz den schönen, kräftigen Gehstock, den er für ihn besorgt hatte, vielleicht verkaufen würde. »Gehen wir weiter.«

Walther war voller Freude, als er sie alle in Sonntagskleidern versammelt sah. Es war ein großer Tag. Sie empfingen sogar Besucher, die nicht ihrer Gemeinde angehörten: Mr Hackett, den Lehrer, Mr Drewett, den Hafenmeister, und Davey, den Bullocky, Theos früheren Boss. Walther hätte es gern gesehen, wenn Nora sich ihnen hätte anschließen können, und er blieb noch eine Weile vor dem Tor zurück, als die anderen sich schon vor der Kirche versammelten. Noch blieb ihm die schwache Hoffnung, sie die Straße entlangreiten zu sehen. Natürlich war es ausgeschlossen. Die Stennings besuchten ihre eigene Kirche und genossen ihr eigenes Weihnachtsessen.

Er fragte sich, wie er wohl reagiert hätte, wenn sie ihn – nahezu unvorstellbar – an diesem Feiertag zu sich eingeladen hätten. Hätte er angenommen? Die anglikanische Kirche besucht? Seine Freunde an diesem ganz besonderen Weihnachtsfest im Stich gelassen?

Nein. Wie konnte er dann erwarten, dass Nora seine Einladung annahm? Das war unvernünftig, so viel wurde ihm jetzt klar, aber seinerzeit hatte er sich so auf das erste Weihnachtfest in ihrer eigenen Kirche und die erste vollständige Versammlung der Gemeinde seit ihrer Ankunft gefreut, dass es ihn gekränkt hatte, als Nora ohne lange zu überlegen abgelehnt hatte.

Und hinzu kam noch das Missverständnis hinsichtlich seines Landes. Er hätte wissen müssen, dass Neuigkeiten sich in solchen kleinen Städten schnell herumsprachen, doch seine Arbeit als Messkettenträger bei den Landvermessern zur Aufstockung von Pastor Beitz' Finanzen hatte ihn stark in Anspruch genommen. Und dann hatte sie ihn plötzlich zur Rede gestellt.

»Walther! Du hast Land gekauft! Du hast tatsächlich Land gekauft. Hier in der Stadt. Noch dazu mit Blick auf den Fluss! Ein Haus dort wäre herrlich! Warum hast du mir nichts davon gesagt?«

Sie ergriff seinen Arm und schmiegte sich in ihrer Begeisterung an ihn. »Mein Vater war sprachlos. Er hat es natürlich als Erster erfahren. Und er hat gestaunt, dass du dir so etwas leisten kannst. Ich auch, aber ich habe es mir nicht anmerken lassen. Sollte es eine Überraschung für mich sein?«

»Nein.« Er war verlegen. »Nein. Das heißt, es ist eine geschäftliche Sache, Nora. Das Land. Es ist nicht für ein Haus bestimmt.«

»Wofür dann?«, fragte sie verwirrt. »Wozu hättest du sonst Land am Sailor's Point kaufen sollen?«

»Für eine Brauerei. Ich will dort eine Brauerei bauen.« Er lächelte. »Ich bin Brauer von Beruf. In meiner Familie sind alle Brauer. Eine Brauerei ist viel besser als ein Haus, Nora. Sie bringt Geld ein, sichert unsere Zukunft.«

»Der Tag, an dem deine Brauerei Geld einbringt, liegt allerdings noch in sehr ferner Zukunft«, sagte sie scharf, und er hob verwundert den Kopf.

»Das lässt sich nicht ändern.«

»Wenn du meinst«, sagte sie leise, und er wusste nicht, was er davon halten sollte. Sie wollte nicht länger über das Thema reden. Er hatte Angst, sie zu verlieren. Angst, dass sich die Kluft zwischen ihnen verbreiterte. Traurig machte er sich klar, dass es anders aussehen würde, wenn er das Haus, das sie sich am Sailor's Point wünschte, doch bauen würde, aber auf einen so kurzfristigen Plan wollte er sich nicht einlassen. Seine Möglichkeiten waren begrenzt, und er musste umsichtig investieren. Mit der Zeit würde auch Pastor Beitz begreifen, dass er nicht abtrünnig geworden war, sondern nur versuchte, für alle Betroffenen das Beste zu tun. Er machte kehrt und folgte den anderen, erblickte aber gerade noch rechtzeitig in einiger Entfernung einen Reiter. Er schluckte, sein Puls beschleunigte sich ein wenig, denn er dachte, nein hoffte, es wäre Nora. Dann war der Reiter in Sichtweite. Ausgerechnet! Es war der Ire, Mike Quinlan!

»Ich dachte mir, dass ich dich hier treffen würde«, sagte Quinlan. »Hat jemand was dagegen, wenn ich mich euch heute anschließe?«

»Nein. Ich freue mich, dich zu sehen. Ist Theo bei dir?«

»Leider nicht, Walther. Aber er hat mir zwei Pfund mitgegeben, die du seiner Frau aushändigen sollst.«

»Wo steckt er?«

»Ist weitergereist zu den Goldfeldern bei Charters Towers. Jagt immer noch dem Glück hinterher.«
Walther furchte die Stirn. »Das ist nicht recht. Er hätte nach Hause kommen sollen. Seine Familie wohnt in einem Schuppen, seine Frau muss arbeiten.«
»Das tut mir Leid.« Mike hob die Schultern. »Theo ist nicht sehr erfolgreich. Es hat ihn große Mühe gekostet, dieses Geld zusammenzubringen. Ich bringe auch einen Brief mit Weihnachtsgrüßen für seine Familie. Zum Glück bin ich noch rechtzeitig hier angekommen.«
»Er hätte selbst kommen sollen.«
»Ach, du weißt doch, wie das ist«, sagte Mike. »Theo will als gemachter Mann nach Hause kommen. Man könnte sagen, er ist ein Träumer.«
»Oder einer, der nie zufrieden ist.«
Der Ire lachte. »Wie man's nimmt.«
»Und hast *du* Gold gefunden?« Walther brannte vor Neugier auf diese merkwürdigen Unternehmungen.
»Am Ende doch noch, gar nicht mal schlecht. Anfangs haben Theo und ich die Claims abgearbeitet und kein Körnchen gefunden. Dann hat er sich mit einem anderen Kerl eingelassen, der glaubte, er wäre einer großen Sache auf der Spur, und ich war schon im Begriff aufzugeben. Eine verdammt elende Sache, Walther, wenn der Erfolg ausbleibt. Als verliere man unentwegt beim Kartenspiel, besonders, wenn andere Leute es schaffen und jubelnd zu den Banken rennen.«
»Das muss ganz schön deprimierend sein«, sagte Walther leise.
»Das kannst du wohl sagen. Ich machte mich über die Hügel auf den Heimweg, da traf ich einen Kumpel, der Hilfe brauchte. Sein Stollen war eingebrochen, sein Partner abgehauen. Ich bin geblieben und hab ihm geholfen, seinen Stollen wieder auszugraben, und siehe da, am zweiten Tag entdeckte ich das Gold. Durch den Einsturz war eine hübsche kleine Mine freigelegt worden, eine der hübschesten überhaupt.«

»Was du nicht sagst!« Walther staunte. »Dann bist du jetzt ein reicher Mann?«
»Nicht reich, Walther, aber auch nicht mehr arm, mein Junge. Diese süße kleine Mine hat uns jeweils etwa fünfhundert Pfund eingebracht, und mehr brauche ich nicht für den Anfang. Ich habe gehört, ihr habt jetzt eine Kirche?«
»Oh, ja.« Walther konnte dem Themenwechsel nicht sofort folgen. Er hoffte, bei Gelegenheit noch mehr über diese rätselhafte Goldsucherei zu erfahren.
»Ja. Eine schöne Kirche, Mike, wir sind sehr stolz darauf. Die St.-Johannis-Kirche.«
»Wie schön für euch. Ich nehme mal an, der heilige Johannes hat nichts dagegen, wenn ein Katholik in seine Kirche kommt und dem Boss ein paar Dankesworte sagt?«
Walther grinste. Er mochte diesen Mann.
»Das hast du schön gesagt. Wir haben schließlich alle den gleichen Boss da oben im Himmel. Komm mit, und lass uns zusammen Weihnachten feiern.«

Mike war hingerissen von der St.-Johannis-Kirche. Er hatte in abgelegenen Gegenden schon viele kleine Kirchen gesehen. Alle waren aus dem vor Ort geschlagenen Holz gebaut, und die Träume und Mühen ihrer Pioniergemeinden spiegelten sich in den bleiverglasten Fenstern und den liebevoll geschnitzten Bänken wider. Diese Gebäude fassten kaum mehr als fünfzig Personen, doch das reichte. Sie erfüllten ihren Zweck. Die meisten dieser kleinen Kirchen hatte er hoch oben auf einsamen Hügeln gesehen, als Wahrzeichen der Gegend sozusagen, oder auf abgelegenen verlassenen Wiesen meilenweit von irgendeinem Ort entfernt, als Wächter über ein Dutzend vom Wind überwehter Gräber, aber St. Johannis war anders. Oh nein.
Er lächelte. Seine lutherischen Freunde hatten hier Ehre eingelegt. Diese Kirche stand in einem exotischen Garten, zu beiden Seiten des Eingangs erhoben sich Palmen. Von dort aus breiteten sich Reihen von blühenden Sträuchern aus, die

ihre roséfarbenen und roten Blüten in einem breiten Teppich über den Rasen streuten und von kräftigeren tropischen Pflanzen überragt wurden.
Das natürliche Amphitheater, das die Rasenflächen bildeten, hatte seine Vorteile, erkannte Mike. Aborigines hatten sich dort an diesem Morgen niedergelassen, die Gesichter in freudiger Erwartung den Fenstern der Kirche zugewandt, während die Weißen eintraten.
»Ein heiteres Bild, nicht wahr?«, sagte er zu Walther, und der nickte. »Ja, ich glaube, heute ist Gott unter uns.«

Mikes heiter-friedliche Stimmung hielt bis nach dem Gottesdienst an, als Mrs Zimmermann auf ihn zueilte und Theos Brief und die zwei Pfundnoten schwenkte.
»Sind Sie Mr Quinlan?«
»Ja. Und Sie sind wohl Mrs Zimmermann?«
»Ja. Wo ist mein Mann? Und was ist mit dem Geld, das er mir schickt? Wo ist der Rest? Er ist seit Monaten weg, es muss doch mehr sein. Was haben Sie mit dem restlichen Geld gemacht?«
»Tut mir Leid, Madam, es war nicht mehr. Das ist alles, was er hatte.«
»Nein! Selbst beim niedrigsten Lohn kommt doch mehr zusammen!«
»Aber die Goldgräberei läuft anders, meine Dame. Ganz anders. Kein Gold, kein Geld. Und Theo hat nur ein paar kleine Körnchen gefunden, bevor er nach Charters Towers aufgebrochen ist.«
»Das alles ist Ihre Schuld!«, schrie sie und weinte. »Sie haben ihm diese Flausen in den Kopf gesetzt. Sie haben ihn mitgenommen. Warum haben Sie ihn dann nicht auch zurückgebracht?«
Frauen eilten herbei, um sie zu beruhigen. Jakob nahm Mike beim Arm und führte ihn zur Seite.
»Beachte sie nicht. Es ist nur der Schock. Die ganze Zeit schon sagt sie, er würde wahrscheinlich heute kommen, als

Überraschung für die Kinder. Schwer zu begreifen, dass er es nicht getan hat. Aber sag, Mike, wie geht es dir? Es ist schön, dich wiederzusehen. Hast du auf den Goldfeldern dein Glück gemacht?«

»Ich habe nicht schlecht abgeschnitten, und deshalb wollte ich auch heute mit dir reden. Ich möchte dir einen Vorschlag machen. Wir könnten unser Geld zusammenlegen. Schließlich sind wir ja Nachbarn.«

Er erkannte sofort, dass Jakob nicht eben begeistert von seiner Idee war.

»Schlag jetzt nicht die Tür zu, bevor ich ausgeredet habe. Heute können wir nichts Geschäftliches besprechen, aber ich bin noch eine Weile hier.«

Am selben Abend fuhr er mit den Meissners in einem Buggy hinaus auf sein Land. Karl ritt sein Pferd, während Mike Jakob seinen Vorschlag unterbreitete.

Der Farmer war milde interessiert, doch Frieda, seine Frau, tat ihre Meinung kund, noch bevor Mike richtig begonnen hatte.

»Eine Rumbrennerei, Mr Quinlan? Nein, ganz sicher nicht. Wofür würde man uns Deutsche dann hier halten? Was würde der Vikar sagen, wenn er hier ankommt und erfährt, dass seine Pfarrkinder nicht nur eine Brauerei, sondern auch noch eine Rumdestille bauen? Gott steh uns bei, wir werden nicht einmal einen Gedanken daran verschwenden. Wir sind ehrbare Leute.«

Während das Pferd im Dunkeln dahinstampfte, hatte Mike das Gefühl, Friedas Mann mache sich über ihre Reaktion lustig. Er glaubte, ein leises Lachen zu hören, aber vielleicht war es auch nur ein Schnalzen, das das müde Pferd auf Trab bringen sollte. Es war spät. Fast Mitternacht.

Nach dem Festmahl hatten sie noch stundenlang gefeiert und gesungen. Walther hatte auf seiner Flöte gespielt, Bier und Wein waren in Strömen geflossen, und seine deutschen Freunde hatten eifrig das Tanzbein geschwungen. Mike hatte ihnen zum Takt von Walthers fliegenden Fingern sogar einen Jig vorgeführt, wild und rasant, und natürlich war Walther der Held des Tages gewesen. Er war ein begnadeter Flötenspieler. Der Pastor allerdings war nicht begeistert. Offenbar war der sanftmütige Riese aus irgendeinem Grunde bei Pastor Beitz in Ungnade gefallen.

»Rede weiter, sonst schlafe ich ein«, sagte Jakob. »Erzähl mir mehr über den Zuckerrohr-Anbau.«

Doch Mike war vorsichtig geworden. Der Alkohol konnte gefährlich die Zunge lockern. Mann und Frau könnten sich entzweien. Er musste die Frau auf seine Seite ziehen, sonst würde sie seinen großartigen Plan zerstören.

»Sitzen Sie bequem?«, fragte er die Frau, die vor ihm auf der harten Holzbank saß. Seit über einer Stunde wurde sie dort ordentlich durchgerüttelt.

»Soweit es möglich ist«, erwiderte sie steif und hielt sich am Geländer fest.

»Ach ja, für Damen taugen sie nichts, die groben alten Wagen. In eurer Heimat fahren die Leute bestimmt nicht auf solchen Bauernwagen.«

»Die Straßen sind besser«, erklärte sie.

»Aber natürlich! Also, das ist mir noch gar nicht in den Sinn gekommen. Alle Straßen hier sind ja kaum besser als Trampelpfade. Aber in den Städten habe ich erstaunliche Fahrzeuge gesehen, so gut gefedert, dass sie auch die schlechtesten Wege bewältigen, von innen gepolstert und mit einem wasserfesten Dach, das vor schlechtem Wetter schützt. Kannst du dir das vorstellen?«

»Solche haben wir zu Hause auch«, berichtete sie. »Aber hier habe ich noch keinen gesehen.«

»Wahrscheinlich nicht. Wir sollten einen Pakt schließen, Jakob. Wenn deine Frau schon hier draußen leben muss, soll sie die Erste sein, die …«

Frieda fiel ihm ins Wort. »Die Dixons haben komfortable Fahrzeuge, habe ich gehört. Gesehen habe ich sie allerdings noch nicht.«

»Dann zählen sie auch nicht. Wenn wir unsere Zuckerrohrernte eingebracht haben, werden wir sie übertrumpfen.«
»Welche Zuckerrohrernte?«
»Du hast wohl geschlafen«, sagte Jakob. »Mike hat doch erzählt, dass er sich mit Regierungsbeauftragten für die Landwirtschaft getroffen hat.«
»Ich habe nicht geschlafen. Wer sind diese Leute?«
»Das sind Herren, die über Land reisen und Farmer beraten, was sie anbauen sollen und was nicht.«
»So etwas habe ich noch nie gehört. Wenn die Farmer es nicht selbst wissen, wer dann?«
»Schon, aber wir alle sind neu hier in der Gegend, wir kennen den Boden nicht und gehen Risiken mit dem Klima ein. Und diese Burschen wollen verhindern, dass wir aufs falsche Pferd setzen.«
Jakob wandte sich ihr zu. »Walther hat auch mit ihnen geredet, und er ist ein umsichtiger Mensch.«
»Ich würde sagen, Walther ist noch viel mehr als umsichtig. Er hat viele Gesichter. Ich wusste nicht, dass er wohlhabend ist, ich hatte geglaubt, er sei nur Brauereiarbeiter.«
»Walther war es, der die Regierungsleute hinzugezogen hat. Mike hat auch mit ihnen geredet, in Maryborough, als er auf dem Heimweg war, und sie haben ihm erklärt, dass dieser fette braune Boden ideal für Zuckerrohr ist.«
»Wer sagt, dass sie Recht haben? Was wissen die denn? Sie leben nicht hier, oder? Wir sind Bauern, Jakob, wir bauen an, was wir kennen, und kümmern uns nicht um diese Gelehrten. Wir brauchen eine größere Milchviehherde; die Kühe, die wir bis jetzt haben, gedeihen prächtig.«
Warum auch nicht?, fragte sich Mike und lehnte sich auf der Ladefläche des Wagens zurück. Sie fressen ja auch Gras, das Gold wert ist.
Die Nacht war heiß und feucht, Myriaden von Sternen standen am Himmel, doch es war entschieden kühler als in der Glut des Weihnachtstages, die sie alle so mannhaft zu ignorieren versucht hatten.

Mike bemerkte, dass die beiden schwangeren Frauen Schwierigkeiten hatten, der Bursche mit dem Hinkebein auch, dieser Lukas. Ein feiner Kerl. Jemand hatte gesagt, er sei Viehtreiber, doch Mike bezweifelte es; dafür war er zu blass, sah geradezu unterernährt aus.

Er ließ die Sache auf sich beruhen. Am Morgen würde er mit den Kookaburras aufstehen, um den Meissners beim Melken zu helfen. In nüchternem Zustand würde es ihm schon gelingen, sie zu warnen, die Frau zu warnen, dass diese heißen Tage nicht einfach nur eine vorübergehende Hitzewelle waren. Es war ihr erster Sommer in Bundaberg, und die Küste von Queensland war trügerisch. Einwanderer zeigten sich immer begeistert von den milden Wintern und wollten nicht begreifen, dass der Sommer tropische Hitze brachte. Es gab keinerlei Abkühlung, und in Kürze schon würden sich die gelegentlichen Regengüsse zu einer ansehnlichen Regenzeit auswachsen.

Die Meissners nahmen ihn über Nacht in ihr erst teilweise fertiges Haus auf. Doch Mike war enttäuscht. Er hatte gehört, dass es ihnen gelungen war, eine ordentliche Menge Holz zu verkaufen, und nun zu erfahren, dass sie die Einkünfte für den Bau eines Hauses ausgaben, betrübte ihn. Es beeinträchtigte seinen großen Plan.

Am Morgen aber hatte Mike Gelegenheit, Jakob sein Projekt vorzustellen, ohne unterbrochen zu werden, und am Abend, als er aufgebrochen war, umriss Jakob den Plan für Frieda und Karl.

»Offenbar will der Plantagenbesitzer jenseits des Flusses, Mr Charlie Mayhew, eine genossenschaftliche Rumbrennerei aufbauen. Dafür benötigt er Partner, Zuckerrohrpflanzer, die die Brennerei überhaupt erst ermöglichen.«

»Wie ich schon sagte, wir sind Bauern, keine Pflanzer«, sagte Frieda, doch Karl widersprach ihr.

»Wo liegt der Unterschied? Wenn Zuckerrohr hier gut gedeiht, dann sollten wir ihn anbauen, gerade dann, wenn wir einen Abnehmer direkt vor der Haustür haben …«

Sie schüttelte den Kopf. »Du verstehst nicht. Walther baut eine Brauerei, und wir können doch nicht alle in die Alkoholproduktion einsteigen.«
»Frieda, Liebes, Zuckerrohr ist weiter nichts als eine Pflanze, ein Rohprodukt wie Weizen auch, um Himmels willen. Bitte sei doch vernünftig.«
»Wen interessiert, was Walther treibt?«, fragte Karl ärgerlich. »Es ist allein unsere Angelegenheit, und ich sage, wir stellen um auf Zuckerrohr. War es das, was Mike Quinlan mit dir besprechen wollte?«
»Ja«, antwortete sein Vater. »Er meint, wir sollen auf dem gesamten Land Zuckerrohr pflanzen, dann könnten wir unsere Mittel und die Arbeitskräfte gemeinsam nutzen.«
»Arbeitskräfte?«, schrie Frieda auf. »Wir sollen dann diese Inselmenschen bei uns haben? Die Kanaken?«
Karl war begeistert. »Unser gesamtes Land und Quinlans dazu, voller Zuckerrohr! Man stelle sich das vor! Das wird eine Ernte geben!«
Der Haken bei der Sache waren die Insulaner. Dass sie tatsächlich auf ihrem Grund und Boden würden leben müssen, machte Frieda nervös, schon gar, als sie hörte, dass sie mindestens dreißig Mann benötigen würden.
Sie stritten bis tief in die Nacht hinein, bis Jakob schließlich die Entscheidung traf.
»Wir stellen das Haus so kostengünstig wie eben möglich fertig. Dann suche ich noch einmal Mr Rawlins auf, denn wir fangen auf Karls Land an zu roden und zu pflanzen, um die Inspektoren zufrieden zu stellen. Ich werde ein weiteres Darlehen benötigen, um Unterkünfte für die Kanaken bauen zu können.«
»Ich habe doch gesagt …«, setzte Frieda an.
»Ja, das hast du. Aber die Kanaken sind billige Arbeitskräfte und für unser Unternehmen unerlässlich. Wenn du dich unter so vielen Schwarzen nicht wohl fühlst, kann ich das verstehen, dann suche ich dir eine Bleibe in der Stadt. Aber ein für alle Mal: Ich habe die Absicht, Zuckerrohr zu pflanzen.«

»Du glaubst, du kannst mich zu Pastor Beitz abschieben?«, fragte sie wütend.
»Nein«, erwiderte er ruhig. »Ich suche dir eine Wohnung in der Stadt, wo du dich bestimmt viel sicherer fühlst.«
»Vielleicht solltest du mich ganz wegschicken! Suche mir eine Wohnung in Deutschland, dann brauchst du dir um mich keine Sorgen mehr zu machen.«
»Wenn du willst«, antwortete er streng.

Wie Jakob es nicht anders erwartet hatte, gab es auf den Zusammenkünften mit Mayhew, Rawlins, Quinlan und ihm selbst einiges zu besprechen, und hinzu kamen gesonderte Gespräche mit Charlie Mayhew, der sie in die Grundlagen des Geschäfts einführte.
Sie besuchten Charlies Plantage, wo sie erfuhren, dass Zuckerrohr aus Neuguinea am besten geeignet sei, und sie verbrachten einen ganzen Tag mit der Einführung in die Organisation eines so großen Betriebs. Charlie lag sehr daran, dass sie Erfolg hatten, damit die Brennerei gedeihen konnte. Er tat sein Bestes, um alle Fragen zu beantworten und jede erdenkliche Hilfe anzubieten, und er lud Karl ein, auf der Plantage zu bleiben, zu arbeiten und Erfahrung zu sammeln, bis ihre eigenen Kanaken gebracht wurden und sie mit dem Pflanzen beginnen konnten.
Frieda hatte im Grunde nichts dagegen, allein zu sein. Die beiden Zimmerleute beendeten ihre Arbeit am Haus und gingen, und dann traf Davey mit seinem Ochsengespann ein und brachte die Möbel.
Er war zu höflich, um sich eine Bemerkung über die spärliche Lieferung zu erlauben, worüber sie froh war, denn es kostete sie viel Kraft, gegen die aufsteigenden Tränen anzukämpfen. Jakob hatte sie gewarnt, dass er an Möbeln und Einrichtungsgegenständen für das neue Haus würde sparen müssen, und Frieda hatte sich größte Mühe gegeben, genau aufzulisten, was sie unbedingt brauchte. Sie hätte wissen müssen, dass die glücklichen Stunden, die sie mit der Auf-

stellung ihrer Liste verbracht hatte, nicht das gewünschte Ergebnis erzielen würden. Das Haus selbst war genauso, wie sie es sich vorgestellt hatte: zwei Schlafräume, ein Wohnzimmer, ein Speisezimmer; Küche, Bad und Waschküche waren gesondert und durch einen Gang zu erreichen, und eine Veranda zog sich um die Vorderfront und die Seiten des ganzen Hauses. Sie hatten es so sorgfältig geplant, die abgetrennte Küche zum Schutz des Wohnbereichs vor Feuer, vor dem sie mittlerweile ja nachdrücklich gewarnt waren. Sie hatten bemerkt, dass breite Veranden hier gut genutzt werden konnten, zum Schlafen und auch als Wohnraum. Möbliert wäre das Haus wunderschön gewesen, dachte sie traurig. Doch Davey hatte nur das Unabdingbare geliefert: Betten, Küchentisch und Stühle, die Badewanne, ein paar weitere Kleinigkeiten einschließlich Bettleinen, Handtüchern und Decken … und den Herd.

Das machte sie wütend. Ein Glück, dass Jakob nicht zu Hause war. Sie war überzeugt, dass er den Herd als Trostpflaster für sie gedacht hatte, als Puffer gegen den Ärger, den diese magere Lieferung ihm einbringen würde.

Davey und sein Partner bauten die Betten auf, und als sie durch das leere Speisezimmer trampelten und ihre Stiefelschritte auf dem Holzfußboden hallten, da brach Frieda schließlich zusammen. Während ihr die Tränen in die Augen stiegen, konnte sie nicht mehr anders: Sie beschwerte sich bitterlich bei Davey.

»Er hätte mir wenigstens einen Frisiertisch für das Schlafzimmer bewilligen können, und die Anrichte für diesen Raum. Er ist so leer und hässlich, ich habe nicht einmal Gardinen.«

»Aber, aber, Missus. Nicht doch. Weinen nützt doch nichts. Sie haben Schlimmeres gesehen, oder? Noch vor kurzer Zeit hatten Sie nichts außer Ihrem Zelt.«

Sie nickte, ein wenig getröstet, bis sie bemerkte, dass Davey, die Pfeife im Mundwinkel, sie angrinste.

»Ich weiß nicht, was es da zu lachen gibt«, sagte sie bitter.

»Gibt's wohl auch nicht, Missus. Aber es kommt mir schon ein bisschen komisch vor, dass Sie sich eine Anrichte und so weiter wünschen und gar nichts haben, was sie hineinstellen könnten.«
Frieda starrte ihn an, tief gekränkt. Wie konnte er es wagen, sie zu kritisieren? Über sie zu lachen?
»Ihr Haus ist abgebrannt, Missus«, sagte er immer noch grinsend. »Wozu die Eile? Erst das Huhn fangen, dann die Suppe kochen, sagt man, oder so ähnlich.«
Er blickte zum Fenster hinaus.
»Hier kann man nachmittags herrlich sitzen, geschützt vor der Sonne im Westen.«
Dann wandte er sich ihr wieder zu. »Wenn ich das so sagen darf, Missus … Sie sollten die Dinge nicht so ernst nehmen. Im Busch kann so viel schief gehen, wie Sie selbst schon gesehen haben, da ist es sinnlos, sich wegen Kleinigkeiten den Kopf zu zerbrechen … Ich will ja nicht sagen, dass all diese hübschen Möbel Ihnen nichts bedeuten sollen, aber dabei geht es nicht um Leben und Tod, oder? Nur eine kleine Enttäuschung, weil sie erst später kommen. Kein Grund, um zu weinen.«
»Es ist sowieso nicht mehr wichtig«, erwiderte sie. »Ich ziehe in die Stadt, wenn diese Kanaken kommen.«
»Wieso? Sind doch nette Menschen, die Kanaken. Oder halten Sie sie nicht für menschliche Wesen? Sie sollten ein paar von ihnen kennen lernen, bevor Sie so etwas tun. Also, die Kanaken und ihre Frauen … die lachen so gern. Sie nehmen das Leben nicht allzu ernst, sie arbeiten hart, haben aber auch ihren Spaß, wenn sich die Gelegenheit bietet … Moment mal. Das hätte ich ja fast vergessen! Ich habe hier einen Brief für Jakob.«
Er zwinkerte ihr zu. »Soll ich ihn auf die Anrichte legen, Madam?«, fragte er mit einer großen Geste.
»Lieber auf den Schreibtisch des Hausherrn, drüben in der Ecke«, Frieda lachte, »aber erst, wenn ich ihn abgestaubt habe.«

»Na also!«, sagte Davey erfreut. Er reichte ihr den Brief, und sie schob ihn in ihre Schürzentasche.

Als Jakob voller Neuigkeiten über ihre Fortschritte nach Hause kam, begleiteten ihn Mike und zwei Kanaken. Sie waren eher bronzefarben, nicht so metallisch schwarz wie die Aborigines, und beide waren schäbig gekleidet. Wahrscheinlich trugen sie tatsächlich abgelegte Kleidung, dachte Frieda und fragte sich, ob diese demütigende Erfahrung sie überhaupt störte.

»Das ist Henry«, sagte Jakob, »und das sein Sohn Herbert. Sie sind beide erfahrene Arbeiter, und wir können uns glücklich schätzen, sie für uns gewonnen zu haben, Frieda.« In seinem Tonfall schwang die Forderung mit, sie möge freundlich zu ihnen sein, und sie überraschte ihn, indem sie vortrat und den Männern die Hand reichte.

»Wie geht es dir?«, fragte sie Henry, der mit einem breiten Lächeln antwortete und ihr begeistert die Hand schüttelte. Herbert, ein hübscher junger Mann, wie sie feststellte, wollte nicht zurückstehen und ergriff ebenfalls ihre Hand. »Wie geht es dir, Missus!«

Mike Quinlan lachte.

»Du hast dir Freunde fürs Leben geschaffen, Frieda. Sie haben nicht oft Gelegenheit, jemandem die Hand zu schütteln.«

»Sie ist eine nette Lady, nicht wahr?«, fragte er die Männer, und beide nickten wild und fröhlich lächelnd.

Schließlich gingen sie mit Mike ihrer Wege, und Frieda folgte Jakob in die Küche. »Ich koche Kaffee«, sagte sie. »Und hier ist ein Brief für dich. Wer ist Eduard Berger?«

Sie sah, wie er mit offenem Mund, sprachlos auf einen Küchenstuhl sank.

»Ich wusste nicht, dass es eine Privatangelegenheit ist«, sagte sie, obwohl es nicht ganz der Wahrheit entsprach. Als sie tagelang allein zu Hause war und der Brief auf dem Küchentisch lag, hatte die Neugier sie überwältigt. Gewöhnlich

pflegte sie die Briefe ihres Mannes nicht zu öffnen, aber dann war er ja auch meistens in der Nähe …
Mittlerweile kannte sie den Brief auswendig. Sie beobachtete Jakob, als er ihn überflog.

*Lieber Herr Meissner,*
*es ist meine traurige Pflicht, Sie zu informieren, dass meine Mutter, Traudi Berger, letzte Woche verstorben ist. Sie ist in meinem Haus gestorben, und ich danke Gott, dass ich an ihren letzten Tagen bei ihr sein konnte. Sie ist nach einer schweren Lungenentzündung friedlich eingeschlafen und bat mich, Sie über ihren Tod in Kenntnis zu setzen. Sie bat mich außerdem, Sie an ihre Bitte zu erinnern. Um was für eine Bitte es sich handelt, hat sie mir nicht erzählt, und deshalb nehme ich an, dass Sie wissen, was gemeint ist.*
*Gehen Sie mit Gott, mein Herr,*
*Eduard Berger*

»Also, wer ist Traudi Berger?«, bedrängte Frieda ihn.
»Eine Freundin. Sie war eine sehr gute Freundin«, antwortete er traurig.
»Was wollte sie? Was war das für eine Bitte?«
»Darüber muss ich nachdenken!« Er schob seinen Stuhl zurück und stürmte aus dem Haus. Frieda war verärgert. Habe ich nicht versucht, ihm zu helfen, indem ich freundlich zu den Kanaken war?, dachte sie verstimmt. Und mich bemüht, mich nicht wegen der ausstehenden Möbel zu beklagen? Und dafür muss ich diese Grobheit in Kauf nehmen. Diese plötzliche Geheimniskrämerei!
»Das will ich nicht«, sagte sie laut und ging ihm nach.
»Ich möchte meinen, du hast reichlich Zeit gehabt, darüber nachzudenken, Jakob. Und ich habe tagelang niemanden zum Reden gehabt, außer diesem großen alten Leguan, der jetzt unter der Veranda lebt. Ich wäre maßlos dankbar für ein Gespräch. Was hat sie von dir gewollt?«

»Sie wollte, dass ich ihren Sohn nach Australien mitnehme.«
»Dass du ihn mitnimmst? Sie hat dich schon vor unserer Abreise darum gebeten?«
»Ja.«
»Wann war das?«
»Um Gottes willen, Frieda, vor unserer Abreise! Ist es so wichtig, den genauen Tag zu wissen? Ich habe ihr gesagt, dass es unmöglich ist, und mehr gab es dazu nicht zu sagen.« Er setzte sich auf die Küchentreppe und zog seine Stiefel aus. »Wie gefällt dir dein neuer Herd?«
»Er ist wunderschön. Davey und sein Partner haben ihn aufgestellt und sogar Feuer gemacht, um sicherzugehen, dass der Abzug richtig funktioniert. Wie alt ist dieser Eduard?«
»Ich weiß es nicht. Vielleicht einundzwanzig, zweiundzwanzig. Ich kenne ihn nicht.«
»Du hast nicht einmal den Versuch gemacht, deiner alten Freundin diesen Gefallen zu tun?«, fragte sie, sich des Misstrauens in ihrem Tonfall wohl bewusst. »Er schreibt aus Hamburg, dort wird er dann wohl wohnen. Du musst es doch gewusst haben. Warum hast du ihn nicht an Pastor Beitz verwiesen? Der wäre ihm bei der Auswanderung behilflich gewesen. Er hätte sich über den Neuzugang gefreut …«
»Es geht dich nichts an, Frieda. Du hast nichts mit der Sache zu tun.«
»Ich glaube doch, sonst wäre diese Heimlichtuerei nicht nötig. Würdest du dich nicht so angegriffen fühlen. Was darf ich nicht wissen?«
»Hör bitte auf, ja? Ich will diese Steine im Garten ausgraben, solange es noch hell ist.«

Da er neu war, gab der schwere eiserne Herd in der Küche noch unangenehme Dämpfe ab, und Frieda überlegte, ob sie das Abendbrot draußen auf dem geschenkten Klapptisch servieren sollte, den sie während ihres Zeltlebens benutzt hatten. Dann beschloss sie jedoch, in der Küche zu essen und den Geruch zu ertragen.

Sie sog bedauernd die Luft ein. »Wir haben ein Speisezimmer, aber keinen Tisch.«
»Wir könnten diesen Tisch hinübertragen.«
»Großartig! Und was mache ich ohne Tisch in der Küche?«
Sie aßen schweigend. In der Küche war es heiß und feucht, was den Geruch noch verstärkte. Jakob blickte über die Schulter. Das Fenster stand offen, doch draußen regte sich kein Lüftchen. Frieda trug die Suppenteller ab und brachte Rindfleisch und Knödel. Die Schüssel mit gekochtem Gemüse stellte sie vor Jakob auf den Tisch.
»Tut mir Leid wegen der Möbel«, sagte er plötzlich. »Mir war gar nicht klar, wie leer das Haus sein würde. Haben wir noch von Evas Eingemachtem?«
Sie ging zur Speisekammer und sah sich um. Der Raum war voller Vorräte. Jakob hatte den Fleischkasten aufgefüllt. Und im Regal lagen sechs Flaschen Wein.
»Woher kommt der Wein?«, fragte sie ihn fassungslos.
»Aus dem Pub!« Jakob lachte, das Wort gefiel ihm, machte ihm Spaß. »Aus dem Pub! Ich habe schon darauf gewartet, dass du es merkst. Ich dachte, wir könnten ein bisschen feiern, wir zwei allein, jetzt, da Karl nicht hier ist. Aber mir war nicht bewusst, wie deprimierend das leere Haus für dich ist.«
»Das habe ich nie gesagt.«
»Und du hast auch nicht angeboten, Quinlan unser schönes neues Heim zu zeigen.«
Frieda kniff die Augen zusammen. »Auf deine alten Tage schärft sich wohl dein Wahrnehmungsvermögen.«
»Nicht unbedingt. Wir haben unterwegs Davey getroffen. Er sagte, in diesem leeren Haus hallt es wie in einer Kirche.«
»Stimmt auch.« Frieda dachte an die Speisekammer, an den Überfluss an guten Lebensmitteln, an das köstliche Obst und den Honig und die wild wachsenden Nüsse, die man einfach nur pflücken musste, und sie dachte an Daveys Bemerkung, dass sie das Leben viel zu ernst nähme.
Es war schwer, zum zweiten Mal an einem einzigen Tag zu-

rückzustecken, und daher fiel dieser Versuch verkrampfter aus als der Handschlag mit den Kanaken. »Ein Glas Wein würde gut zum Essen passen«, sagte sie.
Sie sah zu, wie Jakob die Flasche entkorkte und in die Kiste griff, die ihnen als Küchenschrank diente. Darin befand sich eine bunte Sammlung von gespendetem Geschirr, Bechern und Küchengeräten, die bisher noch keinen festen Platz gefunden hatten, und sein Gesicht wurde lang.
»Wir haben keine Gläser.«
Männer!, dachte Frieda. Das fällt ihm jetzt erst auf.
»Nimm nicht alles so furchtbar ernst, Jakob. Die Becher tun's auch, sie sind sauber.«
»Oh! Gut!« Sekunden später kam er mit dem Wein zurück und zeigte sich reuig von seiner besten Seite. Als hätte er ein Verbrechen begangen, indem er ihr die gewünschten Möbel versagte.
»Ein Trinkspruch«, sagte er. »Auf uns, Frieda. Und auf bessere Zeiten.«
»Danke. Aber ich finde, gerade jetzt erleben wir unsere bisher beste Zeit, Jakob. Wir besitzen mehr Land, als wir uns je hätten träumen lassen, ein wunderbares Haus mit Fenstern, die wir nicht mal zu schließen brauchen, und wir sind alle gesund und wohlbehalten.«
»Amen«, sagte er erleichtert.
Der Wein war vollmundig und fruchtig und eignete sich wahrscheinlich besser für kühlere Gefilde, aber für australische Verhältnisse war er ausgezeichnet, fast so gut wie ihre heimischen Weine. Und sie kamen überein, dass es letztendlich gar nicht so schlimm war, noch auf die Möbel verzichten zu müssen. Und dass die Kanaken auf Quinlans Land untergebracht wurden, war auch nicht schlecht.
»Du bleibst also?«, fragte Jakob.
»Ja. Ich muss mir abgewöhnen, ständig zu fragen, was wohl die Nachbarn denken. Unser nächster Nachbar wohnt zehn Meilen entfernt, und außerdem interessiert es sowieso niemanden.«

Jakob füllte noch einmal die Becher, und die Flasche war leer. »Sag das nicht, Liebes. Mich interessiert es. Ich will, dass du glücklich bist.«

»Dann nenn mir nur einen Menschen hier, der Kritik üben würde, wenn wir unser Haus mit selbst gezimmerten Möbeln statt mit fertig gekauften einrichten würden. Kein einziger, Jakob. Es war dumm von mir, alles auf einmal haben zu wollen.«

»Ich würde viel mehr für dich tun, wenn ich nur könnte«, sagte er, »aber wir brauchen jeden Penny und auch das neue Darlehen, um die Plantage aufzubauen.«

»Du hörst mir nicht zu, Jakob. Ich sagte, es ist gut so. Es ist nicht wichtig. Davey meint, wir nehmen alles viel zu ernst.«

Überrascht hob er den Kopf. »Das sagt Mike Quinlan auch. Und Charlie Mayhew. Sie sagen, ich mache mir viel zu viele Gedanken. Davon würde ich ein Magengeschwür bekommen. Sie sagen, alles ist in Ordnung, aber ich bin mir nicht sicher, ich weiß nicht, ob ich nicht manchmal ganz schreckliche Fehler mache.«

Frieda lachte. »Ich glaube, jetzt verstehe ich den Witz endlich.«

»Welchen Witz?«

»Was ist schlimmer? Keine Gläser zu haben oder keinen Schrank, in dem sie stehen können?«

»Ich weiß es nicht. Ich glaube, Frieda, du hast einen Schwips.«

»Hab ich auch. Ich bin glücklich. Das gefällt mir so am Weintrinken.«

»Dann musst du mir diesen Witz erklären.«

»Nein. Dir wird's von selbst aufgehen. Es ist die Einstellung der Menschen hier. Ihr Humor ist einzigartig. Und ziemlich schrecklich. Davey hat mich ausgelacht. Jetzt lache ich dich aus, mein Lieber. Was hast du so Schlimmes getan, dass du es vor mir geheim halten musst?«

»Ich habe nichts getan.«

»Sei jetzt sehr vorsichtig. Wir sind hier ganz allein, in unserem Garten Eden. Kein Sohn, der uns schief angucken könnte. Wir könnten unsere Matratze hinaus auf die Veranda bringen und uns unter dem Sternenhimmel lieben, wenn du dich mir anvertrauen wolltest.«

»Oh Gott, Frieda, nicht das schon wieder!«

Sie ging um den Tisch herum und setzte sich auf sein Knie. »Lass es mich so ausdrücken. Wenn du mir keine Erklärung abgibst, muss ich den Schluss daraus ziehen, dass dieser junge Mann, dieser Eduard, dein Sohn ist.«

Frieda wäre beinahe gestürzt. Sie musste sich an Jakob festhalten, um ihre Balance und den festen Boden unter den Füßen zurückzugewinnen.

»Ich koche uns am besten einen Kaffee, während wir darüber reden, Jakob.«

»Mir gefällt ihre Art«, sagte Frieda. »Auf dem Totenbett richtet sie noch einmal diese Bitte an dich. Und du weißt, dass du sie ihr dieses Mal nicht abschlagen kannst. Was für ein Schuft bist du doch! Dein eigener Sohn!«

»Es war dein Geld, Frieda. Dein Erbe. Wie hätte ich dich da bitten können, einen Fremden mit einzubeziehen?«

»Das konntest du nicht«, sagte sie zu seiner Überraschung. »Jedenfalls wäre ich dagegen gewesen. Bestimmt. Weil wir ins Ungewisse aufbrachen, möglicherweise in die Hölle. Da hätte ich nicht einmal meine eigene Mutter mitgenommen. Aber jetzt sind wir hier, da liegen die Dinge anders.«

Sie saßen draußen auf der Treppe zu ihrem Heim und redeten über Eduard, diesen jungen Mann, Jakobs Sohn, den keiner der beiden kannte, und schließlich beschlossen sie, ihn zu sich einzuladen.

»Was wird Karl dazu sagen?«, sorgte sich Jakob. »Was wird er von mir denken? Er mag Eduard vielleicht gar nicht in unserer Familie willkommen heißen.«

»Wir werden sehen. Was er davon hält, dass du ein Kind gezeugt und seine Existenz ignoriert hast, ist dein Problem. Wenn er seinen eigenen Bruder jedoch nicht in die Familie aufnehmen will, werde ich ihn mir vorknöpfen. Ich konnte ihm keinen Bruder und keine Schwester geben. Jetzt hat er einen Bruder. Das wird ihm gut tun. Er wird nicht allein auf der Welt sein, unser geliebter Junge, wenn wir abtreten müssen …«

»Jetzt wirst du sentimental.«

»Da hast du Recht«, sagte sie müde.

Hanni, auf dem Weg zurück zum Hotel, stapfte durch den Regen. Es dampfte um sie herum, doch wie alle anderen auch hatte sie gelernt, mit der Regenzeit, wie die Einheimischen es nannten, zu leben. Regenzeit ist durchaus eine treffende Bezeichnung, dachte sie und duckte sich unter ihren Schirm, aber immerhin ist es warm. Wie in einer Waschküche. Sie hatte gute Nachrichten für Eva. Sie war noch rechtzeitig gekommen, um sich ein Häuschen zu sichern, nachdem sie erst am Vorabend erfahren hatte, dass der Besitzer, ein Mr Gibson, mit seiner Familie nach Maryborough zog. Zuerst war es peinlich gewesen. Mr Gibson hatte gewusst, dass Evas Mann noch nicht wieder zu Hause war, und er hatte keine Lust, sein Haus an zwei Frauen und drei Kinder zu vermieten. Hanni hatte sich beeilt, ihm die Situation zu erklären.

»Nein, nein. Mein Mann, Mr Lukas Fechner, ist der Verantwortliche.«

»Und wo ist er?«

»Er arbeitet, Sir. Deshalb habe ich freie Hand, Vereinbarungen mit Ihnen zu treffen.«

»Und kann er denn die Miete für Sie alle bezahlen? Auch für die Zimmermanns? Das ist eine ganze Menge, Mrs Fechner.«

»Aber ja. Das ist kein Problem. Mrs Zimmermann arbeitet inzwischen als Köchin im Royal Hotel, und ich bin dort Stubenmädchen. Wir haben alle unser Einkommen.«

»Sehr schön. Ich erwarte, dass Sie mein Haus in Ordnung halten und den Garten versorgen. Meine Frau wäre sehr betrübt, wenn Sie ihre Pflanzen verkümmern ließen.«

»Wir werden den Garten pflegen, Sir.«

»Schön. Die Miete zahlen Sie an Mr Pimbley, den Ladenbesitzer. Kennen Sie ihn?«
»Natürlich, Sir. Wir sind befreundet.« Hanni betete innerlich, dass Mr Gibson nicht über Jim Pimbley von ihrer noch andauernden Trennung von Lukas erfuhr.
Seit Weihnachten hatte sie Lukas nicht mehr gesehen, doch Eva, die nach wie vor sonntags zur Kirche ging, hatte berichtet, dass er für Walther das Fundament der Brauerei mauerte. Immerhin hat er jetzt Arbeit und eine gute Zukunft, hatte Eva gesagt, wenn er zu einem so frühen Zeitpunkt bei Walther einsteigt.
»Die beiden, die werden es zu was bringen, Hanni. Gib gut Acht, sonst übergehen sie dich. Ich verstehe nicht, warum du dich nicht mit Lukas versöhnst. Übertriebener Stolz, das ist alles. Glaub mir, du musst deinen Stolz vergessen, wenn du heutzutage weiterkommen willst …«
Welchen Stolz?, fragte sich Hanni. Nach allem, was ich erlebt habe! Nachdem mein Mann mir an allem die Schuld gibt! Doch sie war froh, endlich aus diesem Schuppen ausziehen zu können. Freute sich darauf, ein Zimmer für sich allein zu haben. Was für ein Luxus. Es war das reinste Chaos, eine Wohnung mit Eva und den Kindern teilen zu müssen, doch von Eva war es freundlich gewesen, sie aufzunehmen, und deshalb durfte sie sich nicht beklagen.
Unter der Markise des neuen Einrichtungshauses in der Burbong Street machte sie Halt und sah zu, wie Reiter eine Herde von Pferden auf einem freien Platz zusammentrieben. Es beunruhigte sie, wenn Reiter in die Stadt kamen, es machte ihr Angst, weil Keith Dixon unter ihnen hätte sein können und sie womöglich vor allen Leuten beschimpfte. Hanni hatte sich verändert. Die brutalen Vorfälle hatten sie gründlich verängstigt, und obendrein noch als Diebin bezeichnet zu werden … Manchmal überlegte sie, ob sie nicht mit Pastor Beitz reden, ihm alles beichten sollte, damit sie guten Gewissens wieder in die Kirche gehen konnte, doch sie bezweifelte, dass er sie verstehen würde. Höchstwahrscheinlich

würde er nur alles noch verschlimmern, indem er mit dem Finger auf sie und ihre Schande zeigte, auf sie ganz allein. Gott weiß, wie er reagiert, sagte sie sich, aber du kannst sicher sein, dass du selbst am schlechtesten dabei wegkommst, also lass es lieber.

»Ich wollte, ich könnte nach Hause«, sagte sie leise, als sie das schützende Dach hinter sich ließ und barfuß durch tiefe Pfützen watete. Nachdem das Gespräch mit Mr Gibson nun hinter ihr lag, hatte sie die Schuhe an den Senkeln zusammengebunden und sich um den Nacken gelegt. Warum sollte sie sie völlig ruinieren?

»Genau das werde ich tun«, sagte sie plötzlich. »Ich spare mein Geld und gehe nach Hause. Oder wenigstens zurück nach Hamburg.«

Charlie Mayhew befand sich mit Constable Colley auf dem Weg zum Pub. Er sah Hanni um die Straßenecke kommen und auf die Rückseite des Gebäudes zustreben.

»Sag mal, Clem. War das nicht das deutsche Mädchen, das auf Clonmel arbeitet?«

»Gearbeitet hat, Charlie. Sie ist schon seit einer Ewigkeit nicht mehr dort. Wurde gefeuert.«

»Lieber Himmel! Warum denn? Sie machte so einen netten Eindruck und war sehr tüchtig.«

»Das beweist wieder mal, wie sehr der erste Eindruck trügen kann. Sie hat gestohlen.«

»Nie im Leben!«

»Doch. Deswegen wurde sie gefeuert.«

Charlie sah ihn zweifelnd an. »Das kann ich nicht glauben.«

In diesem Augenblick sprangen die Viehtreiber die Stufen des Pubs herab. »Hey, Colley. Irgendein Kerl sucht dich. Ihm fehlen sechs von seinen Pferden.«

»Wo ist er jetzt?«

»Wieder auf dem Weg zum Polizeiposten.«

»Mist!«, sagte Colley und stapfte davon, ohne Charlie auch nur zum Abschied zuzunicken. Charlie war froh, ihn los zu sein. Er mochte Colley nicht, doch der Kerl hatte sich an ihn gehängt, als er ihn auf der Straße sah.

Jules Stenning erwartete ihn an der Bar. »Charles, alter Junge! Wo hast du so lange gesteckt? Ich bin dir schon zwei Whisky voraus.«
»Sitzungen und nochmals Sitzungen. Ich brauche ein Bier, ich sterbe vor Durst.«
Stenning bestellte ihm ein Ale, während Charlie fortfuhr: »Ich hatte nicht gewusst, dass so viel Papierkram notwendig ist, um eine Brennerei aufmachen zu können. Du musst das für mich erledigen, Jules.«
»Das ist eine komplizierte Angelegenheit. Der Import von Spirituosen ist streng reguliert, aber du beschreitest Neuland, wenn du selbst Rum produzierst und ihn hier verkaufen beziehungsweise exportieren willst. Glaubst du wirklich, dein Rum ist gut genug, Charlie?«
»Es wird der beste Rum, den du je gekostet hast, Jules, und dadurch kommt Bundaberg ganz groß raus. Immer mehr Farmer stellen auf Zuckerrohr um, wenn sie vernünftig sind. Eines Tages werden unsere Ebenen hier von Zuckerrohrfeldern bedeckt sein, so weit das Auge reicht.«
Er griff nach dem Glas, das der Barkeeper vor ihn hingestellt hatte, und leerte es in einem Zug bis zur Hälfte.
Jules lachte. »Sinnlos, mir das zu erklären. Ich bin nur Angestellter im öffentlichen Dienst, alter Junge. Aber du solltest nicht vergessen, dass dein Unternehmen davon abhängt, dass neue Regelungen in die Lizenzgesetze aufgenommen werden. Du kannst nicht einfach heimlich eine Brennerei bauen. Die Regierung muss die Bestimmungen ändern, um dir den Bau gestatten zu können.«
»Das weiß ich. Und du wirst diese Änderungen doch in meinem Sinne befürworten, nicht wahr, Jules? Du kennst dich in der Sache aus.«
»Natürlich tu ich das, aber dir dürfte doch nicht entgangen sein, dass unser Abgeordneter strikter Antialkoholiker ist.«

»Nein. Und deshalb muss er weg. Wir müssen eine Kampagne starten und ihn abwählen. Wir sollten einen Wahlkampffonds für Keith einrichten. Ich weiß, dass die Dixons genug Geld haben, um ein Dutzend Kampagnen zu finanzieren, aber ein Wahlkampffonds erweckt bei den Wählern den Eindruck, als ginge es um einen ganz normalen Burschen, der Geld braucht. Außerdem sind dadurch die Leute beteiligt, lassen sich mitreißen, wenn's auf ihr Geld ankommt. Dann müssen wir dafür sorgen, dass die Leute hier auf der Wählerliste stehen, und mindestens die Hälfte steht nicht drauf, wie du wohl weißt, Jules …«
»Moment mal! Ich muss mich da raushalten. Ich gelte als neutral. Gründe du ein Komitee, Charles. Bring die Sache ins Rollen. Aber halte mich da raus. Ich bin natürlich auf deiner Seite, aber nicht öffentlich. Trotzdem, im Moment würde ich sagen, du bist selbst dein ärgster Feind. Ich habe mit Keith gesprochen. Wenn du auch sein Freund bist, ist er doch nicht bereit, deine Brennerei zu befürworten.«
»Was? Wieso nicht? Ich weiß, der alte J. B. hält es für eine untaugliche Sache. Ganz klar, er kennt ja nichts außer Schafen. Aber Keith … er ist dabei.«
»Nein, ist er nicht. Er hat was gegen all die Deutschen, die hier aufkreuzen. Das Kommando übernehmen, wie er sagt.«
»Sie übernehmen gar nichts. Genauso wenig wie die Dänen. Zum Kuckuck, Jules … kürzlich sind fünfzig Dänen durchgereist. Worüber regt er sich auf?«
»Die Dänen sind offenbar im Landesinneren verschwunden, aber deine Deutschen sind ganz vorn, übernehmen das Ruder.«
Charlie war verdutzt. »Das kannst du doch nicht glauben. Die sind nicht anders als wir anderen auch. Wir sind alle neu hier, keiner von uns ist hier geboren. Vor ein paar Jahren gab es diese verdammte Stadt noch gar nicht. Wieso sollen die anders sein als wir?«
Sein Freund seufzte. »Da hast du's. Wenn du glaubst, deine Brennerei wäre eines Tages das ganz große Geschäft, freuen

wir uns alle. Aber nicht, wenn du deutsche Partner hast. Verstehst du nicht, was Keith sagt, Charles? Sie reißen hinterrücks alles an sich. Eines Tages haben sie dich mit ihrer Raffgier rausgedrängt. Sie schieben dich einfach zur Seite.«
»Aber ich habe doch nur die Meissners als Partner, und Mike Quinlan!«
Jules hob die Schultern und bestellte zwei Whisky. »Wohl kaum die beste Wahl, wenn du Keiths Hilfe brauchst. Und dann ist da noch dieser andere Deutsche, der eine Brauerei bauen will. Ich will sagen, Charlie, die mit ihrer eigenen Kirche und Gemeinde da draußen, wo sie Gott weiß was im Schilde führen und versuchen, die Schwarzen zu indoktrinieren, und dann auch noch dieser Kleinschmidt …«
»Wer ist das?«
»Noch so einer von dem deutschen Haufen. Er ist jetzt Geschäftsführer der Sägemühle. Also bestimmt er, wer dort arbeitet und wer nicht. Auch so infiltrieren die Deutschen unsere Gemeinschaft. Ganz zu schweigen von seinen Verwandten, die da oben in den Holzfällerlagern das Sagen haben …«
Charlie wurde wütend. »In dieser Stadt und ihrer Umgebung leben inzwischen wohl tausend Leute, Jules. Meines Wissens sind darunter höchstens zwanzig Deutsche. Höchstens zwanzig, hörst du?«
»Ich schätze, wenn die Wählerliste steht, wirst du eines Besseren belehrt werden, Charlie. Inzwischen solltest du aber den Ausländern den Laufpass geben, falls du deine Brennerei haben willst.«
»Wie soll ich das tun? Nur sie sind bereit, das finanzielle Risiko mit mir zu teilen. Ich sagte doch, J. B. Dixon will nicht …«
»Ah, ja, er mag nicht mit ansehen, wie in dieser schönen Gegend Fabriken und schmutzige Dörfer entstehen.«
»Auf seinem Schafzüchterland«, sagte Charles wütend. »Will er deshalb Keith in die Politik drängen?«
»Ganz und gar nicht. Ein Abgeordneter in der Familie ist eine Ehre.«

Gründlich verwirrt verließ Charlie die Bar. Er hatte gehört, dass Stenning nach dem Debakel mit den schottischen Bergleuten von Keith abgerückt sei und Dixon junior oft genug als Dummkopf bezeichnet habe. Nach allem, was er jetzt gehört hatte, waren die Fronten nun vertauscht. Es war möglich, dass Jules, ein schlauer Fuchs, hier seine eigenen Pläne verfolgte, doch das erklärte noch nicht die Einstellung der Dixons.

Donner grollte in der Ferne, und schwere Gewitterwolken ballten sich zusammen. Charlie blickte stirnrunzelnd nach oben. Seine Kanaken hatten in kürzester Zeit sein gesamtes Zuckerrohr geerntet und zur Mühle gebracht, bevor der Regen einsetzte, und das war ein Segen. Aber die Aborigines sagten voraus, dass diese tropischen Stürme, die sie jetzt erlebten, Vorläufer eines mächtigen Regens waren.

Er hoffte, dass sie sich irrten. Jetzt schon kämpfte er gegen kleinere Überflutungen auf seinem Besitz, und es war erst Januar. Man sagte, die Regenzeit könne bis weit in den April hinein andauern. Doch jetzt ließ ihm dieses andere Problem keine Ruhe. Charlie hasste es, wenn andere ihm Vorschriften machten, besonders, wenn es sich um seine »Freunde« handelte. »Wie können sie es wagen, mir zu diktieren, mit wem ich Geschäfte machen darf und mit wem nicht?«, sagte er leise und suchte rasch Schutz, als ein Blitz einen heftigen Donnerschlag ankündigte und der Regen mit aller Macht einsetzte.

Eilig lief er zu den Ställen. »Ich hätte nicht übel Lust, mich nach einem anderen Kandidaten umzusehen«, sagte er zu sich selbst. »Ehrlich gesagt, die Stadt braucht Keith nicht und auch nicht unseren derzeitigen Abgeordneten, wenn sie die Rumindustrie nicht fördern wollen. Aber wen? Viel Zeit bleibt nicht mehr; die Wahlen finden im März statt.«

Charlie gestand sich ein, dass Keith ja nicht direkt gegen die Rumindustrie war, sondern nur gegen seine Partner, doch das kam aufs Gleiche heraus. Charlie war ein Starrkopf, hatte eine gute Ausbildung genossen. Aufgewachsen war er in

Sydney, hatte eine Zeit lang Chemie studiert, bis ihn die Reiselust packte.
Er landete schließlich in Jamaika und lebte eine Weile auf der Zuckerrohrplantage von Freunden, und so wurde, wie er seinem Vater erklärte, der Grundstein gelegt. Er wollte auch Pflanzer werden und seinen eigenen Rum herstellen.
Dank des von seinem Vater, der mehrere Juweliergeschäfte in Sydney und Brisbane besaß, bereitgestellten Geldes zweifelte Charlie nicht an seinem Erfolg. Er würde seinen Vater nicht enttäuschen, und er würde auch nicht zulassen, dass hinterwäldlerische Cowboys wie die Dixons ihm in die Quere kamen.
»Ich selbst werde dem einen oder anderen wohl in die Quere kommen«, sagte er und eilte geduckt über die Straße und den schlammigen Weg zu den Ställen entlang.

Eine Woche später war Charlie wieder in der Stadt, besuchte seine Freunde und wies darauf hin, dass sie einen starken Repräsentanten in der Regierung brauchten und Keith Dixon daher nicht in Frage kam. Einige äußerten Bedenken, dass die aufstrebende Stadt es sich nicht leisten könnte, die Dixons vor den Kopf zu stoßen, wenngleich Keith, wie sich herausstellte, sich nicht gerade großer Beliebtheit erfreute.
»Wen stört das?«, fragte Charlie. »Die Wahl ist geheim. Kein Mensch wird je erfahren, wer wen gewählt hat …«
Am darauf folgenden Freitag war er wieder da und bemühte sich um einen Konsens bei der Aufstellung eines beliebten Kandidaten, um dann festzustellen, dass er selbst genannt wurde.
»Nein! Nein! Sosehr ich die Unterstützung auch zu schätzen weiß«, sagte er zu Jim Pimbley und dem Hafenmeister, »so lange kann ich meine Plantage nicht im Stich lassen. Da draußen arbeiten achtzig Kanaken für mich und nur vier Weiße. Ich leite den Besitz persönlich.«
Jim nickte. »Das haben die anderen auch gesagt. Du könntest dich nicht monatelang in Brisbane aufhalten, und des-

halb haben wir uns auf einen Ersatzkandidaten geeinigt. Les Jolly. Und das Schöne daran ist, dass er sich interessiert zeigt. Er könnte Erfolg haben.«

Jules Stenning staunte, dass so viele Männer sein Büro aufsuchten, um sich in die Wählerlisten eintragen und sich bestätigen zu lassen, dass die Wahl tatsächlich in geheimer Abstimmung erfolgte. Es dauerte nicht allzu lange, bis er der Ursache für dieses plötzliche politische Interesse auf die Spur kam. Ein neuer Kandidat sollte die Bühne betreten. Les Jolly! Und der hatte den Großteil der Einheimischen auf seiner Seite.

Stenning lächelte. Er war in der glücklichen Lage, sich nach beiden Seiten absichern zu können. Falls Keith gewann, hätten die Deutschen nichts mehr zu melden, und das würde bedeuten, dass Walthers Brauerei ein Traum blieb. Das Gebäude, an dem er mit seinen Freunden arbeitete, würde als Luftschloss enden.

Und dann war da Les Jolly. Ein netter Kerl. Zupackend. Tüchtig. Hatte überall seine Finger drin. Holzfällerei, Sägemühle, Hotel, Landbesitz ... Sämtliche Landverkäufe mussten in Stennings Büro registriert werden, und er hatte zugesehen, wie Les Jolly ein Stück Land nach dem anderen kaufte, und er fragte sich, woher das Geld wohl kommen mochte.

Er hatte Rawlins gefragt.

»Er investiert jeden Penny, den er einnimmt, Jules. Er nimmt Darlehen auf, zahlt sie pünktlich zurück, nimmt weitere auf. Ich würde sagen, Les Jolly ist auf dem sicheren Weg zu seiner ersten Million, ohne sein Büro verlassen zu müssen.«

Jules seufzte. Er wäre gern auch so gewesen. Er hatte schon mal daran gedacht, in der Stadt Grundstücke zu kaufen, zu einem Viertel des Preises, wie er in Maryborough bezahlt wurde, aber er hatte es immer wieder aufgeschoben. Kein Mensch konnte garantieren, dass diese Stadt bestehen blieb. Sie war immer noch nichts weiter als ein Umschlagplatz für die Wolle von den großen Schafzuchtfarmen. Er stimmte mit J. B. Dixon überein, wenngleich er es Charlie gegenüber nicht zugegeben hatte … dessen Traum von riesigen Zuckerrohrplantagen und von Rumbrennereien war nichts weiter als heiße Luft. Viel zu weit hergeholt für diese Kleinstadt. Aber, so freute er sich innerlich, wer ist denn Noras neuester Verehrer? Kein anderer als Les Jolly. Irgendwie hoffte Jules, dass er den Sprung in die Regierung schaffen würde. Das würde Nora vielleicht beeindrucken, viel stärker, als Keith es je konnte. Wenn es auch unwahrscheinlich war. Der Wahlbezirk war groß. Bundaberg war nur ein Punkt auf der Landkarte. Squatter wie die Dixons hatten die Fäden in der Hand. Die Besitzer der großen Schafzuchtfarmen würden ihre eigenen Männer unterstützen, und ihre stärkste Basis war Maryborough, groß genug, um den Schlüssel zum Sieg in der Hand zu halten. Für Keith Dixon.

»Tut mir Leid, Les.« Jules hob die Schultern. »Aber es wäre schön gewesen, einen Schwiegersohn in der Regierung zu haben.«

# Dritter Teil

## *14. Kapitel*

Trotz der dräuenden Wolken, die am Himmel aufzogen, trotz der üppig grünen Wälder längs der Küste, die nicht preisgaben, was hinter ihnen lag, war der Vikar überwältigt von Erleichterung, als die *Clovis* in Moreton Bay vor Anker ging. Die lange, entsetzliche Reise war vorüber, Brisbane nicht mehr weit.

»Ich könnte an Deck auf die Knie sinken und weinen«, sagte er zu Freddy und bekreuzigte sich fachmännisch. Das war schon zur Gewohnheit geworden.

»Ich glaubte schon, das alles sei nur ein grausamer Scherz. Eine Buße. Und wir seien dazu verdammt, in alle Ewigkeit weiterzusegeln … hinein in den dichten, kalten Nebel …« Er lachte übermütig. Die Erleichterung machte dem Triumph Platz, dem Triumph darüber, dass er es tatsächlich bis hierher geschafft hatte. Wo seine Ehrbarkeit garantiert war. Wo ihn ein gutes Leben erwartete.

Eine Barke mit mehreren uniformierten Männern kam längsseits, und Friedrich wich ruckartig von seinem Aussichtsplatz an der Reling zurück, als man ihnen an Bord half. Wenn sie nun hinter ihm her waren? Ihn holen wollten? Ihn von Bord zerren und in ihr Gefängnis schleppen? Auf dem Schiff sagte man, die Gefängnisse in diesem Land wären die grausamsten der ganzen Welt. Verbrecher würden erbarmungslos geschlagen. Mörder den Haien vorgeworfen. Er hätte weinen können. Jetzt … nachdem er so weit gekommen war, so viel ertragen hatte, jetzt würde man ihm doch nicht so etwas antun? Drängend und stoßend eilte er zu seiner Kabine, zitterte, schwitzte, bis sie kamen und riefen:

»Vikar Ritter! Vikar Ritter. Sind Sie da?«

Er konnte nicht antworten. Sein Gaumen war trocken, sein Gesicht schweißüberströmt. Er fiel auf die Knie. Sie konnten einen Geistlichen doch nicht während des Gebets verhaften, oder? In seiner Panik betete er tatsächlich.
»Bitte, Gott, verschone mich. Hab Erbarmen mit einem armen Sünder …«
»Vikar Ritter?« Die Tür öffnete sich. Sie kamen. Unaufgefordert traten sie ein. Um ihn zu holen.
»Oh! Entschuldigen Sie, dass ich Sie beim Beten störe.«
Aus halb geschlossenen Augen erkannte er den Steward.
»Die Post ist gekommen. Ich habe einen Brief für Sie.«
Was für einen Brief? Wer sollte ihm schreiben? Es war eine Falle. Er ignorierte den Eindringling, flüsterte unverständliche Gebete, spielte Theater nach allen Regeln der Kunst und erhob die Augen zum Himmel.
»Ich lege ihn einfach hierhin, ja?«
Der Vikar senkte die Stimme zu einem tönenden Murmeln, Gereiztheit im Ton, und der Steward verstand.
»Entschuldigen Sie die Störung.«
Er war fort. Friedrich wartete. Es gab keinen Menschen, der ihm hätte schreiben können. Der Freddy hätte schreiben können. Ein Brief hätte erst mit dem nächsten Schiff folgen können. Er drehte sich um und betrachtete den Umschlag. Er lag auf seinem Koffer. Lag da so unschuldig wie eine Rattenfalle. Oben an Deck herrschte fiebernde Aufregung, übertönten schrille Stimmen das Rumpeln von schweren Gegenständen, die abgestellt oder umhergeschleppt wurden, bevor die Boote eintrafen, die die Passagiere und ihre Habseligkeiten flussaufwärts nach Brisbane transportieren sollten.
Friedrich schluckte. »Sag jetzt nicht, du kennst Leute in Brisbane, Freddy. Du wirst doch nicht etwa erwartet? Lieber Himmel! Ist mir in deinen Papieren womöglich etwas entgangen? Ich sollte mich gleich hier aus dem Staub machen. An Land springen, sobald mein Boot die Küste erreicht hat. Gott allein weiß, wer mir da schreibt, verdammt noch mal! Und ich habe mich so wunderbar auf die Über-

nahme meiner gemütlichen Arbeit in Bundaberg vorbereitet! Nun ja, schauen wir lieber mal nach …«
Er griff nach dem Brief und riss ihn auf.
»Oh Gott! Gelobt sei der Herr! Der Brief ist von deinem Boss, Freddy. Von meinem Boss. Dem alten Pastor. Er schreibt, um die *Clovis* und meine geschätzte Person in diesem neuen, gesegneten Land willkommen zu heißen, bla, bla … Er will, dass ich seine Kirchenglocke beim Zollamt abhole. Mehr nicht. Gott im Himmel! Dein Pastor Beitz hat mir vielleicht einen Schrecken eingejagt! Er schreibt, sie haben eine wunderschöne Kirche, und uns erwartet eine glückliche, fromme Gemeinde. Mich. Also machen wir uns auf den Weg. Ahoi, wie die Seeleute sagen. Wir gehen an Land.«

Die Freude darüber, das Schiff verlassen zu können, erfüllte Friedrich mit unverhoffter Sentimentalität, als er über den Anleger wankte. Trotz der grauenhaften Qualen auf See erinnerte er sich an die süßen Gelegenheiten, wenn er dank des Vaters ein wenig Zeit mit der schönen Adele hatte verbringen können. Sie war im Verlauf der Wochen aufgeblüht. Ihr blondes Haar war gewachsen, die seidigen Locken hatten oft im Wind geweht, ihr Gesichtsausdruck war sonniger geworden, und feine Sommersprossen schmückten ihre Wangen. Diese kostbaren Gelegenheiten waren entschieden zu selten gewesen und gerade deshalb umso bezaubernder.
Von den Stewards hatte er einiges über die Hoeppers erfahren, einschließlich der Tatsache, dass der alte Herr ein reicher Kaufmann war … ein bedeutender Mann … und Adele sein einziges Kind. Die restliche Familie war irgendeiner Katastrophe zum Opfer gefallen. Diese Information befähigte ihn, Adele sein Mitgefühl zu zeigen, und bei der ersten Gelegenheit …
»Mein liebes Mädchen. Ich spüre doch, dass etwas Tragisches Sie berührt hat«, sagte er, und sie blickte ihn überrascht an.
»Das spüren Sie?«

»Aber ja. Die Augen sind die Fenster zur Seele. Sie verraten alles. Ich erkenne auch Ihre Tapferkeit, die Art, wie Sie der Welt um Ihres Vaters willen ein fröhliches Gesicht zeigen. Ich werde dafür beten, dass Ihr Kummer nicht zu einer Last wird.«

»Danke, Herr Pastor. Sie sind sehr freundlich.« Tränen traten in ihre wunderschönen blauen Augen. »Manchmal ist es schwer zu ertragen, und ich frage mich, ob ich jemals darüber hinwegkommen werde.«

»Sie werden es verwinden, Fräulein Hoepper. Sie schaffen es. Und wenn Sie die Last des Kreuzes, das Sie tragen, erleichtern möchten, können Sie jederzeit mit mir reden.«

Damit war der Grundstein für ihre seltenen und kostbaren Gespräche gelegt, die ihnen ermöglicht wurden, als Hoepper darauf bestand, dass der lutherische Pastor gelegentlich zur ersten Klasse zugelassen wurde, um für die Passagiere auf dem Oberdeck seelsorgerisch tätig zu werden. Nach dem Gottesdienst luden sie ihn stets zu Kaffee und Kuchen ein, jedoch nie zum Abendbrot, und vermutlich erwarteten sie auch noch, dass er ihnen dankbar war. Wäre dieses liebe Mädchen nicht gewesen, hätten sie sich ihre eigenen Gottesdienste erfunden. Genauso, wie er es tat.

Doch Friedrich erkannte seine Tragödie in der Situation, die er mit Romeo und Julia verglich. Adele stand hoch oben auf ihrem Balkon ... in der ersten Klasse ... unerreichbar, und er, der arme Romeo, war dazu verdammt, unten zu bleiben. Die von unsichtbaren Mächten getrennten Liebenden. Er war sicher, dass sie, wenn er Gelegenheit gehabt hätte, ihr den Hof zu machen, statt auf diesen flüchtigen Besuchen den Pastor zu spielen, seinem Charme erlegen wäre. Sie unterhielt sich gern mit ihm, und sei es auch nur über den Wert des Betens! Auf dem Schiff hatte er sich solche Szenen so oft vorgestellt, dass er sie sich jetzt nur schwer aus dem Herzen reißen konnte.

Benommen sah er sich um, als die Passagiere der unteren Klasse an Land gingen, sich in ihrer anfänglichen Bestür-

zung aneinander festhielten und verloren wirkten wie Strandgut, das die Flut an Land gespült hatte.
Er riss sich zusammen, ordnete seine Gedanken und ging weiter. Die Passagiere der ersten Klasse waren wohl schon früher von Bord gegangen. Und an all den anderen hatte er nicht das geringste Interesse. War vielmehr froh, sie abschütteln zu können.
Vermutlich sollte er das tun …

Friedrich hielt es für das Beste, diese verdammte Glocke abzuholen und den Tag, wenn das erledigt war, nach Lust und Laune zu genießen.
Seine Erkundigungen führten ihn vom Zollhaus zu einer Reihe von Lagerschuppen. Als die Glocke gefunden war, riss er die Augen auf.
»Was soll das?«, fragte er. Er stand vor einer riesigen Kiste, bestimmt eine Tonne schwer. Und vor einer Frachtrechnung. Einer gewaltigen Rechnung.
»Wollen mal sehen«, sagte der Angestellte, der die Glocke ausfindig gemacht hatte. »Da ist zunächst die Rechnung. Die muss bezahlt werden, bevor wir sie Ihnen aushändigen können. Hinzu kommt der Zollbetrag, dann noch die Aufschläge für die verspätete Bezahlung und …«
»Nein! Nein. Verdammt noch mal. Was ist in der Kiste?«
»Die Glocke, Herr Pastor. Eine Kirchenglocke, für einen Kirchturm, vermute ich.«
»Aber … aber … ich habe mit einer kleinen Glocke gerechnet. Mit einer, die ich tragen kann.«
»Wie bitte? Soll das heißen, man hat Ihnen die falsche Glocke geschickt? Himmel, das ist ja ein Ding!« Er lachte. »Ein ganz verteufelter Irrtum, wenn ich so sagen darf.«
»Ja«, pflichtete Friedrich ihm bei. Er war nicht bereit, sein Geld herzugeben, um dieses Monstrum zu bezahlen. »Ja, da haben Sie Recht. Ein ganz verteufelter Irrtum. Wir müssen die Glocke zurückschicken.«
»Aber wer bezahlt das?«

»Der Hersteller. Ihm ist schließlich dieser Fehler unterlaufen.«
»Stimmt. Sie haben völlig Recht. Wenn Sie bitte hier unterschreiben wollen?«
Er bemerkte, dass die Rechnung auf Pastor Beitz ausgestellt war, und unterschrieb mit dessen Namen. Der Angestellte ahnte ja nichts. Die verteufelte Rechnung war mitsamt der Glocke auf dem Weg zurück nach Hamburg.

Nachdem das erledigt war, schlenderte Friedrich eine belebte Straße entlang und begann mit seiner privaten Erkundung der neuen Umgebung.
»Ich muss ein bisschen über diese Stadt wissen, für den Fall, dass ich von unserer Gemeinde zu einem überstürzten Rückzug gezwungen werde«, ließ er Freddy wissen, doch dann sah er sein Spiegelbild in einem Schaufenster und blieb staunend stehen.
»Unglaublich«, sagte er. »Ich sehe völlig echt aus. In dieser Verkleidung, mit dem langen Haar und dem Bart, hätte ich mich beinahe selbst nicht erkannt. Als Vikar mache ich eine glänzende Figur, ohne mich selbst loben zu wollen.«
Er warf sich in die Brust, rückte seinen Hut zurecht und ging mit festen, gemessenen Schritten weiter. Die Läden und Büros erschienen ihm unerwartet neu, so als wären sie erst vor kurzer Zeit entstanden. »Was durchaus möglich ist, wenn ich mich nicht irre«, murmelte er.
Dann stieß er auf zwei Theater und hätte beinahe vor Entzücken einen kleinen Freudentanz aufgeführt. Den großen, plüschigen Foyers nach zu urteilen waren es Theater von einigem Niveau. Im Victoria wurde *Othello*, eines seiner Lieblingsstücke von Shakespeare, gegeben, und im Playhouse auf der anderen Straßenseite lief eine Komödie, *Dash the Duke*. Friedrich hätte beinahe auf der Stelle das Handtuch geworfen, war versucht, zu einem Barbier zu laufen und sich den Bart aus dem schönen Gesicht rasieren zu lassen ... sein Haar wieder zu der gewohnten nackenlangen Lockenfrisur

zu schneiden, die die Damen so bezaubernd fanden. Für sein Leben gern hätte er eine Rolle in *Dash the Duke* gehabt. Es hörte sich nach einem großen Spaß an.
»Wie würdest du dich wohl auf der Bühne machen, Freddy?«, fragte er. »Ich würde glänzen. In diesem Nest kann es doch gar keine anständigen Schauspieler geben. Allerdings wäre ich dann nicht mehr Friedrich, sondern ein anderer, einer mit einem Namen wie zum Beispiel Percy Buckingham … ich glaube, das wäre englisch genug. Und mein deutscher Akzent käme mir entgegen; schließlich ist deren Königshaus mit unserem verwandt. Und … du würdest verschwinden müssen, Freddy.«
Er lachte und setzte seinen Weg fort, ohne auch nur nach Bordellen zu suchen. Die würden sich zu gegebener Zeit schon finden. Er war seinem Ziel jetzt zu nahe, um sich herumtreiben zu können; er hatte seinen Ruf zu wahren, solange dieser ihm Vorteile einbrachte.
Die Straße war so breit wie ein Fluss, mit eleganten Pferden und noch eleganteren Fahrzeugen, die an schwerfälligen Wagen vorbeiflitzten, und die Fußgänger wirkten so bunt und fröhlich wie in den Hamburger Parks zur Sommerzeit. Die Herren trugen helle Anzüge, um die sie der Vikar mit seinem schwarzen Rock und dem schwarzen Hut glühend beneidete.
Die Damen waren eine helle Freude, ein buntes Gemisch von Farben mit luftigen Hüten und Rüschen aus Mousselin und Gingham und Voile mit kühnen Schärpen, die den Königlichen Dragonern Ehre gemacht hätten. Adele wird Acht geben müssen, dachte er. Er bemerkte aber auch die klobigen schwarzen Stiefel an ihren vermutlich zierlichen Füßchen, was einen Blick zum grau bewölkten Himmel nach sich zog. Stiefel zu Sommerkleidern! Zweifellos kannten sie die Wetterverhältnisse sehr gut, sonst wäre dieser sündhafte Stilbruch unerträglich gewesen. Selbst hier.
Zum Mittagessen entschied er sich für das Britannia, ein mäßig teures Hotel. Man führte ihn zu einem unauffälligen

Tisch mit Blick über den Fluss und entschuldigte sich dafür, dass es keinen Fisch mehr gab.

»Das ist schade. Man hat mir Ihren Fisch so warm empfohlen …«

Der Koch, ausgerechnet ein Chinese, tauchte aus seiner Küche auf, murmelte tief empfundene Entschuldigungen und bestätigte mit hoher schriller Stimme, dass sein Fisch tatsächlich der beste sei, aber nicht heute. Er krümmte sich unter seinen Entschuldigungen, während eine Witwe im schwarzen Kleid mit großer Diamantbrosche in der Nähe stand und den Wert seiner Beteuerungen einzuschätzen suchte. Dann trat sie einen Schritt vor.

»Entschuldigen Sie, Herr Pastor, sind Sie von St. John's?«

»Ja, das bin ich«, sagte er, beeindruckt von seiner Fähigkeit, sich zu erinnern, dass die Gemeinde von Bundaberg sich St. Johannis nannte, doch war das offenbar nicht allein ein glücklicher Zufall. Er erfuhr schon bald, während sie schwatzte und ihm auf Kosten des Hauses ein Wein serviert wurde, so schwer, dass er ihn fast aus den feuchten Socken gehauen hätte, dass St. John's der Name der geplanten Kathedrale der Kirche von England in dieser Stadt war. Eines schönen Tages … sagte er zu Freddy. Für ein ruhiges Leben und einen guten Wein tat er alles.

Der Chinese selbst brachte ihm als Ersatz für den Fisch Lammrücken. Köstliches, exzellentes, herrliches Lamm mit einer schmackhaften dicken Zitronensoße und einer Terrine voll gedünstetem Gemüse. Dazu wurden ihm neuerliche Entschuldigungen serviert, und er nahm sie überaus gnädig entgegen.

Sie hätten ihm auch Kutteln servieren können. Sie hätten ihm Schweinsfüße oder Ochsenschwanz vorsetzen können, ihm wäre doch das Wasser im Mund zusammengelaufen. Alles war besser als der Schlangenfraß, den er auf dem Schiff hatte ertragen müssen, jedenfalls unten in den niederen Klassen. Bevor er ging, bedankte er sich beim Koch. Das war ihm wichtig. Er wäre fast an seinem Lachen erstickt, als er dem eifrigen Chinesen ein zusammengefaltetes lutherisches Heftchen in die Hand drückte.

Als die Hoeppers an Bord der *Tara* gingen, hatte der Vikar sich bereits in einer Kabine der ersten Klasse eingerichtet, sein Gepäck verstaut. Er riss sich zusammen, um nicht in dem sehr kleinen, gut ausgerüsteten Salon herumzulungern, der auch als Speisesaal diente. Er beschloss, Brisbane für schlechte Zeiten in Erinnerung zu behalten, für den bisher nur erfundenen Percy Buckingham, den berühmten Schauspieler, denn die Stadt gefiel ihm. Doch vor ihm lagen, so ermahnte er sich, eine lebenslange Aufgabe und ungezählte Möglichkeiten, Geld zu scheffeln, und deshalb durfte Brisbane ihm im Augenblick nicht mehr bedeuten als eine interessante Kulisse.

Er saß mit dem Kapitän, den Hoeppers und zwei Ehepaaren zu Tisch, die, wie er erfuhr, riesige Schafzuchtfarmen besaßen. Es waren entzückende Leute, und sie luden die deutschen Reisenden zu sich ein, damit sie das Land besser kennen lernten. Friedrich interessierte sich nicht für das Land, geschweige denn für Farmen, doch es handelte sich augenscheinlich um reiche Leute, und deshalb versprach er, genau wie Hoepper, zu gegebener Zeit der Einladung Folge zu leisten.

Am Abend gelang es ihm, Adele »zufällig« an Deck zu treffen und mit ihr spazieren zu gehen, und es war die pure Freude. Zwar berührte er sie nicht ein einziges Mal, doch auf seine ihm eigene Art zeigte er der kleinen Jungfrau seine Liebe.

»Ich habe sie nicht einmal mit dem kleinen Finger angefasst«, berichtete er Friedrich. »Nicht einmal gestreift habe ich sie. Ich habe nur über alltägliche Nichtigkeiten mit ihr geplaudert, mit leiser, intimer Stimmlage. Ich habe sie mit der Zartheit meiner Aufmerksamkeiten quasi verschlungen, und einmal ist es mir gelungen, ihr so tief in die Augen zu blicken, dass sie fast in Ohnmacht gesunken wäre. Ich auch.

Ihre Lippen sogen mich praktisch an, aber ich weiß, dass ich sie behutsam umwerben muss, die Kleine. Und Gott sei gedankt für deinen weiten Rock, Freddy, denn ohne ihn hätte ich meine Erregung kaum verbergen können. Aber davon verstehst du wohl nichts.«
Er lachte, während er sich auskleidete. »Oder doch? Möchte wetten, du und deine Mitheiligen, ihr wisst genau Bescheid!«

Während der Küstendampfer nach Norden pflügte, wurde der Regen heftiger, und Friedrich zog sich in seine Kabine zurück, statt seinen Gefährten Gelegenheit zu weiteren Plaudereien zu geben. Belanglose Gespräche führten zu Fragen nach Familie, nach Heim und Herd, nach Anknüpfungspunkten – all das, was er vermeiden musste. Er hatte eine gewisse Meisterschaft darin entwickelt, sich Menschen vom Leibe zu halten, ohne sie zu kränken, doch ihm entging kaum eine Einzelheit, die seine Gesprächspartner von sich gaben. Das war wohl der Lohn dafür, dass er gezwungen war, zuzuhören, statt zu reden.
Doch als er jetzt auf die dunstige See hinausblickte, wurde ihm klar, dass es an der Zeit war, seine Rolle als Seelsorger inmitten einer Herde gottesfürchtiger Schwachköpfe ernst zu nehmen. Er hatte seine Antrittsrede vorbereitet, ein Meisterstück aus liebevoller Begrüßung, Gotteslob, Demut und Schmeichelei. Ganz gleich, wie sie aussahen oder was sie getan hatten, er würde ihren Glauben, ihr Durchhaltevermögen und ihre harte Arbeit loben … ihr strahlendes Beispiel … was auch immer. Die Menschen hörten gern nette Dinge über sich selbst, was ihnen in Predigten selten geboten wurde. Nein, nie. Seine Predigten würden sie lieben.
Nach ein paar Tagen auf See schaukelte die *Tara* durch eine Bucht, nahm einen Lotsen an Bord und fuhr unter starken Regengüssen in die Mündung eines breiten Flusses ein. Der Regen wurde immer heftiger, und es gab nichts zu sehen, nichts zu tun, außer in der Kabine zu lungern und ein paar

Damenjournale zu durchblättern, die er im Salon gefunden hatte. Zusammen mit einer schönen Messinglampe, die jetzt tief unten in seinem Koffer ruhte.
Als das Nebelhorn dann endlich ihre Annäherung an die Zivilisation verkündete, setzte Friedrich seinen Hut auf, legte den Mantel an und begab sich an Deck, so aufgeregt, als stünde ihm eine Premiere bevor.
Sie fuhren in den Hafen ein, wo schattenhafte Gestalten zur Begrüßung im Regen kauerten und Arbeiter mit Tauen und Gangways durch die Pfützen wateten, und dann nahm alles wie gewohnt seinen Lauf. Wieder einmal, als erwartete den Ersten an Land ein großer Preis, dachte Friedrich und ließ sich Zeit, wie es sich für einen vornehmen Herrn und Geistlichen gehörte. Er ergriff hilfreich den Arm einer alten Dame mit Schirm, drehte sich kurz um und sah die Hoeppers, die sich vorübergehend von ihm verabschiedeten.
»Ein Steward bringt uns zum Hotel, Herr Vikar«, sagte Herr Hoepper. »Ins Royal, glaube ich. Wir sehen uns bestimmt bald wieder. Der Start ins neue Leben fällt allerdings reichlich feucht aus«, fügte er noch hinzu, während sie schon unter ihren Schirmen davoneilten.
Friedrich sah keinen Sinn darin, auf sein Gepäck zu warten, und ließ es ins Pfarrhaus von St. Johannis schicken. Er eilte einen steilen Weg hinauf auf der Suche nach einer Pferdedroschke, wurde jedoch von einem jungen Mann aufgehalten.
»Entschuldigen Sie«, sagte dieser aufgeregt, »sind Sie Vikar Ritter?«
»Ja.«
»Oh! Tut mir Leid, Herr Vikar. Sie hätten uns Nachricht von Ihrer Ankunft geben sollen.«
Er erläuterte dem Ankömmling allerdings nicht, wie er das hätte bewerkstelligen können. Später allerdings erfuhr er, dass ein Telegramm möglich gewesen wäre.
»Aber das ist jetzt unwichtig. Ich bin Hans Lutze, und dort … das ist mein Bruder Max. Wir arbeiten hier, und es

war ein Glücksfall, dass ich Sie an Land gehen sah. Max!«, rief er. »Das ist Vikar Ritter. Unser Vikar Ritter!«
Max begrüßte ihn genauso überschwänglich, und als Friedrich schließlich auch ein Wort anbringen konnte, bat er die beiden, den Titel wegzulassen und ihn einfach mit »Herr Ritter« anzusprechen – um den Respekt gegenüber Pastor Beitz zu wahren. Sie nickten zustimmend, in erster Linie darauf bedacht, ihn »nach Hause« zu bringen.
»Ich schaue mich nach einem Fahrzeug um und hole das Gepäck«, sagte Max zu seinem Bruder. »Du kümmerst dich um Vikar Ritter.«
»Ja. Würden Sie bitte mit mir kommen?«, forderte Hans ihn auf.
Friedrich nickte. Keiner der beiden Männer in derber Arbeitskleidung schien Notiz von dem unablässigen Regen zu nehmen. Friedrich fragte sich, ob er sich nur einbildete, dass sein schwarzer Velourshut tropfnass, wahrscheinlich sogar ruiniert war. Auch sein Gesicht war nass, und sein schwerer Mantel, vom Regen noch schwerer geworden, hatte sich in ein türkisches Dampfbad verwandelt, aus dem es für seinen schwitzenden Körper im Augenblick kein Entrinnen gab.
Er fand Schutz unter dem undichten Vordach eines der Lagerschuppen, wo Hans nach der spontanen und freudigen Begrüßung nun in schüchternes Schweigen verfiel. Friedrich nahm die Gelegenheit wahr, ihm seinen Dank für die Rettung aus der Verwirrung seiner unangekündigten Ankunft auszusprechen. Dann fragte er nach seiner Arbeit, nach der Arbeit, die die anderen gefunden hatten, um sich vorab schon einmal ein Bild von seiner Gemeinde machen zu können. Als Max zurückkam, hatte Friedrich schon viel über diese Menschen erfahren und in Hans einen Freund gefunden. Allerdings überraschte ihn die Anzahl der lutherischen Auswanderer. Er hatte mit mindestens hundert Leuten gerechnet, aber es waren nur etwa zwanzig und dazu ein paar neugeborene Gemeindekinder – das war natürlich viel besser. Das verringerte die Möglichkeiten von Unruhestiftern.

»Tut mir Leid«, sagte Max. »Mehr konnte ich für Sie nicht tun, im Augenblick jedenfalls nicht. Davey hier wird Sie hinaus zur Gemeinde bringen.«

Friedrich wusste inzwischen, dass Max und Hans und ein paar andere stolz auf dem wunderschönen Kirchenland lebten, in einem idyllischen Gemeinwesen. Daher kam auch die Bezeichnung Gemeinde. Anscheinend scharten sie sich um die Kirche und das Pfarrhaus. Friedrich, der oft genug monatelang in der Enge einer Theatergruppe gelebt und Geld und Vergnügen geteilt hatte, war mit dieser Regelung einverstanden und gratulierte Hans zu seiner Loyalität der Kirche gegenüber. Sein Plan, alle Mitglieder der Gruppe für sich zu gewinnen, so dass sie ihn liebten und ihm vertrauten, schien aufzugehen.

Davey war ein drahtiger kleiner Bursche aus dem Ort mit einem merkwürdigen englischen Akzent, den der Vikar kaum verstehen konnte, und schlimmer noch, er war der Kutscher eines mächtigen, mit Möbeln voll gepackten Wagens, den ein Gespann großer Ochsen zog.

»Gütiger Gott!«, rief Friedrich, entsetzt darüber, dass dies Gefährt ihn transportieren sollte, als hätte er am Straßenrand das nächstbeste Fahrzeug angehalten, doch dann sah er, wie sich die Gesichter der anderen schmerzlich enttäuscht verzogen. Max und Hans hatten Angst, dem frommen Kirchenmann nicht den gebührenden Respekt erwiesen zu haben. Und so sah es auch aus. Doch Friedrich, stets auf Harmonie bedacht, erlöste sie aus ihrer Pein. Blitzschnell trat er nach vorn, um die Ochsen zu bewundern.

»Gütiger Gott!«, sagte er noch einmal. »Was für prachtvolle Tiere! Herrliche Tiere, und so sanftmütig. Seht sie euch nur an!«

Daveys wettergegerbtes Gesicht verzog sich zu einem Ausdruck puren Entzückens, während er hinzueilte, um dem jungen Vikar seine Ochsen namentlich vorzustellen und voller Stolz über ihre guten Eigenschaften zu berichten … der hier ist ein Führer, die hier auch, der ist ein Schelm, ein wei-

terer ein bisschen träge, noch ein anderer sehr stark, und das weiß er auch ... und so ging es weiter, und auch Max und Hans konnten wieder glücklich lächeln.
Und so begab sich Friedrich auf den Weg zu seinem lang ersehnten neuen Zuhause. Er saß vorn bei Davey, eine Ölhaut um die Schultern gelegt. Hinter ihm, in einem Käfig aus einem umgekehrten Tisch und einem Drahtgeflecht, gackerten Hühner, sich bitterlich beschwerend. Dahinter lag inmitten eines Bergs aus Möbeln sein Gepäck.
Friedrich hatte die Stadt Bundaberg nicht besichtigen können, hatte, wie er vermutete, nur einen Blick auf die Vororte erhascht, denn vom Anleger aus waren sie über eine mit Schlaglöchern und Baumstümpfen übersäte Straße gerumpelt, wie sie, das erkannte er jetzt, hier wohl üblich war.
Der Regen ließ nicht nach, aber außer dem Wald am Straßenrand gab es ja ohnehin nichts zu sehen.
»Eine Sackgasse«, sagte Davey irgendwann. »Ihre Gemeinde liegt am äußersten Ende von Taylor's Road. Dort muss ich wenden und weiterziehen. Ich bringe diese Möbel hinaus auf eine Station.«
»Oh, es gibt hier eine Eisenbahn?«
»Nein. Station nennen wir die großen Schafzuchtfarmen. So, da sind wir.«
»Wo?« Friedrich sah noch immer nichts als Wald.
»Sehen Sie dort drüben den Torbogen? Dort führt der Weg hinein. Der überwuchert allmählich schon wieder. Das Wetter, verstehen Sie, da wächst das Zeug schneller, als man es ausreißen kann. Ich komm mit und sag den Leuten guten Tag.«

Der Pastor war so alt wie Methusalem und völlig verrückt im Kopf. Er hastete den Pfad entlang, der vor dichtem Gestrüpp kaum zu erkennen war, barfuß, die gebrechliche Gestalt in ein weites Hemd und sackartige Hosen aus grober Baumwolle gehüllt. Friedrich schätzte, dass der wehende graue Bart wohl seit einem Jahrzehnt nicht mehr gestutzt worden war … Doch diese Beobachtungen mussten, so wichtig sie auch waren, zunächst mal beiseite gelassen werden.

Pastor Beitz umarmte ihn, küsste ihn auf beide Wangen, rief den Herrn an, um ihm von ganzem Herzen zu danken, rief eine merkwürdige Gruppe von Eingeborenen, die grinsend an seiner Seite standen, als Zeugen dieses glorreichen Tages an, umarmte ihn erneut, küsste ihn noch einmal und brach dann in Halleluja-Rufe aus. Als Friedrich sich befreien konnte, sank er auf die Knie und sprach mit aller ihm zur Verfügung stehenden Demut: »Pastor Beitz, ich erbitte Ihren Segen für diese unwürdige Seele und Ihre Führung in dieser unserer Mission.«

So zur Vernunft gebracht, schöpfte Pastor Beitz Atem und machte sich ans Werk. Tränen der Glückseligkeit glitzerten in seinen blauen Triefaugen. Er schlug das Zeichen des Kreuzes über seinen Hilfspfarrer, machte mit einem Vaterunser »klar Schiff«, wie Friedrich später Freddy berichtete, und fuhr fort mit Lobliedern zu Gottes Ehre: »… der uns diesen aufrechten und ehrlichen jungen Vikar geschickt hat. Weil du, oh Herr, uns einen guten, starken Mann gesandt hast, denn Körperkraft ist das, was wir in unserer Lage benötigen. Muskeln des Körpers wie auch des Verstandes werden hier gebraucht, oh Herr, wie du wohl weißt …«

Was zum Teufel faselt er da?, fragte sich Friedrich, dessen Knie das Wasser auf den Planken aufsaugten, doch immerhin hatte der Regen aufgehört, und zaghaft zeigte sich die Sonne wieder, deren Strahlkraft ihn beinahe seitwärts in den Urwald taumeln ließ. Dieser erste tropische Sonnenstrahl traf ihn so unerwartet wie ein Axthieb, und er senkte den Kopf.

Pastor Beitz, der immer noch von der Errettung des Neuankömmlings vor den Dämonen der Meere predigte, von seiner erlösenden Ankunft an diesen Gestaden durch die Kraft des Glaubens, ergriff nun seine Hand und zog ihn hoch.

»Steh auf, mein Sohn! Willkommen in unserem glücklichen

Zuhause! Ich kann gar nicht sagen, wie wunderbar es ist, dich empfangen zu dürfen, wie sehr ich mich auf dein Kommen gefreut habe. Wir werden glückliche Zeiten miteinander verleben, mein lieber Junge, glückliche Zeiten! Jetzt möchte ich dich unseren eingeborenen Freunden vorstellen, und dann zeige ich dir unsere Kirche.«

»Mein Gepäck, Pastor …«

»Kümmere dich nicht darum. Das holen die Eingeborenen.«

Die Eingeborenen waren ein bunt gemischter Haufen, alte, junge, dazwischen ein paar Mädchen im heiratsfähigen Alter, wie er sah, aber sämtlich in die merkwürdigsten Lumpen gehüllt, die ihm je vor Augen gekommen waren. In dieser Kleidung sahen sie aus wie Irre, doch Friedrichs scharfes Auge erkannte Intelligenz in den dunklen Gesichtern, und das erleichterte ihn ein wenig. Er hatte nicht die geringste Lust, in der Umgebung von verrückten Wilden zu leben.

Sie gingen weiter zur St.-Johannis-Kirche. So ein kleines Kirchlein sah er zum ersten Mal! Es war aus nacktem Holz gebaut, ungestrichen, mit selbst gezimmerten Bänken und einem handgeschnitzten Altar ausgestattet, und zwei kleine bleiverglaste Fenster strahlten die Besucher an. Lächerlich. Was würde die Kollekte hier einbringen? So gut wie gar nichts. Das wollte bedacht sein, während der Pastor ihn vor den Altar führte, neben ihm auf die Knie sank und sich im Gebet verlor.

Sie knieten dort so lange, dass die bloßen Planken unter ihren Knien hart wie Fels wurden. Oder hatte er vielleicht knotige Knie? Wie auch immer, Friedrich konnte nicht zulassen, dass der alte Knabe länger durchhielt als er. Er musste ihn auf seine Seite ziehen, beweisen, dass er stark war an Körper und Seele, falls es denn nötig war.

Ewigkeiten später bemühte er sich, nicht zu hinken, als er dem Pastor aus der Kirche folgte. Der Alte wandte sich zu ihm um.

»Hast du die Glocke mitgebracht?«

»Welche Glocke? Ach … die Glocke! Pastor, es tut mir Leid.

Ich habe Ihren Brief erhalten und mich sogleich auf die Suche gemacht, was Stunden gedauert hat, weil die Leute vom Zollamt sie nicht finden konnten. Aber ich wusste, dass sie da sein musste, und habe die Angelegenheit durch die Büros und Lagerschuppen in Brisbane verfolgt wie ein Schießhund, bis ich schließlich von ihrem Schicksal erfuhr. Oder es vielmehr mit eigenen Augen sah.«

»Was ist aus meiner Glocke geworden?«

»Sie haben sie zurückgeschickt, Pastor. Die herzlosen Narren haben sie zurück nach Hamburg geschickt, weil niemand sie abgeholt hatte und die Strafgebühren für die verspätete Zahlung allzu hoch geworden waren.«

»Allzu hoch?«

Er beugte sich herab und flüsterte: »Überfällig, Pastor. Die Zahlung war schon so lange überfällig.«

»Sie haben meine Glocke zurückgeschickt! Wie schrecklich!«

»Ja, es ist eine Schande. Ich bin endlos herumgelaufen, habe versucht, sie zu finden, aber ich kam zu spät. Nur zwei Tage zu spät, Pastor. Ich war so furchtbar enttäuscht. Ich hatte das Gefühl, Sie vorab schon enttäuscht zu haben.«

»Nicht doch, lieber Junge. Es ist sehr traurig, aber doch nicht deine Schuld. Darf ich dich wohl Friedrich nennen? Nur unter uns?«

»Natürlich, Herr Pastor.«

Der Nachmittag neigte sich mit leisem Donnergrollen dem Ende zu. Die Wolken schienen sich nicht entscheiden zu können, ob sie nun weiterziehen oder auf die nicht mehr ferne Dunkelheit warten sollten. Friedrich warf einen Blick zurück auf die Kirche.

»Sie hat ja keinen Turm. Es gäbe gar keinen Platz für eine Glocke, Pastor.«

»Ich weiß. Ich spare noch auf einen Turm. Er ist im Plan inbegriffen. Ich konnte ihn mir nur noch nicht leisten. So etwas braucht seine Zeit. Friedrich, ich möchte, dass du nach Hamburg schreibst und eine neue Glocke anforderst.«

Den Teufel werde ich tun, dachte er. Und auch die Tage dieses unsinnigen Glockenturms sind jetzt gezählt!
»Wie Sie wünschen«, sagte er. »Ich ahne bereits, welche Last Sie hier zu tragen haben. Scheuen Sie sich nicht, mich jederzeit um Hilfe zu bitten. Ich stehe Ihnen zu Diensten. Und ich hoffe, Sie haben keine Einwände, wenn ich jetzt gern eine Tasse Kaffee trinken würde. Ich bin so durstig. Wissen Sie, das ungewohnte Wetter …«
»Natürlich, Friedrich. Komm mit. Unsere Unterkunft liegt da drüben, diesen Weg entlang. Wir besitzen hier vierzig Morgen Land, wusstest du das? Vierzig Morgen … ein Gutsbesitz sozusagen. Ist das nicht wunderbar?«
Friedrich hatte keine Ahnung, was ein Morgen, geschweige denn vierzig Morgen darstellten, und es war ihm auch gleichgültig. Ein Morgen konnte so groß sein wie ein Tanzsaal, was wusste er davon? Beim Anblick der düsteren Umgebung, unter dem Eindruck des plötzlich einsetzenden Chors der Frösche und Insekten, des Aufruhrs unter den Vögeln, die um ihre Nistrechte stritten, kam der Hilfspfarrer zu dem Schluss, dass dieser Teil der Gemeinde in einem Sumpf angesiedelt war, und er folgte seinem Vorgesetzten hinaus, voller Hoffnung auf den Schutz des Pfarrhauses.

Es waren nur strohgedeckte Hütten. Ein Wirrwarr von strohgedeckten Hütten in einem Labyrinth von schlüpfrigen Wegen. Das Lärmen des Urwalds hatte nicht nachgelassen, es war, im Gegenteil, noch lauter jetzt. Die Pflanzen, die er zur Seite schieben musste, um so etwas wie einen Weg erkennen zu können, waren gigantisch, hatten tellergroße Blätter, beinahe unzüchtig. Über ihm baumelten grüne Bananen, doch dafür erübrigte Friedrich keinen Blick. Das waren allenfalls Requisiten in dieser schwülen, feuchten Welt. Und er hatte gerade erst ihre Oberfläche angekratzt.
»Da sind wir«, sagte der muntere alte Knabe und betrat eine strohgedeckte Hütte, wo das Gepäck des Pastors unübersehbar in einem unmöblierten erbärmlichen Raum prangte.

Unmöbliert bis auf ein paar Pritschen knapp über dem Erdboden und einigen weiteren, traurig in einer dunklen Ecke aufgestapelten Reisekoffern.
»Morgen bauen wir dir eine eigene Hütte«, erfuhr Friedrich. »Als Vikar hast du ein Recht darauf, wie auch auf die Abgeschiedenheit, die du benötigst, um deinen Verpflichtungen dem Herrn gegenüber nachzukommen. Hätte ich gewusst, dass du heute eintriffst, würde ich dich niemals mit den Arbeitern unterbringen, dann hättest du einen eigenen Schlafplatz ...«
Den Kaffee hatte Friedrich immer noch nicht zu sehen bekommen. Seine neueste Erkenntnis brachte ihn einer Ohnmacht nahe. Man musste kein Genie sein, um zu begreifen, dass dieser Idiot von einem Pastor kein Haus besaß, geschweige denn ein hübsches Pfarrhaus. Er lebte wie ein Eingeborener in diesem Sumpf. Er war so dumm zu glauben, dass der Besitz einer eigenen verdammten Hütte im Vergleich zu seinen »Arbeitern«, die diese schäbige Unterkunft teilten, ein Privileg sei.
Beitz war völlig verrückt. Wahnsinnig.
»Pastor«, sagte er. »Entschuldigen Sie. Aber könnte ich jetzt einen Kaffee bekommen?«
»Zur Küche geht es hier entlang, mein Junge. Verirr dich nicht, im Busch wimmelt es von Zecken, scheußlichen Biestern. Ich hol dir Wasser. Kaffee haben wir nicht, der ist zu teuer. Ein Luxus, mein Lieber.«
Oh nein. Kein Pfarrhaus. Nur diese grauenhaften Hütten, umgeben von einem dampfenden Dschungel, weit entfernt von der Stadt und jeglichen Nachbarn. Und dann natürlich die Kirche, diese erbarmungswürdige, kleine Kirche!
Vier Männer wohnten hier mit dem Priester zusammen, wie Friedrich bald herausfand, und deren Einkommen, zusammen mit dem Zehnten, den die übrigen Mitglieder der lutherischen Gemeinde beisteuerten, unterhielten Beitz und sein Bauprogramm.
In der Abenddämmerung, als die Lutzes heimkamen, mach-

te Friedrich die Bekanntschaft der zwei anderen Arbeiter, Walther und Lukas, die sich beide sehr freuten, ihn zu sehen, und zur Feier des Tages ein ganz besonderes Abendbrot versprachen. Der Hilfspfarrer konnte es kaum erwarten, nachdem er von Pastor Beitz gehört hatte, dass dieser tagsüber fastete. »Frühstück und Abendbrot sind genug.«

»Meines Erachtens«, fügte er hinzu, »ist selbst das üppig für dich nach vier Jahren im Predigerseminar. Ich erinnere mich noch gut an meine Zeit dort … wir bekamen meistens Schmalzbrot und sonntags Hammeleintopf. Und das reichte auch.«

Friedrich hatte jetzt schon genug von Beitz. Die letzten Stunden des Nachmittags hatte er damit verbracht, mit ihm durch den Urwald zu ziehen, stechende Insekten abzuwehren und sich die Pläne dieses Größenwahnsinnigen anzuhören.

»In diesem Abschnitt können wir die Missionsschule bauen, denn hier wachsen nicht so viele Bäume. Da ist das Roden nicht so beschwerlich. Und hier oben – gib Acht auf die Schlangen – soll das Refektorium entstehen und dahinter die Schlafsäle für die Eingeborenen-Kinder. Nimm den Hut nicht ab, Friedrich, er schützt dich vor den Zecken, die sich von den Bäumen fallen lassen.«

»Was sind Zecken, Herr Pastor?«

»Scheußliche kleine Insekten. Sie bohren sich in die Haut und saugen sich mit Blut voll.«

Friedrich stülpte sich den verbeulten Hut bis über die Ohren, während sie durch schlüpfriges Buschwerk drangen, bis sie endlich einen großen Gemüsegarten erreichten.

»Ich bin sehr enttäuscht von Walther und Lukas. Sie arbeiten nur sonntags im Garten, was ich ihnen gestatten muss, weil sie ihren eigenen Geschäften außerhalb der Gemeinde nachgehen. Sehr traurig. Aber da du jetzt bei uns bist, können wir wenigstens selbst den Garten versorgen. Wir könnten bedeutend mehr Gemüse anbauen und es verkaufen. Hier wächst ja alles so schnell, Gott sei's gedankt.«

Als sie sich jetzt im Speiseraum, ebenfalls einer strohgedeckten Hütte, niederließen, begann Friedrich zu rebellieren.
»Oh nein, Herr Pastor. Die Zeiten haben sich geändert. Im Seminar gab es immer reichlich zu essen, und noch dazu von guter Qualität. Auf Grund der Hungerrationen verloren wir einfach zu viele Studenten«, sagte er boshaft. »Sie starben oder zogen sich die Schwindsucht oder Rachitis zu und wurden zu einer derartigen Belastung für die Allgemeinheit, dass der Bischof entschied, es sei billiger, den Leuten anständig zu essen zu geben.«
»Gott im Himmel. Dann haben sich die Zeiten aber wirklich geändert! Ah, hier kommt unser Mahl. Zum Gebet wollen wir uns erheben.«
Walther und seine Helfer tischten eine ordentliche Mahlzeit, bestehend aus Suppe und einem guten, sämigen Rindfleischeintopf, auf, ohne die Ermahnung des Priesters zu beachten, dass zwei Gänge zu viel des Guten seien, was Friedrich mit Interesse aufnahm. Dann brachten sie zum Höhepunkt des Festmahls den Nachtisch, eine Platte geschälter und in Scheiben geschnittener Früchte, so süß und köstlich, dass Friedrich sich kaum zurückhalten konnte. Die Namen dieser Früchte boten ausreichenden Gesprächsstoff, so dass die vier Arbeiter die Gesellschaft ihres neuen Vikars als sehr angenehm empfanden. Er bat darum, nach dem Essen Dank sagen zu dürfen, und spickte sein Gebet mit Lob für die Köche.
»Seit meiner Entlassung aus dem Seminar habe ich nicht mehr so gut gegessen«, sagte er mit einem unschuldigen Lächeln. »Zwei meiner Reisegefährten sind in einem Hotel in der Stadt abgestiegen. Ich bin sicher, nicht einmal sie werden so gut bewirtet wie ich.«
»Wer sind sie?«, fragte Beitz.
»Herr Hoepper und seine Tochter. Entzückende Menschen. Sie kommen aus Hamburg und wollen sehen, welche Fortschritte unsere kleine Gemeinde macht.«
»Herr Hoepper!« Der Priester sprang auf. »Warum hast du das nicht gleich gesagt? Wir müssen in die Stadt und sie will-

kommen heißen. Walther, rasch! Spann die Pferde an, während ich mich umkleide. Oh, welch ein großartiges, gütiges Schicksal hat sie hierher geführt. Nein, bleib nur sitzen, Friedrich. Du bleibst hier. Walther bringt mich in die Stadt ...«

Binnen Minuten, so schien es ihm, waren sie fort, und er blieb mit den anderen zurück, die glücklicherweise noch zu tun hatten. Statt sich in die häuslichen Arbeiten einspannen zu lassen, bat Friedrich sie, ihm den Weg zur Kirche zu beschreiben, damit er dort vor dem Schlafengehen noch einmal beten konnte.

Mit einer Laterne ausgerüstet, fand er die Kirche und blieb vor dem Eingang stehen, um nachzudenken.

»Er hätte mich in die Stadt mitnehmen können«, sagte er zu Freddy. »Ich kenne Herrn Hoepper und Adele viel besser als sie alle. Sie sollen nur ja nicht glauben, ich würde hier versauern und im Garten Unkraut jäten, während sie Besuche machen. Ich muss Näheres über ihre Finanzen in Erfahrung bringen. Die Größe der Gemeinde könnte ein finanzielles Problem darstellen. Ich denke nicht daran, hier zu bleiben, falls es nichts zu holen gibt. Ich sollte den Rest der Herde kennen lernen und sehen, wie es denen geht.«

Um überhaupt etwas zu tun, ging er einmal um die Kirche herum, entdeckte aber nichts Interessantes außer zwei großen Kängurus, die auf der Wiese grasten. Er ging näher heran, um die merkwürdigen Tiere genauer zu betrachten, doch sie ergriffen die Flucht, und dann bemerkte er einen älteren Eingeborenen ganz in seiner Nähe.

»Wer bist du?«, wollte er wissen, doch der Alte schlenderte davon und verschwand im dichten Wald.

Friedrich hob die Schultern und vergaß ihn gleich wieder; er hatte Wichtigeres zu überlegen.

Während Adele die Koffer auspackte, zog Hubert sich in den kleinen Salon am Kopf der Treppe zurück, heilfroh, endlich am Ziel der Reise zu sein. Ihm kam es vor, als wäre er jahrelang unterwegs gewesen. Immer erfüllte ihn das Wissen mit Ehrfurcht, dass sie drei große Meere überquert hatten. Er hatte es schließlich doch noch geschafft! Und jetzt war er in Bundaberg.

Er zündete seine Pfeife an, sah erfreut, dass der Regen aufgehört hatte, und überlegte, ob er jetzt, da er sich schon ein wenig orientieren konnte, einen Spaziergang machen sollte. Welch eine Freude, wieder festen Boden unter den Füßen zu haben und sich frei bewegen zu können. Es würde seinen Beinen gut tun, sagte er sich und beschloss, aufzubrechen, bevor die Sonne unterging. Ihm war bereits aufgefallen, dass es keine Straßenlaternen gab, im Grunde nicht einmal Gehwege. Und er wollte nicht gleich an seinem ersten Abend in einen Graben fallen.

Er entschied sich für den Weg nach rechts, um zu sehen, wohin er führte, als er plötzlich jemanden seinen Namen rufen hörte, sich umdrehte und Pastor Beitz mit zum Willkommensgruß ausgebreiteten Armen auf sich zueilen sah, gefolgt von Walther Badke.

»Herr Hoepper!«, rief der Priester und umarmte den Freund. »Wie schön, Sie zu sehen! Verzeihen Sie, dass wir Sie nicht am Schiff empfangen haben. Lieber Himmel, es beschämt mich, dass wir das verpasst haben. Mein lieber Freund, ich traute meinen Ohren nicht, als Vikar Ritter verkündete, dass Sie hier sind. Unmöglich, dachte ich. Aber es ist wahr! Gott segne Sie. Sie haben es sich anders überlegt. Wie schön …«

Endlich gelang es Hubert, den alten Mann in seiner Begeisterung zu unterbrechen und auch Herrn Badke zu begrüßen. Dann schlug er vor, sich nach oben in den Salon zurückzuziehen und sich in aller Ruhe zu unterhalten.

»Ich freue mich so, Sie beide zu sehen«, sagte er. »Ich hatte vor, Sie morgen zu besuchen, doch das ist ja jetzt eine angenehme Überraschung. Ich muss Adele holen, damit sie sich zu uns setzt.«

Auf Bitten des Pastors hin knieten alle nieder und dankten

dem Herrn für sein sicheres Geleit an diese fernen Ufer, und dann gab Pastor Beitz seiner Sorge um ihr Wohlbefinden Ausdruck.

»Und wie geht es Ihnen, meine Lieben? Ich habe immerzu für Sie gebetet, um Ihnen über die schweren Verluste hinwegzuhelfen.«

»Die Zeit heilt schon ein wenig, Pastor, wie Sie damals sagten. Uns beiden geht es schon viel besser. Es war eine furchtbare Zeit, aber ich verdanke es Adele, dass wir jetzt hier sind.«

»Oh nein. Wirklich, Papa …«, begann sie, doch er lächelte sie traurig an.

»Doch, es stimmt. Ich bin nicht stolz darauf, mich monatelang selbstsüchtig in meinem Elend vergraben und meine geliebte Tochter ausgeschlossen zu haben, die doch genauso litt wie ich. Mir war, als wäre mein Leben mit dem Tod meiner lieben Frau und meiner Jungen ausgelöscht …« Seine Stimme zitterte, doch er fuhr fort. »Ich hatte mich von Gott abgewendet, wollte mich nicht trösten lassen. Ich konnte mich nicht überwinden, mit jemandem zu reden, bis meine Schwester eingriff, mir einen Schock versetzte, so dass ich fähig war, mein sündiges …«

»Ganz gewiss nicht sündig«, fiel ihm Walther, den Hubert jetzt mit seinem Vornamen anredete, ins Wort. »Sie haben über jedes erträgliche Maß hinaus gelitten.«

Pastor Beitz furchte die Stirn. »Kein Leid entschuldigt die Abkehr von unserem Herrn. Ich muss mich über Sie wundern, Herr Hoepper.«

»Und deshalb habe ich das Bedürfnis, öffentlich zu beichten, Pastor. Sie waren seinerzeit so gut zu uns, haben uns in unserem Leid so viel Hilfe geboten, dass ich jetzt glaube, Sie enttäuscht zu haben.«

»Schade, dass ich nicht länger hatte bleiben können.«

»Ach ja. Meine Schwester hat mir die Leviten gelesen und mir klar gemacht, wie grausam ich mich Adele gegenüber verhielt, an die ich überhaupt nicht dachte.«

»Bitte, Papa«, sagte sie. »Regen Sie sich nicht auf, Pastor. Er will doch nur sagen, dass wir beide in dem großen leeren Haus so traurig und einsam waren, bis Papa einen hochinteressanten Brief von Herrn Meissner erhielt, in dem er über Ihre gemeinsame Reise berichtete. Zu jener Zeit waren Sie gerade in Brisbane eingetroffen.«

»Da fragte Adele, warum ich nicht selbst nach Australien aufbreche und nachsehe, wie es Ihnen dort geht, zumal ich mich immer noch so sehr für Ihr Unternehmen interessiere. Und sie stimmte zu, ihren alten Vater zu begleiten, und jetzt sind wir hier. Wir können niemals aufhören, um die geliebten Menschen zu trauern, die Gott in Seiner Weisheit zu sich genommen hat.«

»Amen«, sagte Pastor Beitz. »Aber Sie müssen tun, was Sie können, mehr verlangt Er nicht. Wir werden um ihren Seelenfrieden beten, und dann haben wir Ihnen so viel zu berichten. Ich freue mich, sagen zu können, dass alle wohlauf und gesund sind, wofür wir dem Herrn danken.«

Als sie schließlich ihre Reiseerlebnisse und die ersten Eindrücke bei der Ankunft ausgetauscht hatten, war es so spät geworden, dass Walther Pastor Beitz zum Aufbruch überreden musste.

»Natürlich«, sagte der Pastor ziemlich enttäuscht. »Herr Hoepper und Fräulein Adele sind gewiss müde. Aber ich könnte doch morgen kommen und Sie abholen? Ich kann den Wagen lenken. Ich bringe Walther und Lukas zur Arbeit und komme dann zu Ihnen. Ich könnte Ihnen die Stadt zeigen.«

»Großartige Idee«, sagte Hubert. Er war müde und freute sich auf das große, einladende Bett in seinem Zimmer, das ihm nach den harten Pritschen auf dem Schiff himmlischen Schlaf versprach.

Er und Adele begleiteten die Gäste zum Ausgang und suchten dann ihre Räume auf, wodurch sie sich der Gelegenheit beraubten, Pastor Beitz' Transportmittel in Augenschein zu nehmen.

Hätte Hubert gewusst, dass er in einem klapprigen Wagen

einem unbeholfenen Kutscher ausgeliefert sein würde, hätte er sich nach einem bequemeren Gefährt und einem geübteren Fahrer umgehört. Doch am nächsten Morgen kam Pastor Beitz, sein Wagen wartete startbereit vor dem Hotel, und sein weißbärtiges Gesicht strahlte vor Freude.

»Auf mein Wort, Sie sehen wohl aus, Herr Pastor«, sagte Hubert. »Bei Tageslicht betrachtet, wirken Sie um zehn Jahre jünger.«

Adele pflichtete ihm bei. »Wirklich, Herr Pastor. Sie sehen gesund und munter aus.«

»Ja, das ist das naturverbundene Leben, das wir hier führen. Keine überkandidelten Nebensächlichkeiten.«

Hubert wusste nicht, was er davon halten sollte, und äußerte sich nicht dazu, als sie die wenigen Straßen der kleinen Stadt auf und ab fuhren, vom Anleger bis zu einer Fähre und dann zu einer im Bau befindlichen Brücke.

Es wunderte ihn, dass sie nicht geradewegs zur deutschen Siedlung fuhren, doch vermutlich war das für später eingeplant. Stattdessen lenkte ihr Kutscher das Pferd hinaus aus der Stadt, und bald schon holperten sie über einen waldgesäumten Feldweg.

»Dieser Wald mutet seltsam an«, bemerkte Adele. »So dicht und wuchernd. Ich kenne keinen einzigen dieser Bäume.«

»Sie nennen es den ›Busch‹«, erklärte ihr Führer. »Die Bäume sind uralt. Ich fahre Sie jetzt ans Meer hinaus; es soll ein herrlicher Anblick sein.«

»Wie schön«, antwortete sie glücklich.

Ein paar Mal wendete Pastor Beitz den Wagen und schlug einen anderen Weg ein.

Der Sitz im Wagen war hart. Hubert kletterte nach hinten auf die Ladefläche, um den anderen beiden mehr Platz auf der Bank zu lassen. Die Sonne stand hoch am Himmel, es war sehr heiß und feucht, kein Lüftchen regte sich, und um sie herum schien der Wald von Insekten zu summen und zu zischeln. Endlich erreichten sie das Ende eines langen Wegs. Eine Sackgasse.

Pastor Beitz wendete und schien nicht zu wissen, welche Richtung er nun einschlagen sollte. Hubert schlug sanftmütig vor, doch zurück zur Stadt zu fahren.
»Die Rundfahrt war bisher sehr interessant, Herr Pastor. Möchten Sie sich uns nicht zum Essen im Hotel anschließen?«
»Nun gut«, willigte ihr Kutscher ein. »Fahren wir halt zurück zur Stadt.«
Leichter gesagt als getan. Eine halbe Stunde später ahnte Hubert, dass sie sich verirrt hatten, doch er fürchtete, durch eine unpassende Bemerkung den Gastgeber zu kränken, bis Adele sich umwandte. Sie war erhitzt und sah verärgert aus.
»Könnten wir nicht jemanden nach dem Weg fragen?«, schlug sie vor.
»Nein, nein!«, wehrte der Priester ab. »Gleich irgendwo da vorn fahren wir in östliche Richtung weiter.«
Es war Adele, die eine gute Stunde später nicht mehr bereit war, die Unbequemlichkeit der Fahrt zu ertragen.
»Ich habe Durst, Papa. Ich fühle mich nicht wohl. Wenn du bei der nächsten Möglichkeit, die sich bietet, nicht nach dem Weg fragst, dann tu ich's.«
Sie übernahm jetzt auch die Führung, bestand darauf, dass ihr Kutscher nicht wieder in einen Weg einbog, der, wie sie erkannte, nur eine weitere Sackgasse war, und als sich ein Reiter näherte, drehte sie sich zu ihrem Vater um und sah ihn böse an, bis er das Wort ergriff.
»Entschuldigen Sie, Sir. Könnten Sie uns bitte den Weg nach Bundaberg weisen?«
»Aber sicher.« Er grinste und lüftete seinen verbeulten Hut vor dem Geistlichen. »Sie sind doch Pastor Beitz, nicht wahr? Hab Sie gleich erkannt. Ich bin Les Jolly. Viele von Ihren Jungs arbeiten für mich. Und sie sind gute Arbeiter, Sie können stolz auf sie sein.«
Aus einem unerfindlichen Grund antwortete Pastor Beitz nur mit einem Grunzen auf dieses Kompliment, doch Mr Jolly schien sich nicht daran zu stören.
»Also dann. Zurück zur Stadt. Sie fahren in die falsche Rich-

tung. Ist aber nicht so schlimm, wenden Sie einfach, dann bringe ich Sie so weit, dass Sie sich nicht mehr verfahren können.«

Hubert war dankbar, dass Mr Jolly ihnen so viel Zeit opferte und so langsam vorausritt, dass die Passagiere des knarrenden Wagens ihn auf dem Weg in die Stadt nicht aus den Augen verloren. Als sie die lange Hauptstraße erreichten, bog er nach einem Winken ab.

Endlich fanden sie zurück zum Hotel, wo sie ausruhen wollten, doch Pastor Beitz wollte nicht eintreten und behauptete, er müsse das Pferd tränken.

»Aber das können doch bestimmt die Stallburschen des Hotels übernehmen, Herr Pastor«, wandte Hubert ein.

»Nein, nein! Gehen Sie nur. Ich habe noch zu tun. Ich hoffe, Sie morgen zum Sonntagsgottesdienst begrüßen zu dürfen. Um Punkt acht Uhr. Danach werden wir Ihnen zu Ehren ein Festmahl geben.«

»Wie freundlich von Ihnen«, sagte Hubert versonnen. Er blickte dem Wagen nach, der die Straße entlangrumpelte, und wandte sich dann seiner Tochter zu.

»Dieser Gottesdienst wird wahrscheinlich in der neuen Kirche abgehalten – St. Johannis …«, sagte er.

»Falls wir sie finden.«

»Oh ja. Nach dem Mittagessen werde ich mich um einen leichten Wagen bemühen.«

»Mit Polstersitzen und einem Verdeck, bitte.«

»Sehr wohl.« Er lachte.

Friedrich hatte trotz der schwülen Nacht und des Schnarchens seiner Gefährten tief und fest geschlafen, und die allgemeine Munterkeit, als man ihn im Morgengrauen zum Gebet weckte, erregte seinen Zorn, doch dann bot ihm die erzwungene Stille ihrer ausgedehnten morgendlichen Besinnung Gelegenheit zum Schlummern, und allmählich erholte er sich.

Haferbrei und Obst halfen ihm, sein übliches liebenswürdi-

ges Gebaren zurückzugewinnen, denn er sah sich gern als höflichen Menschen, dem die Sanftmut auf den Leib geschneidert war.
Seine Liebenswürdigkeit wurde allerdings schwer strapaziert, als der Pastor ihm Bauernkleider aufdrängte, wie er sie selbst bevorzugte: ein weites Baumwollhemd und sackartige Hosen, die in der Taille zusammengebunden wurden.
»Darin wirst du dich bedeutend wohler fühlen, Friedrich. An manchen Tagen steigen die Temperaturen hier bis auf vierzig Grad, und wie du selbst gesehen hast, bringt auch der Regen keine Abkühlung. Bewahre deine andere Kleidung für besondere Gelegenheiten und für Besuche auf. Zurzeit ist im Gemüsegarten eine Menge zu tun, und achte bitte auch auf die Kirche. Öffne die Fenster, aber, lieber Junge, sobald es anfängt zu regnen, musst du sie schnellstens schließen. Falls du deine Unterwäsche waschen willst, die Wäscherei befindet sich dort hinten beim Wasserbehälter.«
Walther hatte diese Anweisungen mit angehört und kam zurück, um dem Vikar weitere Ratschläge zu geben. »Wenn Sie die Eingeborenen fragen, die sich hier nach Belieben aufhalten, werden sie helfen.« Er grinste. »Sie bedienen sich auch gern aus den Vorräten in unserer Speisekammer, deshalb ist sie verschlossen. Der Schlüssel liegt unter der Matte, und Sie können sich dort kalten Braten und Brot und Käse zum Mittagessen holen.«
»Der Pastor sagt, wir verzichten aufs Mittagessen.«
»Er wird nichts davon erfahren.« Walther lachte.
Wieso nicht?, fragte sich Friedrich, bis er alle zur Arbeit aufbrechen sah, den alten Pastor eingeschlossen.
»Ich mache heute mit Herr Hoepper und seiner entzückenden Tochter eine kleine Besichtigungsfahrt«, rief er Friedrich zu, der mit offenem Mund stehen blieb und sich bewusst wurde, dass man ihn auf diesem Außenposten im Urwald allein zurückließ. Er war empört.
Den Großteil des Vormittags verbrachte er damit, sich über die Gemeinde zu informieren, indem er den Inhalt von Pas-

tor Beitz' Seekiste untersuchte. Sein besonderes Interesse galt privaten Dokumenten und Aufzeichnungen, und er stellte erfreut fest, dass der Pastor überaus sorgfältig Tagebuch führte. Weniger erfreut war er allerdings über die Erkenntnis, dass er Schulden bei der Bank hatte. Alltägliche Aufwendungen, besonders für Nahrungsmittel, waren Punkt für Punkt in einer eigenen Mappe eingetragen und wurden auf fragwürdige Weise gegen die wöchentlichen Einzahlungen dreier geringfügiger Summen aufgerechnet. Löhne, versteht sich, aber wieso nur drei?

»Wer bezahlt hier seinen Anteil nicht, Freddy? Das darf nicht geduldet werden. Beitz und sein Hilfspfarrer sind die Einzigen, die diesen Garten Eden gebührenfrei genießen dürfen.«

Von der Unterkunft des Pastors aus ging er in die Gemeinschaftshütte, wo er die Habseligkeiten seiner Schlafgenossen durchsuchte. Hochinteressiert entdeckte er, dass Lukas, ein ziemlich hübscher Bursche, verheiratet war. Wo steckte die Frau? Die Schiffskarten waren noch da, als Andenken an die Reise, ausgestellt auf Lukas und Hanni Fechner. In einer kleineren Seekiste fand er dann Walthers Geschichte. Der hatte ebenfalls Schulden auf der Bank! Was war los mit diesen Leuten? Walthers Schulden waren sogar höher als die des Pastors, der im Grunde genommen gar nicht persönlich belastet war. Der Kredit war auf den Lutherischen Kirchenbaufonds eingetragen, und das bot Gelegenheit zu netten Spielchen. Welche Bank würde schon eine Kirche verklagen? Zwischen Walthers Unterlagen fand er auch den Todesschein seines Vaters, unwichtig, bis er sah, dass ein aufmerksamer Beamter hinzugefügt hatte: »Von eigener Hand«. Gütiger Gott! Was für ein Skandal!

»Walther hält jedes kleinste Papierchen sorgfältig in Ordnung, wenn er auch einen reichlich dummen Eindruck macht«, sagte er zu Freddy. »Offenbar hat er geringe Ersparnisse, und er baut eine Brauerei. Was für eine verdammt gute Idee! Was ich allerdings nicht begreife, ist der Umstand, dass sein Vater sich umgebracht hat, wenn er sich doch zu Tode saufen und mit einem Lächeln auf dem Gesicht hätte hinscheiden können.«

Alles wurde wieder sorgsam verstaut. Friedrich erwog, noch einmal Pastor Beitz' Liste der Leute anzusehen, mit denen er von Hamburg aufgebrochen war, denn er hatte über jeden Einzelnen persönliche Anmerkungen notiert, doch dann beschloss er, sich lieber selbst ein Bild zu machen. Und außerdem hatte er Hunger. Nach einem Besuch in der Vorratskammer – ihn amüsierte das schwere Schloss an der gebrechlichen Tür aus Bambus und Stroh – ließ er sich wie ein Bauer, der sein Feld pflügt, mit Käse, Brot und Eingemachtem unter einem Baum nieder. Das war angenehm, abgesehen von den großen amselartigen Vögeln mit weißen Schwänzen, die um ihren Anteil bettelten und über den Holztisch stolzierten, als seien sie dort zu Hause.

»Sollen sie's haben«, sagte er zu Freddy.

Und jetzt ein Spaziergang. Ein Spaziergang im Urwald. Warum nicht? Ohne Fleiß kein Preis, sagte er sich. Er fand einen munteren, im Dickicht fast verborgenen Bach, dessen kristallklares Wasser einen Mann, der ohnehin unter der Hitze litt, unwiderstehlich anzog. Rasch kleidete er sich aus, lief die sandige Böschung hinab und watete ins Wasser, um sich dann entzückt in der herrlichen Kühle zu versenken. Genüsslich bewegte er die Arme und glaubte, diesen Ort nie wieder verlassen zu wollen.

Friedrich blieb endlos lange im Wasser. Ließ sich treiben, träumte, schmiedete Pläne und vertrieb sich so den Nachmittag. Er hörte ein Kichern und bemerkte drei junge Eingeborenenmädchen, die ihn beobachteten. Flugs war er wieder die Liebenswürdigkeit in Person. Niemand soll behaupten, dass Seereisen nicht auch ihr Gutes haben, sagte er lächelnd zu sich selbst, während er sich im seichten Wasser erhob, damit die Mädchen den Körperbau eines weißen Mannes in der Blüte seiner Jahre bewundern konnten, der die hungrigen, knochigen Jahre jetzt hinter sich gelassen hatte. Wenn-

gleich er seinerzeit angeblich einen großartigen Cassius abgegeben hatte.
»Hallo, meine Damen«, rief er auf Englisch, »möchten Sie sich mir nicht anschließen?«
Schüchtern kamen sie näher, und, lieber Gott!, im Evaskostüm! Friedrich streckte die Hand aus, um den dunklen Körpern mit den vollen Brüsten ins blitzende, gurgelnde Wasser zu helfen, und sie kamen ihm ihrerseits über Steine hinweg entgegen, bis sie plötzlich zögerten. Innehielten. Bis diese Nymphen wie erstarrt standen, mit brandroten Brustwarzen, das strahlende, freundliche, willkommen heißende Lächeln plötzlich von Schreien zerrissen, als sie an ihm vorbeisahen. Sie drehten sich um, glitten aus und rannten, bis die köstlich festen Hinterteile im Busch verschwunden waren.
Friedrich drehte sich um und hielt Ausschau nach dem, was sie so erschreckt haben könnte, sah jedoch nur einen Hund. Einen freundlich blickenden, schönen Hund noch dazu. Er löste den Blick von dem Tier und suchte das Ufer auf seiner Seite ab, aber dort war nichts. Was immer es war, das ihnen solche Angst eingejagt hatte, jetzt war es verschwunden. Wahrscheinlich ein Vater oder eine Mutter, die die Jungfräulichkeit ihrer Töchter hüteten. Wer solche Töchter hatte, konnte nicht anders. Irgendwie musste er eine dieser Schönheiten für sich gewinnen. Er hätte gern gewusst, wie die anderen Männer ihre Bedürfnisse befriedigten; das musste er so schnell wie möglich in Erfahrung bringen. Friedrich ließ sich zurück ins Wasser sinken und lachte über die bloße Vorstellung. Dann sah er den Hund. Er war immer noch da. Er mochte Hunde.
»Braves Hündchen«, rief er ihm zu. »Komm her zu mir.«
Das Tier sah ihn fragend an, wie es Hunde so tun, den Kopf auf die Seite geneigt. Dann erhob es sich und trabte von dannen.
Auch gut, dachte Friedrich enttäuscht. Ein andermal. Es wäre schön, so einen Hund zu besitzen. Es sei denn, es verstößt gegen irgendeine verdammte Regel. Jetzt aber sollte er wohl

umkehren, sich zurückbegeben in den Backofen, den Pastor Beitz als »ziemlich warm« bezeichnete.
Sein Körper trocknete so schnell wie ein hart gekochtes Ei, und als er sich ankleidete, sah er eine riesige Echse, mannsgroß, die auf ihn zukam und mit Füßen wie Paddeln auf die Steine klatschte. Sein erster Gedanke war: War die Kreatur mit mir im Wasser? In einer verständlichen Reaktion bedeckte er, noch während er diese glücklicherweise einfach zu handhabenden Hosen überstreifte, seine Genitalien und rannte davon, hüpfend und springend, bis die Hose saß und er sich in Pastor Beitz' Wald verirrt hatte.

# 15. Kapitel

Eva und die Kinder hatten keine Probleme, Hanni an diesem besonderen Sonntag zum Kirchgang zu überreden. Trotz ihres Streits mit Lukas brannte sie wie alle anderen auch vor Neugier auf den neuen Hilfspfarrer, der, so betete sie, hoffentlich nicht so engstirnig sein würde wie Pastor Beitz. Es war nett gewesen von Eva, dem alten Pastor jenen Vorfall während ihrer Ankunft in der Gemeinde zu erklären und darauf zu bestehen, dass ihre Freundin Hanni nicht als Trinkerin abgestempelt werden dürfe. Eine andere Frau hätte sie zum Trinken verleitet.

»Ich weiß, was ich gesehen habe«, antwortete Pastor Beitz. »Frau Fechner war berauscht. Ich muss mich über dich wundern, dass du eine Frau wie sie ermutigst, Arbeit in einem Hotel anzunehmen, in einem Sündenpfuhl für Frauen, die nach der Flasche greifen.«

Sie wünschte, Eva hätte ihr seine Reaktion nicht geschildert; das schürte ihren Zorn nur noch. Doch wie auch immer, heute würde sie sich tadellos benehmen. Sie hatte Eva sogar versprochen, nett zu Lukas zu sein. Sofern er überhaupt mit ihr sprach.

Natürlich sprach er mit ihr. Er eilte sofort an ihre Seite, als sie vor der Kirche eintraf.

»Also hast du deinen Glauben doch noch nicht aufgegeben«, sagte er. »Oder kommst du nur aus Neugier?«

»Ich kann tun und lassen, was ich will«, fuhr sie auf. »Wie ich höre, arbeitest du jetzt für Walther. Und bekommst Geld dafür. Eine Schande, dass du deiner Frau nicht einmal Unterstützung zahlst.«

»Du hast hier dein Zuhause. Das solltest du nicht vergessen.«

»Ein schönes Zuhause!«

Hanni wurde sich plötzlich bewusst, dass Pastor Ritter in der Nähe stand und zuhörte, und sie wurde rot, wandte sich ab und zog sich die Haube tiefer ins Gesicht, um ihre Verwirrung zu verbergen. Sie wagte es nicht, noch einmal zurückzublicken, als sie sich den Frauen auf dem Weg zur Küche anschloss, wo Pastor Beitz zu Ehren der Neuankömmlinge wieder einmal ein Festmahl bereiten ließ.

Hubert war glücklich, mit Adele in der niedlichen kleinen Kirche am Gottesdienst teilnehmen zu können, und es rührte ihn tief, dass die Gemeinde aufstand und zum Gedenken an seine geliebten Verstorbenen, an seine Frau und seine Söhne, seinen Lieblingschoral sang: »Leuchte, himmlisches Licht«.
An diesem Morgen war er mit einem Hochgefühl erwacht, wie es ihn seit langer Zeit nicht mehr erfasst hatte. Und das Lustige daran war, dass überhaupt kein Grund vorlag, abgesehen von der neuen Umgebung und seiner Lust, nicht nur die Stadt, sondern auch deren Einwohner näher kennen zu lernen.
Er lächelte. Friedrich Ritter hatte die Ehre, an diesem seinem ersten Sonntag die Predigt zu halten, und wenngleich er fand, dass der junge Vikar mit seinem überschwänglichen Lob für die Errungenschaften seiner Landsleute in dieser seltsamen Umgebung ein wenig übertrieb, so wusste er doch, dass Ritter es gut meinte und seine Rede wohlwollend aufgenommen wurde.
Die Lebensgewohnheiten hier in der Gemeinde waren ebenfalls merkwürdig, doch Pastor Beitz war's zufrieden und blühte anscheinend sogar auf ... Aber dort kamen sie jetzt alle herbei, eilten aus der Kirche, um ihn willkommen zu heißen, und es war sehr schön, sie alle wiederzusehen.

Jakob war außer sich vor Freude, Herrn Hoepper zu sehen, und sah voller Erwartung einem Gespräch mit ihm entgegen. Er selbst hatte ihm gewiss eine Menge über sein eigen

Freud und Leid zu berichten, und ihn interessierte sehr zu hören, wie Herrn Hoeppers Reise verlaufen war.
»Euch beiden geht es nicht besonders gut«, bemerkte Frieda lachend.
»Wie meinst du das?«, fragte er.
»Du brennst darauf, mit Herrn Hoepper zu reden, aber Pastor Beitz lässt dir keine Chance, und der arme Karl verzehrt sich nach Adele Hoepper, aber der junge Vikar lässt ihn nicht ran. Er sieht ziemlich gut aus, nicht wahr? Groß und attraktiv. Mit seinem langen Haar und dem weichen Bart hat er Ähnlichkeit mit unserem Herrn, wenn man ihn so anschaut.«
»Wie kannst du so etwas sagen!« Jakob war empört. »Vikar Ritter ist der einzige Mensch hier, den Fräulein Hoepper kennt, abgesehen von ihrem Vater. Sie hat ihn schon auf dem Schiff kennen gelernt. Da ist es nur natürlich, dass sie sich in seiner Nähe wohl fühlt.«
»Hast du kein Mitleid mit deinem armen Sohn? Seit er sie in Hamburg gesehen hat, schmachtet er nach ihr. Ihre Ankunft hier ist für ihn wie Ostern und Weihnachten am selben Tag.«
»Ich fürchte, deine Phantasie geht mit dir durch, meine Liebe.«
»Aber natürlich. Ich möchte gern, dass du sie einlädst, die Hoeppers, zu uns … Oh, mein Gott! Wir können sie nicht unterbringen. Wir haben ja keine Möbel.«
Da muss es doch einen Ausweg geben, überlegte Frieda, als sie sich auf die Suche nach ihrem Sohn machte.
»Bilde ich es mir nur ein, oder hast du ein Auge auf Fräulein Hoepper geworfen?«
»Warum auch nicht?«, verteidigte er sich. »Sie ist schön, sie ist Deutsche, und alle Männer haben ein Auge auf sie geworfen. Wie soll ich mir da noch Hoffnungen machen? Max Lutze sagt, sie hat es auf Vikar Ritter abgesehen. Glaubst du das auch?«
Frieda log, ohne mit der Wimper zu zucken. »Nein. Das stimmt nicht. Ich habe vielmehr ein paar Mal gesehen, wie sie sich nach dir umgeschaut hat.«
»Tatsächlich?«

Frieda seufzte, während Karl davoneilte. »Wenn mir schon sonst nichts gelingt, habe ich heute wenigstens meinen Sohn glücklich gemacht«, sagte sie zu sich selbst.
Sie ging mit ihrem Proviantkorb weiter zur Küche, wo Rosie Kleinschmidt ihre neugeborene Tochter stillte.
»Was für ein süßer Schatz«, sagte Frieda. »Wann ist Taufe?«
»Ich weiß es nicht. Pastor Beitz hat sich noch nicht entschieden.«
»Dann geh schnellstens zu ihm, leg den Tag fest, und lass den Termin in sein Buch eintragen, Rosie. Wegen der Aufregung mit dem Besuch hat er es sicherlich vergessen. Rolf soll dich begleiten, damit er dich nicht abwimmelt. Deine Tochter sollte so bald wie möglich getauft werden.«
Sie lächelte und sah zu, wie Rolf und Rosie Pastor Beitz aus dem Gespräch mit Herrn Hoepper rissen, und beeilte sich, die Lücke zu füllen. Binnen kürzester Zeit hatte sie ihre Einladung auf die Farm ausgesprochen und sich für ihre Kühnheit entschuldigt, indem sie erklärte, dass ihr Mann die Gelegenheit zu einer geruhsamen Unterhaltung kaum noch erwarten konnte.
»Meine liebe Frau Meissner, wir freuen uns sehr darauf. Jakobs Brief hat mir über eine schwere Zeit hinweggeholfen, und Ihre freundliche Einladung ehrt uns.«
Lächelnd ging sie weiter. Kein Pastor Beitz. Kein Vikar Ritter. Keine Betten, aber da wird sich Abhilfe schaffen lassen. Herr Hoepper kann unser Bett haben. Adele bekommt Karls. Wir können auf der Veranda schlafen.
Jakob war entsetzt. Er beeilte sich, Herrn Hoepper zu warnen, dass ihr Haus noch nicht fertig sei, dass ein Großteil der Möbel fehlte, doch Hubert – »Nenn mich doch um Himmels willen endlich Hubert, lieber Jakob« – störte sich überhaupt nicht daran. Adele auch nicht.

Pastor Ritter ging still, ehrfürchtig, hätte man sagen können, unter ihnen umher, schätzte sie ein, und Adele folgte ihm, selbst wiederum verfolgt von sämtlichen Junggesellen außer

Walther. Wahrhaftig, keiner der Siedler hatte hier bisher ein Vermögen gemacht, wenngleich einige hochfliegende Hoffnungen hegten und Frau Zimmermanns Gatte losgezogen war, um nach Gold zu graben, eine Abkürzung zum leichten Leben, die Friedrich sehr empfehlenswert erschien.

»Wie einfallsreich von ihm, Frau Zimmermann.«

»Keineswegs. Er hat mich und die Kinder mittellos zurückgelassen.«

»Sie scheinen mir indes nicht mittellos zu sein.«

»Oh nein, ich habe jetzt Arbeit und teile mir in der Stadt ein Häuschen mit Hanni Fechner …«

»Dann ist doch alles gut. Der Herr wird's schon richten. Ein wahres Wort.«

Verunsichert legte sie die Stirn in Falten, während Friedrich überlegte, ob das hübsche blonde Mädchen, das jetzt auf ihn zukam, wohl Hanni Fechner sei.

»Sie sind Lukas' Frau?«, fragte er milde, und sie nickte.

»Aber Sie wohnen in der Stadt? Ich vermute, dann herrscht zwischen Lukas und Ihnen im Augenblick kein sonderlich gutes Einvernehmen. Kann ich irgendetwas für Sie tun?«

Sie überraschte ihn, indem sie näher rückte, beinahe seinen Arm umklammerte, so kam es ihm zumindest vor, und in ihrer Stimme schwang Verzweiflung mit.

»Könnte ich mit Ihnen darüber reden, Herr Vikar? Unter vier Augen? Bitte?«

»Aber sicher, Frau Fechner. Möchten Sie einen kleinen Spaziergang mit mir machen?«

»Oh ja. Ich will Ihnen nicht Ihre Zeit stehlen, aber …«

»Ich stehe Ihnen gern zur Verfügung, meine Schwester.«

Die Versammlung langweilte ihn ohnehin allmählich. Da konnte er sich ebenso die Leidensgeschichte anhören, die sie ihm über ihren grausamen Mann auftischen würde, wie sie es alle taten, wenngleich Lukas ihm ganz harmlos erschien. Nun gut, also los, fügen wir der Sammlung noch mehr Triviales hinzu. Sie gingen ein Stückchen, aber dann hatte sie doch nicht allzu viel zu erzählen, sie war viel zu nervös.

»Seit unserer Ankunft hier hatte ich große Schwierigkeiten. Das Leben hier fällt mir schwer. Bitte denken Sie nicht schlecht von mir, weil ich nicht hier mit Lukas zusammenlebe.«

»Warum sollte ich schlecht von Ihnen denken?«

»Nun, Pastor Beitz ist böse auf mich, aber er versteht nichts, und manche Dinge kann ich nicht mit ihm besprechen.«

Er lächelte. »Das kann ich mir wohl vorstellen.«

»Tatsächlich?« Ihre großen blauen Augen weiteten sich vor Staunen. Friedrich hatte seine Freude an dem Gespräch. Es war nie zu früh, um mit der Demontage des alten Ziegenbocks zu beginnen.

»Nun, er ist alt. Er hat keine Berührungspunkte mehr mit Ihrer Generation, hat im Grunde gar keine Ahnung. Möchten Sie, dass ich über Ihr Problem mit Lukas spreche, damit Sie sich aussöhnen?«

»Nein, darum geht es nicht. Es handelt sich um andere Dinge, entsetzliche Dinge, über die ich nicht mit ihm reden kann.« Dann geriet sie in Panik. »Nein, ich kann mit keinem Menschen darüber reden!« Und sie machte kehrt.

»Nicht einmal mit einem guten Zuhörer, der nie im Leben ein Sterbenswörtchen preisgeben würde?«, drängte er, aber sie schüttelte den Kopf.

Tränen standen ihr in den Augen.

»Vielleicht ein andermal, wenn Sie sich dem besser gewachsen fühlen?«

»Ja«, flüsterte sie. »Ich hoffe es. Es fällt mir sogar schwer, zur Kirche zu gehen.«

Die Neugier des Pastors war geweckt. Was für Ungeheuerlichkeiten bedrückten diese junge Frau? Doch dann kam Pastor Beitz auf sie zu und verdarb ihm alles. Er nickte Frau Fechner unterkühlt zu und wandte sich dann an seinen Hilfspfarrer.

»Ich hoffe, du rätst dieser Frau zur Rückkehr auf den Pfad der Tugend!«

»Genau das ist meine Absicht. Frau Fechner hat mir gerade

erklärt, wie sehr sie und die anderen von Ihrer Anleitung abhängen.«

»Hm. Wenn es ihnen in den Kram passt. Kann ich kurz mit dir sprechen?«

Daraufhin ergriff Frau Fechner die Flucht.

»Friedrich«, sagte Pastor Beitz mit altgewohnter Freundlichkeit, »in all der Aufregung habe ich die Spenden vergessen. Ich glaube, es war eine recht erhebliche Summe, und ich kann sie brauchen, glaub mir.«

»Spenden? Was für Spenden?«

»Von der Hamburger Gemeinde. Der Dekan ließ mich wissen, dass er mir finanzielle Unterstützung zukommen lassen werde und dass du sie überbringen würdest. Du hast das Geld doch sicherlich dabei?«

»Pastor, ich wollte, es wäre so. Der Dekan hatte nicht einmal einen Pfennig für mich. Es war mein Glück, dass ein Onkel mir ein bescheidenes Sümmchen mit auf den Weg geben konnte.«

»Aber du musst es doch haben! Ich brauche dieses Geld. Ich habe mich darauf verlassen!«

Damit du eine lächerliche Glocke für einen nicht vorhandenen Kirchturm kaufen kannst, die kein Mensch je hören wird? Lass mich doch in Ruhe, dachte Friedrich, sagte jedoch:

»Wussten Sie nicht, dass das Seminar gebrannt hat? Die Kapelle hatte Feuer gefangen. Ist bis auf die Grundmauern abgebrannt, Pastor.«

»Oh nein! Doch nicht unsere wunderschöne Kapelle! Oh, welche Tragödie! Lieber Gott, das ist ja schrecklich!«

»Ja. Dem Dekan hat es fast das Herz gebrochen. Er musste einen Fonds einrichten, um sie wieder aufbauen zu können. Ich glaube, die Kosten werden in die Tausende gehen. Wir alle wurden zum Betteln auf den Straßen ausgesandt – es war in der Woche vor meiner Abreise –, denn er verfügte nicht über genug Geld, um den Architekten zu bezahlen. Es tut mir so Leid, Pastor. Ich nehme an, dass die Spenden, von de-

nen Sie sprechen, dem Kapellenfonds einverleibt worden sind. Eine Schande …«
Der Priester taumelte mit aschfahlem Gesicht davon.

Das Festmahl war ein Erfolg, besonders für die drei Neuankömmlinge, die den Überfluss an heimischen Genüssen noch nicht recht kannten. Auf dem Tisch türmten sich Ananas, Bananen, Kokosnüsse und andere Früchte, die Hubert nicht kannte.
Voller Freude sah er Ritters gesunden Appetit, als dieser sich herzhaft am kalten Braten und den gekochten Kartoffeln gütlich tat und danach an dem Fisch, den Walther an einem anderen Tisch servierte.
Nach dem Essen saßen sie zusammen und sangen im Gedenken an die alte Heimat deutsche Lieder, und Hubert beteuerte Pastor Beitz gegenüber, dass er sich nicht erinnern könne, jemals einen so schönen Tag verlebt zu haben. Die Erleichterung auf dem Gesicht des alten Mannes ging in ein breites Lächeln über.
»Ich bin so froh, dass es Ihnen gefällt, mein Lieber. Ich fürchtete schon, Sie würden unsere arme kleine Gemeinde nach Hamburgs Glanz gar zu erbärmlich finden. Aber fühlen Sie sich jederzeit herzlich willkommen bei uns, und besuchen Sie die Kirche, wann immer Sie möchten. Schließlich sind Sie ja schon von Anfang an Teil unserer Gemeinde.«
»Allerdings finde ich alles ziemlich merkwürdig«, sagte Adele später zu ihrem Vater, als Rolf Kleinschmidt sie zurück zum Hotel gebracht hatte. »Die Kirche ist ja niedlich, aber wie viele von ihnen leben in diesen Hütten?«
»Ich weiß nicht recht. Über die Gegebenheiten erfahren wir bestimmt mehr, wenn wir Jakob Meissner besuchen.«

Der Besuch auf der Meissner'schen Farm diente dazu, ihnen ein weiteres Mal die Augen zu öffnen. Jakob selbst kam in die Stadt, um sie abzuholen. Er lenkte einen gepolsterten Buggy und warnte sie, dass ihnen eine lange Fahrt bevorstünde. Sie würden mehrere Stunden unterwegs sein, um zu seinem Besitz zu gelangen.

»Um Himmels willen, guter Mann. Wann bist du denn heute Morgen aufgebrochen?«

»Früh.« Jakob grinste. »Aber es ist mir ein Vergnügen.«

Sie unterbrachen die Reise mehrmals. Einmal musste Jakob in einer Schmiede am Straßenrand das Pferd neu beschlagen lassen, ein anderes Mal besuchten sie eine große chinesische Marktgärtnerei, wo man ihnen erfrischenden Tee und kleine Kuchen servierte, während Jakob mit dem Besitzer über die Vorzüge der verschiedenen Feldfrüchte diskutierte.

Weder Hubert noch Adele hatten je zuvor Chinesen gesehen, und sie waren fasziniert vom Frohsinn ihres Gastgebers, der offenbar alles, was sie sagten, ausgesprochen lustig fand. Als Gegenleistung für die Bewirtung und als Mitbringsel für Frieda kaufte Hubert etwas Gemüse und bestaunte den Berg von Grünzeug und Tomaten auf der Ladefläche des Buggys.

»Das alles soll ich gekauft haben?«, fragte er bestürzt.

»Ich weiß nicht.« Jakob lachte. »Ich weiß selbst nie, was ich kaufe, wenn ich hier hereinschaue. Ich gebe ihnen einfach ein paar Münzen und warte ab. Frieda jedenfalls wird sich freuen. Sie gibt sich große Mühe, eigenes Gemüse zu ziehen.«

Der nächste Halt galt Jakobs Partner und Nachbarn, dem Iren Mike Quinlan. Sie fanden ihn ganz reizend, waren aber erschrocken über seine primitive Behausung, die nur aus einer Wellblechhütte neben den lang gestreckten Unterkünften der Kanaken bestand.

Adele gab ihrem Vater gegenüber leise ihrer Sorge Ausdruck. »Frau Meissner sagte, die Lebensbedingungen auf der Farm wären noch recht primitiv. Ob es dort so aussieht wie hier?«

»Ich kann es nicht sagen. Aber vergiss deine guten Manieren nicht, ganz gleich, was geschieht. Wir sind Gäste.«

Dann jedoch waren sie angenehm überrascht. Das Farmhaus der Meissners war ein lang gestrecktes niedriges Holzgebäude mit einem Ziegeldach und einer umlaufenden breiten Veranda. Ein neues Haus. Hubert erinnerte sich jetzt, von Pastor Beitz gehört zu haben, dass Meissners erstes Haus während eines Buschfeuers abgebrannt war. Wie gedankenlos, einen so schrecklichen Vorfall zu vergessen, doch seit seiner Ankunft wurde er mit Informationen überschüttet – einschließlich Jakobs Bemerkung, dass die Gemeinde in finanziellen Schwierigkeiten steckte.

Hubert betrat das Haus und schaute sich um. Primitiv war dieses Haus ganz und gar nicht. Alles glänzte, und der Holzfußboden strömte einen würzigen Zederndufт aus. Dass noch Möbel fehlten, störte die Gäste nicht im Geringsten. Ihr Besuch erhielt dadurch eine Art Picknickstimmung, zumal sie ganz ungezwungen auf der vorderen Veranda an der frischen Luft zusammensaßen. Die Umgebung jedoch zeugte von etwas anderem … das frische Grün verbarg nur unzulänglich die Folgen des Buschfeuers, das hier verheerend gewütet haben musste.

Doch abseits des Hauses sah Hubert die eigentliche Aufgabe, die Jakob und sein Sohn noch vor sich hatten, und er war sprachlos. Mit Hilfe einiger schwarzer Arbeiter wurde unter Mühe und Schweiß das Land gerodet, eine Arbeit, die noch jahrelange Schufterei erforderte. Allerdings gingen sie schrittweise vor, um auf den gerodeten Abschnitten schon mal pflügen und irgendwann dann Zuckerrohr anpflanzen zu können. Natürlich blickten sie voller Begeisterung in die Zukunft, konnten aber auch nicht verbergen, welche Einschränkungen ihnen diese Arbeit auferlegte, da ihnen wenig Zeit für die Landwirtschaft blieb – ihre eigentliche Existenzgrundlage. »Ich habe festgestellt, dass ich hier alle möglichen interessanten Gemüsesorten anbauen kann«, sagte Frau Meissner, »und ich will ein paar von den Aborigines dazu überreden, hier ein festes Lager aufzuschlagen und mir bei der Arbeit zu helfen. So schwer ist das ja nicht … Unsere Hühner legen gut, und im Fluss gibt es jede Menge Fische. Fleisch werden wir wohl von einem Nachbarn kaufen müssen, aber Hammel ist billig, und dann gibt es ja auch noch das Wild, sofern die Männer Zeit zum Jagen finden.«

»So schwer ist das ja nicht ...« Zurück in der Stadt, nach dem Besuch bei den Meissners, dachte Hubert an Friedas Worte, als er sich im Hotel ausruhte.

Nicht so schwer! Sie alle mussten unglaublich hart arbeiten. Ihre Gesichter waren schon jetzt wettergegerbt, ihre Kleidung abgetragen. Ihre Entschlossenheit beeindruckte ihn umso mehr, und es rührte ihn, dass alle drei um der Unterhaltung der Gäste willen die Arbeit hatten ruhen lassen und eines ihrer kostbaren Hühner für ein gutes Abendessen geopfert hatten. Und deswegen hatte er auch ihre Einladung, länger zu bleiben, nicht angenommen, trotz Adeles Bitten. Hubert wollte seinen guten Freunden nicht zur Last fallen.

Wenn er jetzt zurückdachte an den Wunschtraum, den er für seine Familie gehegt hatte, den Traum von einem wunderschönen Farmhaus inmitten grüner Wiesen in einer lieblichen Hügellandschaft, dann musste er zugeben, dass seine Vorstellungen unrealistisch gewesen waren. Dies hier war keine liebliche Landschaft, es war ein hartes Land, keineswegs einladend. Jeder Schritt zur Zähmung der Wildnis brachte Probleme und Rückschläge. Schuldbewusst fragte er sich, ob seine Söhne, in der Stadt aufgewachsen, solch eine Herausforderung wohl bestanden hätten, und rasch wandte er sich anderen Gedanken zu, um sich die unbequeme Antwort zu ersparen.

Zum Beispiel Pastor Beitz. Von Jakob hatte Hubert Näheres über die reichlich merkwürdige Gemeinde erfahren. Während der Pastor es zufrieden war, »naturverbunden«, wie er es nannte, zu leben, waren von den vier Männern, die bei ihm geblieben waren, nur die Lutzes mit den Verhältnissen einverstanden.

»Walther bleibt noch aus Pflichtgefühl«, sagte Jakob, »und Lukas hat keine andere Möglichkeit.«

»Aber ich dachte, ihr wolltet alle zusammen auf eigenem Land eine Gemeinde gründen.«

»Das Land ist nur schwer urbar zu machen, es hätte zu lange gedauert. Und wir haben alle nicht viel Geld. Im Grunde ist der Plan am Geldmangel gescheitert.«
»Oder aus Mangel an Begeisterung?«
»Vielleicht auch. Doch wir hoffen alle, dass die Gemeinde trotzdem irgendwie überlebt.«
Über dieses Gespräch dachte Hubert nach. Er und Jakob hatten mehrmals alle Möglichkeiten durchgesprochen, ohne eine Antwort zu finden auf die Frage, wie sich die Lage bessern ließe. Frieda erzählte, dass keine der Frauen dort leben wollte, solange es an vernünftigen Häusern fehlte. So waren sie alle ihrer Wege gegangen.
»Vielleicht sollte ich auch mal mit den anderen reden«, sagte Hubert zu sich selbst. »Morgen. Mit den Damen hier im Hotel werde ich anfangen, und dann besuche ich Rolfs Leute.«

In der fremdartigen Umgebung einer Hotelküche erfuhr Hubert, dass Frau Zimmermann in kürzester Zeit von der Aushilfsköchin zur fest angestellten Köchin aufgestiegen war, weil die frühere Köchin mit einem unverheirateten Farmer durchgebrannt war … »Bei ihm wird sie die Hausherrin und die Köchin sein«, sagte Frau Zimmermann und lachte. »Für mich war es ein Glücksfall.«
Er erfuhr auch, dass Herr Zimmermann auf einem der vielen Goldfelder des Landes sein Glück versuchte, und da die Frau mit diesem Unternehmen offenbar nicht eben glücklich war, wechselte Hubert bald das Thema. Ihn interessierte die Meinung dieser Frau über den derzeitigen Zustand der Gemeinde.
»Völlig unzulänglich«, sagte sie fest. »Ich könnte dort nicht leben, selbst wenn ich es wollte. Pastor Beitz findet es nicht gut, dass ich meine Kinder in die staatliche Schule schicke. Er besteht darauf, sie selbst zu unterrichten, wenn er seine Missionsschule eröffnet.«
»Aber in der Zwischenzeit wollen Sie sie auf der staatlichen Schule lassen?«
»Ja, natürlich.«

»Sagen Sie, Frau Zimmermann, was haben Sie bei Ihrer Ankunft von diesem Land erwartet?«

»Von diesem Land?« Sie lehnte sich zurück, stemmte die Hände in die Hüften und überlegte. »Mal sehen. Na ja, Herr Hoepper, unser Herkommen hat gute und auch schlechte Seiten. Ich dachte, wir würden auf einer großen Farm leben, zum Schutz gegen die Schwarzen eingezäunt, und wir würden alle zusammen das Land bestellen und glücklich und zufrieden leben.«

»Und die Schule?«

»Ja. Wir würden eine eigene Schule haben, in der der Pastor unterrichtet.«

»Aber in der Hinsicht haben Sie Ihre Meinung doch geändert.«

»Weil ich nicht wusste, dass der Schulbesuch hier nichts kostet, und ich hatte das Sprachproblem nicht bedacht. Ich hatte erwartet, dass der Pastor auf Deutsch unterrichtet, wie er es auch vorhat, aber, Herr Hoepper, darüber sollten Sie mal mit ihm reden. So geht das einfach nicht. Unsere Kinder müssen so schnell wie möglich Englisch lernen. Das habe ich zu Anfang nicht gewusst.«

»Wenn es eine lutherische Schule mit einem Englisch sprechenden Lehrer gäbe«, fragte Hubert und dachte dabei an Vikar Ritter, »würden Sie die Kinder dann vielleicht zurück in die Gemeinde bringen?«

»Ah, nein, verstehen Sie, da gibt es noch etwas anderes …«

»Was denn, Frau Zimmermann?«

»Die Missionsschule. Pastor Beitz redet doch ständig von einer Missionsschule. Ehrlich gesagt, vor unserer Ankunft hier habe ich nicht viel darüber nachgedacht. Ich war nur ganz versessen darauf, hierher zu kommen. Aber wie soll das gehen? Will er zwei Schulen gründen?«

»Ich weiß nicht, das wäre wohl kaum durchführbar.«

»Wie auch immer, Herr Hoepper, das spielt jetzt keine Rolle mehr. Ich habe meine Freiheit. Außer zur Kirche gehe ich nicht mehr zurück in die Gemeinde. Und Frau Fechner wohl auch nicht.«

»Wer redet da hinter meinem Rücken über mich?« Die junge Frau, die als Stubenmädchen arbeitete, trat fröhlich ein, mehrere Wasserkrüge im Arm, doch als sie Hubert sah, zuckte sie nervös zusammen.
»Oh, Herr Hoepper, entschuldigen Sie. Störe ich?«
»Überhaupt nicht«, sagte Eva Zimmermann stolz. »Herr Hoepper ist nur auf ein Plauderstündchen hereingekommen. Um zu hören, wie es uns so geht, und ich habe ihn zu einer Tasse Tee überreden können.«
»Oh, ich bleibe ja nicht. Ich wollte nur diese Krüge ausspülen …«
»Wenn Sie ein paar Minuten erübrigen könnten«, sagte Hubert. »Wir reden gerade über die Entwicklungen in der Gemeinde.«
»Ach, das!«, erwiderte sie. »Wen interessiert das schon?«
Hubert blieb ruhig. »Sie sind vermutlich enttäuscht, Frau Fechner.«
»Ja, sehr. Ich dachte, wir würden hier in einem eigenen Dorf leben, mit viel Land und nur ein paar Familien, und ich dachte, wir würden eigenes Land besitzen. Wir waren bereit, hart zu arbeiten, um viel Geld zu verdienen.«
»Und was dann? Wenn Sie viel Geld verdient hätten?«
»Dann könnten wir nach Hause. Zurück nach Deutschland und uns einen schönen Hof kaufen.«

Vikar Ritter kam zu Besuch, wie er es häufig tat, und zwar gewöhnlich zu den Mahlzeiten, um sich einladen zu lassen. Heute ärgerte auch er sich über die Gemeinde und wollte Hubert bitten, Pastor Beitz seine Forderung vorzutragen. »Er versteht anscheinend nicht, Herr Hoepper, dass wir die Aborigines genauso behandeln müssen wie die Kanaken, die auf den Zuckerrohrfeldern arbeiten. Sie sollten zu festen Zeiten und für geregelten Lohn auf unseren Feldern arbeiten. So könnten wir das Land bedeutend schneller urbar machen, wir könnten uns selbst versorgen und endlich anfangen, Gewinn zu machen. Wenn etwa dreißig Eingeborene für uns arbeiten würden, ließe sich unsere Finanzlage im Handumdrehen zum Besseren wenden. Sie wissen, dass das Kirchenkonto bei der Bank in den roten Zahlen ist?«

»Ja, ich weiß. Das ist sehr ungünstig. Ich überlege schon lange, wie ich helfen könnte …«

»Danke. Spenden wären höchst willkommen.«

»Ich bezweifle, dass Spenden auf lange Sicht nützen. Wie denkt Pastor Beitz über die Anstellung von Eingeborenen?«

»Er hält gar nichts davon. Er glaubt, sobald sie zum Christentum bekehrt sind, würden sie glücklich und zufrieden für ein paar Nahrungsmittel und Gotteslohn arbeiten. Er lebt in einer Traumwelt.«

»Mag sein«, sagte Hubert und fragte sich, wie man ihm diese Traumwelt erhalten könnte.

Hubert dachte über das Gehörte nach, als er zum Haus der Kleinschmidts ging, um Adele abzuholen. Sie und Rosie hatten sich angefreundet, und natürlich war die kleine Louise der Mittelpunkt der Aufmerksamkeit.

Dieses Mal servierte man ihm Kaffee, den er bedeutend lieber mochte als Tee, und er fragte Rosie aus, da ihn die Sorgen um die Gemeinde nicht mehr loslassen wollten.

»Die Leute hatten so viele verschiedene Vorstellungen von dem, was sie hier erwartet«, sagte er. »Vorstellungen, die stark von der Realität abwichen.«

Rosie lachte.

»Helene Wagner und ich waren schockiert, als wir hier ankamen und splitternackte Eingeborene herumstehen sahen, dazu eine schäbig wirkende Stadt, die nicht mal richtige Straßen hatte, was sich bis heute kaum geändert hat …«

»Aber was ist mit der Gemeinde?«

»Du lieber Himmel! Das war der größte Schock. Ich dachte, wir würden auf einer tropischen Insel mit weißem Sandstrand und sich wiegenden Palmen und mildem Wetter landen, und stattdessen fanden wir diesen Urwald am Ende einer langen staubigen Straße vor.«

»Was haben Sie denn geglaubt, womit Ihre Männer auf einer tropischen Insel ihr Geld verdienen würden?«
Sie lächelte. »So weit habe ich gar nicht gedacht. Ich habe nicht einmal Rolf von meiner Trauminsel erzählt, weil ich mir so dumm vorkam.«
»Aber dann wohntet ihr schließlich in Holzhütten«, sagte Adele. »Das muss doch schrecklich gewesen sein.«
»Im Grunde war es ganz lustig. Mich hat es nicht sonderlich gestört. Ich glaube, Rolf will morgen mit Ihnen auf die andere Seite des Flusses, den Rest der Familie besuchen.«
»Und um eine Zuckerrohrplantage zu besichtigen«, fügte Adele hinzu. »Das wird wohl ein anstrengender Tag. Herr Meissner und Karl kommen auch; sie sind ganz versessen darauf, weil sie auch ins Geschäft einsteigen wollen.«

Die nächsten Tage waren sie ständig unterwegs. Zuerst besuchten sie, wie geplant, das jenseitige Flussufer, und dann unternahmen sie auf Mr und Mrs Wheatleys Einladung hin spontan einen Tagesausflug ans Meer – die beiden gehörten zu den Viehzüchtern, die sie auf dem Küstendampfer kennen gelernt hatten. Dieses Mal gelangten sie in einem großen, bequemen Wagen auch tatsächlich ans Meer oder vielmehr in eine große, wunderschöne Bucht, genau die Bucht, die sie auf dem Weg zur Mündung des Burnett überquert hatten.
Offenbar hatten mehrere Leute, Besitzer großer Schafzuchtfarmen, beschlossen, sich hier Strandhäuser zu bauen, um der sengenden Sommerhitze zu entkommen. So verbrachten sie einen vergnügten Vormittag damit, an der Küste nach dem besten Bauplatz Ausschau zu halten, um sich dann unter einem Schatten spendenden Baum niederzulassen und ein ausgezeichnetes Picknick zu genießen.
»Sie sollten sich auch ein Grundstück sichern, Mr Hoepper«, rieten seine Gastgeber. »Das hier ist ein herrliches Fleckchen Erde, wie Sie selbst sehen, und der Morgen kostet nicht mehr als ein Butterbrot.«

»Und wie viel kostet so ein Butterbrot?«, fragte Hubert lächelnd.
»Im Moment noch ein paar Shilling. Der Boden ist als Weideland nicht geeignet und zu weit von der Stadt entfernt, um ihn wirtschaftlich zu nutzen.«
Hubert staunte. »Ich bin dabei«, sagte er nach kurzer Diskussion. »Der Ausblick ist äußerst reizvoll, und sehen Sie …«, er deutete auf ein Schiff, das die Bucht überquerte, »von hier aus kann man sogar die Schiffe betrachten.«

Als sie zum Hotel zurückkehrten, wartete Rolf auf Hubert, um in aller Ruhe mit ihm zu reden.
»Ist etwas passiert?«, fragte Hubert besorgt.
»Noch nicht. Aber ich wollte fragen, ob Sie in unserem Namen wohl mit Pastor Beitz sprechen würden.«
»Über die Finanzlage der Kirche?«
»Ja.«
Hubert seufzte. »Ich weiß nicht. Vikar Ritter hat mich auch schon darauf angesprochen, aber ich möchte mich eigentlich nur ungern einmischen. Es liegt an Ihnen allen, die Angelegenheit zu klären. Schade, dass der ursprüngliche Plan einer kooperativen Gemeinschaft auf den vierzig Morgen Kirchenland nicht aufgegangen ist, aber …«
»Entschuldigen Sie, Herr Hoepper, aber mittlerweile denke ich, das ist das Beste, was uns passieren konnte. Dadurch sind wir gezwungen, uns hier einzugliedern, während wir uns sonst völlig isoliert hätten. Es ist nicht gesund, so stark voneinander abhängig zu sein, und die Einheimischen wären uns mit Misstrauen begegnet. Wie es gekommen ist, ist es gut, aber Pastor Beitz muss auch Grenzen akzeptieren.«
»Zum Beispiel?«
»Herr Hoepper, diese Stadt ist sehr klein. Jeder weiß über den anderen Bescheid. Ich habe gerade erfahren, dass Pastor Beitz bei der Bank wegen einer Aufstockung des Darlehens vorgesprochen hat, damit er seine Schule bauen kann.«
»Für wen?«, fragte Hubert besorgt.

»Eine Missionsschule für die Kinder der Schwarzen. Dagegen habe ich ja im Grunde gar nichts einzuwenden, aber das Geld dafür ist einfach nicht da. Wir zahlen schon unseren Zehnten, um den Pastor und die Kirche zu unterstützen, und das ist schwer genug für eine Kirchengemeinde, die um einen Neubeginn in einem fremden Land kämpft. Wenn er uns jetzt noch tiefer in die Schulden treibt, werden die meisten von uns sich von seinem Projekt lossagen. Dann steht er ohne jede Hilfe da.«

»Ich wollte, Sie und Ihre Leute würden selbst mit Pastor Beitz reden … Könnten Sie ihm nicht eine Delegation schicken?«

»Herr Hoepper, Sie müssen doch verstehen. Pastor Beitz ist lange Zeit Pfarrer in seiner eigenen Kirchengemeinde gewesen. Dort, wo er herkommt, üben die Pfarrkinder keine Kritik an ihrem Pastor. Er wird niemanden von uns anhören. Er weigert sich einfach. Aber Sie sind vielleicht in der Lage, ihn zur Vernunft zu bringen. Ich hoffe es jedenfalls. Wenn nicht, dann steht er ganz allein da.«

»Das sieht sehr gut aus, nicht wahr?«, fragte Pastor Beitz seinen Freund.

»Wozu?«, wollte Tibbaling wissen. »Wozu brauchst du eine Mauer?«

Er versuchte zu erklären, dass es ihm im Grunde nur um den schönen Anblick ging, denn hüfthoch, wie die Mauer war, eignete sie sich kaum zum Fernhalten von Eindringlingen. Er gab jedoch bald auf.

»Übrigens, hast du Vikar Ritter kennen gelernt, unseren Hilfspfarrer?«

Tibbaling nickte weise. »Ah ja. Ich habe ihn gesehen, den Doppelmann.«

»Was?«

»Doppelmann. Der neue heilige Mann.«

»Wieso sagst du das?«

»Wieso fragst du? Er ist ein heiliger Mann; er geht mit dem Heiligen Geist, nicht wahr?«

Der Pastor kniff die Augen zusammen und versuchte, den Erklärungen zu folgen. »Ja, natürlich. Aber ja. Er ist ein frommer Mann. Du hast völlig Recht. Er geht mit dem Heiligen Geist.«

Tibbaling ging weiter, um den Arbeitern zuzusehen. Er vermutete, dass der Pastor noch mehr Nahrung anpflanzen wollte, was wohl eine verlässlichere Vorratshaltung darstellte als der Proviant aus dem Busch. Besonders diese Blätter, die sie aßen. Er sah Doppelmann bei Tom Großzehe und Hüpf-Jim, zwei von Tibbalings Jungen, und alle drei hebelten mit Eisenstangen einen mächtigen Felsblock aus.
Der neue heilige Mann war ein männlicher Bursche. Tibbaling hatte seinen schönen Körperbau bewundert, als er ihn im Bach baden sah, und er hatte sich über seine Reaktion auf diese ungezogenen Mädchen gefreut. Er mochte alle Weißen in diesem Lager, doch bevor Doppelmann aufgetaucht war, hatte keiner von ihnen sich je eine Frau geholt, und das war ihm unverständlich. Er, der neue heilige Mann, hatte es zwar auch nicht getan, aber er hatte eindeutig bewiesen, dass er es wollte. Es wäre gewiss interessant zu beobachten, was jetzt geschah. Und wichtig war auch, die ungezogenen Mädchen von der Gemeinde fern zu halten. Tibbaling hielt nichts davon, wenn seine Stammesangehörigen sich mit weißen Männern paarten. Das schwächte nur.
Tibbaling schnupperte die Luft. Es war eine schlechte Jahreszeit für Stürme, zu viel Regen und Hitze und verwirrende Winde, die alles verstärkten, soagar Familienstreitigkeiten. Er hoffte sehr, dass die Geister auf der Hut waren. Und das erinnerte ihn. Warum ging der Heilige Geist mit Ritter statt mit Beißt? Dem gebührte doch bestimmt die größere Ehre. Und er verfügte über die Weisheit des Älteren. Doppelmann musste wohl überaus wichtig sein, eine andere Erklärung fand er nicht. Er hätte gern Beißt danach gefragt, fürchtete aber, ihn zu kränken. Unhöflich zu sein. Wer kannte sich schon mit den Geistern der Weißen aus?

Er wanderte zum Tor und drehte sich ohne besonderen Grund noch einmal um. Hatte ein Winken oder vielleicht ein Lächeln ihn dazu veranlasst? Doch was er dann sah, ließ ihn erschrocken zurückweichen.
Pastor Beitz stand gebeugt in seinem Garten, begutachtete das Gemüse, und ihm gegenüber, auf der anderen Seite, stand Doppelmann. Niemand sonst war zu sehen. Keine Menschenseele. Alle schienen verschwunden zu sein, die Arbeiter, selbst der Heilige Geist war nicht mehr da. Nur die beiden Männer. Er sah den neuen Priester hoch aufgerichtet da stehen, groß und stolz, und dann kam dieser Blitz. Tibbaling traute seinen Augen nicht! Der neue Mann richtete den Knochen auf Würdig Beißt. Richtete den Knochen auf ihn! Beschwor den Tod auf ihn herab. Auf den armen Beißt.
Dann war es vorüber. Nur dieser eine Blitz der Erkenntnis. Jetzt waren alle anderen wieder da und arbeiteten aus Leibeskräften. Frauen folgten Beißt mit Körben, um Gemüse zu ernten. Tom Großzeh stöhnte, suchte nach einer Fluchtmöglichkeit, Doppelmann harkte die Erde, in der der Felsblock gesteckt hatte, ruhig, bedächtig, und der Heilige Geist lag wie ein Schatten über ihm, und Hüpf-Jim schleifte mit Hilfe von Seilen den Felsbrocken fort.
Tibbaling schob sich in den Busch und ließ sich unter einem Schutzdach aus dichtem Laub nieder, um das Gesehene zu verdauen. Derartige Angelegenheiten waren ihm nicht neu. Wie konnte das sein? Warum richtete jemand den Knochen auf einen guten Mann, einen ehrbaren Alten? Der ein makelloses Leben geführt hatte, das war leicht zu sehen. Warum sollte ihm jemand Böses wünschen?
Tibbaling zweifelte nicht an dem, was er gesehen hatte. Keinen Augenblick. Und er wusste, er hatte kein Recht, sich einzumischen. Hier ging es um Stammesangelegenheiten. Aber was er gesehen hatte, war die Wahrheit. Schon mancher Schwarze hatte versucht, den Knochen auf Feinde zu richten, ohne das nötige Wissen zu besitzen, um die Zeremonie durchzuführen, und deshalb hatte es nichts zu bedeu-

ten … Warum auch?, überlegte er. Unmöglich, dass die Leute hier herumlaufen und auf alles und jeden den Knochen richten. Dann würde ja Chaos in den Lagern herrschen. Und der Doppelmann hat gewiss nicht die geringste Ahnung, wie die Zeremonie richtig durchgeführt wird, also überleg doch mal, Alter. Und das tat er. Er kaute Tabak und überlegte. Schließlich kam ihm die Erkenntnis, dass ein weißer Geist zu ihm vorgedrungen war. Kam er ihnen näher? Ließ er sich zu sehr auf sie ein? War es an der Zeit, sich zurückzuziehen, bevor er in Verwirrung geriet?

Dies alles war sehr beängstigend. Er saß stundenlang am selben Ort, blickte über das Feld hinaus, lange noch, nachdem die Arbeiter gegangen waren, lange noch, nachdem die unentschiedenen Wolken in der Dunkelheit verschwommen waren, doch er wagte nicht zu gehen, bevor sein über alle Maßen trauriges Herz die Bedeutung des Erlebten erfasst hatte. Seine alten Muskeln verkrampften sich. Seine Knochen schmerzten. Aber er ließ nicht locker. Die Zeremonie des Knochen-Richtens hatte stattgefunden, und das würde er nicht leugnen, obwohl ihn Stimmen zum Schweigen bringen, ihn ablenken wollten, böse Stimmen, während andere, sanftere, freundlichere ihm von Trugbildern erzählten, doch er rang mit der Erkenntnis, dass irgendetwas an der Zeremonie falsch gewesen war. Im Verlauf seines bewegten Lebens hatte er sie oft genug gesehen; er müsste wissen, sagten die Stimmen, dass es doch nur ein Trick war. Noch dazu schlecht ausgeführt. Jeder Anfänger konnte es besser.

Die Stimmen selbst waren ein Tumult. Einige versuchten, ihm einzureden, er hätte nichts Wirkliches gesehen, andere wollten ihm zeigen, dass alles völlig falsch war, doch er wollte nichts hören. Er wollte tiefer gehen, den Grund für alles finden, doch die Wasser waren sehr tief. Und dunkel. Und Angst einflößend. Er weinte, von seinen eigenen Geistern im Stich gelassen in seinem Bemühen, die Geheimnisse der Welt der Weißen zu durchdringen.

»Lass es«, sagten sie. »Belästige uns nicht mit denen.«

Das jedoch konnte er nicht tun. Beißt war sein Freund. Beißt, darauf bestand er, war ein guter Mann, den jemand mit dem bösen Blick getroffen hatte. Darum musste sich doch irgendwer kümmern.
Der Dingo kam, schmiegte sich an ihn, wärmte ihn, machte ihm Mut, und gemeinsam sahen sie die feurige Morgenröte den Himmel erhellen, bis die trüben Wolken die Vorstellung beendeten.
Tibbaling nickte. Er tätschelte den Hund. Die Szene, deren Zeuge er geworden war, wies einen Fehler auf. Wenn ein fähiger Mann den Knochen auf jemanden richtet, dann ist das sehr wirklich. Das weiß niemand besser als das Opfer. Er weiß es vom selbigen Moment an. Und von diesem Moment an stirbt das Opfer, gleichgültig, was gesagt oder getan wird, gleichgültig, welche Gebete und Opfer angeboten werden, gleichgültig, welche kriecherischen Entschuldigungen vorgebracht werden.
Von dem Moment an stirbt das Opfer.
Das war's. Langsam kam er auf die Füße, prüfte jeden knirschenden Knochen, ging hinaus auf das Gemüsefeld von Beißt und sah sich um, keineswegs befreit von seiner Niedergeschlagenheit.
Er wusste jetzt, dass das, was er gesehen hatte, die Variante des weißen Mannes von der Zeremonie des Knochen-Richtens gewesen war. Doch die Zeremonie hatte einen Makel, als wäre sie von einem Anfänger ausgeführt worden, denn etwas war übersehen worden.
Das Opfer musste es wissen! Musste sich der Bedrohung bewusst sein. Also … solange er es nicht wusste, war er in Sicherheit.
Beißt wusste nicht, dass der Zauber über ihn gesprochen worden war. Tibbaling fiel es nicht schwer, seinen Freund jetzt heraufzubeschwören, wie er vom Schlaf erwachte, mit seinen Männern redete, auf die ihm eigene Art umherwuselte, ohne eine Spur von Angst. Ohne Angst, die ihm das Leben austreiben würde! Doch Tibbaling selbst erstarrte bei

dem Gedanken. In der Minute, in der Sekunde, da er Beißt aufklärte, zu ihm ging und ihn warnte, dass er die Zielscheibe war, das Opfer dieser Übeltat, würde der unsichtbare Speer seine Wirkung tun. Sein Leben würde langsam versickern, bis zum Ende. Sein einziger Schutz war seine Unwissenheit über den bevorstehenden Untergang. Er, sein Freund, hatte keine Möglichkeit, ihn zu warnen.
Aber warum? Warum geschah das alles?
Tibbaling nahm die gesamte Kraft seiner Lunge zusammen, um den Himmel anzurufen, die Geister, die Vögel, die Tiere, die Wasserbewohner … Warum? Doch niemand antwortete. Niemand wusste es. Und das war Tatsache. Niemand wusste es.

# 16. Kapitel

Aus einer Anzeige in der vierseitigen Lokalzeitung erfuhr Hubert, dass der Anwalt, von dem Jakob gesprochen hatte, ein gewisser Mr Arthur Hobday aus Maryborough, an diesem Tag seinen Klienten in der Progress Hall zur Verfügung stünde. Er begab sich dorthin und wartete mit anderen Herren, die freundlich mit ihm plauderten, vor der Tür, bis er an der Reihe war. Mittlerweile hatte Hubert seine Schüchternheit und seine Abneigung gegen legeres Auftreten so weit überwunden, dass er mit völlig Fremden ins Gespräch kommen konnte, denn das schien hier so üblich zu sein. Wahrscheinlich auf Grund der großen Entfernungen und der Einsamkeit, schloss er, denn natürlich waren ihm die leeren Straßen und die dünne Besiedlung von Bundaberg und Umgebung längst aufgefallen.

»Entschuldigen Sie, dass Sie warten mussten«, sagte Mr Hobday fröhlich, nachdem sie sich einander vorgestellt hatten.

»Schon gut. Ich hatte ja nichts anderes zu tun.«

»Nun, das ist aber ein trauriges Eingeständnis, Sir. Sie müssen doch eine Beschäftigung haben?«

Ja, dachte Hubert. Ich soll mir den Pastor vorknöpfen. Laut aber sagte er: »Eigentlich nicht. Ich bin Pensionär. Nur zu Besuch hier.«

»Ein Mann in Ihrem Alter ist Pensionär? Sie sind überhaupt nicht der Typ dafür. Aus Ihren Augen spricht hohe Intelligenz. Die mag nicht lange brachliegen. Aber genug geredet. Was kann ich für Sie tun, Mr Hoepper? Sind Sie zufällig ein Freund von Jakob Meissner? Ah ja, das dachte ich mir. Ein feiner Kerl. Also, was ist das Problem?«

Hubert konnte feststellen, dass der gesprächige Mr Hobday auch ein guter Zuhörer war, und schon bald hatten sie vereinbart, dass der Anwalt im Namen seines Klienten das

Land am Meer kaufte, da Hubert, wie er zugeben musste, nicht mit dem landesüblichen Procedere vertraut war und außerdem keinen festen Wohnsitz in Australien nachweisen konnte.

»Und welchen Beruf haben Sie früher ausgeübt?«, fragte Hobday. »Meine Neugier über Reisende aus Europa ist unersättlich.«

»Ich war Kaufmann, Sir. Import, Export, diese Art Geschäfte. In Hamburg.«

Der Anwalt verstand den Wink mit dem Zaunpfahl. »Entschuldigen Sie, Mr Hoepper. Ich wollte nicht indiskret sein. Bevor Sie sich nun auf den Weg machen, sollten Sie mir besser eine Adresse hinterlassen. Nehmen Sie meine Karte. Und Sie sollten sich auch Maryborough mal näher ansehen. Ich würde Ihnen gern alles zeigen.«

Er stand auf und geleitete Hubert zur Tür. Dann grinste er und versetzte ihm einen Hieb auf die Schulter. »Das arme kleine Bundaberg hat einen echten Kaufmann mit dem richtigen Geschäftssinn bitter nötig, wissen Sie?«

»Ich fahre heute Morgen zur Gemeinde hinaus«, sagte Hubert zu Adele. »Magst du mitkommen?«

»Nein, danke. Ich möchte unten am Fluss ein bisschen zeichnen.«

»Geh nicht zu weit weg.«

»Nein. Nur über die Straße.«

Die Ställe in der nächsten Straße verfügten über ein annehmbares Gig, das er und Adele schon mehrmals gemietet hatten, und Hubert hoffte insgeheim, jemand anderer hätte es bereits geholt, doch es stand auch jetzt zur Verfügung.

»Es sieht nach Regen aus«, sagte der Stallknecht.

»Hier sieht es immer nach Regen aus.« Hubert lächelte. »Und was noch schlimmer ist: Wenn es hier nach Regen aussieht, dann gibt es auch Regen.«

Ein Wolkenbruch ging nieder, als Hubert gerade die Stadt verließ, doch als er in der Gemeinde eintraf, schien schon

wieder die Sonne. Wie üblich war Pastor Beitz von seinen schwarzen Wachtposten informiert worden, und er stand bereit, um Hubert in Empfang zu nehmen.
»Wie schön, Sie zu sehen, Herr Hoepper. Kommen Sie mit. Ich habe gute Nachrichten.«
Diese guten Nachrichten enthoben Hubert des Problems, selbst das Thema der Kirchenfinanzen anschneiden zu müssen. Pastor Beitz führte ihn eilig die Wege entlang, vorbei an den Unterkünften, vorbei an der Kirche zu einer Stelle, wo mehrere Eingeborene angefangen hatten, den dichten Busch zu roden.
»Sehen Sie? Wir haben mit dem Roden begonnen. Ich möchte hier einen schönen ebenen Platz, damit wir so bald wie möglich mit dem Bau der Missionsschule beginnen können. Einer richtigen Schule.«
Hubert schluckte. »Die Missionsschule«, wiederholte er. »Ich hatte doch den Eindruck, dass die Gemeinde unter Geldmangel leidet.«
»Wir vielleicht, aber nicht die Bank. Sie geben mir das Geld.«
»Ich dachte, Sie hätten ohnehin schon Schulden bei der Bank.«
»Ja, aber ich konnte das Darlehen aufstocken, indem ich eine Sicherheit bot.«
»Was für eine Sicherheit?«
»Nun, das Land natürlich.«
»Aber Pastor, Sie werden das Darlehen zurückzahlen müssen. Wie wollen Sie das bewerkstelligen? Abgesehen von den Bau- und Ausrüstungskosten wird die Schule selbst unterhalten werden müssen, und die Eingeborenen haben kein Geld.«
»Du liebe Zeit, Sie machen sich vielleicht Sorgen. Der Bau der Schule wird nicht viel kosten. Nur Holz, wissen Sie … und dann ein paar Schulbänke und Tafeln und so weiter.«
»Pastor, finden Sie es nicht merkwürdig, dass Sie eine Schule aus Holz bauen, während Sie und die anderen in Strohhütten leben?«

»Überhaupt nicht. Meine Missionsschule wird Vorbildcharakter haben. Die Leute werden kommen, um sie zu besichtigen. Wichtige Leute. Deshalb muss sie perfekt werden. Ich habe die Pläne selbst gezeichnet. Es gibt natürlich zwei Klassenzimmer. Eines für die Jungen, eines für die Mädchen …«

Er schilderte voller Begeisterung seinen Plan, ließ sich mit Hubert in der schattigen Essecke nieder und gab ihm Wasser zu trinken. Schließlich holte Hubert tief Luft und setzte seine Befragung fort.

»Können Sie mir sagen, Pastor, wie Sie das Darlehen zurückzahlen wollen?«

»Walther wird sich darum kümmern«, antwortete der Priester gereizt. »Und ich denke daran, sonntags eine besondere Kollekte abzuhalten, die nur der Schule zugute kommt.«

Hubert nippte an dem lauwarmen Wasser und wünschte sich, es wäre ein stärkeres Getränk. »Ich fürchte, das wird nicht gehen, Pastor. Ehrlich gesagt, ich halte es für unklug, zu diesem Zeitpunkt ein weiteres Darlehen aufzunehmen.«

»Aber ich muss doch … die Missionsschule!«

»Können Sie die Kinder nicht genauso gut in einer Hütte unterrichten? Aber Pastor, was noch wichtiger ist: Sind Sie sicher, dass Sie sich nicht überfordern, wenn Sie die Rolle des Lehrers übernehmen, obwohl Sie hier doch ohnehin genug zu tun haben? Sollten Sie nicht die Prioritäten anders setzen und zunächst einmal dauerhaftere Unterkünfte errichten?«

Der Priester straffte sich hastig. »Sie sind derjenige, der die Prioritäten falsch setzt, Herr Hoepper. Ich will hier Gottes Werk tun. Ich bin hier, um die Heiden zu bekehren und sie zu Gott zu führen.«

»Und was wird aus Ihren Pfarrkindern? Zählen die überhaupt nicht? Sie sind schließlich an diese Gemeinde gebunden. An dieses Land, wenn ich Sie daran erinnern darf.«

Pastor Beitz blickte Hubert streng an. »Wollen Sie mich kritisieren?«

»Eigentlich nicht. Ich will Ihnen nur erklären, dass Ihre Leute verärgert sein werden, wenn Sie tatsächlich dieses Darlehen aufnehmen. Sie werden rebellieren. Man hat mir zu verstehen gegeben, dass sie die Gemeinde dann überhaupt nicht mehr unterstützen wollen. Sie dürfen sich nicht darauf verlassen, dass die Männer, die hier leben, von ihrem Lohn die Gemeinde finanzieren und das Darlehen zurückzahlen. Es tut mir sehr Leid, Ihnen das sagen zu müssen, aber vielleicht sollten Sie den Bau der Missionsschule doch verschieben.«

»Sie enttäuschen mich, Herr Hoepper. Ich dachte, Sie teilen meine Vision von einer guten deutschen Gemeinschaft hier, mit Ausbildungsmöglichkeiten für unsere Kinder und die Kinder der Schwarzen, eine Gesellschaft mit Modellcharakter, die sich selbst versorgt. Aber wie ich nun sehe, sind auch Sie ein Zweifler.« Er hob die Schultern. »Ich kann Ihnen jetzt keine Antwort geben, die Sie den anderen Zweiflern überbringen könnten. Ich werde um die Erleuchtung beten.«

»Danke, Herr Pastor. Ich weiß Ihre Klugheit zu schätzen.«

»Oh ja, sicher. Würden Sie mich jetzt bitte entschuldigen? Ich muss zurück an die Arbeit.«

Später berichtete Hubert: »Ich habe den armen Mann schwer gekränkt. Es ist eine Schande.«

»Besser Sie statt der Bankdirektor raten ihm ab. Das wäre ihm noch viel peinlicher«, entgegnete Rolf.

Hubert brachte es nicht über sich, Rolf zu erklären, dass die Bank ein Darlehen über fünfzig Pfund womöglich nicht abweisen würde, wenn als Sicherheit vierzig Morgen Land mit gutem Bauholz und überaus fruchtbarem Boden geboten wurden. Er erwähnte auch nicht, dass er im Begriff war, selbst in Küstennähe Land zu kaufen. Und nach seinem Gespräch mit Mr Hobday würde er sich auch einmal erkundigen, wie es um die Grundstückspreise im Stadtkern bestellt war. Für ein Grundstück, das sich für ein Geschäft eignete. Die Stadt würde bald mehr benötigen als die kleinen Einzelhändler; ein Kaufmann, der en gros kaufte und verkaufte, hätte gute Chancen. Dadurch würden die Waren für alle Beteiligten billiger. Nur so ein Gedanke.

Pastor Beitz war gekränkt. Schwer gekränkt, weil sein Freund, *sein* Freund, nicht der der anderen, sich gegen ihn stellte. Wie konnte er das wagen? Begriff er denn nicht, wie viel hier schon erreicht worden war? »Und zwar dank meiner Anstrengungen«, sagte er leise. »Einzig und allein meiner Anstrengungen.« Wer hatte sie denn alle zusammengetrommelt, sie beraten und unterstützt, sie um die halbe Welt in dieses Paradies geführt? Sie waren von Anfang an zu sehr verwöhnt worden, das war das Problem. Sie mussten nicht ratlos und bestürzt an Land taumeln, wie so viele andere Immigranten, die sie gesehen hatten, einsame Seelen, die niemanden hatten, an den sie sich wenden konnten. Oh nein. Nicht diese vom Glück begünstigten Auswanderer aus Hamburg; denen wurde alles mundgerecht vorgesetzt ... eigenes Land, eine eigene Kirche, ein eigener Pastor. Ganz zu schweigen vom Trost, in der eigenen Sprache reden zu können. Na, er selbst war schließlich schon zur Einwandererbaracke gerufen worden, um als Übersetzer für Neuankömmlinge einzuspringen, die dann allerdings gar keine Deutschen waren, sondern Polen oder Ungarn. Wie auch immer, er hatte nicht helfen können. Keiner verstand sie, keines der Mitglieder dieser jungen Familie. Später erfuhr er, dass sie geglaubt hatten, in Brisbane zu sein. Waren im falschen Hafen an Land gegangen.
Und jetzt, nachdem sie alles genommen hatten, was er ihnen bieten konnte, stellten sich diese undankbaren Gesellen gegen ihn, versteckten sich hinter der Freundlichkeit Hoeppers, der nun wirklich vernünftig genug sein sollte, nicht auf sie zu hören. Rebellieren wollten sie? Das wird sich noch zeigen! Am Sonntag würden sie eine Predigt über ihre Undankbarkeit hören. Über das Werk Gottes, an dem sie alle beteiligt waren. Glaubten sie etwa, der Herr hätte sie wohl-

behalten hierher geführt, damit sie ihm dann den Rücken kehrten?
Der Kern einer guten Predigt formte sich, und so stieg er von seiner Pritsche und kniete nieder, weil er in dieser Haltung am besten nachdenken konnte. Er musste jedoch feststellen, dass ihm scheußlich schwindlig war; die Wände schienen zu schwanken. Zugleich machten sich bohrende Kopfschmerzen bemerkbar, und ihm blieb nichts anderes übrig, als sich wieder ins Bett zu schleppen und auf Walther zu warten, der ihm sein allmorgendliches Glas Milch brachte.
»Sie sehen krank aus«, sagte Walther und befühlte seine Stirn. »Sie sind ganz heiß. Sie sollten lieber eine Weile im Bett bleiben.«
»Mir fehlt nichts. Ich stehe gleich auf«, knurrte Beitz, doch das Schwindelgefühl stellte sich wieder ein, als er aufstehen wollte. Er musste sich festhalten.
»Sie brauchen nicht aufzustehen, Pastor, wenn Sie sich nicht wohl fühlen.«
»Oh ja, das könnte dir so passen, wie? Ihr alle wünscht euch doch, dass ich für immer im Bett bleibe. Euch nicht im Wege stehe.«
»Nein, das stimmt nicht. Sie sehen müde aus, Sie brauchen mehr Schlaf.«
Als Friedrich hörte, dass Pastor Beitz mit einem leichten Fieber darnieder lag, heuchelte er Besorgnis. »Das tut mir so Leid. Kann ich etwas für ihn tun?«
»Nein, nein. Das kommt schon mal vor«, sagte Walther. »Kein Grund zur Sorge. Er überfordert sich, läuft zu viel herum und braucht ein paar Tage Ruhe. Dann steht er wieder auf und kommandiert uns herum.«
Friedrich lächelte. »Ja, für einen Mann seines Alters ist er sehr umtriebig. Ich wollte heute eigentlich in die Stadt fahren, aber jetzt ist es wohl besser, wenn ich hier bleibe.« Er brachte es nicht fertig, »zu Hause« zu sagen. Dieses Urwaldlager war nicht sein Zuhause.
»Nicht nötig. Wenn Sie in der Stadt zu tun haben, können

Sie mit uns fahren. Der Pastor kommt schon zurecht. Sie können ihm doch nicht helfen. Wenn er Fieber hat, wird er nichts essen, und ich habe ihm eine Flasche mit frischem Wasser gebracht. Er braucht nur Ruhe.« Auf dem alten Wagen rumpelten sie zur Stadt, luden Hans und Max im Hafen ab, fuhren dann zur Sägemühle, um Bauholz abzuholen, luden es auf und fuhren durch die Stadt zu Walthers Baustelle.
»Es ist ein sehr kleines Dorf«, bemerkte Friedrich unglücklich, doch Lukas lachte. »Sie hätten es bei unserer Ankunft sehen sollen. Es war nur halb so groß und so trocken und windig, dass wir glaubten, am Ende der Welt gelandet zu sein.«
»Trocken? Trocken kann ich es mir gar nicht vorstellen, ich habe diese Stadt bisher nur im Regen gesehen. Trotzdem ist sie sonderbar. Zum Beispiel sind überall freie Grundstücke. Man möchte doch meinen, dass die Leute ihre Läden und Geschäftshäuser dicht an dicht bauen, statt sie so in der Gegend zu verstreuen. Man kann kaum erkennen, welche Straße die Hauptstraße sein soll.«
»Das hängt mit der Landvermessung zusammen«, erklärte Walther. »Diese Wildnis wurde erst vor etwa einem Jahr vermessen. Sie bestimmten den Standort für eine Stadt, boten Grundstücke an, und die Leute kauften. Sehr billig, versteht sich, denn außer Kängurus gab es hier ja nichts. Einige Käufer haben gar nicht die Absicht, irgendwas zu bauen. Sie sind nur Spekulanten und warten darauf, mit dem Weiterverkauf das große Geld zu machen.«
»Und gelingt ihnen das?«
»Oh ja. Städte wie diese sind eine gute Investitionsmöglichkeit, hab ich mir sagen lassen. Irgendwann einmal wird unser Gemeinschaftsland eine Menge wert sein. Es ist unser Glück, dass wir so frühzeitig zugegriffen haben.«
»Unser Bauholz ist auch eine Menge wert«, sagte Lukas.
»Welches Bauholz?«
»All die großen Bäume, die auf unserem Land wachsen.«
»Und das ist gut?«
»Ja. Als Bauholz sind diese Bäume sehr wertvoll.«

»Aber wer kauft schon einen Baum?« Ihr Vikar, der Stadtmensch, verstand nicht viel von dieser Unterhaltung, doch als man ihm schließlich alles erklärt hatte, wunderte er sich, dass die Gemeinde so arm war.
»Verzeihen Sie«, sagte er, als Walther den Wagen an der Baustelle nahe dem Fluss anhielt, »aber Pastor Beitz sagt, der Gemeinde fehlt es an Geld.«
Sie nickten, wie er fand, ein wenig verlegen.
»Dann ist es vielleicht ganz gut, dass die Glocke zurückgeschickt wurde.«
»Welche Glocke?«
»Die, die Pastor Beitz bestellt hatte. Eine mächtige Glocke für den Kirchturm.« Wie er es sich schon gedacht hatte, wussten die Männer nichts davon.
»Er hatte mich gebeten, sie in Brisbane beim Zollamt abzuholen und hierher schicken zu lassen, doch sie war schon auf dem Weg zurück nach Hamburg – weil niemand sie abgeholt und bezahlt hatte.« Er hob entschuldigend die Schultern. »Es tut mir Leid.«
Er spürte ihren Zorn und fuhr fort: »Was ich allerdings nicht begreife, ist, warum Sie diese Bäume nicht verkaufen. So weit ich etwas davon verstehe, ist das Land keinen Penny wert, solange der Wald darauf wuchert. Wie könnte man es schon nutzen, abgesehen von den wenigen kleinen Fleckchen, auf denen gerade eine Kirche Platz hat?«
»Pastor Beitz hat entschieden, die Bäume nicht zu verkaufen«, erklärte Walther in einem Tonfall, der verriet, dass dieser Beschluss endgültig war, und Friedrich ließ das Thema ruhen.
Er hatte sich seine eigene Meinung gebildet.
Dann kamen die guten Nachrichten. Walther reichte ihm die Zügel des Pferdes und fragte den Vikar, ob er zurückkommen und sie nach der Arbeit abholen könnte, und Friedrich war entzückt. Er hatte schon befürchtet, zu Fuß zurück zur Gemeinde gehen zu müssen.
»Falls Sie den Wagen mal brauchen«, sagte Walther, »fahren

Sie einfach mit uns in die Stadt, dann können Sie ihn haben. Wenn Sie oder der Pastor ihn nicht benötigen, können wir ihn auch hier stehen lassen und abends für die Rückfahrt nutzen.«
Er war frei! Mit einem eigenen Wagen! Er fühlte sich wie ein König, so groß war seine Erleichterung. Und außerdem war es noch sehr früh, so machte er sich zunächst auf den Weg zum Royal Hotel, wo er gerade rechtzeitig eintraf, um sich Vater und Tochter Hoepper zum Frühstück in dem hübschen kleinen Speisezimmer anzuschließen.

Hoepper langweilte ihn allmählich mit seiner Begeisterung und seinem Interesse an all diesen neuen Unternehmungen. Und schlimmer noch. Adele war widerlich entzückt von ihrem Besuch auf der Farm der Meissners, und noch viel entzückter schwärmte sie vom Sohn des Hauses …
»Karl war mit mir zum Angeln. Können Sie sich das vorstellen? Und ich habe tatsächlich einen Fisch gefangen. Und am Flussufer haben wir Vögel beobachtet, so viele schöne Vögel … unglaublich … und ein Eingeborener, ein Freund, hat uns gezeigt, wo man wilden Honig findet, und Karl hat welchen für mich geholt. Wussten Sie, Herr Vikar, dass Karl eine eigene Farm besitzt? Oder vielmehr eine zukünftige Plantage, sagen sie, in einem Jahr etwa. Ist das nicht großartig?«
Augenscheinlich hatte Karl ihr den Kopf verdreht. Dieser Halbwüchsige! Typisch für dumme kleine Jungfrauen wie sie, sich so schnell für einen anderen zu begeistern. Er wandte sich an ihren Vater.
»Fräulein Adele scheint ziemlich eingenommen zu sein von dem jungen Karl. Erwidert er ihre Zuneigung?«
Sie wurde tiefrot und tupfte sich das Gesicht mit einem Taschentuch. »Oh nein. Ich wollte nicht … Ach, du liebe Zeit!«
Hoepper sah Adele mit einem ernsten Blick an. »Er ist ein feiner junger Mann. Sehr arbeitsam. Ich glaube kaum, dass er zurzeit den Kopf für Liebesabenteuer frei hat.«

»Nein, natürlich nicht«, hauchte sie. »Müssen wir nicht jetzt aufbrechen?«
Friedrich befürchtete, einen Fehler begangen zu haben, denn der Blick, den sie ihm zuwarf, brannte vor Zorn. Er hatte sie doch nur etwas aufziehen wollen. »Darf ich Sie zu einer Fahrt hinaus zur Gemeinde einladen?«, fragte er.
»Danke, aber wir haben schon andere Verpflichtungen«, antwortete sie von oben herab.
Ihr Vater erklärte es ihm. »Ja. Die Wheatleys nehmen uns mit zu den Verkaufshöfen, wo wir zusehen wollen, wie Pferde und Schafe versteigert werden.«
»Dann will ich Sie nicht aufhalten.«
Als er das Hotel verließ, sah er eine vierrädrige, von zwei schönen Pferden gezogene Kutsche vorfahren. Sie war gut ausgestattet mit Polstersitzen und einem Fransendach, ziemlich elegant für dieses Kaff. Der Kutscher winkte ihm zu. »Guten Morgen!« Und er erkannte einen der wohlhabenden Passagiere, die er auf dem Küstendampfer gesehen hatte. Friedrich zog den Hut und beantwortete den Gruß, ging jedoch weiter, verärgert darüber, dass man ihn nicht eingeladen hatte.
Da er nichts Besseres zu tun hatte, schlenderte er in der Stadt umher, betrachtete sie genauestens, entdeckte Bars und Bordelle, die er nicht betreten durfte, nicht jetzt jedenfalls. Er blickte in Läden und Werkstätten, fand aber nichts, was ihn nur annähernd interessierte. Er lechzte nach einem Drink, als er wieder einmal an einer Bar vorüberging, doch er widerstand tapfer, wie er meinte, und ging weiter zu einem Laden, wo ihn ein freundlicher Bursche namens Jim willkommen hieß und sogar mit Namen kannte.
»Hab schon alles über Sie gehört, Mr Ritter. Ihre Freunde sind heilfroh, dass Sie vom anderen Ende der Welt hierher gefunden haben. Kann ich etwas für Sie tun?«
»Danke. Etwas Wasser würde mir jetzt gut tun.«
»Ah ja, das Wetter macht durstig. Wie ich sehe, lässt sich ausnahmsweise mal die Sonne blicken. Möchten Sie nicht

lieber eine Tasse Kaffee? Meine Frau kocht großartigen Kaffee.«
Jim wurde auf Anhieb zu Friedrichs bestem Freund. Er bekam ein Glas Wasser, während er auf den Kaffee wartete, und Jim zeigte ihm die zwei zur Auswahl stehenden Sorten: eine amerikanische und eine aus Jamaika. Er hatte noch nie die Wahl zwischen verschiedenen Kaffeesorten gehabt und entschied sich für den jamaikanischen, der so exotisch anmutete: »Geben Sie mir ein Pfund davon.«
Jims Frau brachte den Kaffee und zwei kleine Kuchen. Sie waren einfach, aber schmackhaft, und der Kaffee … Er hätte sich um ein Haar verschluckt. Der Kaffee war grauenhaft. Abscheulich. Doch da fiel ihm auf, dass die Frau die Kaffeebohnen in Milch gekocht hatte. Was er da trank, war weiter nichts als heiße Milch mit einem milden, beinahe gar nicht wahrnehmbaren Kaffeearoma.
Er schaffte es, die Brühe zu trinken, und bedankte sich bei beiden, um dann die Unterhaltung mit Jim weiterzuführen und auf die rätselhafte Sache mit dem Verkauf von Bäumen zu lenken. Und auch darüber wusste Jim gut Bescheid. Er wusste zum Beispiel von Fehden wegen der Besitzrechte, weil das Holz ausgesprochen wertvoll war. Und ein Schaf war erschossen worden. Ein Schaf? Wen stört's? Jim hatte ihm schon erzählt, dass in dieser Gegend Schafe zu Millionen gezüchtet wurden, doch dem Vikar ging es vorrangig um Geld. Geld für Bäume. Besser als in der Erde zu graben und zu hoffen, dabei Gold zu finden.
Vierzig Morgen voller wertvoller Bäume! War Beitz noch verrückter, als er dachte, und seine Jünger weicher als Butter? Es lag auf der Hand, dass sie mit Beitz' Führungsstil nicht einverstanden waren, doch er war ihr Pastor, und sie waren viel zu verschüchtert, als dass sie hätten aufbegehren können.
»Nun, ich bin ebenfalls Geistlicher«, sagte er leise zu sich selbst, als er den Laden verließ und in den grellen Sonnenschein trat. »Wohin jetzt?« Er war entschlossen, noch nicht

in die öde Gemeinde zurückzukehren, und so wandte er sich noch einmal an seinen Freund Jim. »Sind Sie so freundlich, mir den Weg zur Sägemühle zu zeigen, bitte? Zu Mr Kleinschmidt.«

»Aber gern.« Jim kam hinaus auf die Straße, zeigte auf den Fluss und hinüber zum Hafen und sprudelte dabei seine Anweisungen hervor.

»Ist das in der Nähe von Walthers Brauerei?«

»Nein, auf der anderen Seite des Flusses. Gehen Sie hinunter zum Anleger und nehmen Sie dort ein Boot, das sie übersetzt.«

Friedrich brach auf, doch die Vorsicht ließ ihn innehalten. Besprich das lieber nicht mit Rolf. Wenn er nun genauso ist wie alle anderen? Auf Beitz' Meinung eingeschworen? Er erinnerte sich, an einer Werkstatt vorbeigekommen zu sein, über der ein Schild hing: LANDRODUNG – HOLZANKAUF. War es nicht besser, zunächst mit unvoreingenommenen Geschäftsleuten zu sprechen? Oder sollte er sich zuerst mit Beitz abstimmen? Vielleicht war er so knapp bei Kasse, dass er sich doch zum Verkauf drängen ließ. Schade, dass er ihn nicht überreden konnte, die ganzen verdammten vierzig Morgen obendrein zu verkaufen. Nachdem sie das Geld für das Holz abgesahnt hatten …

Jemand lief ihm eilig nach, und er drehte sich um, damit rechnend, dass eines von Frau Zimmermanns Kindern sich aus der kleinen im Hof spielenden Gruppe gelöst hatte und ihm folgte, um ihm einen guten Morgen zu wünschen. Sein Herz erwärmte sich ein wenig angesichts der Erfahrung, erkannt und gesucht zu werden, wenn auch nur von Kindern. Doch es war kein Kind, es war die hübsche kleine Frau Fechner. Sie und ihren Kummer hatte er völlig vergessen.

»Oh, Vikar Ritter«, rief sie. »Dass ich Sie heute Morgen treffe! Sie sind direkt an unserem Haus vorbeigegangen. Wir wohnen dort drüben.«

»Wie schön. Und wie geht es Ihnen?«

»Ja, mir geht's gut. Ich habe ein paar Stunden frei und muss

erst später wieder zur Arbeit. Ob Sie wohl Zeit hätten ... für mich? Um zu reden?«
Um mir deinen Unsinn anzuhören? Ich glaube nicht. Schon wollte er eine Entschuldigung vorbringen und sich ihr entziehen, als ihm sein Kaffee wieder einfiel.
»Können Sie Kaffee kochen?«, fragte er, und sie blickte verwundert zu ihm auf.
»Ja, natürlich.«
»Schön.« Er reichte ihr das Säckchen mit den Kaffeebohnen. »Ich gehe mit Ihnen, wenn Sie mir eine Tasse Kaffee kochen.«

Der Kaffee war köstlich. Er trank bereits die dritte Tasse. Anstandshalber, so vermutete er, hatte sie zwei Stühle auf die Veranda gezogen und wartete jetzt geduldig auf ihr Stichwort. Das er schließlich auch liefern musste.
»Nun, meine Liebe. Was bedrückt Sie?«
Sie war ein überaus hübsches Mädchen ... eine Frau vielmehr ... mit makelloser Haut und einem prachtvollen Busen, den sie sorgsam unter einem Schultertuch verbarg. Aber ihre Figur war ihm schon beim ersten Zusammentreffen aufgefallen, und er konnte sich die verborgene Schönheit problemlos vorstellen. Sie war entschieden reizvoller, als Fräulein Adele jemals sein würde, und er fragte sich, warum er abgesehen von der normalen Bewunderung eines Mannes für schöne weibliche Formen in ihrer Gegenwart keine sexuelle Erregung empfand. Vielleicht beeinträchtigt das Dasein als Geistlicher meine Triebe, überlegte er.
»Herr Vikar, ich lebe in solcher Schande«, flüsterte sie. »Ich kann Ihnen nicht sagen, wie schrecklich es für mich ist, über solche Dinge reden zu müssen, aber ich ertrage es einfach nicht länger ...«
»Reden Sie, Schwester«, murmelte er, jetzt schon gelangweilt.
»Zuerst muss ich Sie um Verzeihung dafür bitten, dass ich Sie mit meinem Kummer belästige ...«
»Schon gut.«

»Und mich für das entschuldigen, was ich werde sagen müssen.«
»Liebe Frau, nichts ist neu auf dieser Welt. Nichts, was Sie mir berichten könnten, würde mich schockieren, falls Sie sich deswegen ängstigen. Ich denke, ich habe längst alles gesehen und gehört.« Und das stimmt sogar, fügte er im Stillen hinzu, darauf bedacht, sich nicht zu einem Grinsen hinreißen zu lassen.
»Sie werden nicht schockiert sein?«, fragte sie nach.
»Nein.«
»Ich habe es nicht verdient …« Sie begann zu weinen, und er seufzte. Und wartete. Er sollte noch einmal zu diesem Bach gehen und sich vor dem Mittagessen abkühlen, dann vielleicht ein Schläfchen halten …
Sie begann: »Lukas – mein Mann, Sie haben ihn schon kennen gelernt – und ich, wir haben draußen im Westen auf einer Schafzuchtfarm gearbeitet. Wir hatten gute Stellen, guten Lohn, er war Viehtreiber … die reiten herum und hüten die Schafe … und ich war Hausmädchen in dem schönen Haus der Familie, der die Farm gehört. Bei den Dixons …«
Sie erzählte weiter und weiter. Und Friedrich war schon nahezu eingedöst, als sie den Sohn des Hauses erwähnte. Einen gewissen Keith Dixon, den sie sehr nett und sehr attraktiv gefunden hatte.
Da setzte er sich straffer auf, in der Vermutung, dass nun der Ehebruch zur Sprache kommen würde, und wahrhaftig …
Sie hatte den Blick starr auf den Boden geheftet. »Ich will Ihnen genau erzählen, was passiert ist. Die ganze Wahrheit, und Sie sind mein Zeuge, damit ich nie wieder daran denken muss. Ich habe Keith Dixon schöne Augen gemacht, das gebe ich zu. Ich bin mit ihm spazieren gegangen. Ich war einsam, saß in unserem Zimmer und hatte niemanden, mit dem ich reden konnte, wenn Lukas tagelang fort war.«
Friedrich stellte Fragen nach dem Haus, den Leuten, nach ihrer Situation und genoss den ehebrecherischen Höhe-

punkt dieser kleinen Tragödie. Er vermutete, dass Lukas sie dabei ertappt hatte.
Nun folgte der Zusammenstoß mit Charlie Mayhew, dessen Namen er schon in irgendeinem Zusammenhang gehört und der sie im Vorübergehen angefasst hatte. Dann nahm die Geschichte eine andere Wendung. Er erfuhr, dass Keith Dixon die Farm der Meissners in voller Absicht niederbrannte, weil Meissner ihm das Bauholz abspenstig gemacht hatte.
»Was hat das mit Ihnen zu tun, Schwester Fechner?«
»Lukas hat gesehen, wie Keith und seine Leute Jakobs Land in Brand setzten, und er ist zur Polizei gegangen, aber dort glaubte man ihm nicht. Lukas hat verlangt, dass Keith Dixon wegen Brandstiftung vor Gericht gestellt wird, denn das Feuer hat nicht nur Jakobs Land, sondern auch sein Haus und seine gesamte Habe vernichtet.«
»Du lieber Himmel. Hier herrschen ja raue Sitten.«
Sie schluchzte verhalten auf und nickte. »Das ist nur ein Teil der Geschichte. Wir beide wurden natürlich entlassen, und als Constable Colley Keith Dixon von der Anzeige erzählte, hat Keith behauptet, ich wäre eine Diebin. Deswegen wäre ich gefeuert worden.«
»Und das entspricht nicht der Wahrheit?«
»Nein, Herr Pastor. Was jetzt noch folgt, fällt mir furchtbar schwer, aber ich werde es trotzdem erzählen. Jemand muss doch wissen, was mir widerfahren ist. Es lässt sich nicht mehr ändern, aber ich werde mich besser fühlen, wenn ich es ausgesprochen habe. Und ich weiß, dass sie keinem Menschen ein Sterbenswörtchen verraten werden.«
»Bei meiner Seele, nein.«
»Gut.« Ihre Stimme klang nun fest. Entschlossen. Sie führte ihm die Farm vor Augen, den Staubsturm, das einsame Dienstbotenzimmerchen, das sie mit ihrem Mann bewohnte, der zu dieser Zeit unterwegs war, und sie schilderte ihm wahrheitsgemäß ihre Tändeleien mit Keith, wovon Friedrich inzwischen nichts mehr hören wollte. Er mochte sie. Er verstand, dass dieser Kerl ihren Mann zum Schweigen ge-

bracht hatte. Und dass Lukas ganz richtig vermutet hatte, dass da etwas lief … Doch auch ihre Geschichte ging noch weiter.

Friedrich war doch schockiert. Die Tändeleien waren in Brutalität ausgeartet. Er hörte zu, horchte auf jedes Wort. Sie schilderte ihm jede bittere Einzelheit, alles, was das Schwein ihr angetan hatte, was er zu ihr gesagt hatte, alles, und als sie fertig war, saßen beide lange Zeit schweigend da. Er dachte über das alles nach, über das, was Pastoren so zu hören bekommen, und fragte sich, wie sie wohl auf so etwas reagierten. Ob sie die Geschichten genossen oder empört waren. Komisch war das. Und ungewöhnlich für ihn, dass ihm nichts einfiel, was er nun hätte sagen können.

Am Ende stellte sie ihre Frage. »Muss ich meine Sünden bereuen, Herr Pastor? Meinen Anteil an dem Geschehen?«

»Du lebst unter der Gnade des Herrn«, sagte er großmütig. »Schlechte Männer missbrauchen gute Frauen, du bist nicht die erste und auch nicht die letzte. Aber hör zu, du darfst dich nicht mehr so sehr mit dieser Sache belasten. Vergiss sie einfach.« Ihm fiel auf, dass er mitten in seiner Ansprache den Tonfall geändert hatte und sie jetzt duzte. Er war vom Seelsorger zum Freund geworden, aber zum Teufel damit. »Jemand, der so guten Kaffee kocht wie du, kann nicht schlecht sein.« Er lächelte. »Und jetzt sollte ich wirklich gehen.«

Sie war völlig überrumpelt. Sie dachte noch daran, schnell ins Haus zu laufen und seine Kaffeebohnen zu holen. »Ist das alles, Herr Vikar?«

»Meinst du den Kaffee?« Er lächelte.

»Nein«, antwortete sie verunsichert. »Ich meine das, was ich Ihnen erzählt habe.«

»Das muss jetzt alles sein«, sagte er ernst. »Du hast genug gelitten. Es sei denn, du möchtest, dass ich mit Lukas rede. Dann musst du mir jedoch vorgeben, was ich sagen soll. Offenbar hast du ihm nicht erzählt, dass dieser Schuft dich vergewaltigt hat.«

Das Wort erschreckte sie. Sie schob sich das feuchte Haar

aus dem Gesicht. »Nein. Ich konnte es nicht. Jeder Schritt, den ich mache, bringt anscheinend noch mehr Ärger ein. Das sagt Lukas auch. Er hat Jakob Meissner nicht wissen lassen, dass Keith Dixon sein Land abgebrannt hat. Sie können sich bestimmt vorstellen, was für einen Aufruhr das gäbe.«

»Aber er hat es der Polizei gesagt.«

»Er glaubte, sie würde Keith Dixon verhaften. Aber natürlich kommt der ungeschoren davon. Diese Leute haben hier das Sagen. Wir sind nur Dreck. Sobald ich genug Geld gespart habe, fahre ich nach Hause. Ich hasse dieses Land.«

»Dieser Dixon. Belästigt er dich immer noch?«

»Nein. Aber er macht mir Angst. Ich habe ihn heute Morgen gesehen …«

»Ich dachte, er wohnt weit draußen auf dem Land?«

»Ja, aber er kommt häufig in die Stadt, er und seine Leute. Aber es ist schon gut, Herr Vikar. Machen Sie sich wegen mir keine Sorgen. Ich kann Ihnen gar nicht genug danken für Ihre Freundlichkeit. Ich werde jetzt jeden Sonntag in die Kirche gehen. Das wird Pastor Beitz freuen …«

Immer noch leicht benommen von Hannis Geständnis, ging er die Straße entlang. Er wandte sich an Freddy. »Bei Gott, das arme Ding kann sich glücklich schätzen, dass ich kein richtiger Pastor bin. Der hätte sie doch auf dem Scheiterhaufen verbrannt. Und dann dieser blöde Lukas. Ich werde dem Schweinehund sagen, dass er seine Frau hat vergewaltigen lassen.« Er verschwendete keinen Gedanken mehr an sein Versprechen, mit keinem Menschen über das Geständnis zu reden. Sie war nichts weiter als ein verängstigtes Häschen, sie wusste nicht, was das Richtige für sie war.

Er suchte noch einmal Jims Laden auf. »Ich habe zwar Kaffee gekauft, aber die Kaffeekanne vergessen.«

»Eigentlich brauchen sie gar keine«, sagte Jim. »Meine Frau macht ihn einfach in einem Kochtopf heiß.«

»Womöglich können sie in unserer Küche keinen Kochtopf

erübrigen. Da kaufe ich mir lieber eine Kaffeekanne, falls Sie eine vorrätig haben.«
Er hatte eine und gab sie ihm.
»Sagen Sie, Jim. Kennen Sie einen Mann namens Keith Dixon?«
»Aber ja. Keith kennt doch jeder.«
»Ich soll ihm etwas ausrichten, weiß aber nicht, wo ich ihn finden kann. Wie ich hörte, ist er in der Stadt.«
Jim warf einen Blick auf die Uhr an der Wand. »Er dürfte jetzt in der Progress Hall sein. Bereitet sie für eine Veranstaltung vor, im Rahmen seiner Wahlkampagne. Er kandidiert fürs Parlament, wissen Sie?«
»Nein, das wusste ich nicht. Sehr interessant. Dann ist er wohl ein bedeutender Mann?«

Friedrich verstaute seinen Kaffee und die Kanne im Wagen und setzte sich, um zu überlegen, was ihm all diese Informationen einbringen mochten, sofern er sie nicht allesamt vergessen konnte, doch ihm fiel nichts ein. Er dachte an Pastor Beitz, krank in seinem Bett, und was für eine Freude es war, von ihm befreit zu sein. Hoffentlich musste er noch ein paar Tage länger das Bett hüten.
»Da könnte ich vielleicht nachhelfen.« Er lachte. »Aber was mache ich nun mit diesem reichen Schweinehund? Dem großartigen Liebhaber und Brandstifter. Und, stell dir vor, Freddy, dem angehenden Parlamentarier. Kommt man hier so einfach ins Parlament? Nun ja, gehen wir rüber zu dieser Progress Hall und schauen uns den feinen Herrn mal an.«
Er kämmte sich das Haar und den Bart, schüttelte seinen Rock aus und rückte den Hut zurecht. Allmählich hasste er diesen Hut, er stand ihm gar nicht zu Gesicht, und ganz gleich, wie oft er nass wurde, er gab den Geist einfach nicht auf. Friedrich hatte schon erwogen, ihn in den Fluss zu werfen, doch er gehörte zu seiner Verkleidung und wurde daher noch für eine Weile gebraucht. Die Progress Hall sah Beitz' Kirche ähnlich wie ein Ei dem anderen, bis auf die bleiverglas-

ten Fenster und die Tatsache, dass sie ein wenig länger und breiter war. Mit der Umgebung verhielt es sich jedoch anders. Das Gebäude wirkte ohne Grünpflanzen etwas verloren mitten auf einer Wiese und sah aus, als müsste es dankbar sein für die Gnade, überhaupt dort stehen zu dürfen.

Er warf einen Blick hinein, auf den glänzend polierten Fußboden aus Zedernholz, genau wie in St. Johannis, nur dass hier Tische und mit Bändern geschmückte Wahlkabinen standen. Frauen in Schürzen huschten umher, stellten Gegenstände bereit und trugen durch die Hintertür Tabletts in den Saal. Es roch betörend nach frischem Holz, Sägemehl und frisch gebackenem Kuchen.

Immer mehr Leute folgten ihm zur Tür, und er trat zur Seite, um sie vorbeizulassen, wobei er ihre Grüße gnädig zur Kenntnis nahm.

Er ging um das Haus herum zu einer Seitentür, wo Frauen eine schwere Kiste mit Lebensmitteln von einem Wagen luden. Er trat hinzu, um ihnen zu helfen, und nahm ihren strahlenden Dank entgegen.

»Das alles ist für die große Tombola«, erklärte eine der Frauen.

Auf einer kleinen Bühne standen drei Männer, die das geschäftige Treiben unten im Saal überhaupt nicht beachteten. Sie sahen bedeutend aus, wie auch der samtbezogene Tisch vor ihnen mit den drei Plüschstühlen.

»Die Hauptpersonen«, sagte er grinsend zu sich selbst. »Möchte wetten, der Jüngere ist unser Liebhaber.«

Er wandte sich einer weißhaarigen Frau mit rosigem Gesicht zu, die sich in keiner Weise von den weißhaarigen Frauen mit rosigen Gesichtern in seiner alten Heimat unterschied, und sprach sie gedankenlos auf Deutsch an.

»Tut mir Leid«, sagte sie. »Ich verstehe kein Dänisch.«

Wie konnte das passieren? Er versuchte es noch einmal, dieses Mal auf Englisch.

»Gehe ich recht in der Annahme, dass es sich bei dem jungen Mann oben auf der Bühne um diesen Herrn hier handelt?«

Er zeigte auf ein Pamphlet an der Tür. Darauf war Keith Dixon abgebildet, und darunter standen sein Name und ein paar Worte, die ihn nicht interessierten.
»Ja. Das ist er. Ist er nicht großartig? Er ist genau der Mann, den wir als Abgeordneten brauchen. Seine Mutter ist eine meiner besten Freundinnen. Möchten Sie ihn kennen lernen?«
Nicht unbedingt, dachte er. Ich wollte ihn nur mal sehen. Ihm wurde klar, dass eine Ausrede für sein Hiersein angebracht sein könnte, und er sagte, was ihm als Erstes in den Sinn kam.
»Oh nein. Ich möchte nicht aufdringlich sein. Ich wollte nur eine Spende anbieten.«
Politiker und Geistliche, dachte er, die sind doch alle gleich. Spenden haben es ihnen angetan.
Die Frau schlüpfte zurück in den Saal, und er wandte sich zum Gehen.
Ob Politiker oder Geistliche, lachte er innerlich, versucht doch mal, mir eine Spende zu entlocken. Doch jemand tippte ihm auf die Schulter, als er gehen wollte.
»Sie haben nach mir gefragt? Ich bin Keith Dixon. Wie ich hörte, wollen Sie für unsere Sache spenden?«
Diesem jungen Spund war Friedrich mehr als gewachsen. Er lächelte. Pass gut auf, Freddy.
»Oh, Sir, ich wollte Ihnen nicht die Zeit stehlen. Ich bin Vikar Ritter von der lutherischen Gemeinde.«
»Ach ja? Nun, schön, Sie kennen zu lernen. Das ist die deutsche Gemeinde, wie?«
»Ja, Sir, unsere bescheidene Gemeinde.«
»Verzeihung, man hat mir erzählt, Sie seien Däne.«
»Däne?«
»Ja. Wir haben hier eine große dänische Gemeinde.«
»Ah. Das wusste ich nicht.«
»Sind Sie neu hier?« Friedrich bemerkte wohl, dass er in Dixons Achtung gesunken war.
»Ja. Ich bin erst seit kurzer Zeit hier. Ich soll Pastor Beitz ablösen.«

»Ihre Leute sind hier nicht sonderlich beliebt.«
»Tut mir Leid, das zu hören. Würden Sie mich ein Stückchen begleiten und mir erklären, wie das sein kann? Wir sind doch alle Kinder Gottes.«
Absichtsvoll entfernte er sich von der Progress Hall und von dem Weg, auf dem von der Straße her die Leute herbeiströmten.
»Nein. Ich habe keine Zeit«, sagte Dixon. »Ihre Leute sollten lernen, sich zu benehmen, das ist alles.« Doch dann fiel ihm wieder ein, dass von einer Spende die Rede gewesen war, und er nahm sich doch die Zeit zu einem kurzen Spaziergang.
»Ich meine, gehört zu haben, dass Sie meine Kandidatur unterstützen wollen«, sagte er. »Weshalb? Von den Deutschen habe ich bisher nie Unterstützung bekommen.«
Friedrich breitete in einer Geste der Hilflosigkeit die Arme aus, ging aber weiter zum Zaun am anderen Ende der Wiese, weit entfernt von jeglicher Störung.
»Mr Dixon, ich bin nur ein Bote. Wir sind, wie Sie wissen, eine wohlhabende Gemeinde und werden in unseren Bemühungen nicht nur vom Bischof in Hamburg unterstützt, sondern auch von preußischen Handelsherrn, die unsere Emigration mit wachem Interesse verfolgen. Natürlich würden wir zuverlässigen Abgeordneten der Regierung finanzielle Hilfe anbieten …« Friedrich beließ es dabei. Phantasie und Sprache ließen ihn im Stich. Schließlich hatte er diese Rolle nicht eingeübt. Doch er hatte Dixon schon am Haken. Sie stapften weiter, hatten den Zaun fast erreicht. Auf der anderen Seite befand sich eine große Schweinezucht, die in Friedrichs Augen nicht gut zur Progress Hall passte, schon gar nicht, wenn Wanderbühnen in die Stadt kamen, um dort Vorführungen zu geben. Da war dieser Nachbar nicht gut gewählt.
»Sie sprachen von einer Spende«, sagte Dixon. »Ich persönlich bin auf derartige Wohltätigkeit nicht angewiesen, doch meine Anhänger brauchen öffentliche Investitionen, um

Verbindung mit den Leuten in abgelegenen Bezirken wie auch in Maryborough aufnehmen zu können. Das ist offenbar sehr kostspielig. Ich fange erst an, diese Zusammenhänge zu verstehen. An wie viel hatten Sie gedacht?«

Friedrich seufzte. »Aus diesem Grund fühle ich mich geehrt, Gelegenheit zu haben, die Sache von Mann zu Mann zu besprechen. Wie viel wäre Ihrer Meinung nach angebracht? Wir wollen alles richtig machen, verstehen Sie?«

Der Liebhaber und Brandstifter lächelte. »Ein paar hundert Pfund würden reichen. Es sei denn, Sie könnten mit den wichtigen Leuten dieses Bezirks mithalten, die auch bei vierhundert nicht mit der Wimper zucken.«

»Wie viel? Meinen Sie Pfund, Sir? Es ist ein bisschen schwierig für mich. Vierhundert Pfund, wie?«

Dixon strahlte. Er bog den Rücken durch und entspannte seine Armmuskeln, als hätte er einen harten Arbeitstag hinter sich.

»Ja«, sagte er schlau. »Vierhundert Pfund. Das wäre nicht schlecht.«

»Ausgezeichnet«, antwortete Friedrich. »Und wann kann ich mit der Summe rechnen?«

Dixon fuhr zurück, als hätte ihn etwas gestochen. Friedrich lachte. Er war tatsächlich ein gestochenes Kalb.

»Was reden Sie da?«

Friedrich lehnte sich gegen die Mauer, eine primitive Aufschüttung von Steinen, wie Beitz sie draußen in der Gemeinde baute. Er nahm eine Zigarre aus einer kleinen Blechdose. Nur noch vier waren ihm geblieben. Dem Kandidaten bot er keine an.

»Ihre Spende, Mr Dixon«, sagte er, während er die Zigarre anzündete und sich ein süßliches Aroma ausbreitete. »Vierhundert Pfund.«

Dixon schnaubte zornig. Zeitverschwendung! Völlig idiotisch! »Du blöder Hund! Bist du total verrückt? Warum zum Teufel …«

»Gute Frage.« Friedrich fiel ihm scharf ins Wort. »Warum

sollten Sie mich bezahlen? Nein, unserer Gemeinde vierhundert Pfund spenden? Ich werde Ihnen sagen, warum, Mr Dixon. Weil Sie Mrs Hanni Fechner in Ihrem Haus vergewaltigt haben. Weil Sie Jakob Meissners Besitz abgebrannt haben. Weil Sie …«
»Sie Spinner! Sie verdammter Spinner. Verschwinden Sie.« Er fuhr herum, doch Friedrich wusste, dass es nur Theater war. Dixon war noch nicht bereit zu gehen, er konnte gar nicht. Also spielte Friedrich mit.
»Ich lasse mich nicht gern als Spinner bezeichnen, Sir. Ihre Spende beläuft sich jetzt auf fünfhundert Pfund.«
Er stand ganz ruhig da, während Keith kreischte. Der Mann war reif für eine Erpressung, und er war ihm durch Zufall auf die Spur gekommen. Und es würde gelingen. Dieses Theaterstück wurde ein Erfolg!
»Und weil Sie eine unschuldige Frau diffamiert und des Diebstahls bezichtigt haben«, sagte er. »Mr Dixon, Sie sitzen in der Tinte, wenn ich die Stadt heute ohne fünfhundert Pfund verlasse. Dann sitzen Sie ganz tief in der Tinte.«
»Hau ab, du Schwein, bevor ich dir den Hals umdrehe. Du willst ein Kirchenmann sein? Du bist nichts anderes als …«
Friedrich hob die Hand. »Das reicht. Da drüben strömen immer mehr Leute zusammen. Entweder zahlen Sie jetzt den Preis für Ihre Verbrechen, oder ich steige auf diese Bühne da und schreie sie mit Gott als Zeugen in alle vier Himmelsrichtungen hinaus.«
»Man wird dir nicht glauben, du … du Scharlatan.«
»Doch, man wird mir glauben. Verlassen Sie sich darauf. Wenn ich damit fertig bin, mit dem Finger auf Ihre Schande zu deuten, dann glauben sie mir. Ihr Leugnen wird dann nichts mehr nützen.« Er rückte näher an ihn heran und flüsterte: »Und sie werden jedes Wort aufsaugen, mein Freund, besonders, wenn ich ihnen die Szene mit dem Mädchen schildere. Alles, was Sie mit ihr getrieben haben. Wissen Sie noch?«
Dixon war sprachlos. Mit bleichem Gesicht sah er hinüber

zur Progress Hall, als hoffte er dort auf einen Fluchtweg, und seine Stimme zitterte, als er dann sprach.
»Wer sind Sie?«
»Ich bin Ihr Gewissen, Sir. Und Ihr Führer auf den Pfad der Tugend. Ihre Spende für unsere Sache garantiert Ihnen Vergebung.«
»Zum Teufel damit.«
Der Pastor wusste jetzt, dass er gewonnen hatte; er musste nur den Druck aufrechterhalten.
»Kommen Sie morgen zu mir«, sagte Dixon. »Dann können wir darüber reden.«
»Es gibt nichts mehr zu reden. Ich will Ihre Spende jetzt, oder ich steige auf die Bühne und halte meine Predigt.«
»Ich habe kein Geld bei mir. Ich gebe Ihnen einen Schuldschein über fünfzig Pfund, mehr nicht.«
Friedrich schüttelte den Kopf. »Dort an der nächsten Straße befindet sich eine Bank. Nur ein paar Minuten Fußweg.« Er wechselte in einen drohenden Tonfall. »Sie werden bezahlen, Dixon, und Sie bezahlen hier und jetzt. Das ist keine leere Drohung. Gehen Sie schon.«

Mit eiligen Schritten überquerten die beiden Männer die Straße.
Keith Dixon war empört. Wie konnte so etwas geschehen? Er versuchte, mit diesem Verrückten zu handeln. Fünfzig Pfund? Einhundert? Er ließ sich nicht erweichen. Den ganzen Weg bis zur Bank über suchte er nach einem Ausweg aus diesem Dilemma. Fünfhundert Pfund! Das war ein Vermögen! Er hatte von Anfang an gesagt, dass diese Deutschen nichts taugten, und das hier war wieder mal ein Beweis dafür, dass er Recht hatte. Ein Haufen Gauner. Doch an wen konnte er sich wenden? Man stelle sich nur vor, was der alte J. B. sagen würde, wenn er erfuhr, dass Keith sich um fünfhundert Pfund hatte prellen lassen. Selbst jetzt mochte Keith das Wort »Erpressung« nicht in den Mund nehmen, aus Angst, es könnte ihm in Gegenwart seines Vaters entschlüp-

fen. Doch was hätte J. B. an seiner Stelle getan? Er hätte bezahlt. Es gab keinen anderen Ausweg.
Er würde das Geld vom Clonmel-Konto abheben und als Ausgabe für Zaunpfähle und dergleichen verbuchen. Seit all diese Neusiedler Clonmels Grenzen bedrängten, war die Einzäunung am östlichen Rande des Besitzes unerlässlich geworden, und sie kostete ein Vermögen. J. B. würde das Fehlen von fünfhundert Pfund gar nicht bemerken.
»Hören Sie«, sagte er, als er vor dem Eingang der Bank angelangt war und dieser bösartige Vikar ihn nicht in Ruhe ließ. »Nichts von dem, was Sie gesagt haben, ist wahr. Ich weiß nicht, woher Sie diese Lügengeschichten haben, zumal Sie neu in der Stadt sind. Ich zahle nur um des lieben Friedens willen.«
»Aber natürlich.«
»Nun, soll ich Ihnen dann nicht lieber fünfzig Pfund für die eigene Tasche geben? Vergessen Sie die Spende. Und dann reden wir nie wieder darüber.«
Friedrich kniff die Augen zusammen. Was redete der Kerl da? Warum sollte er sich mit fünfzig Pfund zufrieden geben, wenn er fünfhundert haben konnte? Dann wurde ihm klar, dass Dixon versuchte, ihn zu kaufen. Er hatte ihm die Geschichte von der Spende tatsächlich abgekauft. Was für ein Idiot!
»Die gesamte Spende bitte. Versuchen Sie nicht, mich zu korrumpieren.«
Er musste sich mit großer Mühe das Lachen verbeißen, als Dixon in die Bretterbude stürmte, die man hier als Bank bezeichnete. Der Kassierer stand unverzüglich zu Diensten, und bald war das Geld ausgezahlt.
Friedrich schlüpfte um eine Ecke, außer Sicht, wartete dort und pfiff leise, als Dixon die Bank wieder verließ. Dann nahm er im Schatten des Gebäudes fünf knisternde Banknoten entgegen und hob die Hand: »Gott segne Sie, Mr Dixon.«

Fünfhundert Pfund. Fünf knisternde neue Scheine. Er wartete, bis er Dixon los war, und störte sich nicht daran, dass sein Opfer ihm vor die Füße spie und ihn einen Schurken nannte, bevor er zurück zu seinem Wahlvolk trabte. Dann faltete Friedrich die Scheine äußerst sorgfältig und schob sie in seine Geldbörse.

»Wir könnten jetzt gehen«, sagte er zu Freddy. »Aus diesem Sumpf verschwinden. Wir müssten nicht mehr hier bleiben. Ich könnte diesen verdammten Rock ablegen und mich aus dem Staub machen.«

Er bog in eine andere Straße ein und fand sich im Hafen wieder. »Ich bin niemandem eine Erklärung schuldig. Wir gehen einfach dort hinüber und besteigen ein Boot.«

Dann fiel ihm auf, dass kein einziges Boot im Hafen lag. Er hielt einen Arbeiter an. »Wann fährt das nächste Schiff?«

»Es kann nicht fahren, solange es nicht hier angekommen ist, Kumpel. Als Nächstes kommt die *Tara*. Wenn das Wetter sich hält, dürfte sie nächste Woche hier sein.«

»Verdammt!« Und inzwischen brannte ihm das Geld ein Loch in die Tasche. Friedrich machte kehrt und verfluchte sein Schicksal, in einer Stadt festzusitzen, die ihm nichts zu bieten hatte. Andererseits war da noch das Bauholz. Es kam ihm immer wieder in den Sinn und erinnerte ihn daran, dass er, wenn er noch ein wenig länger durchhielt, bedeutend mehr als fünfhundert Pfund einnehmen könnte.

Er hatte Hunger. Wie wär's mit einem Mittagessen im Royal Hotel?

Doch Minuten später stand er enttäuscht wieder draußen vor dem Hotel. »Diese Schweine. Woher soll ich wissen, dass es schon halb zwei ist? Was ist das doch für ein erbärmliches Nest.«

Da ihm das Mittagessen vorenthalten blieb, schritt er nun zielstrebig aus. Er gelangte zum Laden eines Juweliers, in dessen Schaufenster auf rotem Samt goldene Broschen und Ringe und sogar unbearbeitetes, echtes Gold lagen. Friedrich war fasziniert. Er trat ein, nur um sich die Zeit zu vertreiben, doch das ließ der Juwelier nicht zu. Er überzeugte Friedrich, und zwar mit Recht, dass er eine goldene Taschenuhr benötigte, da es keine öffentlichen Uhren in der Stadt und auch sonst in ganz Bundaberg kaum irgendeine Art von Uhr gab.

Der Juwelier konnte gut reden. Er wusste genau Bescheid über die Goldfelder, war selbst ein paar Mal dort gewesen, in den Minen von Gympie, um an Ort und Stelle Gold aufzukaufen.

»Sie werden bestimmt viel Freude an dieser Uhr haben. Es ist eine Schweizer Uhr, die hält ein Leben lang. Darf ich Ihnen ein Glas Wein anbieten? Nur ein winziges Gläschen?«

Friedrich hätte ihn küssen mögen.

»Vielen Dank. Ich sage nicht Nein. Ich bin diese Hitze nicht gewohnt.«

Das Glas war aus Kristall, der Wein ausgezeichnet. Der Juwelier erzählte ihm Geschichten von wilden und merkwürdigen Kunden, mit denen er zu tun gehabt hatte, hier und auf den Goldfeldern, und Friedrich hörte zu. Vielleicht würden sich all diese Informationen eines Tages noch als nützlich erweisen.

»Ich bin schon mit Gold bezahlt worden«, sagte der Juwelier, »und mit Wolle, einmal sogar mit einem Stück Land – und das wird mir nicht abhanden kommen. Doch der letzte Herr, der bei mir einen Diamantring für seine Dame gekauft hat, konnte nicht zahlen, und ich wagte es nicht, den Ring zurückzufordern. Also nahm ich sein Pferd. Und es ist ein wunderbares Tier! Was die Männer nicht alles für ihre Damen tun! Ein Pferd brauchen Sie wohl nicht?«

Ehrlich gesagt, er brauchte eines. Tatsächlich. Und er hatte mehr Geld als genug.

Das Pferd war pechschwarz, erlesen, edel, eines Prinzen würdig. Friedrich war so aufgeregt; sein Tag der Premieren: sein erstes Geld, seine erste Uhr … Und jetzt … Sein Atem ging in kurzen Stößen. So etwas wie dieses Tier hatte er noch nie besessen. Er war regelrecht verliebt in die Stute.

Und er konnte sie sich leisten! Er konnte sich *Queenie*, so hieß sie, leisten. Sechzig Pfund sollte sie kosten, und der Juwelier und der Knecht aus dem Stall hinter dem Laden hatten Mitleid mit ihm. Er sah es an ihren Augen. Dem armen Priester dieses prachtvolle Tier zu zeigen, war eine Sache. Eine andere war es, zu erwarten, dass er das Geld dafür auftreiben würde.

»Für zehn Pfund mehr geben wir noch ein verdammt feines Zaumzeug drauf«, sagte der Stallknecht, und der Juwelier übersetzte:

»Er hat da einen guten Sattel und Zaumzeug und könnte Ihnen beides für zehn Pfund überlassen, aber Sie müssen sich nicht jetzt gleich entscheiden.«

»Ich nehme das Pferd *und* das Zaumzeug«, sagte Friedrich und fühlte sich großartig und bedeutend. Doch dann fiel ihm der verdammte Wagen wieder ein. Warum sollte er sich jetzt noch mit solch einer Plackerei belasten, da er doch sein eigenes prächtiges Pferd hatte?

Das Problem war schnell gelöst. Einer der Stallburschen sollte den Wagen an Walthers Baustelle abliefern. Offenbar wusste alle Welt, wo an den Grundmauern der Brauerei gearbeitet wurde.

»Er wird Erfolg haben«, sagte der Juwelier über Walthers Vorhaben. »Es ist teuer, das Bier mit dem Schiff hierher zu bringen.«

»Irgendwann, ja«, sagte Friedrich und löste einen Hunderter aus seinem Bündel Scheine. Ganz lässig.

Nach einigen falschen Abzweigungen fand er den Weg hinaus zur Gemeinde und stellte Queenie, versorgt mit ein wenig Hafer, auf der Pferdekoppel ab, auf der die Schindmähren, die den Wagen zogen, Ruhe fanden. Es war nur gut, dass die Pferdekoppel etwas abseits vom Eingang zur Gemeinde lag und nicht in Sichtweite der Unterkünfte, denn Pastor Beitz war wieder auf den Beinen und so übel gelaunt wie ein Truthahn ohne Zehen.

»Wo warst du, Friedrich? Weißt du nicht, dass wir zu arbeiten haben?«
Friedrich hörte zu, nickte, brachte ein paar halbherzige Entschuldigungen vor und wunderte sich, dass der Alte es geschafft hatte, sich von seinem Krankenlager zu erheben.
»Sie sehen nicht gut aus, Pastor. Sie sollten sich ausruhen.«
»Wie soll ich ruhen, wenn du einfach verschwindest und kein Mensch die Arbeiter bei der Stange hält? Friedrich, du musst begreifen, dass unsere Eingeborenen zwar lieb und nett sind, aber nichts vom Ackerbau verstehen. Wenn wir nicht im Gemüsegarten aufpassen, wissen sie nicht, was sie tun sollen.«
»Ah. Das ist ja interessant. Ich hatte keine Ahnung, Pastor. Nun, natürlich werde ich sie morgen beaufsichtigen. Wollen Sie sich nicht wieder hinlegen? Sie sehen schlecht aus. Ich bringe Ihnen Kaffee.«
»Wir haben keinen Kaffee. Wir haben gelernt, ohne Luxus auszukommen.«
»Das weiß ich wohl, aber Herr Hoepper hat Kaffee für Sie gekauft. Eine Art Spende, könnte man sagen.«
»Tatsächlich? Wie freundlich. Stellen Sie den Kaffee zu den anderen Vorräten, für einen besonderen Anlass.«
»Aber erst, wenn Sie ihn gekostet haben. Und jetzt ruhen Sie sich aus. Ich bringe Ihnen gleich den Kaffee.«

Pastor Beitz schmeckte der Kaffee sehr gut. »Der beste, den ich je getrunken habe«, sagte er.
Entweder hat er vergessen, wie guter Kaffee schmeckt, oder das Opiumpulver von den Huren in Kapstadt ist doch nicht so bitter, wie ich dachte, überlegte Friedrich.
Er hatte dem Pastor nur eine kleine Menge verabreicht, doch es zeigte bereits Wirkung. Jetzt lag er ausgestreckt auf seiner Pritsche und schnarchte, was das Zeug hielt, während sein Hilfspfarrer Gelegenheit hatte, im kühlen Wasser des Bachs zu entspannen und über seine Zukunft nachzudenken.
Als die Arbeiter heimkamen, fanden sie den Pastor betend

vor Pastor Beitz' Hütte knien. Als er seine Andacht beendet hatte, berichtete er ihnen von seinem Pferd. Sie hatten es natürlich längst gesehen und waren von Queenie genauso beeindruckt wie Friedrich, aber auch verwundert. Verwundert über solch einen Luxus. Friedrich jedoch wusste, dass sie alle viel zu höflich waren, um das anzusprechen.
»Als ich begriff, wie weit verstreut unsere Leute leben, war mir klar, dass ich mir ein Pferd kaufen muss, um meinen seelsorgerischen Pflichten nachgehen zu können«, erklärte er ihnen. »Und ich kann es nicht fassen, dass ich das Glück hatte, so schnell ein Pferd wie Queenie zu finden.«
Und das war's. Ende der Debatte.
»Wie geht es Pastor Beitz?«, wollten sie wissen.
»Er war vorhin noch auf den Beinen, hat aber ziemlich schwer gehustet und fieberte wohl auch. Er ist dann wieder zu Bett gegangen. Dort ist er jetzt am besten aufgehoben, würde ich sagen. Ruhe ist das einzige Heilmittel für so ein Fieber.«
Walther spähte in die Hütte. »Er schläft.«
»Was gibt's zum Abendbrot?«, fragte der Hilfspfarrer.

Hubert Hoepper war rastlos und von sich selbst enttäuscht. Nachdem er sich aus dieser scheußlichen Depression befreit hatte, die ihn so lange untätig hielt, fand er ins normale Leben zurück, hatte wieder Pläne. Leider fand er in dieser kleinen Stadt keineswegs das gewünschte Maß an Beschäftigung. Er war von einer eng verbundenen deutschen Gemeinde ausgegangen, von einer Kooperative, die das Land bestellte und deren Mittelpunkt die Kirche war.
Er hatte sich vorgestellt, in ihrer Mitte willkommen geheißen zu werden, mit ihnen über die Felder zu gehen und auf einem ausgedehnten, unbeschwerten Besuch das Landleben mit ihnen zu genießen.
Ihr Willkommen war aufrichtig gewesen – alle freuten sich, ihn und Adele zu sehen –, doch alles andere war nur ein dummer Wunschtraum gewesen. Die Idylle existierte nicht.

Beim Mittagessen sprach er mit Adele über seine Rastlosigkeit. Sie wunderte sich keineswegs darüber. »Ich fand auch schon, dass du ein bisschen verloren wirkst.«
»Ja, ich bin den Müßiggang nicht gewohnt. Ich habe das Küstenland gekauft und ein Grundstück in der Stadt, um hier nicht alle Brücken hinter mir abzubrechen, aber ich denke, wir sollten jetzt nach Hause fahren. Wir haben Glück, dass wir uns nicht hier und jetzt entscheiden müssen, ob wir in diesem Land einen Neubeginn versuchen sollen oder in der alten Heimat. Was meinst du?«
»Ich weiß nicht recht, Vater. Die Entscheidung fällt mir schwer. Aber wenn wir schon die Heimreise antreten wollen, könnten wir dann nicht über Amerika zurücksegeln? Ich sehe immer noch den großen Globus in deinem Büro vor mir und den blauen Pazifik gleich da draußen …«
»Warum nicht? Eine wunderbare Idee. Dann können wir Hawaii und Tahiti einen Besuch abstatten. Aber ich hoffe wirklich, dass du dich hier nicht gelangweilt hast.«
»Oh nein. Ich werde meinen Enkelkindern erzählen können, dass ich Bundaberg kannte, als es noch eine kleine Ansiedlung war.«
»Du liebe Zeit. Glaubst du so fest an diese Stadt?«
»Karl Meissner glaubt an sie. Er sagt, Bundaberg wird eines Tages eine richtige Stadt sein, umgeben von riesigen Zuckerrohrfeldern, so weit das Auge reicht. Ich habe ihm versprochen zurückzukommen, um es mit eigenen Augen zu sehen. Oh Gott, da kommt dieser schreckliche Ritter.«
»Schrecklich? Ich dachte, du magst ihn.«
»Zuerst mochte ich ihn ja, aber jetzt nicht mehr. Irgendetwas an ihm ärgert mich.«
Sie erhob sich von ihrem Platz und flüchtete, bevor Ritter erschien.
Hubert stand höflich auf. »Nehmen Sie doch Platz, Herr Vikar. Wir haben gerade unser Mittagsmahl beendet, aber wenn Sie möchten, können Sie natürlich gern noch etwas bestellen.«

»Wie schade. Ich hatte gehofft, Fräulein Adele zu treffen. Später vielleicht.«

»Ja, natürlich. Wie geht es Pastor Beitz?«

»Ehrlich gesagt, nicht sehr gut. Ich gebe der grauenhaften Wohnsituation die Schuld an seinem Leiden. Er ist solch ein Heiliger, will niemals Geld für sich selbst ausgeben und besteht darauf, in diesen undichten Hütten zu leben.«

Hubert war bekümmert. »Ich muss schon sagen, ich war ziemlich schockiert, als ich ihn unter so primitiven Lebensbedingungen vorfand, doch er schien glücklich zu sein.«

»Ich fürchte, das ist er nicht. Er hat um Ihretwillen gute Miene zum bösen Spiel gemacht, Herr Hoepper, doch wie er mir später gestand, hat er sich nie im Leben so beschämt gefühlt. Er hatte gehofft, längst ein anständiges Pfarrhaus errichtet zu haben. Er hatte erwartet, wichtige Besucher wie Sie in sein Haus einladen zu können.«

Hubert nickte, gab aber nicht zu, dass er das Gleiche erwartet hatte. Teil seines Wunschtraums. Ein gutes Gespräch mit dem Pastor bei einem schönen Glas Portwein. Vor einem Feuer im Kamin … Er erstickte fast an dem Gedanken und fuhr mit dem Finger unter seinen steifen Kragen, um sich den Schweiß abzuwischen.

»Dem Pastor geht es nicht gut, sagen Sie?«

»Überhaupt nicht gut. Ich fürchte, er wird sich eine Lungenentzündung zuziehen, wenngleich die anderen Herren, die dort leben, meine Sorge nicht teilen. Sie sind jung und gesund. Sie können nicht begreifen, dass der Pastor zu alt für ein solches Leben ist.«

»Oh weh. Was können wir tun?«

»Ich habe mit ihm gesprochen. Er hat Sorgen – wegen des Darlehens.«

»Ja …«, setzte Hubert an, doch Ritter fuhr fort: »Ich habe gehört, er könnte das Holz auf dem Kirchenland verkaufen, doch er weigert sich, und ich habe das Thema noch einmal zur Sprache gebracht. Wissen Sie, Herr Hoepper, ältere Menschen können furchtbar starrsinnig sein …« Ritter lä-

chelte. »Er sagt, dass er jetzt bereit sei, das Holz zu verkaufen, aber keinen Rückzieher machen wolle, nachdem er vorher so unerbittlich war. Er glaubt, er würde dann wie ein Narr dastehen. Wie jemand, der sich nicht entscheiden kann. Er achtet sehr darauf, was seine Gemeinde von ihm denkt.«
Der Vikar wusste anscheinend nichts von der Opposition gegen die Missionsschule, deshalb mied Hubert dieses Thema. »Bitte versichern Sie Pastor Beitz, dass seine Leute große Achtung vor ihm haben. Er hat letztlich einige Rückschläge einstecken müssen, doch die werden sich überwinden lassen.«
»Oh ja«, bestätigte Ritter schnell. »Aber er ist manchmal tatsächlich sehr verwirrt. Jedenfalls verlangte er als Ergebnis unseres Gesprächs, dass ich den Holzverkauf organisiere, damit er mit der Arbeit an der Missionsschule beginnen kann.«
»Das würde ich nicht unterstützen«, sagte Hubert ruhig. »Der Mann sollte andere Prioritäten setzen. Zuerst muss er ein anständiges Haus bekommen. Es muss ja keine Villa sein, aber er hat doch gewiss ein Anrecht auf eine seiner Stellung gemäße Behausung.«
»Ja, das auch … Der Holzverkauf …«
»Damit würde ich warten. Das hat keine Eile. Ich habe überlegt, wie ich zum Wohl der Gemeinde beitragen kann, und bin zu dem Schluss gekommen, dass ich die Mittel für den Bau eines vernünftigen Pfarrhauses spenden werde. Das soll mein Abschiedsgeschenk sein.«
Ritter blickte ihn nachdenklich an. Als die Kellnerin kam, um seine Bestellung aufzunehmen, winkte er geistesabwesend ab. »Sie verlassen uns?«
»Ich fürchte, ja. Es ist an der Zeit. Wir wollen die anderen Hauptstädte an der Ostküste besuchen und dann über Amerika nach Hause reisen.«
»Und was ist mit Fräulein Adele? Sie ist doch sicher sehr enttäuscht, oder?«
»Sie ist froh, dass wir abreisen. Aber zuerst muss ich mit ei-

nem Bauunternehmer sprechen. Entwürfe zeichnen lassen und sie Pastor Beitz vorlegen.«

»Wegen des Pfarrhauses? So ein Gebäude dürfte teuer werden. Und es besteht kein Bedarf. Ich meine, wir dürfen Ihre Großzügigkeit nicht dermaßen ausnutzen. Binnen weniger Tage könnte ich Holzfäller bestellen. Dann wären wir in der Lage, selbst für die notwendigen Gebäude aufzukommen.«

Friedrich war wütend auf Hoepper. Das Geld für das Bauholz gehörte ihm. Es war seine Fahrkarte in eine Zukunft voller Luxus. Diese massiven Bäume waren Hunderte von Pfund wert …

»Danke, Herr Vikar, aber ich stimme mit Pastor Beitz überein, dass diese alten Bäume zu prachtvoll sind, um geschlagen zu werden, wenn es nicht absolut unumgänglich ist, und Sie werden hören, dass einige Ihrer Pfarrkinder der gleichen Meinung sind.«

»Das mag ja sein, aber wie ich eben schon sagte, Herr Hoepper, ist Pastor Beitz jetzt selbst der Ansicht, dass sie gefällt werden sollten.«

»Der arme Mann. Er weiß wohl wirklich nicht mehr ein noch aus. Aber keine Sorge, er wird ein anständiges Haus bekommen, und ich werde einen Fonds einrichten, durch den er für den Rest seiner Tage finanziell unabhängig sein wird. Jetzt muss ich aber wirklich gehen. Es war gut, mit Ihnen zu reden. Ich bin begeistert von diesem Plan. Jetzt gehe ich rüber zur Sägemühle und rede mit Rolf. Er wird alles für uns in die Wege leiten.«

Er griff nach Hut und Stock und verließ das Speisezimmer, während Friedrich ihm böse Blicke hinterherwarf.

»Verdammter Narr«, sagte er leise zu Freddy. »Warum muss er sich einmischen? Hast du gesehen, wie er nach draußen stolziert ist, randvoll mit seinem guten Gewissen?«

»Wollten Sie noch etwas bestellen?«, fragte die Kellnerin.

»Ja. Ich möchte zu Mittag speisen. Setzen Sie meine Mahlzeit auf Mr Hoeppers Rechnung.«

Als er das Hotel verließ, sah er zu seiner Freude Fräulein Adele, die ihre Staffelei am anderen Flussufer aufstellte und zu zeichnen begann. Er beobachtete sie eine Weile, immer noch bezaubert von ihrer Schönheit, und er wünschte sich, sie malen zu können.
Sie hob den Blick, als er sich näherte, und sie schien nicht erfreut über die Störung, was verständlich war, doch er ging weiter auf sie zu.
»Lassen Sie sich durch mich nicht irritieren, meine Liebe«, sagte er. »Zeichnen Sie weiter, es ist eine Freude, einer Künstlerin bei der Arbeit zuzusehen. Ich selbst zeichne auch sehr gern, wenngleich ich augenblicklich wenig Zeit dazu finde, und außerdem gibt es wenig lohnende Motive in dieser Gegend, außer unserem Fräulein Adele, wenn ich so kühn sein darf, das zu sagen.« Sie sagte nichts darauf, und er rückte noch näher, sah sich um in der Hoffnung, eine Sitzgelegenheit zu finden, damit er noch näher bei ihr sein konnte. Es war das erste Mal seit ihrer Ankunft in Bundaberg, dass er sie ganz für sich allein hatte, und es könnte, was Gott verhüten möge, das letzte Mal sein, wenn er jetzt nichts unternahm. Er fand aber nichts, nicht einmal eine Kiste. Ihm blieb nichts anderes übrig, als stehen zu bleiben.
»Sie zeichnen so gut«, sagte er. »Den Fluss und diese Hütte am anderen Ufer haben Sie hervorragend getroffen. Ich sehe wohl, Sie hatten ausgezeichneten Unterricht.«
»Danke«, sagte sie leise, ganz auf die Arbeit konzentriert.
»Ich glaube, Ihr Vater bereitet die Abreise vor. Es wird mich sehr traurig machen, Sie ziehen zu lassen. Ich werde Sie vermissen. Nach Ihrer Abreise wird hier keine Anmut, keine Kultiviertheit mehr zu finden sein.«
»Die Leute hier sind sehr nett«, sagte sie über die Schulter hinweg. Ihre Stimme klang gepresst.
»Aber meine Liebe, Sie wissen doch selbst, dass Sie sich unter ihnen ausnehmen wie ein Schwan unter hässlichen Entlein.«
»Oh, das stimmt doch gar nicht.«

Er lächelte auf sie herab. So naiv, so unschuldig. »Doch, es ist wahr. Schon auf dem Schiff war es so. Alle haben Sie angebetet.«
Er betastete eine Locke in ihrem Nacken, wickelte sie um den Finger und ließ sie wieder fallen, doch seine Hand hörte nicht auf, diesen schönen Nacken zu streicheln und weiter herab zu wandern, auf den Busen zu. Seine Finger prickelten unter der erregenden ersten Berührung ihrer Haut, denn Adele machte keinerlei Anstalten, ihn abzuwehren. Sie war wie erstarrt, wahrscheinlich zu schüchtern, ihn zu ermutigen, doch Friedrich bedurfte jetzt keiner Aufforderung mehr. Monate der Enthaltsamkeit brachen sich jetzt Bahn, während er ihr zartes Parfüm atmete, sie aufhob, sie umarmte und an sich drückte.
»Oh, meine Liebste, wie habe ich mich nach diesem Augenblick gesehnt. Lass dich von mir lieben und beschützen. Nun wein doch nicht. Nicht weinen …«
Sie weinte tatsächlich. Süßes, scheues Mädchen. So unschuldig. Die Liebe zu erleben, die erste Liebe, war ein aufwühlendes Erlebnis.
»Ich muss jetzt gehen«, sagte sie. »Ich muss gehen.«
»Aber nein. Du kannst bleiben.« Soll dein Vater doch gehen, dachte er.
»Bitte. Lassen Sie mich los.« Sie stieß ihn jetzt grob zurück. Stieß ihn von sich. »Lassen Sie mich los. Gehen Sie!«
Er verstand nicht. »Alles ist gut, Adele. Reg dich nicht auf. Wir haben nichts Böses getan.«
Aber sie schrie ihn an, wenn auch im Flüsterton, damit niemand sie hörte: »Nehmen Sie Ihre schmutzigen Hände von mir. Gehen Sie, Sie schrecklicher Mensch.« Und sie sammelte ihre Zeichenblöcke, die Stifte und die Staffelei zusammen, ließ jedoch alles fallen, und er beugte sich herab, um ihr zu helfen.
»Adele, hör zu. Ich muss nicht Hilfspfarrer bleiben. Ich kann jederzeit gehen. Ich weiß, dass ein solches Leben dir nicht zusagt. Das wusste ich von Anfang an. Aber ich kann

für dich sorgen. Ich bin ein wohlhabender Mann. Wirklich, ich besitze viel Geld. Mein Vater ist reich, wir besitzen eine wunderschöne Villa am Rhein …«
Sie presste ihre Zeichenutensilien an ihre Brust, als wollte sie eine Barriere zwischen sich und ihm errichten.
»Mir ist es gleich, wie reich Sie sind!«, schleuderte sie ihm ins Gesicht. Jetzt war sie eine richtige kleine Wildkatze. Das gefiel Friedrich.
»Kommen Sie mir nicht zu nahe! Wie können Sie es wagen, mich so zu behandeln? Zurück! Bleiben Sie mir vom Leibe!«
Friedrich war bestürzt. In einem seltenen Anflug von Einsicht, ja sogar Aufrichtigkeit, entschuldigte er sich.
»Es tut mir so Leid, Adele. Ich habe mich hinreißen lassen. Ich hätte dich niemals so bedrängen dürfen. Vergib mir. Aber ich bin schon seit jenem Tag auf der Insel, als wir uns zum ersten Mal trafen, in dich verliebt. Verstehst du …«
Aber sie hörte gar nicht mehr zu. Sie schäumte vor Wut. »Wie können Sie es wagen! Sie schrecklicher Mensch! Mein Vater wird davon erfahren. Er lässt Sie aus der Stadt jagen!«
Friedrich kniff die Augen zusammen. »Sei doch nicht so, Adele. Ich wollte dir nichts Böses tun. Wie kannst du meine Komplimente so von dir weisen? Das wüsste ich gern. Du musst ein sehr behütetes Leben geführt haben.«
Sie zögerte, war verwirrt. »Sie hatten kein Recht zu … so etwas mit mir zu tun. Das waren keine Komplimente.«
»Doch mein Handeln entsprang aus Komplimenten«, wandte er ein. Aber seine Sache war verloren, und er wusste es. »Lass mich deine Staffelei tragen.«
»Ich lasse Sie überhaupt nichts tragen. Mein Vater wird auch der Meinung sein, dass Ihr Verhalten mit Komplimenten nichts zu tun hatte.«
Wen interessierte denn ihr Vater? Ihn, für ein paar Tage noch, solange noch Hoffnung auf den Holzvertrag bestand. Es ging um die Frage, ob er mit einem ordentlichen Sümmchen in der Tasche abreisen oder es verdoppeln wollte. Vielleicht sollte er sich vorab von den Holzleuten Geld geben

lassen für die Zusage, das Holz schlagen zu dürfen, und auf den Rest verzichten. Dann nichts wie weg von hier. In ein paar Tagen kam der Dampfer zurück, und dann leb wohl, Bundaberg.

Unter wachsendem Ärger begleitete er Adele zur Quay Street. Er wandte sich an Freddy. »Für wen hält sie sich eigentlich? Mir zu drohen! Die hochnäsige kleine Schlampe!«

Zu ihr sagte er: »Und was wirst du deinem Vater erzählen, meine Liebe? Dass du mir schöne Augen gemacht hast? Mich herausgefordert hast, deinen kleinen Nacken gebogen hast wie eine Katze, die mehr will, und dann beleidigt warst, als ich zur Vermeidung öffentlichen Ärgernisses den Schlussstrich zog ...«

»Ich habe nichts dergleichen getan!«, schrie sie ihn an, voller Entsetzen, und stolperte auf dem unebenen Boden.

Er streckte die Hand nach ihr aus, um sie zu stützen, ergriff ihren Ellbogen, ließ ihn nicht wieder los und führte sie so auf der gegenüberliegenden Straßenseite am Hotel vorüber. Als wären sie ein Liebespaar, auf einem Spaziergang vielleicht. Und Friedrich schwelgte in dieser Situation. Er spreizte sich, verneigte sich vor einem Vorübergehenden. Sie wand sich, doch er hielt ihren Arm fest. Er stützte sie jetzt, sie fühlte sich schwach. Doch er gestattete ihr, die Straße zu überqueren, und führte sie bis zum Eingang des Hotels.

»Adieu, meine Liebste«, flüsterte er lächelnd. Dann beugte er sich vor und fuhr mit der Zunge über ihr Ohr, leckte es gründlich und feucht, und ließ sie gehen.

Adele entwand sich seinem Griff und floh. In Hannis Arme, die gerade auf sie zukam und die, wie sie glaubte, gesehen hatte, wie Vikar Ritter und Fräulein Hoepper sich auf der Straße umarmten. Das allein reichte schon ... sich so zur Schau zu stellen ... Ihr wurde fast schwindlig, doch dann bemerkte sie, dass Fräulein Hoepper hysterisch weinte und sich an sie klammerte, als würde sie von Dämonen gejagt. Und vielleicht ist es tatsächlich so, dachte Hanni, und in ihr wuchs ein Verdacht, während sie Vikar Ritter böse ansah.

Er zog den Hut, verneigte sich leicht und eilte davon.
Zwei Frauen, die das Hotel verließen, blieben stehen und starrten sie an, und Hanni packte die Staffelei und die Zeichenutensilien, die Fräulein Hoepper trug, drehte das schluchzende Mädchen um und führte es die Gasse hinunter zum Kücheneingang.
Dort war Eva. »Lieber Himmel! Was ist los? Fräulein Hoepper, was ist mit Ihnen? Kommen Sie, setzen Sie sich. Hanni, hol das Riechsalz.«
Sie hielten ihr das Salz unter die Nase, doch sie musste husten, schob die Frauen von sich und schluchzte unkontrollierbar.
»Soll ich Ihren Vater holen?«, fragte Eva, doch Adele schrie: »Nein, nein! Es geht schon wieder.«
»Was ist passiert?«, fragte Hanni. »Was war mit Vikar Ritter?«
»Nichts.« Adele weinte. »Überhaupt nichts.«
»So hat es aber nicht ausgesehen«, sagte Hanni zu Eva. »Er hatte den Arm um sie gelegt, hat mit ihr geschmust ...«
»Vikar Ritter? Ausgeschlossen!«
»Es war aber so, glaub mir. Ich dachte zuerst, sie küssen sich.«
»Auf offener Straße? Mein Gott!«
»So war es nicht!«, weinte Adele. »Ich habe versucht, mich von ihm zu befreien.«
»Wie?« Eva war entsetzt.
Unter Schluchzen und Weinen versuchte Adele zu erklären. »Ich war drüben am Fluss und habe gezeichnet, als er kam und mich belästigte. Ich wollte höflich bleiben, hoffte, er würde wieder gehen, doch dann sagte er mir alle möglichen Schmeicheleien ...«
»Nun, freilich. Das ist seine Art. Sie haben den armen Mann sicher missverstanden.«
»Nein, hat sie nicht«, sagte Hanni mit rauer Stimme. »Ich hätte wissen müssen, dass er auch nicht besser ist als alle anderen.«

»Ich habe es nicht missverstanden, wie er mich angefasst hat, Frau Zimmermann, ganz sicher nicht. Er hat die Hand auf meine Brust gelegt, und da habe ich meine Sachen zusammengepackt. Ich habe ihm gesagt, er solle gehen, und er hat sich ganz scheußlich benommen. Auf dem ganzen Weg zurück zum Hotel hat er schreckliche Dinge zu mir gesagt, und direkt vor dem Eingang …«, Adele schluchzte, »… war er widerwärtig.« Sie legte die Hand ans Ohr und schüttelte den Kopf. »Da hat er mich wieder missbraucht.«

Eva war verwirrt. »Ganz bestimmt nicht. Es muss eine andere Erklärung geben.«

»Oh nein«, sagte Hanni. »Er ist ein Schwein. Alle Männer sind Schweine. Besonders die, die sich hinter der Maske der Ehrbarkeit verstecken. Sie sind Schweine.«

Adele blickte zu ihr auf, vielleicht sogar ein bisschen getröstet, während Hanni weiter wütete: »Sie haben Glück, dass er Ihnen nichts Schlimmeres angetan hat, Fräulein Hoepper. Wer weiß, was passiert wäre, wenn er Sie an einem abgelegeneren Ort gefunden hätte. Ich weiß, wie diese Kerle sind, glauben Sie mir. Dieser Keith Dixon zum Beispiel, der ist einer von der schlimmsten Sorte.«

»Das reicht jetzt, Hanni«, warnte Eva. »Beunruhige Fräulein Hoepper nicht noch mehr. Was weißt du schon von diesen Dingen, du liebe Zeit …«

»Das fragst du mich? Keith Dixon hat mich geschlagen und schrecklich missbraucht …« Ihr wurde bewusst, was sie da sagte, und sie unterbrach sich abrupt. »Ich koche Fräulein Hoepper einen Kaffee.« Sie ging hastig zum Herd, doch Eva drehte sie zu sich um.

»Was sagst du da?«

»Nichts.«

»Oh doch. Du hast noch nie darüber geredet. Was hat Keith Dixon mit dir gemacht?«

»Nichts, ich sagte es doch schon!«

»Ich verstehe. Dann richte bitte ein Tablett für Fräulein Hoepper. Koch ihr einen Kaffee, und in der Speisekammer ist noch Teekuchen. Ich habe ihn erst heute Morgen gebacken.«

Die beiden Mädchen waren jetzt sehr still, und Eva wandte sich wieder der Würzmischung für die beiden Hähnchen zu, die sie gerade gerupft hatte.

»Können Sie kochen?«, fragte sie Adele.

»Nein, Frau Zimmermann, das habe ich nie gelernt.«

»Sie sollten es lernen, meine Liebe. Es ist eine Beschäftigung, die einen zufrieden und fröhlich macht. Eine gute Köchin weiß jeder zu schätzen.«

»Ja, das mag wohl so sein.«

Das Tablett war bereit. »Am besten trinken Sie Ihren Kaffee auf Ihrem Zimmer, Fräulein Hoepper«, sagte sie. »Hanni bringt Ihnen das Tablett nach oben und bleibt bei Ihnen, bis es Ihnen besser geht. Und schließen Sie die Tür ab.«

Sie gingen, beide von Kummer niedergedrückt. Eva klopfte mit den Fingern auf den blank gescheuerten Küchentisch. Keine von beiden wollte, dass der Mann in ihrem Leben davon erfuhr, im einen Fall der Vater, im anderen ganz offensichtlich Lukas. Die Mädchen schämten sich. Das war nicht richtig.

# 17. Kapitel

Sollte sie sich doch bei ihrem Vater ausheulen! Was konnte er schon unternehmen? Friedrich lachte. Aber sie würde es nicht tun. Eher würde der Blitz sie erschlagen, als dass sie den Mut aufbrachte, ihrem Vater gegenüber ein peinliches sexuelles Spielchen zu erwähnen.

Er fragte sich, wie es dem alten Beitz wohl gehen mochte. Den Rest des Opiumpulvers hatte er ihm auf einmal verabreicht, und es sollte ihn nicht wundern, wenn es ihn ein für alle Mal umhaute, wacklig auf den Beinen, wie er war. Jetzt konnte er jedenfalls trotz Hoeppers Einmischung seine eigenen Pläne weiter vorantreiben, also machte er sich auf den Weg zu der zweiten Holzfirma in Bundaberg. Les Jolly und seine deutschen Holzfäller einzuweihen, wäre dumm gewesen.

George Macken, der Boss, ging nur zu gern auf seinen Vorschlag ein. Und, ja, er konnte Männer erübrigen, die sich sogleich an die Arbeit machten.

»Wir freuen uns über die Arbeit. Noch dazu in Stadtnähe. Aber sind nicht viele von Ihren jungen Burschen selbst Holzfäller?«

»Ja, doch es obliegt mir, dafür zu sorgen, dass die Kirche durch den Verkauf unseres Holzes so viel wie möglich verdient. Ich scheue mich nicht einzugestehen, dass wir in finanziellen Schwierigkeiten stecken. Jesus selbst war ein armer Mann. Also muss ich das beste Angebot annehmen. Verstehen Sie?«

»Wie viel bietet Les Jolly denn?«

»Das darf ich nicht sagen.«

»Schon recht. Ich überbiete seinen Preis um fünf Pfund. Zuerst aber muss ich mir das Land genauer ansehen. Haben Sie die Besitzurkunden dabei?«

»Nein. Wozu brauchen Sie die?«
Macken grinste. »Damit ich nicht versehentlich Holz auf dem Grundstück eines anderen hacke. Wenn Sie sie mir heute Abend noch vorlegen könnten, fahre ich mit einem Vorarbeiter hinaus und schau mir an, was Sie da haben.«
»Wir haben große Mengen guten Bauholzes.«
»Das bezweifle ich nicht, aber wir müssen die Bäume gründlich daraufhin prüfen, ob sie gesund sind und die Arbeit lohnen. Verstehen Sie?«
»Ja, natürlich. Ich bringe Ihnen die Urkunden dann später vorbei.«
»Wir könnten sie auch morgen zusammen mit Pastor Beitz durchsehen.«
»Nein. Ihm geht es nicht gut.«

Die Besitzurkunden. Er hatte sie irgendwo gesehen, wahrscheinlich in der Seekiste des Pastors, die seine sämtlichen Papiere enthielt.
Friedrich gratulierte sich zum Kauf des Pferdes. Er konnte sich nicht vorstellen, wie es hätte gehen sollen, wenn er von diesem Wagen abhängig gewesen wäre und die Arbeiter hätte transportieren müssen.
Er wusste, dass ihn alle darum beneideten. Doch was er damit trieb, ging niemanden etwas an. Zudem war bisher kein Wort über seinen Lohn gefallen.
»Nicht ein Wort, Freddy«, sagte er, als er zur Gemeinde zurückritt. »Wie findest du das? Du wärst ihr Sklave gewesen, wenn nicht noch schlimmer. Heute Abend werde ich Walther fragen, warum er nicht einen wöchentlichen Beitrag entrichtet, nur so zum Spaß. Offiziell weiß ich ja nicht, dass er laut Pimbley immer mal wieder die Rechnung für die Lebensmittel bezahlt. Und dann werde ich fragen, wann ich denn mal mit Lohn rechnen kann. Und wie hoch er sein wird. Dann ist die Hölle los.«
Er band das Pferd an und eilte in die Gemeinde. Alles war still, bis auf das gelegentliche Kreischen von Vögeln, und er

ging geradewegs zu Pastor Beitz' Hütte, erfreut zu sehen, dass der alte Mann noch schlief. Sein Gesicht war rot und aufgedunsen, sein Atem ging rau und unruhig, als versuchte er aufzuwachen und schaffte es nicht.

Friedrich blickte auf ihn herab. »So ist's brav. Schlaf weiter, mein Junge, dann wird alles gut.«

Er ging hinüber in den Winkel der Hütte, zog die Seekiste heran und begann, die Papiere durchzusehen, auf der Suche nach den Urkunden.

»Ich bin sicher, dass sie hier irgendwo waren«, sagte er leise, schob Winterhemden und Pullover zur Seite und tastete nach den Dokumenten, doch in diesem Augenblick regte sich Pastor Beitz und sprach ihn an.

»Was tun Sie da? Wer ist da?«

Er saß benommen auf der Bettkante und versuchte aufzustehen. Im ersten Schrecken sprang Friedrich auf die Füße.

»Alles in Ordnung. Ich bin's nur, Pastor.«

»Was tust du hier?« Er sprach schleppend wie ein Betrunkener.

»Ich räume nur auf. Warten Sie, ich besorge Ihnen Kaffee.«

Mit klopfendem Herzen, wütend darüber, ertappt worden zu sein, lief Friedrich aus der Hütte. Noch wütender aber war er über seine eigene Reaktion.

Warum lief er vor dem alten Knaben davon? Beitz war zu berauscht, um zu wissen, was um ihn herum geschah. Er hätte ihn zurück auf die Pritsche stoßen sollen. Er kramte in seiner Hosentasche und vergewisserte sich, dass die Banknoten noch da waren. Nun fühlte er sich gleich besser, ruhiger. Er setzte sich auf eine Bank und dachte nach.

Er musste diese Urkunden jetzt finden. Die Holzfäller durften am Morgen nicht hierher kommen. Beitz oder einer der anderen könnten durch einen unglücklichen Zufall zugegen sein.

Mit seinem neuen Plan marschierte Friedrich zurück in die Hütte und schenkte dem Pastor keine Beachtung, der jetzt auf dem Bett lag, mit offenen Augen, aber schwer atmend,

als sei er gerade eine Meile bergan gelaufen. Er trat zielstrebig vor die Kiste und warf ihren Inhalt auf den Boden.
»Friedrich, was tust du da?«, keuchte Beitz, doch sein Hilfspfarrer war so auf seine Suche konzentriert, dass er sich nicht um ihn kümmerte.
Die Stimme wurde kräftiger. »Das sind meine Sachen. Mir wäre es lieber, wenn du nicht ... Bitte, Friedrich. Suchst du etwas?«
Als Friedrich nicht antwortete, bekam Pastor Beitz es mit der Angst zu tun. »Was treibst du? Lass die Finger von meinen privaten Papieren! Sie gehen dich nichts an.«
Doch Friedrich hatte gefunden, was er suchte, hielt die mit hellrotem Band verschnürten Dokumente endlich in den Händen. Er warf alles andere zurück in die Seekiste, schlug den Deckel zu und sprang auf, doch Beitz stellte sich ihm entgegen.
»Was hast du da genommen? Was ist das? Sag es mir!«
Friedrich packte seinen Arm, drängte ihn die paar Schritt zum Bett zurück und versetzte ihm einen leichten Stoß. Viel gehörte nicht dazu, und plötzlich lag der verrückte alte Pastor rücklings auf der Pritsche und keuchte wie ein undichter Blasebalg. Das Problem mit diesen alten Menschen war, dass sie nie wussten, wann es an der Zeit war, aufzuhören. Jetzt hätte Beitz nicht einmal mehr aufstehen können, wenn die Hütte gebrannt hätte.
Wahrscheinlich waren es nur ein paar Minuten, dachte Friedrich, doch ihm kam es vor wie eine Ewigkeit, als er überlegte, wie er seine Tat später erklären sollte. Er konnte Beitz verwirren. Ihm sagen, es wäre sein Vorschlag gewesen. Wissen Sie nicht mehr? Sie haben mir die Urkunden gegeben. So ungefähr.
Aber wozu das Risiko eingehen? Zum Teufel damit! Warum nicht jeden Streit von vornherein vermeiden? Ihn ein für alle Mal zum Schweigen bringen. Er war ohnehin nur lästig. Wer brauchte ihn? Kein Mensch.
Behutsam zog er das Kissen unter dem Kopf des Priesters

hervor. Er sah, wie Beitz ihn anblickte. Ohne jegliche Angst. Warum auch? Sein Hilfspfarrer wollte es ihm nur bequemer machen.
Dann wandte Beitz den Kopf. Er sah hinüber zur anderen Seite der Hütte, und automatisch folgte Friedrich seinem Blick.
Er schrie gellend auf. Er erkannte seine eigene Stimme nicht mehr. Der Schauspieler in ihm nahm nur noch wahr, dass er tatsächlich zu einem solchen Kreischen fähig war. Der Hund kam auf ihn zu.
Es war eher ein Wolf, die Zähne zu einem grimmigen Knurren gebleckt. Aus dem Winkel der Hütte heraus sprang er ihn an; wahrscheinlich hatte er sich in der Düsternis dieses bewölkten Nachmittags schon die ganze Zeit dort verborgen gehalten. Friedrich ließ das Kissen fallen und rannte aus der Hütte.
Die Dokumente aber befanden sich noch in seinem Besitz.
Als er in der Küche in Sicherheit war, kam er sich vor wie Pastor Beitz, keuchte und schnaufte vor Anstrengung. Doch der Hund war ihm nicht gefolgt. Vielleicht war doch Beitz seine Beute gewesen, und er hatte ihn bei seinem Angriff gestört. Konnte froh sein, mit dem Leben davongekommen zu sein. Beitz dürfte inzwischen mausetot sein. Friedrich keuchte immer noch, als er auf einer Abkürzung zur Pferdekoppel durch den Busch kroch. Er sattelte Queenie erneut. Wenn Beitz etwas zugestoßen war, konnte er nichts dafür. Er wusste von nichts.

Wieder voller Zuversicht, ritt Friedrich durch die Stadt und legte George Macken die Besitzurkunden vor. »Ich will, dass alle Bäume eingeschätzt und abgerechnet werden«, sagte er. »Ich lasse nicht zu, dass Sie welche für sich selbst zur Seite schaffen.«
»Natürlich nicht«, knurrte Macken.
»Gut. Und ich verlange eine beträchtliche Vorauszahlung bei der Unterzeichnung des Vertrags.«

»Eine Vorauszahlung?«, staunte Macken. »Das ist nicht üblich.«
»Ich bin zwar Geistlicher, aber nichtsdestoweniger auch Geschäftsmann, Sir. Mit einer Vorauszahlung von fünfzig Pfund beweisen Sie Ihre Vertrauenswürdigkeit.«
Macken nickte. »Gut«, sagte er und akzeptierte die Bedingungen so prompt, dass Friedrich sich ärgerte, weil er nicht hundert Pfund gefordert hatte.
»Geben Sie mir einen Tag Zeit, Pastor. Dann kann ich Ihnen ein genaues Angebot machen.«
Er schlug die Besitzurkunden auf und nickte. Wie vermutet, lag das Land im Busch. Dort gab es wertvolles altes Holz. Wie konnte dieser Esel glauben, jeden einzelnen Baum im Blick zu behalten? Er verkaufte schließlich keine Küchentische.

Die Grundmauern von Walthers Brauerei waren endlich abgesteckt, was entschieden einfacher war als das Roden und das Abräumen der Felsblöcke und Baumstümpfe, und zu Walthers Freude traf das bestellte Bauholz pünktlich ein. Doch Begeisterung und Hingabe konnten den Mangel an Erfahrung nicht aufwiegen. Als das Holzgerüst des ersten Bauabschnitts zum dritten Mal zusammenbrach, war es Lukas, der eingestand, dass sie Hilfe brauchten.
»Keine Angst!«, sagte Walther. »Wir kriegen es noch hin. Vielleicht müssen wir die Ecken verstärken. Hilf mir, das Gerüst wieder aufzurichten, dann sehen wir, woran es fehlt.«
»Ich sag dir, was uns fehlt. Ein gelernter Zimmermann. Keiner von uns weiß doch, was er tut. Ich dachte, es wäre ganz einfach, aber das ist ein Irrtum. Wir verschwenden Zeit und Geld. Jedes Mal, wenn ein Brett durchbricht, höre ich das verlorene Geld klimpern.«
»Wir können uns keinen Zimmermann leisten«, sagte Walther starrsinnig.
»Dann höre ich auf.«

»Was? Das kannst du nicht tun. Du hast gesagt, du hilfst mir.«
»Da dachte ich auch, ich könnte es.« Lukas lachte. »Ich dachte, du kennst dich aus mit der Schreinerei. Wir beide zusammen könnten nicht mal ein Puppenhaus bauen, Walther, geschweige denn eine Brauerei. Wir haben nicht die geringste Ahnung. Also: Ich höre auf, du brauchst mir nichts zu bezahlen und kannst dafür einen Zimmermann einstellen. Und basta. Zeit, Schluss zu machen für heute. Gehen wir.«

Nach Friedrich rufend, taumelte Pastor Beitz aus seiner Hütte, doch von dem Hilfspfarrer war keine Spur zu sehen. Er war immer noch sehr benommen und fragte sich schon, ob er sich womöglich die Schlafkrankheit zugezogen hatte, von der Menschen in den Tropen bekanntlich manchmal befallen werden.
Er hatte in letzter Zeit entschieden zu viel geschlafen. Aber wo steckt Friedrich?, wunderte er sich. Eben noch hat er irgendetwas gesucht, dann kam er an mein Bett, hob mein Kissen auf … es muss wohl zu Boden gefallen sein …, wollte es mir gerade geben, und dann schrie er auf, schleuderte das Kissen von sich und rannte hinaus.
Dieser Bursche hat manchmal ein merkwürdiges Verhalten. Ich werde mal ein Wörtchen mit ihm reden müssen. Aber wo sind die Leute?
Er hob den Deckel eines großen Bierfasses, das sie als Wasserbehälter benutzten, trank ein paar Schlucke und goss sich den Rest über den Kopf. Doch das Fass erinnerte ihn an Walthers Pläne, und das weckte seinen Zorn. Weshalb brauchten sie Bier oder sogar diesen Rum, von dem sie alle redeten, wenn Gott ihnen doch kristallklares Wasser gab? Leise über ihre Dummheit schimpfend, stapfte er den Weg zum Gemüsegarten hinunter.
Dort sah es aus wie in einem Zirkus. Mehrere große Vögel, einschließlich Krähen, scharrten glücklich in den Beeten, ein Leguan hob den Kopf, sah ihn an und fraß dann weiter von

seinem Gemüse, und mindestens ein Dutzend Wallabys tat sich vergnügt an seinem Kohl gütlich.
»Raus mit euch«, rief er, und die Vögel flogen auf, flatternd und kreischend, nur um sich ein Stückchen entfernt wieder niederzulassen.
»Gott im Himmel!« Pastor Beitz sank auf einen Erdhügel und überließ den Tieren das Feld. Er fühlte sich als Versager. Er hatte seine Kirche, eine Hand voll Pfarrkinder und keine Missionsschule, geschweige denn eine Schule für ihre eigenen Kinder. Und wenn er denn eine hätte bauen können, wozu er jedoch nicht in der Lage war, würden sie sie ohnehin nicht besuchen. Es war kein Geld mehr vorhanden, und auch von der Bank war keine Hilfe zu erwarten. Vielleicht hatte Herr Hoepper Recht, und er hatte zu viel von Gott verlangt. Vielleicht war es seine Bestimmung, für seine Herde zu sorgen, sich mit der Betreuung seiner eigenen Gemeinde zufrieden zu geben und die Missionsarbeit jüngeren Männern wie Friedrich zu überlassen. Womöglich war das des Rätsels Lösung. Sobald er konnte, wollte er diese Angelegenheit mit Friedrich besprechen. Der arme Kerl hatte bisher nicht die geringste Anleitung erhalten. Bestimmt tat es ihnen beiden gut, sich für eine Woche betend zurückzuziehen, damit sie den Willen des Herrn besser verstehen lernten.
Ja. Das war die Lösung. Er stand auf und strebte der Küche zu, froh, Walthers Stimme zu hören. Sie waren heimgekommen. Schon fühlte er sich besser.

Der Vikar ritt auf seinem Pferd ein paar Mal durch die Stadt, um zu prahlen, allerdings in gespielter Gleichgültigkeit. Er ritt am Pub vorüber, neidisch auf die Männer, die, die Füße hochgelegt, einen Drink in der Hand, sorglos auf der Veranda saßen. Und das Geschehen beobachteten.
Pfeifend schlug er den Weg zur Taylor's Road ein. Sein Entschluss war gefasst. Bald schon würde die *Tara* flussaufwärts gestampft kommen, Ladung und Passagiere ausspeien, neue

Ladung und Passagiere aufnehmen, und Vikar Friedrich Ritter würde unter ihnen sein. Genug war genug.
»Kein Zaudern mehr«, sagte er zu Freddy. »Ich nehme meine hübsche kleine Ausbeute und mache mich aus dem Staub. Im Grunde habe ich mich nicht schlecht geschlagen.« Er seufzte. »Ich weiß, du hättest es gern gesehen, wenn ich weiterhin den Hilfspfarrer gespielt und deine Verpflichtungen übernommen hätte, alter Bursche, aber selbst du musst doch zugeben, dass dieser Sumpf kein Niveau hat. Also wirklich, zu leben wie ein Eingeborener, ohne Bezahlung, und im Grunde ohne Anbindung an eine nennenswerte Stadt ... oder willst du diesen Müllhaufen als Stadt bezeichnen, Freddy ...«
»Mit wem redest du, Kumpel?«
Eine Stimme ertönte aus der Dunkelheit und ließ ihn zusammenschrecken. Zwei Reiter holten ihn ein.
»Mit niemandem.« Er lächelte. »Ich habe lediglich meditiert.« Er blickte von einem zum anderen. »Wohin des Wegs, meine Herren?«
»Maryborough«, antwortete der eine in fröhlichem Ton.
»Ach ja? Das ist aber ziemlich weit, oder?«
»Überhaupt nicht, wenn einer ein gutes Pferd hat.«
Das klang interessant. Friedrich hatte geglaubt, lediglich per Schiff aus dieser Stadt fortkommen zu können, aber natürlich ... »Vermutlich könnte man auch bis nach Brisbane reiten«, sagte er. »Mit einem guten Pferd.«
»Das tun viele. Man könnte sagen, mit einem Pferd steht einem das ganze Land offen.«
»Ja, ja.« Er nickte.
»Und wohin wollen Sie?«
»Nach Hause. Zu meiner Gemeinde, am Ende der Straße.«
Zu spät fiel Friedrich ein, dass Taylor's Road ja eine Sackgasse war. Auf dieser Straße gelangten die Männer niemals nach Maryborough, und sie machten nicht den Eindruck, als könnte ihnen ein solcher Fehler unterlaufen.
»Ich muss mich beeilen«, sagte er, in der Hoffnung, sie ab-

schütteln zu können, doch der Mann rechts von ihm traf ihn so wuchtig, so plötzlich mit seinem Arm, dass Friedrich vom Pferd stürzte und ins schlammige Gras am Straßenrand rollte.

»Was soll das?«, schrie er. »Ich zeige Sie an!«

Doch dann versuchte er, die Taktik zu ändern. Es war nicht das erste Mal, dass er überfallen wurde. Tatsächlich hatte er sich selbst auch schon in dieser Kunst versucht …

»Was wollen Sie von mir? Ich bin ein armer Mann. Ich bin Geistlicher. Ich besitze nichts außer meinem Pferd. Nehmen Sie das Pferd, wenn es denn sein muss …«

Sie hörten gar nicht zu. Sie drangen auf ihn ein, prügelten ihn mit eisernen Faustschlägen gehörig durch. Sie traten ihn erbarmungslos mit ihren genagelten Stiefeln, ohne sein Schreien zu beachten.

Für gewöhnliche Schläger waren sie gut vorbereitet. Als er wie ein stöhnendes Häufchen Elend auf dem Boden lag, zündete einer von ihnen eine kleine Laterne an.

»Mal sehen, was wir hier haben«, sagte der Anführer. »Dreh ihn um, und durchsuch ihn, Kumpel.«

Friedrich biss die Zähne zusammen, versuchte, die Männer abzuwehren, doch er hatte keine Chance. Hemmungslos rissen sie ihm das Gewand vom Leibe und durchsuchten ihn gründlich.

Obwohl er weinte, biss und fluchte, fanden sie das Geld und lachten ihm ins Gesicht, als sie das Notenbündel in der Hand hielten.

»Und du willst ein armer Geistlicher sein? Was ist denn das hier? Hundert-Pfund-Scheine. Möchte mal wissen, was dann ein reicher Pastor so bei sich trägt.«

Friedrich schnappte nach dem Geld, doch je mehr er schrie und sie beschimpfte, desto unflätiger machten sie sich über ihn lustig.

»Hör dir nur dieses schmutzige Gewäsch an. Dabei ist er Geistlicher!«

»Man fragt sich, wo er solche Ausdrücke gelernt hat.«

»Das ist aber eine hübsche Uhr. Komm, wir werfen eine Münze. Zahl gewinnt.«

»Nein, wir verscheuern sie und teilen dann. Der Boss will ja nur seine fünfhundert Pfund zurück.«

»Fünfhundert waren es einmal ... Aber er hat auch noch Kleingeld.«

Der Kräftigere von den beiden hockte sich hin, eine bedrohliche Silhouette vor dem Sternenhimmel.

»Jetzt hör mal gut zu, Kumpel. Es gehört sich nicht, Leute um Geld zu prellen, schon gar nicht Keith Dixon. Hast du verstanden? Dann vergiss es nie wieder, denn beim nächsten Mal beziehst du nicht nur ein bisschen Prügel, dann bist du tot. Lass dir von deinen Holzfäller-Kumpels mal die Krokodile im Fluss zeigen. Leute können einfach vom Erdboden verschwinden, weißt du? Spurlos. Stimmt's?«

Sein Freund nickte. »Wenn er Keith noch einmal verleumdet, ist er ein toter Mann.«

»Genau. Verstanden, Schwarzrock? Wir geben Keith sein Geld zurück, du hältst das Maul, und damit hat sich's. Ich schätze, du bist schlauer, als es dir gut tut, Kumpel.«

Sie stapften davon, stiegen auf ihre Pferde und ritten davon. Friedrich blieb still liegen, bis das Klappern der Hufe nicht mehr zu hören war, dann stemmte er sich unter Schmerzen hoch, bis er wenigstens sitzen und wieder Atem schöpfen konnte, und weinte aus Wut und Enttäuschung. Alles war vergebens gewesen. Diese Schweine! Das Letzte, womit er gerechnet hätte, war, dass Dixon sich zur Wehr setzte. Er hatte geglaubt, ihn in der Hand zu haben.

Er hörte etwas und erstarrte. Hatten die zwei nur mit ihm gespielt? Kamen sie jetzt, um ihm den Rest zu geben? Ihn für immer zum Schweigen zu bringen, damit ihr Boss, Dixon, mit weißer Weste ins Parlament einziehen konnte? Der Vergewaltiger. Der Brandstifter. Der gottverdammte Betrüger!

Letzteres war in Friedrichs Augen das schlimmste Verbrechen. Er war betrogen worden. Reingelegt. Und bei Gott, er würde sich rächen.

Da war es wieder, etwas regte sich im Dunkeln, da waren Geräusche auf der Straße zu hören. Sein Pferd! Es war zurückgekommen und blickte auf ihn herab, unbeeindruckt von seinem Leid.
Um Gottes willen! Sie hatten ihm das Pferd gelassen. Er war überzeugt gewesen, dass sie es stehlen würden. Sie mussten doch gesehen haben, was für ein schönes Tier Queenie war.
Friedrich seufzte bitter. Ach ja. Er erinnerte sich. Hier war ein Pferdedieb schlimmer angesehen als ein Mörder. Sie hatten ihn fast umgebracht. Sie hatten gedroht, ihn umzubringen, aber sie hatten ihm sein Pferd gelassen.
Er blieb noch eine Weile sitzen und überprüfte, immer noch ächzend und schimpfend, seine Verletzungen. Seine Nase blutete. Bestimmt waren auch ein paar Rippen gebrochen. Er schmeckte Blut und Schlamm und Wut.
Damit sollte Dixon nicht davonkommen.

Tibbaling beobachtete den Vorfall völlig teilnahmslos. Diese Burschen prügelten Doppelmann ordentlich durch, doch das wirklich Interessante an dieser Episode war das Verhalten des Heiligen Geistes, der den Mann ständig begleitete. Er machte keinerlei Anstalten, dem Opfer zu helfen, mehr noch, es schien ihn nicht einmal zu bekümmern.
Dieser Heilige Geist, er war doch ein mächtiger Gott, er hätte die Angreifer mit einem Blitz erschlagen können. Oder er hätte die Erde sich öffnen und sie verschlingen lassen können. Aber er tat nichts dergleichen. Er stand nur da, der traurigste Gott, den Tibbaling je gesehen hatte.
Die christliche Religion war zweifellos höchst merkwürdig. Im Grunde hatten die beiden Götter, der Heilige Geist und Gottvater, ja auch tatenlos zugesehen, als die Feinde den Sohn Jesus ans Kreuz nagelten. Nach Beißts Worten eine wahre Begebenheit. Also … ihre Götter mischten sich bei einem feindlichen Angriff nicht unbedingt ein. Beißt hatte ihm etwas darüber erzählt, dass man die andere Wange hinhalten sollte, statt sich zu wehren.

Er lächelte leicht. Doppelmann hielt hier tatsächlich die andere Wange hin, allerdings nicht still und ergeben, sondern unter Kreischen und Jammern, ja, sogar Fluchen. Nein, er hatte die Gesetze nicht korrekt befolgt. Und wie war das mit der Sache in Beißts Hütte? Er war ein böser Mensch, er hätte Beißt getötet, erstickt mit diesem Sack zum Kopfdrauflegen. Und doch mochte Beißt diesen Mann, nannte ihn seinen Freund. Den Mann, der den Knochen auf ihn gerichtet hatte, der Beißt mit den eigenen Händen ermorden wollte.

Die Schlägerei war vorüber. Tibbaling hoffte, dass sie Doppelmann getötet hatten; das würde allen viel Ärger ersparen und es diesem unnützen Heiligen Geist ermöglichen, nach Hause zu gehen, wo immer das sein mochte. Seine Mission als Begleiter des jungen Hilfspfarrers erschien ihm sinnlos. Tibbaling fasste Mut und trat näher heran. Der Geist war meistens nur schattenhaft zu erkennen, doch an diesem Abend wirkte er klarer. Er war genauso gekleidet wie Doppelmann, sah ihm sogar ziemlich ähnlich.

Doch als die Angreifer auf ihre Pferde stiegen und fortritten und das Opfer taumelnd auf die Füße kam, wandte der Heilige Geist sich Tibbaling zu, streckte mit unsagbar trauriger Miene den Arm nach ihm aus, und auch der alte Mann wurde von grenzenloser Traurigkeit erfasst. Er sah die tiefe Wunde seitlich am Kopf des Geistes, sah das Blut an seiner Schulter und hörte ihn in deutscher Sprache reden. Die Worte verstand er nicht, aber er wusste nun alles. Er wusste, was geschehen war.

Ein Wind erhob sich, und der Geist blickte in Richtung Gemeinde; er bewegte sich dorthin, verließ Doppelmann, verließ ihn, und Tibbaling nickte. Er hatte letztendlich doch eine Mission gehabt. Nachdem diese nun erfüllt war, konnte er sich zur Ruhe begeben. Tibbaling hatte die Botschaft verstanden. Für diesen Geist, der nicht der Heilige Geist, sondern ein sanftmütiger, guter Mensch gewesen war, den der üble Priester ermordet hatte, war es zu spät. Aber es war nicht zu spät, um Beißt zu retten.

Wolken zogen eilig über den dunklen Himmel, löschten die Sterne aus, und der Wind frischte auf. In großen Tropfen fiel der Regen auf die heiße Erde, und Dunstschleier stiegen auf. Friedrich schaffte es, zu seinem Pferd zu wanken und nach mehreren Versuchen aufzusitzen. »Dixon wird es noch bereuen, dass er geboren wurde«, sagte er zu Freddy. Das Sprechen schmerzte auf Grund des geschwollenen Kiefers. Er blickte sich um. Seine Stimme hatte hohl geklungen, als befände er sich auf einer großen leeren Bühne. Er drehte sich im Sattel und schrie auf vor Schmerz. Vorsichtig. Ganz still halten. Es dauerte, bis dieser brennende Schmerz nachließ. Friedrich hatte das Gefühl, dass Freddy womöglich fort war, feige, wie es seine Art war, weggelaufen, und er fühlte sich verlassen. Unruhig. Schutzlos.
Er wünschte sich, kehrtmachen und Dixon verfolgen zu können, doch er war viel zu zerschlagen. Er musste zurück zur Gemeinde, sich waschen, ausruhen und dann versuchen, sein Leben wieder in geregelte Bahnen zu lenken. Wenn Dixon wüsste, was für einen schweren Schlag er ihm tatsächlich versetzt hatte, indem er ihn ohne einen Penny in dieser verfluchten Stadt festsetzte, würde er sich kranklachen.
Während das Unwetter um ihn herum immer heftiger tobte, klammerte sich Friedrich, einer Ohnmacht nahe, an sein Pferd und verließ sich darauf, dass es ihn in den sicheren Schoß der Gemeinde zurückbrachte.

»Keith Dixon ist im Speisezimmer«, ließ Bonnie, die Kellnerin, Eva wissen, und ihre Augen glänzten vor Aufregung. Die geknurrte Antwort der Köchin hörte sie gar nicht. »Heute Abend im Saal findet eine richtige große Wahlveranstaltung statt«, fügte sie hinzu. »Mein Freund und ich, wir gehen hin. Die Wähler sind eingeladen, weißt du. Und er gibt Getränke und Abendessen gratis aus und hat eine Tanzkapelle engagiert. Eine Kapelle aus Brisbane …«
»Hör auf zu schwätzen«, sagte die Köchin. Sie musste nachdenken.

Bonnie neigte sich vor und wollte mit dem Finger durch das Püree auf der Pastete fahren, doch Eva war schneller. Sie schlug dem Mädchen mit dem Pfannenmesser auf die Hand. »Wie oft muss ich dir noch sagen, dass du das nicht darfst?«, fuhr sie sie an. »Also, wie lauten die Bestellungen?«

»J. B. Dixon ist mit Keith zusammen gekommen. Er möchte Kartoffelpastete und Keith Schweinekoteletts. Drei Stück, hat er gesagt.«

»Die Namen der Gäste brauche ich nicht zu wissen. Haben sie die Suppe schon aufgegessen?«

»Ja, ich glaube schon. Die Handlungsreisenden wollen Steaks, und Mr und Miss Hoepper haben Pastete bestellt.«

»Mädchen, mit all diesen Namen bringst du mich ganz durcheinander. Bestell einfach drei Steaks, dreimal Pastete, drei Schweinekoteletts. Wer was haben will, interessiert mich nicht.«

»Aber so stimmt das nicht. Es sind nicht drei Steaks, sondern sechs. Die Handlungsreisenden …«

»Trag das Gemüse auf«, fuhr Eva sie an. Dieses Mädchen trieb sie in den Wahnsinn. Sie bereitete die Bestellungen vor, ausnahmsweise einmal froh darüber, dass sie wusste, wer was bekam. So hatte sie die Möglichkeit, die Dixons als Letzte bedienen zu lassen.

Eva richtete die Pastete für den alten Dixon an und gab dann drei große Schweinekoteletts auf eine gehörige Portion Kartoffelpüree und Erbsen. Zu gern hätte sie irgendein Gift für Keith gehabt, doch den Gedanken schob sie rasch beiseite. Zu gefährlich. Aber irgendetwas, was ihm ein bisschen zu schaffen machte, wäre doch schön. Zum Beispiel zu viel Pfeffer im chinesischen Chili, aber dann würde er das Essen höchstens zurückgehen lassen. Dann aber fiel ihr die Medizin für die Kinder ein; sie ging in die Speisekammer und kam mit einer Flasche Rizinusöl wieder heraus. Damit würzte sie die sämige, schmackhafte Soße.

»Ich wünsch dir einen schönen Abend«, sagte sie und gab großzügig von der Soße auf Keiths Teller.

Beide Bestellungen warteten im offenen Ofen, als Bonnie zurückkam. »Wird aber auch Zeit«, sagte sie, ergriff die Teller mit Hilfe einer mehlbestäubten Serviette, um sich nicht die Finger zu verbrennen, und eilte hinaus. Eva goss den Rest der mit Öl angereicherten Soße aus und reinigte den Topf.

Es war eine merkwürdige Nacht. Walther bereitete einen Eintopf aus Lammfleisch, Karotten, Zwiebeln und Kartoffeln, als Mike Quinlan zu Besuch kam. Und unverzüglich behauptete, das sei ein irisches Gericht. Doch das war freilich nicht der Grund für sein Kommen. Er wollte, dass sie alle in die Stadt kamen und sich hinter Les Jolly stellten, der entschlossen war, Keith bei dieser Wahl zu schlagen.
»Ihr müsst wählen, Leute«, sagte Mike. »Ich bitte euch, Les eure Stimme zu geben.«
»Ja, das tun wir«, sagte Lukas. Keinerlei Widerrede, und Mike war entzückt. Das war ja leicht gewesen. Sie würden alle mit ihm kommen. Alle vier. Aber nicht Pastor Beitz. Das war verständlich. Der alte Knabe sah ein bisschen mitgenommen aus.
»Wird heute Abend gewählt?«, fragte Max Lutze.
»Nein. Heute findet nur eine Wahlkampfveranstaltung statt. Damit die Leute zuhören. Keiths Anhänger werden in der Progress Hall sein, um ihn reden zu hören. Les Jolly spricht in der Quay Street.«
Walther war besorgt. Pastor Beitz war so still. Und er sah nicht gesund aus. »Vielleicht sollte ich lieber zu Hause bleiben«, sagte er.
»Nein. Es ist gut, wenn ihr euren Bürgerpflichten nachgeht«, ließ Pastor Beitz ihn wissen. »Wir müssen auch in diesen Dingen lernen. Gebt dem Kaiser … ihr wisst schon. Mr Quinlan, essen Sie mit uns zu Abend?«
»Danke, Herr Pastor. Ich müsste weinen, wenn ich mir Walthers irisches Gericht entgehen ließe. Wo ist Vikar Ritter?«
»Es passt nicht zu ihm, dass er das Abendbrot versäumt«,

bemerkte Hans säuerlich. »Was treibt er überhaupt den ganzen Tag?«
Mike Quinlan erkannte das Unbehagen und sprang in die Bresche.
»Wusstet ihr, dass Mr Hoepper in unsere Plantagen investieren will? Eine traurige Geschichte. Er sagt, das sei ein kleiner Teil der Investitionen, die er für seine geliebten verstorbenen Söhne vorgesehen hatte. Gott hab sie selig.«
Hans hob den Blick. »Warum tut er das? Sie sind tot.«
»Weil er sich gewünscht hatte, dass seine Familie Teil unserer Gemeinde wird«, sagte Beitz traurig.
Doch Hans ließ nicht locker. »Er bleibt aber nicht hier, Herr Pastor. Jeder weiß, dass er und seine Tochter ihre Reise fortsetzen wollen.«
Pastor Beitz tunkte ein Stück Brot in seinen Eintopf, biss ab und leckte sich so genüsslich die Lippen, wie es noch niemand bei diesem enthaltsamen Mann gesehen hatte.
»Das hat mit einem Traum zu tun, Hans«, sagte er. »Herr Hoepper hatte einen Traum. Der lässt sich nicht genauso in die Realität umsetzen, wie er es sich gewünscht hat, vielleicht wird er auch nie Realität, aber es war ein guter Traum. Ein guter Traum ist ein großartiger Antrieb, wenn man fest an ihn glaubt. Aber nichts wert, wenn der Glaube fehlt und man ihn nicht festhält.«
Er hob den Blick, als der Wind den Bambus rascheln ließ und ein Regenschauer niederging. Ein Kakadu schimpfte empört über die plötzliche Nässe, suchte Schutz in ihrer Hütte und setzte sich auf die Schulter des Pastors.
Gewöhnlich fühlte Pastor Beitz sich unbehaglich in der Nähe dieser aggressiven Vögel, doch an diesem Abend ließ er sich überhaupt nicht stören. Vielmehr schien er sich geradezu zu freuen, dass der Vogel sich für seine Schulter entschieden hatte.
»Er mag mich«, sagte er lächelnd und bot dem Vogel etwas ängstlich einen Brotkrumen an. »Ihr solltet besser aufessen und euch auf den Weg machen. Ein Unwetter braut sich zu-

sammen. Lukas, du ziehst deinen warmen Mantel an, du siehst so blass aus. Fehlt dir was?«
»Nein, Herr Pastor. Mir geht's gut.«
»Schön. Wenn es dir gut geht, dann tu, was richtig ist, und besuche deine Frau. Hole sie heim, dorthin, wohin sie gehört. Komme deinen Pflichten nach.«
»Ja, Herr Pastor.«

In der kleinen Stadt herrschte Karnevalsstimmung. Auch die plötzlichen Regengüsse konnten die Begeisterung für die ersten Wahlveranstaltungen in dieser Gegend nicht dämpfen. Die meisten, die sich an diesem Abend auf den Weg machten, interessierten sich nicht im Geringsten für Politik. Ihnen war völlig gleichgültig, welche Parteien die beiden Kandidaten vertraten, sie nahmen nur teil, um ihren Spaß zu haben. Friedrich rieb sich die Augen, als er vor einem trüb erleuchteten Stadthaus stand.
»Ich muss mich in der Richtung geirrt haben«, sagte er zu sich selbst. »Ich war sicher, den Weg zur Gemeinde eingeschlagen zu haben. Verdammt! Was jetzt?«
Ratlos ließ er sein Pferd weiter durch den Regen trotten. Der Schmerz in seiner Seite hatte sich verschlimmert, sein Kopf dröhnte, und er wusste, dass er übel zugerichtet war. Er brauchte Hilfe, aber an wen konnte er sich wenden? Hoepper bot sich an, aber so schmutzig, wie er war, konnte er sich kaum im Hotel blicken lassen.
Er bemerkte, dass zahlreiche Leute unterwegs waren, und wunderte sich darüber, doch dann kam ihm das Krankenhaus in den Sinn. Er war schon mehrmals an dem Gebäude vorbeigekommen, ungläubig, voller Verachtung für eine Gemeinde, die die Stirn hatte, ein kleines Häuschen als Hospital zu bezeichnen. Doch er würde sich damit zufrieden geben müssen. Friedrich beugte sich vor und spie, hatte immer noch den ekligen Blutgeschmack im Mund und stellte fest, dass sich ein Schneidezahn gelockert hatte, was ihm weit mehr zu schaffen machte als alle anderen Verletzungen. Ein

Schauspieler konnte sich den Verlust eines Schneidezahns nicht leisten; er bedeutete den Abstieg in die Komödie oder ins Fach des Narren. Niedergeschlagen lenkte er sein Pferd in Richtung Krankenhaus, um Hilfe und Trost zu suchen. Dieser Tag war wohl der schlimmste in seinem Leben.
»Der allerschlimmste«, sagte er mit einem Beben in der Stimme zu Freddy. »Ich bin ruiniert. Die Schweine haben mich ruiniert.«
Doch die Nacht erschien ihm leer, trotz der belebten Straßen, der Gigs und Buggys, die zur Stadtmitte fuhren. Da war eine Leere, etwas Hohles, das seine Stimme hallen ließ, wenn er mit Freddy sprach, und das machte ihn nervös.
»Freddy?« Da war es wieder, nur ein Echo, und dann wurde ihm bewusst, dass es schon früher so gewesen war. Vor einiger Zeit. Und dass er das Gefühl gehabt hatte, Freddy sei nicht da. Dass er weggelaufen wäre, als die Schläger ihn überfielen. Aber warum sollte er? Um Gottes willen, warum?
»Freddy?«, rief er, lauter jetzt, und ein Windstoß fegte die Straße entlang.
Gewohnheitsmäßig griff er nach seinem Hut, doch der war nicht da. Er trug nicht einmal einen Hut, denn der lag noch im Graben an der Taylor's Road. War Freddy auch noch dort? Oder gab es ihn nicht mehr? Friedrich begann zu weinen, rief nach Freddy, bat ihn, ihn nicht allein zu lassen. Von Schmerzen, Wut und Selbstmitleid überwältigt, glitt er vom Pferd und sank ohnmächtig vor dem Eingang des Krankenhauses nieder.
Leute kamen gelaufen. Starke Hände griffen nach ihm. Behutsam. Das brauchte er. Die Achtung. Die Aufmerksamkeit. Denn man hatte ihm wahrhaftig übel mitgespielt … Es war so ungerecht. Und in der Stunde der Not hatte Freddy ihn im Stich gelassen.
»Was ist denn hier passiert?«
»Es ist ein Pastor.«
»Der lutherische Hilfspfarrer, der junge.«

»Sieht aus, als hätte ihn eine Viehherde überrannt.«
»Der arme Kerl. Bringt ihn rein.«
Eine Frauenstimme. Kräftig, befehlsgewohnt. »Wer ist das?«
»Ein Pastor, Oberschwester. Es geht ihm gar nicht gut.«
Er legte sich rücklings auf die harte Untersuchungspritsche, fühlte sich jetzt viel sicherer, war erleichtert, weil er nicht an einem Herzanfall oder einem Lungenstich oder an Gott weiß was für Verletzungen, die diese Bestien ihm zugefügt hatten, sterben würde.
Unter den Händen dieser guten Frau fühlte er sich sicher. Und mutiger. Bedeutend mutiger.
»Wo bin ich?«, keuchte er, als ihm ein rothaariges Mädchen, über den Schmutz und den Zustand seiner Kleidung schimpfend, die Fetzen auszog.
»Ich fürchte, das lässt sich nicht mehr flicken, Oberschwester.«
»Das ist jetzt unwichtig. Wasch ihm Hände und Gesicht. Zieh ihm die Stiefel aus. Also, was ist Ihnen zugestoßen?«
»Ich bin überfallen worden«, stieß er mühsam hervor. »Von zwei Männern.«
»Gütiger Gott! Wie weit ist es mit der Welt gekommen, wenn Strauchdiebe jetzt schon Kirchenmänner überfallen? Und Sie sind Ausländer. Es tut mir wirklich Leid für Sie. Nun lassen Sie mich mal sehen. Tut das weh?«
Der Mut verließ ihn. Friedrich schrie, als sie auf seinen Brustkorb drückte.
»Das dachte ich mir. Sie sind verprügelt worden? Ihre Haltung allein ließ mich schon vermuten, dass Sie Probleme mit den Rippen haben.«
Sie wuschen ihn von Kopf bis Fuß.
Sie mussten ihm sogar das Haar vom Schlamm befreien. Sie gaben ihm milchiges Wasser, das scheußlich schmeckte, damit er sich den Mund ausspülte. Die Oberschwester drückte und tastete seinen gesamten Körper ab, sie betupfte seine Wunden mit einer braunen Flüssigkeit, die höllisch brannte, während sie mit ihm plauderte, als säßen sie gemütlich im Wohnzimmer.

»Wo wurden Sie überfallen?«
»An der Taylor's Road.«
»Merkwürdiger Standort für Buschklepper. Die Straße führt doch nirgendwo hin, nur in das Lager der Deutschen.«
»Buschklepper?«, fragte er. »Was heißt das?«
»Oh, Diebe. Gesetzlose. Räuber.«
»Ja. Ja, stimmt. Sie haben mich ausgeraubt. Sie haben mir jeden Penny genommen, den ich besaß.«
»Wie viel war das?«
Jetzt aber vorsichtig. »Sechs Pfund«, antwortete er traurig. »Das Geld gehörte der Gemeinde. War für die Armen bestimmt.«
»Schweine«, sagte sie. »Müssen es ganz schön nötig haben. Und jetzt tapfer sein, Pastor, ich verbinde Ihnen die Rippen. Zwei sind gebrochen, und so, wie Sie immer zusammenzucken, würde es mich nicht wundern, wenn weiter oben noch ein paar angeknackst sind. Aber angesichts all dieser Blutergüsse sind Sie doch einigermaßen gut davongekommen, wenn auch wohl eher durch Gottes Gnade als durch die Rücksicht ihrer Peiniger.«
»Sie haben mich getreten, als ich am Boden lag«, sagte er. »Nachdem sie mich vom Pferd gezerrt, meine Kleider zerrissen und mich in den Schmutz gestoßen hatten, und ich habe immer wieder gefragt: ›Warum?‹ Was habe ich denen denn getan? Ich bin neu hier, Madam. Ich dachte, dies sei eine friedliche Stadt. Man sagte mir, die Leute hier wären sehr freundlich.«
»Sind wir auch«, versicherte die rothaarige Krankenschwester eifrig.
»War es noch hell?«, fragte die Oberschwester nachdenklich.
»Ja, Madam. Die Dämmerung setzte gerade ein.«
»Sie können die Männer wohl nicht beschreiben? Unser Constable Colley muss informiert werden.«
»Ich kann sie nicht nur beschreiben«, sagte er und verzog das Gesicht, als sie seine Rippen einschnürte, schlimmer als in ein Damenkorsett. »Ich habe einen von ihnen erkannt.«

»Tatsächlich?« Das Gespräch und die Behandlung stockten plötzlich. »Wen?«
Er lag da und überlegte. Die Schwester schob ihm ein kleines Kissen unter den Kopf. »Einer von ihnen hatte einen dichten Bart, man sah kaum etwas von seinem Gesicht. Aber der andere. Den habe ich deutlich genug gesehen ...«
»Wer war es?«
»Ein Kerl namens Keith. Jetzt weiß ich es wieder. Ja, er heißt Keith. Keith Dixon. Der andere Kerl hat ihn mit Namen angesprochen – dieser Keith ist ein großer, blonder Bursche – und als sie dann über mich herfielen, als ich am Boden lag, hörte ich den Bärtigen etwas über ›ihr Dixons‹ sagen. Da fiel es mir trotz meines Zustands nicht schwer, zwei und zwei zusammenzuzählen. Ja. So heißt er. Keith Dixon. Das würde ich beschwören. *Und* ich würde ihn überall erkennen. Sein unverschämtes Gesicht werde ich nie vergessen, wie er auf mich herunterlachte, als ich ihm zu Füßen im Schmutz lag. Kennen Sie ihn, Madam?«
»Oh Herr«, sagte sie.

Der Lehrer, Mr Hackett, kam, um die beiden Damen und die Kinder zu begleiten, und Hanni lächelte. In letzter Zeit ließ er sich häufig blicken – es hatte den Anschein, als machte er Frau Zimmermann den Hof. Die das natürlich weit von sich wies ... und errötete. Eva war's, die entschied, dass sie zuerst zur Progress Hall gehen würden, um zu sehen, was Keith Dixon zu bieten hatte. Die Kinder waren begeistert und hüpften ausgelassen umher – sie hatten gehört, dass es dort Süßigkeiten und Getränke umsonst gab, und wollten natürlich nichts verpassen –, aber Hanni wollte nichts davon wissen.
»Wie kannst du nur?«, schalt sie Eva böse aus. »Ich will diesen Mann nicht einmal aus der Ferne sehen.«
»Vielleicht lohnt es sich aber, ihn zu beobachten«, sagte Eva und grinste.
»Wir müssen los!«, rief Robie. »Beeil dich, Mutter, sonst

kommen wir zu spät. Komm doch mit, Hanni. Wenn du Süßigkeiten magst, besorg ich dir welche.«
Die anderen Kinder fielen ein, wollten sie überreden, weil sie fürchteten, ihre Mutter könnte es sich anders überlegen, doch Hanni blieb unerbittlich.
»Macht, was ihr wollt«, sagte sie wütend und stürmte zum Tor hinaus in die entgegengesetzte Richtung.
»Sie sollten aber nicht allein unterwegs sein, Mrs Fechner«, rief Mr Hackett ihr nach, doch Eva riet ihm, sie ziehen zu lassen.
»Ihr passiert nichts. Auf Les Jollys Versammlung trifft sie die anderen.«
Als sie sich auf den Weg machten, ließ sie die Kinder vorauslaufen, damit sie mit Hackett sprechen konnte.
»Hanni hat was gegen diesen Dixon, und zwar aus gutem Grund. Er hat ihr das Leben furchtbar schwer gemacht.«
»Wie meinen Sie das?«
»Nun, er hat ihr wehgetan.«
»Wie bitte? Was hat er getan?«
»Ich darf es eigentlich nicht sagen. Sie will nicht, dass jemand davon erfährt. Ich kenne nur einen Teil der Geschichte, aber das reicht, um ...«
»Der Kerl hat ihr wehgetan?«, forschte Hackett weiter. »Wie? Körperlich? Hat er sie geschlagen?«
»Ja. Und mehr noch.«
»Eva! Was heißt mehr? Das ist eine Schande!«
Sie blickte sich um, als hätte sie Angst, dass jemand mithören könnte. »Hanni hat auf seiner Farm gearbeitet. Er hat sie überfallen. Sie geschlagen und vergewaltigt. Aber sie will nicht, dass jemand davon erfährt. Sie schämt sich zu sehr.«
»Mein Gott. Das ist ja entsetzlich. Was sagt ihr Mann dazu?«
»Oh bitte, er weiß nichts davon. Hanni will es ihm nicht sagen. Ich finde, er sollte es erfahren, aber ich möchte nicht noch mehr Zwistigkeiten zwischen ihnen ...«
»Zum Teufel mit Ihren Bedenken«, schnaubte er und blieb abrupt mitten auf der Straße stehen. »Ich kann gut verste-

hen, dass Hanni nicht an seiner Veranstaltung teilnehmen will. Es ist nicht richtig. Kinder, kommt zurück, wir gehen doch nicht dorthin.«

Sie seufzten und jammerten, weinten fast, bis er versprach, mit ihnen zum Sunshine Store zu gehen und Süßigkeiten für alle zu kaufen.

Eva war enttäuscht, als sie umkehrten. Sie hätte gern gewusst, wie es Keith ging, doch sie traute sich nicht, Mr Hackett von ihrem Sabotageversuch zu erzählen. Er wäre vielleicht nicht sonderlich begeistert gewesen. Doch dann rasselte mit klingenden Glocken der von Pferden gezogene Leichenwagen vorbei, und alle blieben stehen, um ihm nachzublicken.

»Ist jemand gestorben?«, fragte Robie.

»Nein«, antwortete seine Mutter. »Wenn die Glocke geläutet wird, damit die Leute aus dem Weg gehen, dann wird der Leichenwagen als Krankenwagen benutzt. Da muss jemand einen Unfall gehabt haben.«

Vielleicht hätte Eva sich gekrümmt vor Lachen, wenn sie mitbekommen hätte, wie Keith just in dem Augenblick von der Bühne sprang, als der Conférencier das Publikum zur Ordnung rief. Da er nach vorn an den Bühnenrand getreten war, bekam er leider nichts mit von Keiths überstürztem Rückzug, und als er Ruhe hergestellt hatte, fuhr er mit seiner vorbereiteten Rede fort, sang sein Loblied auf diesen jungen Mann und wies mit einer großen Geste hinter sich auf einen leeren Stuhl. Sein Publikum, zunächst noch verwundert, begann zu grinsen, sich gegenseitig anzustoßen, zu lachen, während der Conférencier mit lauter Stimme weiterredete, bis er, hochrot im Gesicht, aufhörte und verständnislos in die hysterisch lachende Menge starrte.

Sie krümmten sich vor Lachen, zeigten mit den Fingern, bis ihm endlich klar wurde, was sie ihm zu verstehen geben wollten, und er sich nach der leeren Bühne hinter ihm umsah.

Er vergaß, den Mund zu schließen, und wandte sich wieder dem Publikum zu.
»Wo ist der Kerl?«, fragte er verblüfft und erntete noch mehr Gelächter.
Doch Keith hockte weit entfernt im Klosetthäuschen. Jedes Mal, wenn er wieder gehen wollte, kam er nur ein paar Schritte weit, bevor es ihn wieder bedrängte. Also blieb er. Erhitzt, hochrot im Gesicht, in Panik.
Seine Mutter fand ihn schließlich.
»Bist du da drinnen, Keith?«
»Ja.«
»Dann beeil dich, Liebling. Dein Conférencier ist sehr verärgert. Er sagt, du hast ihn zum Narren gemacht. Er will die Versammlung auflösen.«
»Ich kann mich nicht beeilen, Mutter. Ich habe Durchfall.«
»Oje.«
»Das sind die Nerven«, sagte sie zu J. B., zurück im Saal. »Ich bin ganz sicher. Der arme Junge.«
»Der arme Junge! Diese Memme! Was für ein Politiker soll wohl aus ihm werden, wenn er jedes Mal Dünnschiss kriegt, sobald er eine Ansprache halten muss? Ich wusste doch, dass es nicht gut geht. Sag ihm, wenn er nicht in zwei Minuten hier auftritt, dann gehe ich.«

Der Kutscher des Notfallwagens hatte es eilig, seinen Patienten, der an Cholera erkrankt war, loszuwerden.
Der Dampfer *Fayette* hatte am Nachmittag in aller Stille angelegt, um einen Passagier an Land zu bringen, wenngleich der Kapitän behauptete, er wolle Proviant aufnehmen. Niemand sonst durfte das Schiff verlassen, das von Cooktown hoch oben im Norden auf dem Weg nach Brisbane war. Es transportierte Goldgräber von den Feldern im Norden, Siegertypen, die in der ersten Klasse das Leben genossen, und Verlierer, die enttäuscht das Zwischendeck bevölkerten. Dieser Kerl war vom Zwischendeck raufgebracht worden, und der Kapitän hatte die Hafenbeamten über den Mann,

dessen Namen er nicht kannte und der an einer ansteckenden Krankheit litt, in Kenntnis gesetzt. Jules Stenning hatte versucht, das Anlegen zu verhindern, mit der Begründung, dass Bundaberg keine Quarantänestation besitze, doch der Kapitän wusste um seine Rechte. Er durfte Leib und Leben der übrigen Passagiere und seiner Mannschaft nicht gefährden.

Sie diskutierten eine Weile, bis ein Offizier Papiere vorlegte, die bewiesen, dass der besagte Passagier sowieso Bundaberg als Zielhafen angestrebt hatte. Dieser bärtige Buschläufer mit dem komischen Akzent, der wie viele andere seiner Art ein Einzelgänger war, obendrein noch ein äußerst mürrischer, hatte sich auf der Reise an der Küste entlang zurückgezogen und die meiste Zeit auf seiner Pritsche verbracht, so dass es eine ganze Weile gedauert hatte, bis jemand bemerkte, dass er krank war.

Stenning ließ Dr. Strauss kommen, damit er sich mit dem Schiffsarzt besprach, in der Hoffnung, die Diagnose könnte falsch sein. Strauss löste das Problem, indem er vorschlug, mit dem Abtransport des Patienten bis zum Einbruch der Dunkelheit zu warten, wenn die neugierigen Arbeiter und Besucher des Hafens nach Hause gegangen waren.

»Ich schlage vor, Sie erklären Ihren Passagieren, der Patient litte an einer Lebererkrankung, wie sie auf den Goldfeldern häufig vorkommt«, riet Dr. Strauss.

»Genau das habe ich getan«, antwortete der Schiffsarzt.

Sie hatten den Burschen, der kaum bei Bewusstsein war, in einem winzigen Lagerraum untergebracht, und Dr. Strauss beschloss, ihn sich einmal näher anzusehen. Er griff nach dem Handgelenk des Mannes, um noch einmal seinen Puls zu fühlen, doch der Patient zog den Arm weg, wie auch schon vorher. In der Faust hielt er etwas fest umklammert.

»Was ist das?«, fragte Strauss den Schiffsarzt.

»Nur ein Stein.«

»Ist er etwas wert?« Es war ein kantiger blauer Stein, leuchtend blau, und er passte genau in die Hand des Burschen.

»Nein. Keinen Pfifferling. Wahrscheinlich ein Andenken oder so.«
»Oh. Na denn. Ich lasse den Rettungswagen um sechs Uhr heute Abend kommen. Dann übernehmen wir den Mann.«
»Ich hoffe, er wird gesund. Hier wird es ihm viel besser gehen.«
»Wir tun unser Bestes.«

Dr. Strauss hatte an diesem Abend viel zu tun. Später wurde er noch zu den Kleinschmidts gerufen, denn Rolf, der Geschäftsführer der Sägemühle, war erkrankt.
Er lag im Bett und litt große Schmerzen.
»Hatten Sie das früher schon einmal?«, fragte Strauss.
»Ja. Das sind nur die Nerven. Dieses Mal ist es allerdings ein bisschen schlimmer.«
»Können Sie ihm etwas geben?«, fragte Frau Kleinschmidt nervös.
»Wir werden sehen.«
Schließlich verschrieb er Rolf Laudanum und ging hinaus, um mit seiner Frau zu reden.
»Das sind nicht die Nerven«, sagte er. »Sieht eher nach einer Blinddarmentzündung aus. Wahrscheinlich leidet er schon lange Zeit an Blinddarmreizungen. Er kann sich glücklich schätzen, dass er bisher noch keine größeren Probleme hatte. Ich schicke den Krankenwagen.«
»Warum? Was wollen Sie tun?«
»Wir müssen operieren, Frau Kleinschmidt.«
»Oh nein! Das geht nicht. Nein!«
»Setzen Sie sich erst einmal, meine Liebe. Regen Sie sich nicht so auf. Ich muss operieren, sonst könnte die Entzündung auf den Bauchraum übergreifen, und das ist äußerst gefährlich. Er muss sofort ins Krankenhaus.«

Die Schwestern entschädigten ihn durch ihre zärtliche Fürsorge für die bedauerliche Unzulänglichkeit des Krankenhauses, und ihre Aufmerksamkeiten konnten Friedrich ein wenig beschwichtigen. Jetzt ruhte er aus. Sie hatten ihn gewaschen und gesäubert, selbst die Fingernägel. Sie hatten seine Wunden gereinigt, lindernde Salben aufgetragen, und bevor er sie daran hindern konnte, hatten sie auch die Verletzungen in seinem Gesicht mit dieser brennenden Flüssigkeit betupft, wobei sie versicherten, es handele sich um einen erstklassigen Bakterienvernichter.

Sie hatten noch einmal über seine zerrissene, blutverschmierte Kleidung geseufzt, aber ihm war es einerlei. Er war müde, er hatte alles satt.

»Werfen Sie die Fetzen weg«, sagte er.

In Hemd und Hosen fühlte er sich jetzt wieder normal. Er richtete sich auf und versuchte sich in seine neue Rolle zu finden, doch der Verband um seinen Brustkorb herum kniff und drückte so sehr, dass er aufschrie.

Die Oberschwester eilte herbei. »Was ist los?«

»Muss ich dieses Korsett wirklich tragen?«

Sie schmunzelte. »Ohne ginge es Ihnen noch schlechter. Üben Sie sich ein paar Tage in Geduld, damit diese Rippen heilen können. Sie sehen jetzt schon viel besser aus. Wie geht es Ihnen?«

»Einigermaßen.« Im Grunde ging es ihm recht gut. Es war Zeit, hier rauszukommen.

»Schön. Wir haben einen Patienten im hintersten Zimmer. Er ist sehr krank. Ein Fremder. Däne, glaube ich. Würden Sie mit ihm beten, bevor Sie gehen? Das wäre sicher ein großer Trost für ihn.«

Friedrichs Tage als Gottesmann waren, so hoffte er, vorüber, doch dann fiel ihm ein, dass er mittellos war, Keith Dixon sei's gedankt. Also musste er noch ein Weilchen weitermachen.

»Gut«, willigte er ein, nun wieder sehr feierlich. »Was fehlt dem armen Burschen?«

Sie rückte näher heran, nahm seinen Arm und flüsterte ihm ins Ohr: »Er hat Cholera. Aber das darf nicht bekannt werden. Die Leute geraten sonst in Panik.«

»Oh ja, ich verstehe«, sagte er traurig. In Panik! Wie konnte sie es wagen, ihn in das Zimmer eines Patienten mit einer hochansteckenden Krankheit zu schicken!
»Hier entlang«, sagte sie und deutete auf eine geschlossene Tür. »Da drin. Das ist wirklich sehr freundlich von Ihnen.«
Freundlich? Zum Teufel! Aber er hatte keine Wahl. Sie schob ihn in den Raum, wo ein alter bärtiger Kerl mit Haaren wie ein Reisigbesen im Bett lag und vor sich hin brabbelte. Offenbar hatte er hohes Fieber. Friedrich spürte seine Hitze quer durchs Zimmer hindurch und setzte die Entfernung gleich mit dem Weg, den Krankheitskeime zurücklegen konnten.
Die verglasten Türen waren geschlossen. Sie führten auf die Veranda, und als er hinausblickte, sah er jenseits einiger Nebengebäude die Stallungen. Ohne Gewissensbisse, ohne einen Blick für den Patienten zu erübrigen, machte er sich aus dem Staub und schloss die Türen hinter sich.
Er holte Queenie aus dem Stall. Stieg unter Schmerzen auf, die schlimmer waren als erwartet, und das machte ihn wütend.
Wohin jetzt?
Zur Polizei natürlich. Im Krankenhaus wussten inzwischen alle, dass er zusammengeschlagen und ausgeraubt worden war. An wen würde ein Geistlicher sich wenden, wenn nicht an die Polizei? Er hatte Beweise für den Überfall. Unwiderlegbar.
Als er seine Beschwerde probte, fühlte er sich plötzlich schwach, erlebte den Schock des Überfalls noch einmal, doch er kämpfte sich weiter vor, in den Wind gebeugt, bis zum Polizeiposten in der Quay Street.

Die Stennings verhielten sich ruhig. Jules hatte beschlossen, an keiner der beiden Wahlveranstaltungen teilzunehmen, um des lieben Friedens willen, wenngleich seine Frau enttäuscht war.
»Wir können doch zu beiden gehen. Keiths Veranstaltung

findet um sieben Uhr statt, und Les Jolly tritt erst um acht in der Quay Street auf.«

»Trotzdem wären Erklärungen erforderlich«, sagte er. »Am besten halten wir uns zurück.«

»Ich halte mich nicht zurück«, sagte Nora. »Ich gehe zu Les Jolly.«

»Wenn er dich dort haben wollte, Liebes, würde er kommen und dich abholen«, bemerkte ihre Mutter zuckersüß.

Jules wurde ernst. »Du gehst nirgendwo hin, Nora. Das ist doch nur eine Ausrede, damit du diesem deutschen Arbeiter hinterherlaufen kannst.«

»Das stimmt nicht!«, schrie sie und lief aus dem Zimmer.

»Was zum Teufel soll das denn?«, fragte Jules, und Jayne sah ihn böse an.

»Du hörst ja nie auf mich, Jules. Du weißt doch, dass Les Jolly in sie verliebt ist.«

»Ja, und er wäre eine bedeutend bessere Partie.«

»Genau. Nora ist in letzter Zeit sehr empfindlich. Ich glaube, sie ist bereit, den Deutschen aufzugeben, aber sie ist nun mal sehr treu. Sie will ihn nicht kränken.«

»So ist das Leben.«

»Außerdem will sie nicht den Anschein erwecken, dass sie sich für Les entscheidet, weil er ihr mehr zu bieten hat.«

»Weil er reich ist, meinst du. Aber so ist das Leben.«

Ein eindringliches Klopfen an der Tür unterbrach ihr Gespräch.

Jules sah mit Staunen auf die verzweifelte Frau auf seiner Schwelle. Florence Dixon!

»Du liebe Zeit, Florence. Was ist denn?«

Sie stieß ihn zur Seite und stürzte auf Jayne zu.

»Meine Liebe. Du musst mir helfen … schnell. Ich brauche Dr. Moretons Mixtur. Du weißt schon, das weiße Zeug.«

»Wieso? Hast du etwa …?«

»Nein, aber Keith«, flüsterte sie hastig. »Gib mir die Flasche. Und ein bisschen Wasser.«

Die beiden Frauen eilten in die Küche.

»Warum musste das ausgerechnet jetzt passieren?« Florence weinte. »Wir hatten alles so wunderbar organisiert.«
Nora stand an der Tür. »Ich schätze, Sie verschwenden Ihre Zeit, Mrs Dixon. Les Jolly ist ihm um Längen voraus.«
Sie fuhr ärgerlich herum. »Das stimmt nicht! Die Leute laufen keinem Zuspätgekommenen hinterher, hier jedenfalls nicht. Nie im Leben! Kann sein, dass alle Frauen für ihn schwärmen, aber die dürfen nicht wählen. Hast du das vergessen?«
»Was sollen dann solche Veranstaltungen?«
»Man erwartet es eben, meine Liebe. Die Squatterfamilien kommen in die Stadt, um ihre Macht zu demonstrieren. Und sie bringen ihre Viehtreiber und Geschäftsführer und Vorarbeiter mit, die Geld hier lassen. Wir zeigen den Ladenbesitzern, von wem sie abhängig sind. Hast du das Zeug, Jayne? Ich muss mich beeilen …«
Innerhalb von Minuten war sie wieder fort, die große blaue Flasche in ein Geschirrtuch gewickelt. Jules war fassungslos.
»Was war das denn? Ist sie etwa von der Progress Hall aus hierher gelaufen?«
»Ja.«
»Warum?«
»Weil Keith sich unwohl fühlt«, sagte seine Frau. »Er brauchte das weiße Zeug …«
»Hat er Durchfall?«
Jayne lachte. »Sei nicht so indiskret. Glaubst du, dass sie Recht hat, Jules? Dass Keith gewinnt?«
Er nickte. »Ich denke schon. Wir sehen Les Jolly ständig in der Stadt. Er ist beliebt, das steht fest. Aber all diese reichen Farmer da draußen mit ihren Arbeitern vergisst man leicht, weil man sie kaum sieht. Jetzt sind sie überall … in der Stadt wimmelt es von ihnen. Ich kann mir nicht vorstellen, dass Les gewinnt.«
»Ich glaub dir kein Wort!«, sagte Nora.
Er hob die Schultern. »Mir ist es auch egal. Les findet vielleicht Unterstützung in unserer Stadt, aber der Wahlbezirk

ist groß. Vergiss nicht, wie die Squatter Maryborough im Griff haben.«

In diesem Augenblick hörten sie ein Klopfen an der offenen Haustür. Jayne stürmte an ihnen vorbei. »Das ist bestimmt wieder Florence Dixon.«

Aber nein. Dieses Mal meldete sich Les Jolly. »Ich komme, um Nora zur Veranstaltung zu begleiten.«

»Wir nehmen nicht teil!«, rief Jules ihm zu.

Schweigen setzte ein. Les stand verlegen an der Tür und sah Mrs Stenning an.

»Eine stürmische Nacht«, sagte er, und sie nickte.

»Kommst du, Nora?«, rief er. »Ich darf mich nicht verspäten.«

Sie griff nach ihrem Schultertuch. »Gute Nacht, Vater.«

»Er kann Keith nicht schlagen«, warnte er sie.

»Ich weiß.« Sie lächelte. Jetzt wäre es vielleicht einfacher, eine Erklärung für Walther zu finden. Sie mochte Walther immer noch, doch eine Beziehung mit ihm erforderte zu viele Umstellungen. Und außerdem, überlegte sie, als sie das Haus verließ, ich glaube, ich bin in Les verliebt. Genauso wie in Walther. Das Dumme ist, ich habe keinerlei Erfahrung in der Liebe. Wie soll ich mich in diesen Dingen auskennen?

Sie lächelte Les an und nahm seinen Arm, wohl wissend, dass sie nun den ersten Schritt in die Ehe tat. Sie dachte an die Worte ihrer Großmutter: »Die Ehe, meine Liebe. Das kann ein Spaß sein oder ein Fiasko. Am Anfang ist es schwer zu sagen, was daraus wird.«

»Stimmt«, seufzte Nora.

»Was denn?«, fragte Les.

»Ich weiß nicht«, antwortete sie. »Les, alle sagen, Sie könnten nicht gewinnen.«

»Das stimmt«, sagte er und drückte ihren Arm an sich. »Keine Hoffnung. Aber ich stelle Weichen, wissen Sie. So, als würde ich Gleise in die Wildnis legen. Lasse alles stehen. Komme zurück und rücke dann ein bisschen weiter vor.

Harte Arbeit, aber Stück für Stück öffnet sich das Land, den Vermessern, den Siedlern … Das ist meine Strategie, Nora. Ich stecke meinen Claim ab. Ich sage: ›Es soll nicht für immer nur nach eurer Nase gehen. Ich bin euch hart auf den Fersen.‹«

»Also ist dieser Wahlkampf gar nicht echt.«

»Nicht echt? Es ist todernst, meine Liebe. Und Dixon weiß das. Dieses Mal schafft er es wahrscheinlich, aber beim nächsten Mal dränge ich ihn raus.«

»Du lieber Himmel«, sagte sie, und dann sah sie Walther auf sich zukommen. Vielleicht war er sogar auf dem Weg zu ihr nach Hause.

Sie rief ihn an, doch er machte rasch kehrt und verschwand im Dämmerlicht der feuchten Nacht.

Walther bereute es, sich abgewandt, die beiden nicht beachtet zu haben. Das hatte er nicht tun wollen. Es war eine spontane Reaktion gewesen, die Angst, dass er nicht wissen würde, was er sagen sollte, schon gar auf Englisch. Er wusste seit geraumer Zeit, dass Les Jolly sich für Nora interessierte, hatte sie sogar schon zusammen gesehen, wenngleich er Nora gegenüber, wenn sie mal Zeit für ihn fand, nichts davon erwähnt hatte. Am besten war es, diese Liebesgeschichte ihren Lauf nehmen zu lassen. Und so waren sie beide in stillere Gewässer geraten und bei einer Freundschaft angelangt, die von Dauer sein würde. Das wollte er Nora gern erklären und Les deutlich machen, dass er ihm nicht grollte. Les war im Grunde auch viel besser geeignet als Ehemann für eine Miss Stenning …

Max Lutze holte ihn ein. »Schau dir nur all diese Leute an, die kommen, um Mr Jolly zu hören. Das ist ein gutes Zeichen, nicht wahr?«

»Mag sein. Aber ich vermute, dass sie vorher alle bei Mr Dixon waren. Also ist es schwer zu sagen.«

Ein Stückchen weiter vorn entdeckte er Eva und die Kinder, lief zu ihnen, packte die kleine Inge und warf sie in die Luft.

»Wer möchte einen Bonbon?«, fragte er, als sie sich dem Laden näherten, und natürlich wollten alle Kinder. Er gab ihnen ein paar Pennies und schickte sie los.
»Du verwöhnst sie«, sagte Eva, und Walther lachte.
»Warum nicht? Sie sind so brave Kinder.« Er sah Mr Hackett an. »Wie machen sie sich in der Schule?«
»Sehr gut, Mr Badke. Ich habe viel Freude an ihnen.«
Sie schlenderten auf die andere Straßenseite, wo Les unter dem großen Feigenbaum von Moreton Bay eine Plattform errichtet hatte, und frischten Bekanntschaften auf, bis sich alle Zuhörer eingefunden hatten.
Bald schon stand Les auf der Plattform und rief sein Publikum näher heran, um sich besser verständlich machen zu können. »Meine Damen und Herren … Dies ist ein wichtiger Anlass …«
Walther hörte nur mit halbem Ohr zu. Am Rande der Versammlung hörte er die Kinder toben, und ihm kam in den Sinn, dass er selbst gern eigene Kinder hätte. Das wäre eine Freude.
Dazu braucht man aber zunächst mal eine Ehefrau, sagte er sich. In der Gemeinde gab es jedoch nur wenige unverheiratete Frauen. Wenige, die nicht schon in festen Händen waren. Er überlegte, ob er sich in seinem Heimatdorf umschauen sollte, unter den Mädchen in Deutschland. Das Leben wäre nicht halb so kompliziert, wenn er ein deutsches Mädchen heiraten könnte.
Je länger er darüber nachdachte, desto besser gefiel ihm die Idee. Er sollte gleich damit beginnen, sie in die Tat umzusetzen.
Da war zunächst mal Matti Gunthner. In die war er schon immer ein bisschen verliebt gewesen … tja, wenn sie hierher kommen würde. Der Gedanke betrübte ihn. Nicht nur die betreffende junge Dame müsste willens sein, auf die andere Seite der Weltkugel zu reisen, nein, auch die Eltern würden zustimmen müssen.
Doch wieder Komplikationen!

Ich kann es immerhin versuchen, beschloss er. Vetter Kurt wissen lassen, dass ich eine Frau suche. Wenn er kommt, könnte er vielleicht ein paar heiratswillige junge Damen mitbringen. Walther hatte von den irischen Brautschiffen gehört, die nach Australien kamen. Wie stand es um den Anteil an deutschen Frauen? Schließlich war er nicht der Einzige, der eine Frau suchte und eine Familie gründen wollte. Einige von Rolfs Verwandten, die draußen im Busch Bäume fällten, hatten ein gutes Einkommen, beklagten sich aber, dass es keine heiratswilligen Mädchen gab. Wo steckte Rolf überhaupt? Mr Jolly war sein Boss. Er rechnete doch sicher damit, dass Rolf kam und ihm seine Stimme gab.

Als Keiths Conférencier beleidigt die Flucht ergriff, wurde Charlie Mayhew aufgefordert, ihn zu vertreten, und mit großer Verspätung trat Keith endlich auf die Bühne. Er war ziemlich grün im Gesicht, fand Charlie, und er schlug J. B. vor, die Veranstaltung zu vertagen, doch der alte Mann wollte nichts davon hören.

»Ein Dixon gibt nicht auf!«, sagte er und funkelte seinen Sohn böse an.

»Geht's dir wirklich besser?«, fragte Charlie, und Keith nickte.

»Ja. Jetzt geht's wieder. Bringen wir's hinter uns.«

Charlie stellte Keith vor, ließ die erwarteten schmeichelhaften Bemerkungen einfließen, dann hielt Keith seine stumpfsinnige Rede, und das Publikum klatschte. J. B. sprang auf die Bühne und rief mit markigen Worten zu den Waffen, befahl, dass alle zusammenhalten sollen, für ihre eigenen Leute stimmen und so weiter und erntete damit mächtigen Applaus.

Jetzt aber suchte Charlie Constable Colley. Er stapfte an der großen Versammlung vorbei, die Les Jolly zuhörte, zog vor einigen Damen den Hut und sah sich nach Colley um.

Charlie hatte für beide Kampagnen gespendet. Gewöhnlich interessierte er sich überhaupt nicht für Politik, doch als er erfuhr, dass der dritte Kandidat ein eingefleischter Alkoholgegner war, musste er aktiv werden. Seine Rumbrennerei sollte erstklassig werden. Jetzt brauchte er keine finanzielle Unterstützung mehr von den Dixons, nicht, nachdem Jakobs Freund Mr Hoepper zu seiner Überraschung Interesse an ihrem Unternehmen zeigte und investierte.

Was für ein Glück war das. Was für ein großes Glück!

Im Polizeiposten brannte Licht, und Charlie machte sich eilends auf den Weg, um Colley noch zu erwischen, bevor er sein Büro zur Nacht schloss. Zwei von Charlies Kanaken waren entlaufen, und er musste ihr Fehlen innerhalb der festgesetzten achtundvierzig Stunden melden. Die aber waren fast verstrichen.

»Wo sind sie?«, fragte Colley.

»Wenn ich das wüsste, würde ich sie zurückholen.«

»Wahrscheinlich sind sie im Busch untergetaucht. Da bleiben sie nicht lange.« Colley grinste. »Dann kommen sie halb verhungert zurückgekrochen. Sie sind schließlich keine Aborigines und wissen nicht, wie sie sich ernähren können.«

»Ich dachte, Sie würden einen Suchtrupp losschicken.«

»Sinnlos. Sie sind doch nicht bewaffnet, oder?«

»Nein.«

»Keine Sorge. Sie kommen schon wieder.«

»Warum zum Teufel muss ich sie hier als vermisst melden, wenn Sie doch nichts unternehmen?«, knurrte Charlie, und Clem hob die Schultern.

»Weiß nicht. Ich habe die Gesetze nicht gemacht. Wer kommt denn da?«

Ein Mann ritt in den Hof und saß ab.

»Ich glaube, das ist der deutsche Hilfspfarrer. Wie heißt er gleich? Ritter.«

Charlie nickte. »Dabei fällt mir etwas ein. Sie sagten, Mrs Fechner stünde im Verdacht, Mrs Dixon bestohlen zu haben. Das wundert mich. Sie ist so ein nettes Mädchen. Was hat sie denn gestohlen? Geld?«

»Nein.« Clem interessierte sich viel mehr für den Neuankömmling, der offenbar Probleme hatte, sein unruhiges Pferd anzubinden. »Eine Haarbürste, oder war es ein Handspiegel? Irgendwas in der Art. Soll wertvoll gewesen sein, mit Juwelen besetzt.«
»Einen Handspiegel? Ich habe ihr einen Handspiegel geschenkt. Einen hübsch verzierten. Geht es etwa um den?«
»Weiß nicht. Sie haben die ganze Sache fallen lassen.« Er ging zur Tür. »Ist alles in Ordnung, Herr Vikar?«
»Nein, ganz und gar nicht. Ich komme direkt aus dem Krankenhaus und brauche Ihre Unterstützung.«
Colley kam ihm rasch zu Hilfe. »Ja! Ganz richtig! Natürlich. Worum geht es denn?«

Friedrich gefiel die poetische Art, Gerechtigkeit bei der Polizei zu suchen. Er hatte nichts mehr zu verlieren und ließ sich nur noch von seiner Empörung über den feigen Überfall leiten.
Da war noch ein Kerl, den das kleine Drama offenbar sehr interessierte, und das gefiel Friedrich. Vor Publikum war er meist viel besser, und außerdem wollte er, dass die ganze Stadt erfuhr, was er zu sagen hatte. Ein Ohr mehr war auch ein Mund mehr, der die Neuigkeit verbreitete.
Sie setzten ihn auf eine Bank … Friedrich kannte diese Art Bänke nur zu gut. Sie waren auf der ganzen Welt gleich. Sie dienten der Einschüchterung, doch an diesem nassen, windigen Abend störte Friedrich sich nicht daran. Er setzte sich umständlich, unter Schmerzen, mit gespreizten Beinen und hochgezogenen Schultern wie ein Frosch mit durchgeschnittener Kehle, und dankte dem Polizisten für seine Hilfe. Und er bedankte sich auch bei dem Herrn, der zu Hilfe geeilt war und ihn zur Bank geführt hatte.
»Ich bin überfallen worden«, verkündete er. »Zusammengeschlagen und ausgeraubt. Was ist das für ein Land, auf dessen Straßen nicht einmal ein Geistlicher sicher ist?« Er stöhnte, krümmte sich, machte ihnen Angst, indem er so tat,

als müsse er sich übergeben, doch er hatte ihr Mitgefühl und ihre Aufmerksamkeit, als er den Überfall in allen Einzelheiten schilderte. Und seine Verletzungen.
Und er nannte den Namen des Angreifers: Keith Dixon, zusammen mit einem anderen Kerl. Einen sehr großen bärtigen Buschläufer.
Sorgenvoll machte Constable Colley sich Notizen. Er zerpflückte die Geschichte gründlich, bedrängte Friedrich mit endlosen Fragen, denn er konnte natürlich nicht hinnehmen, dass der Täter oder zumindest einer der Täter Keith Dixon war. Der andere Kerl, mit Namen Charlie, der mit eigenen Fragen eingriff, übrigens auch nicht.
»Es kann gar nicht Keith gewesen sein«, sagte Charlie. »Er war fast den ganzen Tag über im Saal beschäftigt, und heute Abend hat er seine Wahlkampfrede gehalten. Sie müssen sich irren.«
»Nein!« Friedrich trug dick auf, stachelte den Wortwechsel weiter an, gab vor, wütend zu werden … als ob ein Geistlicher lügen würde … und dann zog er richtig vom Leder. Nach allem, was Dixon ihm angetan hatte, wie er sein Leben ruiniert hatte, war blinder Zorn überzeugender als jede Beschreibung und bot ihm die Entschuldigung für den Bruch seines Schweigegelöbnisses …
»Wie können Sie es wagen, mir nicht zu glauben!«, schrie er. »Wie können Sie es wagen, meine Verletzungen herunterzuspielen, um einen Verbrecher zu schützen! Ist der Kerl Ihr Freund? Soll ich, ein weiteres Opfer der Schlechtigkeit dieses Mannes, nicht gehört werden?«
»Nein, Pastor, so ist es ganz sicher nicht«, versuchte Charlie ihn zu beschwichtigen. »Aber ich bezweifle, dass Mr Dixon zu der angegebenen Zeit überhaupt draußen an der Taylor's Road hätte sein können.«
»Er hat Recht«, sagte der Polizist namens Clem. »Es wird jemand gewesen sein, der Keith ähnlich sieht.«
»Und denselben Namen trägt«, wütete Friedrich und sprang auf die Füße. »Ich sehe genau, was hier vor sich geht. Ihnen

ist es gleichgültig, dass dieser Verbrecher Jakob Meissners Land in Brand gesetzt, sein Haus und sein Hab und Gut vernichtet hat ... Oh ja, Sie wissen davon, Herr Polizist, Sie wissen es und haben nichts unternommen.«
»Stimmt das?«, fragte Charlie entsetzt.
»Aber ja. Sehen Sie ihn doch an. Gibt es keine Gerechtigkeit hier?«
Colley zitterte. »Nein, er verdreht alles, Charlie. Er ist ganz durcheinander, der arme Kerl. Setzen Sie sich. Ganz ruhig. Ich hole Ihnen eine Tasse Tee.«
Friedrich war beinahe sprachlos. Wäre Charlie nicht im Raum gewesen, hätte er diesen herablassenden Polizisten angegriffen, totgeschlagen wie diesen arglosen, herablassenden Ritter. Sie wollten ihm nicht glauben, behandelten ihn wie einen Idioten, weil er ein Geistlicher war, ein naiver Kirchenmann, den man hereinlegen konnte, den diese weltgewandten Gestalten hinters Licht führen wollten.
Nun, da hatte er ihnen etwas zu sagen. Ein für alle Mal legte er seine Rolle als Geistlicher ab. Er war Otto Haupt. Er lächelte böse. Auftritt des Schurken. Niemand legte sich mit Otto an. Schon gar nicht diese hinterwäldlerischen Schweinehunde.
»Sie glauben mir also nicht«, höhnte er. »Schön, dass Sie hier sind, Charlie, wer immer Sie auch sein mögen. Dieser Schuft hier weiß, dass Dixon Meissners Land in voller Absicht niedergebrannt hat, denn Lukas Fechner war Zeuge. Er kam hierher, um Anklage zu erheben, und dieses von Dixon bezahlte Stück Kuhmist hat keinen Finger krumm gemacht.«
»Gewiss nicht«, sagte Charlie und sah Colley an, der sich hinter seinen Schreibtisch zurückgezogen hatte und hilflos den Kopf schüttelte.
»Es war keine Lüge, nicht wahr?«, forderte Charlie ihn heraus. »Der Handspiegel. Mrs Fechner hat ihn nicht gestohlen. Ich habe ihr den Spiegel als eine Art Entschuldigung geschenkt. Die Dixons haben ihn als Vorwand benutzt, um ihr

kündigen zu können. Warum, Clem? Entspricht der Rest der Geschichte der Wahrheit?«

Otto trat vor, hieb mit der Faust auf den Schreibtisch und machte dem Gespräch der beiden ein Ende. Ihr Gerede interessierte ihn nicht. Ihm sollten sie zuhören! Er spielte hier die Hauptrolle. Er sah einen Revolver, der lässig in seinem Holster an der Wand hing. Den sollte er sich greifen. Doch Colley war näher. Vielleicht schaffte er es nicht. Aber er war ohnehin noch nicht fertig.

»Du Schweinehund«, zischte er den Polizisten an. »Du hast eine Menge zu verantworten. Ein Wunder, dass der Herr dich nicht mit einem Blitz erschlägt.« Er bemerkte, dass er seine Rollen durcheinander brachte, aber es war ihm egal. Ein Blitz und ein ohrenbetäubender Donnerschlag verstärkten die bedrohliche Atmosphäre.

Er wandte sich Charlie zu. »Wenn er Dixon für die Brandstiftung auf Meissners Land verhaftet hätte, wäre vielleicht ein noch schlimmeres Verbrechen verhindert worden.«

Er hatte sich Hannis Geschichte sehr genau angehört und wusste, dass die zeitliche Abfolge in seiner Version nicht stimmte, doch was störte es ihn? Mit jedem Wort seines Berichts steigerte sich sein Hass auf Keith Dixon.

»Er hätte Hanni Fechner, Mrs Fechner, die junge Dame, die Sie offenbar kennen, vor einem Schicksal bewahren können, das schlimmer ist als der Tod.« Er fauchte sie an: »Ihr Freund und ehrbarer Bürger hat Mrs Fechner vergewaltigt, als sie ihm in seinem Haus wehrlos ausgeliefert war. Sie sollten der Mittäterschaft beschuldigt werden, Colley. Waren Sie beteiligt? Haben Sie sie auch vergewaltigt?«

»Das stimmt doch nicht?«, schrie Charlie, doch Otto stieß ihn zur Seite.

»Ich habe Zeugen! Viele Zeugen. Sie sagen, Dixon hat mich nicht überfallen? Ich sage, doch, er war's. Und beraubt hat er mich, zusammen mit einem seiner Henkersknechte. Lukas Fechner kennt den wahren Sachverhalt über den Brand auf Meissners Land, und viele andere Leute wissen auch Bescheid. Hanni Fechner wird mit anklagendem Finger auf eben denselben Verbrecher zeigen. Ich sage Ihnen, glauben Sie nicht, Gottes Gesetz noch länger missachten zu können. Und Sie …«, er wies mit einem langen, knochigen Finger auf Constable Colley, »… Sie sind verflucht bis zum Tag Ihres Todes, wenn Sie Ihre Pflicht nicht tun. Gottes Wille geschehe!«

Mit diesen Worten stürmte Otto Haupt zur Tür hinaus, verließ in einem überaus dramatischen Abgang die Bühne. Doch jetzt trieb ihn etwas anderes um. Er hatte das Interesse an den beiden Männern verloren, die er zurückgelassen hatte, mit offenem Mund über seinen Zorn staunend, um dann mit gegenseitigen Beschuldigungen übereinander herzufallen.

»Sie haben alles gewusst und nichts unternommen!«, schrie Charlie, dem Ottos laute Anklagen noch in den Ohren dröhnten.

»Nein! Nein! Das stimmt nicht. Jedenfalls nicht alles.«

»Und wie war das mit dem Handspiegel, den ich Mrs Fechner geschenkt habe? Ich habe gleich gesagt, sie hat ihn nicht gestohlen. Hat diese Geschichte auch dazu gedient, Ihre Freunde zu decken? Ich sag Ihnen eines, Colley: Sie stecken bis über beide Ohren in Schwierigkeiten, wenn Sie nicht endlich handeln.«

»Ich wusste es nicht! Fechner kam mit dieser Lügengeschichte hierher. Angeblich hat er gesehen, wie Keith Meissners Land in Brand setzte. Das würde Keith doch niemals tun. Oder?«

»Sie haben nicht nachgefragt? Nicht ermittelt? Himmel, Colley, Sie sind ein Idiot. Ich hätte Ihnen den Grund nennen können …«

Sie waren in ihren Streit vertieft, so entsetzt über den Vorwurf der Vergewaltigung, über die stimmgewaltig vorgebrachten Anklagen des Priesters, dass ihnen entging, wie der Wind auffrischte, von Minute zu Minute heftiger wurde und sich zu einem Sturm auswuchs. Sie stützten sich an den

Wänden ab, als der erste mächtige Stoß das Gebäude traf, gefolgt von lautem Donnergrollen.

Zu diesem Zeitpunkt war der Tornado bereits über ihnen, riss das Wellblech vom Dach und drohte das Gebäude zu zertrümmern. Der Lärm, die Gewalt des Sturms, der um ihn herum kreischte, trieb Colley unter den Schreibtisch. Zitternd vor Angst, war er überzeugt, dass die Flüche dieses Gottesmannes seinen Tod herbeiführten.

# *18. Kapitel*

Das Wetter war wirklich sehr feucht und stürmisch, vielleicht braute sich sogar ein Unwetter zusammen, aber um diese Jahreszeit waren Stürme so häufig, dass niemand groß darauf achtete. Die Leute hielten sich immer noch auf der Lichtung am Fluss auf, wo Jollys Wahlversammlung stattgefunden hatte, unterhielten sich und verbreiteten den neuesten Klatsch. »Wo ist Hanni?«, fragte Walther.

»Sie ist nach Hause gegangen«, erklärte Eva, und beide blickten hinüber zu Lukas, der mit anderen zusammen in eine Diskussion mit Les Jolly vertieft war.

»Ich hatte gehofft, sie würde hier sein. Vielleicht wäre es uns gelungen, die beiden zusammenzubringen«, sagte Walther, doch Eva schüttelte den Kopf.

»Hoffnungslos. Lukas ist einfach zu stur.«

»Du kannst nicht nur Lukas die Schuld geben«, sagte Walther. »Beide haben Fehler gemacht.«

Eva reagierte wütend. »Was weißt du denn? Ihr Männer gebt uns nur zu gern die Schuld an allem, nicht wahr? Und ihr seid alle verdammte Heilige!«

»Aber, aber«, mischte sich Mr Hackett ein. »Regen Sie sich nicht so auf, Eva.«

»Sie auch noch?«, wütete sie. »Keiner von euch schert sich einen Dreck um die arme Hanni.«

Walther widersprach. »Du bist ungerecht, Eva. Natürlich denken wir auch an Hanni, aber wir sollten uns nicht einmischen, oder?«

Mr Hackett sah ihn merkwürdig an. »Wissen Sie, Mr Badke, vielleicht ist das doch nicht der richtige Weg. Ich bin nicht sicher, dass es richtig ist, einfach untätig zuzusehen, weil man sich nicht in anderer Leute Angelegenheiten einmischen will. Sie entschuldigen mich bitte?«

Damit schritt er über den schlüpfrigen Rasen, wie es schien, auf Les Jolly zu, doch dann tippte er Lukas Fechner auf die Schulter.
»Mr Fechner. Könnte ich Sie kurz sprechen?«
Lukas nickte und wandte sich ihm zu. »Ja, Mr Hackett? Worum geht's?«
»Um Ihre Frau, Mr Fechner.«
»Ach ja?«
»Es ist Ihre Pflicht, sich um sie zu kümmern.«
Lukas' Gesicht verschloss sich. »Das habe ich versucht, aber sie hat mich enttäuscht. Und außerdem finde ich, das geht Sie gar nichts an.«
»Ach nein? Ich bin jedoch der Meinung, Sie haben Ihre Verpflichtung gegenüber Ihrer Frau vernachlässigt. Während sie unter Ihrem Schutz stand, haben Sie zugelassen, dass sie von ihrem Arbeitgeber geschlagen und vergewaltigt wurde …«
»Was habe ich?«, schrie Lukas.
»Sie sollten sich schämen, Mr Fechner. Ihre Frau hat Grauenhaftes durchgestanden, und Sie stoßen sie von sich. Haben Sie kein Mitleid, oder sind Sie so sehr mit sich selbst beschäftigt, dass Sie …«
Doch Lukas war längst fort, rannte zur Quay Street, sprang über die kleine Mauer, die die für einen kleinen Park vorgesehene Fläche abteilte, und stürmte quer über die Straße. Doch keiner hatte Zeit, darüber nachzudenken, denn die ersten heftigen Windstöße fegten über die Stadt hinweg.
Ein Baum knickte um und stürzte krachend zu Boden. Die Bühne wurde hinweggewirbelt wie eine Streichholzschachtel. Dann rannten alle los, flüchteten über die Straße und suchten Schutz, wo immer sie ihn fanden, in Läden, Hotels, Häusern, und der Wind fegte durch die Straßen der Stadt.

Mit gesenktem Kopf kämpfte Lukas sich voran, versuchte, herumfliegenden Ästen auszuweichen, hielt sich, wenn möglich, dicht an die Gebäude, rannte über freie Plätze. Er

war sich der Gefahr sehr wohl bewusst, konnte jedoch nicht mehr umkehren. Er musste Hanni sehen.
Stimmte es? Das Grauenhafte, was Hackett gesagt hatte? Wer hatte Hanni vergewaltigt? Lukas wusste, dass er diese Frage nicht zu stellen brauchte. Er wusste es. Jetzt noch sah er das höhnische Grinsen auf Dixons Gesicht. Und dieses Mal sah er noch mehr dahinter. Hatte Hackett Recht? War Lukas selbst der Schuldige?
Lukas schluchzte, als er vor der Haustür ankam. Der vordere Zaun lag flach, und zwei Palmen wurden vom Wind umhergepeitscht. Er hämmerte gegen die Tür und stürmte in das kleine Wohnzimmer, rief nach Hanni, tastete sich im Dunkeln weiter und stolperte über Möbelstücke, bis er sie rufen hörte.
»Wer ist da? Lukas, bist du das?«
Sie kauerte starr vor Angst in einer Ecke.
Auch Lukas hatte Angst. Angst, dass sie ihm niemals vergeben würde.
Er kauerte mit ihr zusammen im Dunkeln, drückte sie an sich und wartete auf das Ende des Sturms.

Nach der Veranstaltung räumten die Frauen den Saal auf, während Keith und J. B. ein Treffen mit ihren Freunden abhielten, um die bedeutend wichtigere Kampagne der nächsten Woche in Maryborough zu planen.
»Alles dürfte wie am Schnürchen laufen«, sagte J. B., »wenn wir meinen Sohn vom Lokus bringen könnten.«
»Sehr witzig«, sagte Keith und nahm den Spott wegen seines Malheurs ausgesprochen wohlwollend auf, was alle überraschte. Die anderen vier Männer an dem kahlen Tisch waren in J. B.s Alter, sämtlich wohlhabende Schafzüchter, entschlossen, ihre riesigen Farmen vor dem Eindringen ausländischer Siedler zu schützen. Diese Männer verstanden nicht, warum die Regierung sie zwang, ihren Besitz zu verkleinern, was bedeuten würde, dass sie die Anzahl ihrer Schafe reduzieren mussten, obwohl doch jedermann wusste, dass Australien

durch die Schafe zu Reichtum gelangen würde. Ihre Wolle war Gold wert. Als der erste Ballen reiner, perfekter australischer Wolle in London verkauft wurde, kam es zu Aufruhr und Chaos. Wollprüfer und Käufer waren Amok gelaufen, versuchten, die Verkäufer festzunageln, kehrten anderen Angeboten den Rücken, und die Massen drängten vorwärts, um dieses aufregende Ereignis zu bezeugen.

J. B. und seine Freunde hatten in gewisser Weise Recht. Sie hatten den Standard gehalten. Ihre Wolle war immer noch von außergewöhnlicher Schönheit – denn sie hegten und pflegten ihre kostbaren Zuchtwidder wie Säuglinge. Ihre Schafe gaben erstklassige Wolle. Und Geld floss in ihre Kassen. Und das Land prosperierte. Aber das hatte sich herumgesprochen, und nun kamen die Siedler. Und die Farmer, die sie mit Nahrungsmitteln versorgten. Was zur Zerstückelung dieser großen Besitztümer in Küstennähe führte.

Aber eine Zeit lang konnten sie nun doch noch das Zepter schwingen. Abgeordnete, Richter, hochrangige Beamte, Polizeifunktionäre waren immer noch auf sie angewiesen. Die meisten dieser Herren stammten aus alten Züchterfamilien, und jetzt war es wichtiger denn je, dass diese Familien zusammenstanden. Keiner von ihnen hielt viel von Keith, den sie von Geburt an kannten, aber keiner von ihnen kritisierte ihn. Es war bedeutungslos für sie, dass Keith gelegentlich ein rechter Trottel war. Sie brauchten kein Genie in der Regierung, nur einen Burschen, der etwas hermachte und so abstimmte, wie man es von ihm verlangte.

Wie J. B. es ihm vorschrieb, dachten sie, keine Regung auf ihren eckigen, wettergegerbten, berechnenden Gesichtern.

Henderson, der Boss einer Zuchtfarm weit draußen im Westen, war enttäuscht, weil sein Sohn John noch immer in Europa weilte und an einem Emigrationsprogramm für die Regierung arbeitete. Er hätte Keith Dixon Konkurrenz machen können, doch er würde nicht rechtzeitig zu Hause sein. Und so blieben sie auf J. B.s Jungen sitzen.

Und wie alle anderen wunderte auch er sich, dass Keith, der

als humorloser Lümmel bekannt war, den Spott wegen seines Durchfalls so locker nahm. Das sah ihm gar nicht ähnlich. Der Kerl war ein Griesgram erster Klasse, doch man konnte sich auch täuschen.

»Wunder gibt es immer wieder«, sagte Henderson.

»Was für Wunder?«, fragte J. B.

»Das verdammte Wetter da draußen«, antwortete Henderson gedehnt. »Ich rieche einen scheußlichen Sturm. Muss meine Frau holen und mich auf den Weg machen.«

Bald strebten alle zur Tür, stülpten sich breitkrempige Hüte auf die Köpfe und zogen Ölmäntel über. Draußen wartete ein Buggy, dessen Kutscher ungeduldig nach den Hendersons pfiff und sie aufforderte, sich zu beeilen.

Keith half Mrs Henderson in ihren bodenlangen Mantel, in dem sie zu ertrinken schien, und sie lachte.

»Wann werden solche Mäntel endlich auch in Damengrößen hergestellt?«

Die anderen brachen auf, eiligen Schritts, Männer halfen ihren Frauen den Weg entlang.

»Schließ den Saal ab!«, rief seine Mutter Keith zu, als sie flüchteten, und er schlug die Eingangstür zu und schob den Riegel vor. Die Frauen hatten schon alle Fenster geschlossen. Er durchschritt den verlassenen Saal, bewunderte ausgiebig den erstklassigen Holzfußboden, eine Spende seines Vaters, und ging zur Hintertür auf der Rückseite der Bühne. Keith war in glücklicher Stimmung. Zugegeben, der Durchfall war ihm peinlich gewesen, doch so etwas konnte jedem passieren. Der Anfall war erschreckend heftig, der schlimmste, den er je erlebt hatte. Die Schmerzen waren fast unerträglich gewesen. Aber kümmerte das J. B.? Er war gekommen, hatte gegen die Tür gehämmert und ihm befohlen, endlich aufzutreten.

Der Schweinehund. Lieber Gott! Wenn der den Löffel abgibt, wird sich einiges ändern.

Aber dann, als dieser flüssige Beton, den seine Mutter ihm in den Hals gegossen hatte, zu wirken begann, da kam der gute

Teil. Die Jungs waren zurückgekommen und hatten berichtet, dass sie den Erpresser aufgespürt und ihn ordentlich durchgewalkt hatten. »Und hier, Boss. Da ist Ihr Geld.«
Wohl verwahrt in seiner Tasche. Die Scheine, die dieser Schwarzrock von ihm erpresst hatte. Wie konnte der Idiot glauben, er könnte Keith Dixon bestehlen und ungeschoren davonkommen? Die Dummen wurden doch nie weniger.
Zur Progress Hall gehörten auch Stallungen. Das war selten. Auf dem Grundstück hatte vorher eine Ziegelei gestanden, ein fehlgeschlagenes Unternehmen, doch die Besitzer hatten sich ausgezeichnete, aus Backstein gebaute Ställe gegönnt, die jetzt der Stolz der Progress Association, der Besitzerin von Progress Hall, waren.
Keith schlug die Hintertür zu und lief zu den Ställen. Alle anderen Pferde waren schon fort, und sein eigenes Tier war unruhig, verschreckt.
»Ganz ruhig, mein Alter«, sagte Keith, als das Pferd in seiner Box scharrte und bockte. »Hast du etwa geglaubt, ich würde dich hier zurücklassen? Das würde ich nie im Leben tun. Und jetzt beruhige dich. Draußen geht ein bisschen Wind, und es regnet, und wir gehen zum Pub. Diese alten Knaster, die glauben, sie könnten mir sagen, was ich zu tun habe, wenn ich in der Regierung sitze, hängen mir weiß Gott zum Hals raus. Ich brauch was zu trinken gegen den Ärger.«
Er sattelte und zäumte sein Pferd, nahm Hut und Schaffelljacke vom Haken und saß auf.
Er lenkte das Pferd zum Ausgang und trieb es durch den Torbogen auf eine Wiese, als der mächtige Sturm über die Stadt herfiel.
Das Pferd scheute, doch Keith hielt sich im Sattel und versuchte, das Tier zurück in den Schutz des Stalls zu dirigieren. Da bemerkte er, dass ein Mann die Zügel ergriffen hatte und das Pferd nach draußen zerrte.
»Aus dem Weg, verdammter Idiot!«, schrie er. Offenbar wollte dieser Narr ihm helfen, doch als er näher hinsah, erkannte er wieder einmal diesen Prediger. Den Gauner.

Das Pferd tänzelte wild, verängstigt durch den Lärm des Sturms und das Verhalten des Fremden, und da sie jetzt draußen dem strömenden Regen ausgesetzt waren, fürchtete Keith, das Tier könnte ausgleiten.
Der Kirchenmann schrie ihn an, beschimpfte ihn, versuchte, ihn aus dem Sattel zu ziehen, und Keith schlug um sich, trat nach ihm, bis er das Pferd dazu brachte, ihm bei der Abwehr des Angreifers zu helfen.
Schließlich war es der Angreifer, der im Schlamm ausglitt, und Keith, schäumend vor Wut, setzte das Pferd auf ihn an und lachte, als der Dummkopf voller Angst zur Seite kroch, um den Hufen zu entkommen. Keith, der nun alles unter Kontrolle hatte, genoss das Spielchen. Er ließ zu, dass sein Gegner auf die Füße kam und davonlief – dank des Sturms kam er kaum voran –, dann holte er ihn wieder ein und trat ihm im Vorbeireiten gegen den Kopf.
Keith riss das Pferd herum, um noch einmal über sein Opfer herzufallen, das bereits wieder auf den Beinen war, doch dann sah er Äste durch die Luft fliegen und hörte das Splittern von Glas, als etwas gegen die Seitenwand der Halle prallte.
»Was zum Teufel …?«
Ihm wurde klar, dass dies kein gewöhnlicher Sturm war, und schnellstens ritt er das Pferd zurück in den Stall. Bei diesem Wetter würde er sich nicht nach draußen wagen.
Sein Gegner war immer noch da draußen, schimpfend und fluchend, brüllend wie ein Verrückter, immer wieder von zuckenden Blitzen grell angestrahlt.
Keith hoffte, dass er von umherfliegenden Gegenständen erschlagen würde, dass der Wind ihn zu Boden warf, doch der Mann schien einen Schutzengel zu haben. Er beschloss, ihn erst einmal gar nicht zu beachten, doch Fetzen seiner Hasstiraden drangen zu ihm durch, und als er ihn nach der Polizei rufen hörte, musste er einschreiten.
»Polizei!«, schrie er. »Das lässt du schön bleiben, sonst zeig ich dich wegen Erpressung an! Ich lass dich einsperren!«

Doch Ritter hörte nicht auf. Über das Getöse des Unwetters hinweg war schwer zu verstehen, was er brüllte, aber er schrie immer noch nach der Polizei, und das machte Keith Angst. Wenn er nun wirklich zu Colley ging? Der Schweinehund wusste zu viel, ganz gleich, woher. Wenn ein Geistlicher Fechners Behauptungen bestätigte, drohten Schwierigkeiten. Und zwar eine Menge. Und das wusste der Hund. Er wollte ihn herausfordern. Dieses Mal hatte er es nicht auf Geld abgesehen. Jetzt wünschte sich Keith, er hätte den Clown in Ruhe gelassen. Er hätte ihm das Geld lassen sollen. Jetzt war er nicht mehr zum Schweigen zu bringen.
Keith war dankbar für das Unwetter. So konnte sie niemand hören. Er schauderte, als wäre jemand über sein Grab gestapft. Wenn irgendwer nur die Hälfte von dem hörte, was dieser Kerl schrie ... über den Brand, über Hanni Fechner ... es wäre sein Ruin. Er könnte alles abstreiten, aber man würde doch Fragen stellen, und dieser verdammte Les Jolly durfte auf keinen Fall Wind von der Sache bekommen.
Der Sturm war vorüber. Die Schwarzen nannten solche Erscheinungen Willy-Willys, und dieser war einer der mächtigsten gewesen, den er je erlebt hatte. Ein kleiner Tornado vermutlich, der wie ein verrückt gewordenes Raubtier über das Land herfiel. Wäre es noch Tag gewesen, hätte man ihn kommen sehen. Keith hatte solche Stürme schon erlebt, mächtige Strudel vom Himmel bis zur Erde, die aus schwarzen Gewitterwolken kamen, als seien sie die Vorhut einer Attacke, um dann genauso schnell wieder zu verschwinden, wie sie gekommen waren. Er war froh, dass der Sturm die Stadt getroffen hatte, zu weit entfernt von Clonmel, um dort Schaden anrichten zu können.
Der Kerl stand immer noch draußen – wie eine tropfnasse Vogelscheuche – und schüttelte die Faust in seine Richtung. Er gab endlich auf. Wandte sich ab. Aber ging er womöglich zur Polizei?
Er war bestimmt verrückt genug, das zu tun.
Leise nahm Keith sein Gewehr aus dem Sattelholster.

Lud es. Hatte ihn im Visier. Dieser Narr. Er stemmte sich in den Wind. Die Arme ausgebreitet, das weiße Hemd blähte sich. Keith hob das Gewehr. Der Schuss war einfach. Zu seiner eigenen Überraschung drückte er ab. Bevor er Zeit zum Überlegen gehabt hatte, hatte sein Finger sich schon gekrümmt. Er hatte ihn doch aufhalten müssen! Hatte keine andere Wahl. Er hätte veranlassen sollen, dass die Jungs ihn schon an der Taylor's Road erledigten.
Ritter stürzte. Er sank zu Boden wie ein Sack Kartoffeln. Das Gesicht im Schlamm. Da draußen auf der Wiese. Jetzt war alles gespenstisch still. Ritter gab keinen Laut mehr von sich. Keith grinste. Jetzt hast du nicht mehr so ein großes Maul, wie?
Es regnete immer noch. Ein leichter, dunstiger Sprühregen. Wer brauchte schon Verrückte wie den da? Religiöse Eiferer. Gauner. Keith ging nicht hinüber zu der Stelle, wo Ritter lag. Ihm war in den Sinn gekommen, dass Spuren in der Nähe der Leiche, ja selbst Hufspuren ihn verraten würden. Ihm die Polizei auf den Hals hetzen würden. So ritt er davon, an der Halle entlang und zum Tor hinaus.

Mr Drewett, der Hafenmeister, war ehrenamtlicher Hauswart der Halle, weil er ganz in der Nähe wohnte. Genauer gesagt, gleich hinter der rückwärtigen Mauer. Er hörte das Glas splittern, und sobald es ihm gefahrlos möglich war, ging er nach draußen, um den Schaden zu begutachten.
Sein Gemüsegarten war zerstört, das Dach seines Schuppens war weggeflogen, ansonsten war sein Besitz unbeschädigt, im Gegensatz zur Halle. Er stieg um den mächtigen Ast herum, der das Gebäude mit voller Wucht getroffen hatte, und sah, dass er Hilfe brauchte, um den Ast wegzuschleifen, bevor er die zerbrochenen Fenster reparieren konnte. Da hörte er den Schuss. Oder glaubte, einen Schuss zu hören.
Er blickte um sich. Kein Mensch war zu sehen. Er horchte. Wartete, ob noch ein weiterer Schuss folgte. Kaum ein Geräusch zu hören. Er stapfte zur Rückseite der Halle und be-

merkte, dass der Wasserbehälter sich aus seiner Verankerung gelöst hatte. Zwischen der Halle und den Stallungen sah er gerade noch einen Mann zum Tor hinausreiten. Leise davonreiten. Unbekümmert. Der hatte offenbar keinen Schuss gehört.

»Der Sturm. Muss wohl mein Gehör beeinträchtigt haben«, sagte Drewett leise zu sich selbst und wandte sich um. Doch eine Bewegung drüben auf der Wiese ließ ihn stutzen, und er ging hinüber.

Er musste seine Geschichte viele Male erzählen. Wie Vikar Ritter in seinen Armen gestorben war. In den Rücken geschossen.

»Eines war allerdings komisch. Er nannte mich ständig Otto. Hat mich wohl für jemand anderen gehalten. Aber er ist friedlich gestorben. Wie man es von einem Geistlichen erwartet. Oder?«

»Wer war der Mann, der durchs Tor hinausgeritten ist?«, fragte Clem Colley ihn.

»Keith Dixon.«

»Warum haben Sie das nicht gleich gesagt?«

»Ich dachte, ich hätte es gesagt. Kann sein, dass Sie nicht richtig zugehört haben.«

Auf der Straße angekommen, atmete Keith erleichtert auf. Es war vorbei. Erledigt. Nichts, was ihn mit der Leiche in Verbindung bringen konnte. Alle waren viel zu beschäftigt damit, die Hinterlassenschaft des Sturms zu begutachten. Wie Mäuse kamen sie aus ihren Löchern, schnupperten die Luft, spähten um sich, versammelten sich, um die Ereignisse zu besprechen. Im Vorbeireiten sah er auf sie herab und empfand eine aus dem herrlichen Gefühl der Macht geborene Euphorie. Beinahe Vergnügen. Als würde er der Welt raten: »Kommt mir bloß nicht in die Quere. Wisst ihr nicht, wer ich bin?«

Jetzt waren auch andere Reiter unterwegs, um den Schaden

einzuschätzen, und Keith schloss sich ihnen an, fühlte sich wohl in dieser Rolle und äußerte seine Meinung darüber, was getan werden musste, um die Straßen zu räumen und den Bürgern zu helfen. Er fühlte sich bereits als Abgeordneter des Wahlbezirks Maryborough.

Sie ritten hinüber zum Hafen, wo ein Küstendampfer, die *Fayette*, vor Anker lag, der zum Glück keinen Schaden genommen hatte. Den launischen Charakter solcher Tornados entsprechend, war ihm jedoch ein nahe gelegenes Lagerhaus zum Opfer gefallen, dessen Überreste im weiten Umkreis verstreut lagen.

»Den Großteil des Schrotts hat der Fluss verschlungen, Mr Dixon«, meldete ihm ein Hafenarbeiter respektvoll. »Und etwa vierzig Ballen Wolle, die im Lagerhaus aufs Verladen warteten. Sind inzwischen wahrscheinlich weit flussabwärts getrieben. Gibt es Verletzte?«

»Nicht, dass ich wüsste.«

Er hörte eine Stimme rufen: »Du lügst!«, und fuhr erschrocken herum. Aber da war niemand.

Der Hafenarbeiter hatte wieder die Holme seiner Schubkarre ergriffen und sammelte Unrat auf. Er hob den Kopf. »Kommen Sie dem Schiff nicht zu nahe, Mr Dixon«, sagte er leise und zwinkerte ihm zu. »Cholera. Wie ich hörte, haben die die Cholera an Bord.«

Keith nickte. Was ging es ihn an? Als er vom Pferd stieg, wurde ihm schwindlig. Er brauchte dringend einen Drink. Whisky. Er führte das Pferd zum Stall hinter O'Malleys Pub, ließ es dort zurück und gesellte sich zu den Männern, die sich in der Bar versammelt hatten.

»Die ganze Veranda!« O'Malley lachte. »Hat sich losgerissen und ist in alle Winde geflogen. Wenn jemand morgen meine Veranda findet, wäre ich ihm sehr dankbar, wenn er sie zurückbringt.«

»Die ist wohl längst in Brisbane«, bemerkte jemand und lachte.

Keith goss einen Whisky hinunter, schob sich zum Tresen

vor, um einen weiteren zu bestellen, und sah sein Gesicht gegenüber im Spiegel hinter den Flaschenregalen. Doch da waren zwei Gesichter. Seines und das des Geistlichen. Entsetzt stand er starr, unfähig, den Blick vom Spiegel zu lösen, und wartete darauf, dass das Gesicht verschwand, doch es blieb. Keith blieb mit seinem zweiten Drink in Sichtweite der Erscheinung. Neugierig. Ungläubig. Er fand, dass die Gesichtszüge nicht unähnlich waren, wenngleich er blondes Haar und sein Opfer hässlich rotbraunes hatte. Er fand, dass er entschieden besser aussah als dieser Schuft. Aussehen musste.
Nach dem dritten Drink begann er, sich Sorgen zu machen. Der Geist war immer noch da. Die anderen Gäste redeten über das Unwetter, den Schaden, stritten über die Gewalt des Windes. Schwelgten in Erinnerungen, prahlten mit schlimmeren Stürmen, die sie erlebt hatten, und Keith gehörte zu ihnen und doch auch wieder nicht, wegen dieses Gesichtes hinter seiner Schulter, dort im Spiegel.
Glocken klingelten. Wieder klapperte der Rettungswagen die Straße entlang.
»Ist wohl doch jemand verletzt. Kein Wunder.«
»Ich wäre beinahe selbst ums Leben gekommen. Ein Baum hat mich um Zentimeter verfehlt.«
»Das hast du uns jetzt schon drei Mal erzählt, Lofty.«
»Aber es stimmt …«

Zwei durchgegangene Pferde erschwerten dem Kutscher des Rettungswagens seine Arbeit, als der das Opfer auf schnellstem Weg ins Krankenhaus brachte. Constable Colley saß neben ihm. Der Kutscher wollte die Leiche direkt in die Leichenhalle bringen, doch das ließ Colley nicht zu.
»Erst mal ins Krankenhaus. Ich nehme die Verantwortung nicht auf mich, ihn für tot zu erklären. Das ist Strauss' Angelegenheit.«
»Falls er da ist.«
»Ist er sicher. Heute Nacht hat es bestimmt ein paar Knochenbrüche gegeben.«

Drewett, der Zeuge, folgte auf Colleys Pferd, begleitet von Charlie Mayhew.
Charlie und Clem hatten sich gerade erst aus dem fragwürdigen Schutz des Polizeipostens hervorgewagt, der mehrere Male während des Sturms zusammenzubrechen drohte, und standen zitternd draußen, froh, unverletzt überlebt zu haben.
»Ich dachte jeden Moment, der Schuppen würde einstürzen«, sagte Charlie. »Ich konnte mich nicht entscheiden, ob wir drinnen oder draußen sicherer sein würden.«
»Ist sowieso nicht mehr als ein zu groß geratener Lokus«, knurrte Clem. »Schade, dass er nicht eingestürzt ist. Vielleicht hätte ich dann ein anständiges Büro gekriegt.«
Sie gingen hinüber, um einen mächtigen Baum in Augenschein zu nehmen, der quer über die Mündung von Sandy Creek gefallen war. Dort hielten sie sich immer noch auf, als Billy, der schwarze Viehtreiber, sie fand.
»Hey, Clem. Sie sollen schnellstens rüberkommen zur Wiese bei der Progress Hall. Da ist einer erschossen worden.«
»Wer sagt das?«
»Mr Drewett. Ich bin dort vorübergeritten, da rief er mir zu, ich soll Sie holen.«
»Auf der Wiese bei der Halle, sagst du? Gut. Ich kümmere mich darum. Du.holst den Rettungswagen, Billy.«
»Ich komme mit«, sagte Charlie. Er überlegte, ob dieser verrückte Geistliche etwa Selbstjustiz geübt und Keith Dixon erschossen hatte. Allerdings hatte er gar keine Waffe getragen, was auch wohl kaum der üblichen Ausrüstung eines Pastors entsprochen hätte. Andererseits war es in dieser Stadt nicht schwer, sich ein Gewehr zu beschaffen. Aber nicht, wenn alle Läden geschlossen waren, weil es galt, sich vor einem Sturm zu schützen. Nein, der aufbrausende Gottesdiener konnte es nicht gewesen sein. Aber wenn das hier vorbei ist, sagte er sich, lasse ich Clem nicht mehr vom Haken. Es ist seine verdammte Pflicht, in diesen Klagefällen vernünftig zu ermitteln. Charlie wusste, dass es im Grunde nur eine Nebensächlichkeit war, doch wenn die Dixons Mrs

Fechner bezichtigten, ein Geschenk, sein Geschenk gestohlen zu haben, dann lag es ziemlich nahe, dass etwas ernsthaft nicht in Ordnung war.

Im Krankenhaus angekommen, geriet Clem in Panik, wusste nicht, was er zuerst und zuletzt tun sollte, und tat daher, wie es seine Art war, gar nichts.
»Sie müssen Keith verhaften«, sagte Charlie.
»Nicht, solange Dr. Strauss die Leiche nicht gesehen und für tot erklärt hat. Wir müssen warten, bis er mit der Operation fertig ist. Da hat jemand eine Blinddarmentzündung, sagt die Oberschwester.«
»Sie hätte dir doch auch sagen können, dass der Kerl mausetot ist, oder?«
»Ja, das hat sie auch getan. Aber Strauss muss den Totenschein unterzeichnen und die genaue Todesursache angeben.«
»Eine Kugel, Clem. Er ist an einer Kugel gestorben. Das kann sogar ich dir bestätigen.«
»Aber Sie sind kein Arzt.«
Im Krankenhaus herrschte, wie Clem vorausgesehen hatte, Hochbetrieb. Kopfverletzungen, zwei Knochenbrüche, ein Junge mit Verbrennungen, ein schreiendes Baby. Der Flur stand voll von Patienten und ihren Begleitpersonen, und einige hörten diese Unerhaltung mit an, lauschten mit gespitzten Ohren, als es sich herumsprach … ein Mord in der Stadt.
»Gott steh uns bei«, stöhnte eine Frau. »Was mag als Nächstes kommen?«

J. B. Dixon und seine Freunde entspannten sich auf dem Balkon des Royal Hotel, das den Sturm schadlos überstanden hatte. Sie schwelgten in Erinnerungen an die wirklich schlimmen Stürme, an die Zyklone, die sie erlebt hatten, an die Hurrikans, die Städte wie Bundaberg von der Landkarte radieren konnten.
»Ihr und eure Hurrikans«, fuhr J. B. sie an. »Ihr seid schlim-

mer als Angler mit ihren ewigen Geschichten von den Mordsfischen, die ihnen entkommen sind. Ich will wissen, wer in der großen öffentlichen Versammlung in Maryborough den Vorsitz führt und ob ihr den Bürgermeister zu uns auf die Bühne holen könnt. Ich weiß, dass er auf unserer Seite ist, aber es ist an der Zeit, dass er Farbe bekennt …«
Er drehte sich um und sah einen Barmann an der Tür stehen, der ihm ein Zeichen gab.
»Was gibt's?«, fragte er gereizt.
»Unten ist einer von Ihren Viehtreibern, Mr Dixon, und will Sie sprechen.«
»Sag ihm, er soll morgen wiederkommen.«
»Er sagt, es ist wichtig.«
»Ach, zum Teufel. Schick ihn rauf.«
»Er will nicht raufkommen. Sagt, er muss Sie dringend sprechen. Er wartet an der Hintertür. Wirkt ziemlich aufgeregt.«
Schließlich stapfte Dixon die Treppe hinab und zur Hintertür, entschlossen, dem Kerl für die Störung gehörig den Kopf zu waschen, doch als er die Neuigkeit erfuhr, musste er sich in heillosem Schrecken am Türpfosten festhalten.
»Was hat er getan? Einen Mann erschossen? Einen Geistlichen! Hau ab, du verdammter Idiot! Bist du besoffen?«
»Nein, Boss. Es ist die heilige Wahrheit.«
»Zum Teufel damit. Wo ist er?«
»Im Pub. In O'Malleys Pub, sagen sie.«
»Und wer sagt das?«, bellte J. B. »Von wem hast du diese verdammte Geschichte?«
»Ich hab's im Krankenhaus gehört, Boss. Da war ich mit Lenny. Sein Pferd hat vor einem Blitz gescheut und ihn abgeworfen. Er hat sich was an der Schulter gebrochen. Aber ich habe schon richtig gehört. Die Leiche haben sie ins Krankenhaus gebracht. Die Leiche des Geistlichen, und es heißt, Keith habe ihn erschossen …«
Wenn J. B. diese Geschichte auch nicht glaubte, so lag doch auf der Hand, dass Keith in Schwierigkeiten steckte. Er musste sich rasch etwas einfallen lassen.

»Geh zu O'Malley und hol ihn. Lass dir von einem Kumpel helfen, falls nötig …«
»Und wenn er nicht mitkommen will?«
»Schlag ihm eins über den Schädel. Bring ihn … nein, bring ihn nicht hierher. Bring ihn zum Hafen – aber ohne Aufsehen zu erregen. Da treffen wir uns dann.«
»In Ordnung, Boss.«
J. B. ging zur Bar, nahm sich noch Zeit für einen doppelten Whisky, um seine Nerven zu beruhigen, ging nach draußen und überquerte die Straße in Richtung Fluss.
Da lag ein Schiff vor Anker. Die *Fayette*. Die Gangway war bereits eingezogen worden, und einige von den Passagieren hielten sich an Deck auf. J. B. hätte gern gewusst, ob das Schiff im Begriff war, abzulegen, da sie den Küstenverkehr sicher eingestellt hatten, doch dringendere Fragen forderten ihr Recht. Was zum Teufel hatte sein Sohn jetzt wieder ausgefressen?

Walther machte sich Sorgen um Pastor Beitz, der allein in der Gemeinde zurückgeblieben war, während sie in Jim Pimbleys Laden Schutz vor dem Sturm gesucht hatten. Doch Max erinnerte ihn, dass Vikar Ritter lange vor Einsetzen des Unwetters hätte zurück sein müssen, und das beruhigte ihn einigermaßen.
Als sie nach draußen kamen, eine ganze Schar einschließlich Eva und ihrer Kinder, Max und Hans Lutze, Mr Hackett und noch einige andere, waren sie betroffen von der plötzlichen Stille.
Draußen schien es heller zu sein als in dem düsteren Laden, wo sie keine Lampe anzuzünden gewagt hatten, und Jim blickte grinsend um sich.
»Immerhin steht die Stadt noch.«
»Aber dein Lagerraum nicht«, rief seine Frau, und kurz darauf waren die Männer damit beschäftigt, Zucker- und Mehlsäcke sowie verschiedene Kisten mit Nahrungsmitteln nach Mrs Pimbleys Anweisungen ins Trockene zu schaffen.

Als sie das schließlich geschafft hatten, war es, wie Max sagte, Zeit, nach Hause zu gehen.
»Wo ist Lukas?«, fragte Walther.
»Mr Hackett sagt, er ist zu Hanni gegangen«, sagte Max grinsend. »Ich finde, wir sollten ihn nicht stören. Gehen wir lieber nach Hause.«

Billy ritt weit vor ihnen die Taylor's Road entlang. Er musste Pastor Beitz aufsuchen und ihm von dem schrecklichen Mord berichten. Von dem Mord an dem anderen heiligen Mann. Ein grauenhaftes Verbrechen! Im Krankenhaus waren alle schockiert. Selbst Clem Colley war völlig ratlos. Billy konnte es ihm nicht verdenken. Man musste es sich schon zweimal überlegen, ob man einen Dixon wegen Mordes an einem Geistlichen verhaften sollte. Oh ja.

Er hielt sich in der Kirche auf, als dieser Wind über sie herfiel, an den Wänden rüttelte, aufs Dach hämmerte und gegen die schönen bleiverglasten Fenster schlug, doch das Haus Gottes stand fest. Trotzdem verharrte Pastor Beitz auf den Knien und rief den Herrn an, ihm sein Versagen zu vergeben, die Tatsache, dass er sich dem Bösen, das seine Kirche womöglich doch noch zu zerstören drohte, nicht entgegenwerfen konnte.
Er erinnerte sich nicht, wie es dazu gekommen war, dass er zu einer Stunde, da er längst hätte schlafen sollen, in der Kirche weilte, doch diese Nebensächlichkeit hielt er für unbedeutend. Allerdings erinnerte er sich, dass er Friedrich gesehen hatte, der in der Tür stand und ihm den Weg versperrte. Und die Erinnerung erfüllte ihn mit Angst. Friedrich, sein guter, frommer Vikar, hatte ihn weit über das Normale hinaus erschreckt. Seine Augen hatten für einen blitzhellen Augenblick Schrecken gesehen, die kein Mensch jemals bezeugen sollte, und Pastor Beitz hatte sich in seinem Entsetzen ans Altargitter geklammert und konnte es auch jetzt noch nicht loslassen. Er hatte das Gefühl, seine

ganze Welt würde einstürzen, wenn er jetzt losließe, war aber nicht in der Lage zu erklären, wie der Zusammenbruch dieser Welt sich auswirken würde. Er betrachtete sich als Novizen, als Ignoranten, als Dummkopf, der von gar nichts wusste, ohne rechte Einsicht in wahre Heiligkeit oder wahres Übel. Bis jetzt. Da er das Böse gesehen hatte. Seine Hände wollten sich nicht von dem Altargitter aus poliertem Zedernholz lösen.

»Mea culpa«, rief er den Herrn an.

Es war merkwürdig, einen Hund in eine Kirche kommen zu sehen, doch Pastor Beitz empfand die Nähe des Tieres als tröstlich. Seine Liebe zu Gott hatte er immer hochgehalten, doch manchmal vermisste er die Liebe ihm nahe stehender Menschen. Als Waise und Junggeselle war ihm eine solche Erfahrung versagt geblieben. Doch er liebte die Tiere. Oh, wie sehr er sie liebte! Gottes Geschöpfe. Noch ein Grund, warum seine Gemeinde ihm so kostbar geworden war. Die merkwürdig zahmen Tiere und Vögel und Reptilien hier hatten ihn in seinen privaten Garten Eden geführt. Ein Glück, mit dem er nie gerechnet hätte.

Und jetzt war dieser Hund hier, »Dingo« nannten sie ihn, kam heran und setzte sich neben ihn. So ein wunderschönes Tier mit glänzendem Fell und sanftmütigen braunen Augen. Pastor Beitz streichelte ihm den Kopf und kraulte ihn hinter den Ohren, und der Hund, der Dingo, legte sich zu ihm, den Kopf demütig auf die Vorderpfoten gebettet.

Da wurde ihm bewusst, dass er den Hund gestreichelt hatte. Er hatte ihm das Fell gekrault. Seine Hände hatten sich von selbst vom Altargitter gelöst. Er war frei. Frei wovon? Die Angst blieb, und er traute sich nicht, die Kirche zu verlassen, bis er jemanden nach ihm rufen hörte, jemanden da draußen in der Dunkelheit, wo immer noch das Böse lauerte.

Auf seinem Weg sah Billy die Verwüstungen des großen Sturms, und so war es nicht überraschend, als er sah, dass der Tornado eine Schneise durch den Busch gerissen und die

Behausungen des deutschen Pastors zerstört hatte. Die steinerne Kochstelle war noch da, doch Teile der gebrechlichen Hütten lagen wie Stroh verstreut umher, darunter die persönlichen Habseligkeiten der Bewohner. Ein trauriger Anblick, dachte Billy, während er nasse Mäntel und Hemden aufhob, aber jetzt musste er Pastor Beitz suchen. Er könnte verletzt sein, sich in verzweifelter Not befinden.

Als er nach ihm rief, kam nicht Pastor Beitz den Weg entlang, sondern Tibbaling.

»Er ist in der Kirche«, sagte der alte Mann.

»Oh, gut. Ich gehe ihn holen.«

»Nein. Ich will, dass du ihn noch einmal rufst.«

Billy tat es, und sie warteten. »Warum soll ich ihn nicht holen?«, fragte er.

»Weil er sich den Dämonen stellen muss.«

»Ich sehe keine Dämonen.«

Der Priester hörte zum zweiten Mal ein Rufen.

»Ich kann ja nicht ewig hier bleiben«, sagte er zu dem Hund, doch der Hund war verschwunden, und das steigerte seine Angst wieder.

Trotzdem stand er auf, und als er sich vom Altar entfernte, erbebte das Gebäude, und er hörte einen Wutschrei, einen grauenhaften Schrei, der die Kirche ganz einzuhüllen schien. Um ihn herum hallten Geräusche von den Wänden wider, als schlüge und hämmerte jemand zornig dagegen, doch er ging energisch weiter. Feuer erhellte die Dunkelheit, Flammen drohten, forderten ihn auf, in den brennenden Schlot zu schreiten, doch der alte Mann bekreuzigte sich, holte tief Atem und warf sich, sein Kreuz hoch erhoben, zur Tür hinaus, vorbei an den Furien.

Dann war nur noch Stille um ihn, und ein dunkler Sternenhimmel breitete sich über dem Land aus. Pastor Beitz warf einen Blick zurück auf die kleine Kirche, und er bekreuzigte sich erneut.

»Gelobt sei Gott.«

Tibbaling kam auf ihn zu, und er eilte ihm entgegen. »Ich habe eine Frage. Glaubst du an das Böse?«
»Wer tut das nicht?«, antwortete Tibbaling.
»Ah.«
»Das Böse ist heute Nacht zugegen«, setzte Tibbaling hinzu. »Doppelmann ist tot, aber sein Gestank liegt noch in der Luft.«
»Doppelmann?« Pastor Beitz lehnte sich an einen Baum, um nicht umzusinken. »Ich glaube nicht, dass er Geistlicher war.«
Tibbaling nickte.
»Der richtige Vikar Ritter ist auch tot. Er ist niemals hier angekommen. Nie.«
»Wer war dieser Kerl?«
»Ich weiß es nicht.«
Der Pastor schlug die Hände vors Gesicht, als wäre er plötzlich aus einer Trance erwacht. »Was war das? Was sage ich da? Friedrich ist tot?
Allmächtiger Gott! Was ist ihm zugestoßen? War es der Sturm?«
»Ein Gewehr, Beißt. Ein Kerl hat ihn erschossen. Schneller, als du schauen kannst. Er treibt sich immer noch herum. Du hast ihn dort gehört.«
»Wo?«
»Dort in deiner Kirche. Er ist das Böse.«
»Wie? Was ist das? Nein. Das kann nicht sein.«
Er lief den Weg zu den Hütten hinauf und glaubte im ersten Moment, sich verirrt zu haben, den falschen Pfad eingeschlagen zu haben, doch es war kein Irrtum. Da war die Lichtung, das Bambusgebüsch und die Kochstelle, Walthers Herd, aber da waren keine Hütten. Er stand immer noch unter Schock, als Max Lutze erschien, gefolgt von seinem Bruder und Walther.
Ihre erste Sorge galt Beitz, doch er versicherte ihnen, dass ihm nichts fehle, er habe in der Kirche Schutz gesucht, und die hätte, soweit er sich erinnerte, keinen Schaden genommen.
»Ein Wunder«, sagte Walther nach einem Blick auf die Ver-

heerung um ihn herum. »Heute Nacht müssen wir dann wohl in der Kirche schlafen, wenn Sie nichts dagegen haben, Herr Pastor?«
Der Priester wirkte geistesabwesend. »Geht es euch gut? Seid ihr auch bestimmt nicht verletzt?«
»Nein, bestimmt nicht. Tut mir Leid, Herr Pastor, aber wir bringen sehr schlechte Nachrichten. Vikar Ritter ist tot.«
»Woher wisst ihr das?«
»Von mir.« Billy trat zu ihnen. »Er ist wirklich tot. Erschossen.«
»Wer hat ihn erschossen? Wer würde Vikar Ritter erschießen wollen?« Merkwürdigerweise wirkte der alte Pastor eher interessiert als betroffen.
»Den Grund weiß ich nicht, aber es heißt, Keith Dixon habe ihn erschossen.«
»Dixon? Nein. Das kann nicht sein. Dixon kannte ihn nicht einmal.«
Alle schossen ihre Fragen auf Billy ab, bis Beitz einschritt.
»Ich muss in die Stadt und mich um die Sache kümmern. Fährst du mich, Walther?«
»Wir fahren alle«, sagte Max.
»Lieber nicht, Max. Ihr bleibt mit Billy hier. Ihr könnt in der Kirche schlafen.«

Auf dem Weg in die Stadt war der Pastor sehr still gewesen, und Walther störte ihn nicht in seinen Gedanken. Er begriff, was für ein Schock es für Pastor Beitz sein musste, dass sein Hilfspfarrer erschossen worden war ... erschossen von einem Wahnsinnigen, denn wie sonst sollte man diesen Dixon nennen?
Er lenkte den Wagen durch die dunklen Straßen und schickte sich an, den Weg zum Krankenhaus einzuschlagen, doch Pastor Beitz berührte ihn am Arm.
»Zuerst zum Hafen, Walther, bitte.«
»Aber die Leiche wird im Krankenhaus sein, oder in der Leichenhalle.«

»Zum Hafen«, sagte Pastor Beitz mit fester Stimme, und Walther lenkte das Pferd in die Quay Street.
»Bleib hier«, wies der Pastor ihn an, stieg vom Wagen und strebte dem Fluss und den Einwandererbaracken zu. Walther glaubte, der alte Mann gäbe sich in seinem Kummer der Nostalgie hin, da die Baracke ihre erste Unterkunft in Bundaberg gewesen war.
Pastor Beitz ging an den Baracken vorbei und blieb eine Weile wartend im Schatten stehen. Der Sturm hatte ein Lagerhaus niedergerissen, so dass er nun freien Blick auf den Hafen hatte und auf die Lichter eines Schiffs. Er sah einen Mann am Flussufer auf und ab schreiten und erkannte weiter unten im Zeltlager ein paar Gestalten. Ansonsten schien die Gegend verlassen.

Was auch immer Keith sich geleistet hat, dachte sein Vater, dieses Mal muss es ernst sein, denn überall kursierten Mordgerüchte. Er blickte auf das Schiff. Wäre es nicht vielleicht das Beste, den Dummkopf heimlich aus der Stadt zu schaffen, bis er genau wusste, was vorgefallen war?
Er ging vor bis zum Ende des Anlegers und pfiff nach dem wachhabenden Offizier.
»Wann legt ihr ab?«, rief er, wobei ihn das Ziel im Augenblick nicht im Geringsten interessierte.
»Mit der Morgenflut, Sir.«
»Ich habe einen Passagier für euch.«
»Wir nehmen keine Passagiere an Bord.«
»Es soll sich für euch lohnen«, entgegnete J. B.
Er sah, dass der Mann zögerte, und fügte hinzu: »Wirklich lohnen.«
Der Offizier beugte sich über die Reling. »Was heißt das?«
»Fünfzig Pfund.«
Der Offizier atmete hörbar. »Sind Sie der Passagier?«
»Nein. Mein Sohn.«
»Bringen Sie ihn binnen einer halben Stunden her. Keine Minute später. Dann ist meine Wache vorüber.«

Als das erledigt war, fühlte J. B. sich besser. Schaffen wir ihn aus dem Weg, dann können wir reden. Er zündete sich noch eine Zigarre an und verließ den Anleger, um auf seinen Sohn zu warten.

Als Keith schließlich kam, gab er sich hochmütig. Er kam zu Pferde und machte sich nicht die Mühe, zum Hafeneingang zu reiten, der nicht einmal ein Tor aufwies, sondern dirigierte sein Pferd über die niedrige Mauer und lenkte es im Trab zu der Stelle, an der sein Vater wartete.

»Du willst mich sprechen? Was gibt's? Warum drückst du dich hier herum?«

»Weil ich wissen will, was los ist.«

»Nichts ist los. War's das? Ich habe Karten gespielt. Ist das ein Verbrechen?«

»Ich habe gehört, einer der lutherischen Geistlichen, dieser Ritter, ist erschossen worden.«

»Ja. Den hat einer abgeknallt. Na und?«

»Man sagt, du hast es getan. Steig jetzt endlich von deinem verdammten Pferd und rede mit mir. Wer hat den Kerl erschossen?«

Keith saß widerwillig ab. »Wie soll ich das wissen?«

»Du warst im Pub. Du musst doch etwas gehört haben?«

»Ah ... es wird so einiges gemunkelt, aber ich habe nicht darauf geachtet. Das geht mich doch nichts an.«

»Man redet darüber, wer den Mann erschossen hat, und dich interessiert es nicht? So ein Quatsch! Warum sagt man dann im Krankenhaus, du hättest ihn erschossen? Clem Colley ist dort. Wenn er davon hört, wird er dich bald suchen. Und sei es nur, um zu fragen, was du weißt. Da ist doch irgendein Haken bei der Sache.«

»Wieso? Ich kannte den Kerl ja nicht einmal.«

»Moment mal«, sagte J. B. »Hab ich dich nicht neulich an der Halle mit ihm reden sehen? Aber ganz sicher. Weiter unten an der Mauer.«

»Du hast wohl einen über den Durst getrunken. Ich kenne ihn nicht, sag ich dir. Weißt du«, fuhr er mit einem Blick

zum stillen, inzwischen wieder wolkenlosen Himmel fort, »ich reite jetzt am besten nach Hause.«
»Warum das denn?«, fragte J. B. misstrauisch.
»Warum nicht? Morgen wird es ein langer, heißer Tag werden. Es heißt, wir müssten mit Temperaturen um die vierzig Grad rechnen.«
Sein Vater trat seine Zigarre mit dem Stiefel aus. »Dem Gerede übers Wetter hörst du zu, aber nicht, wenn es um einen Mord geht? Erzähl mir keinen Unsinn. Möchte wetten, dass Clem, falls du die Stadt verlässt, binnen zehn Minuten einen Suchtrupp hinter dir herschickt. Rede dir bloß nicht ein, er würde nicht erwarten, dass du genau das tust.«
»Ich bin schneller als sie.«
»Aber warum willst du denn schneller sein, Keith? Warum? Du musst mir sagen, was passiert ist. Ich versuche, dir zu helfen. Begreifst du das denn nicht?«
Keith schmollte: »Du willst mir gar nicht helfen. Ich bin dir doch völlig gleichgültig. Warte nur, bis ich in der Regierung sitze. Dann bin ich am Zug. Du bist dann nicht mehr der große Boss, du gehörst dann zu den Ehemaligen, zu den Tattergreisen, du und deine Freunde …«
J. B. war verblüfft. »Um Himmels willen. Was zum Teufel faselst du da? Nur ein Hauch von einem Skandal, und du schaffst es nie in die Regierung! Deshalb meine ich ja, dass du eine Weile untertauchen solltest …«
»Du hast gesagt, wenn ich nach Hause reite, schicken sie mir einen Suchtrupp hinterher. Was denn nun? Ich habe keinen Grund zur Sorge.«
J. B. war nicht so sicher. »Gut. Aber damit Gras über die Sache wachsen kann, hab ich dich auf diesem Schiff untergebracht. Tauch einfach für einige Zeit ab. Geh an Bord und überlass mir das Reden. Ich halte Clem Colley bis morgen hin, bis das Schiff weg ist.«
Keith fiel so wütend über ihn her, dass sein Vater sich an einem Pfosten festhalten musste, um nicht zu stürzen.
»Du Schwein! Du willst mich aus dem Weg räumen«, schrie

er. »Typisch für dich, das so hinterlistig anzustellen. Du willst mich tot sehen. Auf das Schiff da willst du mich verfrachten, wie?«
Er griff nach seinem Gewehr und lud es mit nervösen Griffen, während sein Vater ihm erschrocken zurief: »Keith! Was tust du da? Das Gewehr! Du brauchst kein Gewehr …«
»Du selbst würdest doch sicher nicht an Bord gehen, wie?«, fauchte Keith. »Oh nein, abschieben willst du mich. Die Cholera soll ich kriegen. Das da ist ein verdammtes Totenschiff, und du weißt es genau.« Er hob das Gewehr und zielte auf seinen Vater.

Pastor Beitz sah Keith zum Hafen reiten und hörte kurz darauf die lauten Stimmen. In diesem Augenblick kam Charlie Mayhew hinzu.
»Vater und Sohn haben einen tüchtigen Streit«, bemerkte er und fragte sich gleichzeitig, wieso der Alte da in der Dunkelheit herumstand.
»Die Sache mit Ritter tut mir Leid«, fuhr Charlie fort. »Schlimme Sache, das. Ein Zeuge sagt, er hätte Keith Dixon gesehen, als er vom Schauplatz des Verbrechens fortritt, und es sieht so aus, als könnte er der Schütze gewesen sein. Allerdings sagt der Zeuge, das Opfer habe, bevor es starb, mehrmals den Namen ›Otto‹ genannt. Kennen Sie jemanden mit diesem Namen? Wir denken, dass der vielleicht der Mörder sein könnte.«
Ein Mörder, dachte der Pastor. Möglichweise war er ein Mörder, aber nicht in diesem Fall.
Er war immer noch wacklig auf den Beinen. Tibbaling hatte Recht. Der Gestank des Bösen hing immer noch in der Luft. Bis zu dieser Minute hätte Beitz nicht sagen können, warum er hierher zum Fluss gekommen war. Er hatte es einfach getan. Und als die Stimmen immer lauter wurden und der junge Mann begann, seinen Vater anzuschreien, lief der Pastor los. Er legte die Strecke so schnell zurück, dass beide Männer überrumpelt waren, als er plötzlich auftauchte.

»Werfen Sie das Gewehr weg«, befahl er, trat vor und stellte sich neben Mr Dixon.
»Er hat den Verstand verloren«, sagte der Mann leise und angsterfüllt und konnte sich vor Schreck nicht rühren.
»Du bist derjenige, der den Verstand verloren hat«, schrie Keith. »Ich krieg dich doch, du Geldsack. Du denkst, du könntest die ganze Welt beherrschen, aber da irrst du dich. Ich lasse es nicht zu. Ich kann tun und lassen, was ich will, oder etwa nicht? Ich kenne sämtliche Geheimnisse in dieser Gegend, über das Feuer, die Vergewaltigung, ich weiß alles. Man erzählt sich eine ganze Menge, nicht wahr, Herr Pastor?«
Pastor Beitz stand aufrecht da. »Wirf das Gewehr weg, Otto. Wirf es weg!«
Keith riss den Mund auf. Bestürzt blickte er von dem Pastor zu seinem Vater und senkte langsam das Gewehr, doch dann verkrampfte sich seine Hand, ruckartig, wie aus eigenem Entschluss fuhr das Gewehr nach oben, und er drückte ab.
Der Pastor hatte seine Augen beobachtet; er wusste, dass dieser junge Mann niemals seinen Vater erschießen würde, und auf Ottos List war er gefasst. Er stieß Mr Dixon zur Seite, doch er hatte nicht mit der Größe und der Kraft des Farmers gerechnet und ihm einen noch heftigeren Stoß versetzen müssen, und in diesen Sekundenbruchteilen konnte er sich selbst nicht schnell genug aus der Schusslinie retten.
Im Sturz noch schlug er mit schwachen Bewegungen das Kreuz über seinen Angreifer, und Keith brach weinend neben ihm in die Knie.
»Es tut mir so Leid. Das habe ich nicht gewollt. Ich würde doch nicht …« Er blickte flehend zu seinem Vater auf. »Es tut mir so Leid. Es war ein Unfall. Es war ein Unfall …«
Charlie Mayhew kam herbeigerannt.
»Er muss zum Arzt!«, rief J. B. ihm zu und stieß seinen Sohn zur Seite, während er gleichzeitig ein Taschentuch aus der Tasche zog, um die Blutung an der Schulter des Pastors zu stillen. »Wenn du willst, kannst du mich jetzt erschießen«,

fauchte er Keith an. »Ich bin immer noch unbewaffnet. Los, mach schon, du verdammter Feigling!«
»Nein!«, rief Pastor Beitz. »Nicht Sie – mich! Er wollte mich erschießen. Otto war's!«
Keith warf das Gewehr von sich und setzte sich benommen ein paar Meter von seinem Vater und dem Pastor entfernt nieder, und so fand ihn Constable Colley, der ihn wegen Mordverdachts festnahm.
»Das reicht erst einmal«, sagte er zu Charlie Mayhew.

Erschöpft und müde machte sich der Kutscher des Krankenhauses erneut auf den Weg, beschwerte sich bitterlich über die unbeleuchteten Straßen und drohte damit, seinen Nachtdienst einzustellen, wenn nicht bald Straßenlaternen angeschafft würden. Trotzdem war er längst zu einer ausgezeichneten Informationsquelle für den Reporter vom BUNDABERG GUARDIAN geworden, der jetzt, durch das Bimmeln der Glocke aufmerksam geworden, auf die Straße stürzte und ihn quer durch die Stadt verfolgte.
»Was nun schon wieder?«, rief er, als der Patient der Oberschwester übergeben wurde, die die gleiche Frage stellte.
»Ein Pastor. Keith Dixon hat schon wieder auf einen Pastor geschossen!«
»Gott steh uns bei! Lebt er noch?«, fragte der Reporter.
»Ja. Fass mal mit an.«
Mit vereinten Kräften trugen sie das Opfer zu Dr. Strauss herein.
»Vermutlich hat Keith Dixon irgendeinen religiösen Tick«, sagte der Kutscher. »Warum sonst rennt er herum und schießt auf Geistliche?«
Der Zeitungsmann nickte. »Kann sein. Heute Nachmittag auf der Veranstaltung war er auch schon so komisch. Die Politik ist vielleicht doch zu viel für ihn. Übermäßig klug war er ja nie.«
»Warum unterstützt deine Zeitung dann seine Kandidatur?«
»Das war einmal, mein Freund. Ich muss jetzt Clem Colley

suchen. Wenn er Dixon früher verhaftet hätte, wäre es nicht zu diesem zweiten Mordanschlag gekommen.«
Der Kutscher spähte über seine Brille hinweg. »Colley hat das gleiche Spielchen gespielt wie du, Kumpel. Er hat die Dixons unterstützt. Der Macht den Rücken gestärkt. Charlie Mayhew hat ihn aufgefordert, die Verhaftung vorzunehmen, aber nein, Colley hielt sich zurück und behauptete, es gäbe ja keinen Augenzeugen. Ihr könnt euch beide die Hand reichen.«
Eine Tür wurde aufgestoßen, und J. B. Dixon stürmte in den Raum. »Hast du Pastor Beitz heil hierher geschafft?«, fragte er den Kutscher.
»Ja. Er wird operiert. Dr. Strauss war zum Glück noch hier.«
»Wir brauchen einen vernünftigen Rettungswagen«, sagte J. B. »Du kannst kranke Menschen doch nicht in diesem Leichenwagen befördern …«
Der Reporter mischte sich ein. »Mr Dixon, darf ich Sie fragen, ob Ihr Sohn eine Art Groll gegen die Kirche hegt? Ich meine, angesichts der Ereignisse …«
»Raus hier!«, donnerte J. B., und beide Männer suchten das Weite, als die Oberschwester kam.
»Wer macht hier solchen Lärm? Mr Dixon! Sie sollten es eigentlich besser wissen.«
»Tut mir Leid. Ich bin in Sorge um Pastor Beitz. Wie geht es ihm?«
»Er wird's überleben. Nur ein Schuss in die Schulter. Dr. Strauss behandelt ihn gerade. Das wird dauern.«
»Gut. Hören Sie, Oberschwester, ich will, dass er die allerbeste Betreuung bekommt. Geld spielt keine Rolle. Werden Sie dafür sorgen?«
Sie hob die Schultern. »Geld hilft uns auch nicht weiter, wenn wir nicht genügend Betten haben. Er wird heute Nacht im Operationssaal schlafen müssen.«

Er würde mit Pastor Beitz und den anderen reden müssen, überlegte Walther. Dieses Mal mussten sie massivere Unterkünfte bauen, aber woraus? Er hatte all seine Mittel in eine

Brauerei investiert, die, wie er hoffte, auf lange Sicht Pastor Beitz und die lutherische Gemeinde zuverlässig unterhalten würde, und das hieß, dass er keinen Penny erübrigen konnte. Max und Hans ebenso wenig, und ganz gewiss nicht der arme Lukas, der jetzt wieder ohne Arbeit war.

Darauf kann man stolz sein, seufzte er.

Er nickte und beobachtete ein halbes Dutzend Wallabys, die über die Lichtung auf die Bäume zuhoppelten, und dann sah er einen Reiter die Straße entlangkommen, lässig über den Zaun springen und zum Hafen hinunterreiten, wo ein Schiff vor Anker lag.

In der Ferne hörte er laute Stimmen, wütende Stimmen, die in keinem Zusammenhang mit Pastor Beitz stehen konnten; wahrscheinlich Matrosen, die eine Meinungsverschiedenheit austrugen.

Walther sah Charlie Mayhew nicht, der hinter ihm die Straße überquerte und auf die Einwandererbaracken zuging, doch selbst wenn er ihn gesehen hätte, wäre er nicht auf den Gedanken gekommen, dass irgendetwas nicht in Ordnung sein könnte. Das Gebiet zwischen Quay Street und dem Hafen konnte beinahe als öffentlicher Park bezeichnet werden. Dass ein Mann zum Hafen hinunterging, war eigentlich in keiner Weise befremdlich.

Das sagte er sich später, doch es nützte ihm nichts. Er war der Meinung, er hätte spüren müssen, dass etwas nicht stimmte; er hätte Pastor Beitz suchen müssen, sobald er die lauten Stimmen hörte. Es hätte schließlich auch eine Schlägerei unter Betrunkenen sein können … doch es kam schlimmer.

Er hörte den Schuss. Zuerst dachte er, jemand würde auf die Wallabys schießen, doch in seinem Kopf schrillten Alarmglocken, als er den Schuss mit dem Streit drüben beim Schiff in Verbindung brachte.

Er sprang vom Wagen und lief los, um Pastor Beitz zu holen und aus der Gefahrenzone zu bringen, doch bei den Einwandererbaracken, wo Walther ihn vermutet hatte, war der

Pastor nicht zu finden. Er lief um das Gebäude herum, um das gesamte Gebäude, und suchte ihn. Er warf einen Blick hinein, doch drinnen war es völlig dunkel. Zurzeit wohnte hier niemand.

Dann rannte ein Mann an ihm vorüber in Richtung Straße. Walther packte ihn und hielt ihn fest. »Was …?«

»Er hat auf Pastor Beitz geschossen«, würgte Charlie Mayhew hervor. »Er muss ins Krankenhaus.«

Walther hastete zum Hafen. Auf dem Schiff wurden Lampen angezündet. Leute kamen an Deck. Stimmen riefen, fragten. Ein Lautsprecher dröhnte.

»Niemand verlässt das Schiff. Das ist eine gerichtliche Anordnung. Die Gangway bleibt oben. Niemand verlässt das Schiff.«

Und dann sah Walther Pastor Beitz, den geliebten Seelsorger, der mit einer Schussverletzung am Boden lag und blutete, und Mr Dixon versuchte, die Blutung zu stillen, und schrie dabei Gott weiß was.

Der Sohn. Der berühmte Sohn, gegen den sie hatten stimmen sollen, kauerte wie ein Häufchen Elend ganz in der Nähe. War er nicht derjenige, der Vikar Ritter erschossen hatte? Hatte Billy das nicht vor einer Weile gesagt? Vor einer Ewigkeit.

Walther war völlig durcheinander. Er sank neben Pastor Beitz auf die Knie und traute sich kaum, ihn zu berühren, als er den dunklen Flecken auf dem Stoff über der Wunde sah, als er Mr Dixons Hände sah. In diesem Licht sah das Blut schwarz aus. Pastor Beitz' Blut. Lieber Gott.

»Lebt er?«, fragte er, und der Pastor selbst hauchte ein Ja.

»Er hat mir das Leben gerettet«, sagte der alte Dixon, und Walther sah sich verwirrt um. Drüben auf dem Schiff schauten Leute von der Reling aus zu und versuchten, im spärlichen Licht der Nacht das Drama zu verfolgen, doch außer ihnen war niemand da. Hatte Charlie Mayhew das getan und war dann geflüchtet? Charlie, Jakob Meissners Freund und Partner. Ganz bestimmt nicht.

Er wandte sich dem anderen Mann zu. »Sind Sie Keith Dixon?«

»Es tut mir Leid, ich wollte das nicht«, weinte Keith. »Glauben Sie mir, ich wollte es nicht.«

Angewidert erhob sich Walther und trat, verwirrter denn je, zu dem sabbernden Häufchen Elend.

»Was wollten Sie nicht?«, fragte er.

»Er hatte eigentlich mich erschießen wollen«, sagte der alte Dixon, und Walther blickte von einem zum anderen. Vater und Sohn.

Er hockte sich neben Keith, der vor ihm zurückwich. »Da drüben steht mein Pferd. Sie können es haben. Helfen Sie mir nur auf die Beine. Ich fühle mich ein bisschen schwach. Ich muss jetzt los. Das Schiff da hinten. Ich sollte schon längst an Bord sein. Hilf mir, mein Freund. Ich muss jetzt los.«

Walther zog ihn hoch. »Es war ein Unfall?«

»Ja. Das sagte ich doch. Mein Vater redet Unsinn. Ich würde den blöden Alten doch nicht erschießen. Himmel, nein! Das alles war ein schrecklicher Irrtum. Charlie holt schon ärztliche Hilfe. Alles kommt wieder ins Lot. Aber ich muss los. Ich muss aufs Schiff.«

»Will es ablegen?«, fragte Walther.

»Bald schon. Mister, mein Pferd, das ist ein Vollblut. Eine Menge Geld wert. Es gehört Ihnen. Lassen Sie mich jetzt los. Wenn ich erst mal an Bord bin, kann mich keiner mehr zurückholen.«

Walther starrte ihn an, und seine Bestürzung wuchs. Dixon verlangte ständig, man möge ihn loslassen, doch keiner hielt ihn fest. Walther schon gar nicht.

»Augenblick noch«, sagte Walther. »Vikar Ritter ist tot. Jemand hat ihn erschossen. Wissen Sie davon?«

»Ritter? Lassen Sie mich bloß in Ruhe mit diesem Schweinehund.«

»Wer sind Sie, dass Sie einen Vikar als Schweinehund bezeichnen?«

»Hör mal, Kumpel, wenn der Kerl ein Geistlicher war, dann bin ich der Papst. Er war ein dreckiger Erpresser. Ich weiß nicht, woher ihr Deutschen eure Pastoren nehmt, aber ihr solltet euch was Besseres suchen als das, was ihr hier vorzuweisen habt.«

Jetzt fühlte er sich sicher, blickte auf Walther herab, der immer noch unter Schock stand, Teil dieser Szene und auch wieder nicht. Walthers Stimme war nur noch ein Krächzen.

»Sir. Reden Sie mit mir? Sie dürfen diesen guten Mann nicht schlecht machen.«

Keith lachte. »Wer macht denn jemanden schlecht? Hier geht's um einen Unfall, sonst nichts.«

»Um einen Unfall?«, brüllte Walther. »Einen Unfall!« Er packte Keith und hob ihn hoch. »Dann kannst du das hier auch als Unfall bezeichnen!«

Er stapfte zum Ufer und schleuderte Keith ins Wasser.

Doch da rief der Vater: »Nein! Nein! Er kann nicht schwimmen. Er hatte schon immer Angst vorm Wasser. Bitte, lassen Sie ihn nicht ertrinken. Bitte!«

Walther war so in Rage, dass er den Mörder von Herzen gern hätte ertrinken lassen, doch Pastor Beitz richtete sich halb auf und rief ihm zu: »Rette ihn, Walther. Denke daran: Du sollst nicht töten!«

Ein Matrose vom Schiff sprang ebenfalls ins Wasser, als er Keiths Hilferufe hörte, und gemeinsam brachten er und Walther ihn ans Ufer.

Pastor Beitz kam ins Krankenhaus. Die Polizei holte Keith Dixon ab. Walther war es zu peinlich, sich tropfnass im Krankenhaus blicken zu lassen; er ging zu Eva Zimmermanns Häuschen und bat sie um Hilfe.

Dort war Lukas und turtelte verliebt mit seiner Frau, doch Walther hatte keine Zeit für Fragen. Er brachte schlechte Nachrichten über Pastor Beitz. Die übrigen schlechten Nachrichten, die Zerstörung ihrer Hütten betreffend, konnten noch warten. Jetzt benötigte er lediglich Handtücher, um sich abzutrocknen, damit er zum Krankenhaus gehen konnte.

Er betrat das Krankenhaus in dem Augenblick, als die Oberschwester sagte, Pastor Beitz würde im Operationssaal schlafen müssen. Mittlerweile war Walther sehr erschöpft und niedergeschlagen. Sein Heim war zerstört, und sein bester Freund auf der ganzen Welt lag verwundet, angeschossen, hier im Krankenhaus.

»Warum auch nicht«, sagte er bekümmert. »Er hat ja kein Zuhause mehr. Dafür hat der Sturm gesorgt.«

»Oberschwester«, sagte J. B. Dixon. »Ob Sie wohl eine Tasse Tee für diesen Herrn hätten? Er hat auch eine schwierige Nacht hinter sich.«

Sie stellten fest, dass Friedrich, wenn das denn sein Name war, nichts besaß, was ihn eindeutig als Vikar Ritter oder sonst jemanden ausweisen konnte. Keine Fotos. Pastor Beitz beschloss, an den Dekan des St.-Johannis-Seminars zu schreiben und ihn um ein Foto zu bitten, damit der Fall aufgeklärt würde.

»Ich werde den armen Kerl begraben müssen«, sagte er zu Hubert Hoepper, »deshalb kann ich nicht hier bleiben. Würden Sie bitte mit der Oberschwester reden? Mir geht es wirklich wieder gut.«

Sie konnte dem nicht zustimmen. »Er ist ein alter Mann. Er hat sehr viel Blut verloren. Sehen Sie nicht, wie blass er ist, Mr Hoepper? Die Kugel hat eine ungewöhnlich große Fleischwunde gerissen, weil sie aus der Nähe abgefeuert wurde.«

»Keine Knochenbrüche?«

»Das Schlüsselbein ist angebrochen und die Schulter ausgerenkt, was äußerst schmerzhaft ist. Ich denke nicht, dass ich ihn schon entlassen kann. Außerdem, wo will er wohnen? Der andere Herr sagte, der Sturm hätte sein Haus zerstört.«

»Das stimmt. Ich dachte, ich könnte ihn mitnehmen in das Hotel, in dem ich wohne. Dort wird er es sehr komfortabel haben.«

Sie lächelte. »Sicherlich, aber ich möchte ihn trotzdem noch einen Tag länger hier behalten.«

Hubert erklärte sich einverstanden mit dem Kompromiss, und Pastor Beitz ergab sich seinem Schicksal. Er war offenbar zu erschöpft, um Widerspruch einzulegen. Allerdings schickte er Hubert zum Leichenbestatter, damit er für den folgenden Tag das Begräbnis auf dem kleinen Friedhof der Stadt vorbereiten konnte, bestand jedoch darauf, dass es eine ganz private Zeremonie sein sollte. Datum und Uhrzeit sollten nicht bekannt gegeben werden, keine Anzeige würde in der Zeitung erscheinen, und Pastor Beitz selbst wollte den Gottesdienst halten.

# 19. Kapitel

Rosie Kleinschmidt quälte sich mit eigenen Sorgen. Ihr Baby im Arm, hatte sie vorn gesessen, als der merkwürdige Rettungswagen ihren Mann ins Krankenhaus brachte. Stundenlang hatte sie im Flur gewartet, war nicht von der Stelle gewichen, bis Dr. Strauss ihr Kaffee brachte sowie die gute Nachricht, dass Rolfs Operation vorüber und gut verlaufen war.

»Darf ich ihn sehen?«

»Ja, sie bringen ihn gleich auf die Station.«

Als sie ihn sah, fühlte Rosie sich, wenngleich er noch nicht wieder bei Bewusstsein war, so erleichtert, dass sie sich an ihn klammerte und weinte, bis die Oberschwester sie sanft von ihm löste.

»Sie sollten mit Ihrem Kind nach Hause gehen, meine Liebe. Hier können Sie sowieso nichts tun. Er muss sich jetzt gesund schlafen. Ein paar Tage wird er noch hier bleiben müssen, bis die Operationswunde verheilt ist. Kommen Sie doch morgen wieder.«

Sie ging nach Hause, fütterte das Kind und fing an, den Küchenboden und dann den Herd zu schrubben. Das Putzen tröstete sie, gab ihr etwas zu tun, um ihre Sorgen vergessen zu können. Sie war gerade mit der Arbeit fertig, als ihr auffiel, dass der Wind auffrischte, und sie beeilte sich, alle Türen und Fenster zu verschließen.

Doch irgendwie ahnte sie, dass dieser Sturm schlimm werden könnte, und sie wickelte das Baby in eine dicke Decke und kroch mit ihm unters Bett. Während der Sturm um ihr Haus herum tobte und wütete, hielt Rosie Kleinschmidt ihr Töchterchen im Arm, sang Kirchenlieder und vertraute auf den Schutz des Herrn.

Am Morgen stellte sie fest, dass ihr Garten mit dem selbst

gebauten Zaun zerstört war, aber das solide kleine Häuschen hatte keinerlei Schaden genommen.
Beschämt darüber, dass sie am Vorabend in ihrer Werktagskleidung im Krankenhaus gewesen war, zog Rosie dieses Mal ihr bestes Sonntagskleid an und setzte die neue Haube auf, die Rolf ihr im Sunshine Store gekauft hatte.
Durch die noch verwüsteten Straßen ging sie zum Krankenhaus, erstaunt, dass der Sturm so viel Unheil angerichtet hatte, stellte den Kinderwagen ab, nahm ihr Töchterchen auf den Arm und betrat das Gebäude. Bei Tageslicht sah alles ganz anders aus, und auf den Fluren traf sie kaum einen Menschen. Während sie umherirrte, glaubte sie einmal, die Stimme ihres Mannes gehört zu haben, und öffnete eine Tür, nur um sie peinlich berührt gleich wieder zu schließen, denn in dem Zimmer lag ein fremder Mann.
»Gehen Sie nicht da rein«, rief eine Krankenschwester mit rauer Stimme. »Halten Sie sich fern von diesem Zimmer. Wen suchen Sie denn?«
»Mr Kleinschmidt«, antwortete sie schüchtern.
»Männerstation. Weiter hinten. Aber strengen Sie ihn nicht zu sehr an.«

Auf dem Rückweg vom Krankenhaus ließ ihr irgendetwas Unbestimmtes keine Ruhe. Etwas, das sie hätte tun sollen. Doch sie kam nicht darauf, was es war. Rolf ging es gut. Er hatte Schmerzen am Bauch, aber sonst fehlte ihm nichts. Er sagte, jetzt müsse er die gewohnte fade Kost nicht mehr essen. Er hätte keinen schwachen Magen. Er war allerdings immer noch ziemlich benommen und schien von dem Sturm nichts mitbekommen zu haben, und deshalb hatte sie ihn nicht mit diesem Thema beunruhigt, doch der Mann im Bett neben ihm, der mit dem gebrochenen Bein, wollte gar nicht mehr aufhören zu reden.
Er wusste alles, was in der vergangenen Nacht geschehen war, schreckliche Dinge, die nichts mit dem Sturm zu schaffen hatten.

»Auf eure deutschen Pastoren wurde geschossen, auf beide! So wahr ich hier sitze.«
»Nein«, hauchte sie. »Nein, das kann nicht sein.«
»Ist aber wahr. Der jüngere ist tot. Der alte, der liegt auch hier im Krankenhaus.«
»Das kann nicht sein.«
»Stimmt aber. Der alte Pastor, sie mussten ihn über Nacht im Operationssaal unterbringen, aber heute Morgen konnte jemand entlassen werden, und da ist er in ein Zimmer weiter hinten gebracht worden. Sehen Sie doch selbst nach. Er ist wirklich hier.«
»Pass auf das Kind auf«, sagte Rosie zu Rolf und legte das Baby neben ihm ins Bett. »Ich bin gleich zurück.«
»Die zweite Tür rechts«, erklärte der Bursche, und Rosie huschte davon. Sie war so sicher, dass das alles weiter nichts als Unsinn war, sie traute sich nicht, eine der Schwestern zu fragen, aus Angst, man könnte sie auslachen. Vielleicht wollte der Mann sich nur einen Spaß mit ihr machen. Das war in dieser Stadt ja so üblich, man lachte ständig, nahm die anderen hoch.
Dann wusste sie nicht mehr, ob die Tür nun links oder rechts sein sollte, hörte jedoch vor einer Tür eine deutsche Stimme und wollte gerade eintreten, als die Oberschwester sie zurückhielt.
»Ihr Mann liegt auf der Männerstation, Mrs Kleinschmidt.«
Schuldbewusst versuchte Rosie sich zu erklären. »Ich wollte nur wissen, ob Pastor Beitz tatsächlich hier ist. Hier im Krankenhaus.«
»Ja, meine Liebe. Er liegt in dem Zimmer da drüben, aber augenblicklich schläft er. Wir haben ihn eben gerade ein wenig beruhigen können.«
Rosie war schockiert. »Dann stimmt es also. Jemand hat auf ihn geschossen. Oh, mein Gott! Was geht hier vor?«
»So beruhigen Sie sich doch. Es ist ja alles vorüber.«
»Aber der Mann sagte, Vikar Ritter sei tot!«
»Das ist leider wahr, Mrs Kleinschmidt. Sie werden noch

früh genug alles Nähere erfahren. Höre ich da Ihr Baby weinen?«

Man sah es nicht gern, wenn Leute ihre Besuche zu lange ausdehnten, und Rosie machte sich kurz darauf auf den Heimweg. Sie schob den Kinderwagen zum Royal Hotel, um Eva Zimmermann zu besuchen. Die wusste bestimmt, was geschehen war.

Rosie war gerade vor der Küchentür angelangt, als es ihr blitzartig einfiel.

Eva kam zur Tür, freute sich, sie zu sehen, beugte sich herab und schäkerte mit dem Baby, doch Rosie stieß atemlos hervor:

»Tut mir Leid, ich kann mich nicht lange aufhalten. Würdest du bitte auf das Kind aufpassen? Ich bleibe nicht lange fort.«

»Ja …« Eva trat nach draußen und griff nach dem Kinderwagen, und bevor sie noch fragen konnte, worum es denn ginge, lief Rosie bereits quer über den Hinterhof des Hotels zur Straße.

Einige Männer waren mit dem Aufräumen beschäftigt, mit schweren Besen und Harken schoben sie nasses Laub beiseite, andere sägten Äste ab und stapelten sie zu Haufen, und Rosie hastete um sie herum, die Straße entlang zum Krankenhaus.

Keuchend stand sie vor der Oberschwester. »Was gibt es denn nun schon wieder, Mrs Kleinschmidt?«, seufzte sie.

»Der Mann in dem anderen Zimmer, nicht in dem von Pastor Beitz. Wer ist das?«

»Ein Fremder. Von einem Schiff. Offenbar ein Däne. Von den Goldfeldern.«

»Er ist kein Däne. Er ist Deutscher«, sagte Rosie. »Ich habe ihn sprechen hören.«

»Wie schön. Vielleicht kann Ihr Mann später mal mit ihm reden. Ihn fragen, wer er ist. Ihm geht es nicht gut.«

»Aber Oberschwester, ich weiß, wer er ist. Ich glaube es jedenfalls …« Plötzlich war sie nicht mehr so sicher. Sie hatte den Mann ja nicht tatsächlich erkannt. Wie denn auch? Sein

Gesicht verbarg sich unter langen Haaren und einem wilden Bart.
»Dann wollen wir mal sehen. Wir dachten, er hätte die Cholera, aber Dr. Strauss glaubt es inzwischen nicht mehr. Wir haben ihn eben gewaschen.« Sie lachte. »Diese Goldgräber lassen sich gehen, vergessen, was Baden und Rasieren bedeutet, deshalb kennen wir kein Erbarmen. Er ist jetzt ordentlich rasiert. Meine Damen hören nicht auf die Klagen dieser Kerle, hier werden sie geschrubbt, was das Zeug hält.«
Sie öffnete die Tür, und Rosie erblickte Theo Zimmermann.
»Sie kennen ihn nicht, oder?«, fragte die Oberschwester.
»Oh doch. Ohne den Bart erkenne ich ihn sofort. Er heißt Theo Zimmermann, und seine Frau und seine Kinder wohnen in Bundaberg.«
»Gütiger Gott. Sind Sie wohl so freundlich und informieren seine Frau?«, bat die Oberschwester leise und schob Rosie zur Tür hinaus. »Er ist immer noch schwer krank. Ich schätze, wir haben dem Erbrechen Einhalt geboten, aber er hat immer noch Fieber und Magenschmerzen und ist halb verhungert.«
Sie schüttelte den Kopf. »Anscheinend ist niemandem so recht klar, wie viele von diesen fanatischen Goldgräbern in den Minen an Krankheiten und Unterernährung sterben.«
»Aber er wird doch wieder gesund?«
»Das kann ich nicht versprechen. Hängt davon ab, wie viel Schaden er sich selbst zugefügt hat. Seine Frau kann ihn besuchen, aber ohne die Kinder. Und ich würde auch Ihnen raten, ihn besser nicht zu besuchen. Ihr Baby ist noch so klein. Es gibt zu viele Tropenkrankheiten, von denen wir nichts wissen.«

Eine weitere deutsche Frau kam die Straße entlanggelaufen. Sie trug noch ihre Schürze. Eine verdammt gute Köchin, bemerkte der Straßenkehrer, als sie an ihm vorüberhastete. Sie sahen ihr neugierig nach, als sie zum Krankenhaus rannte. Doch in der abgelegenen kleinen Stadt war in den letzten vierundzwanzig Stunden so viel geschehen, dass den Räumbrigaden der Gesprächsstoff wohl tagelang nicht ausgehen würde.

Die Oberschwester unterrichtete die Krankenschwester, die einzige ausgebildete Schwester außer ihr.
»Er wohnt hier«, sagte sie. »Ist wohl einer von dem Haufen Immigranten, der letztes Jahr angekommen ist.«
»Armer Kerl. Er wusste bestimmt nicht mal, wo er war, als er hier an Land gebracht wurde. Wie geht's ihm?«
»Seit du ihn gewaschen hast, sieht er bedeutend besser aus, und deshalb fühlt er sich wohl auch besser, aber er ist immer noch sehr krank.«
»Er hält immer noch diesen blauen Stein fest.«
»Welchen blauen Stein?«
»Ich hab dir doch gesagt, als wir ihn herbrachten, hielt er einen groben alten Stein in der Hand, den er um nichts in der Welt loslassen wollte. Ein völlig nutzloses Stück Fels, fest in seiner Hand, und er lässt nicht los.«
»Vielleicht ein Andenken oder so.«
»Ich glaube eher, er redet sich ein, es wäre Gold. Du weißt doch, wie sie sind, diese Goldgräber … halb verrückt in ihren Wahnvorstellungen.«
Die Oberschwester sah durchs Fenster eine Frau, die keuchend auf den Eingang zustrebte und sich im Laufen die Schürze abband.
»Das dürfte Mrs Zimmermann sein.«
»Die kenne ich. Sie ist Köchin im Royal Hotel.«

Eva saß auf einem Stuhl an Theos Bett und versuchte, sich zu erinnern, wann sie das letzteMal miteinander geredet hatten, doch sie kam nicht über seine Lüge hinsichtlich des Pferds und über sein Verschwinden hinaus. Sein feiges Abhauen, um zu den Goldfeldern zu eilen. Von einem Pferd war jetzt nicht mehr die Rede.
Das war offenbar auch abhanden gekommen. Er war ohne

einen Penny zurückgekommen, besaß nicht einmal mehr ein eigenes Paar Hosen. Die Oberschwester hatte angeordnet, dass seine Kleider verbrannt wurden. Wegen der Infektionsgefahr, sagte sie. Und wegen der Läuse.

Seine Frau schämte sich. Sie wünschte sich, Rosie hätte geschwiegen, wäre zuerst zu ihr gekommen. Das hätte wahrscheinlich aber auch nichts geändert. Sie wäre trotzdem hergerannt, um zu sehen, wer der Mann war, um bestätigt zu finden, dass ihr Mann, der Dummkopf, endlich zu Hause gelandet war, um ihr noch größere Peinlichkeiten zu bescheren. Er wusste anscheinend nicht, wo er war. Faselte über alles Mögliche, manchmal auf Deutsch, manchmal auf Englisch, und sah verrückt aus mit seinem kahl geschorenen Schädel, der aussah wie eine weiße Mütze über sonnenverbrannter Haut.

Eva seufzte. Sie sollte besser wieder zurück an die Arbeit gehen. Einer musste schließlich die Familie ernähren. Sie stand auf und wollte gehen, aber plötzlich ergriff er ihren Arm, und sie sprach ihn an.

»Keine Angst. Ich komme später noch einmal. Die Schwester kümmert sich um dich. Schlaf jetzt.«

Doch er ließ sie nicht los und zog mit äußerster Mühe den anderen Arm herüber, um ihr etwas in die Hand zu drücken. Dann sank er erschöpft in die Kissen zurück.

»Was ist das?«, fragte Eva und betrachtete den schweren blauen Stein, doch Theo war schon wieder eingedämmert.

Eva untersuchte den Stein sorgfältig, in der Hoffnung, er könnte wertvoll sein, aber es war nur ein billiges Schmuckstück, blau angemalt und anscheinend auch noch lackiert. Wahrscheinlich ein Talisman, der Theo aber wohl kein Glück gebracht hatte. Sie schob ihn in ihre Tasche und vergaß ihn.

»Mein Mann ist zurück«, berichtete sie Mr Hackett.

»Nein!« Sein Ton war ernst, doch Eva sah seine Enttäuschung, und das richtete sie auf, schmeichelte ihr. In den vergangenen paar Monaten hatte sie Mr Hackett schätzen gelernt, und sie war ihm dankbar für die Aufmerksamkeit und Fürsorge, die er den Kindern angedeihen ließ. Nachdem Theo nun zurück war, würde sie ihn wohl nicht mehr so häufig sehen. Das ist sehr schade, wirklich traurig, überlegte sie, während sie am Tor zum Schulhof wartete … Unter anderen Bedingungen hätten Mr Hackett und sie so gut zueinander gepasst. Hanni hatte schon mehrmals bemerkt, dass Mr Hackett Eva regelrecht den Hof machte.

Keine von beiden hatte ausgesprochen, dass Mr Hackett womöglich zarte Bande knüpfte, für den Fall, dass Evas Mann nicht mehr zurückkam, aber gedacht hatten sie es durchaus. Dieses hübsche Zwischenspiel war jetzt vorüber, und Eva musste sich wieder mit Theo herumschlagen. Eines steht fest, schwor sie sich, er bekommt nicht einen Penny von meinem Lohn.

»Was machst du denn hier?«, rief Robie seiner Mutter entgegen.

Sie wurde rot. Es war nie nötig gewesen, dass sie zur Schule kam. Robie ging stets gemeinsam mit Hans und Inge nach Hause. Eva war an diesem Tag lediglich gekommen, um mit Mr Hackett zu sprechen.

»Ich wollte euch sagen, dass euer Vater zurück ist.«

Die drei Kinder waren außer sich vor Freude, tanzten umher, wollten ihn sehen, doch Eva erklärte ihnen, dass sie noch ein paar Tage würden warten müssen, weil es ihm nicht gut ging und er noch im Krankenhaus lag. Das fanden sie sogar noch interessanter, denn das Krankenhaus war ein geheimnisvolles Gebäude, das sie mit Ehrfurcht betrachteten. Auf dem Heimweg löcherten sie Eva mit Fragen, doch Eva hatte selbst so viel zu fragen.

Pastor Beitz wurde in einem Zimmer im Royal Hotel untergebracht, trotz seines Einwandes, ein Missionar dürfe nicht im Luxus leben.

»Und die anderen?«, fragte er Hubert.

»Machen Sie sich ihretwegen keine Sorgen. Es freut Sie doch

sicher zu hören, dass Lukas und Hanni wieder zusammen sind; er ist zu ihr gezogen. Wie sich herausstellte, beruhten ihre Probleme nur auf Missverständnissen.«

»Natürlich, anders konnte es gar nicht sein. Und wenn sie sich mir anvertraut hätten, würde ich die Sache in die Hand genommen haben, aber sie mussten ja ihre eigenen Wege gehen. Aber was ist mit Max und Hans und Walther? Wo wohnen sie?«

»Sie möchten in der Gemeinde bleiben.«

»Ah. Brave Burschen.«

»Sie haben ein Zelt aufgestellt und kommen ganz gut zurecht.«

Er ließ Pastor Beitz nicht wissen, wie gut es war, dass sie dort geblieben waren, da zwei Männer aufgetaucht waren, um auf dem Gemeindeland die großen Bäume zu schlagen. Walther war schockiert gewesen. »Da muss ein Irrtum vorliegen. Hier wird kein Holz gefällt. Wir schlagen selbst nur ein paar von den großen Bäumen, wenn wir ein Stück Land zu unserem Gebrauch roden wollen. Den Rest des Grundstücks roden wir vielleicht nie. Wir möchten es gern in seinem ursprünglichen Zustand erhalten, um nachfolgenden Generationen zeigen zu können, wie schön es ist.«

Der Sprecher der Holzfäller, George Macken, hatte die Besitzurkunden vorgelegt, und Walther fielen fast die Augen aus dem Kopf.

»Woher haben Sie diese Papiere?«

»Ein Herr Ritter hat sie mir gegeben, und sie beweisen, dass wir das Recht haben, hier Bäume zu fällen. Es geht nur noch darum, wo wir am besten beginnen, dann kann ich ihm unsere Schätzung vorlegen.«

»Sie reden wahrscheinlich von Vikar Ritter, nicht wahr?«

»Ja.« Jetzt riss Macken die Augen auf. »Oh Gott! Ist das der, der erschossen wurde?«

»Ja. Und wir hätten diese Dokumente gern zurück, Mr Macken. Der Gemeindepfarrer, Pastor Beitz, will nicht, dass hier Bäume gefällt werden.«

Walther nahm die kostbaren Dokumente an sich, und die Holzfäller zogen enttäuscht ab.
»Warum hat Vikar Ritter das getan?«, fragte Max bestürzt.
»Er war kein Geistlicher, vergiss das nicht«, erinnerte ihn sein Bruder. »Wir glauben es jedenfalls. Er hatte es wahrscheinlich nur auf das Geld abgesehen. Ein Glück, dass er damit nicht durchgekommen ist.«
»Immerhin sind unsere Besitzurkunden in Ordnung«, sagte Walther. »Ich lege sie wieder in die Seekiste von Pastor Beitz. Er wird nie erfahren, dass sie verschwunden waren.«

Hubert Hoepper und Mr Dixon, die beide im Hotel wohnten, wurden gute Freunde, besonders als Hubert berichten konnte, dass Pastor Beitz Keith nicht wegen des Schusses auf ihn verklagen wollte. Er bestätigte Keiths Behauptung, dass es ein Unfall war.
»Danke, Herr Pastor«, sagte Dixon. »Es war sehr freundlich von Ihnen, das zu sagen.«
»Glauben Sie bitte nicht, ich hätte die Wahrheit verdreht, Sir. Keith hatte nicht die Absicht abzudrücken, dessen bin ich mir sicher«, erklärte Pastor Beitz, führte seine Ansichten aber nicht weiter aus. Er freute sich darauf, die Vorfälle mit Tibbaling zu besprechen, sobald seine Zeit es gestattete. Er glaubte fest daran, dass der böse Geist noch zugegen gewesen war und er, Beitz, das Opfer hatte sein sollen, Ottos letzte böse Tat. Und Tibbalings Meinung dazu interessierte ihn brennend.
Trotzdem war Dixon dankbar; die Mordklage gegen Keith war schon schwer genug zu tragen. Er hatte einen exzellenten Anwalt aus Brisbane mit der Verteidigung seines Sohns betraut, und dieser Anwalt war im Begriff, einen Mann nach Hamburg zu entsenden, um die Herkunft des Opfers zu erforschen, das, wie es schien, vermutlich gar kein Geistlicher war, sondern eher ein Betrüger. Diese Information war entscheidend für die Verteidigung, und Dixon war dankbar für jede Hilfe, die er bekommen konnte. Hubert selbst war in

der Lage, einen kleinen Beitrag zu leisten, einen Ansatzpunkt zumindest für die Ermittlungen: den Namen des Dekans am St.-Johannis-Seminar in Hamburg und Einzelheiten über Ritters Reise. Er machte zudem auf die Möglichkeit aufmerksam, dass der Vorname des Mannes tatsächlich Otto gelautet haben mochte.

Hoepper und Dixon machten sich an die Ausarbeitung eines Plans zur Unterstützung der Gemeinde. Hubert hatte erwähnt, dass er beabsichtigte, den Bau eines Pfarrhauses auf dem lutherischen Besitz zu veranlassen und sich kundig zu machen über eventuelle dauerhafte Behausungen für Mitglieder, die in der Gemeinde selbst leben wollten. J. B. Dixon fand das sehr vernünftig. Er wollte helfen.

»Das ist das Mindeste, was ich tun kann«, sagte er. »Ich spende tausend Pfund für Ihren Baufonds. Was sagen Sie dazu?«

»Auf ein Wort! Das ist wunderbar! Sie sind überaus großzügig, Mr Dixon.«

»Lassen Sie nur. Aber ich würde es gern sehen, wenn Ihr Pastor Beitz vor Gericht aussagt. Zu Keiths Gunsten, versteht sich.«

»Er wird seiner Bürgerpflicht stets nachkommen«, sagte Hubert.

Obwohl Pastor Beitz auf einem ganz privaten Begräbnis bestanden hatte, auf einem sehr kurzen Gottesdienst, erfuhren die Meissners bald von Rolfs Verwandten jenseits des Flusses von dem Drama und machten sich auf den Weg in die Stadt, unsicher, was sie erwarten sollte. Die Gerüchte, die so schnell an ihre Ohren gedrungen waren, klangen so wirr, dass sie nicht ernst genommen werden konnten, und der erste Beweis, dass etwas nicht in Ordnung war, bestand darin, dass sie erfuhren, der Begräbnisgottesdienst würde auf dem Friedhof des Ortes abgehalten, nicht in ihrer eigenen Kirche. Bald schon hörten sie auch, dass Vikar Ritter tatsächlich tot war, und später erfuhren sie von Charlie Mayhew eine völlig

andere Geschichte über Keith Dixon. Dass er tatsächlich Jakobs Land in Brand gesetzt hatte. Mit Absicht.
Letztendlich wusste dann niemand mehr, was er glauben sollte, doch alle versammelten sich pflichtschuldigst um ein offenes Grab auf dem Friedhof von Bundaberg. Die gesamte deutsche Gemeinde, außer Rolf und Theo.
Die Zimmermann-Kinder standen bei ihrer Mutter. Robie war fasziniert von den Geschichten über die Schüsse und von Pastor Beitz, der mit bandagierter Schulter, den Arm in der Schlinge, von einem großen Rohrsessel aus zu ihnen sprach, statt stehend zu predigen. Das waren genau die wilden Abenteuergeschichten, die der elfjährige Robie in diesem Land hatte erleben wollen, doch bis vor kurzem war das Leben hier enttäuschend zahm verlaufen. Aber jetzt nicht mehr, dachte er begeistert.
Er sah seinen jüngeren Bruder an, der den Gottesdienst überhaupt nicht verfolgte, sondern mit einem blauen Stein an einem Felsblock in der Nähe kratzte.
»Woher hast du den?«, zischelte er.
»Vom Regal in der Küche. Er gehört mir. Mama hat gesagt, ich darf ihn haben.«
»Zeig mal.«
Widerwillig rückte Hans den Stein heraus.
Robie untersuchte ihn. »Der ist schwer wie Blei«, flüsterte er. Der Stein war kantig, hatte beinahe die Form eines Fisches und war gut zehn Zentimeter lang, ein unnützes Ding. Vielleicht konnte man ihn als Briefbeschwerer verwenden. Robie hatte einmal einen Briefbeschwerer aus Glas gesehen, in dem es schneite, was ihn schwer beeindruckt hatte. Der hier aber war hässlich. Überhaupt nicht schön, nicht einmal in der Farbe, einem trüben, milchigen Blau.
Auch er begann jetzt, mit dem Stein an dem Felsblock zu kratzen, entschlossen, seinen Namen einzuritzen, während Pastor Beitz endlos weiterredete und der Kiefernsarg neben dem offenen Grab stand. Hans stieß seinen Bruder an und forderte den Stein zurück, doch er machte weiter, und dann

blätterte erstaunlicherweise die blaue Farbe ab. Unter der dicken Farbschicht war der Stein goldfarben. Robie zupfte drängend am Ärmel seiner Mutter, doch sie schüttelte ihn immer wieder ab und drohte schließlich sogar mit einer Ohrfeige.

Robie hielt es nicht länger aus. Behutsam schlüpfte er hinter den Felsblock und rannte davon. Niemand bemerkte es, außer Hans und seiner Mutter, und beide kochten vor Zorn. Hans zog in Erwägung, ihm nachzulaufen, doch mittlerweile hatte Eva ihn am Kragen und zwang ihn zur Andacht.

Die Predigt hatte den Sieg des Guten über das Böse zum Thema, doch über den Mann, den er beerdigte, hatte der alte Pastor wenig zu sagen. In dieser scheußlichen Situation wollte ihm nichts Passendes einfallen, wenngleich seiner Meinung nach jeder Mensch Anspruch auf ein ordentliches Begräbnis hatte. So redete er einfach über die gesenkten Häupter der Versammelten hinweg, bis er den Gottesdienst mit einem Segen beendete.

Er war immer noch ziemlich schwach, und Walther und Jakob brachten ihn im Wagen zurück ins Hotel. Auf dem Weg begegneten sie Robie Zimmermann, der zurück zu seiner Mutter rannte.

»Ich habe gesehen, wie der kleine Lümmel sich davongeschlichen hat. Darüber muss ich wohl mal ein Wörtchen mit seiner Mutter reden«, sagte Pastor Beitz zu Jakob. »Ein weiterer Beweis für die Erziehung, die diese Kinder in der Heidenschule erhalten. Wer ist dieser komische Bursche, der ihm hinterherrennt?«

»Ich glaube, das ist der Juwelier«, sagte Jakob und sah sich nach dem kleinen Mann im Frack um, der, einen Zylinder in der Hand, versuchte, mit Robie Schritt zu halten. »Was mag da los sein?«

Der Wagen nahm eine Kurve, und sie sahen nicht mehr, wie Robie sich seiner Mutter in die Arme warf.

»Sieh nur! Gold, Mama, Gold! Der Stein, das ist Gold! Es ist eine Menge Geld wert.«

»Warte, bis wir nach Hause kommen. Mich so zu blamieren … Was sagst du da?«
»Gold! Das hier ist Gold!«, schrie er und reichte ihr den Stein.
»Das Ding da? Nie im Leben.«
Der Mann mit dem Zylinder kam keuchend näher, und die Trauergäste scharten sich um die kleine Gruppe, um zu erfahren, was der Anlass für den Aufruhr war.
»Es ist tatsächlich Gold, Madam. Sehr gutes sogar …«
»Aber sehen Sie doch. Blau?«
»Ah. Das ist ein alter Trick unter den Goldgräbern, um Diebstähle zu vermeiden, und im Fall Ihres Mannes war er sogar erfolgreich. Ein sehr kluger Mann, möchte ich sagen, der Wandfarbe und Lack zur Tarnung benutzt.«
Eva zog die Augenbrauen hoch. Es war das erste Mal, dass jemand Theo als klug bezeichnet hatte.
»Es ist wirklich Gold?«, stammelte sie.
»Mein Wort.«
»Oh Gott, und ich hätte das Ding beinahe weggeworfen!«
Eva wurde leichenblass und sank in Ohnmacht, doch Lukas fing sie auf, bevor sie sich verletzen konnte.
Der Juwelier reichte Lukas seine Karte. »Lassen Sie die Dame bitte wissen, dass ich mit größtem Vergnügen ins Geschäft mit ihr kommen würde, und ich garantiere ihr den bestmöglichen Preis für diesen Nugget – für den Fall, dass sie ihn verkaufen möchte.«
»Ein Nugget«, hauchte Robie ehrfürchtig. »Ein Goldnugget!«

# *Schluss*

## Bundaberg, 15. Januar 1878

*Mein lieber Hubert,*
*welch eine Freude, von dir zu hören und alles über deine Reise durch Südafrika zu erfahren. Das muss ein faszinierendes Abenteuer gewesen sein, und wir haben drei von deinen Postkarten erhalten, fürchten jedoch, dass Nummer eins, vier und sechs immer noch auf dem Weg zu uns sind – hoffentlich. Ich kann recht gut verstehen, dass du glücklich bist, endlich wieder in Hamburg zu sein, am Kamin sitzen und hinaus in den Schnee blicken zu können, doch ich möchte meinen, dass du schon im nächsten Jahr wieder an irgendeinem exotischen Schauplatz anzutreffen sein wirst. Ich muss sagen, ich beneide dich um das kalte Wetter. Im vergangenen Monat, genau am 16. Dezember, stiegen die Temperaturen hier auf über vierzig Grad, und wir sind fast geschmolzen. Gegen Mittag beschlossen wir, Zuflucht im kühlen Fluss zu suchen. Friedas neueste Begeisterung ist das Schwimmen; unsere eingeborenen Freunde haben es ihr beigebracht, und sie beherrscht es schon recht gut. Natürlich verlangt sie jetzt, dass Karl und ich es auch erlernen. Glücklicherweise ist Adele ihrer Knute bisher entronnen. Es geht ihr sehr gut, kann ich dir mit Freuden berichten, als alte, bereits ein Jahr verheiratete Ehefrau, wie sie sagt. Für Frieda und mich ist sie der Sonnenschein unseres Lebens. Wir können es noch immer nicht fassen, dass Karl das Glück hatte, deine Tochter heiraten zu dürfen, und, Hubert, ich schwöre dir, ich werde die beiden hüten wie meinen Augapfel. Dabei fällt mir ein, dass hiesige Wissenschaftler behaupten, Moskitos seien die Ursache schwerer fieberhafter Erkrankungen, und wir sollten um jeden Preis*

*vermeiden, gestochen zu werden. Das versuchen wir ohnehin, indem wir Netze verwenden. Wenn du nähere Informationen zu diesem Thema beisteuern könntest, von dem ich nichts verstehe, wäre ich vielleicht in der Lage, die Familie wirksamer zu schützen. Wir haben Moskitonetze über den Betten, aber keine Insektenvorhänge an den Türen, eine beliebte Neuheit hier. Ich weiß, welche Frage dir auf den Nägeln brennt und dass du zu höflich bist, sie auszusprechen, deshalb will ich dich schnell beruhigen: Nein, deine Tochter erwartet noch kein Kind. Frieda sagt, das hat keine Eile. Ihr Haus ist sehr ansehnlich im Vergleich zu unserem Farmhaus, denn Adele ist so geschickt im Nähen hübscher Vorhänge. Ich sage immer zu Karl, dass wir von beiden Welten das Beste erwischt haben. Und wirklich, wir hatten eine Spitzenernte im vergangenen Jahr. Ich habe mir nie träumen lassen, dass ich jemals Zuckerrohr anbauen und dein Partner sein würde, mein Freund. Und mit der Brennerei so gut zusammenarbeiten könnte, einer riesigen Anlage in meinen Augen. Und unglaublich kompliziert. Sie wird Ende dieses Jahres in Betrieb genommen. Walther Badkes Brauerei produziert bereits ein großartiges Lagerbier. Vielleicht kennst du diese Sorte auch aus Deutschland. Mir war sie unbekannt. Aber ich kann sie sehr empfehlen. Lukas Fechner arbeitet für Walther; ich glaube, er nennt sich Abteilungsleiter, und der Job gefällt ihm. Was die Berufsbezeichnung angeht, bin ich mir nicht ganz sicher. Er hat inzwischen einen Sohn, Jürgen, und sie haben das Haus gekauft, das Eva Zimmermann seinerzeit gemietet hatte. Du weißt ja, dass Theo einen Nugget von großem Wert heimgebracht hat. Nun, Eva hat ihn verkauft und gleich ein Haus an der Burbong Street gekauft, auf ihren Namen. Vorn, zur Straße hin, hat sie ein Café eingerichtet – all das, während Theo sich von seiner ernsten Erkrankung erholte, was Monate dauerte. Als Theo erfuhr, wem das Grundstück und das Haus nun tatsächlich gehört, gab es einen großen Krach, und Pastor Beitz musste all seinen seelsorgerischen Einfluss geltend machen, um die beiden zu beruhi-*

*gen. Theo ist immer noch ungehalten und hört nicht auf, sich zu beklagen, das heißt, wenn er überhaupt zu Hause ist. Denn den Großteil seiner Zeit verbringt er auf den Goldfeldern. Rolf sagt, die Goldgräberei säße Theo nun im Blut, er würde für den Rest seines Lebens Goldgräber bleiben. Auf jeden Fall geht das Café gut.*

*In Bundaberg gibt es jetzt ein richtiges Postamt, öffentliche Parks, eine Seifenfabrik und sogar einen Droschkendienst nach Maryborough. Die Stadt macht sich. Es gibt kein Zurück mehr. Als ich hier ankam, habe ich mich gefragt, ob diese Stadt wohl überleben würde, aber du siehst ja: Hier gibt es jeden Tag etwas Neues. Dank deiner Hilfe hat Pastor Beitz ein schönes Haus, und wir haben genug Geld zusammen, um zwei kleine Häuser und ein Gemeindezentrum zu bauen, die einen hübschen Dorfplatz mit einem Springbrunnen in der Mitte einrahmen. Viele deutsche Einwanderer, die in Bundaberg an Land gingen, wohnen hier vorübergehend, und das tut unserer kleinen Kirchengemeinde gut. Wir sind stolz darauf, sie willkommen heißen und ihnen Unterkunft bieten zu können. Walther und Max Lutze leben immer noch in der Gemeinde, dazu zwei von Walthers Vettern, die beide in der Brauerei arbeiten. Adele sagt, bald müsste Walthers Verlobte aus Deutschland eintreffen, und auch mein zweiter Sohn Eduard kommt in Kürze. Er soll eine Lehre in der Rumbrennerei machen. Ich weiß nicht, ob du gehört hast, dass Keith Dixon für den Mord an Otto Haupt zu einer lebenslänglichen Gefängnisstrafe verurteilt wurde. Auf Grund der Tatsache, dass Haupt selbst ein Mörder war, wurde die Strafe jedoch auf zwanzig Jahre verkürzt. Wenn du mal Zeit hast, würde ich gern genau erfahren, wie die Polizei in Hamburg es geschafft hat, ihn zu identifizieren. Jeden Sonntag beten wir um Frieden für die arme Seele von Vikar Ritter, der hinterhältig ermordet wurde, und irgendwer hat vorgeschlagen, zu seinem Gedenken ein schönes Kreuz aufzustellen. Pastor Beitz ist jedoch nicht eben versessen darauf, diesen Namen wieder vor Augen zu haben. Der beunruhigt ihn. Der neue*

*Hilfspfarrer hat eine Schule unter freiem Himmel für die Kinder der Eingeborenen gegründet, und es macht ihm große Freude, sie zu unterrichten. Übrigens können sie alle wunderschön singen.*
*Nach so vielen Worten sende ich dir nun die besten Wünsche von allen hier, und gerade rechtzeitig fällt mir noch ein, dass ich dir noch eine Frage beantworten muss. Nein, J. B. Dixon hat sein Versprechen nicht gehalten. Er hat nicht für unsere Gemeinde gespendet. Nicht einen Penny. Vermutlich hat er es über all seinen Gerichtsterminen vergessen.*

*In aufrichtiger Freundschaft*

*Jakob Meissner*

*ENDE*